政治學的回顧與前瞻
Political Science
The State of the
Discipline

吳玉山、林繼文、冷則剛 主編

序言

　　《政治學的回顧與前瞻》是一個兩年計畫的成果，然而論到它的前身脈絡，又得要上溯到在 2000 年底出版的《邁入廿一世紀的政治學》。那本書是台灣政治學界第一次對於本身的發展，進行各領域的詳細檢視；是紀錄歷史，也是策勵未來。專書的論文是來自當年中國政治學會的年會，而該年會便是以檢視學門發展作爲主軸的。此後有超過十年的時間，政治學界沒有再進行過那樣龐大的自我檢視。由於學術潮流變化快速，現在已經到了另一個檢視學門發展的時候了。就像人口普查一樣，十年似乎是進行這一類大規模調查的自然時機。例如從 1983 年開始，美國政治學會（American Political Science Association，APSA）便建立了每十年進行一次學門檢視，並出版專書（*Political Science: The State of the Discipline*, 1983, 1993, 2003）的慣例。台灣的政治學界如果能夠在此時對學門的發展進行回顧與前瞻，便可以廿一世紀的第一個十年作爲範圍，向上銜接《邁入廿一世紀的政治學》，從而建立一個每隔十年便進行一次學門檢視的學術傳統，這對政治學的發展將是非常重要的。

　　本書最早的念頭，固然是起於想要承續十年前的學術志業，然而論到實際的執行，卻又必須等到適當的機會。兩年前，當繼文兄和我討論到中研院政治所籌備處預計要在 2012 年夏正式成所，應該舉辦一個含意深遠的學術研討會時，不約而同地想到這就是進行學門檢視的大好時機。其後對於研討會的規劃設計，就完全是以出版專書、發揮學術影響力作爲考量。在 2012 年 8 月，「政治學的回顧與前瞻」學術研討會於政治所正式成所之際舉行，各領域的學術先進踴躍參加，共襄盛舉。其後我與繼文兄、則剛兄組成了編輯小組，又經過了一年嚴謹的審查、修改與編排的過程，終於使本書得以付梓，實現了爲學門分析現況、瞻望未來的構想。

　　本書的出版，首先要感謝繼文兄與則剛兄。我們分擔編輯的責任，和作者來回討論，對每一章仔細檢閱，終於讓本書在研討會後一年的時間內問世。其次要特別謝謝參與這個專書計畫的各位作者，為台灣的政治學發展做出了權威的見證和分析，替學門提供了最寶貴的公共財。在編輯本書的過程當中，賴芊卉小姐不厭其煩地對於內容與體例提出細膩的要求，是本書能夠維持「中研政治系列叢書」高水準的重要原因。五南的劉靜芬主編始終對我們大力支持，在各方面多所配合，因此本書才能夠按照計畫順利問世。最後要謝謝陳鄭為、蘇軍瑋、林宣佑、李佳穎與鄭淑美等五位助理辛勤與密集的校訂，保證了本書的品質。

　　《政治學的回顧與前瞻》是台灣政治學的自我考察，我們期待這樣的傳統在未來能夠持續，從而有助於學門的自省與規劃。政治學的發展不僅關係著學術社群本身，更和國家與社會的存續興衰聯繫在一起。台灣所面臨的內外挑戰，最大的一部分便是政治性的。政治學的同仁們不能不懍於這樣的使命，而對國家所面臨的迫切問題思索答案。要能這樣做，我們必須瞭解自己是怎樣走來，又將如何持續學術的腳步。十年一次的回顧與前瞻，在這裡展現了它最深刻的意義。我們深切的企望，這樣的學術傳統能夠繼續下去，並成為我國政治學的一個醒目的特色。

吳玉山

民國 102 年 7 月 18 日
識於南港中研院

作者簡介　　　About the Authors

蕭高彥

　　美國耶魯大學政治學博士（1993 年），現任中央研究院人文社會科學研究中心研究員，並合聘於中央研究院政治學研究所、國立政治大學政治學系及國立台灣大學政治學系。研究領域為西方政治思想史與當代政治理論。研究論文曾發表於 *American Political Science Review*、*Politics*、*Issues & Studies*、《人文及社會科學集刊》、《政治科學論叢》、《政治與社會哲學評論》、《東吳政治學報》等學術期刊。曾獲得行政院國科會傑出研究獎（1997）、傅爾布萊特訪問學人（1998-1999）。

黃紀

　　美國印第安納大學政治學博士（1986 年），現任國立政治大學政治學系講座教授暨選舉研究中心合聘研究員、中央研究院政治學研究所合聘研究員。專長領域包括政治學方法論、比較政治、民意調查、選舉制度、投票行為、計量方法等。自 2000 年迄今擔任國科會跨校合作研究計畫「台灣選舉與民主化調查」（TEDS）之召集人。著作發表於 *American Political Science Review*、*American Journal of Political Science*、*Journal of Politics*、*Comparative Political Studies*、*Electoral Studies*、*The Journal of Conflict Resolution*、*Political Research Quarterly*、*Party Politics* 等 SSCI 期刊，及《台灣政治學刊》、《政治學報》、《問題與研究》、《選舉研究》、《人文及社會科學集刊》等 TSSCI 期刊，合編 *Inherited Rivalry: Conflict Across the Taiwan Strait*、《政治分析的層次》、《如何評估選制變遷：方

法論的探討》、《2008 年總統選舉：論二次政黨輪替之關鍵選舉》、《TEDS 方法論之回顧與前瞻》等書，合著《質變數與受限依變數的迴歸分析》專書，並撰寫「實用方法論」、「調查研究設計」、「質量並用法」等專章。

謝復生

美國羅徹斯特大學政治學博士（1982 年），現任美國南卡羅來納大學政治學系教授，曾任該校亞洲研究中心主任、國立政治大學政治學系教授、系主任等職。研究興趣在憲政體制、選舉制度、投票行為、政黨政治、外交決策等，曾出版中英文專書、論文多種。

林繼文

美國加州大學洛杉磯分校政治學博士（1996 年），現任中央研究院政治學研究所研究員，並於國立政治大學政治學系以及國立台灣大學政治學系授課。研究領域為比較政治制度、選舉制度、賽局理論。研究論文曾發表於 *Party Politics*、*Journal of Democracy*、*Electoral Studies*、*China Quarterly*、*Journal of East Asian Studies*、*Issues & Studies*、《選舉研究》、《政治科學論叢》、《人文及社會科學集刊》、《台灣政治學刊》、《政治學報》、《東吳政治學報》、《政治與社會哲學評論》等學術期刊。曾獲得行政院國科會傑出研究獎（2003-2005）、中央研究院年輕學者研究著作獎（2002）。

吳親恩

美國密西根大學安娜堡分校政治學博士（2004 年），現任中央研究院政治學研究所副研究員。研究領域為政治經濟學、族群政治與選舉制度。目前研究計畫為糧食與能源價格補貼的生成與改革，以及東亞國家

所得分配、階級與民主支持的關係。研究論文曾發表於 *Political Research Quarterly*、*Studies in Comparative International Development*、《選舉研究》、《臺灣民主季刊》、《台灣政治學刊》、《政治學報》、《東吳政治學報》、《問題與研究》等學術期刊。

張佑宗

國立政治大學政治學系博士（2000 年），現任國立台灣大學政治學系教授，同時擔任該校社會科學院東亞民主研究中心主任、財團法人台灣民主基金會國內組主任、台灣政治學會秘書長。研究興趣包括比較民主化、選舉研究、東亞政經發展等。近年來的研究成果，分別發表於國際學術期刊如 *Journal of Democracy*、*Electoral Studies*、*International Political Science Review*、*Journal of East Asian Studies*（forthcoming）、*International Journal of Public Opinion Research*、*Issues & Studies*、*Taiwan Journal of Democracy* 等，以及國內學術期刊如《台灣政治學刊》、《臺灣民主季刊》、《台灣社會研究季刊》、《政治科學論叢》、《東吳政治學報》、《選舉研究》等，並由國內外大學出版多篇專書論文，如 The Johns Hopkins University Press、Columbia University Press、浙江大學出版社等。

朱雲漢

美國明尼蘇達大學政治學博士（1987 年），現任中央研究院政治學研究所特聘研究員、國立台灣大學政治學系合聘教授，並兼任蔣經國國際學術交流基金會執行長。曾擔任美國哥倫比亞大學政治系客座副教授、北京大學國際關係學院客座教授、國科會人文處政治學門計畫審議人以及諮議委員。曾三度獲國科會傑出研究獎，並於 2012 年當選中央研究院院士。主要研究領域爲民主化、東亞政治經濟、以及兩岸三地政經發展。目前擔任 *Journal of Democracy*、*Journal of Contemporary China*、*China Review*、*China Perspective*、*Journal of East Asian Studies*、*International Studies Perspectives* 等學術期刊編輯委員。曾出版（包括合著與編著）15

本中英文專書或論文集。最新著作包括：*How East Asians View Democracy*（2008）、*Citizens, Elections and Parties in East Asia*（2008）、*Dynamics of Local Governance in China During the Reform Era*（2010）、*Democracy in East Asia: A New Century*（2013）。

廖達琪

美國密西根大學安娜堡分校政治學博士（1990 年），現任國立中山大學政治學研究所教授兼所長。研究領域為比較政治、比較地方政府政治、組織理論、政黨、民意選舉、政治與資訊，及比較議會。研究論文曾發表於 *World Encyclopedia of Parliaments and Legislatures*、*Handbook of Global Policy*、*Journal of Contemporary China*、*Tamkang Journal of International Affairs*、*China Perspectives*、*Perspectives Chinoises*、*Issues & Studies*、《國立中山大學社會科學季刊》、《人文及社會科學集刊》、《台灣政治學刊》、《政治學報》、《政治科學論叢》、《東吳政治學報》、《臺灣民主季刊》、《立法院院聞》、《選舉研究》、《問題與研究》，以及《理論與政策》等學術期刊及百科全書。

沈有忠

國立台灣大學政治學系博士（2009 年），現任東海大學政治學系副教授、台灣大學政治學系兼任助理教授。研究領域為比較政治制度、民主化、政黨政治等。著有《威瑪憲政變奏曲》與《權力在哪裡？從多個角度看半總統制》（2012，與吳玉山合編），並有多篇論文刊登於《政治科學論叢》、《臺灣民主季刊》、《東吳政治學報》、《問題與研究》、《政治學報》、《思與言》、《中研院法學期刊》、《遠景基金會季刊》、《國家發展研究》、*Taiwan Journal of Democracy*、*Journal of Politics and Law*等期刊。

張峻豪

　　國立中山大學政治學研究所博士（2007年），現任東海大學政治學系副教授。研究領域主要為憲政理論、半總統制運作類型、制度研究方法、社區發展。近幾年研究成果刊登於《政治科學論叢》、《臺灣民主季刊》、《問題與研究》、《東吳政治學報》、《國家與社會》等學術期刊。

吳玉山

　　美國柏克萊加州大學政治學博士（1991年），現任中央研究院政治學研究所特聘研究員兼所長、國立台灣大學政治學系合聘教授。曾經擔任國科會政治學門召集人、諮議委員，與中國政治學會秘書長。曾獲得美國政治學會最佳博士論文獎、三次國科會傑出研究獎、台灣大學首屆教學傑出獎、教育部學術獎、二次國科會特約研究與傑出特約研究員獎等。研究領域包括社會主義國家政治與經濟轉型、民主化與憲政設計、兩岸關係與國際關係理論。共撰寫及編著了15本中英文專書，及百餘篇期刊與專書論文。最近之著作包括 *Semi-Presidentialism and Democracy*（2011，與 Robert Elgie 及 Sophia Moestrup 合編），*In Search of China's Development Model: Beyond the Beijing Consensus*（2011，與 S. Philip Hsu 及 Suisheng Zhao 合編），與《權力在哪裡？從多個角度看半總統制》（2012，與沈有忠合編）等。

陳一新

　　美國哥倫比亞大學政治學博士（1986年），現任淡江大學美洲研究所教授。曾任立法委員、國民大會代表與淡江大學美洲研究所所長。專長領域為國際關係理論、全球化與國際政治經濟、美國對中國與台灣的決策過程，以及美中台三邊關係。最近發表的英文論文 "The Security Dilemma in U.S.-Taiwan Informal Alliance Politics" 發表於 *Issues & Studies*（March 2012），以及 "Taiwan's Perspective of the U. S. Pivot Toward Asia" 發表於 *The National Strategy Forum Review*（Spring 2013）。

施能傑

　　美國匹茲堡大學政策分析博士（1991 年），現任國立政治大學公共行政學系特聘教授。研究領域為政府人事政策、績效管理、政策分析與政府治理。研究論文曾發表於 *Australian Journal of Public Administration*、《公共行政學報》、《台灣政治學刊》、《行政暨政策學報》、《東吳政治學報》、《政治科學論叢》、《臺灣民主季刊》等學術期刊。2004 至 2008 年間借調擔任行政院研究發展考核委員會副主委和主委。

詹中原

　　美國匹茲堡大學公共政策博士（1989 年），現任考試院考試委員、國立政治大學公共行政學系教授。研究領域為行政管理、公共政策、全球治理、中共行政與公務員制度、行政管理資訊系統、危機管理、考銓制度、各國人事制度。研究論文曾發表於 *Journal of Public Administration*、*Journal of Public Administration Quarterly*、*Review of Public Personnel Administration*、《中國行政管理》、《復旦公共行政評論》、《澳門公共行政雜誌》、《台灣公共衛生雜誌》、《遠景基金會季刊》、《人事行政》、《競爭力評論》、《國家菁英季刊》、《人事月刊》、《公務人員月刊》、《研考雙月刊》、《研習論壇》、《公共管理學報》等學術期刊。

彭錦鵬

　　美國喬治亞大學行政學博士（1985 年），現任中央研究院歐美研究所副研究員、國立台灣大學政治學系合聘副教授暨碩士在職專班執行長、台灣大學社會科學院遷館工程執行長、台灣競爭力論壇學會理事長、海基會顧問、中央廉政委員會委員、台灣公共行政暨公共事務系所聯合會監事兼教學委員會召集委員。曾任第三屆國民大會代表、台灣大學教授聯誼會第二屆理事長與政治學系系友會總幹事、中國政治學會理事、監事、秘書長、《政治科學論叢》執行編輯、《理論與政策》季刊總編輯、副社

長、中央研究院美國文化研究所圖書館主任、革命實踐研究院三民主義理論研究處處長。主要研究領域為行政學、人事行政、憲法、行政制度。

黃秀端

美國艾摩利大學政治學博士（1986 年），現任東吳大學政治學系教授兼系主任、張佛泉人權研究中心主任、人權學程主任、《東吳政治學報》主編。主要專長領域為國會政治、投票行為、政治文化、公民與政治權利。著作曾發表於 *Issues & Studies*、《選舉研究》、《政治科學論叢》、《人文及社會科學集刊》、《台灣政治學刊》、《臺灣民主季刊》、《政治學報》、《東吳政治學報》等學術期刊。

王業立

美國德州大學奧斯汀校區政治學博士（1989 年），現任國立台灣大學政治學系教授。研究領域為比較政治、選舉制度、投票理論、地方派系。研究論文曾發表於 *Issues & Studies*、《選舉研究》、《政治科學論叢》、《問題與研究》、《台灣政治學刊》、《政治學報》、《東吳政治學報》、《臺灣民主季刊》等學術期刊。

蘇子喬

國立政治大學政治學系博士（2007 年），現任國立台北大學公共行政暨政策學系與交通大學通識教育中心兼任助理教授，曾任國立台灣大學政治學系博士後研究員。研究領域為比較政治、憲政體制、選舉制度。研究論文曾發表於《政治學報》、《政治科學論叢》、《東吳政治學報》、《臺灣民主季刊》、《問題與研究》、《中華人文社會學報》、《憲政時代》等學術期刊，並有《政治學的關鍵概念》、《比較政治：理性、文化與結構》、《比較政治與政治經濟》等譯著，並著有《中華民國憲法：憲政體制的原理與實際》。

郭銘峰

　　國立台灣大學政治學系博士（2011 年），現任台灣大學政治學系博士後研究員。研究領域為選舉與投票行為、比較政府與政治、政策分析、調查研究、政治經濟學等。研究論文曾發表於《人文及社會科學集刊》、《政治科學論叢》、《選舉研究》、《問題與研究》、《政治學報》等學術期刊。曾獲得台灣政治學會最佳碩士論文獎（2004）與最佳博士論文獎（2011），以及國科會「99 學年度獎勵人文與社會科學領域博士候選人撰寫博士論文獎」等獎勵。

游清鑫

　　美國賓州州立大學政治學博士（1995 年），現任國立政治大學選舉研究中心研究員。主要研究興趣在政黨與選舉理論、選民投票行為、民主化理論等。研究論文曾發表於 *Japanese Journal of Electoral Studies*、*Journal of Contemporary China*、《選舉研究》、《台灣政治學刊》、《政治學報》、《東吳政治學報》等學術期刊。

吳重禮

　　美國紐奧良大學政治學博士（1997 年），現任中央研究院政治學研究所研究員，並於國立中央大學法律與政府研究所、國立台北大學公共行政暨政策學系、台北市立教育大學社會暨公共事務學系擔任合聘教授。研究領域為美國政治（政治制度）、都市政治暨少數政治、比較政治、國際關係。研究論文曾發表於 *Party Politics*、*China Quarterly*、*Parliamentary Affairs*、*Journal of Black Studies*、*Asian Survey*、*Issues & Studies*、《人文及社會科學集刊》、《歐美研究》、《選舉研究》、《問題與研究》、《台灣政治學刊》、《政治科學論叢》、《中國大陸研究》、《臺灣民主季刊》等學術期刊。曾獲得行政院國科會傑出研究獎（2009-2012）、國立中正大學社會科學院傑出研究獎（2005）、中正大學傑出研究獎（2003）、中正大學新進學者獎（2002）。

徐斯儉

　　美國哥倫比亞大學政治學博士（1997 年），現任中央研究院政治學研究所副研究員，於國立清華大學社會學研究所中國學程以及東吳大學政治學系授課，並擔任清華大學當代中國研究中心主任。研究主要興趣包括從比較威權與民主化的角度，研究當代中國政治改革、政治發展與變遷；從比較政治經濟學的角度，研究中國地方政府在經濟發展中所扮演的角色。在兩岸關係方面，研究兩岸內政因素對兩岸關係的影響。研究論文曾發表於 *Issues & Studies*、《中國大陸研究》、《政治科學論叢》等學術期刊。

冷則剛

　　美國維吉尼亞大學國際關係博士（1995 年）。現任中央研究院政治學研究所研究員、國立政治大學政治學系合聘教授。歷任中央研究院政治學研究所副所長、政治大學政治學系系主任、中國政治學會秘書長、傅爾布萊特資深學者、德國哥廷根大學、德國杜賓根大學、荷蘭萊頓大學客座教授、史丹佛大學客座研究員。研究領域包括全球化政治、兩岸關係、中國大陸區域發展等主題。專書近作包含：*Dynamics of Local Governance of China during the Reform Era*（2010，與 Yun-han Chu 合編）、*Governance of Biodiversity Conservation in China and Taiwan*（2006，與 Gerald McBeath 合編）。其他學術著作尚包括中英文專書篇章，以及在 *The China Journal*、*Asian Survey*、*Journal of Contemporary China*、*The Journal of Contemporary China Studies*、*Pacific Focus*、*Issues & Studies* 等期刊發表論文。

陳玉文

　　德國康斯坦茨大學政治學博士（2009 年），現任愛爾蘭科克大學政府系助理教授與澳洲拉籌伯大學人類安全中心榮譽研究員。研究領域為國際政治、比較政治、跨國際網絡、族群衝突、利益團體運作與政治地理。研究論文曾發表於 *Asian Survey*、*Ethnopolitics*、*Asian Ethnicity*、*Journal of*

Chinese Political Science、*Issues & Studies* 與 *The Cartographic Journal* 等國際學術期刊。

邱坤玄

美國喬治華盛頓大學政治學博士（1990 年），現任國立政治大學東亞研究所教授、中華民國國家安全會議諮詢委員，曾任政治大學東亞研究所所長、總統府國統會研究委員、陸委會諮詢委員。研究領域為國際關係理論、中共外交、中國大陸研究、東北亞國際關係、美中台三邊關係。學術期刊文章多篇發表於《問題與研究》、《遠景季刊》、《中國大陸研究》、《國際關係學報》、《東亞研究》、《政治學報》、《美國月刊》與 *Prospect Journal* 等學術期刊。

張登及

英國雪菲爾大學政治學博士（2007 年）、國立政治大學東亞研究所博士（2002 年），現任國立台灣大學政治學系副教授。研究領域為中共外交、國際關係理論、中共黨史與政治發展、古典社會學理論。著有《建構中國：不確定世界的大國地位與大國外交》，期刊文章散見《問題與研究》、《中國大陸研究》、《政治學報》、《遠景季刊》、《東亞研究》、《蒙藏季刊》及 *Asian Ethnicity* 等學術期刊。

徐斯勤

美國丹佛大學政治學博士（1998 年），現任國立台灣大學政治學系教授兼系主任，曾任中國政治學會秘書長。研究領域為國際關係、比較政治、中國大陸政治經濟發展。研究論文曾發表於 *Pacific Affairs*、*Australian Journal of Public Administration*、*Journal of Contemporary China*、*Cambridge Review of International Affairs*、*Issues & Studies*、《中國大陸研究》、《政治

學報》。主編多本中英文學術專書，包括 *In Search of China's Development Model: Beyond the Beijing Consensus*（2011，與 Yu-Shan Wu 及 Suisheng Zhao 合編），以及《民主、民主化，與治理績效》（2011，與余遜達合編）。

鄭有善

　　美國威斯康辛大學麥迪遜分校政治學博士（2009 年），現任中央研究院政治學研究所助研究員。研究領域為比較政治與國際關係，重點聚焦於中國政治和東亞政治領域。目前研究計畫主要涵蓋中國福利國家的改革與地方治理、國家社會關係、社會政策、政治經濟轉型之間的關係。研究論文發表於 *Sino-Soviet Affairs* 等學術期刊。

目錄   Contents

第七章　憲政研究的回顧與展望（2000-2011）　**151**

國際關係與兩岸關係　**173**

第八章　兩岸關係研究的開展與侷限　**175**

第九章　美中台關係學術研究的回顧與前瞻　**197**

台灣政治   **289**

圖表目錄 **Tables and Figures**

圖目錄

表目錄

第一章

政治學的回顧與前瞻

吳玉山、林繼文、冷則剛

　　一個學科在持續發展的過程當中，如果能做定期的回顧與前瞻，就可以一方面檢視過去的成長軌跡，瞭解學門整體發展的狀況，掌握其優點和缺點；另一方面又可以用宏觀的視野來構思未來的發展方向，並提出檢討與建議。定期的回顧與前瞻更可以提供跨時比較的基礎，讓我們探索驅動學門發展的動力，其本身就是一個重要的學術主題，並且和學術社群的每一位成員密切相關。

　　政治學在台灣的發展已有數十年，到民主化之後成長更快。[1] 從 1990 年代中期以來，行政院國家科學委員會（簡稱國科會）主導了幾次檢視學門發展的調查研究，包括「政治學門人力資源現況調查分析研究」（包宗和、劉義周、彭錦鵬、吳玉山，1994）、「國內政治學專業期刊評比」之一（黃紀、朱雲漢、謝復生、蕭全政，1998）、「政治學學門成就評估報告」（黃紀、朱雲漢、郭秋永、蕭全政、何思因，1998）、「國內政治學專業期刊評比」之二（吳玉山、林繼文、蕭高彥、蘇彩足，2003）、「政治學門熱門及前瞻學術研究議題調查」（黃紀、林正義、蕭高彥、廖達琪、陳敦源、黃長玲，2007）、「台灣政治學期刊評比」（郭承天、林正義、蕭高彥、陳敦源，2008）等。[2] 這些調查研究對於台灣政治學的發展，提供了相當有用的材料。不過由於受到調查性質的影響，這幾

---

[1] 台灣的政治學傳統，主要來自中國大陸，政治學在中國大陸的發展則始於清末。這段緣起的部分不在本章的討論範圍之內，有興趣的讀者請參閱馬起華（1975）。馬氏在文中提及政治學的譯名如何由日本傳來，政治系所如何開始在京師大學堂籌設（當時稱政治科），又如何於民國後廣泛在各大學設立，浦薛鳳、蕭公權、王世杰、薩孟武等諸先生如何開啓政治學各個領域，中國政治學會如何在 1932 年於南京成立，而在 1971 年編刊《政治學報》等。關於政治學在台灣民主化之前的發展，本書最後一章將有所述及。

[2] 「政治學門人力資源現況調查分析研究」報告是由包宗和、劉義周、彭錦鵬與吳玉山撰稿，並於 1995 年 5 月 28 日在由台灣大學與國科會聯合主辦的「政治學學門現況與發展」研討會上提出。在這個研究當中，包宗和等先將台灣的政治學門劃分成四大領域與 17 個次領域，然後透過對於師資專長、期刊論文、博碩士論文、委託計畫與學院開授課程的統計分析，勾勒出台灣政治學門人力資源的配置情況（包宗和、劉義周、彭錦鵬、吳玉山，1994）。兩次「國內政治學專業期刊評比」（黃紀、朱雲漢、謝復生、蕭全政，1998；吳玉山、林繼文、蕭高彥、蘇彩足，2003）、與「台灣政治學期刊評比」（郭承天、林正義、蕭高彥、陳敦源，2008）是由國科會所推動、五年一次針對政治學專業期刊的定期評比計畫。和國科會另外所推動的台灣社會

份報告都是以數據的方式呈現一些特定指標，再加上參與的學者人數有限，因此並沒有深入各個政治學的領域，細膩地探求知識積累與學術發展的狀況。要做到這一步，顯然需要更大的規模與組織。

美國政治學會（American Political Science Association，APSA）在此提供了很好的借鏡。密西根州立大學（Michigan State University）的 Ada W. Finifter 教授在組織 1982 年美國政治學會年會的時候，擬議以「學門現況」（state of the discipline）作為大會的主題，獲得巨大迴響。會後集成的專書 *Political Science: The State of the Discipline*（Finifter, 1983）更成為非常具有影響力的著作，廣為政治學界所採用。這本書相當詳細地劃分了政治學的領域，並邀集重量級的學者加以個別評析，因此成為瞭解美國政治學發展的指南。十年以後，有鑑於政治學的快速發展，同時希望納入國際與比較的視野，因此 Finifter 又著手編輯了 *Political Science: The State of the Discipline II*（Finifter, 1993），仍然是以劃分領域、邀請權威學者分別評析的方式進行。這本書和其前身一樣普受歡迎，也產生了很大的學術影響力。定期進行學門回顧前瞻的傳統似乎在美國已經逐漸確立。在 2003 年，美國政治學會又出版了 *Political Science: The State of the Discipline*（Katznelson and Milner, 2003），雖然在分類標準上和過去有所不同，但還是維持了邀請權威學者檢視各個領域發展狀況的格式。

美國政治學會的例子告訴我們，可以透過學會年會的場合來檢視學門現況，並以出版專書的方式將成果廣為流傳。中國政治學會在 2000 年於台北舉行年會時，便以「政治學各領域發展之回顧與前瞻」作為主題，邀請各領域的權威學者共襄盛舉，進行討論。會後編輯而成的《邁入廿一世紀的政治學》（何思因、吳玉山，2000）是我國第一本深入瞭解學門現況的專書，分為緒論、政治哲學與經驗政治理論、國際關係、公共行政，與區域研究等五部分，共 18 章，參與的作者共有 19 位。2000 年的年會和專書是台灣政治學界的創舉，在組織的形式和專書的出版上，都參考了美國政治學會的例子。當然在分類與專章的取捨上，則反映了台灣政治學的特色。

從 2000 年以後的十餘年間，台灣的兩個政治學會都沒有以學門現況作為主題來舉

科學引文索引（Taiwan Social Science Citation Index，TSSCI）核心期刊不同，政治學的專業期刊評比計畫除了期刊的編輯品質之外，還加入影響力指數（impact factor）與聲望分數兩大類的評分標準，因此能夠提供更為全面性的期刊評鑑。至於「政治學學門成就評估報告」（黃紀、朱雲漢、郭秋永、蕭全政、何思因，1998）則是提出於 1999 年 1 月所召開的「全國人文社會科學會議」會前會的社會科學組會議當中，對於台灣當時政治科學的發展做出了總體和各主要領域的評估。此一會前會的主要討論焦點是社會科學的本土化問題。除了這幾份報告之外，黃紀等又在 2007 年完成了具有前瞻意味的「政治學門熱門及前瞻學術研究議題調查」（黃紀、林正義、蕭高彥、廖達琪、陳敦源、黃長玲，2007）。

行年會，因此對於學門的分類檢視就沒有再出現過了，這無疑是一件非常可惜的事情。非但如此，在這一段時間當中，國科會推動各學門進行現況調查的頻率也逐漸降低。因此一方面，政治學門正在快速地轉型和發展，但另一方面，我們對於學門的狀況卻愈益缺乏瞭解，其中的差距不斷擴大。在美國的政治學界，十年是一個進行回顧與前瞻的週期，其實就學門快速發展的情況來看，已經顯得過長。很明顯地，台灣的政治學界到了2010年之後，是應該進行另一次的學門檢視了。

為了能夠廣泛地邀請學術界的同仁共襄盛舉，來進行自2000年來第二次的政治學回顧與前瞻，我們將新的專書計畫和中央研究院政治學研究所籌備處成立十週年暨正式成所的學術研討會結合在一起，並且設定大會的主題為「政治學的回顧與前瞻」。經過一年的籌備，研討會在2012年的8月舉行，整個會議的組織與規劃就是要對台灣政治學的發展進行分門別類的檢視，並且以出版《政治學的回顧與前瞻》的專書作為研討會的主要目的。在中研院舉辦的此一研討會雖然不是政治學會的年會，但是邀集了台灣政治學各領域的權威學者參與討論，在廣度和影響力方面也達到了相當的效果。當然舉辦研討會最重要的目的，還是在促成這本專書的問世，為台灣的政治學界提供一項重要的公共財，也為社會大眾提供一個瞭解台灣政治學發展的窗口。

在研討會成功地舉行了之後，我們開始編輯專書。整個會議與專書的計畫一共花了兩年的時間完成。當年 Finifter 在開始主編 *Political Science: The State of the Discipline II*（1993）的時候，曾經想要以十年前的第一本專書為基礎，加以增益充實，但是卻發現難以進行。在諸般原因當中，包括了學門發展太快、原有架構需要修正、學者也有極大的變動，特別是她想要在新作當中，加入國際和比較的觀點，所以新書和舊作產生了頗大的差異（Finifter, 1993: vii-ix）。當我們開始籌劃第二本檢視台灣政治學發展狀況的專書時，也經歷了類似的過程。雖然我們大體維持了《邁入廿一世紀的政治學》對各個領域的分類和邀請權威學者撰寫專章的形式，但是參與的人員發生了不少變動，最後加入專書的章節和十年前也有相當的不同，這些都和 Finifter 當年所面對的情況非常相似，顯示以一致性的框架跨時進行學門檢視的困難。然而，定期檢視學門還是非常重要的工作，對於政治學的發展也具有極大的意義。而兩次學門檢視的差異，若干程度上也反映了學門成長的軌跡，以及顯示了背後驅動的力量。如果能加以分析比較，也會是非常值得研究的主題。

壹、範圍與領域

本書所欲檢視的，是近十年來台灣政治學各個領域的發展。選取近十年作為時間

範圍，是因爲這樣可以接續在 2000 年底出版的《邁入廿一世紀的政治學》，從而對政治學的發展提供一個較不間斷的檢視。至於以台灣的政治學作爲對象，則是由於我們希望藉著對於國內政治學的發展進行審視，可以讓我們瞭解學門現況，並且能夠砥礪未來。關於台灣的政治學，其實可以有多種理解，包括在台灣所進行的政治學研究（其對象涉及政治學的各個領域）、以台灣政治爲對象的政治學研究（含括在國外所進行的台灣政治研究）、台灣學者所進行的政治學研究（包括在國外的台灣學者所進行的各領域政治學研究）等。本書所檢視的範圍，主要是在台灣所進行的政治學研究，也就是台灣的政治學術社群所產生的研究成果。採用這個決定的原因，是因爲我們最主要的關切是台灣的政治學發展，因此自然不能夠以台灣政治作爲單一的研究對象（我們對於非台灣政治的研究亦有興趣，另外有不少國外學者也專精於台灣政治），同時也無法完全兼顧在國外的台灣學者所進行的政治學研究（這一部分應該屬於這些學者所在國的政治學發展）。舉例而言，關於台灣政治的研究，*Issues & Studies* 曾經在 2004 年出版專刊，以 Studies of Taiwan Politics 爲主題，邀請 33 位研究台灣政治的學者撰寫論文，其中有 15 位在台灣，18 位在國外。對本書而言，我們所檢視的是其中國內學者對台灣政治的研究，而不包括國外學者的研究，同時台灣政治也只是國內學者所從事多方面政治學研究的一個部分而已（*Issues & Studies*, 2004）。[3]

　　關於本書的範圍，另外一個可值得注意的地方是我們並沒有以近十年來整個政治學的發展作爲檢視的對象，而僅關注於台灣的政治學。這是因爲我們所選定的關切對象就是台灣，同時如果要全面性地瞭解政治科學的各領域發展，目前已經有諸多資源可以運用。舉例而言，早期由 Fred I. Greenstein 和 Nelson W. Polsby 所編的八冊 *Handbook of Political Science*（1975）是一個全面檢視政治學研究成果的創舉。[4] 後來澳洲國立大學（The Australian National University）的 Robert E. Goodin 透過國際政治學會（International Political Science Association，IPSA）的平台，在 1994 年 IPSA 的柏林世界大會上組織了一系列的「學門現況」（state of the discipline）討論場次，而後編輯成 *A New Handbook of Political Science*（Goodin and Klingemann, 1996）。這個做法，明顯是仿效了 Finifter 透過美國政治學會催生了兩輯 *Political Science: The Status of the Discipline* 的先例。其後，Goodin 又編纂了十冊的 *The Oxford Handbook of Political Science*（2009），其規模超過 Greenstein 和 Polsby 的 *Handbook of Political Science*。這些針對整個政治學發展所

3　*Issues & Studies* 的台灣政治研究專刊是延續其在一年前所出版的中國研究專刊，當時是以 Special Issue: The State of the China Studies Field 爲主題，在那本專刊的 24 位作者當中，僅有二位爲台灣學者（*Issues & Studies*, 2002/2003）。

4　這八冊所評介的領域包括政治科學的範圍與理論、個體理論、總體理論、非政府政治、政治制度與過程、政策與決策、研究策略，與國際政治。

做的全面性檢視，對於我們瞭解政治學的發展有極大的作用，因此有這一方面興趣的讀者可以參考相關的著作。總體而言，本書探討台灣的政治學在各領域的發展，其範圍是和《邁入廿一世紀的政治學》相同的。[5]

在對於台灣政治學進行檢視的時候，最重要的決定就是領域的劃分。在這一方面可以引用的標準有多種，例如從台灣各個政治學相關科系和研究所的名稱與分組來看，有政治理論、國際關係、公共行政、本國政治、比較政治等。[6]如果我們參酌美國政治學會的分類標準，則有聯邦主義與政府間關係等 43 項（The American Political Science Association, 2013），主要是反映了成員的研究興趣，十分細緻。如果以國際政治學會的分類來看，則有概念與方法等 52 項，類別更細膩多元（International Political Science Association, 2013）。如果根據美國政治學會在 2003 年所出版的 *Political Science: The State of the Discipline*，則政治學最重要的領域劃分包括全球化中的國家，民主、正義及其制度，公民權、認同與政治參與，和研究方法等四大項。而如果根據 *The Oxford Handbook of Political Science*（2009）中的分類，則包括了政治理論、政治制度、政治經濟、公共政策，與研究方法等五大項目。至於在《邁入廿一世紀的政治學》當中，分類的項目是包括了政治哲學與經驗政治理論、國際關係、公共行政、與區域研究等四大範疇。很顯然政治學領域的劃分並沒有一定的標準。

在考慮國內政治學相關科系與研究所的設置情況、政治學領域分類的常用標準，和參考國外的分類概念之後，我們決定設定六個主要的範疇，作為本書的組織綱領。這六個範疇包括：政治理論與方法、比較政治、國際關係與兩岸關係、公共行政、台灣政治，與中國大陸政治。其中的政治理論與方法含括規範政治理論（也就是政治哲學）和政治學方法論（包括計量方法與理性抉擇）這兩個部分。比較政治中探索了政治經濟學、民主研究，和憲政研究等三個面向。在國際關係和兩岸關係部分處理了兩岸關係研究與美中台關係研究這兩個次領域。公共行政討論了發展狀況、研究典範，和行政組織與文官研究等議題。在台灣政治當中，分別檢視了國會研究、選舉制度、選舉研究，和分立政府等四個部分。最後在中國大陸政治方面，重點是黨國體制、中國大陸對外關係與全球化、中共外交研究，以及比較台灣和南韓對於中國大陸政治經濟的研究。這樣的一個組織架構，一方面符合對政治學的主要分類標準（政治理論與方法、比較政治、國際關係、公共行政），一方面反映了台灣政治學研究的特色（兩岸關係、台灣政治、中

---

[5] 雖然如此，本書的若干專章還是頗為重視國際上各個政治學領域的發展，而加以評介，並試圖將國內與國際的學術走向相互比較與連結。

[6] 其他可以參考的國內分類標準包括行政院研究發展考核委員會的「社會科學分類標準」，教育部的「專科以上學校教師學術專長分類」，國科會的政治學分類等（吳玉山，2000：5-6）。

國大陸政治）。當然礙於篇幅等原因，這六個範疇無法含括一些重要的領域（例如除台灣與中國大陸之外的各個區域研究），而在每一個選擇檢視的領域當中，也只能掌握部分的主題（例如在比較政治當中沒有能夠包括族群政治研究）。雖然如此，本書還是儘可能地極大化了搜尋和檢視的範圍，並儘可能描繪出了台灣政治學的輪廓。以下我們依照這六個範疇，分別介紹本書各章的主要內容，以方便讀者閱讀。

貳、政治理論與方法

　　蕭高彥在第二章「近十年台灣政治思想與規範理論研究的回顧與展望」中，以江宜樺在 2000 年發表的「台灣的西洋政治思想研究」為起點，討論 12 年來台灣政治思想與規範理論研究的變化。他從國科會人文及社會科學發展處（簡稱人文處）所主導的學術建制談起，針對國科會計畫、學術期刊論文以及專書與專書論文等三個面向，回顧政治思想近十多年的研究成果，發現期刊論文最為豐碩。在學術性專書方面，以數量來看似乎並未明顯成長。在研究課題上，思想家和議題大約各半。整體而言，學界在過去十年遵循雙向匿名審查制，逐漸建立了嚴謹的學術規範。作者認為，這種學術建制可稱為「程序共和」（procedural republic），展現為理性化的學術期刊審查過程。然而，從論文的實質內容來看，尚未完成江宜樺在 2000 年所設下的目標。作者認為，主要原因在於此一領域的學者人數有限且較無特殊資源的需求、缺乏焦點議題，及以自己的興趣界定研究主題等。換言之，過去 12 年整體的學術建制是透過「程序共和」而形成一種以研究者個體所構成的「自發性秩序」（spontaneous order），而在政治思想與規範研究中造成了一種比較極端的個人主義情境。作者認為，將來國科會需要提供誘因，讓相關研究者能互相整合。他主張，在「程序共和」的基礎上，若能形成問題意識明確、整合性強的「學術社群」，是下一階段的目標。另一方面，中國大陸崛起，連帶使其政治思想與規範理論的研究者受到注意，對台灣的研究者也帶來挑戰。

　　第三章所討論的「政治學計量方法的回顧與前瞻」，是屬於方法論的範疇。作者黃紀在其中闡述了計量方法在政治學研究中的角色，並回顧了台灣的相關研究。本章第一節提議「理論驅動（theory-driven）之計量方法」。其背景是作者將抽象與具象層次之間互動回饋、相互修正，進而超越現狀的思維脈絡，稱為「實用方法論」，而「計量方法」就是其中具象層次的一環。所謂計量，就是把原始數據資料，加工轉變成可以理解、並且有用的資訊，但其實用性必須建基於紮實的上層理論。作者認為「理想上，經驗研究應先以嚴謹的邏輯和數學建構形式模型，以演繹法推導其經驗意涵，提出可檢證的假設，接著再設計後續的步驟，以歸納法進行假設的檢定。」這就是理論驅動的計量

方法。我們很好奇，這十多年來台灣的計量方法有了什麼樣的變化？是否符合「從理論到檢定」的精神？在第二節中，作者以《政治學報》、《台灣政治學刊》和《選舉研究》為樣本，探索這個問題的答案。作者發現，計量方法的比例在 2001 至 2005 年間約佔兩成五左右，在 2006 年之後所佔的比例則平均上升至四成五左右；應用計量方法的主要實質領域在於比較政治；最常使用的資料是國內民意調查資料（尤其是「台灣選舉與民主化調查」，Taiwan's Election and Democratization Study，TEDS）；在統計模型方面相當複雜，但以各種迴歸（包括線性與質變數）模型為主。據此，作者提出一些建議，包括因果關係模型是非常重要的課題，但在國內期刊所佔比例很低，應該加強；與此同時，也應該建置跨時、混合式的資料。準確蒐集資料，釐清因果關係，才是計量學者的最終目標。

第四章「理性抉擇與台灣的政治學研究」亦屬於政治學方法論的領域，由謝復生和林繼文共同撰寫。如果說計量方法是從歸納出發走向理論，理性抉擇就是由演繹法建構理論模型，並推演可被檢證的假設。作者先界定兩個「理性抉擇」的假定。第一，聯結性（connectivity）：對任兩個可加以比較的選項，某人皆可決定喜好順序（包括等同）。第二，遞移性（transitivity）：在任意三個選項下，若某人喜歡第一選項的程度不輸於第二選項，而喜歡第二選項的程度又不輸於第三選項，則他喜歡第一選項的程度必不輸於第三選項。對於個人，這樣的「理性」假定是合理的，但若用在群體就不見得了。所以，很多理性抉擇的文獻都在探討理性的個人如何形成不理性的社會。理性抉擇的研究建立在簡潔的假定上，卻對政治學產生深厚的影響，範圍廣至制度選擇、民主轉型、選舉競爭、投票行為、立法過程、政策制定、國際衝突等。為瞭解理性抉擇在台灣的發展，作者分析了 13 份「台灣社會科學引文索引」資料庫期刊（2006-2012）的政治學論文，結果發現該途徑出現比例最高的議題分別為策略投票和行政機關。但有相當多的議題其實採取「潛在的理性抉擇」途徑，亦即滿足方法論上的個體主義，但對行動者偏好的描繪不完全，或未從個體行為推論到群體後果。作者指出，任何「意圖性」的行為，都可能成為理性抉擇的課題，而很少有學科像政治學這樣關切行為動機、意識型態或理念衝突。然而，要理解行動者的意圖並非易事。因而其他學者的研究，在理性抉擇的發展中扮演不可或缺的角色。

參、比較政治

吳親恩在第五章「政治經濟學：體制轉變與研究議題」中將分析的重點放在以台灣為主的政治經濟學研究，並以政治如何影響經濟作為核心議題。本章認為台灣本身的

政經發展模式對於台灣的經濟現象產生了深遠的影響,並因而導引了政治經濟學的研究議題。從 1960 年開始,台灣歷經了出口導向的生產模式、民主體制的建立,以及生產分工的全球化等三種政經發展模式。這些模式對於政商網絡、經濟決策、勞動條件、勞資互動、公共支出、總體經濟、與金融改革等都造成極大的影響,並帶動了相關的政治經濟學研究。作者特別提到了民主化與全球化對於勞資關係、銀行體系、總體經濟政策與預算所造成的影響和相關的研究。總體而言,強調國家干預的發展國家理論雖然在出口導向時期有其解釋力,但是到 1990 年代之後盛極而衰,反映了民主化與全球化對國家能力所帶來的限制。本章指出台灣的政治經濟學研究有幾個特色。首先就方法而言,台灣的政治經濟學同時包括了經濟學和質化的研究途徑,而與美國以經濟學途徑爲主不同。造成此一現象的原因與台灣學者缺乏足夠的量化資料有關。就議題而言,台灣較爲強調國家的角色與政治體制的變動,而比較少談政府對於總體經濟的操弄,這些都反映了台灣本身的經驗。最後就研究社群而言,由於台灣的政治經濟學研究者人數較少而次領域不同,因此對話的機會有限,學者對彼此的研究較不熟悉,使得研究社群比較鬆散。作者也建議了一些可以加強的研究議題,包括兩岸經貿整合的影響、地球資源的分析、所得分配的惡化,以及台灣與南韓經濟表現差異的政經因素等。總體而言,本章除了檢視台灣政治經濟學的發展之外,更清晰地指出了政經局勢和學術研究之間的關係。

在第六章「威權韌性與民主赤字:21 世紀初葉民主化研究的趨勢與前瞻」當中,張佑宗與朱雲漢指出當前比較民主化的研究呈現相當活潑與多元的色彩,並沒有統一的理論架構與方法。本章檢視了國際學術社群與國內學者在近十年來的研究,認爲最需要解釋的問題是爲什麼在 21 世紀後民主化出現停滯的情況,而與威權相互僵持。作者將民主化研究分成四個主題:民主轉型、民主鞏固、民主品質(包括民主治理與民主赤字),與威權韌性。他們發現在 21 世紀台灣的民主化研究雖然頗有發展(例如出現了專業的中、英文期刊與大型的跨國研究計畫),但是就研究主題而言,仍然是以民主轉型爲主,民主鞏固居次,而在國際上頗受重視的民主品質與威權韌性方面則明顯不足,因此未能與學術主流密切接軌。在民主品質方面,國際的研究顯現,不論先進或新興民主國家的公民普遍對於治理品質給予低度的評價,因而造成民主赤字。不過雖然民眾的期待落空,並出現了「批判性公民」(critical citizens),但是一般而言並未撼動自由民主的價值,因此絕大多數的民主體制能夠維持穩定。另外在威權韌性的議題上,作者認爲有瑕疵的選舉並不只是能爲威權體制服務,也可能成爲民主化的因子。最後,作者提出了對於台灣民主化研究的檢討與展望,主張以跨國比較的研究設計,加強和國際民主化研究社群的接軌,並且應該重視公民如何理解民主的研究,以及探討東、西方社會民主發展經驗的異同。

第七章的「憲政研究的回顧與展望(2000-2011)」是由廖達琪、沈有忠與張峻豪

所共同撰寫，檢視 21 世紀台灣的憲政研究。作者進行了大規模的文獻調查，從國家圖書館期刊文獻資訊網蒐集了憲政方面的中文期刊論文，再加上從作者本身建置的憲政資料庫所蒐集的憲政相關書籍，整理後共得 420 篇與 126 本，然後加以分類編碼，並製作了相當詳盡的表單。由於憲法是政治與法律學者所共同關切的主題，因此本章所檢視的憲政研究包括政法兩個學門。作者用兩種發表渠道（期刊與專書）、兩個研究學門（政治與法律）、三類研究對象（台灣、台灣與他國比較、他國）、七種研究議題（歷史發展、原理邏輯、時代精神、憲政影響、影響憲政、改革倡議、修憲程序）、三個研究方法（傳統法制、傳統歷史、新制度主義），以及三類研究取向（敘述性、規範性、實用性）來對每一項資料進行分類。最後得到的結論是台灣的憲政研究多聚焦於本國，而且主要討論「憲政影響」。在研究方法上，兼有新舊制度主義，而以「規範性」的討論為大宗。如果比較法律與政治兩個學門的研究成果，會發現政治比法律學門有較多關於各國憲政的研究、改革倡議的探討，而憲政影響分析則較少。政治學門明顯較重視「半總統制」之理論概念及應用研究，並較採「新制度主義」的研究途徑，與較多的「實用性」研究取向。最後作者建議憲政研究在議題方面應該廣被深化，而在方法上則倡議從實際經驗出發，反省憲政規範問題，以謀求解決的方法；並引入跨國比較、跨領域研議、個案深入挖掘，以及實驗設計等四項研究設計；最後在資料蒐集方面，則推薦導入資訊技術，以建置資料庫或協助文本分析。

肆、國際關係與兩岸關係

　　第八章是吳玉山所撰寫的「兩岸關係研究的開展與侷限」。本章鳥瞰了兩岸關係研究在過去十年來的進展，發現不論是在大學開授課程、出版專書，或是發表期刊論文方面都有相當的成績。然而雖有廣度，深度卻較為有限。文中檢視了 29 所大學的兩岸關係課程共 199 門，相關專書共 184 本，以及 12 種期刊所刊登的 107 篇相關論文，將其依據歷史、通論（二者合為描述類）、政策、比較（二者合為政策類），與理論等範疇加以分類，發現課程的經驗性最高、而理論性最低；期刊論文則完全相反，其經驗性較低、而理論性最高；專書則介於其中。課程最多的是描述類的項目，專書最多的是政策類，而期刊論文則是政策類與理論類平分秋色。這樣的結果一方面顯現了課程、專書與期刊論文的對象不同，一方面也凸顯了整體而言兩岸關係研究的分析與理論性還是不足，因此較難與政治學主流接軌，或提供具有深刻理論基礎的政策建議。在這裡看到了當前兩岸關係研究的侷限所在。作者認為造成此種現象的原因是兩岸關係研究處身於數個已經相當根基強固的政治學領域之間，先天上具有多重性質，比較不容易集中資源、

培養本身的人才；另一方面，兩岸關係又正處於國內政治競爭的核心，因此爭議性高，而街談巷議又充斥，因此影響到兩岸關係研究的學術化與理論化。由於理論化的程度決定了兩岸關係研究是否能和政治學的主流接軌，以及是否能提出有科學基礎的政策建議，因此本章對於理論化的表現特別著重。在文中把課程、專書與期刊論文中屬於理論性的項目集合起來，觀察它們在兩岸關係研究各次領域中的分配，發現一些亮點（例如政治心理的研究），也看到許多可以加強之處（例如權力不對稱模式與戰略三角模式）。作者認為如何在既有的理論基礎之上持續精進、提升學術品質，並對大陸政策提供具有紮實科學基礎的建議，是兩岸關係的研究者在當前最深切的使命。

第九章是陳一新所撰寫的「美中台關係學術研究的回顧與前瞻」。本章針對美台關係、美中關係、兩岸關係，與美中台關係的研究分別進行檢視，其範圍包括國際與國內的研究文獻。在美台關係部分，主要的子題包括美台非正式聯盟與「棄台論」。其中作者認為棄台論的理論架構還沒有成熟，而美國的再平衡政策也使其喪失根據。在美中關係部分，討論了美中戰略互疑、美中戰爭的可能性，以及美中關係與聯盟政治。研究顯示美中兩國不論是改善關係或是尋求合作，都會受到意識型態與戰略矛盾的制約。在兩岸關係部分，檢視了兩岸衝突的可能性、台灣對兩岸與台美關係的影響，和兩岸統一對美日兩國的影響等部分。作者認為兩岸統一將對整個亞洲的安全、經濟與政治關係造成全盤性的衝擊，其代價非美日等國所能擔負，因此對各國的行動造成一定的影響。最後在整體的美中台關係部分，討論了台灣內政與美中台關係、美國外交與兩岸關係、兩岸關係中的美國因素，和霸權穩定與美中台關係等議題的研究，發現國內學者已日益藉由國際關係理論對美中台關係進行了深層次的探討。從這十來年美中台關係學術研究的情況來看，可以發現一些趨勢。首先，不少政治學者與國際政治學者進入了自己原先並不熟悉的美中台關係領域。其次，基於自己的政治偏好、意識型態、國家利益、個人利益的考量，某些美國的卸任官員或軍人也踏進美中台關係的領域，且有愈來愈多的趨勢。第三，儘管智庫學者所建議的政策觀點、大學教授所提出的學術理論，以及政府所發表的政策報告尚未完全整合，但彼此之間已經相互援引。最後，國內學者已日益透過國際關係理論對美中台關係進行深層次的探討，他們的研究也日益受到國際的重視。

伍、公共行政

施能傑在第十章「公共行政學領域發展概況」中指出，和早期台灣高等院校的公共行政課程相比，近年來公共行政領域的大學部教育內容在本質上並沒有太大的改變，傳統的基本課程繼續受到強調。但是全球化、資訊政府和公共管理等領域的課程，以及

第三部門的課程，已經受到更多的重視。作者進一步指出，目前台灣各校公共行政學系碩士班（包括在職專班）的課程基本上是鬆散的，在某種程度上和國外公共行政專業學院與研究所的課程結構有相當的差距。就博士班而言，一方面學術人力的需求不大且趨緩，一方面博士班的學生幾乎多非全職學生，博士班教育品質的嚴謹性不免受到疑慮。就學術性期刊的研究論文而言，治理關係和公共政策是兩個明顯受到重視的研究方向。台灣公共行政學領域相對不感興趣的研究主題包括傳統的組織理論相關課題（如組織結構設計），以及傳統的領導研究。原因之一可能是公共行政學界教師較少有實際從事政府公共服務的經驗。愈來愈多的期刊論文中包括個案研究，在方法上可能是採取量化或質化。作者認為此種現象是值得鼓勵的，蓋其反映更多的研究者對台灣本地問題的關懷，而這是公共行政和其他政治學領域的主要差異之一。

詹中原在第十一章「我國公共行政典範之遞移與建構（2000～）」中將台灣的公共行政研究以時間分為萌芽期、茁壯期、轉型期，以及再造期。作者並進一步指出了行政效率、深化民主、課責與職責，及規則導向（rule orientation）等幾個重要的公共行政價值。本章強調，台灣在民主化開展下，支持公民社會的發展；而西方傳來的新公共管理則啟動了一系列的革新，要求增進行政效能與減少貪污。就研究典範而言，本章指出有三類課程目前已自各校「消失」：1. 比較行政（理論）；2. 西洋行政思想史；3. 中國行政思想史。就研究主題而言，本章強調行政法重要性之提升，以及行政哲學與倫理的重要性。此外，非營利（政府）組織研究之強化，反映多元社會的治理功能，亦是後威權時代所必然呈現之價值；而中央與地方如何建構夥伴關係，也是一項重要的研究課題。其他諸如新公共管理，行政學方法論，及府際關係與跨域治理等課題，也值得吾人進一步重視。最後，就新的研究課題而言，本章指出政策協調、比較行政，以及與中國大陸相關之議題亦應進一步強化。

在第十二章「行政組織與文官制度研究之十年回顧」中，彭錦鵬認為過去十年有關行政組織與文官制度之研究，充分顯現了在這兩個部門的法制改變。本章針對行政組織和文官制度兩大主題，分別檢討了相關學者所進行的各項研究，並分別從「國科會研究計畫」、「其他政府機關委託研究計畫」、以及「期刊論文」等方面進行了分析統計和論述。本章研究結果顯示，在過去十年中，台灣行政學界對於行政組織和文官制度的研究，由於教學人力因應新系所的成立而增加，在研究能量上獲得明顯的提升。同時由於政府因應國際情勢而進行組織改造，學界對於行政組織的變動進行了廣泛而深入的研究，也有相當明顯的成果。此外，中央政府總員額制度終於通過立法，地方政府組織因為院轄市數目增加而有大幅變動，都使各項研究計畫陸續得到重視和推動。然而從本章分析中也可觀察到，對於行政組織和文官制度的研究，在資源的配置上，出現了若干高度集中的情形。當然研究資源的集中配置，對於成長中的研究領域，可能是正確的分

配，特別是基礎調查研究的經費如果能夠充分而且寬裕，對於後續的相關研究所能造成的效益，應是可加以肯定的。例如對於廉政指標的研究及持續性的調查，對於建立清廉政府，將具有學術與實務上的價值。另外本章認爲，對於文官體系的調查，如果能夠符合學界的需求，並預見外國先例移植到國內的可能發展，而建構合適並被廣泛運用的資料庫，應是值得期待的學術基礎建設。

陸、台灣政治

　　第十三章「台灣國會研究的回顧與展望」是由黃秀端所撰寫。爲了整理龐雜的研究，該章將立法研究分爲「內部研究」與「外部研究」兩部分。前者聚焦於立法機構本身的規則與歷史沿革，包括常設委員會、黨團與黨團協商、預算審議、院會的記名表決、政黨黨紀的強弱、議程設定與議程否決、院會內規、國會改革等。後者側重其他行爲者對於立法機構的影響、民意代表與選民的關係與代表性等，主要議題包括國會選舉制度與選舉行爲、競選活動與金錢、國會的代表性、國會議員的徵選以及生涯發展、行政與立法之間的互動、國會議員的選區服務、民間對於國會的監督、國會議員與官僚體系的關係、國會與民意等。這些議題多元而複雜，而台灣的國會研究卻相當年輕，從事相關研究的學者也有限。儘管如此，作者仍然提出一些願景。首先，在研究途徑方面，國內絕大多數的國會研究採取歸納的研究途徑，而美國國會研究有不少學者採取理性抉擇建構模型，兩者應該互相學習，以讓理論導引資料的蒐集和分析。其次，在內部研究方面，可探討的議題包括委員會召委、黨團協商的過程、院長的領導、政黨黨鞭的角色、預算審議的過程、國會幕僚等。在外部研究方面，可加強的議題包括立委競選經費的來源、選區服務與連任之間的關係、立委的提名制度和生涯發展、落選立委的出路等。此外，民間團體對國會的監督、立法院對行政機關的監督、國會議員與利益團體的關係等，都值得進一步探討。

　　第十四章「台灣選舉制度研究的回顧與前瞻」由王業立、蘇子喬與郭銘峰合著。爲回顧豐碩的相關研究，該章從三個層面檢討台灣選舉制度的文獻。第一是選舉制度的改革與變遷，屬於選舉制度的上游研究，亦即制度抉擇。此一議題包括台灣過去實施單記非讓渡投票制（single non-transferable vote，SNTV）所造成的弊病並提出選制改革的建議，以及對選制改革的實際過程進行分析。第二是選舉制度的內涵與運作，主要屬於選舉制度的中游研究，亦即制度運作。探討的範圍，包括各家學者對於選舉制度內涵的分析、選舉制度在執行過程中的規劃（尤其是選區劃分）、我國的婦女保障名額制度等。第三是選舉制度對政治生態的影響，屬於選舉制度的下游研究，亦即制度影響。此一議

題的涵蓋範圍包括投票行為、政黨與候選人競選策略、政黨體系，以及政黨體系之外的各種政治生態影響等。本章作者也從目前選舉制度研究的不足之處，看到了未來的發展趨勢。第一，他們認為選舉制度的研究應該擴充到地方的層級。第二，總統選舉制度的重要性，不低於國會議員的選舉制度。第三，儘管目前台灣的選舉制度已經改為並立式的單一選區兩票制（mixed-member majoritarian system，MMM），但原住民立委選舉仍採用舊制，也就是 SNTV 加上政黨名單比例代表制的並立制，值得進一步探討。第四，選舉制度研究乃是制度研究的一環，選舉制度如何與憲政體制搭配，值得學者研究。第五，對於如何評估選舉制度的效應，應該尋求合適的對照組（control group）。例如，台灣和日本都是從 SNTV 轉變為單一選區兩票制，就相當適合進行比較。

游清鑫在第十五章「台灣選舉研究的回顧與前瞻」中以 TEDS 的資料作為分析焦點。作者從三篇早先發表的論文談起。第一篇是陳義彥在 1986 年發表在《民意》上的論文「我國投票行為研究的回顧與展望」。該文將台灣投票行為研究的發展分為萌芽時期（1960 年代）、關鍵時期（1971 至 1980 年）以及發展時期（1980 年代以後），並對台灣的投票行為研究提出檢討與展望。第二篇是吳統雄於同年發表在同份刊物的「薪火與生食——讀陳義彥『我國投票行為研究的回顧與展望』」。該文更為強調多元方法論，並催生選舉研究標準化資料庫。第三篇是陳義彥在 2003 年在《選舉研究》發表的「台灣選舉行為調查研究的回顧與展望」。此文源自「TEDS2001」學術研討會的演講，認為台灣民主化帶動了更多議題、更多人力投入選舉研究，使選舉研究團隊化、國際化。在這些論文的指引下，作者分析 TEDS 的幾項特色。從論文數量來看，2005 和 2009 年是兩個高峰，其餘大致穩定；從主題分布來看，以投票行為抉擇所佔比例最高，關鍵字則以投票決定因素最常出現；從研究社群人力分布觀察，比例最高的是單一教研人員和單一學生（雖然教師與學生合著也佔一定數量），但此一比例集中在一定數量的作者上；從跨時、跨選舉資料庫的使用來看，TEDS 迄今進行了 17 次調查，而研究者使用多筆資料的數量也在上升。在結論部分，作者總結將近 30 年的台灣選舉研究歷程，特別強調台灣應該從國外（尤其是美國）的理論模型中走出來。事實上，正如 TEDS 所展現出來的，關於統獨立場、國家認同的變數，雖然異於歐美國家，卻對台灣選民的投票行為產生重要的影響，也可由此讓相關選舉研究的文獻更為豐富。

吳重禮在第十六章中探討「台灣分立政府研究」。所謂「分立政府」是指行政與立法部門由不同政黨控制的政府型態。分立政府的概念，原本起源於美國的兩黨聯邦政治體制，而相關研究也以美國最多。台灣在 2000 到 2008 年由民進黨控制行政部門，面對的立法院卻是由國民黨等政黨所掌握的泛藍多數，所以也屬於分立政府。因此探討這個議題具有學理與實務的意義。本章論述以下幾點：第一，說明分立政府的概念意涵，並檢視台灣學界對於分立政府的研究；第二，將既有文獻區分為憲政體制與分立政府、

投票行為與分立政府，以及分立政府與政治影響；第三，提出未來研究的建議。作者認為，學界對於美國分立政府的解釋仍然不夠周全，對台灣而言亦然。但台灣學者的研究已經相當豐碩，接近美國政治學界的發展趨勢。他認為，台灣對分立政府的研究可以分成幾個方向。首先，必須注意不同體制之間的差異。例如，台灣的半總統制不同於美國的總統制，美國國會幾乎都由兩黨控制，但台灣的小黨仍有參政空間。第二，有別於美國參眾議員選舉所採行的單一選區相對多數當選制，台灣以往採取的是複數選區單記非讓渡投票制，而立法委員選舉制度在 2005 年後實行並立式單一選區兩票制。選舉制度的影響不僅包括競選行為，也擴及分立政府。第三，在 2005 年之前，總統任期和立法委員任期不一致，2005 年修憲將兩者任期調為一致，由於兩者的選舉時程相當接近（甚至同日舉行），所以立法委員選舉不容易產生「期中選舉」效應，使選民得以透過選票來制衡執政已久的行政部門。這些選舉時程，很值得進行跨國比較。第四，美國對於分立政府的研究，已擴及許多新興議題，而台灣政治發展也出現類似的議題。如何比較台灣與美國的經驗，是值得努力的方向。

柒、中國大陸政治

徐斯儉在第十七章「辯證中的變與不變：台灣對中共黨國體制的研究」一文中，提出了以下幾項重要的研究課題：中共的黨國威權體制，在面對一系列的內外在環境變化下，做出了什麼改變，又堅持了哪些不變？在什麼意義及多大程度上，產生了或沒有產生朝向民主化方向的變化？如果沒有產生明顯的民主化變遷，其威權政體進行了哪些調整，其國家社會關係有哪些有意義的變化，又如何影響中共黨國體制的未來走向？在檢閱了台灣學者近十年來的相關研究後，徐斯儉指出其共同點顯示光強調黨國威權的調適性或韌性是不夠的，還應該要看到其不斷內捲的現象，才能對其所謂「威權穩定」（也就是沒有朝向民主化變遷）的內容做出正確的判斷。此外，本章亦指出，近年台灣學者對中共政治菁英的探討，一方面著重於尋找中共菁英甄補與晉升背後的標準與規律，另一方面也注重探討菁英政治與整個黨國政權變遷的關係。本章歸納台灣學者的研究結果，發現在中國大陸基層中不難找到一些具有民主意涵或民主效果的改革，但這些改革可能有其非必然性。具有民主意涵的基層改革，有可能反而是上層有意的安排，其目的是協助中央或上層制衡基層領導幹部或官員，而不是真正對社會賦權。最後，中國黨國體制下的國家，面對逐漸多元和能力不斷成長的社會，也發展出一種較從前更為辯證的「國家—社會」關係。面對一個變化快速多端且又複雜的外在環境，國家不僅無意放棄其壟斷性地位，更開始調適學習如何運用和發展新的能力、吸收新的成分來繼續維持其

威權統治。

　　第十八章「中國大陸對外關係與全球化」是由冷則剛及陳玉文所共同撰寫。作者將台灣學者在「中國的全球化」方面所做的研究，從國際政治、經濟、社會、以及全球在地化等四大面向來進行回顧與檢視。本章針對台灣學者如何認知中國在全球發展的角色、以及對中國崛起現象的體認進行分析。本章指出，從台灣的角度來看中國大陸的全球化問題，首先面臨的即是如何看待「中國」這個變化中的實體。台灣與中國處在一個大小懸殊，但是關係微妙的特殊狀態。因此，作者首先探討在全球化的浪潮下，台灣學術界如何將中國大陸視為一個主權實體，以及其在國際體系中的角色。本章分析顯示，台灣學者面對海峽對岸在全球場域的崛起，在理論上展現出了批判的精神。在切入問題的途徑方面，不少台灣學者在探討全球化對中國的影響前，習慣先討論西方國家對全球化現象的正反意見。以此框架作為基礎，再探究全球化對中國的意義。審視台灣學者研究中國大陸對外關係及全球化的文獻，可以發現較少主動開發研究議題及研究理論。此外，本章亦指出，有關政治地理學及地方治理的研究傳統，如何在分析層次上做更精緻的研析，並與國際政治經濟學中有關外資及全球分工的研究展開對話，進而針對東亞城區發展之比較動力做一全面性的闡述，將是值得投注心力的課題。

　　第十九章「台灣中共外交研究的回顧：新發展與新挑戰」，由邱坤玄及張登及共同撰寫。作者指出，台灣的中共外交文獻頗多從安全困境的角度出發，尤其是關注兩岸、中日、中美間的安全困境是如何構成，以及權力平衡（balance of power）、威脅平衡（balance of threat）與攻守平衡（offense-defense balance）概念是如何運用，希望探求某種機制，以緩和此一困境。台灣若干文獻對中共的「和平崛起」、「和諧世界」、「公共外交」等議題的分析，也不同程度涉及此種建構主義的前景。此外，本章指出台灣中共外交研究的另一個趨勢，是外交研究古典時期特點的局部再現，也就是重新重視歷史的因素與歷史的方法。這個趨勢雖然尚未大幅開展，但卻與西方和大陸出現的一些「歷史學轉向」、「社會學轉向」風潮暗合。易言之，台灣有關中共外交研究的領域，隨著西方與大陸相關研究方法與議題的多元化，也正發生快速的變化。作者亦指出，台灣的中共外交研究已經完成「古典時期」向「理論時期」的過渡。投入新議題的研究者正在增加，使得本領域的研究與快速變化的國際環境保持同步。這些「新發展」有助於台灣的中共外交研究向「創新時期」推進。但目前跨典範的著述仍僅限於建構主義相關的研究，問題意識方面也仍多半是「進口」西方主流脈動，似乎無暇顧及「創新」議題，甚至忽略境外同行的創新嘗試。

　　徐斯勤與鄭有善於第二十章「當代中國大陸研究之政治經濟學領域：台灣與南韓之相關文獻回顧，2000-2012」中，比較了台灣與南韓有關中國大陸政治經濟學的研究。作者指出，在地方或區域層次之發展與變遷中，台灣學者著作最多與討論持續時間最長

的子議題，乃是關於地方政府或地方國家機關在經濟發展中的角色。綜合概念與經驗兩個層面來說，台灣的學者在此一問題上，都顯示出其有別於西方學者的發現和見解，而非完全複製其理論架構。台灣學者聚焦的其他幾項子議題包括：1. 影響地方經濟治理之因素的分析；2. 區域發展、城鄉關係、都市或農村發展的一般性議題；3. 特定區域的地方發展動態。就地理區位而言，則多半以長江三角洲、珠江三角洲、閩南地區爲研究範圍。在資料來源方面，多數都同時使用了田野觀察與訪談，以及檔案與書面資料的資料取得方式。其他研究課題還包含諸如企業與產權改革、政經社整體發展、政治經濟景氣循環，及中央地方關係等課題。另一方面，南韓學者的研究主要聚焦於：1. 地方和區域層次的政經發展與轉型；2. 產業發展；3. 勞動關係；4. 宏觀的政策方向以及關於治理的意識型態辯論；5. 企業和經營管理；6. 中國的經濟增長總體分析以及與全球經濟和韓國經濟的相互作用；7. 針對中國大陸與鄰近經濟體（如俄羅斯、北韓、香港、台灣）之比較研究；以及 8. 城市擴張及其相關議題，如財產權、收入和消費等議題。許多南韓學者主張積極與西方文獻對話，或採用西方的理論框架，同時也意識到國際學界關注的議題，而試圖與之對話。兩位作者共同指出，兩國在「地方或區域層次之發展與變遷」，以及「產業發展—企業和產權改革」議題上，都產生了較多研究作品。在地理範圍上，是以長江三角洲和珠江三角洲較多。兩國學者前往中國大陸從事田野研究，進行觀察與訪談等活動的程度，都隨著時間而逐步增加。兩國都有相當數量的研究人員，在其研究中長期而有系統地尋求與國際學界進行在概念、理論、經驗上的銜接和對話。但是台灣學界採行比較案例研究，從而印證或否證理論者所佔的比例，似要高於南韓從事比較案例研究者在南韓學者中所佔的比例。

捌、台灣政治學：多樣性還是一元化？

從第二章開始，本書將逐一進入「政治理論與方法」、「比較政治」、「國際關係與兩岸關係」、「公共行政」、「台灣政治」，以及「中國大陸政治」等六大範疇的探討，以深入瞭解近十年來政治學在各領域的發展。在每一範疇當中，我們將以專章分別討論二到四項的主題，並且進行回顧與前瞻。在最後一章當中，我們將從議題、方法、評鑑等三個角度，對民主化後台灣的政治學發展提出一個總結。我們發現，台灣政治學的議題日新月異，並且受到周遭環境的密切影響；量化研究的興起，增加了政治學的精確性與理論化；最後政治學已經建立起嚴謹的專業審查制度，並以此作爲各種評鑑的基準。這些變動與進步，也蘊藏著一些隱憂，主要表現在政治學有沒有可能過於趨向一元，而無法維持健康的多樣性？這個思考，把本書帶到一個更爲長遠和廣闊的關懷，並且把政

治學的發展和其他社會科學、整體學術研究，以及學術與社會的關係聯繫在一起，希望促使學界同仁和廣大讀者進行更進一步的思考。

　　在本書當中，我們試圖爲台灣政治學的發展提供一個大致的圖像，以及一個歷史的見證。然而我們所建構的學術相貌只可能是一個選擇性的鳥瞰，其中沒有被提及的重要學者與著作定然所在多有，在此需要學術先進和同行的原宥。造成這個現象的原因，一方面是無可避免的掛一漏萬與受到篇幅與出書期程的限制，一方面是一些過程中的因素，例如發表人撤稿或無法如期交稿等。部分重要的研究領域，例如國際關係理論以及許多重要的區域研究也因此無法收錄在本書當中。然而，我們相信，本書在捕捉台灣政治學的現貌上，做了迄今規模最大、也最細緻與深入的努力；同時在編輯與出書的過程中也完全依據嚴謹的學術審查與出版程序。這是作爲政治學者的我們瞭解自己的重要一步，也是其他學術社群和社會大眾一窺政治學發展的便利工具。我們所努力從事的，是提供一個公共財，從事一項學術的公共服務。我們期待可以獲得大眾的迴響與討論，讓台灣的政治學可以更進一步地服務於學術與社會。

參考書目

包宗和、劉義周、彭錦鵬、吳玉山，1994，《政治學門人力資源現況調查分析研究》，行政院國家科學委員會專題研究計畫（計畫編號 NSC 83-0301-H- 002-014）。

何思因、吳玉山（編），2000，《邁入廿一世紀的政治學》，台北：中國政治學會。

吳玉山，2000，〈政治與知識的互動：台灣的政治學在九○年代的發展〉，何思因、吳玉山（編），《邁入廿一世紀的政治學》，台北：中國政治學會。

吳玉山、林繼文、蕭高彥、蘇彩足，2003，《國內政治學專業期刊評比》，行政院國家科學委員會專題研究計畫（計畫編號 NSC 91-2414-H-001-028）。

馬起華，1975，〈中國政治學史檢論〉，《政治學報》4：79-107。

郭承天、林正義、蕭高彥、陳敦源，2008，《台灣政治學期刊評比》，行政院國家科學委員會專題研究計畫（計畫編號 NSC 97-2420-H-004-160）。

黃紀、朱雲漢、郭秋永、蕭全政、何思因，1998，《政治學學門成就評估報告》，「全國人文社會科學會議」會前會：社會科學組會議手冊，台北：國科會。

黃紀、朱雲漢、謝復生、蕭全政，1998，《國內政治學專業期刊評比》，行政院國家科學委員會專題研究計畫（計畫編號 NSC 87-2418-H-196-006）。

黃紀、林正義、蕭高彥、廖達琪、陳敦源、黃長玲，2007，《政治學門熱門及前瞻學術研究議題調查》，行政院國家科學委員會專題研究計畫（計畫編號 NSC 94-2420-H-001-012-B9407-2、NSC95-2420-H-001-003-B9407-2）。

Finifter, Ada W., ed. 1983. *Political Science: The State of the Discipline*. Washington, DC: American Political Science Association.

Finifter, Ada W., ed. 1993. *Political Science: The State of the Discipline II*. Washington, DC: American Political Science Association.

Greenstein, Fred I. and Nelson W. Polsby, eds. 1975. *Handbook of Political Science*. Reading, MA: Addison Wesley.

Goodin, Robert E., ed. 2009. *The Oxford Handbook of Political Science*. New York, NY: Oxford University Press.

Goodin, Robert E. and Hans-Dieter Klingemann, eds. 1996. *A New Handbook of Political Science*. New York, NY: Oxford University Press.

International Political Science Association. 2013. "Research Committees (RC)—Complete List of Research Committees." http://www.ipsa.org/research-committees/rclist (accessed June 16, 2013).

Issues & Studies. 2002/2003. *Special Issue: The State of the China Studies Field*. 39(1).

Issues & Studies. 2004. *Special Issue: Studies of Taiwan Politics*. 40(3/4).

Katznelson, Ira and Helen V. Milner, eds. 2003. *Political Science: The State of the Discipline*. New York, NY: W. W. Norton.

The American Political Science Association. 2013. "Organized Sections." http://www.apsanet.org/sections/index.cfm?CFID=23576623&CFTOKEN=22104987 (accessed June 16, 2013).

政治理論與方法

第二章

近十年台灣政治思想與規範理論研究
的回顧與展望

蕭高彥

壹、前言

在台灣，只有行政院國家科學委員會人文及社會科學發展處（以下簡稱國科會人文處）能超越各個教學與研究單位之上，做出整體的社會科學學術發展規劃。人文處在 1995 年正式成立政治學門，首任召集人朱雲漢便於次年委請黃默就政治思想研究的規劃與諮詢，開會討論並做成報告（黃默，1996）。在九〇年代的下半葉，對於政治思想研究產生了若干批判反省聲浪。首先，黃默與陳俊宏（1997）檢閱 1991 至 1996 年的文獻後，主張政治思想與政治哲學的研究者，應該跨越思想家以及經典詮釋，關注政治現實，與政治學其他次學門學者合作，以其所學來批判、反省公共政策之得失。其次，陳瑞崇（1999）則依據 1988 至 1998 年的相關文獻，同樣批判了當時政治思想史研究的樣態。這一波的反省，總結於江宜樺（2000）對於台灣西洋政治思想研究的總回顧。江文一方面評析當時對於西方政治思想相關研究不滿的聲浪後，提出回應與建議；另一方面，則將時間縱深拉長，整理分析了 1949 年以後關於西洋政治思想史的學術期刊、專書，以及碩博士論文，並依據「議題」以及「思想家」兩個標準，重新分類整理，完整地回顧了 20 世紀下半葉台灣西洋政治思想的研究成果。在這些文獻整理與分析的基礎上，江宜樺對於西洋政治思想未來的發展提出下列五點建議：

1. 除了思想人物經典的詮釋外，應該嘗試對現實問題進行哲學反思；
2. 鼓勵跨學門的整合計畫、科際合作或聯合撰述；
3. 打破中西政治思想傳統的分野，展開政治思想論述史的有機整合；
4. 創辦以政治思想為主的專業性學術刊物，提供同行相互切磋的園地；
5. 合作撰寫西洋政治思想史教材，改善國內大學教育品質（2000：72）。

進入 21 世紀之後，國科會人文處持續推動學術制度興革，朝著更為專業化的方向發展。其中，與政治學相關的建制大致如下：第一，學門的學術審查運作，通過計

畫申請與審查過程的線上化以及複審委員輪替的規則等,建立了「同儕審查」(peer review)的完備機制。使得國科會計畫能夠基於各個次學門獨立運作的學術標準加以審核,並通過申訴機制補救可能不公正的結果。第二,台灣社會科學引文索引(Taiwan Social Science Citation Index,TSSCI)核心期刊資料庫在這十年之間,由人文處委託國科會人文社會科學研究中心(以下簡稱社科中心)執行,依據實施辦法仔細檢視各學術刊物的審查、編輯程序與品質,並在此基礎上,由各學門以及人文處決定收錄與否。由於 TSSCI 核心期刊通過引文資料庫的建置,實質上達成的是對於學術期刊「質」的評比,這對於台灣社會科學的研究產生了深遠的影響。第三,除了學術期刊之外,人文處也鼓勵學術專書的寫作,自 1996 年起,成立「補助人文學及社會科學學術性專書寫作計畫」,讓學者用比較長的時間來構思撰寫學術專書。而在專書出版前的審查工作方面,則鼓勵 TSSCI 期刊代為審查,再交由出版社出版。另外,社科中心所建立的「學術專書補助制度」,則針對出版前經過嚴格審查的學術專書予以實質補助。通過這些學術制度興革,人文處在計畫申請與審查、期刊運作,以及專書出版過程等三方面都建立了完整制度,對於台灣人文社會科學的發展,產生了重要的影響。

有關政治學學術環境則有下列幾個值得注意的發展。首先,中央研究院在 2002 年成立政治學研究所籌備處,並於 2012 年正式成所;不過,政治思想研究並非其發展重點。相對地,在上世紀九○年代引領政治思想研究的中研院中山人文社會科學研究所在 2004 年改制為「人文社會科學研究中心」,下設「政治思想研究專題中心」,持續在此領域耕耘。在學術期刊方面,如前述江宜樺所提的五點建議,其中關於政治思想專業期刊方面,由江宜樺、蔡英文、顏厥安以及謝世民等學者發起,聯絡政治、社會、哲學、法律等領域相關學者,創立《政治與社會哲學評論》,自 2002 年 6 月起發行,完成了江宜樺前文的願景之一。

在過去十年上述新的發展脈絡之上,本章整理 2000 至 2011 年政治思想的研究資料,分為國科會計畫、學術期刊論文、專書或專書論文三個範疇,並做評估和展望。

貳、回顧與評估

一、國科會計畫

國科會計畫是台灣學術界「生產」面的主要資源提供單位。依據政治學門的分類,共區分為「政治理論」、「國際關係」、「公共行政」與「比較政治」四個次領域。過去十年國科會的申請通過狀態如表 2-1。

表 2-1　政治學門各次領域計畫申請通過狀態[1]

年	政治理論			公共行政			國際關係			比較政治			總計		
	申請數	核定數	通過率（%）	申請數	核定數	通過率（%）	申請數	核定數	通過率（%）	申請數	核定數	通過率（%）	申請數	核定數	通過率（%）
2002	33	27	81.82	62	29	46.77	72	32	44.44	96	46	47.92	263	134	50.95
2003	32	21	65.63	91	44	48.35	83	49	59.04	116	65	56.03	322	179	55.59
2004	45	32	71.11	88	45	51.14	84	43	51.19	92	49	53.26	309	169	54.69
2005	24	19	79.17	50	26	52.00	65	36	55.38	190	89	46.84	329	170	51.67
2006	36	26	72.22	79	29	36.71	86	44	51.16	146	89	60.96	347	188	54.18
2007	58	35	60.34	106	52	49.06	113	54	47.79	98	53	54.08	375	194	51.73
2008	68	37	54.41	92	41	44.57	121	58	47.93	106	60	56.60	387	196	50.65
2009	63	37	58.73	124	52	41.94	136	72	52.94	103	65	63.11	426	226	53.05
2010	66	41	62.12	128	62	48.44	151	72	47.68	112	69	61.61	457	244	53.39
2011	57	34	59.65	133	60	45.11	150	72	48.00	100	56	56.00	440	222	50.45
合計	482	309	64.11	953	440	46.17	1,061	532	50.14	1,159	641	55.31	3,655	1,922	52.59

[1] 僅取得 2002 至 2011 年之資料。

　　然而，由於次學門的分類係由申請人自行選擇填寫，所以「政治理論」次學門，實際上包含了政治思想與規範理論，以及經驗政治理論與方法論等不同性質的研究計畫。本章之目的在於回顧與檢討政治思想與規範理論領域，所以基於人文處政治學門所提供通過計畫的原始資料，筆者將其中關於中西政治思想以及規範理論的計畫加以整理（如附錄一）。[2] 之後所得出政治思想與規範研究型計畫佔政治學門所有核定通過計畫的比例大體如表 2-2。

表 2-2　政治學門政治思想與規範理論研究計畫申請通過數目與比例

年	核定件數	政治思想		
		申請件數	未通通件數	佔通過案比例（%）
2002	134	17	4	9.7
2003	179	18	7	6.1
2004	169	18	6	7.1
2005	170	16	3	7.6
2006	188	16	9	3.7
2007	194	24	6	9.3
2008	196	22	12	5.1
2009	226	19	8	4.9
2010	244	21	7	5.7
2011	222	17	10	3.2
總計	1,922	188	72	

說明：核定通過件數含預核案。

　　一個值得注意的趨勢是，在 2008 年以前，政治思想類研究計畫基本上維持 10% 上下的比例；但自 2008 年以來，政治思想研究通過的案件較之前為低。檢視原始資料，主要原因在於政治學門申請案件總數逐步增加，但是政治思想申請案件並未同步增加。也就是說，在台灣政治學門人員擴張的過程中，研究政治思想與規範理論的新進人員，比例明顯下降，加上部分中壯年研究者則逐漸淡出國科會研究計畫的申請，都造成了這個趨勢。

---

[2]　我們依據計畫題目加以整理，而不以研究人員為區別標準，所以範圍將大於學界一般所認定的政治思想與規範理論範圍。例如一位經驗政治學者，若其計畫題目顯示出一般性規範理論的旨趣，亦將予以收錄。另外，與江宜樺（2000）不同的是，本章對中國政治思想研究計畫以及期刊論文亦收錄比較分析。

另外，依據「議題」與「思想家」兩項標準，可以將過去十年政治思想以及規範理論研究計畫的取向整理如表 2-3、表 2-4。[3]

表 2-3　以政治思想家為研究對象之國科會計畫（2000-2011）

研究對象	研究者	件數
St. Augustine	詹康（2004，2005）	2
Thomas Hobbes	李培元（2000）、陳思賢（2006）、梁裕康（2009）	3
Bernard Mandeville	王遠義（2005）	1
Thomas Jefferson	張福建（2003）	1
Federalists：James Madison、Alexander Hamilton	張福建（2000a，2000b，2001，2002）	4
J. S. Mill	李西潭（2002）、葉浩（2009）	2
Karl Marx	孫善豪（2002）	1
Carl Schmitt	姚朝森（2001）	1
Martin Heidegger	陳思賢（2001）	1
Leo Strauss	陳思賢（2003，2004）、姚朝森（2010）	3
Friedrich Hayek	王遠義（2000）	1
Hannah Arendt	蕭高彥（2003，2004，2005）	3
Isaiah Berlin	蘇文流（2001）	1
Raymond Williams	王賀白（2001）	1
J. G. A. Pocock	梁裕康（2006）	1
Michel Foucault	陳思賢（2002）	1
Jürgen Habermas	黃瑞祺（2011）	1
Michael Walzer	陳宜中（2006）	1
Quentin Skinner	梁裕康（2005，2007，2008）	3
David Miller	梁文韜（2002）	1
John Gray	陳宜中（2005）	1
Francis Fukuyama	王遠義（2000）	1
老子（歷代註）	林俊宏（2002，2008，2009，2010，2011）	5
韓非	詹康（2006，2010）	2

---

[3]　表 2-3 至表 2-7 之原始資料詳見附錄一與附錄二。

表 2-3   以政治思想家為研究對象之國科會計畫（2000-2011）（續）

研究對象	研究者	件數
王安石	郭應哲（2001）	1
張君勱	孫善豪（2005）	1
毛澤東	王遠義（2010）	1
小計		45

說明：多年期預核案僅算一次。

表 2-4   以政治議題為研究對象之國科會計畫（2000-2011）

研究主題	研究者	件數
中國古代政治思想	鄭曉時（2002）、詹康（2003）、佐藤將之（2004）、林俊宏（2001，2003，2004，2005，2006）、顧慕晴（2007）	9
中國政治學／思想、中西政治思想（綜合）	葉仁昌（2000）、陳秀容（2003）、江宜樺（2006）、林俊宏（2007）、楊貞德（2008）、蕭高彥（2011）	6
清末民初政治思想	王遠義（2007，2008，2009）	3
民主、基進民主、民本論、審議式民主、政治參與	郭承天（2000）、江宜樺（2000a，2000b，2001）、黃默（2000、2001）、黃東益（2000）、楊貞德（2002）、施能傑（2003）、林淑芬（2005，2006）、楊泰順（2007）、陳宜中（2008）、蕭高彥（2009）、許國賢（2003，2009，2009）、許雅棠（2008，2010）、邱師儀（2010）	20
自由、自由主義、憲政主義、權利、個人主義、聯邦主義	郭秋永（2000）、許國賢（2000）、徐振國（2001）、楊泰順（2002）、李炳南（2001，2003）、曾國祥（2000，2001，2003，2004）、張福建（2007）、林繼文（2007）、梁文韜（2008）、許國賢（2002，2010）、梁裕康（2010）、楊貞德（2003，2004，2011）、姚安驥（2011）	20
政治概念、政治論述分析、政體研究、統治、詩與政治哲學	陳思賢（2000a，2000b）蕭高彥（2000a，2000b）、江宜樺（2003，2004，2005）、許國賢（2006，2011）	9
激進主義	蔡英文（2000，2001，2002）、楊貞德（2006）、陳思賢（2007）、林淑芬（2007）、楊芳燕（2007）	7
正義、全球正義、分配正義、轉型正義、平等、正當性	許國賢（2004）、梁文韜（2005）、黃競涓（2005）、蔡英文（2005，2006，2007）、葉浩（2007a，2007b，2008）、孫善豪（2008）、陳俊宏（2010）	11

表 2-4　以政治議題為研究對象之國科會計畫（2000-2011）（續）

研究主題	研究者	件數
多元主義、女性主義、原住民	江宜樺（2002）、黃競涓（2004）、黃默（2008，2009）、楊婉瑩（2011）	5
權力、戰爭	郭秋永（2000，2001，2004，2005，2006）、陳宜中（2004，2008）、張福建（2010）	8
後現代主義、生命政治、後結構主義、公共領域、台灣婚姻制度、後殖民主義	陳瑞崇（2001，2002）、宋國誠（2004）、蘇哲安（2006，2007，2008）、林艾克（2007，2008）、林淑芬（2003，2004，2009）	11
馬克思主義、社會主義、左派思想	姜新立（2000）、孫善豪（2002）、許國賢（2007）、傅可暢（2009，2010，2011）	6
保守主義	曾國祥（2000，2006）、王遠義（2006）、姚朝森（2007，2008）	5
政治秩序、台灣國家認同、國家	陳翠蓮（2000）、蕭高彥（2001，2002）、陳思賢（2005）、蔡英文（2003，2004，2011）	7
公民身分、容忍、不服從	郭承天（2002，2004）、陳宜中（2007）、郭秋永（2007）	4
國族、民族、國族主義、民族主義、浪漫主義	曾國祥（2005）、郭承天（2009）、陳宜中（2011）	3
主權	張福建（2004，2006）	2
方法論、研究途徑、批判實存主義、懷疑主義、劍橋學派	黃競涓（2000）、王遠義（2001）、郭秋永（2002，2003）、蕭高彥（2006）、曾國祥（2009）	6
生技倫理、安樂死	陳瑞崇（2000）、陳宜中（2003）	2
小計		144

說明：多年期預核案僅算一次。

　　表 2-3 與表 2-4 顯示出，台灣政治思想與規範理論研究者在申請國科會計畫時，大多不會標舉單一思想家，若以思想家為主，也盡量強調實質的學術議題。

二、學術期刊論文

　　在期刊論文方面，與江宜樺（2000）上一次分析調查顯著不同學術環境是 TSSCI 的建置與發展成熟。所以，本次學術期刊論文的資料蒐集與分析，限於 TSSCI 的政治學刊物以及綜合類刊物，包括《政治學報》、《台灣政治學刊》、《政治科學論叢》、《東吳政治學報》、《臺灣民主季刊》、《政治與社會哲學評論》，以及綜合類的《人文及

社會科學集刊》、《歐美研究》。另外,也分析了老牌人文社會科學綜合類刊物《思與言》,以期完整。各期刊所發表的政治思想與規範理論論文詳附錄二。至於各期刊政治思想論文總數及所佔比例如表 2-5。

表 2-5   政治學期刊論文統計表(2000-2011)

期刊名稱	論文總數	政治思想		主題比例(%)			
		論文數	百分比(%)	思想家		議題	
				比例	篇數	比例	篇數
政治學報	120	8	6.67	12.5	1	87.5	7
台灣政治學刊	99	9	9.09	66.67	6	33.33	3
政治科學論叢	224	48	21.43	68.75	33	31.25	15
東吳政治學報	174	23	13.22	65.22	15	34.78	8
臺灣民主季刊	41	7	17.07	14.29	1	85.71	6
政治與社會哲學評論	181	97	53.59	44.33	43	55.67	54
思與言	276	58	21.01	51.72	30	48.28	28
人文及社會科學集刊	218	29	13.30	44.83	13	55.17	16
歐美研究	203	12	5.91	66.67	8	33.33	4
總計	1,536	291	18.95	51.55	150	48.45	141

說明:主題比例係主題除政治思想文章數。

如前所述,《政治與社會哲學評論》乃本階段專門成立作為政治思想與規範理論發表論壇的刊物,所以政治思想與規範理論類的文章比例特高,並不令人意外。其餘的刊物中,《政治科學論叢》與《思與言》所佔比例亦多,反映出這兩刊物長期以來的發展取向。另外兩個政治學會的刊物(《台灣政治學刊》以及《政治學報》)則低於 10%,這或許反映出政治思想與規範理論的研究學者大部分選擇在具有專業特色的學術期刊發表。由表 2-5 可看出,在「思想家」與「議題」之間,政治思想學術論文的比例差別不大。至於細部的主題與人物分布,則如表 2-6、表 2-7。

表 2-6　以政治思想家為研究對象之期刊論文（2000-2011）

研究對象	研究者	篇數
Plato	黃俊龍（2010）	1
Aristotle	莊國銘（2003）、王志輝（2005）、林遠澤（2006）、胡全威（2009）	4
Cicero	蕭高彥（2002）	1
St. Augustine	詹康（2009）	1
Dante Alighieri	陳思賢（2000）	1
Martin Luther	陳思賢（2002）	1
William Shakespeare	陳思賢（2007）	1
Thomas Hobbes	曾慶豹（2003）、陳瑞榮（2005，2006）、鍾立文（2008）、蕭高彥（2009）、陳思賢（2009）、曾國祥（2009）、陸品妃（2009）、孫善豪（2009）	9
John Locke	蘇文流（2002）、梁文韜（2004）、陳瑞崇（2011）	3
Bernard Mandeville	陳正國（2008）	1
David Hume	高全喜（2007）、曾國祥（2008）	2
J. J. Rousseau	蕭高彥（2001）	1
Adam Smith	James E. Alvey（2003）	1
Immanuel Kant	賴宗賢（2001）、陳瑤華（2002，2006）、孫善豪（2010）	4
Federalists：James Madison、Alexander Hamilton	陳思賢（2001）、蕭高彥（2007）	2
G. W. F. Hegel	顏厥安（2003）、魏楚陽（2011）	2
Alexis de Tocqueville	陳建綱（2005）	1
J. S. Mill	黃俊龍（2003）、張福建（2005）	2
Karl Marx、Marxism	郭仁孚（2001）、孫善豪（2011）	2
Friedrich Nietzsche	賴俊雄（2004）	1
Max Weber	Alan Scott（2007）	1
Carl Schmitt	張旺山（2003，2005）、李俊增（2005）、柯朝欽（2008）、蔡英文（2010）	5
R. G. Collingwood	陳思賢（2005）	1
Martin Heidegger	黃文宏（2001）、張鼎國（2010）	2
Karl Mannheim	郭仁孚（2002）	1
Friedrich Hayek	李世榮（2007）	1

表 2-6　以政治思想家為研究對象之期刊論文（2000-2011）（續）

研究對象	研究者	篇數
Leo Strauss	郭仁孚（2000）	1
H. G. Gadamer	連雋偉（2005）	1
Eric Voegelin	楊尚儒（2011）	1
Jacques Lacan	蔣興儀（2007）、蔣興儀、魏建國（2008）	2
Michael Oakeshott	曾國祥（2003）	1
Hannah Arendt	莊國銘（2005）、黃默（2006）、雷敦龢（2006）、蕭高彥（2006）、Peter Baehr（2007）	5
Simone de Beauvoir	劉亞蘭（2008）	1
Isaiah Berlin	曾國祥（2007）	1
John Rawls	陳宜中（2001，2004）、謝世民（2004）、張福建（2004）、戴華（2004）、許漢（2004）、Thomas Pogge（2004）、林炫向（2005）、李國維（2010）	9
J. G. A. Pocock	梁裕康（2007）	1
Michel Foucault	林淑芬（2004）	1
Jürgen Habermas	李俊增（2004，2006）、林遠澤（2005）	3
Jacques Derrida	梁裕康（2009）	1
Richard Rorty	魏中平（2010）、鄭維偉（2011）	2
Ronald Dworkin	黃舒芃（2003）、陳閔翔（2009a，2009b）、陳宜中（2007）、吳秀瑾（2009）	5
Charles Taylor	王崇名、林亮如（2009）	1
Ernesto Laclau	林淑芬（2006）	1
Robert Nozick	林立（2002）	1
John Dunn	曾國祥（2010）	1
Quentin Skinner	蕭高彥（2002）、梁裕康（2006，2007）	3
Jacques Rancière	李建漳（2011）	1
David Miller	梁文韜（2005a，2005b，2005c）	3
Chantal Mouffe	曾志隆（2005，2007）	2
C. S. Nino	龔維正（2006）	1
Michael Sandel	曾國祥（2003）	1
Clarence N. Stone	王輝煌（2007）	1
Jack Donnelly	Edmund Ryden SJ（2010）	1

表 2-6　以政治思想家為研究對象之期刊論文（2000-2011）（續）

研究對象	研究者	篇數
孔子	許雅棠（2001）、江宜樺（2008）	2
老子	許雅棠（2003）、林俊宏（2000，2003，2004，2005，2011）	6
墨子	林俊宏（2000）、許雅棠（2002）	2
慎到	許雅棠（2003）	1
尸子	林俊宏（2000）	1
孟子	葉仁昌（2011）	1
莊子	林俊宏（2001）、詹康（2010）	2
尹文子	林俊宏（2011）	1
韓非	詹康（2002，2008，2009，2010）	4
賈誼	林俊宏（2002）	1
司馬遷	鄭曉時（2009）	1
阮籍、嵇康	林俊宏（2005）	1
郭象	林俊宏（2002）	1
成玄英	林俊宏（2007）	1
李榮	林俊宏（2009）	1
杜光庭	林俊宏（2008）	1
朱熹	江玉林（2009）	1
嚴復	張福建（2001）	1
宋恕	楊際開（2001）	1
梁啟超	梁台根（2006）	1
江亢虎	陳姃湲（2003）	1
李大釗	王遠義（2001）	1
胡適	林毓生（2009）、傅國湧（2009）、智效民（2009）、陳儀深（2009）	4
連溫卿、謝雪紅	伊藤幹彥（2004）	1
雷震	王之相（2011）	1
徐復觀	李淑珍（2011）	1
殷海光	王中江（2011）、何卓恩（2011）、簡明海（2011）	3
柏楊	陳聖屏（2011）	1
朱堅章	江宜樺（2006）、張福建（2006）、孫善豪（2006）	3
林毓生	簡明海（2011）	1

表 2-7　以政治議題為研究對象之期刊論文（2000-2011）

研究主題	研究者	篇數
中國古代政治思想	王文濤（2006）、葉仁昌（2006）、佐藤將之（2009）、張其賢（2009a，2009b）	5
清末民初政治思想	安井伸介（2009）、簡明海（2009）、何卓恩（2011）、吳鯤魯（2011）	4
當代中國政治思想	許雅棠（2005）	1
新儒家	石之瑜（2001）、林安悟（2001）、陳運星（2004）、何信全（2011）	4
民主、審議式民主、人民主權、民粹主義、公民複決	許國賢（2000，2005，2008）、郭承天（2001a，2001b）、蔡英文（2003，2005，2011）、梁文韜（2004）、林淑芬（2005）、顏厥安（2005）、張文貞（2006）、郭秋永（2007）、黃東益、李翰林、施佳良（2007）、葉仁昌（2010）、張福建（2010）	16
自由、自由主義、宗教自由、容忍、寬容、憲政主義	葉永強（2001）、陳思賢（2003）、林繼文（2003）、陳瑤華（2003）、許國賢（2002，2004）、曾國祥（2004a，2004b）、周保松（2004）、郭承天（2005）、謝世民（2006）、何信全（2006）、張東升（2006）、許漢（2001，2009）、陳宜中（2009）、丘為君（2009）、朱元鴻（2010）、蘇瑞鏘（2011）	19
共和主義、公共領域、公共理性	許國賢（2000）、方志強（2001）、蕭高彥（2002）、陳弱水（2003）、林火旺（2004）、顧肅（2007）	6
服從、規訓、後結構主義、殖民主義	林淑芬（2003）、石之瑜、顏欣怡、王寶萱（2006）、吳乃德（2009）、李俊增（2009）	4
多元主義、女性主義、原住民	陳幼慧（2000）、吳秀瑾（2005）、郭秋永（2007）、靳菱菱（2009）、黃競涓（2002，2008，2011）、葉浩（2008，2011）	9
民族、民族主義、國族、國族主義	孫治本（2000）、朱耀偉（2000）、蔡英文（2002）、沈松橋（2002）、汪宏倫（2002）、蕭高彥（2004）、陳宜中（2010）	7
人權、人道干預、全球化、權利、代表、公民身分、公民教育	陳俊宏（2000a，2000b）、陳玉珮（2000）許國賢（2001）、張福建、劉義周（2002）、Haig Patapan（2003）、陳宜中（2003）、徐偉傑（2003）、王定村（2003）、廖福特（2004）、葉家威（2005）、莊國銘（2006）、鄭祖邦（2008）、劉靜怡（2009）、梁文韜（2010）、蔡英文（2005，2010）	17

表 2-7　以政治議題為研究對象之期刊論文（2000-2011）（續）

研究對象	研究者	篇數
平等、性別平等	許國賢（2000，2006）、錢永祥（2003）、陳宜中（2008）、陸品妃（2006，2011）	6
方法論、研究途徑、研究倫理、價值中立、批判實存主義、實證主義、經驗主義、效益主義、文獻檢閱、哲學詮釋學	江宜樺（2000）、蕭全政（2000）、宋維科（2001）、徐振國（2002）、陳瑞崇（2003）、石之瑜、王宏仁、李偉俠、李樹山（2004）、曾國祥（2004）、梁文韜（2004）、陳瑞麟（2005）、郭秋永（2002，2003，2005，2006）	13
馬克思主義、左派思想、社會主義、革命	孫善豪（2002）、陳宜中（2002）、梁文韜（2003a，2003b）、金觀濤（2005）、萬澤毓（2006）、歐崇敬（2007）、張其賢（2009）	8
政治符號、公共治理、政治概念	蕭延中（2003）、江宜樺（2005）、梁文韜（2006）、袁光鋒（2010）	4
權力	郭秋永（2001，2004，2006）、謝世民（2002）	4
正義、全球正義、分配正義、全球化、正義感	石之瑜（2003）、周保松（2009）、陳嘉銘（2010）	3
其他議題（聯邦主義、台灣獨立研究、政治道德、對話倫理、道德客觀性、行動、信任、理性、靈魂論、保守主義、普遍主義、雅典政治思想）	許維德（2001）、王崇名、莊茂（2002）、林遠澤（2003）、鄭秀瑕（2005）、曾國祥（2006）、郭秋永（2008）、張福建（2010）、陳宜中（2010）、許漢（2010）、林瓊珠、蔡佳泓（2010）、黃俊龍（2010）、陳宜中（2011）	12

　　由以上對國科會計畫以及期刊論文的統計可以看出，政治理論學者在過去十年所從事的研究計畫以及文章發表，在議題取向以及思想家取向之間，比例大體上各半。只不過我們所統計的「議題」，並不僅限於台灣社會或以亞洲乃至全球性脈絡所面臨的實際問題；「議題」導向的研究計畫或論文在相當的程度上，往往也是特定思想家或學派所論述的課題。

三、專書或專書論文

　　在專書與專書論文方面，國科會設計了「補助人文學及社會科學學術性專書寫作計畫」，不過，政治思想學者歷年曾經運用這個計畫管道的，只有許雅棠《民本論芻議》以及梁文韜《人道干預的政治哲學探析》，比例並不算高，其原因值得進一步瞭解。

　　國科會社科中心執行「補助期刊審查專書書稿」共計 22 本，其中政治思想僅有梁文韜的《國際政治理論與人道干預：論多元主義與團合主義之爭辯》。但社科中心歷年

來補助具有審查制度的專書共 34 本，[4] 其中，江宜樺《自由民主的理路》、郭秋永《當代三大民主理論》、蔡英文《政治實踐與公共空間——漢娜‧鄂蘭的政治思想》、梁文韜《國際政治理論與人道干預：論多元主義與團合主義之爭辯》等四本屬於政治思想與規範理論的範疇，而黃金麟的《歷史、身體、國家——近代中國的身體形成》及《戰爭、身體、現代性：近代台灣的軍事治理與身體，1895-2005》亦有相關性；相較於政治學門其他次領域所獲補助而言，比例明顯較高。以上以梁文韜的專書從計畫、書稿代審、出版補助三者環環相扣，完整地依循了人文處建制程序。

　　專書論文集由於審查之寬嚴易滋爭議，基本上只有中央研究院人文社會科學研究中心持續經營，過去十年所發表的專書如下：張福建《公民與政治行動：實證與規範之間的對話》（2009/6）、蕭高彥《憲政基本價值》（2009/6）、蔡英文、張福建《現代性的政治反思》（2007/12）、蔡英文、張福建《自由主義》（2001/3）以及林繼文《政治制度》（2000/7），承續了前十年社科所政治組的發展取向。但一個值得注意的新發展是嘗試結合規範理論與經驗研究的「台灣的公民意識：理論與實踐」計畫，此計畫由張福建主持，與政治大學選舉研究中心合作，每年就規範有關議題實行民調，然後再合作召開學術會議，經審查後集結成專書出版。這個計畫日漸成熟，前述《公民與政治行動：實證與規範之間的對話》即為其第一本成果，預計未來可以產生具有特色的專書系列。這與林繼文主編的《政治制度》（2000）以及梁文韜主編的《審議式民主的理想與侷限》（2011）主旨相近，是政治思想未來可強化推動的集體研究方向。

參、檢討與展望

　　本章回顧了過去十年來由國科會人文處所主導的學術建制，並且在此基礎上，針對國科會計畫、學術期刊論文以及專書與專書論文等三個面向，檢討了政治思想近十年的研究成果以及發展趨向。如前節所述，在政治思想次領域中，比較豐碩的成果展現在期刊論文的範疇，除了專業的政治思想期刊外，在政治學門一般性刊物如《政治科學論叢》、《東吳政治學報》、《臺灣民主季刊》等，都有超出次學門比例的發表成績。但在國科會計畫方面，我們所看到的主要是以學者研究興趣為基礎所形成的個人計畫，較缺乏橫向聯繫，也沒有大規模的整合型計畫。而學術性專書，雖然有國科會在審查制度以及事後補助方面的建制化，但專書的數量似乎並未明顯成長。

4　詳見 http://ssrc.sinica.edu.tw/ ssrc-home/4-6.htm。

　　經過過去十年的努力，政治學與台灣其他社會科學相同，依循雙向匿名審查制度的主軸，逐漸建立了嚴謹的學術規範。若說這是華文世界中，程序最為嚴謹，學術品質最為整齊的學術社群，應不為過。借用美國政治哲學家沈岱爾（Michael Sandel）（1984）的觀念，我們可以將台灣過去十年的學術建制稱之為一種「程序共和」（procedural republic）。也就是說，基於對學術規範以及程序的重視，以公平的同儕審查為核心所完成的學術建制。其最為明顯可見的效果，是學術期刊審查過程迅速的理性化，而由於 TSSCI 的收錄同時表示學術品質的肯定，所以絕大部分學者都需將其研究成果發表在 TSSCI 收錄的學術期刊之中。相對於十多年以前台灣的學術刊物，其品質的確有全面性的提升。

　　然而，我們也不能忽視在此學術理性化過程中所產生的一些問題：雖然過去十年學術建制的理性化似乎已經大體完備，但回顧江宜樺十年前的呼籲，除了創辦以政治思想為主軸的專業性學術刊物之外，其他如「對現實問題進行哲學反思」、「跨學門的整合計畫、科際合作或聯合撰述」以及「打破中西政治思想傳統的分野，展開政治思想論述史的有機整合」等幾個實質的學術目的，並未能完成程序性的學術建制。

　　之所以如此，筆者認為至少有四個原因。首先，與政治學其他次學門相比，政治思想與規範理論的研究者人數明顯較少，使學術規模的形成有所侷限。其次，相較於經驗政治學者，政治思想研究者所需之學術資源較少，除了書籍、資料庫以及電腦之外，並沒有調查、電訪或其他相對的特殊硬體設備的需求，所以比較沒有強烈的動機從事於整合型的研究。第三，政治思想研究缺乏政治學門其他次領域所自然產生的焦點議題，如經驗政治學者基於台灣民主化所需從事調查研究的必要性而成立的台灣選舉與民主化調查（Taiwan's Election and Democratization Study，TEDS）以及民主價值等研究計畫，或比較政治學者自然地聚焦於「雙首長制」之研究。在缺乏焦點議題的情況下，本土性思想研究典範的建立較為困難。第四，政治思想與規範研究的學者，面對中西方悠久的思想史傳統以及蓬勃發展的當代政治哲學，往往傾向於以自己感興趣的傳統或當代論述界定研究主題以及研究取向，並從事學術發表。

　　是以，過去十年整體的學術建制是通過「程序共和」而形成一種以研究者個體所構成的「自發性秩序」（spontaneous order），但上述四個原因反而在政治思想與規範研究中造成了一種比較極端的個人主義情境。本來，自由主義在個人主義情境脈絡之上，所欲建構的恰恰是「自發性秩序」；但當學術人口不足時，自由主義、個人主義式的概念之適用性便有其限度。針對這樣的現狀，或許未來有必要撥出一部分資源來做由上而下的規劃型、整合型研究計畫。國科會人文處在 2006 至 2007 年曾經委託社科中心從事各學門「熱門及前瞻學術研究議題」的調查，但是在執行完畢之後，並沒有成為計畫申

請加以鼓勵的項目,甚至有學者會疑懼推動具有特色的研究計畫將造成的資源扭曲。然而,鑑於國家資源在可見的未來將日益緊縮,如何運用有限的資源達到最大的學術效益,且在「程序共和」的基礎之上,提供有效的誘因,讓政治思想與規範理論研究者有意願在個人的研究興趣之外,彼此溝通,成立整合型研究計畫,並使之除了在專業學術期刊發表其研究成果之外,更能夠以專書或專書論文的形式呈現,以形成範圍更大的學術社群。特別是政治思想與規範理論的研究者有必要和人文社會科學其他學門取向接近的研究者溝通討論,但目前的學術建制,以國科會的計畫申請而言,仍然有學門的特殊性,要發展出跨越學門的研究計畫,仍有其困難。

　　基於以上所論,筆者主張,在「程序共和」的基礎上,一個問題意識明確、整合性強的「學術社群」的形成,是我們在下一階段應該努力達成的目標。這個任務,相對於中國大陸學界近十年的發展而言,更有其迫切性。依據筆者的觀察,大陸在政治思想與規範理論的研究方面,雖然在「程序正義」的嚴格程度仍遠不及台灣;但是隨著國家的崛起以及學術資源的投入,近期已經快速地建立其主體意識,例如就著「天下與國家」、「儒家的政治秩序」等議題,從事學術的討論與發表。這個現象值得台灣學者警惕。畢竟,嚴格的學術審查制度,假如不能造成高品質學術著作的產生,並且經由教育以及公共輿論而發生影響,則這樣的學術建制仍有不足之處。不但相對於中國大陸近年來的發展,即便是台灣學術建制仍然非常原始的五〇年代,不同領域的思想與哲學研究者,反而能環繞著《自由中國》對於自由價值與現實問題的討論,並循著自由主義政治制度和中國傳統文化間之關係的議題,與以香港為基地的新儒家刊物《民主評論》彼此論辯,產生思想的火花。身處於 21 世紀的台灣學者,在過去與現在之間,實有必要深化已有的學術建制,並形構下一階段的學術社群。

參考書目

江宜樺，2000，〈台灣的西洋政治思想研究〉，何思因、吳玉山（編），《邁入廿一世紀的政治學》，台北：中國政治學會，頁 51-105。

陳瑞崇，1999，〈誰的政治思想？爲何研究？台灣政治學界政治思想研究之初步回顧〉，《思與言》37（3）：141-208。

黃默，1996，《國科會八十五學年度政治學門發展規劃諮詢小組會議：政治思想與政治理論組成果報告》，台北：國科會。

黃默、陳俊宏，1997，〈政治哲學要跨出去！論台灣政治哲學的發展趨向〉，《東吳政治學報》（8）：1-45。

Sandel, Michael. 1984. "The Procedural Republic and the Unencumbered Self." *Political Theory* 12(1): 81-96.

附錄

附錄一　2000-2011 年國科會計畫政治理論學門通過案件
附錄二　政治學期刊政治思想與規範理論論文統計表

囿於篇幅所限，以上附錄資料請詳見中研院政治所網頁（http://www.ipsas.sinica.edu.tw）之出版品專區

第三章

政治學計量方法的回顧與前瞻

黃 紀

　　「計量方法」（quantitative methods）有別於其他次領域，內容並不特別針對某類實質議題，卻又常滲透於這些議題的研究中，這或許是計量方法有時會被質疑是否應自成一領域的緣故。然而不論仁智之見如何，計量學者期許能對政治學界負起提供數據資料、開發與應用分析方法的重責大任，同心協力提升整體學術水準。因此，為激勵計量方法更蓬勃的發展，亟需進行有系統的回顧，以檢視過去、策勵未來。

　　本章的目的旨在闡述計量方法在政治學研究中的角色與功能，並回顧台灣的相關研究。第一節提議建立由抽象理論至具體實用的方法學層次觀，做為審思計量方法的架構，鼓勵「理論驅動（theory-driven）之計量方法」。第二節則針對國內政治學界自2001 年以來，計量方法的發展與應用趨勢做一回顧。第三節從層次觀的角度，就個人淺見提出兩個實用方法論課題，期許學界投入，對計量方法的進展發揮槓桿式的綜效。

壹、方法論與計量方法：由理論至實用的層次觀

　　方法論（methodology）的目的，在把思考的方式、解惑的過程，由抽象的科學哲學層次出發，逐步落實到具體的實用層次，協助我們針對學理或應用的研究問題（research questions，RQ），建構符合效能與效率的研究設計（research designs，RD），並據以提出可行的研究方法（research methods，RM），蒐集到適切的數據資料進行分析（data collection and analysis，DCA）。方法論是人類洞察力的產物，因此與實際研究之間必有理性回饋的互動關係。方法論的落實，是要把奔放不拘的想像轉化為縝密的思維、嚴謹的推論及經驗的檢證，使直觀和常識蛻變而為知識；而在第一線的研究實務，也往往從嘗試錯誤中反向修正抽象的方法論指導原則。我將此一抽象與具象層次之間互動回饋相互修正、進而超越現狀的思維脈絡，稱為「實用方法論」（黃紀，2000：111-113），因其目標不在建構龐大綿密的哲理或典範，而在務實地提升研究的品質。

　　「計量方法」是屬於實用方法論體系中具象層次的一環。所謂「計量」，就是把我們生活上需要的、研究上好奇的、感興趣的事物，經過概念化之後，將研究的對象依

照操作化的定義予以分類、排序或者量化成數值；而「計量分析」就是把觀測到的數據資料，很有系統的呈現出來，讓你我都能窺其全貌、一目了然，更進而配合學理進行分析與推論，見微知著、言人之所不能言。講得白一些，就是把辛苦得來的原始數據資料（raw data），加工轉變成可以理解、並且有用的資訊（information）。因此「計量方法」泛指將學理的概念操作化成測量變數，並進行有系統分析的各種理論、模型與技術，提供嚴謹的研究方法及數據資料給各領域的政治學者，以助於探討實質的議題，故其價值貴在實用；然而其實用性卻又必須建基於紮實的上層理論。因此計量研究者任重而道遠，除了各有專精領域的方法訓練外，還要有博大宏觀的理論視野，在腦海中建立層次脈絡清晰的「研究方法論圖像」（research methodology map），[1] 按圖索驥，既能見樹也能見林，才不致於因術業專攻反而劃地自限，明察秋毫之末卻不見輿薪。用大家熟悉的 Google 地圖查詢做比喻，從大區塊著手循序漸進，即使細到街道門牌，仍不失其經緯方位，才能縮放自如。在經驗研究上，視野的遠近是指抽象層次的高低，任何一項研究都必須根據題材性質、資源多寡等因素選擇適當的切入點，權衡拿捏時難免有廣度與深度、宏觀與微觀之間的抵換關係（tradeoffs），不過就像全球定位系統（Global Positioning System，GPS）的定位既可因實際需要彈性調整、又能掌握方位，研究方法論的整體圖像既可輔助研究的定位，但又不致於忽略整體的脈絡關連。除了不同層次之間井然有序之外，研究者還可洞悉同一個層次中各種選項途徑間的相互關係與優缺點，依研究需要做最適的選擇，並觸類旁通開發新方法。

　　本章認為，經驗研究者不妨從方法論出發，扣緊感到好奇的研究問題逐步思考有效的研究設計、選擇或開發適切的研究方法，進行概念測量與資料蒐集與分析，在這些紮實的方法學基礎之上，計量方法的運用才能扣緊理論，估計出研究議題鎖定的標的（targeted quantity），回答學理或應用的重要問題，而不致流於玩弄數字。理想上，經驗研究應先以嚴謹的邏輯和數學建構形式模型（formal models），以演繹法（deduction）推導其經驗意涵（empirical implications of theoretical models，EITM）（Aldrich, Alt, and Lupia, 2008; Granato and Scioli, 2004），提出可檢證的假設，接著再設計後續的步驟，以歸納法（induction）進行假設的檢定。不過只要能確保實質理論的邏輯一貫（logically coherent），非形式理論如結構式模型（structural equation models，SEM）、或文字論述的理論，同樣也可以推演出可驗證的意涵（testable implications），並據以設計規劃後續的估計、驗證與分析。本章之所以強調層次脈絡的一貫，是因為計量分析雖位居方法論層次觀的下游，其應用卻往往是展現其上層思維的結果，故其成效需能循著清晰的層次

---

[1]　本章第三節中，將以「因果推論」為例繪製層次圖像（見圖 3-3），說明方法學層次觀的應用。

脈絡回溯至研究之源頭，方能產生回饋的效果。

　　因此本章第二節的回顧雖然集中在計量方法的應用層面，但是在第三節提出前瞻與建議時，仍不時回歸上層理論，無非是希望未來計量研究的發展不只是方法上求新求變，也能奠定更紮實的學理基礎。

貳、回顧

一、回顧之資料來源

　　由於國內並沒有政治學方法論或研究方法的專門期刊，因此要回顧 11 年半以來計量方法的論著，委實不易。在極為有限的時間與人力下，本章選擇以國內兩個政治學會的官方刊物，即中國政治學會之《政治學報》（以下簡稱《學報》）、台灣政治學會之《台灣政治學刊》（以下簡稱《台政刊》）為基礎，登錄其 2001 至 2012 年 6 月底止刊登的學術論文，[2] 就其主題領域及採用之研究途徑等，予以歸類整理。這兩份學會刊物均為泛領域期刊（general journals），刊登的論文不限特定領域主題，應有相當之代表性，因此在綜觀整體趨勢時，將以這兩份學會刊物為主。

　　但畢竟《學報》及《台政刊》為半年刊，每年刊載十餘篇的論文之中，計量方法仍屬有限，因此本章在進一步審視國內計量研究採取的具體模型及方法時，需輔以其他資料來源。據筆者的理解，國內經驗研究的大本營在選舉相關之研究，政治大學選舉研究中心出版之《選舉研究》（以下簡稱《選研》）雖是特定領域期刊（specialized journal），但因是計量研究密度最高的刊物，有助於更深入瞭解國內政治學計量方法社群展現的脈動，故在討論研究所使用的方法與模型時，除了前述兩刊之外，也加上《選研》的論文。當然，聚焦於這三份刊物，不免掛一漏萬，忽略了刊登於國內其他刊物、國外期刊，及以書籍、專章、研討會論文形式發表的計量方法研究，「選樣偏誤」在所難免，這確實是本章的限制。但相信透過《學報》及《台政刊》這兩份學會期刊瞭解國內政治學界的趨勢，再輔以《選研》來深入檢視國內政治學界計量方法社群的研究出版內容，會比僅憑個人的涉獵與主觀的印象進行回顧，更為周全。

---

[2]　各期刊偶有貴賓演講稿、特約邀稿、特刊客座編輯之序言等，因性質特殊，故不計入學術論文。

二、研究方法之分布與趨勢

　　若將期刊論文依採用的主要研究方法分為四類：計量、質性、質量兼用、其他非經驗研究，則《台政刊》與《學報》之篇數及所佔百分比分布如表 3-1。表 3-1 顯示，經驗研究合計為 143 篇、非經驗研究 61 篇，其中量化及質性經驗研究論文約各佔一半左右，分別為 75 篇（52.45%）及 65 篇（45.45%），而同時採用量化及質性研究方法者最少，2001 至 2012 年 6 月僅有三篇。圖 3-1 為計量、質性、質量兼用三種方法所佔百分比的時間趨勢，整體而言，計量方法的比例在 2001 至 2005 年間約佔兩成五左右，在 2006 年之後所佔的比例則平均上升至四成五左右，其中 2007 至 2009 年計量方法甚至曾達到五至六成的比例，惟 2010 年起又降至四成以下。近兩年的變化究竟是短期波動抑或長期趨勢，則待觀察。

表 3-1　《學報》及《台政刊》刊載之論文使用研究方法之種類

年度	總刊登篇數*	計量方法		質性方法		質量兼用		非經驗研究	
		篇數	百分比	篇數	百分比	篇數	百分比	篇數	百分比
2001	4	1	25	1	25	0	0	2	50
2002	24	5	20.83	4	16.67	1	4.17	14	58.33
2003	21	6	28.57	4	19.05	0	0	11	52.38
2004	19	5	26.32	8	42.11	0	0	6	31.58
2005	18	4	22.22	9	50	0	0	5	27.78
2006	19	7	36.84	6	31.58	0	0	6	31.58
2007	20	12	60	5	25	1	5	2	10
2008	20	10	50	8	40	0	0	2	10
2009	18	10	55.56	4	22.22	0	0	4	22.22
2010	18	7	38.89	5	27.78	0	0	6	33.33
2011	18	6	33.33	9	50	1	5.56	2	11.11
2012（1-6 月）	5	2	40	2	40	0	0	1	20
合計	204	75	36.76	65	31.86	3	1.47	61	29.90

資料來源：作者自製。

＊說明：《學報》於 2001 年未出刊、2012 年至 6 月底尚未出刊。

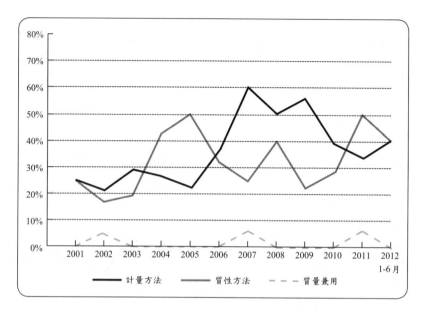

圖 3-1 《學報》及《台政刊》使用研究方法種類百分比趨勢（2001
至 2012 年 6 月）

　　若依期刊來區分，表 3-2 顯示，《台政刊》與《學報》都以經驗研究為多，分別
為 77 篇與 66 篇。在經驗研究部分，《台政刊》以量化方法進行經驗研究者較多，計
51 篇，佔該刊經驗研究論文篇數的將近三分之二；而《學報》則以質性方法的經驗研
究論文較多，佔該刊經驗研究論文篇數的六成。至於《選研》則正如預期，幾乎是計量
方法的天下，其 124 篇論文之中，僅有二篇非經驗研究，而在經驗研究的論文中，又有
九成（110 篇，佔 90.16%）採計量方法、有三篇（2.46%）採質量兼用方法，僅有九篇
（7.38%）採質性方法。倘若將《選研》的論文與《學報》、《台政刊》合計，則計量
方法的比例自然大增（如圖 3-2 所示），但合計後量化論文高達五成六的比例，恐太高
估了計量方法在國內政治學界的應用比重。事實上，若將表 3-2 視為交叉表，其相關度
Cramer's V = 0.40，呈中度之相關，亦即各期刊其實對方法取向多少有些不同的偏好。

表 3-2　三份期刊刊載經驗及非經驗研究論文篇數

	台灣政治學刊	政治學報	選舉研究	合計
非經驗研究	25	36	2	63
經驗研究：計量方法	51	24	110	185
經驗研究：質性方法	25	40	9	74
經驗研究：質量兼用	1	2	3	6
合計	102	102	124	328

資料來源：作者自製。

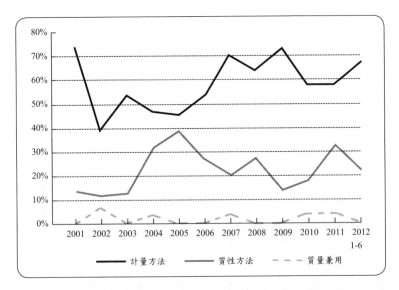

圖 3-2　《學報》、《台政刊》及《選研》使用研究方法種類百分比趨勢（2001 至 2012 年 6 月）

三、計量方法在各學門應用之比例

　　若將政治學門粗分為政治理論、比較政治、國際關係、公共行政與政策、方法論與研究方法等次領域，則表 3-3 顯示，《台政刊》與《學報》的論文以比較政治領域居多（佔兩刊 204 篇的 50.49%），政治理論其次（19.12%），國際關係第三（12.75%）、公共行政與政策（9.31%）第四，方法論與研究方法則敬陪末座（3.92%）。各個次領域中，比較政治是國內應用計量方法的主要實質領域，儘管每年計量方法所佔的百分比變

動頗大，但平均而言採計量方法者約佔比較政治論文的六成。公共行政的總篇數不多，但19篇中有四篇（佔21.05%）採計量方法。國際關係26篇中僅有二篇（佔7.69%）使用計量方法。政治理論則因其特性，均未涉及計量方法。

　　值得注意的是，專門探討某個特定方法的論文實屬鳳毛麟角，兩份學會的期刊11年半來總共僅有八篇，其中六篇討論計量方法，二篇討論質性方法。即使將《選研》的124篇論文都納入考量，專門探討方法的文章也僅增至25篇（佔三份期刊共328篇的7.62%），其中22篇是討論計量方法、三篇討論質性方法。這或許反映純探討方法論與研究方法的論文往往吃力而不討好，未必獲得審查人及期刊的青睞，也因而影響到學界投入的意願。

表3-3　《學報》及《台政刊》刊載論文各領域中使用計量方法之篇數

年度	比較政治			國際關係			公共行政			研究方法		
	學門文章篇數	使用計量方法	比率(%)	學門文章篇數	使用計量方法	比率(%)	學門文章篇數	使用計量方法	比率(%)	學門文章篇數	使用計量方法	比率(%)
2001	1	1	100	0	0	—	2	0	0	0	0	—
2002	6	2	33.33	5	0	0	3	2	66.67	0	0	—
2003	6	5	83.33	4	1	25	2	0	0	0	0	—
2004	13	5	38.46	1	0	0	1	0	0	0	0	—
2005	9	3	33.33	2	0	0	1	0	0	2	1	50
2006	9	4	44.44	0	0	—	3	0	0	4	3	75
2007	13	12	92.31	4	0	0	1	1	100	0	0	—
2008	14	8	57.14	2	1	50	1	0	0	1	1	100
2009	10	9	90	1	0	0	2	0	0	0	0	—
2010	9	6	66.67	2	0	0	1	1	100	0	0	—
2011	9	6	66.67	5	0	0	2	0	0	1	1	100
2012(1-6月)	4	2	50	0	0	—	0	0	—	0	0	—
合計	103	63	61.17	26	2	7.69	19	4	21.05	8	6	75

資料來源：作者自製。

說明：「—」表示該年度未刊出該學門類型論文；0%者表示有刊出該學門類型論文，但無論文使用計量方法。

四、計量方法論文之數據資料來源

從事計量研究的學者都深刻感受數據資料的重要，「若沒有精確的數據資料，實證研究便無用武之地，但另一方面，若沒有適當的分析方法，數據往往成了無法理解的資料堆砌」（黃紀，2000：113）。因此資料的性質與蒐集取得的難易，不免形塑研究方法的發展與應用。《台政刊》與《學報》二份期刊刊載的78篇計量與質量兼用研究論文，合計共使用資料來源達153次。其中使用最多的資料來源類型是國內民意調查資料，共使用47次，佔30.72%；其次為國內官方公布的統計資料，共使用34次，佔約五分之一；第三則為研究者自製的問卷或自行蒐集的第一手資料，共使用23次，佔15.03%。但若加上《選研》，綜觀三份期刊刊載的191篇計量及質量兼用的研究論文，合計使用各種資料來源共達435次。其中使用最多的仍是國內民調資料，計使用183次，佔42.07%；其次為國內官方公布的統計資料，共使用72次，佔16.55%；第三則為研究者自製的問卷或自行蒐集的第一手資料，共使用65次，佔14.94%（如表3-4）。

很顯然地，國內的民調資料庫已成為計量研究最仰賴的數據來源，其中尤以「台灣選舉與民主化調查」（Taiwan's Election and Democratization Study，TEDS）（黃紀，2012a）自2001年以來的歷屆面訪與電訪資料，獲得學界肯定並廣泛引用。這與TEDS計畫自始即秉持「過程公開、成果共享」的原則，於各波訪問完成登錄與除錯後立即釋出原始資料檔及編碼簿、開創國內政治學界共享研究資料的格局，息息相關。故TEDS從2002年8月首度公開釋出第一波面訪資料（TEDS2001）（黃紀，2002）以來，歷次調查不僅提供了豐富的個體層次資料供探索、解釋性研究及相關學理的驗證，更激發了創新的學術想像及腦力激盪，影響所及，對既有研究主題的深化、台灣獨特議題的重視、全新議題的開發，以及研究方法上的檢討與創新，均頗有貢獻，也實現了議題、理論、資料與方法間的良性互動與彼此激勵的循環歷程。

五、量化論文探討及應用的模型與方法

計量方法十分多樣，且依主題領域、研究設計、資料特性等而各有擅長，歸納整理頗為棘手。不過為了一窺國內計量方法社群11年半以來展現的樣貌，本章仍嘗試登錄三份期刊每篇量化論文所應用或探討的模型與方法，然後予以大致歸類，統計其使用的頻數，呈現於表3-5。

表 3-4 三份期刊之量化論文使用之資料來源大類次數

資料來源大類	台灣政治學刊	政治學報	選舉研究	列合計
自製問卷、自行蒐集（第一手資料）	19	4	42	65
國內民調資料（小計）	**26**	**21**	**136**	**183**
1. 台灣選舉與民主化調查（TEDS）	14	8	73	95
2. 台灣社會變遷基本調查（TSCS）	3	0	10	13
3. 國科會、中研院、大專院校等學術單位調查成果、學術專著	7	12	43	62
4. 國內民間單位、政黨團體調查資料	2	1	7	10
5. 其他	0	0	3	3
外國或國際民調資料	10	1	11	22
國內官方統計資料	30	4	38	72
外國或國際官方統計資料	4	7	9	20
新聞、報章、雜誌報導	5	3	27	35
網際網路	1	1	6	8
經編纂、彙整之名錄、辭書、各項資料	10	3	1	14
其他或無明確來源	3	1	12	16
欄合計	**108**	**45**	**282**	**435**

資料來源：作者自製。

表 3-5   三份期刊刊載之論文使用的分析方法：細類次數

分析方法類別[*]	台灣政治學刊	政治學報	選舉研究	合計
Descriptive Analysis	16	6	19	41
Cross Tabulation	6	3	29	38
Correlation	6	4	21	31
General Regression	**17**	**5**	**28**	**50**
Linear Regression	12	4	23	39
Nonlinear Regression	1	0	0	1
Quantile Regression	0	1	1	2
Time Series /Autoregression	4	0	1	5
Pooling Regression Model	0	0	1	1
Spatial Autoregression	0	0	2	2
Categorical Dependent Variable Regression	**17**	**5**	**53**	**75**
Binary Logit	6	2	31	39
Multinomial Logit (MNL)	4	1	11	16
Probit	3	1	4	8
Ordinal Logit	1	0	4	5
Poisson Regression	1	0	1	2
Binomial-Beta Model	0	1	1	2
Nested Logit (NL)	1	0	0	1
Combined Logit	0	0	1	1
Negative Binomial Regression	1	0	0	1
Analysis of Variance	**1**	**1**	**6**	**8**
ANOVA	1	1	5	7
MANOVA	0	0	1	1
Panel Data Models	**7**	**6**	**2**	**15**
Panel Data	3	1	0	4
Fixed Effects Model	2	1	0	3
Random Effects Model	1	2	0	3
Markov Chain Model	0	1	2	3

表 3-5　三份期刊刊載之論文使用的分析方法：細類次數（續）

分析方法類別[*]	台灣政治學刊	政治學報	選舉研究	合計
Mixed Effects Model	1	0	0	1
Random-Intercept Proportional-Odds Model	0	1	0	1
Limited Dependent Variable	**2**	**1**	**5**	**8**
Tobit Model	0	0	3	3
Censored Regression	0	0	1	1
Selection Bias Models	1	0	1	2
Event History/Survival Analysis	1	1	0	2
Causal Model	**4**	**0**	**2**	**6**
Structural Equation Models (SEM)	4	0	0	4
Path Analysis	0	0	1	1
Counterfactual Model	0	0	1	1
Measurement	**9**	**2**	**17**	**28**
Reliability Test	2	1	4	7
Factor Analysis	1	0	4	5
Item Response Theory (IRT)	3	0	1	4
Index Analysis	3	1	8	12
Micro-Macro Linkage	**4**	**2**	**8**	**14**
Multilevel Model/HLM	3	1	4	8
Ecological Inference	1	1	4	6
Discriminant Analysis	0	0	1	1
Bayesian Statistics	0	2	1	3
Nonparametric	0	1	0	1
Game Theory	3	3	1	7
Cluster Analysis	0	0	2	2
Weighting	0	0	2	2
Goodness-of-fit test	0	0	2	2
Simulation Method	1	1	1	3

表 3-5　三份期刊刊載之論文使用的分析方法：細類次數（續）

分析方法類別[*]	台灣政治學刊	政治學報	選舉研究	合計
Multivariate Analysis	2	0	1	3
Test of Significance	0	0	1	1
Probability Distribution	1	1	2	4
Content Analysis	4	1	6	11
Analytic Network Process	1	0	0	1
焦點團體訪談	0	2	2	4
深度訪談	16	11	7	34
參與觀察法	3	0	1	4
個案分析	15	18	4	37
歷史研究	17	36	4	57
Cost-Benefit and Cost-Effectiveness Analyses	1	4	0	5
利害關係人分析	1	0	0	1
合計	154	115	228	497

資料來源：作者自製。

＊說明：因各論文中提及使用方法時，中文名稱不甚統一，因此本章中以使用各項研究方法之英
　　文名稱，以利彙整。以 Logit Model 為例，在不同論文中分別稱其為「勝算對數模型」、
　　「羅吉斯模型」、「成敗比模型」、「對數模型」等，甚為繁雜，不利辨識，因此統一
　　以英文名稱 Logit Model 稱之。

　　整體而言，除了基本的統計與交叉表等描述統計外，最常使用的是各種迴歸分析模
型，而在一般之線性迴歸之外，又以質變數（qualitative variables）的迴歸模型為大宗，
這多少與選舉投票相關之研究有關，因為該主題依變數之選項常為是否投票或投給哪位
候選人及政黨，其迴歸模型便不外乎「勝算對數」（logit）或「機率單元」（probit）
模型及其延伸。此外，與概念測量相關的分析，例如信度分析、潛在（或隱性）變數
（latent variable）模型如因素分析（factor analysis）、項目反應理論（item response
theory，IRT）等也日漸增加，但假定潛在變數本身即是分類變數的「潛在類別分析」
（latent class analysis，LCA）則尚未在三份期刊中出現。[3]而隨著 TEDS 及政治社會化
研究累積之定群（panel）資料日益豐富，定群分析的模型應用也逐漸後來居上，不過與

---

[3]　黃紀（Huang, 2005）曾應用潛在類別模型分析「台灣人中國人認同」之測量。

時間序列（time-series）有關的分析方法，則應用相對較少，這多少與國內政治學門跨時間的數據資料比較匱乏有關。

值得注意的是，在分析因果關係方面的模型，探討也相對較弱，三份期刊 11 年半以來僅刊登了六篇。應用的模型則包括路徑分析（path analysis）（徐火炎，2004）、結構式模型（張傳賢、黃紀，2011；蔡佳泓，2007；蔡佳泓、俞振華，2011；Huang, Wang, and Lin, 2012），及反事實模型（counterfactual model）（黃紀，2010）等。顯然國內在因果推論（causal inference）方面的研究，亟待計量方法學者投入發展與應用。

參、前瞻

前一節的回顧，顯示近幾年（尤其是 2006 年之後）計量方法研究已受到更多的重視，應用的範圍日漸廣泛、資料庫的建置與開放更為制度化、採用的模型與方法也趨於多樣而新穎，累積了相當豐碩的成果。不過前一節也點出了幾個弱點，亟待計量方法社群的努力與投入。以下謹就個人淺見，從方法學的層次觀建議雙管齊下：一方面導之自上，鼓勵學者多關注因果推論與因果機制的相關理論、議題與方法，順著該主軸的層次脈絡，由上而下推展「理論驅動的計量方法」；另一方面則啟之自下，從資料庫著手，奠定經驗資料的「多管道蒐集與有系統彙整」的學理基礎，藉著整合資料庫的供給面反饋回推，希望能加速理論、資料與方法間的良性循環。

一、因果推論與因果機制

國內計量方法日趨多樣的同時，對因果關係的探討與應用卻仍較少。反觀 Janet Box-Steffensmeier、Henry E. Brady 和 David Collier（2008）回顧政治學方法論的發展，卻指出晚近快速成長的主題之一，就是因果推論。美國政治學會方法論社（The Society for Political Methodology and the Political Methodology Section of the APSA）的官方刊物 *Political Analysis* 特別在 2011 年將該刊近五年在因果推論主題上最有代表性的論文，合輯成一期線上特刊（virtual issue）（Imai, 2011），足見其受重視的程度。

因果推論的相關研究之所以值得重視，在於因果的思維貫穿了各個次領域，許多論述即使不直接用「因果」二字，也間接使用「導致」、「造成」、「引起」、「影響」等字眼，可謂比比皆是。至於實質的研究議題，因果的觀念也無所不在，例如比較政治學者關心制度或重大事件的成因與影響（郭銘峰、黃紀、王鼎銘，2012；Maeda,

2008）；國際關係學者關注究竟是條約的簽訂約束了締約國的行為，還是原本就有某種傾向與需求的國家才簽訂該條約（Von Stein, 2005）；公共行政學者重視政策的起因、決定與成效評核（Khandker, Koolwal, and Samad, 2010; Mohr, 1995）。正視因果推論的研究，最能結合議題、理論、資料與方法，發揮提升政治學各領域研究的綜效。

因果推論的論辯源遠流長且卷帙浩繁，常令人望而卻步，難以窺其堂奧。本章第一節提議的方法學層次觀，應有助於經驗研究者理出頭緒，見林也見樹。本節嘗試以簡馭繁，繪製因果推論的層次圖像（見圖 3-3）來做說明。[4] 首先，「因果關係」在方法論上的探討極為豐富，例如 David Hume 的「規律說」認為兩個事件若總是一前一後聯袂發生（constant conjunction），就會被視為「因果關係」。David Lewis（1973）則特別闡述 Hume 的「反事實」（counterfactual）觀念，強調除了已觀察到聯袂發生的事實之外，還需逆向思考反事實：「那如果前者未發生、後者是否也不會發生？」此一觀點有助於正向與逆向思考的檢驗，使因果推論更周全。不過當學者從事因果關係的經驗研究時，抽象原則與具體問題之間必須搭橋鋪路，也就是將這些抽象的大原則依研究問題的類型切入，逐步落實。如果是對某個現象感到好奇，思考其成因，並重建背後整體的因果機制（underlying causal mechanism），就屬於「由果溯因」（causes of effects）的溯因型研究問題；但如果是先鎖定了某個事件、政策或因素，想推估其產生的結果與影響，則重點在評定其效應（causal effects），就屬於「由因推果」（effects of causes）的評估型研究問題（黃紀，2008：3；Morton and Williams, 2010: 33-35）。

溯因型的研究在質性與量化的途徑中由來已久，在研究設計上常展現深度與廣度、變數與案例的抵換關係（黃紀，2012b）。講求深度，可專注個案研究，採「案例內分析」（within-case analysis），以追尋因果過程（process tracing）的方法，或深入挖掘並重建因果的來龍去脈，或與學理的預期進行比對檢證。延伸廣度，則可採跨案例（cross-case）的比較設計，案例較少者，往往採案例取向（case-oriented）的方法，歸納事件發生的充分或必要條件，傳統上依據 John Stuart Mill 的一致法與差異法進行最異案例、最似案例比較，近年則更演進至 Charles C. Ragin（1987, 2000, 2008）發展之「質性比較分析」（qualitative comparative analysis，QCA）。當案例豐富甚或跨時序，則往往採變數取向（variable-oriented）的計量方法建立因果的結構關係，倘若變數都可直接測量，就是大家熟悉的路徑分析或結構式模型（Bollen, Rabe-Hesketh, and Skrondal, 2008; Kline, 2011）；若模型中有潛在變數（latent variables）必須透過多個指標間接測量，則可與測量模型結合成各種包含潛在變數的結構式模型，例如連續指標與因素分析結合成「線性

4　圖 3-3 越接近右方下游的具體層次，內容與項目越繁多，自難窮盡，僅能舉其犖犖大者為例，指出整體的大方向。

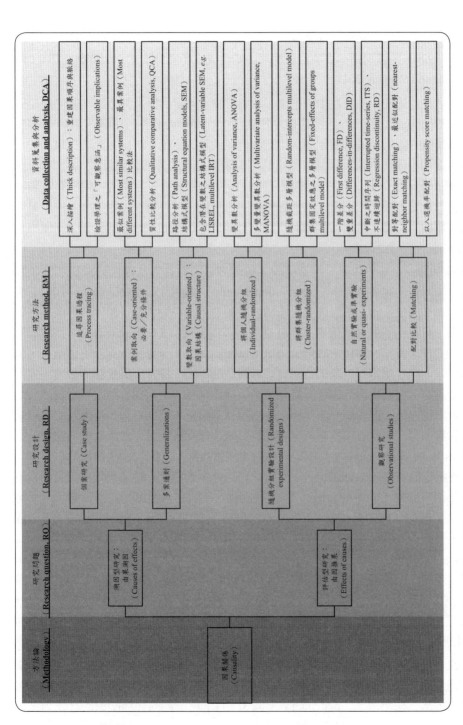

圖 3-3　從實用方法論看「因果推論」：研究問題、研究設計、研究方法、資料蒐集與分析

結構關係模型」（linear structural relations，LISREL）（Bollen and Hoyle, 2012; Jöreskog and Sörbom, 1979），類別指標與項目反應理論結合成「多層 IRT」（multilevel IRT）模型等（Kamata and Vaughn, 2011）。

　　至於評估型的研究，重心在由因推果，故格外講求鎖定的因及其效應之間的連結確屬真實（nonspurious），而非受到其他干擾因素（confounders）的影響。最理想的設計，就是讓比較的兩組原先處處相同，唯有我們感興趣的「因」不同，此時「果」的差異方能歸給這個「僅此一家，別無分號」的因。隨機分組的各種實驗設計（randomized experimental designs），目的就在使兩組原先的各種特徵在分布上相同，但僅有實驗組受到「因」的影響，控制組則否，兩者對比分明，無怪乎被奉為「由因推果」的圭臬。這方面的文獻極為豐富，針對各種設計提出的計量分析模型也卷帙浩繁，圖 3-3 僅舉其犖犖大者為例，不在此詳述。

　　社會科學的研究基於法律、道德、成本等的考量，往往無法隨機分派研究對象到各組，而必須仰賴「觀察研究」（observational study）推論因果（Rosenbaum, 2002）。以觀察研究進行因果推論之所以棘手，癥結就在於拿來比較的各組，組別的形成往往取決於和「果」息息相關的其他因素，也就是所謂「內因性」（endogeneity），造成因果效應的識別問題（黃紀，2010；Morgan and Winship, 2007）。提議的克服之道雖多，但百變不離其宗，都在儘量逼近隨機分組實驗理想型的邏輯，提升因果推論的效度。逼得越近，效度越高。採觀察研究的學者既無法介入操弄情境，便需獨具慧眼挑選自然發生的案例，或者透過重複觀察同一組案例，或者找到兩組原本極為近似、但僅其中一組受「因」的影響，另一組就成為控制組，可相互比較，這就是所謂「自然實驗或準實驗」（natural- or quasi-experiments）。鎖定同一組案例重複觀察「因」發生前後的依變數，其實就是蒐集定群資料（panel data），定群之所以能幫助我們評估因果效應，是因為定群資料中不因時而異（time-invariant）的干擾因素，不論是否觀測到都是常數，而計量分析的方法，例如一階差分（first difference，FD），就是透過前後時間點的依變數觀察值相減，得到的差就已消去這些干擾因素，達到同一組觀察對象「自我控制」（each unit serves as its own control）的目的。相同的邏輯延伸至包含兩組的準實驗設計，就是以實驗組的差減去比較組的差，稱為雙重差分（differences in differences，DID）。倘若前後有許多次的重複觀察，則可進一步比較感興趣的事件發生前後的時間趨勢，以一組或兩組的「中斷時間序列」（interrupted time-series，ITS）推論其因果效應（Box and Tiao, 1975; Box, Jenkins, and Reinsel, 2008）。

　　即使找不到自然實驗的案例，研究者也可以從眾多被動觀察到的案例中，依照「兩組原先處處相同、唯有感興趣的因不同」的邏輯，像媒人般配出「門當戶對」的兩組來比較，這就是「配對法」（matching）。圖 3-3 右下角所列的幾種配對的計量方法，

基本上只是對「門當戶對」的操作化定義不同，目前當紅的應屬「依入選機率配對」（propensity score matching）（Rosenbaum and Rubin, 1983）。不過純粹仰賴配對法所做的因果效應估計，效度上往往不如以實驗或準實驗設計所做的因果推論（Sekhon, 2008, 2009）。

　　溯因型與評估型的研究動機與目標雖不盡相同，但研究成果應可相輔相成。但要打通這任督二脈，當務之急在建立一個共通的思維架構，能貫穿學界採行已久的隨機分派實驗、準實驗或自然實驗、以及觀察研究（Campbell and Stanley, 1963; Druckman, et al., 2011; Shadish, Cook, and Campbell, 2002），不但邏輯一貫，而且更能落實到具體可行的計量分析方法。近年日益受到重視的「反事實的因果模型」（counterfactual model of causality）雖原是從「由因推果」出發（Rubin, 1974），但也提供了一條可由評估型研究逐步擴展回溯的途徑。例如 James J. Heckman 的效應模型（treatment-effects model）就是以結構式模型同時建立「選組迴歸式」與「結果變數迴歸式」來克服內因性問題，進而評估因果效應（黃紀、王德育，2012：332-351；Heckman and Vytlacil, 2005）。此外，Judea Pearl（2009, 2012）從更廣義的無母數（nonparametric）觀點建構「因果結構論」（structural theory of causation），以「單向因果圖形」（directed acyclic graphs，DAG）將反事實模型的思維納入傳統的結構式模型，主張先建立無母數之因果結構圖形，然後再據以「由因評估果」。

　　綜上所述，本章認為若以隨機分組實驗設計為「由因推果」的理想型，研究之實驗設計越嚴謹，越能以此隨機分組的「黑盒子」（black box）取代複雜之因果過程，直接推論「因」的效應為何；反之，越是不易進行實驗的研究主題，距離理想型實驗設計越遠，就越需要仔細追尋因果過程之來龍去脈（process tracing），回溯並重建因果機制，這也更凸顯了溯因型質性研究在因果推論上的重要性。由此觀之，「反事實的因果模型」不僅對計量的傳統結構式模型有新的啟發，也對「質量並用法」（mixed methodology）（黃紀，2012b）的思維甚有助益。

　　國內對因果關係的研究尚不豐富，而且是以溯因型中的路徑分析及結構式模型為主。計量方法學界如能對因果推論的理論與方法投入更多的關注，應該可以對各個次領域的研究都發揮正面效果。

二、資料的有系統彙整與多管道蒐集

　　數據資料的多寡有無與計量方法的開發應用，兩者恆有共生的關係。如前所述，沒有充分的數據資料，計量方法再精密也無用武之地；但累積大量的數據而沒有適當地運用計量分析，往往也流於資料的堆砌而漸被遺忘。國內政治學的現況，尚無後者之顧

慮，故焦點集中在前者：資料之有系統蒐集與彙整。本章第二節的回顧已清楚顯示，TEDS 等大型資料庫的建置與開放，不但引領學界對相關主題的投入，更帶動了計量方法的應用與開展。資料的供給既是刺激研究良性循環的重要著力點，本章認為有兩大關鍵亟待施力。

（一）跨時（longitudinal）資料庫的建置

第一手資料得之不易，有賴研究者發揮企業家般的精神，悉心規劃資源配置與安排人地時事物，其中的「人、地」是指樣本案例數與空間分布，「時」是指時間面向與觀測次數，兼顧兩者，就至少有五種常見的設計及資料組合（黃紀，2009：38-39），如圖 3-4 所示：

1. 個案研究（case study）：一個案例，一個時間點。
2. 時間序列（time series）：一個案例，多個時間點。
3. 橫斷面（cross-section）：多個案例，一個時間點。
4. 多案例，多時點：
   （1）重覆數次之橫斷面（repeated cross-sections，RCS）：多個時間點，每個時間點各有一組獨立之案例。
   （2）縱橫資料（pooled cross-sectional time-series，CSTS）／固定群（panel）：針對同一組案例，重複測量多次。

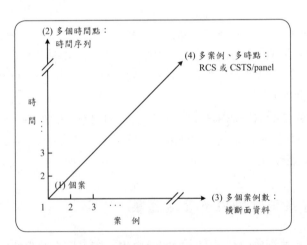

圖 3-4　案例數和觀測次數（時間點）構成之各種
　　　　資料組合
資料來源：黃紀（2009：38）。
說明：詳見內文。

　　我國威權時期對政治學頗多抑制，民主化之後政治學界雖蓬勃發展，但迄今（2012）二十載，累積的國內政治相關資料，自難與先進民主國家相提並論。例如政治學門的個體民調資料，截至目前為止仍以一個時間點的橫斷面獨立樣本為主，TEDS 的定群資料也僅限於兩波，而執行兩波以上的學術民調，例如政治社會化調查（陳義彥、陳陸輝，2004），則母群比較特定，限於學生。至於比較容易取得的集體資料（aggregate data），例如歷屆全國選舉投票率，自 1991 年民主化以來至 2012 年，也僅有國代三屆、立委七屆、總統五屆。此乃歷史因素使然，實非戰之罪。然而沒有充分的數據資料，巧婦也難為無米之炊，因此時間序列分析（Enders, 2010; Pevehouse and Brozek, 2008）及定群分析方法（黃紀，2005；Allison, 2009; Rabe-Hesketh and Skrondal, 2012; Woodridge, 2010）學理上雖早有長足的進展，在其他社會科學學門（如經濟學）也有充分的發揮空間，但運用到台灣政治的研究上，跨時的政治資料就常捉襟見肘，難怪時序與定群分析的應用也相對較少，且常需借重經濟（如經濟成長、投資金額）或財政（如預決算、財政收支）等變數。國內政治學期刊運用時間序列分析法的論文的確是鳳毛麟角，動態政治分析相對不足。

　　實證資料的累積非一蹴可幾，跨時資料庫的建置，尤其需要按部就班，假以時日長期投注心力與資源；但守株待兔，也非良策。務實的做法，是兵分二路：

1. 一方面固然要耐心蒐集政治現象的時間序列資料，並爭取資源與培養人才，進行母群更廣、時間更長的定群追蹤研究。
2. 另一方面亦需因應現況，先利用已經成熟、成本較低的電訪，累積「滾動式民調」（rolling cross-section surveys）（Johnston and Brady, 2002; Kenski, 2004）；同時也充分運用目前較豐富的橫斷面資料，將數波共通的核心問卷題組，跨時間點串連起來，成為「重覆數次之橫斷面」，以利學者進行跨時的研究，至少可局部彌補動態分析的不足。不過分析這類型 RCS 資料的計量方法有別於時間序列或縱橫資料，而是趨勢分析（trend analysis）（Huang and Yu, 2011）、同期群分析（cohort analysis）（Glenn, 2005; Huang, Yu, and Hsiao, 2011），及擬似定群分析（pseudo-panel analysis）（Huang, 2006; Pelzer, Eisinga, and Franses, 2005）等。

（二）多管道混合式（mixed-mode）資料蒐集與彙整

　　當此號稱資訊爆炸的年代，最大的弔詭卻是第一手民調資料的蒐集日益困難。究其原因，不外乎科技進展與社會快速演變，例如手機普遍導致家戶電訪涵蓋率降低、社會上因詐騙猖獗而民眾受訪意願低落、保護隱私的倫理審查程序也日益嚴格而使學術調查

的作業時程加長等，再加上國內政治議題仍比一般社會經濟問題敏感，以致定群追蹤成功率難以突破，使定群研究的應用受到限制。經驗研究倘若因此而影響資料的質與量、甚或錯失資料蒐集的時效，將令人扼腕。如前所述，沒有充分的數據資料，計量方法再精密也將無用武之地。但目前計量方法文獻中，對如何因應上述困難，有效多管道蒐集與彙整資料，卻較少有系統的探討。

　　多管齊下進行資料之蒐集，然後截長補短予以彙整，展現在民意調查的資料蒐集上，就是所謂「混合式民調」（mixed-mode surveys）（Dillman, Smyth, and Christian, 2009），亦即兼採數種民調方式，交相為用，發揮綜效。例如在面訪與電訪的拒訪率日益增高時，如何充分運用成本低、速度快的網路民調（internet survey），便成了當前重要的課題（Chang and Krosnick, 2009; Couper, 2000）。儘管電腦十分普及、網路無遠弗屆，民眾上網率已經相當高，網路民調在科技上已是必然趨勢。然而網路民調最大的爭議，在於樣本多為受訪者自行選擇上網填答問卷，而非如傳統之面訪或電訪，由調查者根據抽樣設計主動抽取機率樣本，故代表性往往被挑戰。

　　目前文獻的焦點，常集中在網路民調資料之各種加權方法上，例如利用「入選機率」（propensity score）加減權，使得原來因自選而偏頗的網路民調樣本，在分布上儘量接近母群（杜素豪、羅婉云、洪永泰，2009；Lee, 2006）。這些都是非常實用的方法，尤其是如果能利用網路民調累積定群樣本或「重覆之橫斷面調查」進行趨勢分析或擬似定群分析（黃紀，2009），卻仍能調整其母群之代表性，實屬難能可貴，值得研發。但是這些方法，幾乎都需仰賴已知有充分代表性的基調（benchmark）樣本作為調整的依據，棘手的是，後者往往求之而不可得，因為大型的面訪民調，如 TEDS 或社會變遷基本調查（Taiwan Social Change Survey，TSCS），往往也需要以加權的方式提升其代表性（黃紀、張佑宗，2003）。

　　因此除了發展與應用資料調整的工具技術外，研究者無可迴避地還需回歸至資料產生的基本面，進一步深化其多管道資料蒐集與整合的學理基礎，與民調之行為理論接軌（例如 Zaller, 1992）。換言之，根本之計，仍然是思考數據資料產生的過程（data generation process，DGP），亦即受訪者是否接受訪問、填答問卷的各種心理與社會機制，據以建立 DGP 的模型，方有可能重建篩選的機制（selection mechanism），做到最適的偏誤校正。如果單純的網路民調尚且如此，結合數種方式的混合式民調，還需顧及各種調查方式之間的對等性與相容性，資料的彙整才能做到截長補短的融合彙整，而非僅僅是權宜之歸併。

　　混合式民調的挑戰性遠大於單一方式民調，但卻又是克服資料蒐集困難的當務之急，亟需國內政治學者投入發展。衡諸國內專注研究方法的著作，出版園地十分有限，

政治學界也應積極思考提供誘因，鼓勵學者朝此方向投注心力。誠然，政治學研究方法的專業期刊需要投入大量的資源與心力，短期之內催生不易，寄望國內現有之政治學期刊能先參照當年 *American Journal of Political Science* 的做法，闢出一塊「工作坊」（workshop）專區，讓熱心計量方法的學者先有個投注的標靶，引介或發表創新的研究方法，假以時日，專業期刊便水到渠成。

肆、結論

本章回顧國內政治學界近 11 年半以來計量方法的發展，顯示計量研究在國內已受到更多的重視，應用的範圍日漸廣泛、資料庫的建置更充實也更開放、採用的模型與方法也趨於多樣而新穎，累積了相當豐碩的成果。但是國內計量研究也面臨了次領域之間未能並駕齊驅、探討與開發研究方法的力道較弱、因果推論與動態分析相對不足等瓶頸，尚待學界共同努力。

不過國內政治學界計量方法的社群畢竟仍然有限，在短期內人力與資源難以突破的現實下，更需體認研究議程的優先順序，以便集中火力，發揮槓桿式的綜效。本章從方法學的層次觀，針對目前尚待加強之處提出雙管齊下的建議：一方面導之自上，多投入因果推論與因果機制的相關理論、議題與方法，既可貫穿政治學各個次領域，又可提升因果推論計量方法的發展與應用；另一方面則啓之自下，從資料庫的開發與提供研究資源共享著手，既可透過跨時資料庫的建置促進動態政治分析，又可奠定經驗資料的多管道蒐集與有系統彙整的學理基礎。期許此一上下合擊的策略，可加速議題、理論、資料、方法之間的良性循環，激勵國內「理論驅動之計量方法」更上層樓。

參考書目

杜素豪、羅婉云、洪永泰，2009，〈以入選機率調整法修正調查推估偏差的成效評估〉，《政治科學論叢》（41）：151-176。

徐火炎，2004，〈台灣結、中國結與台灣心、中國情：台灣選舉中的符號政治〉，《選舉研究》11（2）：1-41。

張傳賢、黃紀，2011，〈政黨競爭與台灣族群認同與國家認同間的聯結〉，《台灣政治學刊》15（1）：3-71。

郭銘峰、黃紀、王鼎銘，2012，〈日本眾議院選舉政黨重複提名策略與效應：選區層次之分析〉，《政治科學論叢》（51）：161-216。

陳義彥、陳陸輝，2004，《我國大學生政治價值與態度的持續與變遷 —— 大學四年社會化過程之研究》，行政院國家科學委員會專題研究計畫（計畫編號 NSC 93-2414-H-004-032-SSS）。

黃紀，2000，〈實用方法論芻議〉，《政治學報》（31）：107-139。

黃紀，2002，《「台灣選舉與民主化調查」研究計畫：民國九十年立法委員選舉全國大型民意調查研究（TEDS2001）》，行政院國家科學委員會專題研究計畫結案報告（計畫編號 NSC 90-2420-H-194-001）。

黃紀，2005，〈投票穩定與變遷之分析方法：定群類別資料之馬可夫鍊模型〉，《選舉研究》12（1）：1-37。

黃紀，2008，〈因果推論與觀察研究：「反事實模型」之思考〉，《社會科學論叢》2（1）：1-21。

黃紀，2009，〈調查研究設計〉，游清鑫（編），《民意調查新論》，台北：五南，頁 27-48。

黃紀，2010，〈因果推論與效應評估：區段識別法及其於「選制效應」之應用〉，《選舉研究》17（2）：103-134。

黃紀，2012a，〈台灣選舉與民主化調查：為台灣的民主歷程作見證〉，廖炳惠、孫康宜、王德威（編），《台灣及其脈絡》，台北：台大出版中心，頁 61-73。

黃紀，2012b，〈質量並用法〉，瞿海源、畢恆達、劉長萱、楊國樞（編），《社會及行為科學研究法（一）：總論與量化研究法》，台北：東華，頁 423-447。

黃紀、王德育，2012，《質變數與受限依變數的迴歸分析》，台北：五南。

黃紀、張佑宗，2003，〈樣本代表性檢定與最小差異加權：以 2001 年台灣選舉與民主化調查為例〉，《選舉研究》10（2）：1-35。

蔡佳泓，2007，〈民主深化或政黨競爭？初探台灣 2004 年公民投票參與〉，《台灣政治學刊》11（1）：109-145。

蔡佳泓、俞振華，2011，〈地方政府如何回應民意？以 2006-2007 年為例〉，《台灣政治學刊》15（1）：73-136。

Aldrich, John H., James E. Alt, and Arthur Lupia. 2008. "The EITM Approach: Origins and Interpretations." In *The Oxford Handbook of Political Methodology*, eds. Janet Box-Steffensmeier,

Henry E. Brady, and David Collier. Oxford, UK: Oxford University Press, pp. 828-843.

Allison, Paul D. 2009. *Fixed Effects Regression Models*. Los Angeles, CA: Sage.

Bollen, Kenneth A. and Rick H. Hoyle. 2012. "Latent Variables in Structural Equation Modeling." In *Handbook of Structural Equation Modeling*, ed. Rick H. Hoyle. New York, NY: The Guilford Press, pp. 56-67.

Bollen, Kenneth A., Sophia Rabe-Hesketh, and Anders Skrondal. 2008. "Structural Equation Models." In *The Oxford Handbook of Political Methodology*, eds. Janet Box-Steffensmeier, Henry E. Brady, and David Collier. Oxford, UK: Oxford University Press, pp. 432-455.

Box, George E. P. and G. C. Tiao. 1975. "Intervention Analysis with Applications to Economic and Environmental Problem." *Journal of the American Statistical Association* 70(349): 70-79.

Box, George E. P., Gyilym M. Jenkins, and Gregory C. Reinsel. 2008. *Time Series Analysis: Forecasting and Control*, 3rd ed. Hoboken, NJ: John Wiley & Sons.

Box-Steffensmeier, Janet, Henry E. Brady, and David Collier. 2008. "Political Science Methodology." In *The Oxford Handbook of Political Methodology*, eds. Janet Box-Steffensmeier, Henry E. Brady, and David Collier. Oxford, UK: Oxford University Press, pp. 3-31.

Campbell, Donald T. and Julian C. Stanley. 1963. *Experimental and Quasi-Experimental Designs for Research*. Boston, MA: Houghton Mifflin.

Chang, Linchiat and Jon A. Krosnick. 2009. "National Survey via RDD Telephone Interviewing versus the Internet: Comparing Sample Representativeness and Response Quality." *Public Opinion Quarterly* 73(4): 641-678.

Couper, Mick P. 2000. "Web Surveys: A Review of Issues and Approaches." *Public Opinion Quarterly* 64(4): 464-494.

Dillman, Don A., Jolene D. Smyth, and Lean Melani Christian. 2009. *Internet, Mail, and Mixed-Mode Surveys: The Tailored Design Method*, 3rd ed. Hoboken, NJ: Wiley.

Druckman, James N., Donald P. Green, James H. Kuklinski, and Arthur Lupia. 2011. "Experiments: An Introduction to Core Concepts." In *Cambridge Handbook of Experimental Political Science*, eds. R. J. Sternberg and S. B. Kaufman. Cambridge, UK: Cambridge University Press, pp. 15-26.

Enders, Walter. 2010. *Applied Econometric Time Series*, 3rd ed. Hoboken, NJ: Wiley.

Glenn, Norval D. 2005. *Cohort Analysis*, 2nd ed. Thousand Oaks, CA: Sage.

Granato, Jim and Frank Scioli. 2004. "Puzzles, Proverbs, and Omega Matrices: The Scientific and Social Significance of Empirical Implications of Theoretical Models (EITM)." *Perspectives on Politics* 2(2): 313-323.

Heckman, James J. and Edward Vytlacil. 2005. "Structural Equations, Treatment Effects, and Econometric Policy Evaluation." *Econometrica* 75(3): 669-738.

Huang, Chi. 2005. "Dimensions of Taiwanese/Chinese Identity and National Identity in Taiwan: A Latent

Class Analysis." *Journal of Asian and African Studies* 40(1/2): 51-70.

Huang, Chi. 2006. "The Evolution of Taiwanese Identity: A Pseudo Panel Analysis." Paper presented at the 102nd Annual Meeting of the American Political Science Association, August 31-September 3, Philadelphia, USA.

Huang, Chi and Ching-hsin Yu. 2011. "Political Cycle of Voters' Understanding of the New Electoral System: The Case of Taiwan." *Japanese Journal of Electoral Studies* 27(2): 60-76.

Huang, Chi, Ching-hsin Yu, and Yi-ching Hsiao. 2011. "Citizens' Awareness of the New MMM Electoral System in Taiwan: A Cohort Analysis." *Election Studies* 1(2): 7-43.

Huang, Chi, Hung-chung Wang, and Chang-chih Lin. 2012. "Knowledge of the Electoral System and Voter Turnout." *Taiwanese Political Science Review* (台灣政治學刊) 16(1): 239-279.

Imai, Kosuke. 2011. "Introduction to the Virtual Issue: Past and Future Research Agenda on Causal Inference." *Political Analysis*, virtual issue: http://www.oxfordjournals.org/our_journals/polana/virtualissue1.html (accessed July 20, 2012).

Johnston, Richard and Henry E. Brady. 2002. "The Rolling Cross-Section Design." *Electoral Studies* 21(2): 283-295.

Jöreskog, Karl G. and Dag Sörbom. 1979. *Advances in Factor Analysis and Structural Equation Models*. Cambridge, MA: Abt Books.

Kamata, Akihito and Brandon K. Vaughn. 2011. "Multilevel IRT Modeling." In *Handbook of Advanced Multilevel Analysis*, eds. Joop J. Hox and J. Kyle Roberts. New York, NY: Routledge, pp. 41-58.

Kenski, Kate. 2004. "Research Design Concepts for the Rolling Cross-Section Approach." In *Capturing Campaign Dynamics: The National Annenberg Election Survey*, eds. Daniel Romer, Kate Kenski, Paul Waldman, Christopher Adasiewicz, and Kathleen Hall Jamieson. Oxford, UK: Oxford University Press.

Khandker, Shahidur R., Gayatri B. Koolwal, and Hussain A. Samad. 2010. *Handbook on Impact Evaluation: Quantitative Methods and Practices*. Washington, DC: The World Bank.

Kline, Rex B. 2011. *Principles and Practice of Structural Equation Modeling*, 3rd ed. New York, NY: Guilford Press.

Lee, Sunghee. 2006. "Propensity Score Adjustment as a Weighting Scheme for Volunteer Panel Web Surveys." *Journal of Official Statistics* 22(2): 329-349.

Lewis, David. 1973. "Causation." *Journal of Philosophy* 70(17): 556-567.

Maeda, Ko. 2008. "Re-Examining the Contamination Effect of Japan's Mixed Electoral System Using the Treatment-Effects Model." *Electoral Studies* 27(4): 723-731.

Mohr, Lawrence B. 1995. *Impact Analysis for Program Evaluation*. Thousand Oaks, CA: Sage.

Morgan, Stephen L. and Christopher Winship. 2007. *Counterfactuals and Casual Inference: Method and Principles for Social Research*. Cambridge, UK: Cambridge University Press.

Morton, Rebecca B. and Kenneth C. Williams. 2010. *Experimental Political Science and the Study of*

Causality: From Nature to the Lab. Cambridge, UK: Cambridge University Press.

Pearl, Judea. 2009. *Causality: Models, Reasoning, and Inference*, 2nd ed. Cambridge, UK: Cambridge University Press.

Pearl, Judea. 2012. "The Causal Foundations of Structural Equation Modeling." In *Handbook of Structural Equation Modeling*, ed. Rick H. Hoyle. New York, NY: Guilford Press, pp. 68-91.

Pelzer, Ben, Rob Eisinga, and Philip Hans Franses. 2005. "'Paneling' Repeated Cross Sections: Female Labor Force Participation in the Netherlands and West Germany." *Quality & Quantity* 39(2): 155-174.

Pevehouse, Jon C. and Jason D. Brozek. 2008. "Time-series Analysis." In *The Oxford Handbook of Political Methodology*, eds. Janet Box-Steffensmeier, Henry E. Brady, and David Collier. Oxford, UK: Oxford University Press, pp. 456-474.

Rabe-Hesketh, Sophia and Anders Skrondal. 2012. *Multilevel and Longitudinal Modeling Using Stata, Volumes I and II*, 3rd ed. College Station, TX: Stata Press.

Ragin, Charles C. 1987. *The Comparative Method: Moving beyond Qualitative and Quantitative Strategies*. Berkeley, CA: University of California Press.

Ragin, Charles C. 2000. *Fuzzy-Set Social Science*. Chicago, IL: University of Chicago Press.

Ragin, Charles C. 2008. *Redesigning Social Inquiry: Fuzzy Sets and Beyond*. Chicago, IL: University of Chicago Press.

Rosenbaum, Paul R. 2002. *Observational Studies*, 2nd ed. New York, NY: Springer.

Rosenbaum, Paul R. and Donald B. Rubin. 1983. "The Central Role of the Propensity Score in Observational Studies for Causal Effects." *Biometrika* 70(1): 41-55.

Rubin, Donald B. 1974. "Estimating Casual Effects of Treatments in Randomized and Nonrandomized Studies." *Journal of Educational Psychology* 66(5): 688-701.

Sekhon, Jasjeet S. 2008. "The Neyman-Rubin Models of Causal Inference and Estimation via Matching Methods." In *The Oxford Handbook of Political Methodology*, eds. Janet M. Box-Steffensmeier, Henry E. Brady, and David Collier. Oxford, UK: Oxford University Press, pp. 271-299.

Sekhon, Jasjeet S. 2009. "Opiates for the Matches: Matching Methods for Causal Inference." *Annual Review of Political Science* 12: 487-508.

Shadish, William R., Thomas S. Cook, and Donald T. Campbell. 2002. *Experimental and Quasi-Experimental Designs for Generalized Causal Inference*. Boston, MA: Houghton Mifflin.

Von Stein, Jana. 2005. "Do Treaties Constrain or Screen? Selection Bias and Treaty Compliance." *American Political Science Review* 99(4): 611-622.

Wooldridge, Jeffrey M. 2010. *Econometric Analysis of Cross Section and Panel Data*, 2nd ed. Cambridge, MA: The MIT Press.

Zaller, John R. 1992. *The Nature and Origins of Public Opinion*. Cambridge, UK: Cambridge University Press.

第四章

理性抉擇與台灣的政治學研究

謝復生、林繼文

　　政治學是研究人類社會現象的一門學科。其與經濟學、社會學、人類學等不同之處，在研究對象之歧異。政治學所著重的，是與政府（或謂公部門）運作相關的一些現象，這與經濟學、社會學、人類學等學科之著重點，自有不同。然而，這只是粗略的分工。細而言之，各學科間很難劃分得那麼清楚。政治學雖以公部門為研究重點，但公部門常介入市場運作，也常受家庭、學校、媒體等非公部門的影響，種種事例，在在顯示政治學與其他社會科學常難以嚴格區隔開來。

　　不過，對許多鑽研社會科學的學者而言，其所專注之焦點，終究有別，久而久之，難免形成不同的學術聚落。他們發展出各自的語彙，研究方法也常大異其趣。有著重歷史視野者，有偏好田野調查者，有強調統計分析者，也有重視邏輯演繹者，形形色色，不一而足。例如，經濟學，尤其是個體經濟學，強調邏輯演繹：從一些基本假定出發，推演出人們在不同情境下的行為；當然，這些推演出來的假說，必須經過經驗驗證，因此，統計分析也常是必要的。

　　大部分的社會科學（包括政治學在內）與經濟學的做法，南轅北轍，它們主要依賴歸納而非演繹的辦法，來建構通則，亦即，蒐集各式各樣的事例，希望透過對這些事例的耙梳，找出一些原理、原則來。譬如，Theda Skocpol 在其頗受矚目的《國家與社會革命》（*States and Social Revolutions*）（1979）一書中，就試圖從對法國、俄國、中國等幾個重大革命的比較中，得出一些可能的因果關係。這樣的研究，在一般社會科學研究，俯拾皆是。

　　政治學，長期以來，與經濟學以外的社會科學走得較近；受這些學科的影響，顯而易見。二次戰後風行於政治學的行為學派、系統理論、結構功能學派等，都與心理學、社會心理學、社會學等學科，息息相關。但是，最近這四、五十年，經濟學的研究法——所謂理性抉擇理論——在政治學中，亦蔚為風潮，雖未能取其他研究途徑而代之，但其對政治學之影響，十分深遠。[1] 本章目的在說明理性抉擇理論之內涵，並檢視

---

[1] 英文裡有不少介紹理性抉擇理論的專書，如 William H. Riker 和 Peter C. Ordeshook（1972），稍嫌老舊，但仍有一定參考價值。Kenneth A. Shepsle（2010）是一本不錯的入門書。對經濟學類型的課題有興趣的讀者，可參考 Dennis C. Mueller（2003）。中文部分，可參閱林繼文（2005），陳敦源、吳秀光（2005）與謝復生（2011）。

其對台灣政治學研究的影響。

壹、何謂理性抉擇理論？

　　理性抉擇理論，與偏向社會學的研究途徑相較，最大差異在於強調演繹邏輯。具體言之，理性抉擇理論係從理性這樣一個假定出發，然後透過邏輯推演，得出人們在不同情境下的行為走向。舉個簡單例子，從理性抉擇理論的角度，我們假定一個國家的領導人在決定發動一場戰爭時，會去計算利弊勝負；只有在一定的把握時，他才會去打一場仗。這是為什麼歷史上的戰爭，多是侵略的一方獲勝（Bueno de Mesquita, 1981; Bueno de Mesquita and Lalman, 1992）。

　　這個例子說明了幾件事情。首先，我們假定一個國家的領導人是理性的，亦即，他要衡量利弊得失；只有在一定程度的得利並有一定程度的勝算的前提下，他才會去打仗。在這裡，所謂理性，指的是工具理性，而非道德上的好壞。換言之，戰爭，在道德上，是好事還是壞事，雖甚重要，但不在我們討論之列；我們所著重的，是領導人心中如何盤算，以決定發動一場戰爭。

　　更精確地說，理性指的是人有偏好，其偏好可排出順序，同時，他也會計算達成這些偏好的可能性，然後在這樣的考量下，決定其行動。所謂排出順序，在邏輯上，至少要滿足下述兩個條件：

1. 聯結性（connectivity）：對任兩個可加以比較之選項，a、b，他或喜歡 a 多於 b，或 b 多於 a，或覺得兩者無差別；除此之外，沒有其他可能（如喜歡 a 多於 b，又同時喜歡 b 多於 a）會發生。我們也可將喜歡 a 或 b 或覺得兩者無甚差別，放在一起來看，則聯結性意指此人喜歡 a 多於或至少一樣喜歡 b，或喜歡 b 多於或至少一樣喜歡 a，兩者必居其一，沒有其他情況會發生。
2. 遞移性（transitivity）：在有三個選項 a、b、c 的情況下，假若他喜歡 a 多於或至少一樣喜歡 b，而喜歡 b 又多於或至少一樣喜歡 c，那麼我們知道他必然喜歡 a 多於或至少一樣喜歡 c。設若他喜歡 a 多於 b，喜歡 b 多於 c，卻竟然喜歡 c 多於 a，我們就說他的偏好不具遞移性，而無法排出順序來。在缺少遞移性的情況下，我們實在不清楚他究竟喜歡 a 或 b 或 c，我們就說他的偏好出現循環的情形。

　　聯結性保證兩個選項可做比較，而非天南地北無從比較起；遞移性則顯示偏好有高有低，確可排出順序來。理性的假定，意指此人有偏好，其偏好可排出順序。用更簡單

的話來說，理性就是說人有目標（偏好程度高的選項），他會去追求他的目標。當然，在做最後選擇時，他還會考量目標達成的可能性，亦即，如果最高目標達不到，他就選擇次佳的目標。[2]

聯結性和遞移性指涉的是個人，是理性抉擇的起點。這是「方法論上的個體主義」（methodological individualism）：假設 X 是構成 Y 的個體，依變項發生在 Y 的層次，自變項就應該是 X 的偏好（及選擇）。若研究者以理性抉擇來解釋群體現象，就符合方法論上的個體主義。

由此出發，我們可以探討單一行動者如何決策，可稱之為「決策理論」（decision theory）。或可進一步檢視不同行動者間的策略互動：甲決策之先，要揣度乙如何決策，而乙亦復如是等等。這就是所謂「賽局理論」（game theory）。在賽局理論中，研究者的工作在藉助各種「解題概念」（solution concept）來求解。例如，在非合作賽局（non-cooperative game theory）中，最基本的解題概念是「納許均衡」（Nash equilibrium），即假定在 Y 的狀態下，沒有行動者可以單方面改變策略而增加其報償，那麼 Y 就是納許均衡。

在理性抉擇中，雖然我們假定個人是理性的，但群體則未必。這可從「投票矛盾」（paradox of voting）之現象，來做說明。首先，我們假定某群體係由三個人，甲、乙、丙，所組成，而每一個人都合乎前述理性的要求。舉例言之，設若有三個選項 a、b、c 供其選擇，甲、乙、丙對此三選項之偏好順序排列如下：

甲：$aPbPc$

乙：$bPcPa$

丙：$cPaPb$

其中，P 代表「喜歡前者多於後者」之意。那麼，這三個理性的個人所構成之群體，其群體之偏好是否也可排出順序來？

依兩兩相較、多數決的辦法，我們可以明顯看出，就 a、b 而言，這三人所構成之群體應喜 a 多於 b，蓋甲、丙兩人均喜 a 多於 b，只有乙喜 b 多於 a。就 b、c 來說，由於甲、乙兩人均喜 b 多於 c，只有丙喜 c 多於 b，故此群體應喜 b 多於 c。既然這三個人所構成之群體喜歡 a 多於 b，又喜歡 b 多於 c，若其偏好可排出順序，則按遞移性條

---

[2] 經濟學家常用期望效用（expected utility）來界定理性，基本上大同小異。所謂效用，指的是某一貨品對個人的滿足能力的大小；滿足能力愈大，效用愈高，偏好自然較高。效用可以用序數（ordinal）或基數（cardinal）來表示：前者只論先後順序，後者則標明數值大小。一般說來，序數效用即足用，也可避免人與人之間效用比較（interpersonal comparison of utilities）的爭議。用偏好來說明理性，就是基於序數效用。另外，期望效用的期望一詞，指的是實現的可能性。

件，他們應喜 a 多於 c。但如果我們真將 a、c 相比，則可發現只有甲喜歡 a 多於 c，其餘兩人均喜歡 c 多於 a，因此，這個群體應喜歡 c 多於 a，這便使得群體的偏好無法滿足遞移性的條件，而出現循環，亦即，此群體之偏好排列是 a P b P c P a。在此情形下，每一選項總會被某另一選項所敗，如 a 敗於 c，c 敗於 b，而 b 又敗於 a，因此，我們無法確知這個群體最喜歡的是什麼、次喜歡的是什麼。在這種情況下，儘管我們假定群體中每個個人的偏好均可排出順序來，但群體則不能。這就是所謂投票矛盾的問題。

當然，投票矛盾的現象並非必然。就前述之例而言，設若丙的偏好順序爲 c P b P a，則若仍依兩兩相較、多數決之法，我們知道對此三人所構成之群體言，b P c，c P a，且 b P a，其偏好可排出明確順序，而 b 是眾望所歸。一般而言，當某一選項在兩兩相較下，可擊敗任何其他選項，這一選項就是所謂「康多塞贏家」（Condorcet winner）。在 b 可分別擊敗 c 與 a 的情況下，b 就是康多塞贏家。

不過，經濟學家 Kenneth J. Arrow（1951, 1963）曾經證明，在一些簡單的前提條件下，有三個或三個以上的人，並有三個或三個以上的選項，投票矛盾總是可能的，這是所謂「一般可能性定理」（General Possibility Theorem）。也就是說，即使我們假定個人是理性的，我們也無法將這假定套在群體的頭上。

在政治現象的研究中，這勢必造成一個很大的困擾。簡言之，我們不能凡事追溯到個人；在很多情況下，我們必須研究群體的行爲。例如，我們要研究國家與國家間的往來、政黨與政黨間的競爭、或各種各樣利益團體對行政或立法部門的遊說等等。設若這些群體（如國家、政黨、利益團體等）無目標可言，我們就無法找出這些群體的行爲軌跡。對研究者而言，這是非常現實的問題。所幸 Arrow 的一般可能性定理也指引了一些可能的、看似平凡的解決之道。一個可能性是，假若一個群體中每個人的看法都一致，有一定共識，則我們自可認定這個群體的目標明確，而是理性的。或者，假定這個群體中某一個人──所謂獨裁者是也──其偏好主導群體的偏好，那麼，既然這個個人是理性的，這群體自然也是理性的。例如，一個政黨的黨員都希望在選舉中獲勝，或對議題的看法一致，我們就可假定這個政黨是理性的。再如，在戰爭之例中，領導者（包括民主國家的領導者）的同意是發動戰爭的必要條件──如果只是領導人希望打仗，仗未必打得起來，但若領導人不想打，仗通常打不起來──如此，我們便可假定國家，在相當程度上，也是理性的，蓋領導人個人是理性的（Bueno de Mesquita, 1981）。

Duncan Black（1958）另指出，若群體中所有人的立場都可在單一面向的議題空間（即同一政治光譜）上顯現出來，而且每個人的偏好都是單峰（single-peaked）的（即光譜上某一點是最喜好之點，往光譜左右兩側移動，偏好程度降低），則中間選民

（median voter，或譯中位選民）[3] 最喜好之點——所謂理想點（ideal point）——可打敗光譜上在其左方或右方的任一點，因此是康多塞贏家，是均衡之所在。果如是，則此群體有明確偏好，我們也可據以假定這個群體是理性的。

這也就是說，在某些特定條件下——如群體成員有共識、或有位一呼百諾的「獨裁者」、或有明確的中間選民——我們不妨假定群體是理性的；但若這些條件不成立，則理性的假定是有疑義的。以國家與國家間之關係為例，若國家的目標明確，雜音或不存在，或無關大局，我們自可將國家視為理性的行動者；但若國家內眾議紛紜，無人可說了算，理性的假定自不適用。在後述情況下，一個辦法是將國家拆開，成為不同的較小的群體。只要這些較小群體內部有共識、或有一「獨裁者」、或有明確中間選民，我們就可以從這些合乎理性前提的小群體出發，來探究行動者的行為軌跡。[4]

理性抉擇理論就是在理性假定的前提下，透過演繹的方式，來推演行動者的行為。當然，人的行為常受到環境（如制度）的制約，理性抉擇理論因此常須探究人所身處的環境，推演人在各種條件制約下，其行為的可能走向。近年來十分流行的以理性抉擇理論為基礎的新制度主義，就代表這樣一種努力。[5] 究其實，在社會科學裡，我們所關切的是經驗現象，因而我們透過邏輯演繹所得出之行為規律，仍須經經驗驗證。基本上，理性抉擇理論這樣一種研究途徑，顯然與主要依賴歸納的傳統政治學有明顯差異。

另有一點值得一提的是，由於理性抉擇理論強調邏輯演繹，而數學是一套嚴謹的邏輯系統，因此，運用數學來做推演，是很自然的事。這是為什麼不少理性抉擇理論的著作常求諸數理模型。然而，必須強調的是，數理模型是個方便的工具，但非絕對必要。許多理性抉擇理論的經典著作，如 Downs 的《民主的經濟理論》（*An Economic Theory of Democracy*）（1957）就沒有太多數學符號。

---

[3] 中間選民指的是這個群體在光譜上位居中位數（median）的成員。這個定理可追溯到 Harold Hotelling（1929），而最早在政治學中將這個定理形式化的是 Black（1948），後經 Anthony Downs（1957）運用在選舉競爭的場合。

[4] 舉例言之，Bruce Bueno de Mesquita、David Newman 和 Alvin Rabushka（1985）就採用這個辦法，來探討中、英有關香港問題的談判。

[5] 用 Shesple 的話來說，在完全無外在條件制約下所得到的均衡——所謂「偏好導引的均衡」（preference-induced equilibrium）——常不存在，而許多在現實世界裡所看到的均衡，是在外在條件（如制度）制約下所得到的均衡，即所謂「結構導引的均衡」（structure-induced equilibrium）（1979）。

貳、理性抉擇理論對政治學的影響與爭議

理性抉擇理論對政治學的影響，是顯而易見的。如果以 1957 年 Downs 的《民主的經濟理論》一書之出版起算，理性抉擇理論受到政治學者的注意，並成為政治學重要的研究途徑，已超過一甲子。在這六十多年中，理性抉擇理論對美國政治、比較政治、國際關係甚至政治哲學等領域，都有一定的影響。

舉例而言，傳統上，對政治參與的研究，學者們多認定因人是政治的動物，因而為我們所屬的群體而參與、奉獻乃是自然之事，置身事外則是反常的。但是，Mancur Olson 在《集體行動的邏輯》（*The Logic of Collective Action*）（1965）一書，則反駁這種說法。他從理性人的假定出發，指出群體所提供的共同利益一旦被提供出來，群體內的成員都可享受共同利益的好處，無論他們曾否參與、奉獻或促成共同利益的實現。許多人就會想，既然只要共同利益被提供了，他便可享受之，那麼何不由他人來參與、奉獻，以促成共同利益的實現，而他則既不用付出也可同時享受此共同利益呢？這是所謂「搭便車」（free riding）的心理。如果群體中人人有搭便車的心理，共同利益就無法達成，而往往要靠共同利益以外的所謂「選擇性誘因」（selective incentive）[6] 或政治企業家等，方得為功（Olson, 1971; Wagner, 1966）。[7]

Olson 的集體行動的邏輯顛覆了許多政治學中的傳統思維。例如，風行一時的「團體理論」（group theory）就認為有共同利益便有團體，是天經地義之事；即便一個團體尚未冒出頭，但在代表相反利益的團體出現後，這個團體便有可能成形（Bentley, 1908; Truman, 1951）。但依據集體行動的邏輯，這類說法太天真，因為有共同利益，未必會有團體的組成（例如病人有共同利益，卻未見病人協會）。現在，在政治學的許多領域，集體行動的概念已經成了新的傳統，是政治學中不可或缺的一部分。

當然，理性抉擇理論應用的範圍很廣，集體行動的邏輯只是其中一個例子。舉凡制度選擇、民主轉型、選舉競爭、投票行為、立法過程、政策制定、國際衝突，林林總總，不一而足。幾乎對政治學的每個領域，都有一定影響。

不過，由於理性抉擇理論終究代表了一個迥然不同的研究途徑，在政治學中引發爭議，幾乎是不可避免的。在眾多批評中，最具代表性的，當推 Donald P. Green 和 Ian Shapiro 的《理性抉擇理論的病理學：政治學應用的批判》（*Pathologies of Rational*

---

[6]　選擇性誘因指的是專針對參與、奉獻者所提供的好處，如參加協會可獲得廉價的保險。

[7]　不過，Olson 強調在小團體內，若有某個或少數幾個資源豐厚的個人覺得獨力參與、奉獻以提供共同利益，依然有利可圖，則搭便車就不是問題，共同利益就可能在這個或這幾個少數人的參與、奉獻下被提供出來。

Choice Theory: A Critique of Applications in Political Science）（1994）一書。該書批判理性抉擇理論的研究成果，並未超越過往我們對許多政治現象的理解，而且不少理性抉擇理論的論述過分偏向抽象模型，欠缺經驗驗證。這些批評有一定道理，但多少偏重理性抉擇理論發展的現狀，而非理性抉擇理論作為一個研究途徑在方法論上的問題。

　　基本上，理論發展需要時間，難以一蹴可幾。以既有研究成果來做評斷，未必公允。再者，即便有些研究結論卑之無甚高論，但若在理論建構上，有所建樹，亦是功勞一件。例如，據說牛頓因見到蘋果從樹上掉下，因而發現萬有引力定律。姑不論該故事之真假，若牛頓僅昭告世人蘋果從樹上掉下，顯無太大意義，但若能據此解釋其前因後果，當然是個了不起的成就。事實上，科學工作的核心就在建構合宜的理論，以解釋或甚至預測各種各樣的現象，政治學亦復如是。理性抉擇理論就是在尋找合理的途徑，來建構理論。因此，我們所該問的問題是，究竟理性抉擇理論，比諸政治學其他研究途徑，是否更能達成這個目標？

　　要回答這個問題之前，我們必須先確認什麼樣的理論，才能進行有效的解釋或預測的工作。誠如 John Ferejohn 和 Debra Satz 所言，「某種形式的普遍性原則（universalism）是不可免的，如果我們的目的是要進行解釋，而非僅描述而已」（1995）。從這個角度看，理性抉擇理論有其優越性，蓋其理論建構係從假定出發，經縝密的邏輯推演而來，因此，只要這個假定是合理的，且邏輯推論無差誤，則結論應是必然的。

　　傳統政治學的研究方法則大為不同，其研究方法主要著眼於歸納，亦即將資料蒐集起來，希望從中找出一些原理、原則。這個做法最大的問題，在我們永不確知我們所蒐集的資料是否為特例。要從可能含有特例的資料中，找出具有必然性的通則，是非常困難之事（Riker, 1977）。從這個角度來看，理性抉擇理論確有優於傳統政治學研究法之處。

　　當然，一個引人爭議之處，是理性抉擇理論的基本假定，即人是理性的，究竟合不合理？難道人的行為不會受情緒左右嗎？如前所述，理性抉擇理論所強調的，是目標導向的行為。至若目標從何而來、是否合宜、是否帶有情緒，則不在討論之列。只要目標與行為合拍，我們就可運用理性抉擇理論，來做推論。究其實，我們很難想像一般人在做決定——特別是重大決定——時，會毫無意識胡作一番。即便有人可能如此，但只要多數人的行為是目標導向的，理性抉擇理論就有其適用之處——究竟科學並未試圖解釋百分之百的現象，或用統計的話來說，科學所求的，是用最少的自變項來解釋依變項最大的變異量。

　　反過來講，在人類政治現象中確有許多規律在，如單一選區相對多數決的選舉制度，在一般情況下，會導致兩黨制（Duverger, 1954; Riker, 1982a），或如前述，戰爭常

由侵略的一方獲勝（Bueno de Mesquita, 1981; Bueno de Mesquita and Lalman, 1992）。如果人的行為非目標導向，我們就很難想像這樣的規律的出現。再用 Ferejohn and Satz 的話來說，「社會科學的解釋，我們認為，必須要與人們意向的描述相契合……一個成功的社會科學的解釋，必須預先假定我們所要解釋的行為可以用如下的方式加以描述，即此行為係導源於人對目標的追求與信念的擁有」（1995）。

另外，Green 和 Shapiro（1994）對理性抉擇論者過度重視抽象模型而輕忽經驗驗證的批評，倒也有其道理在。不過，最近幾年來，情況已大有改觀。例如，在政治學的主要期刊上，抽象模型與經驗驗證的結合，已蔚為主流。而且，即便是非理性抉擇論者，特別是年輕一輩，也常藉助理性抉擇理論的基本邏輯，來建構其理論，顯見理性抉擇理論與傳統政治學研究途徑有合流之勢（Levi, 2009）。

從某個意義來說，理性抉擇理論其實是個非常古老而且也是我們在日常生活中經常採用的研究方法（Riker, 1982b）。例如，當我們見到某人做了某事，我們總會想，他這樣做必有其目的，這就是原始的理性抉擇理論。其與現代理性抉擇理論不同之處，只是後者將之形式化，推論更周延，如此而已。

理性抉擇既然以建構通則為目的，又不輕易以文化來解釋現象，對台灣的政治學研究是否也構成很大的影響？這是以下的課題。

參、台灣政治學研究中的理性抉擇途徑

理性抉擇的推論乃由假定決定，所以必然具有「若 A 則 B，且 A 為真」的基本結構。此一結構可以嚴謹到以數學形式表達，也可透過文字表述其大意，但都具有形式邏輯的結構。此一邏輯結構蘊含「非 B 則非 A」，所以理性抉擇必然具有可被否證的特性，而這是政治學研究走向科學的必經之路（Riker, 1990）。即使不採取這麼狹義的科學觀，形式化的特性也使理性抉擇途徑較能產出清楚的命題，並能經由經驗研究找出有待修改的假定。

這種特性說來簡單，但實際上的操作不見得容易。理性抉擇，在台灣的政治學中究竟扮演什麼角色？由於本章關切的是政治學的走向，所以將探討的對象限於具有雙向匿名審查的中文學術期刊。林繼文（2005）曾針對 19 份被行政院國家科學委員會列為評比的中文期刊進行檢閱，結果發現採行理性抉擇分析途徑比重最高的前三名是《選舉研究》（37.5%）、《台灣政治學刊》（30.3%）和《人文及社會科學集刊》（21.9%），其餘刊物的比例大多低於 10%。我們很好奇，接下來的幾年會不會有什麼變化？本章檢

測的資料，是 13 份被收錄在「台灣社會科學引文索引」（Taiwan Social Science Citation Index，TSSCI）資料庫的期刊，在 2006 至 2012 年出版所有和政治學有關的論文。和 2005 年相比，TSSCI 期刊更受到學界的重視，所以更能反映學術發展的趨勢。我們的問題是：在台灣的經驗研究中，理性抉擇佔了多大的比例？[8]

因爲我們想瞭解理性抉擇對台灣政治學經驗研究的影響，所以不僅考慮論文是否具有理性的假定，也要看論文的研究設計是否符合理性抉擇的演繹邏輯。這個定義比較嚴，衡量一篇論文是否屬於本章所界定的理性抉擇範圍，取決於以下的操作順序：

1. 判定論文是否屬於經驗研究；若否，則排除。
2. 對於屬於經驗研究的論文，判別是否有行動者；若無或不清，則排除。
3. 對於屬於經驗研究，且有行動者的論文，是否對行動者的偏好有清楚的描述；若無，則排除。
4. 若論文有變項涉及行動者及其的偏好，依變項與自變項屬於不同層級但未依方法論上的個體主義進行因果推演（包括沒有進行因果推論，或是忽略這種推論），則暫時排除。[9]
5. 剩下的論文，則可考慮列爲理性抉擇的範圍。

按照這個程序，符合理性抉擇的論文具有兩種類別：第一，完全符合理性抉擇的假定和方法論上的個體主義；第二，僅討論個體的偏好和行爲，論文目的與群體選擇無關。上述操作程序的選項四可能有些爭議：我們會不會漏掉一些討論到個體偏好，也想解釋群體選擇，但未將兩者連結的論文？從理論上來說，是有這種可能。我們的想法是，既然理性抉擇強調演繹邏輯對於累積科學知識的重要性，而某研究又具備了個體和集體兩個層次，就應該根據前者來解釋後者，否則並沒有達到理性抉擇的目的。反而是第二類的論文（即決策理論），只是理性抉擇的開端，沒有內在矛盾的問題。在下一節，我們會討論某些有可能被轉化成理性抉擇，但目前尚未被列入此一途徑的論文。

結果如表 4-1 所示。整體而言，符合上述標準的比例不高：超過 20% 的，只有《選舉研究》、《人文及社會科學集刊》與《歐美研究》。[10] 爲什麼採取理性抉擇途徑的論文沒有想像的多？其他論文的研究途徑是什麼？兩者的主要差別在哪裡？我們分兩部分來探索這個問題。本節先檢視這些採取理性抉擇途徑的論文，並回答以下的問題：這些

---

[8] 非經驗研究當然也可能採取理性抉擇的方法，例如以想定的理性內涵討論何種社會規範較爲合理。本章將焦點放在經驗研究，主要是因爲理性抉擇強調科學性及可驗證性。

[9] 從理論上而言，論文未進行跨層解釋有可能是因爲個體理性無法推出群體理性；在實際上，論文之所以被排除掉，都是因爲沒有在個體和群體間進行因果推論。

[10] 這個結果和 2005 年差不多，不過《台灣政治學刊》下降不少。

論文如何界定其行動者和行動者的偏好？如何處理偏好加總和群體後果的問題？次節，將以其他論文爲對象，分析其中代表性的案例，以瞭解這些論文採取的研究途徑爲什麼和理性抉擇有所差距。

先看行動者。出現在這些論文中的行動者，可依層次高低分爲國家、政府機關、民意代表、政黨、民間團體、政治菁英、媒體、選民、市場交易者等。有趣的是，很多論文中策略互動（strategic interaction）的對象，是和自己相同的行動者。[11] 檢視這些論文，我們發現「選民」最常被設定爲行動者，其次則是行政或政府機關。這說明了爲什麼《選舉研究》在兩次研究中，採取理性抉擇途徑的比例的論文都明顯高出其他期刊。爲了從論文本身的角度來回答前述問題，以下不採量化分析，而從代表性的主題和論文著手。

表 4-1　TSSCI 期刊論文符合理性抉擇定義之比重（2006-2012）

期刊名稱	符合篇數	總篇數	符合之百分比
選舉研究	13	62	20.97
臺灣民主季刊	11	107	10.28
政治科學論叢	14	115	12.17
行政暨政策學報	5	50	10.00
東吳政治學報	11	100	11.00
政治學報	7	56	12.50
問題與研究	6	145	4.14
中國大陸研究	11	107	10.28
公共行政學報	6	84	7.14
台灣政治學刊	2	60	3.33
政治與社會哲學評論	1	102	0.98
人文及社會科學集刊*	6	26	23.08
遠景基金會季刊	9	107	8.41
歐美研究*	4	20	20.00
合計	106	1,141	9.29

資料來源：TSSCI 資料庫。
＊說明：綜合類期刊，母體只算政治學類論文。

---

[11] 在非合作賽局中，若假設行動者具有同樣偏好，且互換策略即互換報酬，則構成「對稱賽局」（symmetric game），在分析上可以由一推多，是比較簡單的賽局。

一、策略投票

　　為什麼選民容易成為理性抉擇探討的對象？我們的猜想是，以選民作為行動者，有幾個分析上的好處。首先，選民的數量（在模型或實證上）通常很大，比較容易透過統計模型來檢證理性抉擇的假定，而這正是此一途徑的主要目的。倒過來說，如果一項研究不容易驗證，可能會遏阻研究者採取理性抉擇的途徑。第二，選民的偏好並不難理解；許多的民意調查，正是要瞭解選民對於政黨、候選人乃至政策議題的立場。如果能透過理性抉擇的模型設計某些問題，將能回答一些重要的課題。第三，以選民為行動者，通常有清楚的加總機制，也就是選舉制度。這個加總機制，會因為制度的不同而引發複雜的策略效果，而這正是理性抉擇最能發揮所長的地方。第四，和選民策略行為有關的論著相當多，且產生不少有名的理論命題（詳下），有助於研究者釐清其貢獻，甚至提升著作的影響力。

　　我們可以從相關的論文發現前述的特性。在以選民為行動者的論文中，最常出現的課題就是「策略投票」（strategic voting）或「策略選民」（strategic voter）。大多數的研究者假定選民的偏好為「選票效益極大化」，其策略選項包括投票的對象或方式，影響策略選擇的主要因素通常是選舉制度。理性抉擇能幫助研究者透過理論模型的推演，得出不容易由常識推得的命題；這些命題如果涉及選民行為的加總後果（例如席次分配、投票率等），就完全符合前述的條件。討論策略投票的另一項長處，在於既有文獻已經相當豐碩，不論是 Duverger 法則（Duverger, 1954）或是其他學者對此法則的修正（例如 Steven R. Reed 所提出的 M+1 法則），[12] 都很接近科學知識的積累模式（Riker, 1982a），若以修正相關論著為出發點，論文的影響力自然提高。例如，李冠成、劉從葦（2008）根據台灣 1989 至 2004 年的立委選舉資料，對 M+1 法則提出檢證，結果發現選區規模、政黨提名策略、棄保是否成功、選民做策略投票所需的資訊是否充分與學習效果，都影響到有效候選人數。也有論文以策略投票為出發點，透過跨層次推論的方式，檢證 Duverger 的理論（李柏諭，2006）；這樣的研究雖然是以政黨體系為依變項，但分析單位仍然是「具有策略投票可能」的選民。

　　Duverger 的策略投票理論，是以多數決制（plurality rule）為主，後來由 Cox（1997）延伸到其他選舉制度。選舉制度在過去 20 年出現很多變化，刺激學者探討新的策略投票理論。台灣自 2008 年的立委選舉改採「單一選區兩票制」（mixed-member majoritarian system，MMM），是否會導引出不一樣的策略行為，也引起學者關心。在

---

[12] 所謂 M+1，是指在應選名額為 M 的情況下，有效候選人數應該趨近 M+1。這個法則由 Reed（1990）提出，後經 Gary W. Cox（1997）形式化。

最近幾年的 TSSCI 期刊中，我們至少可以找出五篇直接相關、兩篇間接相關的論文。其中比較有代表性的，應該是黃紀、王鼎銘、郭銘峰（2008）。該論文有兩個特點：第一，探討的對象是日本在單一選區兩票制下的選舉，使用的也是日本選舉研究的資料，其目的之一在於比較台灣在同樣選制下的投票行為，使台灣的選舉研究在這個脈絡下產生比較性的視野；第二，該文將分裂投票（split-ticket voting）視為單一選區兩票制下的一種策略投票，所以探討混合選制是否鼓勵選民將兩張選票投給不一樣的政黨。蕭怡靖、黃紀（2010）運用類似的分析方法探討台灣在 2008 年立法委員選舉首度採用的單一選區兩票制，發現台灣選民的分裂投票，仍以藍綠的「聯盟投票」型態為主，而策略投票不但發生在小黨認同者的區域票上，也發生在政黨票上，甚至部分國民黨或民進黨的支持者，在聯盟席次最大化的考量下也會將政黨票轉投給同聯盟的小黨。這篇論文對於混合選制下的策略投票做了詳盡的分類，也擴充了理性抉擇的範圍。另一個相關議題是策略投票對政黨體系的影響。王鼎銘、郭銘峰（2009）直接比較台灣和日本在新選制下的投票行為，結果發現兩國的選制改革皆有利於大黨選票的聚集，而台灣大黨獲得一致支持的比率高於日本；單一選區兩票制固然有利大黨，但並非完全沒有小黨生存的空間。林繼文（2008）即發現，日本的比例代表分為 11 個選區，又採取重複提名（dual candidacy）制，使小黨有很強的動機藉著參選單一選區來提升其知名度，進而提升該黨在比例代表區的得票率，但台灣並無此配套，所以小黨在比例代表區的表現也不好。這些研究都是從選民的策略投票出發，以選舉結果為依變項，自然屬於理性抉擇的範圍。

其他還有不少藉由理性抉擇理論來探討選舉的論文，分析單位大多仍是（或包括）選民。其中王鼎銘（2007）探討的是理性抉擇的根本問題：如果每張選票影響最後結果的機率極低，但投票成本卻是可見的，那麼選民為什麼要投票？ William H. Riker 和 Peter C. Ordeshook（1968）的答案是在投票的計算公式後加上公民意識這個項目，認為這也是影響投票意願的重要因素。該文基本上套用 Riker 和 Ordeshook（1968）的公式，並以台灣在 2004 年舉行的公民投票為資料，結果發現選民越是自認為選票獲致效用大，越認為投票的預期效用落差大或越具有公民意識，就越有動機投票；反之，投票成本越高，則越沒有動機投票。這等於是以台灣經驗印證了「投票計算理論」（theory of the calculus of voting）。本章雖然沒有推導這個理論，不過理論本身是理性抉擇的經典。還有些研究，同時考慮選民和其他角色的策略互動。例如，不論是 Duverger 法則或投票計算理論，都未處理選民訊息的不足，而這個問題不但普遍存在，也可能影響理論的解釋力。蔡佳泓、徐永明、黃琇庭（2007）以 2004 年總統大選中的公投議題為案例，顯示當選民需要政黨提供政治訊息時，政黨會強化選民的兩極化，進而影響選民的投票抉擇。這樣的研究雖然是以分析經驗資料為主要目的，但由於考慮到好幾個政黨，又是以選民的態度分布為後果，所以符合前述理性抉擇途徑的條件。

「中間選民定理」是有關選舉競爭的重要理論，廣受學界應用。這個理論預期候選人趨向中間點，和前述論文所描繪的兩極化政治有相當差距，理應受到台灣政治學者的重視，但只有王鼎銘（2005）曾根據此一理論來分析 2000 年的總統大選。相形之下，反倒是經濟或公共政策的研究較有可能將中間選民定理延伸到其他領域。例如，吳濟華、馮永猷（2008）就以此一定理來檢證台灣各縣市的公共支出是否反映出多數選民的需求，結果發現中位所得對地方政府的公共支出具有顯著的正向影響，而這種關係在地方選舉年尤其明顯。這篇論文雖然是以政府支出為依變項，但反映的是政府對選民利益的考量。以前述條件判斷，這篇論文符合理性抉擇的定義。

有些研究並未以選民為行動者，但討論選舉制度對政黨體系的影響，等於間接承認選舉制度促成策略投票。例如林繼文（2006）以選舉制度作為政黨體系變化的要因，提出憲政體制和選舉制度搭配的幾種模式，即已蘊含某些選舉制度會讓選民犧牲小黨。李柏諭（2006）透過跨層次推論探討選舉制度與政黨體系的關係，並比較單一選區相對多數決制、單記非讓渡投票制（single non-transferable vote，SNTV）和比例代表制對台灣政黨體系的影響，其背後隱含的假設，也是不同的選舉制度會導引選民進行不同樣態的策略投票。這種研究取向，因為是以策略投票為前提，以政黨體系為依變項，其研究途徑應該屬於理性抉擇的範圍。

二、行政機關

行政機關之所以在 TSSCI 期刊中佔有一定的份量，可能的原因有二。第一，行政機關具有部門立場，機關領導也有個人目標，皆可視為其偏好。但這也表示，採取理性抉擇的途徑來分析行政機關，行動者通常包含持立場互異的部門，或是行政機關與民間團體。行動者的異質性，使論者較難得出像「中間選民定理」那樣高度抽象化的理論命題。我們可以用 Downs（1957）的例子來說明。他曾將中間選民定理運用在民主競爭上且得到重要而精簡的發現，但當他處理官僚體制時（Downs, 1967），卻需先假定各種可能的官僚類型和利益，而其研究發現也不是很簡潔。第二，行政機關的範圍廣大，研究政策問題經常會觸及某個機關，固然使行政機關容易成為理性抉擇的課題，但也使分析不容易收斂到特定的均衡上。所以，這兩項因素都顯示，以理性抉擇為研究行政機關的途徑，其嚴謹的程度恐怕不如選舉研究。我們可以用一些代表性的論文，說明理性抉擇途徑如何處理行政機關的相關課題。

在和公部門有關的論文中，最形式化的應是李建正、邱明斌（2011）。這篇論文中所涉及的行政機關是地方政府與環保機構，但也包括保育團體和地方居民。作者採用的分析方法是演化賽局，亦即根據行動者的長久互動，觀察何種策略符合演化均衡。

這篇論文看來很符合理性抉擇的分析方式，但因爲處理的角色不同、偏好也互異，所以在建構模型時碰到一些困難。演化賽局通常假定行動者同質，和本章設定的角色有所差異；本章作者有些時候跳開演化的觀點，直接進行單回的賽局分析，應該就是因爲演化賽局不易處理異質性的問題。[13] 另一篇符合理性抉擇定義的論文，是王光旭、陳敦源（2010）。該文整合理性抉擇制度論中的「否決者」理論與歷史制度論中的「否決點」概念，討論制度否決者在政策過程中的策略互動，以及互動結果對政策產出的影響。該文並藉由台灣全民健保政策的三個案例來檢證理論。這兩篇論文都處理異質的行動者，後者採取的分析方法固然較前文更爲適合，但分析則不若前文那樣嚴謹。[14] 兩文相比，反映出異質行動者對理性抉擇分析所構成的挑戰。

　　另一篇值得討論的論文，是廖洲棚、吳秀光（2010）。該文將政府所面臨的危機視爲演化過程中的突發狀況，考驗政府的危機管理能力，而關鍵在於不同部會是否能有效協調。該文整理了理性抉擇途徑對於群體行動的研究，歸納出幾種影響政府各部門進行協調行動的重要因素，並整合出「政府危機管理之協調行動模式」。這篇論文也涉及異質行動者（各政府部門），有互動後果（協調成效），又整合了相關理論，所以具有清楚的理性抉擇性質。該文和李建正、邱明斌（2011）相似之處，在於都採取演化的觀點；和王光旭、陳敦源（2010）一樣，都在處理異質行動者。然若就該文的性質來看，主要應在歸納類型而非描述並檢證均衡，所以和前兩文仍然不同。

三、預測市場

　　預測市場（prediction market）是一種期貨交易，以「未來是否會發生某事件」爲交易對象，覺得「會發生」的交易者買進，覺得「不會發生」的交易者賣出，報酬由事件是否發生決定，期貨價格則被理解爲「事件發生機率」。從機制上來看，預測市場完全符合理性抉擇的定義：交易者以獲得最大報酬爲目的，並根據市場內外的訊息決定買賣，交易形成的價格，就是個體利益加總的後果。以預測市場撰寫的 TSSCI 論文，不論其主旨爲何，都是建立在這套「效率市場假定」（assumptions of efficient market，即價格反映所有公開的訊息）上，所以符合理性抉擇途徑。在過去六年中，至少出現四篇這樣的論文：陳安琳等（2006）、童振源等（2009）、童振源等（2011）、童振源等（2011）。

---

[13] 嚴格說來，演化賽局假定「有限理性」（bounded rationality），和聯結性與遞移性沒有直接的關係。在演化賽局的模型裡，行動者持守特定的行爲準則，如果能抵抗突變的侵入，則此準則具有演化上的穩定性。

[14] 否決者理論奠基於合作賽局，並未處理聯盟是否穩定的問題。

　　前述論文的後三篇都引用未來事件交易所的資料，而該交易所亦曾針對 2012 年台灣總統選舉進行預測。根據該中心在 2012 年 1 月 3 日發布的收盤價格，蔡英文為 48.6%，馬英九為 42.5%，宋楚瑜為 10.2%。1 月 14 日選舉結果馬英九勝選，獲得 51.60% 的得票率，蔡、宋兩人則分別為 45.63% 和 2.77%。這個結果，和預測有所差距。主要的原因有三：第一，未來事件交易所發布的預測受到廣泛的注意，當然不能排除特定候選人的支持者利用分身來炒作價格。理論上，和實際得票率有落差的價格，應該會給予其他交易者做多的機會，但這要靠市場來達成均衡，需要一定的時間。第二，根據 1 月 3 日的收盤價格，三人的價格總和為 101.3%，而且宋楚瑜的價格過高，表示市場尚未達到均衡。第三，中央選舉委員會認為未來事件交易所的預測屬於民意調查，所以認為不得在選前十天發布選舉預測，未來事件交易所因而在 1 月 3 日停止交易，無法展現最後十天的價格變化。[15] 最後十天，可能發生藍營的棄保，但無法反映在價格的變動上。

四、其他議題

　　相較於以上三類論文，其他歸為理性抉擇的論文較為欠缺一致的主題，難以整體討論。從分析方法來看，某些論文相當嚴謹，某些則以敘事為主；前者數量非常少，但值得討論。在所有的 TSSCI 論文中，嚴謹度最高的應該是邱訪義（2010）。該文認為，既有文獻認為分立政府將造成立法僵局，從傳統樞紐政治模型的角度來看是令人困惑的：如果行政部門預期立法院將會杯葛其法案，為何要向立法院提案？如果不提案，當然就不會有僵局。為了解決此一困惑，該文建構了四個賽局理論模型，納入立場表態與消極立法的動機等因素，結果發現唯有當國會多數黨立法消極時，立法僵局才會產生。這篇論文的行為者包括行政機關與立法委員，偏好主要以空間模型表達，理論模型則建立在非合作賽局之上。從技術的層次來看，很少有超越該文的論文；以數量而言，這篇論文相當獨特。相較於美國，台灣的國會研究仍然欠缺系統性的資料，立法院在民主化之後的運作時間也短，大多數的國會研究者還在整理歸納個別屆期的資料。儘管台灣的國會研究還有很長的路要走，在未來的確可能成為理性抉擇發揮影響力的重要場域。

　　國外的理性抉擇論文經常以選舉競爭者（通常是候選人）為行動者，但台灣相關的著作卻不多。其中一篇，是崔曉倩、吳重禮（2007）探究未獲提名候選人的參選問題。該文問的是個策略性的問題：當政黨對可能脫黨參選者進行嚇阻的情況下，脫黨參選者將選擇參選到底，或退出選舉？該文建構了一個賽局模型來回答這個問題，結果發現政黨若不能嚇阻未獲提名者，進而準備對其抵抗時，將會發現效益低於容忍其參選，

---

[15] 預測市場並非民意調查。前述幾篇有關預測市場的論文，均對此有所說明。

所以不會採取抵抗行為;同時,未獲提名者也看出政黨的意圖,所以會參選到底。該文以參選者和政黨為行動者,清楚描繪其偏好和互動結果,所以符合理性抉擇的定義。另一篇明白宣示採取理性抉擇途徑的是謝易宏(2012)。該文融合各派制度論,解釋台灣立委選舉制度如何發生、何時發生、為何是 MMM 取代 SNTV 等三個問題。所謂理性因素,是指 2004 年總統大選釋放出的新訊息:國民黨和民進黨的得票率都非常接近一半,所以如果將立委選制改為 MMM,鄰近的小黨都會有支持者策略性地將選票轉投給大黨。針對此點,兩大黨不但有共識,而且能夠組成唯一的獲勝聯盟,並進而主導選制的修改。基本上,該文的解釋是後設(post hoc)的,但理性抉擇的確幫助作者釐清政治菁英對選制的偏好與行動。

以上所討論的文獻,大多集中在台灣政治或公共行政,而不常出現在國際關係的領域。[16] 這和美國的情況有些差距,原因或許在於台灣較為欠缺足夠的策略空間來實現其外交政策,進而減縮可供探討的議題。同理可知,台灣學者在處理國際關係或兩岸關係時,常會帶入內部政治。其中一例,就是關弘昌(2008)。該文希望解釋台灣為何在民主轉型期會出現和平的大陸政策,其研究途徑則是理性抉擇:李登輝對於其個人政治利益的估算,使他在推動民主改革的同時,對中國大陸採取和平取向的政策。這篇論文雖然是以李登輝的理性計算為主軸,但隱含了北京政府的回應,所以可歸為理性抉擇類的論文。

總結本節的分析,可以發現一些重要的特性。第一,採取理性抉擇途徑的論文不多,而且很少採用形式化的分析模型,遑論對理論模型的檢測。這表示,至少在台灣,學者的研究和理性抉擇學派的理想仍有一定的差距。第二,少數採取理性抉擇途徑的論文,仍然集中於某些議題。瞭解理性抉擇為何偏向某些議題,或許正是回答第一個問題的答案。等次節討論過「非理性抉擇」的論文後,答案就會更清楚。

肆、理性抉擇之外

為了釐清理性抉擇和台灣政治學的關係,我們應該瞭解什麼樣的論文未被歸入理性抉擇途徑,才能拼湊出整體的圖像。因為被排除在理性抉擇之外的論文相當多,無法一一檢視,只能就較有代表性的著作分析。按照之前所提的操作程序,我們可將未被列

---

[16] 例外是《歐美研究》。該刊較常出現涉及多國外交關係的論文,如果又假定各國以極大化國家利益為立場,就可歸類為理性抉擇的範圍。

入理性抉擇範圍的論文分為兩類：第一，某些論文欠缺足以運用理性抉擇途徑的條件；第二，某些論文隱含特定的行動者（或其偏好），但在分析上僅止於此，也未討論群體選擇的後果，所以暫不列入理性抉擇的範圍，但不排除經過修改後被列入的可能性。

我們先看第一類論文。所謂「欠缺足以運用理性抉擇途徑的條件」，有很多種可能。以 TSSCI 期刊的論文來看，至少有下列幾種（某些論文可能屬於超過一種）：

1. 非經驗研究，例如規範分析、政治思想或方法論等。在 TSSCI 期刊中，仍然有一部分的論文屬於此種性質，但比例不高。少數論文的目的在於回顧文獻、理論或方法，雖然可能和經驗研究相關，但論文本身並非經驗研究。

2. 論文沒有清楚的行動者。這類論文就相當多，例如根據形式條文對制度進行描繪或分類、不涉及特定行動者的區域研究、未具體描繪行動者或其偏好的歷史制度論以及社會建構論等。

3. 論文涉及行動者及其偏好（或價值、立場），但未進行進一步的分析，或是可區別出分屬不同層級的依變項和自變項，但未採用方法論上的個體主義進行因果推演。[17] 這類論文數量不少，且較容易出現在某些特定的議題上。例如，如果某論文想要解釋某國的政治文化，而其主要自變項是公民的政治價值，雖然價值和偏好有關，但前者可能只是後者的累加（而非群體選擇），而且前後並無清楚的因果關係，所以論文還算不上理性抉擇。換言之，理性抉擇重視的是因果推論，而不僅只是統計上的相關性。

相較於第一、二類論文的多元性，第三類論文在研究方法上的性質比較接近：這些論文隱含一定數量的行動者，但不見得清楚描繪他們的偏好順序，也很難從個體的偏好推論群體選擇的後果。此類論文並非和理性抉擇無關，但需要一定程度的修改。以下就以兩篇處理制度選擇的論文為案例，說明為何只有一篇被列入理性抉擇論文。

第一，吳玉山（2006）尚未被算入理性抉擇的論文，但具有轉化的可能。該文首先區別四種憲改模式：激進制憲、延遲激進制憲、漸進內生制憲與漸進修憲，接著比較 11 個歐洲後共新興民主國家的經驗，並和這四種模式連結。該文又引歐洲經驗來對比台灣，結果發現台灣因為舊體制的合法性較高，所以採取溫和漸進的憲改模式，但因台灣存在國家認同的衝突，所以引發國際的介入。此一研究看來是以國家為對象，但對於憲改模式的分析，卻隱含「舊體制合法性高」即表示「支持舊體制的力量大」之假定。因為該文並未明言此種假定，也就難以判斷行動者的行為，所以未被算入理性抉擇的論

---

[17] 依照前述操作程序，某論文如果只處理單一層次行動者的偏好和行為，應該歸類於理性抉擇。但採取此種研究途徑的論文非常少。

文。第二，相對於前一篇論文，蘇子喬、王業立（2010）也探討以新興民主國家為主的制度選擇，但被歸類為理性抉擇的論文。該文要回答的問題是：混合選制在過去 20 年蔚為風潮，但為什麼其中的義大利、俄羅斯與泰國，後來又改採其他的選舉制度？作者發現，混合制中單一選區相對多數制未必能夠形塑兩大黨為主的政黨體系，顯現 Duverger 法則的侷限，而國會政黨在新興民主國家也不見得掌握最重要的政治權力，所以選舉制度變遷涉及議會外菁英的考量。以此而言，該文清楚界定行動者為政治菁英和國會政黨，而其偏好分別則受到菁英個人利益和國會政黨席次的影響。如果再以制度選擇的結果當作依變項，該文就具有清楚的理性抉擇特性了。

　　總結本節的分析，當大多數論文都未採取形式分析時，區別理性抉擇和非理性抉擇的論文並不容易，尤其是當許多論文屬於中間地帶時。然而，整體而言，台灣的政治學研究並非以理性抉擇為主導，應該是無庸置疑的。這裡牽涉到的問題，恐怕並非理性抉擇是否妥當，而是論文作者不容易掌握其研究對象的理性內涵。政治學和經濟學不一樣，難以用普存的效用來描繪所有的行動者，而必須注意到理念的差距和多元的立場。這是困難的工作，但也是政治學者最值得努力之處。

伍、結論

　　任何「意圖性」（intentional）的行為，都可能成為理性抉擇的課題。這個課題對政治學而言是至關緊要的：很少有學科，像政治學這樣關切行為動機、意識型態或理念衝突。[18] 然而，本章回顧過去六年台灣重要政治學期刊，發現採取理性抉擇途徑的論文並不多，而且集中在特定的議題上。其實，即使以世界的標準來看，理性抉擇的論文也以某些議題居多。正如 Bernard Grofman（2004）所言，所謂「公共選擇」（public choice）[19] 的「五經」（Pentateuch），在議題上的確有一些類似性。這五篇經典，幾乎都是以民主體制為前提和課題，包括 Arrow（1951, 1963）、Black（1958）、James Buchanan 和 Gordon Tullock（1962）、Downs（1957），當中只有 Olson（1965）沒有特定範圍的限制。

　　所謂經典，是以全球性的角度來評斷的，而理性抉擇卻仍有「偏向民主體制」的傾

---

[18] 相較於理性抉擇理論之著重個體意圖與政治現象之規律性，政治學中不乏質疑之聲。例如，近年來頗受矚目的複雜理論（complexity theory），就偏重整體，也強調現象的不穩定性。有興趣的讀者可參閱 Paul Cairney（2012）。

[19] 公共選擇和理性抉擇的意涵類似，也常被混用。使用公共選擇這個名詞的，以經濟學家居多，政治學者則大多使用理性抉擇這個詞。

向。以此推論，對民主資歷尚淺的台灣而言，理性抉擇更容易集中在少數議題上。理性抉擇既然強調可驗證性，就表示相關的資料最好能滿足統計模型的需求（尤其是品質和個案數）。這就是爲什麼選舉很容易成爲理性抉擇途徑的試驗場。台灣選舉調查的品質相當好，有足夠的樣本，且開放給學者提供問題，又經常碰到選舉，都給理性抉擇檢測其理論的機會。相對而言，許多重要的課題欠缺這樣有利的條件。即使是國會研究這種適合理性抉擇途徑的議題，目前也缺乏完整而系統的投票紀錄，和美國難以相比。至於民主化所帶來的種種現象（例如社會抗議），雖然重要，卻難以像選舉研究那樣產生品質良好的資料，遑論套用理性抉擇模型。

　　話說回來，美國的長處如果在於長期穩定的制度，使各種制度成爲理性抉擇模型的參數，台灣的情況剛好相反。台灣的憲政制度經歷多次修改，又經歷立法委員選舉制度的變革，使制度本身成爲重要的變項。正如前節的分析所顯示，單從選制變遷來看，就已經產生不少採取理性抉擇途徑的論文，如果再加上憲政制度的修改，應可給予理性抉擇很大的空間。也正因爲這些制度選擇都發生在過去 20 年，研究者很有機會蒐集到相關的資料，甚至對當事人進行訪談。這也表示，採取理性抉擇的途徑，研究者可能要對政治菁英的行爲動機有更深入的理解，才不會在一開始就採取不切實際的假定。假定的真實性，才是理性抉擇途徑是否有效的關鍵。

參考書目

王光旭、陳敦源，2010，〈政務領導、國會監督與官僚自主：台灣全民健保政策「否決者」之研究，1986-2004〉，《行政暨政策學報》50：107-157。

王鼎銘，2005，〈「新中間路線」在 2000 年總統選舉的意義與作用：中位選民定理的應用分析〉，《台灣政治學刊》9（1）：37-81。

王鼎銘，2007，〈成本效益、公民責任與政治參與：2004 年公民投票的分析〉，《東吳政治學報》25（1）：1-37。

王鼎銘、郭銘峰，2009，〈混合式選制下的投票思維：台灣與日本國會選舉變革經驗的比較〉，《選舉研究》16（2）：101-130。

吳玉山，2006，〈政權合法性與憲改模式：比較台灣與歐洲後共新興民主國家〉，《問題與研究》45（1）：1-28。

吳濟華、馮永猷，2008，〈中位投票者模型與地方公共支出：台灣之經驗研究〉，《公共行政學報》29：29-60。

李冠成、劉從葦，2008，〈「M+1」法則與有效候選人數的實證分析：以 1992 年至 2004 年台灣地區立法委員選舉為例〉，《選舉研究》12（1）：73-107。

李建正、邱明斌，2011，〈演化賽局在生態保育運動之應用：以湖山水庫興建為例〉，《政治學報》51：105-142。

李柏諭，2006，〈選舉制度對政黨體系之影響：台灣總統、縣市長、立法委員、任務型國大選舉之實例比較〉，《政治科學論叢》27：69-112。

林繼文，2005，〈虛假霸權：台灣政治學研究中的理性選擇〉，《政治科學論叢》25：67-104。

林繼文，2006，〈政府體制、選舉制度與政黨體系：一個配套論的分析〉，《選舉研究》13（2）：1-35。

林繼文，2008，〈以輸為贏：小黨在日本單一選區兩票制下的參選策略〉，《選舉研究》15（2）：37-66。

邱訪義，2010，〈台灣分立政府與立法僵局：理論建立及其實證意涵〉，《臺灣民主季刊》7（3）：87-121。

崔曉倩、吳重禮，2007，〈政黨與未獲提名候選人之參選決策分析〉，《選舉研究》14（1）：119-143。

陳安琳、高蘭芬、湯惠雯，2006，〈選舉賭盤之價格形成〉，《選舉研究》13（2）：145-166。

陳敦源、吳秀光，2005，〈理性選擇、民主制度與「操控遊說」：William H. Riker 新政治經濟學的回顧與評述〉，《政治科學論叢》26：171-218。

童振源、周子全、林繼文、林馨怡，2011，〈選舉結果機率之分析——以 2006 年與 2008 年台灣選舉為例〉，《臺灣民主季刊》8（3）：135-159。

童振源、周子全、林馨怡、林繼文，2011，〈2009 年台灣縣市長選舉預測分析〉，《選舉研究》

18（1）：63-94。

童振源、林馨怡、林繼文、黃光雄、周子全、劉嘉凱、趙文志，2009，〈台灣選舉預測：預測市場的運用與實證分析〉，《選舉研究》16（2）：131-166。

黃紀、王鼎銘、郭銘峰，2008，〈「混合選制」下選民之一致與分裂投票：1996 年日本眾議員選舉自民黨選票之分析〉，《選舉研究》15（2）：1-35。

廖洲棚、吳秀光，2007，〈政府危機管理之協調行動模式：概念與模式建立〉，《行政暨政策學報》45：35-72。

蔡佳泓、徐永明、黃琇庭，2007，〈兩極化政治：解釋台灣 2004 總統大選〉，《選舉研究》14（1）：1-31。

蕭怡靖、黃紀，2010，〈單一選區兩票制下的一致與分裂投票──2008 年立法委員選舉的探討〉，《臺灣民主季刊》7（3）：1-43。

謝易宏，2012，〈台灣立委選制變遷的新制度論解釋〉，《臺灣民主季刊》9（1）：81-141。

謝復生，2011，《實證政治理論》，北京：中國人民大學出版社。

關弘昌，2008，《台灣民主轉型期對中國大陸的和平政策：一個「政治利益」觀點的解釋》，《政治學報》（46）：45-68。

蘇子喬、王業立，2010，〈為何廢棄混合式選舉制度？──義大利、俄羅斯與泰國選制改革之研究〉，《東吳政治學報》28（3）：1-81。

Arrow, Kenneth J. 1951. *Social Choice and Individual Values*. New York, NY: Wiley.

Arrow, Kenneth J. 1963. *Social Choice and Individual Values*, 2nd ed. New York, NY: Wiley.

Arrow, Kenneth J. 1970. *Social Choice and Individual Values*. New Haven, CT: Yale University Press.

Bentley, Arthur F. 1908. *The Process of Government: A Study of Social Pressures*. Chicago, IL: University of Chicago Press.

Black, Duncan. 1948. "On the Rationale of Group Decision-making." *Journal of Political Economy* 56: 23-34.

Black, Duncan. 1958. *The Theory of Committees and Elections*. Cambridge, UK: Cambridge University Press.

Buchanan, James and Gordon Tullock. 1962. *The Calculus of Consent: The Logical Foundations of Constitutional Democracy*. Ann Arbor, MI: University of Michigan Press.

Bueno de Mesquita, Bruce. 1981. *The War Trap*. New Haven, CT: Yale University Press.

Bueno de Mesquita, Bruce and David Lalman. 1992. *War and Reason*. New Haven, CT: Yale University Press.

Bueno de Mesquita, Bruce, David Newman, and Alvin Rabushka. 1985. *Forecasting Political Events: The Future of Hong Kong*. New Haven, CT: Yale University Press.

Cairney, Paul. 2012. "Complexity Theory in Political Science and Public Policy." *Political Studies Review* 10: 346-358.

Cox, Gary W. 1997. *Making Votes Count: Strategic Coordination in the World's Electoral Systems*. Cambridge, UK: Cambridge University Press.

Downs, Anthony. 1957. *An Economic Theory of Democracy*. New York, NY: Harper & Row.

Downs, Anthony. 1967. *Inside Bureaucracy*. Boston, MA: Little Brown.

Duverger, Maurice. 1954. *Political Parties: Their Organization and Activity in the Modern State*. Trans. Barbara and Robert North. New York, NY: Wiley.

Ferejohn, John and Debra Satz. 1995. "Unification, Universalism, and Rational Choice Theory." *Critical Review* 9(1-2): 71-84.

Franklin, Mark N. 2002. "The Dynamics of Electoral Participation." In *Comparing Democracies 2: New Challenges in the Study of Elections and Voting*, eds. Lawrence LeDuc, Richard G. Niemi, and Pippa Norris. London, UK: Sage, pp. 148-168.

Green, Donald P. and Ian Shapiro. 1994. *Pathologies of Rational Choice Theory: A Critique of Applications in Political Science*. New Haven, CT: Yale University Press.

Grofman, Bernard. 2004. "Reflections on Public Choice." *Public Choice* 118: 31-51.

Hotelling, Harold. 1929. "Stability in Competition." *The Economic Journal* 39: 41-57.

Levi, Margaret. 2009. "Reconsiderations of Rational Choice in Comparative and Historical Analysis." In *Comparative Politics: Rationality, Culture and Structure*, eds. Mark Irving Lichbach and Alan S. Zuckerman. Cambridge, UK: Cambridge University Press, pp. 117-133.

Mueller, Dennis C. 2003. *Public Choice III*. Cambridge, UK: Cambridge University Press.

Olson, Mancur. 1965. *The Logic of Collective Action*. Cambridge, MA: Harvard University Press.

Olson, Mancur. 1971. *The Logic of Collective Action*. Cambridge, MA: Harvard University Press.

Reed, Steven R. 1990. "Structure and Behaviour: Extending Duverger's Law to the Japanese Case." *British Journal of Political Science* 20: 335-356.

Riker, William H. 1977. "The Future of a Science of Politics." *American Behavioral Scientist* 21(1): 11-38.

Riker, William H. 1982a. "The Two-Party System and Duverger's Law: An Essay on the History of Political Science." *The American Political Science Review* 76(4): 753-766.

Riker, William H. 1982b. "A Paradigm for Politics." Talk at the Annual Meeting of the Chinese Association of Political Science, Taipei, Taiwan.

Riker, William H. 1990. "Political Science and Rational Choice." In *Perspectives on Positive Political Economy*, eds. James E. Alt and Kenneth A. Shepsle. Cambridge, UK: Cambridge University Press, pp. 163-181.

Riker, William H. and Peter C. Ordeshook. 1968. "A Theory of the Calculus of Voting." *American Political Science Review* 62(1): 25-42.

Riker, William H. and Peter C. Ordeshook. 1972. *An Introduction to Positive Political Theory*. Englewood

Cliffs, NJ: Prentice-Hall.

Shepsle, Kenneth A. 1979. "Institutional Arrangements and Equilibrium in Multidimensional Voting Models." *American Journal of Political Science* 23(1): 27-59.

Shepsle, Kenneth A. 2010. *Analyzing Politics: Rationality, Behavior and Institutions*. New York, NY: W. W. Norton.

Skocpol, Theda. 1979. *States and Social Revolutions: A Comparative Analysis of France, Russia, and China*. Cambridge, UK: Cambridge University Press.

Truman, David B. 1951. *The Governmental Process: Political Interests and Public Opinion*. New York, NY: Alfred A. Knopf.

Wagner, Richard E. 1966. "Pressure Groups and Political Entrepreneurs: A Review Article." *Public Choice* 1: 161-170.

比較政治

第五章

政治經濟學：體制轉變與研究議題

吳親恩

壹、前言

政治經濟學這個研究領域有兩種界定的方式（Weingast and Wittman, 2006）。其一是以研究的對象來分類，比較廣泛的定義爲，只要是研究政治與經濟生活之間的相互作用即算是政治經濟學的研究領域，範圍比較小的定義是，只觀察政治因素對經濟生活的影響。另一種是以研究方法來進行區分，這可以包括經濟學途徑以及偏向社會學的歷史結構研究途徑，前者以個體爲基礎，透過利基自利的假設，進行推論，後者也以個體爲基礎，但是同時著重被解釋對象背後的歷史脈絡（Thelen and Steinmo, 1992）。

關於政治經濟學領域的研究對象，一般比較著重的是政治因素對經濟生活的影響，至於經濟因素對於政治生活的影響，相對觸及較少，而是將之歸諸爲純粹政治學的研究，例如經濟投票的研究。不過經濟因素與政治因素彼此是互相作用的，政治因素會影響經濟因素，經濟因素也會反過來影響政治現象。以經濟投票來說，經濟表現的好壞會影響民眾的投票，但是投票的結果，也會進一步影響決策者的經濟政策制訂，而事實上執政黨願意費心營造政治經濟景氣循環（political business cycle），正是建立在預期經濟投票存在的基礎上，所以 Douglas Hibbs（2006）談經濟投票的文章，也被納入 Barry R. Weingast 與 Donald A. Wittman 編選的《政治經濟學回顧選集》（*The Oxford Handbook of Political Economy*）（2006）中。不過一般政治經濟學的研究領域，主要還是以依變項來區分，當然這只是爲了界定的方便，並不代表另一個方向的議題不是政治經濟學領域應該要關注的議題，限於篇幅本章並未納入經濟因素對於政治生活的影響這個部分。

此外，本章將不觸及中國大陸政治經濟領域的研究，這個領域當然是政治經濟研究的範疇之一，屬於發展政治經濟學與威權體制下經濟決策的範疇，不過因爲篇幅有限，加上這個研究領域有自己獨立的研究社群，除非是內容有與台灣的比較，則對話的領域往往是中國研究，本章並未將相關研究納入。此外本章是回顧以台灣爲主要對象的政治經濟學研究，完全針對其他國家或地區的政治經濟研究將不納入討論，所以依此標準，也將中國研究排除在外。

在研究方法方面，以個體爲基礎的途徑，又稱爲 positive political economy（實證政治經濟學），建立在個體經濟的假設與研究方法之上，加入政治變項，希望理解各種政治制度與因素，如何可能影響經濟變項，例如公共支出、通貨膨脹、失業率以及所得分配等重要的經濟議題（Alt and Shepsle, 1990）。在實證方法上不僅只是個案研究，更著重量化資料的蒐集與統計的嚴謹性。[1] 綜觀 Torsten Persson 與 Guido Tabellini（2000, 2003），以及 Weingast 與 Wittman 編選的《政治經濟學回顧選集》（2006）爲例，可以知道晚近的政治經濟學領域，主要是以經濟學的個體爲基礎進行分析。與此相對，歷史制度論的研究途徑強調深度個案分析，認爲任何政經現象都是鑲嵌在特定的歷史與空間背景中，抽離掉這些歷史背景，得出的結論往往不盡正確。與此觀點相近，在國內的研究社群中，蕭全政（2003）也提醒我們，要解釋政經問題，必須先理解問題背後的政經脈絡，才能正確加以推論。本章以台灣政治學社群的研究爲主，回顧以經濟現象爲依變項的政治經濟研究，並不限於特定的研究途徑。

要討論台灣政治經濟學研究近年來的發展，最直接的方式是逐一檢視各項議題的發展。不過社會科學的研究議題，都是鑲嵌在當時的社會、政治與經濟結構與體制中，社會、政治與經濟體制的改變，自然會影響到研究者的研究方向與議題，所以工業革命與當代資本主義興起之後，才有 Karl Marx（1887）與 Karl Polany（1944）剖析資本主義的鉅著，透過檢視政治經濟體制的轉變，將更能深入觀察政治經濟領域諸議題的發展。[2] 事實上比較不同時代或區域學者的研究重點，可以反映出不同時代或地區政經體制與關注焦點的差異，其本身就是有趣的議題，所以本章將從這個角度切入來討論台灣政治經濟學研究的發展。

從被當作研究課題的台灣政經體制的變化來談，台灣的政經體制在二次戰後有幾個大的結構性變動，包括了 1960 年代開始建立的出口導向生產模式，1980 年代末期開始的民主體制的建立，以及 1990 年代開始加速的經濟自由化，這幾個政經體制的建立與延續，大幅度地影響了產業結構、生產基地、產業與政府間的關係以及政府經濟決策的制訂，而這自然也進一步影響到相應的政治經濟研究。我們將分別從這幾個政經體制的建立與影響，來談國內政治經濟學研究議題的發展。

---

[1] 這些論點在陳師孟所撰之《政治經濟：現代理論與台灣應用》（2011）也有介紹。

[2] 除了政經體制的轉變之外，統計方法、資料取得與電腦計算的進步，也會改變學科的研究議題，使得跨國與跨時的量化研究變得較容易，這部分我們不特別討論。

貳、台灣政經體制之轉變

一、出口導向生產模式

在 1960 年「十九點財經改革措施」公布之後，政府推動以匯率制度調整與投資獎勵辦法為主的制度改革，整體台灣經濟發展便逐漸往出口導向經濟模式移動。在 1950 年代推動的進口替代工業化取得了一定程度的成功，但島內市場狹小，很快就達到飽和，使得工業化遇到瓶頸，與此同時，工業化的資金主要是來自美援，但美援不可能一直持續下去，如不積極進入國際市場，扶植外銷型產業賺取外匯，國際收支又會呈現赤字的局面，在此考量下，台灣的產業發展在 1960 年代轉入「出口導向工業化」（export-oriented industrialization）模式。此後雖然國家扶植企業的策略出現許多變化，但這個以鼓勵出口來增長 GDP 的發展模式，至今仍沒有大變動，台灣持續依賴出口來帶動經濟成長，出口佔 GDP 的比例一直維持在 60% 以上，之後雖然於十大建設中發展多項出口替代重化產業，但是目的也在能建立自主工業，以期減少進口，進而使相關產品能在國際市場上佔一席之地。

出口導向生產模式在民主化之前伴隨的是威權體制，為了協助產業出口，政府積極地以各項政策扶植有希望成為出口明星的產業，這種挑選贏家（winner picking）的發展途徑，常常被稱之為發展型國家（developmental state）（Cheng, 1993; Chu, 1989; Kuo, 1995; Wade, 2004）。挑選贏家的背景是各國在產業發展初期國內資金不足，政府必須介入將資源投入最有希望的產業（Haggard, 2004）。發展國家模型在政治上的核心架構是，統治者在經濟決策上不去干預技術官僚的政策制訂，而且提供技術官僚在制訂政策時不受特殊利益干擾的庇護，技術官僚是依才能（merit-based）來決定聘任與升遷（World Bank, 1993）。出口導向發展模式具體的策略，是以低估匯率與降低中間財進口關稅來鼓勵出口（Haggard, 1990）。更精確的說，台灣的發展經驗是鼓勵外銷產業，但保護進口替代產業（陳添枝，1999）。在鼓勵出口的大方向下，除了低估台幣匯率之外，國家並給予策略性工業諸多扶持，包括租稅、土地、貸款以及允許中間財進口等（李國鼎，2005；Stiglitz, 1997）。除了具體的贏家挑選產業政策之外，發展型國家在台灣有另外幾項重要的特徵，首先是國家提供良好的基礎建設與教育，以及提供市場發展所依賴的財產權保護與減少競租行為，每個國家採用不同的制度安排來達成這些任務（Haggard, 2004）。此外，在威權時期的出口導向模式下，為維持出口競爭力，政府限制勞工的罷工等制度性集結能力，勞工的制度性勞動條件持續處於弱勢；政府主要以薪資提升、勞工保險法令制訂與充分就業來改善實質勞動條件。另外，國民黨政府有鑑於

內戰時期通貨膨脹與金融穩定的特殊歷史經驗，對於匯率的穩定、通貨膨脹與金融穩定高度重視，這也是維繫勞工支持政權的重要因素。

不過這種鼓勵出口保護內銷產業的方式，有其負面影響。首先，長期施行造成巨額的貿易順差、貨幣供給增加與資產泡沫的壓力，將迫使政府政策往貿易自由化的方向調整，減少進口關稅與管制。而且政府對市場過度的干預，容易產生扭曲市場機制的副作用，包括競租行為、企業軟預算限制，以及因為官僚資訊不足造成錯誤的干預。Stephan Haggard（2001）以及 Kihwan Kim（2006）就指出，因為資金稀有，在東亞經濟發展的過程中，政府一直積極介入信貸的分配，並對銀行放貸與對企業投資過多的保證，使得企業敢於冒高風險借款從事盲目、無效率的投資，而這正是東亞金融風暴產生的重要原因之一。此外，從 1980 年代中期開始，東亞許多國家經歷了民主化與跨國經濟自由化的雙重轉型，在許多有干預信貸傳統的國家中，政府對金融機構干預的負面影響變得更為嚴重，執政黨依賴企業的政治獻金與選舉動員，使得官僚的獨立自主性下降，政府對信貸的干預不只是經濟考量，更受到政治關係的影響，同時也降低了金融監理的強度。

雖然發展國家模式有其負面的作用，但不同國家則有明顯差異。東亞金融風暴之後，有許多的研究檢討與比較，為什麼危機在某些國家較嚴重。朱雲漢（Chu, 1999）以缺乏國際貨幣基金組織（International Monetary Fund，IMF）會籍、中央銀行的自主性以及經濟決策官僚的相對獨立性，加上執政黨在財務上自主，不需依賴企業獻金，來解釋為什麼台灣在東亞金融危機中的表現相對南韓較好。郭承天（Kuo, 2000）以中央銀行與證券管理機構缺乏自主性、地方派系與大財團具有很大的影響力，以及政黨以個人為基礎組成，解釋泰國為什麼相對於馬來西亞遭受較大的危機。此外，也有學者認為，東亞發展模式並非是導致金融風暴的原因，在西方國家的要求下，東亞金融體系過快的照單全收全球經濟自由化方案是造成危機的更重要關鍵，在採取自由化措施的同時，銀行監理機制並沒有跟著提升，使得金融機構暴露在新的危機之下（Stiglitz, 2005）。不過也有學者指出，1990 年代韓國是在財閥的遊說下進一步放寬資本帳自由化，所以自由化進程還是與財閥的擴張傾向有關（Kim, 2006）。

在東亞金融風暴之後，各國做出許多改革，包括政府減少干預銀行的信貸決定、政府不再介入銀行經營，以及強化金融監理與公司治理等，相當程度降低了國家干預市場的能力，強化了市場的機制（Ha and Lee, 2007; Swati, 2006）。此外，民主化與全球化的轉型也都分別降低了國家干預市場的能力，這部分下兩節會接著討論。

除了發展國家模式負面作用的討論之外，針對東亞發展國家模式的可複製性與有效性，也引起辯論。在可複製性方面，東亞發展國家正好遇到冷戰以及韓戰與越戰的發生，影響政府決策以及貿易對手國的貿易決策，這樣的背景，其他發展中國家並無法遇到（Stubbs, 2005）。其次，在有效性方面，以台灣的發展經驗來說，瞿宛文（1997）

發現在台灣出口導向的成長過程中，國家在進口替代的目標下，扶植中上游資本密集產業，特別是在石化業的發展初期過程中，扮演了重要的示範與引領角色。也有研究重新檢視相關史料，指出台灣石化工業的發展，國家機關並非有計畫的引導石化工業發展，而是在國家機關、民間石化業、國際市場、美國政府的建議與美商石化資本的促進等因素交互作用下逐漸發展（蔡偉銑，1997）。Yongping Wu（2004）也檢視台灣的發展經驗，認為台灣的快速經濟成長主要是以外銷為主的中小企業所帶動，但這些企業相對於受保護的大型內需產業，獲得的政府政策支援少很多，所以國家工業政策的效果至少對這部分的產業來說是有疑問的。

　　事實上對於發展國家論有效性的討論，也與台灣特殊的國家認同爭議相牽扯，相關討論擴及台灣歷史上不同政權引領經濟發展的評價。研究台灣經濟史的學者認為，日本殖民統治帶來經濟的現代化，包括社經制度、技術引進與基礎建設的現代化，對台灣國民所得的提升有顯著的貢獻（吳聰敏，2003a）。對二次戰後政府經濟引領發展的評估，則指出美援顧問建議鼓勵私人企業發展，並強調尊重市場機制的重要性（吳聰敏，2003b）。與此相對，有學者以台灣紡織業等產業的發展為例，指出雖然日本統治留下許多很好的基礎建設，不過當時的產業發展是日人經營的產業，並未扶植台灣人發展企業，台灣工業發展的真正開端，是二次戰後在政府的保護與扶植下，使紡織業快速發展，從一開始追求自給自足，進而鼓勵出口（瞿宛文，2008、2010）。此外，美援對許多開發中國家都提出出口導向發展模式的建議，但很多國家並未接受，為什麼1960年代台灣政府要聽從美援的意見，廢除諸多市場管制，轉向出口擴張模式呢？這部分有研究指出，包括台灣、南韓與新加坡，在二次戰後都面臨生存壓力，發展成為生存的一個重要基礎，在這樣的背景下，美援機構的建議才能發揮作用（Haggard, 1990; World Bank, 1993）。

二、民主體制的建立

　　1980年代之後的民主轉型，對政商關係產生很大的影響，進而對經濟決策帶來很大的影響。首先，台灣研究社群對民主化後國民黨執政時期的政商關係已有很多的討論（朱雲漢，1992；張鐵志，2008；郭承天、吳煥偉，1997；黃宗昊，2004；鄭敦仁，1999）。基本觀察是民主化後國民黨與地方派系及內需財團的結盟，在選舉中依賴組織戰，特別是在非都市地區，依靠地方派系與內需財團的社會網絡來動員。地方派系則獲得區域獨佔經濟的特權，這些藉由獨佔經濟所獲得的資金維持了派系參與選舉時的資金需求。隨著國會的全面改選，以及國民黨黨營事業與地方派系所經營事業的成長，地方派系、內需財團與黨營事業開始影響全國政治，在國會與政黨高層決策機制中直接影響

政策制訂。伴隨著民主化的進程是經濟自由化，1990 年代政府開放許多產業的特許經營權，政府開放原先特許壟斷經營的行業，包括電信、電力、交通運輸、石化業中游等部門，允許民間企業經營，但這些釋出的企業，幾乎都落入與國民黨政商關係密切的集團手中，包括國民黨黨營事業以及與國民黨關係密切的企業集團（張鐵志，2008）。

　　2000 年民進黨執政後，開始籌組新的政商聯盟，最先是因應其爲國會中的少數政府，以特殊利益的給予籌組新的聯盟，許多接觸的對象仍是同一批原先涉及政商關係的企業集團，之後則逐漸建構出以執政高層爲核心的新政商網絡，許多企業主透過這個網絡尋求經濟的利益。劉阿榮（2003）、黃宗昊（2004、2010）比較國民黨與民進黨籌組的政商關係，指出政黨經營政商關係的目的，均在鞏固政黨發展與選舉所需的財務基礎，以及藉此拉攏企業與地方派系的支持，不過兩黨政商關係結構有所不同，國民黨是以龐大的黨營事業爲核心，串連起龐大的以內需爲主的黨營與私營企業集團；與此相對，民進黨則是以總統個人家庭爲核心，形成個別酬庸與籠絡網絡，交易圍繞著總統進行。國民黨藉著黨營事業可以鞏固財源，以及拉攏或控制企業與地方派系（張鐵志，2008），民進黨高層籌組的網絡則主要是在鞏固政黨選舉與個人財源。

　　2008 年國民黨重新執政後，對於馬英九政府政商網路的討論很少。很大的原因應該是在 2000 年政黨輪替後，國民黨將黨產及黨營事業交付信託與出售，國民黨不再直接經營黨營事業。2008 年國民黨重新執政後，就政商關係這個層面而言，馬英九政府沒有經營黨營事業的包袱，圍繞政府高層組建的個人政商網絡也不明顯，此外政府停止推動公營企業與公股銀行民營化，競租的誘因大幅減少。不過信託後的龐大黨產的收益仍會造成選舉時政黨間不公平的競爭，這會對經濟決策有什麼影響，尚有待分析。

　　若我們仔細觀察民主化後不同時期政商關係的樣態，會發現不只是政治因素在作用，也與不同階段民營化以及特許經營權釋出等經濟自由化的推動有密切的關係。1990年代經濟自由化的涵蓋範圍較廣，包括公營事業民營化，如鋼鐵、能源、運輸與銀行等行業，以及特許經營權的釋出，涵蓋石化業、電力、運輸、電信、銀行特許權釋出，層面非常廣泛。到了民進黨執政時期，雖然同樣有民營化與特許經營權釋出，但涉及的產業主要集中在銀行業，此外是電子道路收費系統（Electronic Toll Collection，ETC）及經營權轉讓等少數案件，相對限縮很多。馬英九政府時期，這方面的自由化措施推動的更少。爭取民營化以及特許經營權釋出的企業，因爲必須取得政府的支持，所以積極營造與政府決策者的關係，剛好與急需資金的執政黨一拍即合，這些競租的行爲產生了諸多的弊案。[3] 一般來說，民營化以及特許經營權釋出等經濟自由化的涵蓋範圍越廣、越

---

[3]　對於如何抑止不當金權政治，有的學者強調民主體制競爭的重要性（林向愷，2008），反貪相
　　關立法（余致力、胡龍騰，2008），有的強調政治獻金立法管理的重要（吳宗憲，2008）。

深，競租的行為就越容易出現，這個背景是我們討論政商關係議題時應注意的。

從經濟自由化與政商結構的變化，事實上也反映出台灣在民營化改革上的停滯，自1996年政府決議要推動公營企業民營化之後，推動了多家國營企業與銀行的民營化，民進黨執政期間則推動了二次金改與幾家小型國營企業的私有化，但是對於大型的台電、中油與台糖等企業則未能有效推動，2008年國民黨重新執政，則是完全不碰觸民營化也不推動二次金改。除了擔心提出民營化會遭到工會的反對與財團化的指控，前一階段自由化過程中所引發的貪腐問題，也影響了下一任政府推動新的自由化措施的意願。至今政府仍掌握龐大的經濟資源，包括公股銀行以及石油與電力、與鋼鐵等上游經濟產業，很多公股佔五成以下的公股企業與銀行持續被迫肩負政治任務，包括信貸分配、優惠水與能源費率、股市護盤與選區照顧等等。這部分的結構性改革為何停滯，有待更多的分析。另外不同的政商關係結構差異，對政府的經濟決策會造成什麼影響，也有待學界進一步加以討論。

民主體制的建立除了產生新的政商結構與競租問題，也影響到很多層面的經濟決策，使得發展國家不再那麼以穩健發展為優先。首先是銀行的授信受到政治因素干預，在民主化之前，中央銀行一直扮演財經部會中最重要的決策地位，通貨膨脹與匯率穩定兩者均為優先考量，對銀行信用擴張採取相對謹慎的態度，經濟部的過度擴張政策常常受到抑制，加上銀行絕大多數都是國有，在信貸上相對保守，所以銀行的壞帳比例相當的低。但在民主化後，政商關係良好的企業，依恃與國民黨的密切關係，敢於從事高風險的投資，出現內需型財團所屬銀行向關係企業放貸，民代向受其監督的公營金融機構貸款，以及地方派系型政治人物向其掌握的基層金融機構借款，為1990年代末期的本土金融風暴埋下引信（Cheng and Chu, 2002）。

除了授信這個面向之外，也出現在決策面向。首先是原先提供官僚保護的執政者不但無法成為有效的保護者，甚至主動干預官僚的決策，就個案直接指揮技術官僚，介入許多決策（Cheng and Chu, 2002）。吳玉山（Wu, 2007）指出2000年民進黨執政之後，因為選舉壓力，國家官僚自主性被嚴重侵蝕，從發展國家的路徑偏移，表現在金融改革、核四以及企業對中國的投資等政策之中。此外，瞿宛文（2011）也指出民主化之後政黨競爭與對立加強，特別是在國家認同上的歧異，很多議題的討論都與國家認同差異緊密相扣，使得台灣對於長遠的發展藍圖遲遲無法形成共識。[4]

---

[4]　此外，民主化之後，因為對公平正義的考量，也影響了國家的產業政策，陸續對投資獎勵、最低稅負制以及員工股票分紅制度做出修正，很大原因正是來自於社會各界對於租稅與公平正義的期待，以及民主化之後多元聲音的出現。另一個問題是政黨換了位子就換腦袋，原先執政時大力推動的計畫，在成為在野黨之後，馬上態度大轉變，這在很多政策領域都出現，例如高鐵建設、國光石化與銀行合併。

　　不過儘管台灣民主化之後官僚的自主性受到影響，特別是主管證券與金融的財政部以及企業紓困的經濟部，持續受到政治力的干預，但在某些政策領域卻仍維持相當的自主性，特別是出口扶持、貨幣與外匯等政策領域，這也是台灣得以免於受到東亞金融風暴嚴重衝擊的原因（Chu, 1999）。若我們仔細觀察，這幾項政策領域的自主性至今仍沒有大的變動，出口導向的發展策略是台灣經濟發展的命脈，持續依賴出口維持經濟成長，這些政策領域至今未有明顯的改變，只是政府對廠商的扶助出現改變。首先，避免匯率被高估而影響出口，這部分從 1960 年代初期至今沒有明顯的變化。中央銀行即使是隸屬於行政院之下，在貨幣與外匯政策仍保有獨立性。央行在匯率與貨幣操作上以穩定為優先，在物價穩定的前提下，寬鬆的貨幣政策與低估的匯率與政府刺激景氣與鼓勵出口的目標是一致的。只有在通貨膨脹蠢蠢欲動時，匯率政策在穩定物價與協助企業出口間，面臨了兩難。至於對投資的獎勵，從 1960 年開始的《獎勵投資條例》，到 1990 年的《促進產業升級條例》到 2010 年的《產業創新條例》，投資獎勵逐漸從產業別轉變成功能別，且功能類別的獎勵範圍也有縮減，但《產業創新條例》中因為加入大企業營運總部的租稅優惠，對於主要出口大企業的實質租稅獎勵並未減少。[5] 這部分未來還可以有更多的討論。

三、生產分工的全球化

　　民營化、去除管制與全球化都是經濟自由化的重要環節，私有化和去除管制等議題在前一節已有碰觸，這裡專注討論全球化的部分。從 1990 年代開始，全球化的進程加速，伴隨的是關稅的降低、產業的全球分工生產與自由貿易區的簽訂，國際貿易、金融政策以及關稅決定等議題都成為研究的題目，這部分相當程度是國際政治經濟的範疇。[6] 國際政治經濟學有三大支柱，自由主義、經濟民族主義以及馬克思主義（Gilpin, 1987）。隨著自由貿易的進展，原來經濟民族主義構築的高牆逐漸瓦解，各國瞭解到開放可以使自己的經濟更繁榮，不過學者認為在很多的國家，政治驅使的經濟民族主義與資本技術的全球化之間有著持續的矛盾（Wong, 2005）。不過也有學者指出追求經濟民族主義有諸多政策可供選擇，未必與經濟開放和自由貿易的目標相衝突（左正東，2011）。而隨著自由經濟思潮的散布，各種型態的經貿整合蔚為風潮，柯春共（2005）即回顧與比較區域貿易協定的主要類型，並指出其對國際與國內政治與經濟的影響。另

---

[5]　出口退稅措施也是一例，這是早期重要的鼓勵出口措施，經濟自由化後停止，2011 年為刺激出口，恢復外銷出口沖退稅制度，2012 年為挽救出口衰退並擴大辦理。

[6]　曾怡仁（2003）探討政治經濟學與國際政治經濟學之間的關係，包括在研究議題以及方法論等的異同。

一方面，隨著共產實驗的失敗，馬克思主義的吸引力大幅衰減，不過相對於以自由主義爲基石的區域經濟整合，也有其他方式的經濟整合呼聲，例如委內瑞拉強人查維茲（Hugo Chávez）提出以社會主義爲核心的區域整合，強調消除貧窮與改善社會不平等，與北美洲以自由貿易爲核心的區域整合相對抗（邱稔壤，2009）。不過，委內瑞拉的經濟以依賴石油收入來挹注社會福利的模式，是否能套用到其他國家，並此推動區域經濟整合，是有疑問的。

國際經貿開放的過程是以國與國談判方式逐步推展，在國家談判過程中，自然會涉及國內經濟與政治利益的計算，張芝颯、辛翠玲（2003）即分析歐盟對外貿易談判，代表歐盟對外談判的執委會受到理事會的制約，在歐盟理事會之投票制度從一致決轉變爲多數決之後，個別國家的否決權被拿掉，執委會對外談判的委任權力與議價空間增加，增加國際協議達成的機會。

國際經貿開放的實質影響則主要涉及國內的產業發展與勞工就業，並造成所得的重分配，因爲不同產業部門以及階級對外貿及資本流通開放程度的利益與興趣並不相同。在國際貿易中受到傷害的部門，對開放貿易持較保守的態度（Rogowski, 1987）。因爲依賴出口推動成長，台灣對於降低與貿易伙伴彼此的關稅一直很積極，與其他國家簽訂自由貿易協定，都得到普遍性的支持，唯有因爲與中國在政治上的對立，與其經濟整合談判受到高度的關注。學者發現選民對兩岸貿易開放的支持會受到其職業與階級的影響，耿曙與陳陸輝（2003）的研究指出，對於政黨支持以及兩岸經貿關係擴大的看法，會受到地理區塊與產業結構的影響，以高科技與服務業爲主的北部區域支持擴大交流，以重化工業爲主的南部地區民眾則持反對的態度。林宗弘與胡克威（2011）的研究也有類似的看法，其發現民眾對兩岸經貿關係擴大的看法，工農與中下階級認爲《海峽兩岸經濟合作架構協議》（Economic Cooperation Framework Agreement，ECFA）將使貧富差距惡化，在政黨支持上傾向支持民進黨，資方與管理階層則認爲 ECFA 將促成經濟成長，在政黨支持上傾向支持國民黨。

以上的討論是認爲職業與階級會影響經濟評估，進而影響對政黨的支持。但反過來的因果關係也可能存在，即選民的國家認同態度與政黨認同，也可能會影響其對兩岸經濟整合的態度，這正是內生經濟理論的觀點，即選民的經濟評估會受到其政治態度的影響。陳陸輝等（2009）發現，預期開放交流將獲利的選民，傾向支持兩岸經貿的開放，但是對於兩岸經貿開放獲利與否的評估，事實上受到民眾台灣意識強弱的影響。內生經濟理論在國內逐漸有討論（吳親恩、林奕孜，2012；林姿馨，2010），這部分未來值得進一步研究。

全球化也限縮了政府的經濟議題處理能力，因爲資本移動的迅速、雙邊或多邊貿易協定及世界貿易組織（World Trade Organization，WTO）的簽署，與生產分工的全球化，

政府在工業政策、福利政策、徵稅以及總體經濟處理能力上都受到很大的限制（Berger, 2000）。首先，爲了減緩全球化造成的衝擊，各國政府建立起各種市場衝擊緩衝措施，來減緩所得分配惡化對社會的衝擊。Torben Iversen 與 Anne Wren（1998）指出，隨著製造業的萎縮，薪資較低的服務業工作的增加，所得分配勢必惡化，國家除非增加公部門就業機會，否則無法改善所得分配，但這公部門支出增加又會使國家財政失衡。不過，呂建德（2003）指出雖然全球化造成了福利國家維持的困難，但近年來歐洲幾個小國出現了在國家引導下，推動勞資雙方達成新社會契約的做法，目的在提高國家競爭力與創造就業機會，同時兼顧社會平等的政策目標。

其次則是國家引領經濟發展模式的調適。在經濟自由化的潮流中，個別國家的貿易、工業與金融政策的使用受到相當的限制，產生關於發展型國家的轉型、產業政策是否仍然有效，以及國家的角色是否應限縮到提供基本服務的自由主義模式的討論。林文斌（2008）指出台灣政府與產業的關係，逐漸從國家積極干預的「發展型國家」，轉變爲英美式、國家的角色限縮在確保市場自由競爭的「監理型國家」，但同時兼有兩者的特徵。王佳煌（2011）認爲東亞發展型國家慢慢轉變成爲新發展型國家，這種模式下國家避免直接干預經濟，減少公營事業引領經濟的角色，以間接的策略引導產業的發展，但他並不認爲東亞國家已經轉型，而是成爲鼓勵產業創新但不直接進行挑選贏家的競爭型國家。

再者，學者也分析發展型國家在具體政策上的調適，Linda Weiss（2003）指出即使在全球化的趨勢中，許多國家仍然可以藉助財稅、福利支出、貿易與工業政策來鼓勵產業發展。此外，許多學者也都指出政府、法規及政企協調制度的調整是因應全球化趨勢的關鍵。首先，學者指出鼓勵創新的重要，瞿宛文（2001）分析全球化與自由化之後台灣石化業的發展脈絡，指出在全球化的趨勢下，國家產業政策並非沒有揮灑空間，國家仍控制許多政策工具，但國家必須區辨新興產業與成熟產業，前者可以給予許多優惠補貼協助其成長，引領其發展方向，對於後者則應轉向去管制化，而不主導產業的發展。王振寰（2003）也指出全球化下東亞發展型國家模式受到挑戰，國家必須注重提供優惠條件與環境以鼓勵創新，並強調企業進行全球分工以因應變局。[7]

---

[7]　這部分也可以看出全球化下國家產業政策的限制，經濟發展到一定程度之後，勞工、土地以及環境規範的價格越來越高，企業被迫將生產線外移，這時國家面臨一個尷尬的處境，究竟是要積極協助企業降低生產成本與擴大市場，還是使其儘可能將生產線留在境內，以維持國內的就業。在中國大陸成爲世界生產基地以前，政府鼓勵企業成長與擴大就業這兩個目標是一致的，政府扶持具有出口優勢的產業，同時也擴大了國內的就業。但在中國大陸廉價勞工出現之後，台灣很多中小企業很快就外移到中國大陸，接下來中大型的上市企業也開始逐漸將生產線外移，政府鼓勵企業擴張與擴大就業這兩個目標產生了矛盾。

　　此外，學者也指出官僚產業協調模式的重要性。朱雲漢（Chu, 2002）指出發展型國家在面對全球化時，不一定完全以新自由主義的模式來因應，國家官僚協調產業進行合作，也是重要的因應方法。Weiss（2003）指出國家的因應方式有路徑依循的現象，面對全球經濟的自由化，有自由市場模式傳統的國家，會更強化市場機制；而有國家干預傳統的國家，國家與企業會協力調整以因應市場的挑戰。Joseph Wong（2005）指出傳統技術官僚由上而下協調產業的方式已經過時，更精細的分工與水平協調產業發展是必要的調整。此外如生技等新興產業，國家仍持續提供大量的經費挹注研發，與民間企業共同承擔風險。[8]

　　然而，若我們仔細檢視許多發展國家模型的調適藥方，其實跟自由市場經濟模型並沒有明顯不同，例如 Weiss（2003）指出依恃關係的存在，使國家無法有效的回應外來的衝擊，所以應去除這些對市場機制的干擾。其次，Wong（2004）認為有效的發展型國家必須調整國家能力與政府治理的政治、經濟或社會基礎，其中一個關鍵是增加對政府的問責與政府決策的透明。此外，Wong（2005）也指出強化法治是科技創新的基礎。這些藥方事實上是與自由市場經濟模型重疊的。事實上，在發展型國家對市場角色的討論中，國家對市場的干預並非要取代市場，而是在協助建立健全的市場以及彌補市場的失靈，因此在討論發展國家模型的調適時，我們應該要注意區分，哪些是往自由市場的修正，哪些是補足市場失靈的措施，發展型國家在這兩部分各做了什麼，或為什麼沒有辦法做什麼。往自由市場的修正這部分常被忽略或混淆，事實上包括調整高估的匯率、保障財產權、改善投資環境與減少競租行為等，都是東亞發展國家產業政策成功的關鍵（Haggard, 2004），這部分引起的政治反彈往往更大，更不容易推動。所以發展型國家研究問題的設定，除了關心補足市場失靈的措施之外，也值得關心在什麼政經條件下，國家可以推動往自由市場修正。

　　除了國家調控能力被限制之外，當貿易與資本自由化加速全球經濟的整合時，也加劇了不同國家間經濟的互相連動，使得很多國家暴露在匯率變動的風險之中。為避免發生經濟危機時匯率的波動，許多國家追求較高的外匯存底，而外匯存底的持續增加，也驅使各國思考如何有效的利用，於是許多國家成立主權財富基金。雖然各國對於外資的引入一般採歡迎的態度，但是由於主權基金的相對不透明性與具有主權國家的性質，容易使人疑慮其政治上的外溢效果，特別是威權國家設置的主權基金更是如此，因而使其投資與發展受到很多國家的質疑，並對這些基金的投資採取限制的態度（范世平，

---

[8]　此外，壓低一個國家的幣值以鼓勵出口，是許多國家慣常使用的方法，壓低幣值不僅有利出口產業，更有利於維持低失業率，但這也造成貿易順差與外匯的累積。除了引起貿易夥伴的反彈之外，因為預期幣值增加或當央行沖銷不足時，都可能引起國內資產泡沫，這樣的情形在東亞幾個國家中均有出現。

2009、2011）。另一方面，匯率變動的風險也引起是否應該整合區域貨幣來降低匯率波動危機的討論。1998 年東亞金融危機與 2008 年美國次貸風暴後，都引起是否應該建立亞元的討論，但這個議題涉及國家貨幣自主性、降低美國濫發貨幣引起的美元資產降低，對抗美國霸權以及降低交易成本等考量，因為涉及因素很多，至今未有具體進展（左正東、葉國俊，2011）。

　　其次，國際經貿開放也與國家安全議題息息相關，這可以分成幾個面向來觀察。首先根本來說，不參與國際貿易分工，整體經濟可能萎縮，更無力維持國家安全，但是參與貿易分工，敵對國家可能透過投資與併購，以及策略性切斷貿易往來，影響一個國家的安全。其次，國際經貿開放可能造成產業的外移，使得經濟衰退，造成國家整體國力的減弱。台灣在 2008 年之前採取戒急用忍政策，也是基於這些考量。對此台灣研究社群有很多討論，蔡宏政（2011）認為與不同區域強權的國際經貿合作，可能會影響一個國家長期依附的政治軍事合作關係，例如和中國的經貿談判，與國家安全及國家認同議題緊密相關，對於與中國的經貿整合的討論，應在美國及中國的強權戰略平衡中先找到一個均衡點，然後才找出適當的 ECFA 具體關稅減讓規劃。針對這個議題，陳牧民（2005）也指出在全球化潮流影響下，經濟的重要性大幅提升，「國際政治經濟學」與「國際安全」的研究實密切不可分割。此外有學者討論單極、兩極與多極國際體系下的國際經貿關係與國際政經制度的調整，以及國際經貿衝突與國家安全間的關係（陳欣之，2004a），以及東協加三的區域貿易協定整合過程中，對台灣政經之影響以及台灣應採行的策略（陳欣之，2004b）。童振源（2011）指出 ECFA 在經濟上會影響台灣的產業結構調整、就業機會與所得分配，在更高的層次上，則可能會影響台灣的主權地位與經濟自主性，所以自然會引發各方不同的意見。

　　不過 ECFA 只是一個架構協議，具體細節仍須透過後續的談判逐步確定，未來的影響仍值得繼續觀察。與政治上敵對的國家間進行貿易與投資，會增加彼此的和平或削弱國家的安全是一個很有趣的議題，台灣的個案正提供一個最佳的機會，可以觀察兩岸經貿深化會增強或削弱兩岸的敵對意識與國家安全，這部分值得進行更多學術性的討論。此外，到目前為止 ECFA 的談判中，中國對台灣讓利多，台灣對中國市場開放少，這種情形能夠持續下去嗎？這個情形以及中資開放的問題，對台灣的政治與安全會產生什麼影響，都有待更嚴謹的分析。

參、相關議題發展

　　以上我們討論二次戰後台灣三個最重要政經體制的建立與影響，接下來我們將回顧

其他幾個政治經濟學中的重要議題，這幾個議題都同時受到出口導向發展途徑、民主體制以及經濟全球化等政經體制轉變的影響，因此我們在討論相關議題的發展時，將同時分析體制變化帶來的影響。

一、對勞資關係的影響

勞資衝突一直是政治經濟學中非常核心的題目，勞資階級的衝突是工業革命之後社會分歧的主軸，但近年來台灣政治學界的討論較少，大多成為經濟學與社會學的領域範疇。勞資關係同樣面臨民主化與全球化的影響，民主化強化了勞工的集結發聲能力，但全球化則削弱勞工的工作條件。在威權時期，勞工基本上是被排除在決策協商之外，勞工被納入國家掌控的單一階層性統合組織之中，排除勞工的國家統合主義一直是台灣發展型國家的基本型態。單一全國勞工組織在民主化後依舊維持，直到 2000 年首次政黨輪替才出現改變（黃長玲，2003；Cheng and Chu, 2002）。不過勞資雙方的集結拉鋸，在民主化後即已開始，從 1991 年的《勞動基準法》修正開始，歷經《全民健康保險法》、經濟發展委員會到 2004 年《勞工退休金條例》制定都可見到勞工團體與資方及政黨間的拉鋸（陳政亮，2010）。

執政前與社運友善的民進黨於 2000 年上台後提出縮短工時案，修改勞動法，取消單一全國性工會的條款，允許多個全國性勞工組織能同時存在（徐國淦，2011）。但是因為出口導向經濟的限制，民進黨也被迫轉向拼經濟，逐漸修正其勞工政策，2001 年提出之勞動三法修正案是國民黨時期的舊版本，2004 年《勞工退休金條例》制定時不同政黨之間的立場差異也甚小。另外若我們觀察基本工資的調整，在 2000 年之前調整數次，民進黨執政八年基本工資多年被凍結，只在 2007 年調整一次，所以在這個議題上，兩黨在執政期間的差異並不大。

這裡產生的問題是，民主化對於勞工的勞動條件究竟有什麼影響？一般認為民主程度的提高會伴隨勞工權益的改善。但黃長玲（2000）以台灣與南韓的勞工政策為例，說明如果勞工在民主的推動過程中沒有扮演積極推動的角色，則民主化後政府的勞工政策並不一定會較威權時期明顯改善。黃長玲（2003）藉著討論 2000 年工時案的修訂，描繪左派政黨執政後對勞工議題立場的修正。蔡昌言（2006）也指出，很多勞工權益的立法事實上是在威權時期制定，例如勞工保險制度。民主化之後，雖然因應產業外移，政府制訂了就業保障與安全相關法令，但因為政治改革與國家認同持續為政黨競爭主軸，涉及勞工組織與集體談判權利的勞動三法遲遲未能通過。陳政亮（2010）也指出，族群與認同的對立，使得偏向左派的民進黨，著重省籍族群間福利分配不均，而不是訴諸整體勞動階級的議題。因此從這些研究可以發現，民主化後勞工政策將能迅速大幅改善、勞工權益將更能獲得保障的假設，事實上並不成立。

　　不過，如果將觀察的時間點拉近，2008 年國民黨重新執政後於 2010 年修訂《基本工資審議辦法》，規定必須每年審查基本工資，方有勞資集體協商雛形的出現，[9] 全國層級的勞資代表，主要即全國產業總工會與工業總會，每年都就此議題進行協商，出現統合主義的基本樣態。此外，經過多年的漫長討論，2008 年之後立法院通過實施勞保年金制度，並修正勞動三法，放寬對工會組織與罷工的規定。[10] 所以長時間來看，民主體制對於勞工在制度上權益的改善的確是有幫助，但是過程緩慢。這在相當程度上反映勞工在台灣民主化推動過程中的旁觀者角色、國家認同議題比階級議題更受到重視，以及台灣出口導向模式對勞工的限制。

　　此外，相關的議題是，為何國民黨執政期間調整基本工資的次數，遠較民進黨執政時期高，是否是因為其採取比較開放的經濟政策，為顧及對勞工的可能衝擊，所以反而提供勞工更多的權益調整，這部分值得進一步討論。其次，台灣基本工資集體協商與西歐國家的集體協商在層級、部門與內容上的差異，值得加以比較。最後，近年隨著產業的外移以及所得分配的惡化，選民的政黨認同、兩岸經貿看法與階級認同出現較明顯的連結，這會如何影響勞資關係，都值得更多討論。但是否真正有左派政黨出現，則需觀察若民進黨重新執政，其實質作為為何。

　　另一方面，民主體制雖然改善了勞工在制度上的權益，但與此同時全球化使勞工的實質權益受到挑戰。[11] 台灣政經結構有兩個主要的特徵，使得勞工處於相對弱勢，首先是出口比重佔 GDP 高，高度依賴出口來推動經濟成長，其次是中國大陸作為世界生產基地就在旁邊，造成企業外移非常容易，這使得勞工的工作條件，無法獲得有效的提升。蔡昌言（2004）發現，國際貿易為主要營收來源之企業，其勞工薪資會受到全球化的負面衝擊，與此相對，以國內市場為主要營收來源之企業，其勞工薪資相對受到經濟全球化衝擊的程度較小。黃長玲（2003）認為民主化強化了台灣勞工的集結發聲能力，但是全球化卻使勞工的工作條件受到衝擊，加上台灣的勞工組織雖然組織率高但是組織的力量不足，所以雖然能利用領導協調，增加集結的能力，但是還是面臨很大的限制。

9　不過基本工資審議委員會的決議只是建議，最後仍須行政院同意，依據整體經濟情況加以定奪。

10　2010 年修正《工會法》，允許一個公司可以有一個以上的工會，且同一企業集團的不同公司可以合組工會，此外，新法也允許產業的勞工可以跨公司組織工會。此外，台灣勞資爭議很多但罷工非常少。《勞資爭議處理法》規定當勞資爭議出現時，必須先經過仲裁的過程，當仲裁失敗，原先規定必須召開會員大會，經工會全體勞工過半數才可以罷工，2009 年修法，以直接與祕密投票過半數來議決，罷工事項爭議範圍也從薪資、年終獎金等爭議，擴大到欠薪、加班費等爭議。

11　另外還有生產自動化影響也很大，大幅縮減製造業人力需求。

李耀泰（2008）指出在經濟全球化中，資金快速流動的能力增加，爲了留住企業，國家往往被迫採取寬鬆的勞動條件，勞工透過工會組織來與資方進行協商的能力受到嚴重限制。另一方面企業爲降低成本增加派遣勞工等非典型勞動者、短期勞資契約以及外籍勞工，這都進一步增加了勞工的就業風險。

　　從以上的討論可以知道，勞工在制度上的權益改善後是否能增進其實質的勞動條件是有疑問的，勞動三法在法律上強化勞工的集結能力，但是這能否轉化爲集結的動能，進而緩和來自全球化與自動化所帶來的衝擊，有待更多分析。其次，要關心的是制度性權利的改善，究竟是哪些勞工受益較大？近年來，公部門與國營事業工會因爲組織與集結能力最強，逐漸成爲各級工會主幹（張烽益，2010），勞動三法的修正是否更強化國營事業員工的優勢，使民營化的困難度更高，這也值得觀察。與此相對，非典型勞動者未能籌組工會，相當程度是被排除在勞工制度上的權益之列，其勞動條件面臨制度與實質上的雙重不利。政治學界若能從跨國比較的途徑切入，並且不帶先驗的價值，相信可以對這個議題提供有意義的觀察。

二、對銀行體系的影響

　　民主化與全球化除了影響 1999 年本土金融風暴的發生，也影響到銀行的監理與銀行體系的改革。在本土金融風暴發生之後，政府展開金融重建的工程，包括一次金改的清算無清償能力的銀行與打消呆帳，以及二次金改的公營銀行民營化、合併銀行與引入外資，另外還包括強化金融監理與公司治理。一個核心的問題是，爲什麼台灣的一次金改進程拖延，二次金改更裹足不前？陳尚懋（2007a）分析台灣金融改革的關鍵在於治理結構與監理架構的自主性、職能、透明化與問責等各方面的問題。吳親恩（2008）指出政黨與地方派系及內需財團在政治獻金、選舉動員與政策優惠上相互依賴，使得金融重建過程遲緩，前後任的執政黨不敢落實打消呆帳、進行金融監理與即時推動金改。此外，作者也指出另一項二次金改的困境，即相對民營銀行，台灣公股銀行資產大，在外資引進設限的情形下，推動公股銀行民營化有較大的困難。黃宗昊（2010）指出民進黨政府籌組的政商關係是以總統個人爲核心，這樣的網路產生很多競租行爲，因而扭曲了二次金改的進程與結果。不過另一方面，與兩次金改之前的情形相比較，近年來包括特權貸款、政府指示公股銀行進行紓困、股市護盤與選舉動員等各種不當干預都已減少，某種程度顯示民主體制藉由政黨輪替，發揮了修正不當干擾市場秩序政策的作用（吳親恩，2008）。

　　另外有很多研究比較台灣與南韓的金改進程，分析台灣金改落後的情況與原因。廖坤榮（2004、2005）比較台灣與韓國在金融監理制度與金融重建基金方面的改革及相互

差異,指出台灣在這兩部分明顯落後。黃宗昊與歐陽睿(2012)比較台灣與韓國在陳水扁與金大中執政時期的金融改革,發現韓國的改革成效卓著,台灣的改革則成效不彰,關鍵在於兩國的政治領導人在推動政策時,能否取得國會多數的支持。吳親恩(2010)透過歷史脈絡來觀察台灣與韓國金融重建的過程,發現二者的差異是受到危機型態的制約,而這又受到之前發展型態的影響。韓國的金融危機除了一開始的壞帳率較高之外,更包含外匯危機,另外出口重心的財閥負債淨值比高,而且很多是國際借貸,產生急迫的壓力必須採取結構性的改革;而台灣則缺乏危機與隨之而來的國際金融組織的介入,所以改革緩慢。台灣的問題金融機構從 1990 年代開始爆發問題,至 2012 年才完全處理完畢,國家對處理問題銀行和壽險公司的賠付,付出龐大的代價。

外力介入與結構改革的差異,相當程度是影響兩國之後經濟表現差異的一個關鍵,但這指向另一個更根本的問題,為什麼稍早的研究指出獨特的政經條件使台灣在東亞金融危機中受到的影響遠比南韓輕微,但是為什麼短短數年,同樣的政經結構下,兩國的發展速度出現明顯的差異,這部分值得更多分析,究竟金融危機時外力介入與結構改革的差異,對於之後兩國的發展路徑產生什麼長期性的影響?與此相關,2008 年全球金融危機發生後,學者討論市場主導式金融體制與銀行主導式金融體制,兩種模式的相對優勢與國家的角色差異(王輝煌,2011),這部分的討論涉及一個更根本的問題,即不同形式資本主義的差異,這部分未來也值得更多的討論。

三、對總體經濟政策與預算的影響

民主化與全球化自然也影響到台灣的總體經濟與預算政策。因為民主國家政治生活中有選舉,威權國家裡面有繼承,這些事件都會影響到經濟政策與產出,出現「政治經濟景氣循環」。民主政府常利用通貨膨脹率和失業率存在的負向關係,在選前採用擴張性經濟政策,以降低失業,選後則會採用緊縮經濟政策,以降低通貨膨脹。換言之,政府藉由操縱通貨膨脹和失業率這樣的負向關係,來達到其理想之組合以獲得勝選(Nordhaus, 1975)。不過,不同政黨對於失業率和通貨膨脹的容忍度有所不同,左派政黨相較於右派政黨較為重視失業率的降低(Hibbs, 1987)。

關於政治經濟景氣循環在台灣是否出現的研究並不多,黃智聰(2001)使用 1988 至 2000 年間的時間序列月資料,以及高安邦與黃智聰(2005)使用 1988 至 2003 年間的時間序列月資料,指出政治經濟景氣循環確實存於台灣,中央銀行的貨幣政策會受到選舉因素的影響。不過李直蓉(2005)使用 1998 至 2005 年間的時間序列月資料發現,央行並沒有受到選舉因素或政黨輪替因素,而影響其制訂貨幣政策,也就是不存在選舉前央行會採用擴張性經濟政策的現象。民主化實施至今,台灣政治經濟景氣循環的研究不多,結論也不一致,所以無法確切的知道循環是否存在。

　　此外，既有研究並未分析擴張性貨幣政策的效果，因爲理性預期學派認爲政府的貨幣政策在某些條件下是沒有效果的，當人民可以預期到政府的貨幣政策時，經濟體中不會出現通貨膨脹和失業率的波動，所以即使政府的貨幣政策會出現選舉循環，但是實質的經濟面，也就是失業率並不會隨之而波動。台灣政治經濟景氣循環對實際經濟產出的影響究竟是如何，尚有待實證的分析。不過既有研究則是有針對選舉對股市的影響的討論，張倉耀等（2006）針對前三次總統選舉與股市間的關係，發現在總統選舉前三個月，執政黨會大力做多，大部分類股都會上漲，不過在選舉前最後一個月，因爲中共的文攻武嚇，各類股又回歸原先的股價。

　　另外一方面，政府也可以利用政府預算的增減來影響經濟產出，執政黨會在選舉前採取擴張性的財政政策，但是在選後，會反過來採取比較緊縮的財政政策，造成「政治預算循環」（political budget cycle）（Rogoff, 1990）。在對台灣預算循環的研究方面，羅清俊（2000a）發現省府補助款分配的結果與議員資深程度以及政黨屬性有關，政黨屬性包括了縣市長黨籍、多數黨議員比例、多數黨議員比例的變動等等。羅清俊與萬榮水（1999）發現，台灣省政府的補助預算規模在選舉年大過於非選舉年。此外前一次縣市長選舉戰況激烈程度，也會影響之後的補助款金額。王鼎銘與詹富堯（2006）發現各縣市政府的歲出預算確實在選舉年有較爲擴張的趨勢，不過不同黨籍的縣長間並未出現黨派政治經濟景氣循環。黃國敏（2011）使用竹竹苗縣市政府決算的統計資料，來觀察政治經濟景氣循環理論，發現決算支出上會因爲縣市長的黨籍有所差異，此外新任與連任縣市長在決算支出方面會有所差異。傅彥凱（1999）發現相較於第二任者，新任者爲尋求連任，較傾向以擴增財政支出及調降非課稅收入的方式來吸引選票。以上這些研究都是省與縣市層級的分析，就全國層級的選舉與預算間關係的研究而言，目前還未可見，這尚有待更多的實證分析。

　　因爲歷史的經驗，台灣長期以來，始終將抑制通貨膨脹與維持外匯穩定作爲第一優先的考量，故貨幣政策較少如預算政策一般隨選舉起舞，這相當程度也可以解釋爲什麼在面對選舉壓力時，政府財政支出工具使用的比較多，因此相關的學術研究也較多。而這也與 Robert Mundell（1963）所說的三難選擇（impossible trinity）有關，即在開放經濟體中，匯率、財政支出與利率政策的自主性，只能保有其中兩項，台灣作爲一個依賴出口的經濟體，自然也不例外，在維持匯率穩定的前提下，又對通貨膨脹戒慎恐懼，所以只能著重財政工具。國家對於這三者的相對重視程度與選擇，是一個值得分析的跨國研究議題。

四、對財政紀律的影響

　　我國政府財政在 1980 年代中期之前一直尚稱穩健,但進入 1990 年代,政府開始出現較大幅度的赤字。因應財政惡化的情況,立法院於 1996 年制定《公共債務法》限制各級政府舉債的限度,行政院也企圖平衡預算,中央政府負債在 1998 年暫時獲得控制。但是因為精省後承接省債,中央政府財政再度惡化。之後歷經兩次政黨輪替,中央政府財政惡化的情形並未停歇,政府公債未償餘額進一步攀升。首先在收入方面,政府稅收並未如支出一般呈現逐年增加的趨勢,反而因為對策略性工業的租稅優惠以及諸多的稅收減免措施,課稅收入佔政府收入的比例反而逐年降低(朱雲漢,2004;劉宗欣,2004)。2000 年之後,經濟成長率趨緩,也間接影響了稅收數額與政府的償債能力。

　　至於支出方面,受到民主制度影響的部分,首先是選舉的考量。[12] 台灣在民主化後選舉頻繁,驅使各級政治人物與政黨不斷以政策買票的方式,開出各種公共建設與社會福利支票來吸引選票,造成公共開支的增加(鄭敦仁,1999)。在公共建設方面,選舉誘因加上財政紀律的觀念並不被重視,以及政府的好大喜功,歷任政府推出數次大型公共建設方案,而事實上許多這類建設並沒有適當的成本利益估算,造成預算赤字不斷往上增加,使財政負擔暴增(孫克難,1999)。當然政府財政支出也與民代的政治需索密切相關,民代只注重自己選區的利益,不關心整體財政的負擔,於是遠超過地方實際需要的公共建設計畫不斷出現(李佩珊,2001;鄭敦仁,1999)。另一方面,在社會福利支出的部分,各黨互相競價討好選民,各種社會福利方案不斷推出,包括全民健保提前於 1995 年開辦,以及各類年金的推出與加碼(劉宗欣,2004)。

　　在美國的肉桶立法(pork-barrel legislation)研究中,Theodore Lowi(1964)指出肉桶立法往往能獲得國會議員全體一致同意。Weingast 等(1981)進一步指出因為美國採取單一選區,每個選區只選出一個代表,這個代表會傾向爭取支出法案給自己的選區,造成肉桶立法浮濫與整體支出的增加。在台灣針對肉桶立法的研究方面,羅清俊(2000b)指出政府的計畫補助呈現通通有獎的型態,但是金額上則出現政黨差異,國民黨籍立法委員比例越高的縣市獲得越多的補助。羅清俊(2004)發現因為台灣意識型態的對立,立法院「全體一致同意」的決策型態並不是分配政策制訂的常態,當分配計畫涉及政黨利益或意識型態,或計畫金額過於龐大,全體一致同意並不會出現。且事

---

[12] 造成近年政府財政負擔增加的其他原因,較常被提到的一般性因素有民主化後特定歷史時空背景的支出,例如中央民代退職金、戰士授田證的收回與政治受難者的補償、多次大型國家建設的推動、九二一大地震後重建、對經營不良企業與金融機構的紓困、多次治水防洪方案等多方面的影響。

實上政黨的合作並非固定，有時因爲不同的分配預算項目，會出現不同的組合。在選制方面，台灣在第七屆立委之前採取單記非讓渡投票制（single non-transferable vote，SNTV），SNTV雖是複數選區，但選民是直接投給候選人，而非選擇比例代表制下的政黨名單，個別議員有誘因針對特定社會群體或地理區域進行政策買票，增加肉桶立法的誘因。改成單一選區之後自然也不會有大的變動。學者發現在SNTV下，小型選區立委分配政策提案數量，事實上比中、大型選區立委的分配政策提案爲多（羅清俊、廖健良，2009）。

　　除了制度的影響之外，政府在推動公共建設與社福支出時，除了短線的選舉考量之外，一定也有來自選民對這些施政的需求，選民的需求在什麼情況下會增加呢？其中一個重要因素是所得分配的變化，當所得分配惡化時，中間收入選民有較強的誘因去要求所得重分配（Meltzer and Richard, 1981）。在台灣的研究方面，吳親恩（2007）指出緊接著民主化的開展，台灣出現的另一項重要的變化是所得分配開始惡化，中間選民所得與平均選民所得間的差距不斷拉大，使得中低收入群體對福利支出的需求跟著增加。所以透過影響需求面，所得分配惡化也是驅動社福支出增加的源頭之一，雖然這之間交雜著民主政治中的政策買票，但兩者其實是互相刺激，影響政府支出的增加。

　　不過關於政治制度對一個國家財政紀律的影響，很多必須是透過跨國的比較才會知道，單純台灣的個案研究，比較難在制度的影響上得出具體的結論。例如要觀察黨紀好壞或是首相與財相的權力大小，對財政紀律的影響，可以就同一個國家跨時間來觀察，但是這樣的方法例子可能不多，比較適當的方法是跨國來觀察，所以這時跨國的研究與比較往往是必要的。這是屬於比較政治經濟學（comparative political economy）的範疇，這部分台灣學者參與的較少，但隨著台灣政治學界在理論與實證方法上的成熟，未來應該可以貢獻更多，從跨國比較得出的經驗將反過來更能幫助我們理解台灣的經驗。例如學者指出台灣雇主在包括勞工保險與健保在內的社會保險的保費負擔比例，相對較其他國家高（辛炳隆、王素彎、林嘉慧，2005），但是爲什麼比較高、背後有什麼政治經濟的因素，這個議題涉及國家、產業與勞工間的互動，值得透過與其他國家經驗比較來理解。

肆、結論

　　本章討論了出口導向經濟發展模式、民主化以及經濟自由化等政經體制建立，對於台灣政治經濟研究議題的影響。可以知道，出口導向經濟發展模式、民主體制與經濟自由化等體制的轉變本身提供了相當多的研究議題，而體制的變化也影響到很多政治經

濟現象與議題，包括政商網絡的轉變、經濟決策、勞資的互動、勞動條件的變化、公共
支出的增加、總體經濟、金融體系改革等等，幾乎都同時受到這三個政經體制變化的影
響，產生出相當多有趣的議題與研究。

以出口導向經濟發展模式來說，1990年代之前有較多的論著，不過之後相關的討論
逐漸減少。因為國家干預市場的負面影響，是造成東亞金融危機的原因之一，加上民主
化與全球化削弱了政府官僚的自主性，此外民間企業的壯大，使得財經部會的領航能力
降低，加上近年來勞動與環境意識增加，增加了規劃的困難度，這些都使得發展國家模
型的應用性下降。事實上，發展國家理論是以東亞幾個成功的經濟發展經驗為基礎，在
特定的政治、金融與產業結構條件下，所歸納出來的發展模式。簡單來說就是在威權政
體、政府控制的金融體系以及產業在初期的發展階段等條件下所產生的國家干預經濟模
式。隨著政治民主化的推動、全球化的進展、金融自由化的進行與產業結構的變化，國
家的產業政策與執行自然會相應出現改變，古典發展國家模式已經不完全適用。不過要
注意，發展國家模式只是出口導向模式中的一種，儘管發展國家模式是否存在與如何調
適有著爭議，但出口導向模式依舊，國家繼續挑選與扶植能夠在國際市場佔一席之地的
贏家，只是使用的方法已經出現轉變，這與依賴內需發展的國家有很大的不同，放在這
個框架下來觀察，其中還是有很多議題值得研究。

從以上的討論也可以看出，台灣政治經濟研究與歐美政治經濟學範疇之差異。首先
在方法論上，近年來美國的政治經濟研究以經濟學途徑為主，台灣的研究方法上，則同
時包括量化途徑以及質化研究途徑。台灣的政經研究因為本身的個案有限，很多問題沒
有足夠的量化資料可以回答，特別是發展國家論或金融改革的討論，能分析的產業個案
不多，從事量化分析的研究自然較少。對比於台灣選舉研究中，總體資料及台灣選舉與
民主化調查（Taiwan's Election and Democratization Study，TEDS）個體資料都相當齊備，
因此幾乎均以量化分析為主。[13]另外在議題上，兩地的研究社群也有很大的差異，台灣
政治經濟社群相當重視國家在經濟發展中的角色，這個議題在美國學界的研究中沒有佔
據這麼主要的地位。此外，關於選舉誘因對於總體經濟與政府預算的操弄方面，在台灣
選舉誘因對於政府預算操弄的討論較多，對於總體經濟的討論較少，相當程度因為台灣
是出口導向經濟，維持匯率穩定一直是重要的目標，加上過往歷史教訓，政府一直以來

---

[13] 此外本章討論的研究主要立基在自利假設與結構性社經背景，除此之外，郭承天（2009）指出
由於後現代政治經濟體制的出現，其特色為全球化、數位化、現代與後現代議題的糾纏、反分
殊化、以及自我表現化，所以除了傳統的理性自利之外，政治經濟研究也應更注重這些面向。
這表示單純的自利假設可能無法充分解釋政治經濟現象，對這些面向的重視，也應該是政治經
濟研究群組應注意的議題。

對物價穩定高度重視，所以政府因選舉操弄貨幣政策的空間較小。此外，作爲一個新興民主國家，台灣同時面對民主與經濟自由化的轉型，這與一個國家政治體制不變，只經歷經濟自由化轉型的經驗勢必不同，這部分台灣可以提供有趣的參照。不同地區議題的差異，提供很多有意義的訊息，這部分其實值得進一步討論。

　　最後，政治經濟學研究的對象也影響了研究社群的樣態，因爲政治經濟學研究的依變項是經濟現象，所以範圍自然非常廣泛，經濟生活的諸面向都可能被包括。不像美國的政經研究社群較大，台灣政經研究社群在研究人力有限的情況下，要觀察這麼多的課題，每個子課題討論的人都不多，造成這個領域的研究者間有時比較難對話，因爲對於彼此的研究課題並不熟悉，例如研究財政紀律的學者對於發展國家議題或勞資議題可能都不太熟悉，相當程度也造成台灣政治經濟研究社群的相對鬆散。

　　台灣政治學界政治經濟研究的觸角當然也不限於台灣，也有許多作品是針對東亞周邊國家的研究，以政治經濟觀點討論其他國家社會經濟現象，例如彭慧鸞（2000）討論韓國電信自由化的政治經濟分析，蔡增家（2003）討論日本銀行體系之政治經濟分析，宋鎮照（2003）分析東南亞區域政經研究的脈絡，蔡增家（2004）討論日本的財政赤字及公共工程建設，宋鎮照（1994）對泰國國家機關與社會階級關係，宋鎮照（1995）比較東亞與拉丁美洲新興工業化國家貨幣政策與經濟發展之分析，陳尚懋（2007b）對泰國金融改革的政治分析，以及何思因（1999）與林文斌（2009）對日本金融制度的研究，王佳煌（2004）對東亞雁行理論的檢討，當然另外還有對中國大陸政治經濟的研究。這些研究增加了我們對東亞國家政治經濟現象的理解，同時也讓我們可以進一步與台灣的情形相對照，限於篇幅本章不進一步討論。

　　另外從文中得知，台灣研究社群在許多議題有深入的研究，不過也還有很多議題值得繼續探討，這可以包括民主化與全球化後對政府經濟引導能力的影響、統合主義的演變、兩岸經貿整合與國內政治的互動、東亞經濟成長高度依賴出口模式所受到的挑戰、東亞金融風暴後東亞發展型模式的調整、台灣與南韓近年來經濟表現差異背後的政經因素、政治經濟景氣循環的實證討論、不同行業與世代間承擔退休負擔的調整、年輕世代的工作權、政府財政惡化的討論、遊說在企業對政府影響方式中的重要性、企業的政治獻金、在新政經結構下企業融資如何取得與國家獎勵的轉變等，都是值得進一步深入討論的議題。再其次，台灣與中國間政治上持續對立但經貿上持續整合，產生了與政治上敵對國家經濟整合對於國家安全影響的持續關心，世界上這樣的案例不多，提供很有趣的觀察課題。

　　其次，從以上的討論可以知道，政治經濟學領域涵蓋範圍甚廣，不過也有很多的領域台灣研究社群碰觸的很少。首先，隨著全球氣候的暖化，與極端氣候不斷出現，近年來糧食的生產變得越來越不穩定，加上石化燃料在可見的未來面臨枯竭的問題，所以

糧食匱乏與能源短缺的問題不斷浮現，造成近年來相關商品價格不斷增加，所以對於地球資源的分析也將是重要的研究議題。例如為了緩和這些商品價格的飆漲，各國政府不同程度的對這些商品進行補貼，但這使得國家財政負擔的加重，造成原先已經嚴重的財政赤字雪上加霜，但若要取消補貼，又會引起嚴重的政治反彈，例如阿拉伯之春（The Arab Spring）就是最好的例子。國內對資源的相關研究不多，宋鎮照與康端嚴（2011）從談判理論分析新加坡與馬來西亞之供水關係，是少數這方面的研究。台灣能源進口佔進口總額約四分之一，是台灣經濟一項沈重的負擔，但油電零售價格卻遲遲未能反映進口成本，未來勢必面臨持續調漲的壓力與反彈聲浪。此外，作為二次戰後至今世界製造業的最重要基地，東亞地區持續面臨沈重的環境負擔，未來會產生什麼樣的調整，也值得加以觀察。

另外，近年來隨著全球化的推展，企業將生產線從已開發國家外移到勞動力比較便宜的地區，加上自動化的趨勢，生產所需勞工減少，使得失業率攀高，也使得非技術性勞工薪資無法提高；另一方面，企業在經濟整合的趨勢下，市場更為擴大，富裕群體的財富較以往增加更快，兩個趨勢加起來，造成所得分配的逐年惡化，表現在所得分配指標持續的惡化。所得分配如何影響到政府的經濟決策，以及政府政策是否可以有效縮減所得分配是值得觀察的議題。針對這個議題，陳文學、羅清俊（2012）發現民眾之教育程度越高或家庭每月總所得越低時，越偏好重分配政策，此外政治與社會態度也會影響，越具有平等價值觀、認同泛綠政黨或公民意識高等特質的民眾，越偏好重分配政策。此外，近年來最低工資集體協商的出現是否會擴大到其他勞動議題，以及是否會改善所得分配，也值得分析。另外研究指出，就東亞國家來說，較高的吉尼係數（Gini Coefficient）伴隨著較低的民眾對民主體制的滿意與支持（吳親恩，2009），隨著所得分配的持續惡化，是否會影響民主的穩定，進而經濟決策，值得觀察。

最後，在既有的已經受到討論的議題中，放寬研究的視野也是重要的，這可以有兩部分。首先是拉長觀察的時間，討論民主體制長期變化的影響，例如既有的觀察中可以發現，不當政商關係與勞工制度性權益會隨著政黨輪替而有改善，但是也有很多問題，例如肉桶立法與政黨間環繞著國家認同的對立，並未隨著民主的經驗成熟而有改善，民主經驗拉長會有所不同嗎？至於其他議題會是如何呢？有待更多的分析。其次是將台灣經驗與其他國家進行對照，特別是跨國量化的研究，才能更客觀理解台灣的政經現象，例如台灣的肉桶立法是否較為嚴重？台灣中產階級薪資嚴重停滯是台灣獨有，還是很多國家也面臨同樣的困境。這些都有待透過跨國比較，才能正確得知。

參考書目

王佳煌，2004，〈雁行理論與日本的東亞經驗〉，《問題與研究》43（1）：1-31。

王佳煌，2011，〈新自由主義與東亞發展型國家〉，「國家發展論壇──全球化與發展系列」研討會，9月26日，台北：台灣大學國家發展研究所。

王振寰，2003，〈全球化與後進國家：兼論東亞的發展路徑與轉型〉，《台灣社會學刊》31：1-44。

王鼎銘、詹富堯，2006，〈台灣地方財政的政治景氣循環分析：固定效果與隨機效果模型的估算比較〉，《台灣政治學刊》10（2）：63-100。

王輝煌，2011，〈市場主導式 vs. 銀行主導式金融體制：其相對競爭優勢、不同資本主義與國家角色〉，《東吳政治學報》29（3）：53-120。

左正東，2011，〈國際政治經濟學的典範問題與經濟民族主義的再檢視〉，《國際關係學報》32：51-90。

左正東、葉國俊，2011，〈金融海嘯後中國對於東亞貨幣整合的策略分析：亞元與人民幣之間的抉擇〉，《遠景基金會季刊》12（1）：81-128。

朱雲漢，2004，〈台灣民主發展的困境與挑戰〉，《臺灣民主季刊》1（1）：143-162。

朱雲漢著，靳菱菱譯，1992，〈台灣政權轉型期政商關係的再結盟〉，《中山社會科學季刊》7（4）：58-78。

何思因，1999，〈日本金融體系的政治經濟分析〉，《問題與研究》38（9）：31-44。

余致力、胡龍騰，2008，〈拒絕貪污腐蝕台灣的民主成果〉，《臺灣民主季刊》5（3）：157-166。

吳宗憲，2008，〈台灣民主轉型與金權政治〉，《臺灣民主季刊》5（3）：177-184。

吳親恩，2007，〈所得分配惡化對公共支出增加的影響：1980-2004〉，《東吳政治學報》25（1）：73-114。

吳親恩，2008，〈政治力對金融體系的干預：台灣本土型金融風暴與重建〉，《問題與研究》47（4）：33-75。

吳親恩，2009，〈經濟議題與民主體制評價：東亞國家的觀察〉，《臺灣民主季刊》6（1）：1-40。

吳親恩，2010，〈發展途徑、金融危機與金融重建：台灣與韓國的比較〉，《問題與研究》49（3）：105-144。

吳親恩、林奕孜，2012，〈經濟投票與總統選舉：效度與內生問題的分析〉，《台灣政治學刊》16（2）：175-231。

吳聰敏，2003a，〈日本殖民統治與台灣的經濟成長〉，未刊稿：http://homepage. ntu. edu.tw/~ntut019/ltes/colonization.pdf。

吳聰敏，2003b，〈台灣經濟發展史〉，未刊稿：http://homepage.ntu.edu.tw/ ~ntut019/ltes/TEH2001.pdf。

呂建德，2003，〈全球化與福利改革的政治經濟學：以荷蘭與丹麥為例的分析〉，《社會政策與社會工作學刊》7（2）：121-170。

宋鎮照，1994，〈泰國國家機關與社會階級關係之政治經濟學分析〉，《問題與研究》33（2）：42-55。

宋鎮照，1995，〈貨幣政策與經濟發展之政治經濟分析：東亞與拉丁美洲新興工業化國家之比較研究〉，《台灣經濟月刊》228：13-28。

宋鎮照，2003，〈東南亞區域研究的政治經濟學：理論與實務之連結〉，《政治學報》35：35-99。

宋鎮照、康端嚴，2011，〈從談判理論分析新加坡與馬來西亞之水供關係〉，《全球政治評論》36：93-114。

李佩珊，2001，〈民主鞏固的政治經濟基礎：國家、市場與民主的結構改革〉，《國策專刊》18：5-7。

李直蓉，2005，《近年來台灣貨幣政策與選舉之關係》，台北：政治大學行政管理碩士學程論文。

李國鼎口述，劉素芬編著，2005，《我的台灣經驗——李國鼎談台灣財經決策的制定與思考》，台北：遠流。

李耀泰，2008，〈發展型國家消逝下的勞動市場邏輯：台灣案例的檢視〉，《政大勞動學報》23：1-55。

辛炳隆、王素彎、林嘉慧，2005，《勞工法令及相關政策變革對我國產業的影響與因應》，台北：經濟部工業局。

林文斌，2008，〈台灣「發展型國家」的調適或轉型？政府、金融與企業間關係的考察〉，《政治科學論叢》37：95-149。

林文斌，2009，〈日本金融制度之變遷：當發展型國家不再「發展」〉，《問題與研究》48（1）：71-95。

林向愷，2008，〈貪腐與民主〉，《臺灣民主季刊》5（3）：167-176。

林宗弘、胡克威，2011，〈愛恨 ECFA：兩岸貿易與台灣的階級政治〉，《思與言：人文與社會科學雜誌》49（3）：99-138。

林姿馨，2010，《選民對候選人議題位置認知之分析：以 2004、2008 年台灣總統選舉中的統獨議題為例》，台北：東吳大學政治學系碩士論文。

邱稔壤，2009，〈委內瑞拉在全球化浪潮下之「玻利瓦美洲替代方案」——拉美左派非傳統區域選項〉，《臺灣民主季刊》6（1）：107-133。

柯春共，2005，〈區域貿易協定主要類型之研析〉，《問題與研究》44（2）：147-188。

范世平，2009，〈主權財富基金發展與影響的政治經濟分析〉，《問題與研究》48（3）：123-154。

范世平，2011，〈中國大陸主權財富基金發展與影響的政治經濟分析〉，《中國大陸研究》54（3）：107-143。

孫克難，1999，〈1980 年代以來的財政收支與財政改革〉，施建生（編），《1980 年代以來台灣經濟發展經驗》，台北：中華經濟研究院，頁 463-514。

徐國淦，2011，《工運春秋：工會法制 80 年》，台北：行政院勞委會。

耿曙、陳陸輝，2003，〈兩岸經貿互動與台灣政治版圖：南北區塊差異推手？〉，《問題與研究》42（6）：1-27。

高安邦、黃智聰，2005，《選舉對貨幣政策的影響——黨派性模型的分析》，行政院國家科學委員會專題研究計畫（計畫編號 NSC 93-2414-H-004-013-）。

張芝颯、辛翠玲，2003，〈歐盟對外貿易談判——從制度面看執委會與理事會之互動〉，《問題與研究》42（3）：120-138。

張倉耀、蘇志偉、張旭玲、朱曉萍，2006，〈從展望理論看台灣總統選舉對股票市場之效應分析〉，《選舉研究》13（1）：87-118。

張烽益，2010，〈台灣工會的危機與轉機〉，《台灣勞工季刊》22：57-63。

張鐵志，2008，〈台灣經濟自由化的政治邏輯：黨國資本主義的轉型與新政商聯盟 1980-2000〉，《台灣政治學刊》12（1）：101-145。

郭承天，2009，〈後現代政治經濟學與新制度論〉，《社會科學論叢》3（1）：1-30。

郭承天、吳煥偉，1997，〈民主與經濟發展：結合質與量的研究方法〉，《問題與研究》36（9）：75-98。

陳文學、羅清俊，2012，〈影響台灣民眾重分配政策偏好的因素〉，《人文及社會科學集刊》24（3）：367-397。

陳尚懋，2007a，〈台灣金融改革的政治分析：ACTA 模型的檢驗〉，《東吳政治學報》25（1）：115-160。

陳尚懋，2007b，〈泰國金融改革的政治分析〉，《問題與研究》46（2）：141-166。

陳欣之，2004a，〈單極體系挑戰下的國際政治經濟研究〉，《全球政治評論》8：49-73。

陳欣之，2004b，〈東亞經濟整合對台灣政經之影響〉，《全球政治評論》7：19-46。

陳牧民，2005，〈經濟與安全：全球化時代的新安全理論〉，《全球政治評論》12：19-46。

陳政亮，2010，〈社會保險的失敗：從勞基法到勞工退休金條例〉，《台灣社會研究》79：5-50。

陳師孟，2011，《政治經濟：現代理論與台灣應用》，台北：作者自行發行、翰蘆總經銷。

陳添枝，1999，〈貿易政策的演變〉，施建生（編），《1980 年代以來台灣經濟發展經驗》，台北：中華經濟研究院，頁 391-426。

陳陸輝、耿曙、涂萍蘭、黃冠博，2009，〈理性自利或感性認同？——影響台灣民眾兩岸經貿立場因素的分析〉，《東吳政治學報》27（2）：87-125。

傅彥凱，1999，〈地方政府預算制定之政治經濟分析：政治預算循環的觀點〉，《選舉研究》13（1）：119-162。

彭慧鸞，2000，〈韓國電信自由化的政治經濟分析〉，《問題與研究》39（1）：15-34。

曾怡仁，2003，〈從政治經濟學到國際政治經濟學〉，《政治學報》35：165-194。

童振源，2011，〈ECFA 的爭議與成效〉，《國家發展研究》11（1）：98-130。

黃宗昊，2004，〈台灣政商關係的演變：歷史制度論分析〉，《問題與研究》43（4）：35-72。

黃宗昊，2010，〈歷史制度論的方法立場與理論建構〉，《問題與研究》49（3）：145-176。

黃宗昊、歐陽睿，2012，〈政治制度與金融改革——台灣與韓國的比較〉，《臺灣民主季刊》9（1）：
　　143-193。

黃長玲，2000，《全球化與新興民主國家的勞動政治：台灣與南韓的比較》，台北：政治大學國
　　際關係研究中心。

黃長玲，2003，〈重新管制的政治：全球化與民主化下的台灣勞工運動〉，張茂桂、鄭永年（編），
　　《兩岸社會運動分析》，台北：新自然主義，頁 69-94。

黃國敏，2011，〈政治景氣循環理論之實證分析：竹竹苗區域研究〉，《玄奘管理學報》8（1）：
　　1-25。

黃智聰，2001，〈台灣選舉與貨幣政策關係之初探〉，《中山人文社會科學期刊》9（1）：111-
　　136。

廖坤榮，2004，〈金融重建基金制度建構與執行績效：台灣與南韓的比較分析〉，《問題與研究》
　　44（1）：79-114。

廖坤榮，2005，〈台灣與南韓金融監理制度改革〉，《問題與研究》43（5）：59-85。

劉宗欣，2004，〈財政收支變動與跨世代財政負擔〉，《經社法制論叢》34：165-198。

劉阿榮，2003，〈跨世紀的台灣政商關係——一九九〇年代迄今〉，《社會文化學報》16：97-
　　126。

蔡宏政，2011，〈如何看待 ECFA 簽訂的戰略利益：區域經濟分工轉型下的政治經濟分析〉，《思
　　與言》49（3）：135-165。

蔡昌言，2004，〈經濟全球化對台灣勞工權益之影響——以勞工薪資變化爲例（1980-2000）〉，
　　《臺灣民主季刊》1（3）：131-164。

蔡昌言，2006，〈全球化、民主化與勞工權益：以台灣爲例（1949-2003）〉，《全球政治評論》
　　13：71-102。

蔡偉銑，1997，〈台灣石化工業發展過程的政治經濟分析〉，《東吳政治學報》8：157-224。

蔡增家，2003，〈日本銀行體系之政治經濟分析——從政府、企業、銀行與交叉持股觀察〉，《問
　　題與研究》42（2）：55-78。

蔡增家，2004，〈全球化與日本經濟衰退之政治經濟分析：從財政赤字及公共工程建設的角度觀
　　察〉，《問題與研究》43（1）：63-82。

鄭敦仁，1999，〈台灣政治民主化的經濟意涵〉，施建生（編），《1980 年代以來台灣經濟發展
　　經驗》，台北：中華經濟研究院，頁 173-205。

蕭全政，2003，〈何謂政治經濟學？〉，《政治學報》35：1-34。

瞿宛文，1997，〈產業政策的示範效果——台灣石化業的產生〉，《台灣社會研究》27：97-
　　138。

瞿宛文，2001，〈全球化與自由化之後的台灣石化業〉，《台灣社會研究》44：13-47。

瞿宛文，2008，〈重看台灣棉紡織業早期的發展〉，《新史學》19（1）：167-227。

瞿宛文，2010，〈台灣戰後工業化是殖民時期的延續嗎？兼論戰後第一代企業家的起源〉，《台
　　灣史研究》17（2）：39-84。

瞿宛文，2011，〈民主化與經濟發展——台灣發展型國家的不成功轉型〉，《台灣社會研究季刊》84：243-288。

羅清俊，2000a，〈猜猜看誰把醃肉帶回家了：補助款利益在縣市分配的分析〉，《人文及社會科學集刊》12（1）：1-45。

羅清俊，2000b，〈政策利益分配的型態：最小獲勝聯盟？還是通通有獎？〉，《政治科學論叢》13：201-232。

羅清俊，2004，〈分配政策與預算制定之政治分析〉，《政治科學論叢》21：149-188。

羅清俊、萬榮水，1999，〈選舉與補助款的分配：綁樁？還是平衡地方財政？〉，《選舉研究》6（2）：121-161。

羅清俊、廖健良，2009，〈選制改變前選區規模對立委分配政策提案行為的影響〉，《台灣政治學刊》13（1）：3-53。

Alt, James E. and Kenneth A. Shepsle, eds. 1990. *Perspectives on Positive Political Economy*. Cambridge, UK: Cambridge University Press.

Berger, Suzanne. 2000. "Globalization and Politics." *Annual Review of Political Science* 3: 43-62.

Cheng, Tun-Jen. 1993. "Guarding the Commanding Heights: The State as Banker in Taiwan." In *The Politics of Finance in Developing Countries*, eds. Stephan Haggard, Chung H. Lee, and Sylvia Maxfield. Ithaca, NY: Cornell University Press, pp. 55-92.

Cheng, Tun-jen and Yun-han Chu. 2002. "State-Business Relations in South Korea and Taiwan." In *Emerging Market Democracies*, ed. Laurence Whitehead. Baltimore, MD: The John Hopkins University Press, pp. 31-62.

Chu, Yun-han. 1989. "State Structures and Economic Adjustment in the East Asian Newly Industrialization Countries." *International Organization* 43(4): 647-672.

Chu, Yun-han. 1999. "Surviving the East Asian Financial Storm: The Political Foundation of Taiwan's Economic Resilience." In *The Politics of the Asian Economic Crisis*, ed. T. J. Pempel. Ithaca, NY: Cornell University Press, pp. 184-202.

Chu, Yun-han. 2002. "Re-engineering the Developmental State in An Age of Globalization: Taiwan in Defiance of Neo-liberalism." *The China Review* 2(1): 29-59.

Gilpin, Robert. 1987. *The Political Economy of International Relations*. Princeton, NJ: Princeton University Press.

Ha, Yong-Chool and Wang Hwi Lee. 2007. "The Politics of Economic Reform in South Korea: Crony Capitalism After Ten Years." *Asian Survey* 47(6): 894-899.

Haggard, Stephan. 1990. *Pathways from the Periphery: The Politics of Growth in the Newly Industrializing Countries*. Ithaca, NY: Cornell University Press.

Haggard, Stephan. 2001. "Politics, Institutions and Globalization: The Aftermath of the Asian Financial Crisis." *American Asian Review* 19(2): 71-98.

Haggard, Stephan. 2004. "Institutions and Growth in East Asia." *Studies in Comparative International*

Development 38(4): 53-81.

Hibbs, Douglas. 1987. *The American Political Economy: Macroeconomics and Electoral Politics.* Cambridge, MA: Harvard University Press.

Hibbs, Douglas. 2006. "Voting and the Macroeconomy." In *The Oxford Handbook of Political Economy*, eds. Barry R. Weingast and Donald A. Wittman. Oxford, UK: Oxford University Press, pp. 565-586.

Iversen, Torben and Anne Wren. 1998. "Equality, Employment and Budgetary Restraint: The Trilemma of the Service Economy." *World Politics* 50(4): 507-546.

Kim, Kihwan. 2006. "The 1997-98 Korean Financial Crisis: Causes, Policy Response, and Lessons." Paper presented at the Meeting of the High-Level Seminar on Crisis Prevention in Emerging Markets, July 10-11, Singapore.

Kuo, Chengtian. 1995. *Global Competitiveness and Industrial Growth in Taiwan and the Philippines.* Pittsburgh, PA: University of Pittsburgh Press.

Kuo, Chengtian. 2000. "New Financial Politics in Thailand and Malaysia." *Issues & Studies* 36(6): 139-176.

Lowi, Theodore. 1964. "American Business, Public Policy, Case-Studies, and Political Theory American Business and Public Policy: The Politics of Foreign Trade." *World Politics* 16(4): 677-715.

Marx, Karl. 1887. *Capital V1: A Critical Analysis of Capitalist Production*. Trans. Samuel Moore and Edward B. Aveling. London, UK: Swan Sonnenschein.

Meltzer, Allan H. and Scott F. Richard. 1981. "A Rational Theory of the Size of Government." *Journal of Political Economy* 89: 914-927.

Mundell, Robert. 1963. "Capital Mobility and Stabilization Policy under Fixed and Flexible Exchange Rates." *Canadian Journal of Economics and Political Science* 29: 475-485.

Nordhaus, William. 1975. "The Political Business Cycle." *Review of Economic Studies* 42: 169-190.

Persson, Torsten and Guido Tabellini. 2000. *Political Economics-Explaining Economic Policy*. Boston, MA: MIT Press.

Persson, Torsten and Guido Tabellini. 2003. *The Economic Effects of Constitutions*. Boston, MA: MIT Press.

Polany, Karl. 1944. *The Great Transformation: The Political and Economic Origins of Our Time*. New York, NY: Farrar & Rinehart.

Rogoff, Kenneth. 1990. "Equilibrium Political Budget Cycles." *American Economic Review* 80(1): 21-36.

Rogowski, Ronald. 1987. "Trade and the Variety of Democratic Institutions." *International Organization* 14(2): 203-223.

Stiglitz, Joseph. 1997. "Reflections on the Natural Rate Hypothesis." *The Journal of Economic Perspectives* 11(1): 3-10.

Stiglitz, Joseph. 2005. "The Overselling of Globalization." In *Globalization: What's New?*, ed. M. M. Weinstein. New York, NY: Columbia University Press, pp. 228-262.

Stubbs, Richard. 2005. *Rethinking Asia's Economic Miracle: The Political Economy of War, Prosperity and Crisis*. New York, NY: Palgrave Macmillan.

Swati, Ghosh. 2006. *East Asian Finance: The Road to Robust Markets*. Washington, DC: The World Bank.

Thelen, Kathleen and Sven Steinmo. 1992. "Historical Institutionalism in Comparative Politics." In *Structuring Politics: Historical Institutionalism in Comparative Analysis*, eds. Sven Steinmo, Kathleen Thelen, and Frank Longstreth. Cambridge, UK: Cambridge University Press, pp. 1-32.

Wade, Rober. 2004. *Governing the Market: Economic Theory and the Role of Government in East Asian Industrialization*, 2nd ed. Princeton, NJ: Princeton University Press.

Wang, Chia-Huang. 2011. "Moving toward Neoliberalization? The Restructuring of the Developmental State and Spatial Planning in Taiwan." In *Locating Neoliberalism in East Asia: Neoliberalizing Spaces in Developmental States (Studies in Urban and Social Change)*, eds. Bae-Gyoon Park, Richard Child Hill, and Asato Saito. Hoboken, NJ: Wiley-Blackwell, pp. 167-195.

Weingast, Barry R. and Donald A. Wittman. 2006. "The Reach of Political Economy." In *The Oxford Handbook of Political Economy*, eds. Barry R. Weingast and Donald A. Wittman. New York, NY: Oxford University Press, pp. 3-28.

Weingast, Barry R., Kenneth A. Shepsle, and Christopher Johnsen. 1981. "The Political Economy of Benefits and Costs: A Neoclassical Approach to Distribution Politics." *Journal of Political Economy* 89: 642-664.

Weiss, Linda, ed. 2003. *States in the Global Economy: Bringing Domestic Institutions Back In*. New York, NY: Cambridge University Press.

Wong, Joseph. 2004. "The Adaptive Developmental State in East Asia." *Journal of East Asian Studies* 4(3): 345-362.

Wong, Joseph. 2005. "Re-Making the Developmental State in Taiwan: The Challenges of Biotechnology." *International Political Science Review* 26: 169-191.

World Bank. 1993. *The East Asian Miracle: Economic Growth and Public Policy*. New York, NY: Oxford University Press.

Wu, Yongping. 2004. "Rethinking the Taiwanese Developmental State." *The China Quarterly* 177: 91-114.

Wu, Yu-Shan. 2007. "Taiwan's Developmental State: After the Economic and Political Turmoil." *Asian Survey* 47(6): 977-1001.

第六章

威權韌性與民主赤字：
21世紀初葉民主化研究的趨勢與前瞻[*]

張佑宗、朱雲漢

壹、導論

　　僅以一篇論文嘗試對政治學某個次領域所累積的研究，做一個全面性與系統性的回顧，看起來很簡單，實際上做起來困難度頗高。何況當前比較民主化的研究，呈現相當活潑與多元的色彩，並沒有統一的理論架構與方法。每個學者各自有其專注的議題，再加上各種不同的研究途徑，使得回顧與整理的工作非常艱難。[1] 雖然如此，本章嘗試對過去十年來比較民主化的研究成果，把梳一個分析架構與研究趨勢，使我們能有系統與深入瞭解比較民主化近十年的研究成果，我們回顧與檢討的對象以國際學術社群為主，國內學者的研究成果為輔。無可否認地，為了配合本章提出的分析框架，會割捨許多有意義的主題與研究，本章勢必無法涵蓋當今所有的民主化研究。

　　在邁入21世紀之後，很顯然地全球民主化的發展趨勢逐漸停頓下來，民主國家與非民主國家之間，每年只有少數個案發生變動，沒有出現上個世紀末那種大規模的民主政治發展趨勢。根據自由之家（Freedom House）在2012年的報告，全球195個政治實體（polities）中，有87個屬於自由民主體制（佔世界人口的45%，大部分集中在西歐與美洲國家），有60個屬於半自由民主體制（佔世界人口的22%），而48個屬於非自由民主體制（佔世界人口的35%，其中以中國和俄羅斯最具代表性）（Freedom House,

---

[*] 本章初稿發表於「政治學的回顧與前瞻」學術研討會，由中央研究院政治學研究所、國科會人文及社會科學發展處政治學門主辦（台北：中央研究院人文社會科學館，2012年8月6日至7日）。作者感謝林文程教授，以及與會學者和匿名審查人的批評與指正。

[1] Mary Alice Haddad（2010）將它們區分為三種研究途徑：第一種是社會中心論（society-centered theory），最典型的代表就是現代化理論；第二種是國家中心論（state-centered theory），分析的焦點在國家的制度與結構，如何影響政治菁英的理性選擇；第三種研究途徑介於社會與國家之間的公民社會（civil society），Haddad稱為state in society途徑，他們探究公民社會的發展與民主運作的關連。

2012）。

如何解釋 21 世紀後民主與威權體制出現僵持的狀態？這種現象的背後，有多少值得我們深入探索的議題？基本上，21 世紀後在比較民主化研究中，因應第三波民主發展的停頓，出現兩種完全不同的研究方向。第一種研究方向認為第三波民主化已開始呈現自由停滯（stagnation of freedom）或民主蕭條（democratic recession）的結果，尤其是那些長久積極推動全球民主發展的學者（Diamond and Plattner, 2009）更開始大聲疾呼。令他們感到憂心的是，全球自由民主指標已連續六年出現下滑的現象，雖然在 2011 年發生令人振奮的阿拉伯之春（The Arab Spring），但結果只有突尼西亞的民主轉型有明顯的進展，埃及與利比亞的前景不明。中國大陸與俄羅斯對這次事件的反應不是放鬆管制，反而是強化對社會的控制（Puddington, 2012）。Bruce Gilley（2010）指出多數學者認為第三波民主國家，大都建立在不穩定的基礎上，只要稍微有點小變動，就可能很快回到過去威權主義統治的型態。在這種憂慮的氣氛下，Gilley 分析 21 世紀後的民主化學者，發現研究焦點開始轉移到威權韌性（authoritarian resilience）的問題。他們批判過去「轉型學派」（transitions paradigm）具有目的論的偏差（teleological bias），民主不是全球政治發展唯一的路徑，學界必須對威權主義的本質、持續與特殊的制度安排，持續與深刻的理解（Art, 2012）。

第二種研究方向，主張民主同樣具有韌性（democratic resilience）。除了極少數外，大部分的第三波民主化國家都能生存下來。的確，從民主國家「數量」的觀點來看，結果非常令人欣慰。但是，如果我們分析目前民主的「質量」與「產出」，則令人感到非常失望（Chang, Chu, and Huang, 2011）。民主不能解決社會平等與福利的問題、[2] 經濟發展的問題，[3] 民主也無法持續提升治理的品質，這些較高的標準民主都不能「掛保證」（Przeworski, 2010）。民主化學者大都同意上述的看法，Gerardo L. Munck（2011）在一篇書評中，提到開啟全球第三波民主化研究的風氣，可追溯至 Woodrow Wilson Center 在 1979 年所支助的 Transition from Authoritarian Rule 計畫，該計畫是由 Guillermo O'Donnell 和 Philippe C. Schmitter 兩人負責，並網羅 Robert A. Dahl、Juan J. Linz、Adam Przeworski、Fernando F. Cardoso、Albert Hirschman 等人一起參與。此時期的研究重點，圍繞在民主轉型議題，包括威權體制的崩潰、民主化的推力、過程與民主轉型的類型

---

[2] 民主化與不平等議題、社會福利議題，近年來頗受政治與社會學者的關注。可參考 Daron Acemoglu 和 James A. Robinson（2006）、Ben Ansell 和 David Samuels（2010）、Larry M. Bartels（2008）、Boix（2003）、Jacob S. Hacker 和 Paul Pierson（2010）、Christian Houle（2009）。

[3] 長久以來，民主與經濟發展之間的因果論戰，一直爭論不休。這方面的學術論戰，可參考 Boix 和 Susan C. Stokes（2003）、David Epstein 等人（2006）、Ryan Kennedy（2010）、Adam Przeworski 等人（2000）、James A. Robinson（2006）。

等。1990年代中期以後，研究主題漸漸朝向與民主鞏固或持續有關的議題，例如民主鞏固的概念、民主鞏固過程會面臨那些困境與難題、民主正當性如何形成與發展等議題。進入21世紀後，民主與法治、民主與社會分配正義、民主品質（quality of democracy）等議題，已成為民主化研究最重要的議題。民主化研究知名的國際期刊 *Journal of Democracy*，在慶祝創刊20週年時，特別出版回顧過去20年來第三波民主化的研究。Schmitter（2010）的文章特別提出，第三波民主的發展並沒有明顯的退潮，但新興民主國家民主體制的表現，令所有人民及學者非常失望。

　　本章的目的是從世界民主化研究的發展趨勢作為基本架構，區分民主化研究四個階段：民主轉型、民主鞏固、民主品質（含民主治理與民主赤字）與威權韌性，以此分析21世紀後台灣民主化研究的重要成果，並提出若干檢討與建議。本章的分析脈絡如下：首先分析21世紀後，台灣民主化研究的趨勢，其中出現兩個專門出版民主化研究的刊物，以及一個以東亞民主化為主題的跨國調查計畫最為突出。另外，本章指出目前台灣多數的民主化研究，並未能與全球民主化研究密切接軌，尤其對於威權韌性與民主品質問題的研究，停留在描述與資料分析的階段。第二部分主張威權韌性固然值得研究，但有瑕疵的選舉一方面固然可以作為威權統治正當性的裝飾品，另一方面，有朝一日也可能變成民主轉型的重要因子，台灣就是一個很好的案例。第三部分則分析新興民主與先進民主國家的公民，普遍對民主品質給予低度的評價，這種現象學者稱之為「民主赤字」（democratic deficit）。民主赤字短期內不會威脅民主的存續，但長期而言則有待觀察。第四與第五部分，分別從黨派立場與批判性公民（critical citizens）的角度，嘗試解釋民主品質為何低落的原因。最後在本章的結論，將檢討與展望未來的台灣民主化研究。

貳、21世紀後台灣民主化的研究

　　從1980年代中期後，由於世界政治體制劇烈的變遷，比較政治領域裡逐漸興起民主化的研究風潮。1990年代開始，專門研究民主化議題的期刊，例如 *Journal of Democracy* 與 *Democratization* 相繼出現。美國大學也陸續成立各種民主化的研究中心，其中比較著名的，例如史丹佛大學的「民主、發展與法治中心」（Center on Democracy, Development, and the Rule of Law, Stanford University），聖母大學的「凱洛格中心」（Kellogg Institute for International Studies, University of Notre Dame）與加州大學爾灣分校的「發展研究中心」（Center for the Study of Democracy, University of California, Irvine）。

進入 21 世紀之後,台灣民主化研究也開始蓬勃發展起來。由財團法人台灣民主基金會出版發行的《臺灣民主季刊》(中文期刊)與 *Taiwan Journal of Democracy*(英文期刊),專門提供給民主化研究學一個發言的平台,前者以台灣民主發展經驗爲主,後者從全球比較觀點出發,分析第三波民主化國家的民主前景與困境。台灣除了新增兩個出版民主化的刊物外,2000 年胡佛與朱雲漢在教育部學術追求卓越發展計畫補助下,成立「東亞民主動態調查」(East Asian Barometer)。2003 年「東亞民主動態調查」與「南亞民主動態調查」(South Asian Barometer)結盟,共同組織涵蓋全球一半人口的「亞洲民主動態調查」(Asian Barometer,ABS),定期針對亞洲各國公民的政治價值、政體表現評價、及政治參與,進行同步之研究。「亞洲民主動態調查」研究團隊,來自 13 個東亞國家與地區的學者,包括日本、蒙古、韓國、台灣、香港、中國大陸、菲律賓、泰國、越南、柬埔寨、新加坡、馬來西亞和印尼。「南亞民主動態調查」則涵蓋了五個南亞國家,包括印度、孟加拉、尼泊爾、斯里蘭卡和巴基斯坦。本計畫已經在國際學術界建立廣泛聲譽,在 2003 年時成爲「民主研究機構網路」(Network of Democracy Research Institutes,NDRI)此全球性學術組織的正式會員,並由聯合國教科文組織「國際社會科學理事會」(International Social Science Council,UNESCO)評定爲全球重要大型調查資料計畫之一。亞洲民主動態調查亦獲得聯合國開發總署奧斯陸治理中心(UNDP Oslo Governance Centre)的認可,列入該中心收錄之全球良好治理指標中。[4]

另一個與台灣民主化相關的調查研究,就是「台灣選舉與民主化調查」(Taiwan's Election and Democratization Study,TEDS),此計畫是由國科會人文處、社會科學研究中心及政治學門共同支持的大型民意調查研究計畫,目的在整合國內與選舉有關之大型面訪民調,以更有效運用有限資源,提升相關研究之水準。2001 年起針對立法委員選舉展開第一次的面訪調查,之後陸續針對總統選舉、直轄市、縣市長等不同型態選舉進行調查。[5]

在專書方面,由周育仁、謝文煌主編,五南圖書出版的《台灣民主化的經驗與意涵》(2011)中蒐集 13 篇有關台灣民主轉型與鞏固經驗的分析,從憲政制度、族群議題、公民社會到國際因素,探討影響台灣民主鞏固的因素。朱雲漢等著,由中國大陸社會科學文獻出版社出版的《台灣民主轉型的經驗與啓示》(2012),收錄兩岸學者撰寫的 16 篇文章。該書對台灣民主轉型過程出現的各種議題進行客觀的總結與分析,涉及台灣的

---

[4] 詳細的計畫介紹,請參考網站內容:http://140.109.171.198/chinese/news.html(中文版)、http://www.asianbarometer.org/newenglish/introduction/default.htm(英文版)。網站提供更多有關民主化調查之資料,供學界、政府單位、民間團體、媒體等參考及使用。
[5] TEDS 的調查主題、方法與資料釋出辦法,請參閱計畫網站:http://www.tedsnet.org。

民主轉型與經濟發展、民主轉型與政商關係重組、政治民主化與公民社會的發展、民主轉型與憲政選擇，以及民主轉型與政黨競爭、國民黨與台灣民主轉型等議題。此外，由 Larry Diamond、Marc F. Plattner 和朱雲漢主編的 *Democracy in East Asia: A New Century*（2013），則網羅國內外超過十位研究民主化的專家，針對東亞與台灣的民主發展趨勢問題，提出檢討與分析。

　　在期刊論文出版方面，本章以民主轉型（或民主化）、民主鞏固、民主品質（或民主治理、民主赤字）與台灣威權主義（或威權韌性）作為關鍵詞，針對台灣社會科學引文索引（Taiwan Social Science Citation Index，TSSCI）資料庫中政治學類及綜合類的期刊，自 1990 年開始進行搜尋，統計結果顯示在表 6-1。

　　從表 6-1 中可以顯示，2000 年以前台灣的民主化研究，大都集中在民主轉型這個議題，很多人提出各種不同的因素來解釋台灣的民主轉型。隨著台灣的民主逐漸邁入鞏固，21 世紀後有關台灣民主轉型議題還未退燒，仍佔 21 世紀後民主化研究期刊論文總數的 42%，例如吳乃德（2000）探究群眾與反對運動參與者的民主價值理念和行動對台灣民主化的貢獻；王甫昌（2008）討論族群政治意識的升高是推動台灣民主轉型重要的社會條件；林佳龍（2000）分析台灣的選舉競爭如何帶動政黨體系的變遷，最後影響民主轉型；湯志傑（2006、2007）重新論證 1970 年代國民黨政權的「正當化」基礎，並從結構／過程辯證美麗島事件的發生。在台灣民主轉型後，與威權體制緊密相連的侍從主義何去何從？許多學者認為台灣派系與侍從主義的政治影響力將逐漸瓦解。中央層級的選舉擴大了政治機會結構，地方菁英逐漸具有自主性，加上民進黨的興起、媒體的自由化與日漸獨立性的司法體制等因素，使原本在威權體系中，以寡佔經濟利益與司法保護而建立的派系組織難以維繫（王金壽，2004、2007a、2007b）。2008 年開始立委選舉

表 6-1　民主化研究主題的統計（1990-2012）

關鍵詞＼年	民主轉型	民主鞏固	民主品質	威權韌性	小計
1990-2000	28	4	0	9	41
2001-2012	46	26	27	11	110
總計	74	30	27	20	151

資料來源：作者自行整理。[6]

---

[6]　本章蒐集的 151 篇著作，已編列在本章的參考書目中。

採用單一選區兩票制（mixed-member majoritarian system，MMM），有利於國、民兩大黨的競爭。兩黨之間的政治分歧與政策主張，對於政治人物與選民的抉擇更為重要（盛杏湲，2008；Lin, 2006）。個人化的侍從主義，將逐漸被政黨在全國建立起的政治分歧所取代（蔡佳泓、王鼎銘、林超琦，2008）。然而，另一派的研究卻指出，台灣的派系與侍從主義在轉型而非消逝，侍從主義在台灣並不會消失，只是侍從關係越來越不穩定，變得越來越「山頭化」（王業立、蔡春木，2004；趙永茂，2002a、2002b）。

在民主鞏固的議題上，21世紀以前只有零星出現的幾篇文章（大都從憲政制度分析台灣的民主鞏固問題），但之後則有大量的研究出現。學者分別從民主支持的概念，研究台灣民主鞏固問題（吳重禮，2008；林聰吉，2007；盛治仁，2003；陳光輝，2010；蔡佳泓，2009），或是討論台灣民主正當性的基礎與來源問題（Huang, Chang, and Chu, 2008），或是從反對者與政黨輪替分析民主鞏固（張佑宗，2009、2011；陳光輝，2010；蔡佳泓，2009），或是探討台灣民眾的民主認知與民主鞏固問題（Chang, Chu, and Weatherall, 2012; Wu, Weatherall, and Chang, 2012）。

最後台灣學界在民主品質（或民主治理）與威權韌性的研究上，雖然從2000年開始分別出現了27篇與11篇文章，但是如果仔細檢閱這些文章的內容，可以發現只有少數幾篇文章，能和國際的民主化社群接軌。因此，我們有必要先勾勒全球民主化研究最新的脈絡，再提供給未來台灣民主化研究者一些參考。

參、威權主義的韌性

面對第三波民主化浪潮，全世界仍有不少威權主義國家得以屹立不搖，甚至持續發展。最典型的例子就是俄羅斯、中國大陸與中東地區伊斯蘭文明的國家。如何解釋這些威權主義國家的持續與發展？Minxin Pei（2012）指出，我們可以從威權主義國家的政治經濟條件（特別是其豐富的天然資源，例如石油），政治體制的調適（regime adaption），以及權力平衡（特別是執政者擁有鎮壓的能力）這三種理論來解釋威權主義國家具有韌性的現象。其中，以第二種解釋在學界獲得最多人的關注。

威權主義國家為何擁有調適的能力，足以應付民主化的潮流？許多學者認為，威權體制得以適應新的政經情勢變遷，得自這些國家透過各種選舉操控，或是其他制度化的管道，讓它們能持續掌握政權（Gandhi and Lust-Okar, 2009; Krastev, 2011）。21世紀後，很多國家以民主制度的規範進行威權統治，雖然尚未達到自由民主的標準，但也不屬於封閉式的威權主義政體。這種混合式政體（hybrid regime）停滯在民主與威權的灰色地帶（grey zone），有些甚至朝向威權政體的方向發展（Carothers,

2002）。Andreas Schedler（2006）特別稱這種混和政體爲「選舉式的威權主義」（electoral authoritarianism），Steven Levitsky 和 Lucan A. Way（2010）則稱爲「競爭型的威權主義」（competitive authoritarianism），他們的共通點就是不認爲這種類型屬於民主國家。

　　Schedler（2006）估計目前世界上約有60個左右的政權，屬於選舉式的威權主義國家，這些國家限制人民自由行使公民的權利。但是，他們又定期舉行多黨的選舉，以此來鞏固其執政地位，並獲取國內和國際的合法性。然而，這些政權的統治者不願意在選舉中冒失敗的風險，所以他們會通過操縱選舉的方式來確保其繼續執政。選舉式的威權主義在中亞地區、撒哈拉以南的非洲、北非和中東地區是最常見的政治體制。Levitsky 和 Way（2010）研究1990到2008年35個競爭型的威權主義國家，他們主要的研究議題是：爲什麼有些競爭型的威權主義國家會民主化？有些則維持穩定的威權體制？針對若干競爭型威權主義國家的研究後，得出幾個有趣的研究發現。如果西方國家的利誘（leverage）有限，以及與西方國家的連結（linkage）不深，則威權主義國家比較有機會生存下來。如果威權主義國家有鎮壓的能力，以及有效率的政黨，也比較能夠繼續生存下來。

　　Jennifer Gandhi（2008）以科威特、摩洛哥與厄瓜多爲例子，選擇議會與政黨作爲分析的焦點。她認爲這些機構不只是一種櫥窗展示品（window dressing）而已，它們對威權主義的存續具有重要的作用。道理很簡單，當獨裁者面臨威脅的時候，如果力量不大，平常的鎮壓即可解決問題。但當面臨的威脅力量很強的時候，獨裁者必須與外在勢力溝通、談判與妥協，議會和政黨自然成爲制度化溝通的管道。統計分析發現，有制度化溝通管道的獨裁者，會提供較多的公共財，以及較好的經濟表現，但卻與政體存續無關。Gandhi 的解釋是威脅程度的大小，與是否要建立制度化的溝通管道有直接關係。有制度性溝通管道的威權國家，通常統治者的權力已經面臨比較大的威脅，而沒有制度性溝通管道的國家，統治者所面臨的權力挑戰比較小。

　　然而，不公平的選舉是一種雙刃劍（double-edged sword）。選舉固然可以被操縱，提供威權政體的正當性。但同時，選舉也有可能導致民主化，選舉播下民主的種子，提供在野勢力與黨內敵對勢力發展的空間。選舉何時與如何導致民主化？以下將對這個問題提出看法。

肆、假選舉如何導致民主化

　　民主可說是普世價值，連威權主義國家也不能否認。在中國大陸，知識份子也能公開主張《民主是個好東西》（俞可平，2006）。阿拉伯之春的爆發與其後的發展，正

好成為主張威權主義韌性的反例。Tarek Masoud（2011: 22-25）的文章就以埃及為例，指出過去學者都認為埃及有兩個偽民主機構：執政的國家民主黨（National Democratic Party），和具有橡皮圖章的人民大會（People's Assembly），是延續埃及威權體制兩個非常重要的政治制度。然而，當埃及一發生大規模的群眾抗議運動後，執政的國家民主黨立即崩解，而人民大會也沒有扮演任何阻撓作用，當時的總統穆巴拉克（Hosni Mubarak）最後只能依賴安全單位的支持。從埃及的例子顯示，威權體制內部其實是不穩定的，要是不能減緩群眾的苦情（grievances），或是成功壓制群眾運動，則即使是一件不起眼的小事（例如突尼西亞一位青年的自殺事件），也有可能撼動威權體制的正當性，甚至發生民主轉型。在威權體制裡「有限度自由化」（limited liberalization）的作用，其實比我們想像的還要大很多。埃及的例子告訴我們，原本執政者要裝裝樣子（shams），故意半開放而不管制的地方（例如讓數位媒體部分自由化），有可能包含自我摧毀的種子，如同房子蓋到一半而不完成，是很容易垮下來的。在某些情況下，被操縱的選舉也會導致民主化的結果，這是選舉式威權主義內部最大的矛盾之一。

Jason Brownlee（2007）針對埃及、馬來西亞、伊朗與菲律賓進行研究，得出這樣一個有趣的結論：偽裝的民主（fake democracy）可以強化威權統治，但也可能會弱化威權統治，中間的關鍵因素就在執政黨制度化的程度。Valerie J. Bunce 與 Sharon L. Wolchik（2009）以東歐與中亞後共產主義國家為研究對象，發現經歷過幾次選舉後，它們在民主指標上都有明顯的進步。Axel Hadenius 與 Jan Teorell（2007）認為多次的選舉產生民主分割（democratic divided）與政治社會化，為威權國家慢慢走向民主化鋪路。Staffan I. Lindberg 總結選舉對民主發展的角色，指出「一般而言，更多的選舉，將使政體與社會更為民主」（2009: 9）。Lindberg（2009: 4-11）認為選舉具有以下幾項重要的政治後果：首先，選舉打開了政治參與或政治機會結構，刺激了政體必須回應民意，以及民主改革的訴求，同時也能為支持民主的行動者提供學習的機會。此外，不論是執政菁英或在野菁英，都能在民主中得到未來政治利益的累積。

然而，有些學者質疑過度簡化選舉有利威權主義國家民主化的看法。在同一本書中（*Democratization by Elections: A New Mode of Transition*），Jennifer McCoy 和 Jonathan Hartlyn（2009）認為不同政治力量之間的協約、選舉脈絡（context of election）、外在干預勢力，要比是否有選舉更為重要。Yonatan L. Morse（2012）另外指出先前體制（軍事、個人與政黨獨裁）的本質，以及國際脈絡因素（後冷戰結構、區域特性），是不可忽視的因素。另外，選舉舞弊與反對黨的行為與策略，尤其是反對運動是否團結，更是最關鍵的因素。

因應威權國家選舉的研究，最近有人發現選舉公正（electoral integrity）或選舉舞弊（electoral fraud）的作用（Lehoucq, 2003）。傳統上認為當執政者需要用選舉舞弊

才能贏得選舉的時候，就越有可能發生選舉舞弊（Simpser, 2012）。但這種看法並不完全正確，執政者操弄選舉不僅是要贏得選舉，而且是要大贏選舉，以此來展現其實力（Magaloni, 2006）。但是，假設選舉競爭被允許在最小範圍內進行，對執政者而言，多少還是有些風險。執政者既然要辦選舉，不管他們的實力有多大，為了避免任何意外結果的發生，都會使用選舉舞弊的做法；另一方面，選舉舞弊也是有風險的，尤其當選舉舞弊被揭發的時候，勢必爆發國內的衝突，例如 2012 年俄羅斯選舉過後，就爆發抗議選舉不公的事件。國際選舉觀察團的介入，逐漸成為國際間的規範，對威權國家的選舉過程產生監督的作用（Hyde, 2011）。Joshua Tucker（2007）甚至認為，選舉舞弊解決了民眾集體行動邏輯的困境，提供民主轉型的契機。當選舉舞弊發生時，每個人參與集體抗議的成本降低，而能得到的利益卻增加。因此，選舉舞弊被舉發時，每個人將重新計算參與抗議的成本與效益，有助於集結成抗議團體，最後推翻威權體制。

　　未來中國大陸是否能順利推動民主改革，是檢證上述觀點一個很好的範例。Fareed Zakaria（2003）認為，不論統治者個人的意願是如何，中國已經步上了一條不歸路，中國將來可能不是民主就是混亂。中國面臨的內部壓力也讓 Susan L. Shirk（2008）認為中國呈現外強中乾的矛盾景象。中共領導人首要任務是要維持共產黨的統治權威。中國到 1990 年代中期為止，進行「無人受損的改革」，人人的生活都獲得改善。然而，諸多嚴峻的社會問題也如影隨形，這是威權政治啟動快速成長的副作用。中國政權的合法性依賴於高度的經濟成長率和民族主義，因此她認為中國是脆弱的強權。Pei（2006）認為中國的經濟奇蹟使其「陷入轉型的困境」，缺乏民主改革的中國，就會喪失持續驚人成長和發展的能力。[7] 不過也有學者對上述這些看法抱持懷疑的態度，例如沈大衛（David Shambaugh）（2008）認為，儘管共產黨對社會的主控能力持續弱化，但不能低估中國共產黨在面對快速社會變遷過程中所展現的學習、調適與組織更新能力。朱雲漢（Chu, 2012）在比較 1980 年代的國民黨與當前共產黨的政治處境時，也指出共產黨比國民黨更有條件對應經濟社會變遷對其政治體制的衝擊，尤其是前者難以抗衡國際體系壓力，而後者有能力營造其外部環境。

伍、民主赤字與民主持續

　　就民主鞏固的研究者來說，他們特別重視民主的存活能力是可以理解的，但是對一

---

[7] 本章不擬在中國未來是否能民主，或是中國式民主的論戰上多所著墨，有興趣者可參考史天健（2009）、俞可平（2005）、潘維（2003）、鄭永年（2011）與 Bell（2000）的著作。

些社會科學家、民主實踐者、關心民主發展的公民,以及一些國際援助的機構而言,並不滿意這種單一面向的研究議程。Schmitter(2005)指出,縱然在民主品質低落的條件下,只要公民和政治菁英能接受民主競爭的規則,民主也能獲得生存。但我們的要求就這麼低嗎?民主除了民主選舉外,良善的治理品質難道不值得我們追求嗎?晚近民主化研究者,開始尋找如何評估民主品質,以及如何改善民主品質的工具。這些理論觀點、研究方法的創新,以及相關調查研究的湧現,大都源自於憂心重重的社會科學家、民主實踐者和國際民主援助機構。他們擔心第三波民主化國家,可能被困在低劣民主品質的漩渦裡,最後失去深化民主改革的動力(Altman and Perez-Linan, 2002; Beetham, 2004; Beetham et al., 2001; Diamond and Morlino, 2004; Holmberg, Rothstein, and Nasiritousi, 2009; Roberts, 2010)。

早期 Arent Lijphart(1999)以總體指標觀察民主的運作,大型國際組織或機構則採取專家評鑑的方式,判定各國民主發展的質與量。然而,民主品質最新的研究趨勢,就是採取大型的跨國調查計畫,從民眾的角度,判定一國民主品質的優缺與問題。因為民主品質就是要從真正體驗民主經驗的人,對民主體制日常運作的狀況加以評估,故所有的公民才是民主品質最好的裁判者,而不是專家學者(Chang, Chu, and Huang, 2011)。

許多國際機構,對民主品質研究投入很大的心力。設立在瑞典斯德哥爾摩的「民主與選舉協助國際機構」(International Institute for Democracy and Electoral Assistance, International IDEA),近幾年就發起一個評價新興民主化國家民主政治運作品質的跨國計畫。其評估的架構是從公民的基本權利出發,評估相關的法律制度、代議機構、政府組織,以及公民社會對提高政治參與和提升政府回應能力的貢獻,最後以民主的國際面向作結。Daniel Kaufmann、Kraay Aart 和 Mastruzzi Massimo(2005)在執行「世界銀行」(World Bank)的一項計畫中,總共評估 209 個國家或區域在五個不同時期(分別是 1996、1998、2000、2002 與 2004 年)在六個治理品質指標上的表現。這些指標是由 31 個不同的組織所蒐集的 37 筆資料,再根據數百個個別的變項來測量治理的情況,這些組織包括國際組織、政黨和企業風險評估機關、智庫、與非政府組織。Kaufmann 等人建構出六個治理指標的面向:第一與第二個治理的指標是政府或權威被選擇、監督與取代的過程,包括發言權與課責(voice and accountability)與政治穩定(political stability and absence of violence);第三與第四個指標是政府制訂與執行政策的能力,包括政府效能(government effectiveness)與管制品質(regulatory quality);第五與第六個治理指標是公民與國家在制度中的互動關係,包括法治程度(rule of law)與控制貪污(control of corruption)。

Diamond 和 Leonardo Morlino（2004）借用工業與市場部門「產品」的概念，將民主視為政治體制的主要產品，並以產品品質論之，包括：其一，產品生產的「程序」，程序品質意謂公民有權透過民主程序監督課責；其二，產品的實質「內容」，內容品質要求至少中等程度的自由與平等；其三，顧客是否滿意「結果」，結果品質說明公民滿意具有廣泛合法化的政權。產品生產的「程序」、產品的「內容」、顧客滿意的「結果」這三個層面，可以進一步衍生為八項指標：

1. 程序面：法治、參與、競爭、垂直課責（制衡）、水平課責（制衡）。
2. 內容面：自由、平等。
3. 結果面：政府回應程度。

Diamond 和 Morlino（2004）認為民主品質各要素，彼此重疊且互相依賴形成一組系統，改變其中一個面向可能對其他面向造成影響。因此各個民主面向，不只需要共同發展，更要考慮過度發展單一面向可能會對其他面向造成損失。例如良好政府過度重視「回應」民眾需求可能譁眾取寵，從而侵害少數人「自由」與「平等」的權利。故而程序面、內容面與結果面的民主品質可能會相互影響，從而影響人民對民主的評價。

Morlino、Bjoern Dressel 和 Riccardo Pelizzo（2011）擴充上述的架構，結合總體與個體的資料，針對亞太地區民主品質各種指標之間的相互關係進行深入的研究。研究發現在程序與內容的關連上，自由、水平課責與垂直課責相關，平等僅和水平課責相關；在程序與結果的關連上，僅有水平課責較具解釋力；在內容與結果之間，滿意度與自由、平等面向呈負相關。最後，Morlino、Dressel 和 Pelizzo 發現，亞太地區的程序品質與內容品質之間的連結性較弱，內容品質和結果品質關連性也不大，程序品質和結果品質則顯示出該區域民主發展的問題：過度重視結果品質中的回應民眾需求面向，回應程度卻又容易受治理績效而非民主原則的影響。

比概念建構更重要的，是人民對民主的實際評價。許多對第三波民主化國家的研究顯示，民主現實與承諾之間的脫節已越來越大，同時普遍認為民選的政府及官員，大都是腐敗、無能、反應遲鈍及不可信賴的（Bratton, Mattes, and Gyimah-Boadi, 2005; Chu, Diamond, and Shin, 2001; Lagos Cruz-Coke, 2003）。如果這些國家沒有提出具體改善民主品質的努力，民主就不太可能具有普及、持久，以及廣泛的正當性基礎。由於各種民意調查反應出公民不滿與不平的心態，因此許多學者開始正視與研究新興民主國家低落的民主品質問題，同時也把先進民主國家包括在內（Hagopian, 2005）。越來越多的公民不滿與不平意味著公民對民選政府或政治人物的表現感到失望，其中也包含當今的民主制度無法有效回應公民的需求，導致民主品質受到質疑。針對公民對民主普遍不滿的現象，Pippa Norris（2011）提出「民主赤字」這個概念來描述公民對民主的期待與現實

之間的落差。

　　Norris（2011）將民主赤字的成因分爲三個階段：需求面（demand side）、媒介（intermediary）與供給面（supply side）。第一階段是公民對民主的「需求」，Norris發現公民對民主抱持高度的期望影響其評價的標準。有兩種可能的解釋：第一種是現代化理論（modernization theory），這是人類社會發展長期的過程，諸如識字率、教育、認知能力的普遍水準提升，導致價值觀的解放，進而支持民主，也增加了對民主表現的期待；第二種是社會資本的理論（theory of social capital），由於社群網絡與社會信任長期被侵蝕，已經破壞公民對民主治理的信念，公民對民主的態度反映了社會資本減少的情況。第二階段是「媒介」的渲染效果影響到民眾，媒介是公民學習民主的渠道，新聞與網路媒介揭露政府的負面資訊造成公民對現狀不滿。第三階段是供給面，公民對民主政體供給面表現的評價，可分做過程、政策、結構三個層次，三者都可能造就公眾的不滿。對過程不滿，直接反映公民對於民主程序品質的不滿，例如認爲選舉不公。政策不滿指的是公民對政策表現的不滿，例如醫療健保及教育之不足。結構不滿指的是公民對憲政安排不滿，諸如選舉贏家或輸家間的分配差異。結合三個階段，依據 Norris 所言，民主赤字的產生，首先是公民在需求面的期望過高，接著媒介又傳遞有關政府的負面資訊，而民主政府的表現亦不符合公民期待，最後期望與現狀產生落差，民主赤字於焉形成。

　　民主赤字會不會影響公民對民主支持？許多經驗資料確認，民主正當性的成長有一些短期的因素，例如經濟表現；也有長期的因素，例如價值觀的改變。更重要的是，民主國家的公民，已能夠區辨政體的政治與經濟層面表現，這代表即使經濟表現被認爲不好，仍然有大多數的公民，還是會重視民主的政治資產，這是不能忽略的一點（朱雲漢、張佑宗，2011）。

　　有兩種可能解釋的方向，可用來理解民主國家人民對民主品質低落的評價。第一，從政黨結果的角度來看，Christopher J. Anderson 等人（2005: 3）指出選舉如同各種比賽，選舉結果自然可分爲選舉贏家（election winner）與選舉輸家（election loser）。不論是選舉贏家或輸家，或執政的多數與在野的少數，政治菁英與其支持者不同的政治經歷與結果，將決定人們會以何種態度來評價現有的民主制度。第二，人民對於民主品質的評估，奠基在人民對民主政權的期待。有些經驗研究指出，對於自由民主價值擁有強烈的信念，以及對民主政權要求更多的人民，在現實生活中，對於民主的要求會更嚴格些，這就是 Norris（2011）所說的批判性公民。批判性公民是民主難以應付的顧客，基本上這並非壞事。建立在自由民主價值信念上的強烈需求，可能使從政者及各政黨，不得不提供良善的治理（善治）環境，同時也加強民主政權的正當性。

陸、黨派屬性與民主運作之評價

選舉結果是影響公民對民主態度的重要因素。在所有的公民之中，輸家對民主體制的反應，會比選舉贏家更為重要。選舉贏家的支持者大都會滿意選舉的結果，他們可以預期未來的執政者，將會推動對他們有利或所認同的國家政策。既然如此，他們就沒有理由反對或質疑民主的遊戲規則（Miller and Listhaug, 1999）。然而，有一個問題是：選舉贏家固然值得我們研究，因為他們擁有公權力，可以制訂各種政策與法律，但如此的研究，卻大大限制我們理解民主國家為何能持續與穩定的原因。這樣的研究，並不能告訴我們在何種條件下，選舉得以成為固定的政治參與模式。其實，選民透過選票所做出的集體決定，可能製造社會日後的緊張關係，這是因為選舉的結果使選民被區分為贏家與輸家，而兩者之間存在利益衝突，而二者的利益分配不成比例（選舉本身就像一種零和遊戲）。一些重要的研究明確指出，民主的遊戲規則常被認為是多數（或過半數）人的統治，但民主國家並不常出現過半數的統治，反而大部分是未投給勝選政黨（或候選人）的選民，多過於投給勝選政黨（或候選人）的選民。尤其現今的民主國家，很多是使用相對多數決的原則（plurality rule），導致經常出現少數政府的情況（Anderson et al., 2005: 8-9）。

選舉輸家對民主體制的態度，通常會比較不明確或不堅定（Nadeau and Blais, 1993: 553）。特別是民主的選舉，如果一再發生相同的輸家，他們肯定會開始質疑民主體制的正當性。選舉輸家除了對選舉結果感到失望與不滿外，並且可能會使出全力阻止選舉贏家推動其政策主張，以避免將來自己遭受莫大的損失。在某些情況下，選輸的選民最終會選擇不去投票，甚至杯葛選舉。更極端的例子，他們會發動各種政治與社會運動，試圖以暴力推翻他們認為「不公」與「不義」的政府。

Alan S. Gerber 與 Gregory A. Huber（2010）分析個人的政黨支持是否影響對政府經濟表現的評價，研究發現當公民所屬政黨掌握權力，傾向給予經濟表現較為積極與正面的評價。對此結果，Gerber 與 Huber 整理出五種可能的解釋。第一，內生性關係，個人對經濟環境的感受與黨性的變化，是互為因果的關係；第二，不同的黨性各自採取不同的評價標準；第三，公民對經濟表現的評價，顯露對屬意政黨支持的態度，而非對經濟狀況的真實感受；第四，選擇性的資訊，特定政黨支持者會帶有偏見，用來過濾經濟議題的相關資訊；第五，選擇性的體驗，特定政黨支持者體驗不同的經濟現實。Gerber 與 Huber 的研究發現，即使控制其他因素，公民的黨派立場與經濟評價之間的關係依然存在，擁有特定黨派立場的公民，對經濟表現有不同的態度，執政黨的支持者較為樂觀，落選陣營的支持者較為悲觀。

James Tilley 與 Sara B. Hobolt（2011）論述黨派立場如何形塑公民對政府表現與課責的評價。選舉課責容易受到結構因素的阻擾，例如在分立政府時課責對象的不明確，黨派立場和其他考量，常常在最後投票階段凌駕課責因素，使政府表現與選舉課責的關連性受到質疑。Tilley 與 Hobolt 研究發現選民的評價與判斷，常受過去政治信仰的影響，若信仰與資訊產生落差，便會尋求調和認知與信仰，其方法包括：第一，選擇性評價，改變評價政策表現的方式；第二，選擇性歸屬，改變課責的歸屬對象，這兩者皆受到政黨屬性偏差的影響。關於選擇性評價，Brian J. Gaines 等人（2007）以公民對伊拉克戰爭的意見為例，說明政黨屬性如何影響政策評價，包括面對新資訊時拒絕更新，對相同資訊做不同的解讀。關於選擇性歸因，從社會心理學角度來看，公民不僅要解釋現狀還需要保護自尊，此心理造成自利歸因的偏差（self-serving attribution bias），人們傾向擁抱成功但拒絕承擔失敗的責任，政黨屬性亦是影響「誰該為此負責」的主因（Tilley and Hobolt, 2011: 319）。

柒、批判性公民與民主深化

除了黨派立場外，另一種可以解釋民主品質低落的因素，那就是批判性公民的興起。Norris（1999, 2011）認為這是公民對代議民主支持衰退的原因。公民對政體表現及政治行為者的支持，隨著各國情況有不同差異。而公民對政治社群與政體原則的支持依然不減，經過支持類別的分析，便可理解瀰漫於社會的不滿情緒，是針對「政府」而言，並非是民主支持的崩解。這群不滿政府，懷疑政府機構，卻仍堅定擁戴民主原則的公民，便是「批判性公民」。一方面他們認同民主，另一方面也以高標準檢視國家的民主表現。

從 1960 年代開始，西方民主國家就出現很多批判性公民，當時多數學者認為這種現象是資本主義民主的內在矛盾（Geissel, 2008）。主流的看法是認為政治信任與政治支持對民主才是好的，這種觀念一直要到 1990 年代後才開始發生轉變。從 1990 年代後，越來越多的人相信政治的不信任與批判，對民主體制或許不是壞事。Norris 指出越來越多對民主體制表現的批評「被證明是一種正向的發展，強化民主政府」（1999: 27）。另一方面，有些學者指出過度信任政治制度並非好事，依照 William Mishler 與 Richard Rose 的研究，「民主需要信任，但也需要積極與活潑的公民對政府提出質疑，以及對政府的控制」（1997: 419）。Pierre Rosanvallon 指出，「真正民主的歷史避免不了緊張與衝突」（2008: 2-8）。由於不信任長久存在於所有民主國家中，人民只能用各種憲政體制與超憲政體制的方式控制代議政府的行為，對權力的不信任充分反映在美國

憲法的精神裡。Rosnavallon 把這種傳統稱為「反向民主」（counter-democracy），它的意思不是反對民主，而是持久地對民主的不信任，用來填補代議民主的不足。

許多經驗研究顯示，批判性公民與民主價值的成長有關。Ronald Inglehart（1990, 1997）使用世界價值調查（World Values Survey）與歐洲民主動態調查（Eurobarometer Survey）的資料證實，有越來越多對權威具批判性的公民出現，這些人對政治人物與民主制度採取嚴格審查的態度，但資料並沒有顯示他們對民主價值失去信心。Inglehart（1999）指出，批判性公民實際上越具有民主價值，越反對威權主義。Christian Welzel 與 Inglehart（2008）指出，民主的存續需要菁英接受民主的遊戲規則，但是，民主的深化，則必須依賴一般民眾對民主不斷提出要求與批判。

Brigitte Geissel（2008）將批判性公民的概念，加入「政治專注」（political atten-tiveness）這個因素，政治專注指的是有能力思考政治議題，將監督政府視為公民義務。Geissel 依此建構出五種不同的公民類型，包括反民主者、滿意專注者、滿意無專注者、不滿意有專注者、不滿意無專注者，研究發現政治專注高的公民，較能推動民主深化，而公民對政治是否滿意則沒有任何影響，代表不論是否為批判性公民，只要願意多專注政治議題，皆有深化民主的功效。

在新興民主國家中研究者也同樣發現類似的情況，Mitchell A. Seligson 與 Julio F. Carrión（2002）針對秘魯的研究，顯示最支持政治體系的人，並不是基於民主的理由，而對政治抱持批判的人，反而會極力防止民主的崩潰。雖然，資料顯示批判性公民最具有民主價值，但是否有助於長期的民主穩定，目前仍未有定論（Cleary and Stokes, 2006; Dalton, 2004; Norris, 1999）。

捌、檢討與展望

從上面對全球民主化最新研究趨勢的分析中，可以發現台灣目前的民主化研究，很少有人直接和國際民主化研究社群接軌。其中的一個原因，就是台灣民主化研究者缺乏跨國比較的研究設計。絕大部分的民主化研究，都是以台灣個案的分析，強調台灣的特殊性，無法和國際學者進行對話。

另一個更大的原因是，台灣民主化研究有一非常特別的現象，那就是很多的學者，把民主化當成自變項或脈絡因素，研究重點是民主轉型對社會、經濟與文化各個層面的影響與衝擊。例如瞿宛文（2011）探討民主轉型對台灣發展型國家模式的影響，無論是執政者對經濟發展的堅定支持、經濟官僚的能力與自主性、整體發展與發展的優先性，

都受到民主化過程的影響。湯京平、黃宏森（2008）與王金壽（2006）分別探討民主轉型對司法獨立制度改革的影響。廖達琪（2005a、2005b）則針對民主轉型過程中，立法院角色的轉變進行分析，探討立法院如何從過去的橡皮圖章，轉變爲現在的河東獅吼。

　　因此，基於深化台灣的民主化研究，以及追求國際比較的考慮，本章對台灣未來的民主化研究，有以下幾項建議。首先，要重視公民如何理解民主的研究，這項主題可以讓台灣學者與全球民主化學者進行對話。台灣民眾對民主的界定方式，與西方社會不同，我們除強調程序民主（procedural democracy）的原則外，也應包括民主的實質層面（substantial democracy）。西方社會對民主所要實現之目標與理想，就是要能實現自由主義最終的目標與理想，也就是期望在自我統治的過程中，政治體系能有效反映人民的偏好（responsiveness）（Dahl, 1971: 1），發展個人的自主性（autonomy）（Held, 1987: 267-277），以及公民道德或知識的成長（Mill, 1975: 274），但台灣民眾偏向強調的是社會分配正義與滿足基本的需求（Chang, Chu, and Weatherall, 2012; Wu, Weatherall, and Chang, 2012）。

　　另一方面，東、西方社會的民主發展經驗，也逐漸出現一些共通點，值得我們進一步研究。例如人民傾向支持公民複決和創制權，他們樂於參與審議或諮詢性的民主程序，更願意在網路上交換與表達意見。現今的民主政體，正面對如何授予人民更多政治管道、增加統治管理的透明度，以及讓政府肩負更多責任感等的群眾壓力（Dalton, Scarrow, and Cain, 2004）。總之，現今的民主的確讓人失望，但同時，民主也培育未來的希望。因爲民主體制允許黨派競爭與政黨輪替，民主社會沒有「永久英明與偉大的領袖」，做不好的人必需下台一鞠躬，只能期待人民給予下次的機會。也只有在民主社會，才有可能出現大量的批判性公民，他們努力不懈地監督民主的運作，修正不良的民主制度。這象徵民主內含「自我強化」（self-enforcing）的功能，也是民主爲何比威權統治更好最重要的理由（Przeworski, 2008）。對於這一部分民主政治發展的新趨勢，台灣的民主化研究亦應加以著重探討，以在前沿的議題上，和國際主流對話。

參考書目

丁仁方，1999，《威權統合主義：理論、發展、與轉型》，台北：時英。

王光旭，2012，〈文官政治認知是否與行政中立行為衝突？2008年台灣政府文官調查的初探性分析〉，《政治科學論叢》（52）：117-170。

王甫昌，2008，〈族群政治議題在台灣民主化轉型中的角色〉，《臺灣民主季刊》5（2）：89-140。

王金壽，2004，〈重返風芒縣：國民黨選舉機器的成功與失敗〉，《台灣政治學刊》8（1）：99-146。

王金壽，2006，〈台灣的司法獨立改革與國民黨侍從主義的崩潰〉，《台灣政治學刊》10（1）：103-162。

王金壽，2007a，〈政治市場開放與地方派系的瓦解〉，《選舉研究》14（2）：25-51。

王金壽，2007b，〈獨立的司法、不獨立的法官？民主化後的司法獨立與民主監督〉，《台灣社會研究》（67）：1-38。

王振寰，1993，〈台灣新政商關係的形成與政治轉型〉，《台灣社會研究》（14）：123-163。

王業立，1998，〈選舉、民主化與地方派系〉，《選舉研究》5（1）：77-94。

王業立、蔡春木，2004，〈從對立到共治：台中縣地方派系之轉變〉，《政治科學論叢》（21）：189-216。

王靖興、孫天龍，2005，〈台灣民眾民主政治評價影響因素之分析〉，《臺灣民主季刊》2（3）：55-79。

古允文，2008，〈民主化與社會福利：評 Joseph Wong Healthy Democracies: Welfare Politics in Taiwan and South Korea〉，《台灣社會學刊》（36）：221-233。

史天健，2009，〈走出民主迷信〉，《開放時代》（6）：142-150。

台灣人權促進會（編），1990，《台灣1987-1990人權報告：威權體制崩解期之台灣人權狀況》，台北：台灣人權促進會。

石之瑜，2006，"An Ontological Exit for Chinese Democracy: Beyond the State-Society Divide"，《台灣東亞文明研究學刊》3（1）：189-218。

任育德，2008，《向下紮根：中國國民黨與台灣地方政治的發展》，台北縣：稻鄉。

朱雲漢，2004，〈台灣民主發展的困境與挑戰〉，《臺灣民主季刊》1（1）：143-162。

朱雲漢、包宗和（編），2000，《民主轉型與經濟衝突：90年代台灣經濟發展的困境與挑戰》，台北：桂冠。

朱雲漢、張佑宗，2011，〈東亞民主國家的民主品質如何低落？亞洲民主動態調查第二波資料的分析〉，余遜達、徐斯勤（編），《民主、民主化與治理績效》，浙江：浙江大學出版社，頁38-66。

朱雲漢等，2012，《台灣民主轉型的經驗與啟示》，北京：社會科學文獻出版社。

何卓恩，2008，《《自由中國》與台灣自由主義思潮：威權體制下的民主考驗》，台北：水牛。

何明修，2003，〈政治民主化與環境運動的制度化（1993-1999）〉，《台灣社會研究》（50）：217-275。

吳乃德，2000，〈人的精神理念在歷史變革中的作用——美麗島事件和台灣民主化〉，《台灣政治學刊》（4）：57-103。

吳乃德，2005，〈麵包與愛情：初探台灣民眾民族認同的變動〉，《台灣政治學刊》9（2）：5-39。

吳文程，1996，《台灣的民主轉型：從威權型的黨國體系到競爭性的政黨體系》，台北：時英。

吳玉山，2006，〈政權合法性與憲改模式：比較台灣與歐洲後共新興民主國家〉，《問題與研究》45（1）：1-28。

吳宗憲，2008，〈台灣民主轉型與金權政治〉，《臺灣民主季刊》5（3）：177-184。

吳宗憲、黃建皓，2012，〈論道德政策所引起的民主治理危機——以台南市民流浪動物政策態度為例〉，《政策研究學報》（12）：92-134。

吳重禮，2008，〈台灣民眾威權懷舊的初探：蔣經國政府施政的比較評價〉，《選舉研究》15（2）：119-142。

吳重禮、崔曉倩，2011，〈族群意識對台灣民主化之影響〉，周育仁、謝文煌（編），《台灣民主化的經驗與意涵》，台北：五南，頁137-179。

吳國光，1997，《自由化、制度化、民主化》，台北：風雲論壇。

呂亞力，1991，〈民主政體的建立與維護〉，《政治科學論叢》（2）：47-70。

李仰桓，2011，〈公共理性與台灣的民主化進程〉，《台灣人權學刊》1（1）：181-199。

李酉潭，2006，〈民主鞏固或崩潰：台灣與俄羅斯之觀察（1995-2005年）〉，《問題與研究》45（6）：33-77。

李酉潭，2007，〈台灣民主化經驗與中國未來的民主化——以杭亭頓的理論架構分析之〉，《遠景基金會季刊》8（4）：1-47。

李酉潭，2011，《自由人權與民主和平：台灣民主化的核心價值》，台北：五南。

周育仁、謝文煌（編），2011，《台灣民主化的經驗與意涵》，台北：五南。

林水吉，1998，《憲政改革與民主化——寧靜革命的歷史見證》，台北：揚智。

林水吉，2003，《民主化與憲政選擇：由憲政主義析論我國六次修憲》，台北：風雲論壇。

林向愷、岳俊豪，2010，〈民主轉型與儲蓄——投資相關係數：台灣的實證研究〉，《經濟論文叢刊》38（4）：461-500。

林佳龍，2000，〈台灣民主化與政黨體系的變遷：菁英與群眾的選舉連結〉，《台灣政治學刊》（4）：3-55。

林琳文，2006，〈從臣民走向公民——中國大陸政治文化的變遷與民主化前景〉，《遠景基金會季刊》7（1）：99-141。

林震，2011，《東亞政治發展比較研究：以台灣地區和韓國為例》，北京：九州出版社。

林聰吉，2007，〈政治支持與民主鞏固〉，《政治科學論叢》（34）：71-104。

林聰吉，2011，〈台灣政黨體系的制度化——大眾政治態度面向的探討〉，《臺灣民主季刊》8（4）：
　　141-166。

林瓊珠、蔡佳泓，2010，〈政黨信任、機構信任與民主滿意度〉，《政治與社會哲學評論》（35）：
　　147-194。

林麗雲，2005，〈威權主義國家與電視：台灣與南韓之比較〉，《新聞學研究》（85）：1-30。

林麗雲，2006，〈威權主義下台灣電視資本的形成〉，《中華傳播學刊》（9）：71-112。

金耀基等，1998，《民主‧轉型？台灣現象》，台北：桂冠。

俞可平，2005，《增量民主與善治》，北京：社會科學文獻出版社。

俞可平，2006，《民主是個好東西》，北京：社會科學文獻出版社。

施世駿、葉羽曼，2011，〈政治民主化與社會政策：探索政治制度對台灣年金制度建構的影響〉，
　　《台大社會工作學刊》（23）：47-91。

施正鋒，2002，《台灣民主鞏固的擘畫：政權輪替與制度改革》，台北縣：旭昇。

施正鋒，2007，〈台灣民主化過程中的族群政治〉，《臺灣民主季刊》4（4）：1-26。

施正鋒，2012，《進入二十一世紀的台灣民主制度》，台北：新新台灣文化教育基金會。

紀俊臣，2012，〈台灣省議會對台灣民主憲政發展的敢發與策進〉，《中國地方自治》63（3）：
　　47-59。

胡佛，1998，《政治變遷與民主化》，台北：三民。

范世平，2008，〈中國大陸出境旅遊對於民主化可能影響之研究〉，《遠景基金會季刊》9（1）：
　　161-201。

若林正丈著，洪金珠、許佩賢譯，2004，《台灣：分裂國家與民主化》，台北：新自然主義。

倪炎元，1995，《東亞威權政體之轉型：比較台灣與南韓的民主化歷程》，台北：月旦。

孫同文，2003，《從威權政府到民主治理：台灣公共行政理論與實務之變遷》，台北：元照。

孫煒，2007，〈民主治理與非多數機構：公民社會的觀點〉，《公共行政學報》（26）：1-35。

孫煒，2009，〈兩千年政黨輪替之後政府與非營利組織關係的分析架構〉，《東吳政治學報》27
　　（2）：47-86。

徐火炎，1992，〈民主轉型過程中政黨的重組：台灣地區選民的民主價值取向、政黨偏好與黨派
　　投票改變之研究〉，《人文及社會科學集刊》5（1）：213-263。

徐永明，2008，〈二次政黨輪替之後——民進黨的改革與發展與台灣民主〉，《臺灣民主季刊》5
　　（2）：149-160。

徐振國，1992，〈國民黨在政治轉型中的政治綱領和基本政策走向：民國七十五年至民國八十一
　　年〉，《政治學報》（20）：121-140。

張佑宗，1996，〈族群衝突與民主鞏固——台灣民族國家政策與民主政策的政治邏輯〉，《選舉
　　研究》3（1）：179-202。

張佑宗，2009，〈選舉輸家與民主鞏固——台灣2004年總統選舉落選陣營對民主的態度〉，《臺
　　灣民主季刊》6（1）：41-72。

張佑宗,2011,〈選舉結果、政治學習與民主支持——兩次政黨輪替後台灣公民在民主態度與價值的變遷〉,《臺灣民主季刊》8(2):99-137。

張炎憲等,1995,《威權統治和台灣人歷史意識的形成——「馬關條約一百年台灣命運的回顧與展望國際學術研討會論文集》,台北:自由時報。

盛杏湲,2008,〈政黨的國會領導與凝聚力——2000年政黨輪替前後的觀察〉,《臺灣民主季刊》5(4):1-46。

盛治仁,2003,〈台灣民眾民主價值及政治信任感研究:政黨輪替前後的比較〉,《選舉研究》10(1):150-170。

許巧靜,2006,〈台灣政治轉型與國家定位之演變:1945-2000〉,《中山人文社會科學期刊》14(1):65-95。

郭承天,1996,〈台灣憲政改革與經濟發展〉,《政治學報》(27):147-164。

陳文俊(編),1996,《台灣的民主化:回顧、檢討、展望》,高雄:中山大學政治學研究所。

陳光輝,2010,〈民主經驗與民主價值:兩個世代台灣大學生之比較〉,《臺灣民主季刊》7(4):1-45。

陳志瑋,2004,〈行政課責與地方治理能力的提昇〉,《政策研究學報》(4):23-45。

陳佳吉,2003,《台灣的政黨競爭規範與民主鞏固》,台北:翰蘆。

陳明通,2005,《民主化台灣新國家安全觀》,台北:叩應總經銷。

陳俊明,2005,〈政黨輪替、文武關係與台灣的民主鞏固:分析架構與策略〉,《政治科學論叢》(24):77-109。

陳建仁,2004,《台灣自由民主化史論》,東京都:御茶の水書房。

陳純瑩,2007,〈我國威權體制建構初期之警政(1949-1958)〉,《人文社會學報》(3):45-72。

陳陸輝、游清鑫,2004,〈兩岸基層民主:大陸居委會與台灣鄉鎮市長選舉的比較分析〉,《政治學報》(38):101-139。

陳敦源,2009,《民主治理:公共行政與民主政治的制度性調和》,台北:五南。

陳朝政,2010,〈從李乙廷案省思賄選認定之問題〉,《東吳政治學報》28(2):97-151。

陳鴻瑜,2000,《台灣的政治民主化》,台北:翰蘆。

彭懷恩,2005,《台灣政治發展與民主化》,台北:風雲論壇。

游盈隆(編),1997,《民主鞏固或崩潰:台灣二十一世紀的挑戰》,台北:月旦。

游清鑫,1996,〈台灣政治民主化之鞏固:前景與隱憂〉,《政治學報》(27):201-233。

游清鑫,1997,〈共識與爭議:一些民主化研究問題的探討〉,《問題與研究》36(9):59-73。

游清鑫,2004,〈2004年台灣總統選舉——政治信任的缺乏與未鞏固的民主〉,《臺灣民主季刊》1(2):193-200。

湯志傑，2006，〈重探台灣的政體轉型：如何看待1970年代國民黨政權的「正當化」〉，《台灣社會學》（12）：141-190。

湯志傑，2007，〈勢不可免的衝突：從結構／過程的辯證看美麗島事件之發生〉，《台灣社會學》（13）：71-128。

湯京平，2001，〈民主治理與環境保護——從中埔慈濟案例檢視我國資源回收的政策體系〉，《台灣政治學刊》（5）：178-217。

湯京平、黃宏森，2008，〈民主化與司法獨立：台灣檢察改革的政治分析〉，《台灣政治學刊》12（2）：67-113。

湯京平、廖坤榮，2004，〈科技政策與民主化：台灣發展電動機車經驗的政治經濟分析〉，《公共行政學報》（11）：1-34。

馮瑞傑，2007，〈民主轉型期台灣市民社會與國家的互動：市民社會菁英的認知〉，《國家與社會》（2）：127-170。

黃秀端，2008，〈政治權力與集體記憶的競逐——從報紙之報導來看對二二八的詮釋〉，《臺灣民主季刊》5（4）：129-180。

黃信豪，2011，〈民主態度的類型：台灣民眾二次政黨輪替後的分析〉，《選舉研究》18（1）：1-34。

黃國成，2003，"Are Structure or Agency Based Approaches More Persuasive to the Study of Democratization?"，《國家發展研究》2（2）：135-162。

黃煌雄、張清溪、黃世鑫（編），2000，《還財於民：國民黨黨產何去何從》，台北：商周。

黃德福，1992，《民主進步黨與台灣地區政治民主化》，台北：時英。

黃德福，1994，〈政黨競爭與政治民主化：台灣地區政黨體系的新挑戰〉，《選舉研究》1（2）：199-220。

黃德福，2000，〈少數政府與責任政治：台灣「半總統制」之下的政黨競爭〉，《問題與研究》39（12）：1-24。

黃德福、張佑宗，1994，〈邁向三黨競爭體系？——民主鞏固與台灣地區政黨體系的變遷〉，《政治學報》（20）：197-225。

楊永明，2004，〈台灣民主化與台灣安全保障〉，《臺灣民主季刊》1（3）：1-23。

楊泰順，2006，〈政黨預選侵蝕台灣的民主根基〉，《臺灣民主季刊》3（2）：159-167。

群策會（編），2008，《從台灣民主化到國家正常化：群策會論壇紀實》，台北縣：群策會。

群策會（編），2011，《台灣民主化關鍵的一九九一：終止動員戡亂時期20週年紀念研討會》，新北市：群策會。

葉永文，2005，〈論台灣民主發展中的醫政關係〉，《臺灣民主季刊》2（4）：99-126。

葉俊榮，2003a，〈民主轉型與金錢政治的法律因應〉，《國家發展研究》2（2）：1-29。

葉俊榮，2003b，《民主轉型與憲法變遷》，台北：元照。

葉俊榮、張文貞，2006，〈路徑相依或制度選擇？論民主轉型與憲法變遷的模式〉，《問題與研究》45（6）：1-31。

葛永光（編），2008，《蔣經國先生與台灣民主發展：紀念經國先生逝世二十週年學術研討論文集》，台北：幼獅。

葛永光，2011，〈從全球治理看台灣民主化〉，周育仁、謝文煌（編），《台灣民主化的經驗與意涵》，台北：五南，頁251-295。

廖亦興，1993，〈台灣威權體制及其轉化的效應〉，《政治學報》（21）：77-98。

廖達琪，2005a，〈「人治」與「法治」遭遇下的菁英角色及憲政發展──台灣憲政運作之回顧及前瞻（1950～）〉，《臺灣民主季刊》2（3）：33-54。

廖達琪，2005b，〈「橡皮圖章」如何轉變為「河東獅吼」？──立法院在台灣民主化過程中角色轉變之探究（1950-2000）〉，《人文及社會科學集刊》17（2）：343-391。

廖達琪、黃志呈，2003，〈民主化與地方的行動效能──從台灣兩波（1993-2001）地方菁英的認知判斷〉，《政治科學論叢》（19）：85-112。

熊瑞梅、張峰彬、林亞鋒，2010，〈解嚴後民眾社團參與的變遷：時期與世代的效應與意涵〉，《台灣社會學刊》（44）：55-105。

趙永茂，2002a，〈台灣地方菁英的民主價值取向〉，《政治科學論叢》（17）：57-80。

趙永茂，2002b，《台灣地方政治的變遷與特質》，台北：翰蘆。

趙永茂、黃瓊文，2000，〈台灣威權體制轉型前後農會派系特質變遷之研究──雲林縣水林鄉農會1970及1990年代為例之比較研究〉，《政治科學論叢》（13）：165-200。

趙建民，1994，《威權政治》，台北：幼獅文化。

劉子昱、廖達琪，2011，〈大都民主治理的跨國比較〉，《城市學學刊》2（2）：33-56。

劉名峰，2009，〈台灣民主轉型前後對正當性的認知及其變遷〉，《台灣政治學刊》13（1）：225-268。

劉義周，2004，〈政黨民主與台灣民主化〉，《臺灣民主季刊》1（1）：41-63。

劉靜怡，2009，〈台灣民主轉型的「人權保障」未竟志業──「言論自由」和「集會遊行自由」往何處去〉，《臺灣民主季刊》6（3）：1-46。

潘維，2003，《法制與「民主迷信」──一個法治主義者眼中的中國現代化和世界秩序》，香港：香港社會科學出版社。

蔡佳泓，2007，〈民主深化或政黨競爭？初探台灣2004年公民投票參與〉，《台灣政治學刊》11（1）：109-145。

蔡佳泓，2009，〈台灣民眾的民主評價：以2004年為例的驗證性因素分析〉，《社會科學論叢》3（1）：151-84。

蔡佳泓、王鼎銘、林超琦，2008，〈選制變遷對政黨體系之影響評估：變異量結構模型之探討〉，黃紀、游清鑫（編），《如何評估選制變遷：方法論的探討》，台北：五南，頁197-222。

蔡昌言，2006，〈全球化、民主化與勞工權益：以台灣為例（1949-2003）〉，《全球政治評論》（13）：71-102。

蔡昌言，2011，〈民主鞏固因素之影響性分析──台灣與其他東亞民主國家的比較〉，《問題與

研究》50（4）：1-29。

蔡明惠，2004，〈民主轉型中的澎湖地方政治生態〉，《選舉研究》11（2）：133-162。

蔡東杰，2009，〈現實主義民主與第三波浪潮的反思〉，《全球政治評論》（27）：1-20。

鄭永年，2011，《中國模式：經驗與困局》，新北市：揚智。

蕭全政，1990，〈政治民主化與經濟自由化下的政府角色調整〉，《政治科學論叢》（1）：31-64。

蕭全政，1991，〈國民主義：台灣地區威權體制的政經轉型〉，《政治科學論叢》（2）：71-92。

蕭全政，2004，〈經濟發展與台灣的政治民主化〉，《臺灣民主季刊》1（1）：1-25。

蕭怡靖，2006，〈「台灣選舉與民主化調查」再測信度之分析〉，《選舉研究》13（2）：117-144。

蕭怡靖，2009，〈「台灣選舉與民主化調查」之政黨認同測量的探討〉，《選舉研究》16（1）：67-93。

蕭新煌，2004，〈台灣的非政府組織、民主轉型與民主治理〉，《臺灣民主季刊》1（1）：65-84。

蕭新煌等，1992，《解剖台灣經濟：威權體制下的壟斷與剝削》，台北：前衛。

薛化元，2006，《自由化民主化：台灣通往民主憲政的道路》，台北：日創社文化。

瞿宛文，2011，〈民主化與經濟發展：台灣發展型國家的不成功轉型〉，《台灣社會研究季刊》（84）：243-288。

簡錫堦，2008，〈解構金權　鞏固民主〉，《臺灣民主季刊》5（3）：185-192。

羅承宗，2011，《黨產解密：小豬對大野狼的不公平競爭》，台北：新台灣國策智庫。

羅晉，2008，〈邁向電子化民主新階段？政府網站民主化指標建立與評估調查〉，《東吳政治學報》26（1）：143-196。

關弘昌，2008，〈台灣民主轉型期對中國大陸的和平政策———一個「政治利益」觀點的解釋〉，《政治學報》（46）：45-68。

蘇俊斌，2005，"The Decentralization and Reforms of Local Governments in Japan and Taiwan"，《中國行政評論》14（2）：33-52。

龔宜君，1999，《「外來政權」與本土社會：改造後國民黨政權社會基礎的形成（1950-1969）》，台北：稻鄉。

Acemoglu, Daron and James A. Robinson. 2006. *Economic Origins of Dictatorship and Democracy.* Cambridge, UK: Cambridge University Press.

Alagappa, Muthiah. 2001. *Taiwan's Presidential Politics: Democratization and Cross-Strait Relations in the Twenty-First Century.* Armonk, NY: M. E. Sharpe.

Alagappa, Muthiah. 2004. *Civil Society and Political Change in Asia: Expanding and Contracting Democratic Space.* Stanford, CA: Stanford University Press.

Altman, David and Anibal Perez-Linan. 2002. "Assessing the Quality of Democracy: Freedom, Competitiveness and Participation in Eighteen Latin American Countries." *Democratization* 9(2): 85-100.

Anderson, Christopher J., Andre Blais, Shaun Bowler, Todd Donovan, and Ola Listhaug. 2005. *Losers' Consent: Elections and Democratic Legitimacy.* New York, NY: Oxford University Press.

Ansell, Ben and David Samuels. 2010. "Inequality and Democratization: A Contractarian Approach." *Comparative Political Studies* 43(12): 1543-1574.

Art, David. 2012. "What do We Know about Authoritarianism after Ten Years?" *Comparative Politics* 44(3): 351-373.

Aspalter, Christian. 2002. *Democratization and Welfare State Development in Taiwan.* Aldershot, England: Ashgate.

Bartels, Larry M. 2008. *Unequal Democracy: The Politics Economy of the New Gilded Age.* New York, NY: Princeton University Press.

Beetham, David. 2004. "Towards a Universal Framework for Democracy Assessment." *Democratization* 11(2): 1-17.

Beetham, David, Stuart Weir, Sarah Raching, and Lan Kearton. 2001. *International IDEA Handbook on Democracy Assessment.* Hague, Netherlands: Kluwer Law International.

Bell, Daniel. 2000. *East Meets West: Human Rights and Democracy in East Asia.* Princeton, NJ: Princeton University Press.

Berman, Daniel K. 1992. *Words Like Colored Glass: The Role of the Press in Taiwan's Democratization Process.* Boulder, CO: Westview Press.

Boix, Carles. 2003. *Democracy and Redistribution.* Cambridge, UK: Cambridge University Press.

Boix, Carles and Susan C. Stokes. 2003. "Endogenous Democratization." *World Politics* 55(4): 517-549.

Bratton, Michael, Robert Mattes, and E. Gyimah-Boadi. 2005. *Public Opinion, Democracy and Market Reform in Africa.* New York, NY: Cambridge Univesity Press.

Brownlee, Jason. 2007. *Authoritarianism in An Age of Democratization.* Cambridge, UK: Cambridge University Press.

Bunce, Valerie J. and Sharon L. Wolchik. 2009. "Oppositions versus Dictators: Explaining Divergent Electoral Outcomes in Post-Communist Europe and Eurasia." In *Democratization by Elections: A New Mode of Transition*, ed. Staffan I. Lindberg. Baltimore, MD: Johns Hopkins University Press, pp. 246-268.

Carothers, Thomas. 2002. "The End of the Transition Paradigm." *The Journal of Democracy* 13(1): 5-21.

Chang, Tun-jen and Chi Schive. 1997. "What Has Democratization Done to Taiwan's Economy?" *Soochow Journal of Political Science* 28: 111-139.

Chang, Yen-hsien. 2006. *Lee Teng-Hui and the Democratization of Taiwan.* Taipei: Taiwan Advocates.

Chang, Yu-tzung, Yun-han Chu, and Mark Weatherall. 2012. "Culture, Institutions and Popular Conception of Democracy in East Asia." Paper presented at the IPSA World Congress, July 11, Madrid, Spain.

Chang, Yu-tzung, Yun-han Chu, and Min-hua Huang. 2011. "Procedural Quality Only? Taiwanese Democracy Reconsidered." *International Political Science Review* 35(5): 598-619.

Chiou, C. L. 1995. *Democratizing Oriental Despotism: China from 4 May 1919 to 4 June 1989 and Taiwan from 28 February 1947 to 28 June 1990*. London, UK: Macmillan.

Chow, Peter C. Y. 2007. *Economic Integration, Democratization and National Security in East Asia: Shifting Paradigms in Us, China and Taiwan Relations*. Northampton, MA: Edward Elgar.

Chu, Yun-han. 2012. "China and East Asian Democracy: The Taiwan Factor." *Journal of Democracy* 23(1): 42-56.

Chu, Yun-han, Larry Diamond, and Doh Chull Shin. 2001. "Halting Progress in Korea and Taiwan." *Journal of Democracy* 12(1): 122-136.

Cleary, Matthew R. and Susan C. Stokes. 2006. *Democracy and the Culture of Skepticism: Political Trust in Argentina and Mexico*. New York, NY: Russel Sage.

Copper, John Franklin. 2012. *Taiwan's Democracy on Trial: Political Change During the Chen Shui-Bian Era and Beyond*. Lanham, MD: University Press of America.

Dahl, Robert A. 1971. *Polyarchy: Participation and Opposition*. New Haven, CT: Yale University Press.

Dalton, Russell J. 2004. *Democratic Challenges, Democratic Choices: The Erosion of Political Supportive in Advanced Industrial Democracies*. New York, NY: Seven Bridges Press.

Dalton Russell J., Susan E. Scarrow, and Bruce E. Cain. 2004. "Advanced Democracies and the New Politics." *Journal of Democracy* 15(1): 124-138.

Diamond, Larry and Leonardo Morlino. 2004. "The Quality of Democracy: An Overview." *Journal of Democracy* 15(4): 20-31.

Diamond, Larry and Marc F. Plattner. 2009. "Introduction." In *Democracy: A Reader*, eds. Larry Diamond and Marc F. Plattner. Baltimore, MD: The Johns Hopkins University Press, pp. 1-18.

Diamond, Larry, Marc F. Plattner, and Yun-han Chu, eds. 2013. *Democracy in East Asia: A New Century*. Baltimore, MD: The Johns Hopkins University Press.

Epstein, David, Robert Bates, Jack Goldstone, Ida Kristensen, and Sharyn O'Halloran. 2006. "Democratic Transitions." *American Journal of Political Science* 50(3): 551-569.

Fell, Dafydd. 2005. *Party Politics in Taiwan: Party Change and the Democratic Evolution of Taiwan, 1991-2004*. New York, NY: Routledge.

Freedom House. 2012. *Freedom in the World 2012: The Arab Uprisings and Their Global Repercussions*. URL http://www.freedomhouse.org/report/freedom-world/freedom-world-2012.

Gaines, Brian J., James H. Kuklinski, Paul J. Quirk, Buddy Peyton, and Jay Verkuilen. 2007. "Same Facts,

Different Interpretations: Partisan Motivation and Opinion on Iraq." *The Journal of Politics* 69(4): 957-974.

Gandhi, Jennifer. 2008. *Political Institutions under Dictatorship*. New York, NY: Cambridge University Press.

Gandhi, Jennifer and Ellen Lust-Okar. 2009. "Elections under Authoritarianism." *Annual Review of Political Science* 12: 403-422.

Geissel, Brigitte. 2008. "Reflections and Findings on the Critical Citizen: Civic Education-What for?" *European Journal of Political Research* 47(1): 34-63.

Gerber, Alan S. and Gregory A. Huber. 2010. "Partisanship, Political Control, and Economic Assessments." *American Journal of Political Science* 54(1): 153-173.

Gilley, B. and L. J. Diamond, eds. 2008. *Political Change in China: Comparisons with Taiwan*. Boulder, CO: Lynne Rienner Publishers.

Gilley, Bruce. 2010. "Democracy Triumph, Scholarly Pessimism." *Journal of Democracy* 2(1): 160-167.

Hacker, Jacob S. and Paul Pierson. 2010. "Winner-Take All Politics: Public Policy, Political Organization, and the Precipitous Rise of Top Incomes in the Unites States." *Politics and Society* 38(2): 152-204.

Haddad, Mary Alice. 2010. "The State-in-Society Approach to the Study of Democratization with Example from Japan." *Democratization* 17(5): 997-1023.

Hadenius, Axel and Jan Teorell. 2007. "Pathways from Authoritarianism." *Journal of Democracy* 18(1): 143-157.

Hagopian, Frances. 2005. "Government Performance, Political Representation, and Public Perceptions of Contemporary Democracy in Latin America." In *The Third Wave of Democratization in Latin America: Advances and Setbacks*, eds. Frances Hagopian and Scott P. Mainwaring. Cambridge, UK: Cambridge University Press, pp. 319-362.

Held, David. 1987. *Models of Democracy*. Cambridge, UK: Polity Press.

Holmberg, Soren, Bo Rothstein, and Naghmeh Nasiritousi. 2009. "Quality of Government: What You Get." *Annual Review of Political Science* 12: 135-161.

Horowitz, Shale Asher, Uk Heo, and Alexander C. Tan. 2007. *Identity and Change in East Asian Conflicts: The Cases of China, Taiwan, and the Koreas*. New York, NY: Palgrave Macmillan.

Houle, Christian. 2009. "Inequality and Democracy: Why Inequality Harms Consolidation but Does Not Affect Democratization." *World Politics* 61(4): 589-622.

Huang, Min-hua, Yu-tzung Chang, and Yun-han Chu. 2008. "Identifying Sources of Democratic Legitimacy: A Multilevel Analysis." *Electoral Studies* 27(1): 45-62.

Hyde, Susan D. 2011. *The Pseudo-Democrats Dilemma: Why Election Observation Became An International Norm*. Ithaca, NY: Cornell University Press.

Inglehart, Ronald. 1990. *Culture Shift: In Advanced Industrial Society*. Princeton, NJ: Princeton

University Press.

Inglehart, Ronald. 1997. *Modernization and Postmodernization: Culture, Economic, and Political Change in 43 Society*. Princeton, NJ: Princeton University Press.

Inglehart, Ronald. 1999. "Postmodernization Erodes Respect for Authority, but Increases Supportive for Democracy." In *Critical Citizens: Global Supportive for Democratic Government*, ed. Pippa Norris. New York, NY: Oxford University Press, pp. 236-256.

Jacobs, J. Bruce. 2012. *Democratizing Taiwan*. Boston, MA: Brill.

Kane, John, Hui-Chieh Loy, and Haig Patapan, eds. 2011. *Political Legitimacy in Asia: New Leadership Challenges*. New York, NY: Palgrave Macmillan.

Kaufmann, Daniel, Kraay Aart, and Mastruzzi Massimo. 2005. *Governance Matters IV: Governance Indicators for 1996-2004*. Washington, DC: World Bank.

Kennedy, Ryan. 2010. "The Contradiction of Modernization: A Conditional Model of Endogenous Democratization." *Journal of Politics* 72(3): 785-798.

Krastev, Ivan. 2011. "Paradoxes of the New Authoritarian." *Journal of Democracy* 22(2): 5-16.

Lagos Cruz-Coke, Marta. 2003. "A Road with No Return?" *Journal of Democracy* 14(2): 163-173.

Lehoucq, Fabrice. 2003. "Electoral Fraud: Cause, Type, and Consequences." *Annual Review of Political Science* 6: 233-256.

Levitsky, Steven and Lucan A. Way. 2010. *Competitive Authoritarianism: Hybrid Regimes after the Cold War*. Cambridge, UK: Cambridge University Press.

Lijphart, Arent. 1999. *Patterns of Democracy: Government Forms and Performance in Thirty-Six Countries*. New Haven, CT: Yale University Press.

Lin, Jih-Wen. 2006. "The Politics of Reform in Japan and Taiwan." *Journal of Democracy* 17(2): 118-131.

Lindberg, Staffan I. 2009. "Introduction: Democratization by Elections: A New Mode of Transition?" In *Democratization by Elections: A New Mode of Transition*, ed. Staffan I. Lindberg. Baltimore, MD: Johns Hopkins University Press, pp. 1-22.

Lynch, Daniel C. 2006. *Rising China and Asian Democratization: Socialization to "Global Culture" in the Political Transformations of Thailand, China, and Taiwan*. Stanford, CA: Stanford University Press.

Magaloni, Beatriz. 2006. *Voting for Autocracy: Hegemonic Party Survival and Its Demise in Mexico*. New York, NY: Cambridge University Press.

Masoud, Tarek. 2011. "The Road to (and from) Liberation Square." *Journal of Democracy* 22(3): 20-34.

McCoy, Jennifer and Jonathan Hartlyn. 2009. "The Relative Powerlessness of Elections in Latin America." In *Democratization by Elections: A New Mode of Transition*, ed. Staffan I. Lindberg. Baltimore, MD: Johns Hopkins University Press, pp. 47-76.

Mill, John Stuart. 1975. "Considerations on Representative Government." In *Three Essays*, ed. John Stuart Mill. Oxford, UK: Oxford University Press.

Miller, Arthur H. and Ola Listhaug. 1999. "Political Performance and Institutional Trust." In *Critical Citizens: Global Support for Democratic Government*, ed. Pippa Norris. New York, NY: Oxford University Press, pp. 204-216.

Mishler, William and Richard Rose. 1997. "Trust, Distrust and Skepticism: Popular Evaluations of Civil and Political Institutions in Post-Communist Societies." *The Journal of Politics* 59: 418-451.

Morlino, Leonardo, Bjoern Dressel, and Riccardo Pelizzo. 2011. "The Quality of Democracy in Asia-Pacific: Issues and Findings." *International Political Science Review* 32(5): 491-511.

Morse, Yonatan L. 2012. "The Era of Electoral Authoritarianism." *World Politics* 64(1): 161-198.

Munck, Gerardo L. 2011. "Democratic Theory after Transition from Authoritarian Rule." *Perspective on Politics* 9(2): 333-343.

Nadeau, Richard and Andre Blais. 1993. "Accepting the Election Outcome: The Effect on Participation on Losers' Consent." *British Journal of Political Science* 23(4): 553-563.

Norris, Pippa. 1999. "Introduction: The Growth of Critical Citizens?" In *Critical Citizens: Global Supportive for Democratic Government*, ed. Pippa Norris. New York, NY: Oxford University Press, pp. 1-30.

Norris, Pippa. 2011. *Democratic Deficit: Critical Citizens Revisited*. Cambridge, UK: Cambridge University Press.

Paolino, Philip and James David Meernik. 2008. *Democratization in Taiwan: Challenges in Transformation*. Burlington, VT: Ashgate.

Park, Chong-Min and Yu-tzung Chang. 2013. "Regime Performance and Democratic Legitimacy." In *Democracy in East Asia: A New Century*, eds. Larry Diamond, Marc F. Plattner, and Yun-han Chu. Baltimore, MD: The Johns Hopkins University Press, pp. 48-71.

Pei, Minxin. 2006. *China's Trapped Transition: The Limits of Developmental Autocracy*. Cambridge, MA: Harvard University Press.

Pei, Minxin. 2012. "Is CCP Rule Fragile or Resilient?" *Journal of Democracy* 23(1): 27-41.

Plattenr, Marc F. 2004. "The Quality of Democracy: A Skeptical Afterword." *Journal of Democracy* 15(4): 106-110.

Przeworski, Adam. 2008. *Democracy and the Limits of Self-Government*. Cambridge, UK: Cambridge University Press.

Przeworski, Adam. 2010. *Democracy and the Limits of Self-Government*. New York, NY: Cambridge University Press.

Przeworski, Adam, Michael E. Alvarez, Jose Antonio Cheibub, and Fernado Limongi. 2000. *Democracy and Development: Political Institutions and Well-Being in the World, 1950-1990*. Cambridge, UK:

Cambridge University Press.

Puddington, Arch. 2012. "The Year of the Arab Uprisings." *Journal of Democracy* 23(2): 74-88.

Roberts, A. 2010. *The Quality of Democracy in Eastern Europe*. Cambridge, UK: Cambridge University Press.

Robinson, James A. 2006. "Economic Development and Democracy." *Annual Review of Political Science* 9: 503-527.

Rosanvallon, Pierre. 2008. *Counter-Democracy: Politics in an Age of Distrust*. Cambridge, UK: Cambridge University Press.

Schedler, Andreas. 2006. "The Logic of Electoral Authoritarianism." In *Electoral Authoritarianism: The Dynamics of Unfree Competition*, ed. Andreas Schedler. Boulder, CO: Lynne Rienner Publishers, pp. 2-34.

Schmitter, Philippe C. 2005. "The Ambiguous Virtues of Accountability." In *Assessing Quality of Democracy*, eds. Larry Diamond and Leonardo Morlino. Baltimore, MD: The Johns Hopkins University Press, pp. 18-31.

Schmitter, Philippe C. 2010. "Twenty-Five Years, Fifteen Findings." *Journal of Democracy* 21(1): 17-28.

Seligson, Mitchell A. and Julio F. Carrión. 2002. "Political Support, Political Skepticism, and Political Stability in New Democracies, An Empirical Examination of Mass Supportive for Coups d'Etat in Peru." *Comparative Political Studies* 35(1): 58-82.

Shambaugh, David. 2008. *China's Communist Party: Atrophy & Adaptation*. Berkeley, CA: University of California Press.

Shirk, Susan L. 2008. *China—Fragile Superpower: How China's Internal Politics Could Derail Its Peaceful Rise*. New York, NY: Oxford University Press.

Simpser, Alberto. 2012. *Why Parties and Government Manipulate Election: Theory, Practice, and Implications*. New York, NY: Cambridge University Press.

Teorell, Jan. 2010. *Determinants of Democratization: Explaining Regime Change in the World, 1972-2006*. New York, NY: Cambridge University Press.

Tilley, James and Sara B. Hobolt. 2011. "Is the Government to Blame? An Experimental Test of How Partisanship Shapes Perceptions of Performance and Responsibility." *The Journal of Politics* 73(2): 316-330.

Tsang, Steve and Hung-mao Tien. 1999. *Democratization in Taiwan: Implications for China*. New York, NY: St. Martin's Press and St. Antony's College.

Tucker, Joshua. 2007. "Enough! Electoral Fraud, Collective Action Problem and Post-Communist Colored Revolutions." *Perspectives on Politics* 5(2): 256-381.

Wang, Zhengxu. 2008. *Democratization in Confucian East Asia: Citizen Politics in China, Japan, Singapore, South Korea, Taiwan, and Vietnam*. Youngstown, NY: Cambria Press.

Welzel, Christian and Ronald Inglehart. 2008. "The Role of Ordinary People in Democratization." *Journal of Democracy* 19(1): 126-140.

Whitehead, Laurence. 2002. *Emerging Market Democracies: East Asia and Latin America*. Baltimore, MD: Johns Hopkins University Press.

Wong, Joseph. 2006. *Healthy Democracies: Welfare Politics in Taiwan and South Korea*. Bristol, UK: University Presses Marketing.

Wu, Jack Chen-chia, Mark Weatherall, and Yu-tzung Chang. 2012. "How Taiwanese Citizens View Democracy: Change and Continuity in Democratic Attitudes and Values in Taiwan's Democratic Consolidation." Paper present at the International Conference on "How the Public Views Democracy and its Competitors in East Asia: Taiwan in Comparative Perspective," May 25-26, Stanford, CA.

Yoshida, Katutugu, Toshie Habu, and Peter Hayes. 2009. *Taiwan's Long Road to Democracy: Bitter Taste of Freedom*. Northampton, MA: Edward Elgar.

Yu, Peter Kien-hong. 2009. *The Second Long March: Struggling against the Chinese Communists under the Republic of China (Taiwan) Constitution*. New York, NY: Continuum.

Zakaria, Fareed. 2003. *The Future of Freedom*. New York, NY: W. W. Norton & Company.

第七章

憲政研究的回顧與展望（2000-2011）

廖達琪、沈有忠、張峻豪

壹、前言

專精於比較憲政研究的重要學者 Donald Horowitz 曾說：「如果 19 世紀是基督教傳播的世紀，那麼 20 世紀可以視為憲政主義傳播的世紀」（2002: 16）。確實，在研究議程的設定上，受到 20 世紀兩波民主化潮流的影響，產生對憲政主義探索及實踐的需求，憲政體制的比較、選擇、建置過程與影響等相關研究在世界上廣受重視。時序進入 21 世紀，憲政研究學者如 Donald Lutz 則喊出：20 世紀已成功的將憲政主義傳播植入新興民主國家，21 世紀應反省及檢視憲政設立的初衷，如維護個人自由，或保障機會均等等這樣的基本原則，有沒有落實在憲政體制中；尤其面臨 21 世紀全球化的浪潮，憲政的調適或發展，有沒有背離當初憲法建置的基本原則（2000: 115-116）。換句話說，21 世紀的憲政研究議程，如果從國外的角度看，已從較偏向「如何」建置的面向，漸移轉至建置了「什麼」及產生了「什麼」問題，又「什麼」要修改還是不修改等面向。簡言之，21 世紀或可稱為是憲政主義的反省時代。

台灣為 20 世紀末的新興民主國家之一，其間（1987 至 2000 年）歷經六次修憲，[1]憲法憲政的相關研究可說如雨後春筍，[2]質量均相當可觀；尤其自 1997 年第四次修憲，憲政體制被認為修成「雙首長」或「半總統制」，引起學界頗為廣泛且深入地討論體制的產生、運作、影響及變化（吳玉山，2002；沈有忠，2004；Wu, 2008）。惟在台灣所經歷的修憲過程，憲法始終無法脫離被認為是「政治性法典」的內涵，以及是「因人修憲」、「因事修憲」的一時權變之結果，所以深具「漸進改革」的特質（葉俊榮、張文貞，2006：3），而難以連結鋪陳出制憲初衷或原則，與現行修憲及行憲實際之間的邏輯關係。

---

[1] 台灣的修憲工程，啟動於 1991 年，接續於 1992、1994、1997、1999、2000 年，分別六次修憲詳請參見陳新民（2002）。第七次修憲則是跨入 21 世紀的 2005 年。

[2] 本章以國家圖書館自 1970 年起至 2012 年收錄期刊有關憲政研究文章，建置資料庫，並做逐年刊出文章筆數的統計報表分析，結果呈現於附錄一。從附錄一可看出，2000 到 2010 年是憲政相關文章出版的高峰期。

　　面對這樣以「政治妥協、權宜交換」為實質內涵的憲法，台灣的憲政學者們，如何切入做研究呢？尤其是在 21 世紀，國外已在召喚「憲政主義反省」的時代，我們國內的學者們對於《中華民國憲法》文本及增修條文，是如何思考、研究及評論的？

　　本章即針對 21 世紀以降這十餘年（大體為 2000 至 2011 年），[3] 國內學界對憲法憲政的相關研究做一回顧整理，並提出未來展望供有興趣的讀者參考。本章所以選擇 2000 至 2011 年這近十餘年，主要是之前的憲政研究已有學界先賢處理（何思因、吳玉山，2000）。而在「憲政研究」的範圍界線方面，本章以國家圖書館期刊文獻資訊網搜尋憲政方面的中文期刊論文，再以本章作者之前建置的憲政資料庫，搜尋憲政書籍。[4] 前者初步得 619 篇，後者 206 本。經三位作者共同檢視，期刊論文部分刪除一些純從法律角度詮釋憲法個別條文的文章，最後保留分析的有 420 篇（見附錄二）。書籍部分則刪除一些純屬教科書通論性質的出版品，保留較帶研究分析色彩的讀物，總計有 126 本（見附錄三）。由於憲政研究的主題容易同時受到政治學門與法律學門的關注，且政治學者進行公法研究，或法律學者從事政治議題探索的情況不易切割，因此在資料彙整時以研究的主題為主，而不另外界定政治屬性或法律屬性。僅依資料來源（期刊歸屬學門）區分政治類與法律類。這樣的做法一方面保留主題同屬憲政研究的共同性，二方面從期刊來源區分，也能看出政治學期刊和法律學期刊在憲政研究上的差異性；兩方面之探討均契合本章之要旨。

　　如何分析整理這些憲政研究的文獻呢？本章首先分成「議題」與「方法」兩大部分，再採取「從上而下」，及「由下而上」兩種思考方式來建構分類架構。「從上而下」方式主要是從憲政相關研究所得知識，積累消化後所產生的類別概念，來建立初步的分類架構；而「由下而上」則是實際檢核部分文獻，再歸納對應到前述由既有知識產生的類別架構，並對架構所用概念，做適當的調整修訂。在本章作者及研究助理的共同努力下，[5] 針對憲政研究主題方面，建構出來的分類架構包含：歷史發展、原理邏輯、時代精神延伸（融入或納入）、憲政設計的影響（有領導、行政、立法、司法、考試監察、中央地方及其他等七個子面向）、影響憲政運作、改革倡議、及修憲程序等七大項（見附錄四）。其中「時代精神」這一項特別是針對科技（如網路）立法與憲政精神的契合度，以及如人權等當代熱門議題與憲政精神的連接等加以討論。

　　在「方法」部分，本章主要是依文獻所得關於「研究途徑」及「方法」的認識，並

[3]　本章撰寫時，正值 2012 年年中，考量蒐集該年的出版，難以完整，故予割愛。
[4]　之前建置之資料庫，為國科會所支持廖達琪之計畫，名稱：《台灣憲政改革的迷思探討》，編號：NSC95-2414-H-110-003。
[5]　議題方面由廖達琪、沈有忠、林佩慧、謝享真共同完成；方法部分則由張峻豪及陳姿懿完成。

綜合法學與政治學界的憲法研究成果，大體分成：傳統制度途徑及新制度論兩大類；其下再依既有知識觀點，做較細項的分析方法或途徑的歸類。此外，在方法論的層次上，研究取向亦是重要的關懷對象，也就是一篇作品的主要問題意識，是在描述、理解、或詮釋研究主題；或是以一定規範，檢視研究主題合不合乎應然面；還是聚焦於解決實際面的爭議或糾葛。本章據此，分成敘述性、規範性及實用性等三項研究取向分類（見附錄五）。

最後，不論是本章的議題或方法分類架構，都針對「研究對象」做了編碼登錄，也均分成：單一台灣、單一他國、台灣與他國比較（含兩岸）、他國之間比較，及無特定對象等五大類（見附錄四、五）。這樣做一方面可以交互檢核登錄編碼的信度，[6]另一方面「研究對象」在憲政研究中，既是方法設計的重要部分，也實質牽引研究議題內容的性質及方向。

本章總計分五部分：第壹部分即為此「前言」，第貳部分為「台灣憲政研究議題分析」，第參部分則為「台灣憲政研究方法回顧」，第肆部分是「台灣憲政研究的未來展望」，第伍部分是為「結論」。

貳、台灣憲政研究議題分析

在研究議程的設定上，本節以 2000 至 2011 年為止，使用中文出版的學術專書以及期刊文章為分析標的，討論憲政研究在過去 11 年的發展概況。

首先討論專書出版的情況。過去 11 年以憲政體制為主的專書出版共計 126 冊，先就研究對象的分類來看，以台灣為研究對象的專書最多，共有 85 冊，佔所有觀察值的 67.46%。此外，另有二冊是討論台灣與他國的經驗比較，若也歸類為台灣研究，則共有 87 冊，為全部觀察值的 69.05%。分布情況請參閱表 7-1。

再以研究的議題來看，本章將憲政體制研究的議題概略分為歷史發展、原理邏輯、時代精神、憲政設計的影響、影響憲政運作的因素、改革倡議與修憲程序等七類。在第一類歷史敘述中，台灣研究有 15 冊是屬於歷史敘述，又以七次修憲史為主題的著作居

---

6 在兩組登錄完後，就此一項目不一致的結果，重新檢視，盡量達到百分百一致。每篇登錄數值，均載在附錄二、三中。

表 7-1 研究對象的分布情況（專書類）

研究對象	冊數	比例（%）	附註
台灣	85	67.46	
台灣與他國	2	1.59	
其他國家	15	11.9	美國五本；德國、中國（中共）各二本；歐盟、英國、俄羅斯、韓國各一本；跨國比較二本。
無特定個案	24	19.05	
總計	126	100	

資料來源：本研究。

多。由於我國憲法在制憲後，歷經動員戡亂，到民主化後就展開一系列的修憲，而當前的憲政運作受到這幾次修憲的影響甚遠，因此回顧過去 11 年出版的專書，幾乎都集中在七次修憲的過程及其影響。第二大類是憲法的原理與邏輯，包括了條文分析、憲法解釋等主題，其中又以人權議題為主。第三類為時代精神，主要設定為將憲政研究融入或納入主流議題，例如人權、永續發展等的作品。第四大類憲政設計的影響方面，是七個類型中出版最多的一部分。討論主題涵蓋五個憲政機關以及總統、中央與地方、甚至選區劃分等議題。第五大類是影響憲政運作因素的討論，例如討論總統直選對憲政運作的影響。第六大類是針對憲法改革的倡議，出版冊數僅次於憲政設計之影響。這個部分的作品佔所有研究的 24%，也可看出過去十年學界對現行憲法架構與運作有許多的爭議。最後一類則是針對修憲程序的討論。以台灣為研究對象，搭配七類研究主題的分布狀況，可以參見表 7-2。

表 7-2 研究議題的分布情況（專書類）

議題	冊數	比例（%）
歷史發展	15	17.24
原理邏輯	7	8.05
時代精神	9	10.34
憲政影響	29	33.33
影響憲政	4	4.6
改革倡議	21	24.14
修憲程序	2	2.3
合計	87	100

資料來源：本研究。

　　從表 7-2 中可以看出幾個值得討論的現象。首先，過去十餘年研究台灣憲政運作的專書，議題偏重實際層面，甚至提出修改建議，而對他國的憲政研究則沒有那麼深厚的實際層面，大多爲介紹性質。其次，在時代精神的部分，以憲政運作的人權價值爲主題，大致呼應 20 世紀末冷戰結束後，出現以人權結合民主作爲新一波主流普世價值的現象。最後，基於實際應用的考量，在改革倡議以及修憲的相關討論上，以台灣爲討論對象的專書約佔四分之一，凸顯目前憲法運作仍存在不少爭議。

　　接續將分析的焦點移往期刊論文。由於研究論文的數量更多，涵蓋主題與作者的範圍更廣，將更能凸顯出憲政體制相關研究在過去十餘年的特色。在分析資料庫建構的部分，以政治學門的台灣社會科學引文索引（Taiwan Social Science Citation Index，TSSCI）期刊、法律學門的 TSSCI 期刊以及一部分專業期刊爲對象，經初步篩選一共選取了 420 篇與憲政體制研究有關的期刊論文，其中政治學門 171 篇、法律學門 249 篇。在不分學門的情況下，憲政研究以台灣爲分析對象的文章共有 247 篇（含 22 篇是台灣與他國比較），佔所有觀察值的 58.81%。這個比重與專書相去不遠，顯示憲政研究因爲具有高度的應用性，加上過去十餘年憲政運作的爭議不斷，因此過半的研究是以台灣爲探討的個案。再細分兩個學門來看，政治學門的 171 篇論文裡，台灣研究有 77 篇，佔 45.03%，而法律學門的 249 篇中就有 170 篇是處理和台灣有關的議題，佔 68.28%。之所以會出現這樣的現象，是因爲法律學門的研究議題，很多偏向憲法解釋，具有更具體而且規範性更高的特色。相較之下，政治學門相對的宏觀，並側重理論架構，因此台灣研究的比例比法律學門略低。這樣的比較並非認爲法律學門缺乏理論基礎，或是政治學門的本土關懷較欠缺，因爲 45% 仍舊是將近一半的比例。只是就規範性而言，法律學門有許多憲法法條分析，因此整體來看，台灣研究的比重相對較高。依據研究對象分類，在政治學門與法律學門的期刊統計，請參見表 7-3。

表 7-3　研究對象的分布情況（期刊類）

研究對象	不分學門		政治學門		法律學門	
	篇數	比例（%）	篇數	比例（%）	篇數	比例（%）
台灣	225	53.57	70	40.94	155	62.25
台灣與他國	22	5.24	7	4.09	15	6.03
其他國家	104	24.76	58	33.92	46	18.47
無特定個案	69	16.43	36	21.05	33	13.25
總計	420	100	171	100	249	100

資料來源：國家圖書館、本研究整理。

再以研究議題來看，歷史發展與時代精神這兩個類型的比例，相較於專書都明顯偏低，原因在於歷史敘述或是時代精神，在理論層次上都不容易凸顯，因此透過強調學術價值的期刊來發表，比專書出版的難度要高。另一個意涵在於，以發展史或是時代精神為主題的法政研究，往往也需要較多的篇幅來仔細回應。以單篇文章能夠承載的內容來看，這三個主題也都過大，因此較不容易以單篇論文的方式表現出來。然而，以憲政設計影響為主題的文章，佔 56.28%，高出專書約 23%。在這之中，受到法律學門以憲法法條作為研究主題的影響，在憲政設計中關於司法權的相關討論成為所有分類中最集中的一個項目，法律學門甚至有 47 篇論文是以台灣為單一個案進行司法的相關研究，其中又以違憲審查此一主題討論最多，約佔 14.86%。在其餘的四個類型中，以原理邏輯為主題的論文有 31 篇；以影響憲政運作為主題的論文有 29 篇；改革倡議的有 19 篇；以修憲程序為主題的有六篇。整體來看，以台灣為對象進行研究的單篇論文，超過半數集中在「憲政設計的影響」。在這個層面來說，以制度作為自變項來分析憲政運作仍屬過去十餘年的主要研究內涵。這意味著台灣從 1997 年憲改以來，制度與實踐之間的關係成為過去研究的主題。若以學門別交叉分析，以「憲政影響」為分析議題的論文，無論是政治學門或法律學門雖都是最高，但法律學門卻遠超過政治學門（相差約 20%）；另一個較明顯有差距的是「改革倡議」，政治學門則領先超過 10%。其餘的類別在兩個學門內的比例相去不遠。這顯示政治學門和法律學門對於憲政研究的議題分布，仍有高度的相似性。依據研究議題與不同學門區分期刊發表狀況，請參見表 7-4。

表 7-4　研究議題的分布情況（期刊類）

議題	不分學門		政治學門		法律學門	
	篇數	比例（%）	篇數	比例（%）	篇數	比例（%）
歷史發展	20	8.1	8	10.39	12	7.06
原理邏輯	31	12.55	9	11.69	22	12.94
時代精神	3	1.21	1	1.3	2	1.18
憲政影響	139	56.28	33	42.86	106	62.35
影響憲政	29	11.74	12	15.58	17	10.0
改革倡議	19	7.69	12	15.58	7	4.12
修憲程序	6	2.43	2	2.6	4	2.35
合計	247	100	77	100	170	100

資料來源：國家圖書館、本研究整理。

綜合歸納期刊與專書在研究對象和研究議題上的分布，可以發現幾個主要的異同。在相似的部分，以台灣爲對象的期刊研究和專書研究都以憲政影響的主題最多，意味著憲政體制的研究，仍有相當多數是將制度作爲自變項，討論對憲政運作的影響。推估主要的原因，在於1997年修憲之後，憲政體制做了很大的調整，因此過去十年以制度爲自變項的研究也相對豐富許多。其次，受到研究實用性的影響，在他國研究的部分，無論是專書或是期刊，都鮮少出現以改革倡議或是研究修憲議題的作品。而這類作品在台灣研究中，則都有被提出討論。第三，在他國研究中，以憲政體制的原理或邏輯爲關懷焦點，進行介紹或分析的作品，無論是專書或是期刊論文，都佔了極高的比例，其中選樣方面又以德國、美國這兩個個案最爲常見。

若以過去十餘年實際發生的重大憲政事件來看，有三件事情值得進一步討論，分別是1997年憲法修改（半總統制研究）、2005年選舉制度修改（並立式單一選區兩票制）以及公民投票。這三件事可以算是台灣憲政體制研究中，與實際政治發展最爲相關的三個議題，然而在學術討論當中，三項議題分別呈現很大的差異。首先以憲政體制的類型來看，台灣從1997年修憲之後，體制上符合學界對「半總統制」（semi-presidentialism）的定義。因而半總統制的相關研究是過去十餘年來憲政研究的一個值得分析的現象。然而，在檢索的文章中，若嚴格定義半總統制的相關研究（篇名或關鍵字中，有提出半總統制），在420篇論文中僅有24篇（佔5.71%），比例並不算高，顯示對於半總統制的議題仍有許多值得探究的空間。此外，就學門分布來看，政治學門有19篇（11.11%），法律學門有五篇（2.00%）。若廣義界定半總統制相關研究（以雙元行政、總統權力、或是政府型態爲主題），則政治學門將提高到38篇（22.22%），意即在每五篇政治學門的學術論文中，即有一篇關注總統或是行政權二元化的相關問題；法律學門的學術論文在廣義的界定下則提高爲23篇（9.24%），也將近有十分之一的比例。無論就狹義或是廣義的界定來看，半總統制研究在政治學門受到重視的比例，比法律學門要高出很多。

其次就選舉制度來看，台灣的國會選舉從2008年起改爲「並立式單一選區兩票制」（mixed-member majoritarian system，MMM），選制修改向來被視爲影響憲政運作相當重要的上游因素，因爲選制的修改將直接影響到政黨體系、政黨互動以及政府組成。在政治學界舉辦了不少選舉研究的研討會（尤其是台灣選舉與民主化調查（Taiwan's Election and Democratization Study，TEDS）計畫下的國內與國際研討會），但是從檢索的文章中，政治學門卻僅有八篇文章針對選制修改進行討論，比重只有4.68%；法律學門對於選制修改更是一篇都沒有。這個情況和半總統制的相關研究蓬勃發展來看，形成強烈對比。第三個議題是公民投票的制度化與舉辦，在相關的議題上，也曾引起社會、學界、媒體高度的關注，但具體表現出來的研究成果卻相當有限。檢索論文後發現，政治學門裡僅有五篇論文（2.92%），法律學門也相當意外的只有二篇。

除了研究對象、議題之外，資料庫呈現出另一個值得一提的現象，就是法律學門的期刊，針對特定議題集中討論發行專刊的比例，比政治學門的期刊高出很多。而且這些議題絕大多數和先前發生的憲政事件有關，也就是具有高度的實證與經驗性。例如釋字第 520 號、國家通訊傳播委員會的組成、違憲審查的跨國比較、核四爭議等。在政治學門中，發行專刊的情況則相對少了很多，只有半總統制研究的專刊，則因應學術研討會的舉辦而曾經發行兩次。

總結過去十餘年，透過專書或期刊文章，在憲政體制研究的趨勢來看有幾個結論。第一，就研究個案來說，無論是政治學門或法律學門，也無論是專書或期刊，研究的對象都以本土為主，法律學門的期刊尤其明顯。第二，就研究議題來說，以台灣為研究對象的專書傾向憲政架構影響與改革倡議，以他國為對象的專書則傾向理論與邏輯的介紹。期刊方面，政治學門明顯集中在憲政架構的影響，而法律學門則是憲政架構影響和原理邏輯的討論。第三，就重大議題來說，政治學門著重在憲政架構下的二元行政與立法，也就是廣義的半總統制研究，而法律學門則集中在違憲審查的議題，並且配合重大時事偶以專刊方式進行研究論文的發表。

參、台灣憲政研究方法回顧

本章源自對台灣憲法研究的核心關懷，在此節繼續透過資料檢閱，就政治學與法學兩領域中具有高度影響力的專書及期刊論文，綜合探討其研究取向、對象、途徑及方法，並從這樣的結合分析中，關注政治學門在憲法研究的趨勢，藉此進一步理解不同領域間「分」或「合」的情形，或者彼此交集之可能。另外，透過這十餘年間的文獻檢閱（2000 至 2011 年），本節也企圖檢視在不同觀點內，是否有方法上對話之可能。另外，經歷了 1990 年代風起雲湧的憲政改革時代，台灣學界在憲法研究的主題選擇及關懷上，是否順著這股潮流有著持續關注的問題，而隨著憲法革新的熱潮退去，是否也減少了政策性研究的論文？這是否因為憲法相關問題獲得解決？難以解決？或者不強調實用性？這些更是經由方法回顧而期望探討的問題。

綜覽法學與政治學界的研究成果，可以一窺其中所包含的研究途徑與方法，本節從傳統制度主義到新制度主義的發展脈絡出發，傳統制度主義下再分法制及歷史敘述兩個次面向；而新制度主義則包含歷史、理性及社會學三個主要分枝。以這兩大研究途徑探討台灣法學與政治學界的憲法研究是否顯現了新舊制度主義間二分的情形，應是探索憲法研究取向的重要線索。這樣的做法，正可協助我們理解制度規範面與運作實務在近十年的比重及內涵為何，以及制度研究的創新之處究竟在何處？而透過研究取向之確認，

學界的憲法研究如何處理應然與實然的問題，如何在理論、制度與實務間進行定位，亦可得到初步的結論。

　　本節同樣針對 126 本專書以及 420 篇期刊做檢視。首先，在專書的部分，發現在研究對象上，126 冊之中有關台灣研究便有 85 筆，台灣與他國的比較僅有二筆。至於單一他國或他國之間的比較，從所蒐集的文獻主題與內容上來看，則是以美國的憲政發展爲主，並包含中國大陸的憲法研究，共有 15 筆，其餘則是憲政理論的分析，佔 24 筆。在佔最大宗的台灣研究當中，由於七次修憲經驗，使得憲法法理與制度變遷歷程，成爲論者撰寫之重要題材；因此，在研究方法上，採取傳統制度主義的法制分析便有 60 筆，而歷史研究則有 25 筆。而在其他研究對象上，傳統制度主義也成爲所有專書採取之途徑，如表 7-5 所示：

表 7-5　憲法研究方法統計（專書）　　　　　　　　　　　　　　　　　　　　單位：冊

方法 對象	法制	歷史	總計
台灣	60	25	85
台灣與他國比較	1	1	2
他國	10	3	13
他國之間比較	2	0	2
無特定對象	23	1	24
總計	96	30	126

資料來源：本研究。

　　在上述統計之中，修憲程序、修憲紀要、憲政體制對政治運作之影響，乃是經常被討論的主題，而有關新制度主義的分析，則未出現在本章的回顧結果中。接著，從期刊論文來看，本章首先針對傳統制度研究途徑的部分，發現在所檢索的 420 筆期刊論文之中，有關法制研究便佔了 380 筆，其中又以針對台灣研究的 199 筆爲數最多（見表 7-6）。從表 7-6 看來，法制研究方法的部分更是遠超過同爲傳統制度主義的歷史研究（共 24 筆），這和專書的部分有明顯的差異。本章認爲，除了因爲本章蒐集的期刊中法學期刊多是進行條文、解釋或判例的研究之外，先前所提制度研究在當代仍難脫離對正式制度的探求亦可能是重要原因。事實上，大多數憲法研究是以制度規範、運作、法理爲主要內容，故在此之中，法律學者在違憲審查以及人權保障的分析成爲本項目數目最多之主因。同樣值得一提的是，台灣在七次修憲皆未就第二章的人民權利與義務部分進行過修正，此方面豐碩的憲法研究成果實應成爲實務界重要參照。本研究更進一步發

現，針對台灣個案以外的法制研究，多數是以制度描述、借鏡或實用性爲主。在台灣的憲法研究中尚未見到新制度主義強調制度比較，並跳脫法律條文的趨勢。以下將新舊制度主義在期刊的部分比較如表 7-6。

表 7-6　新舊制度主義的統計（期刊）　　　　　　　　　　　　　　　　　　單位：篇

方法 對象	傳統法制	傳統歷史	新制度主義	總計
台灣	199	12	14	225
台灣與他國比較	19	2	1	22
他國	66	7	1	74
他國之間比較	30	0	0	30
無特定對象	66	3	0	69
總計	380	24	16	420

資料來源：國家圖書館、本研究整理。

　　若將研究途徑較偏向「新制度主義」的期刊文章單獨挑出分析，則一共有 16 筆的歷史制度主義研究成果，與傳統制度主義當中的歷史研究 24 筆（表 7-6）的數量頗爲接近，這顯示了單純以歷史爲描述或歸納歷史事件的方法，在近年學術期刊可能由於越來越難以被採納，使得歷史研究已逐漸透過歷史制度主義的影響而成台灣憲法研究中的趨勢。在這些文章中，很明顯可見歷史制度主義的「路徑依賴」理論，乃是形成與傳統歷史研究有顯著區別的重要關鍵，這些論述可能正是研究者將制度研究轉向「事件史」分析的重要基礎。但是，整體而言，420 篇期刊論文，能被歸類爲「新制度主義」的也僅有 16 篇（包含 14 篇台灣分析、一篇他國及一篇台灣與他國的比較分析），其餘 404 篇均爲傳統制度研究（表 7-6）。

　　當前制度研究者雖強調與傳統制度主義的觀點有別，並透過新制度主義的各項觀點，凸顯較傳統制度主義具有更豐富之憲政研究內涵，然而新制度論者在分析上重新納入制度的重要性、對於歷史之重視，以及對國家權威性本質的強調，卻在在表現出與「舊制度主義」的相似之處，使得法制研究的部分並未因此退場。因此，近年多數研究者提出新制度主義經常使用了傳統制度主義研究的方法卻不自知，這是從國內相關文獻檢閱當中首先可以發現的。更重要地，在歷史事件處理上，透過相關文獻整理，更發現其中經常隱含對於所擷取事件的選擇性；意即是否先確知了憲政體制的制度結果，再回過頭去尋找有利於推論的歷史事件？此種建立歷史制度主義分析方式的企圖，反而常有損新制度主義對制度研究的科學性分析內涵。當歷史事件的因果機制被選擇性建立時，

將導致對憲政體制變遷的解釋力不足，甚至對變遷之未來走向亦難以具備預測性的能力。對於未來一些偶發性事件所造成的制度危機將難以處理。

在憲法研究中，政治與法律學界對法制研究均高度關注，已如上述，但是兩個學門的關注焦點是否有所不同呢？因此，本章進一步就三種研究取向：敘述性、規範性以及實用性做分類，以區別此間差異。所謂「敘述性」，是強調「發生了什麼，現況是什麼？」，表示研究者分別針對應然或實然進行描述；而「規範性」則為：「規範上是如何，所以實際上應如何？」，顯示應然檢驗實然的內涵；至於「實用性」取向，強調「實際上是如何，所以規範上可以怎麼調整來解決問題？」代表著研究者轉而強調實然面對應然面之影響。

本章發現，在期刊論文總體數量上，規範性研究之比重為三者間最高，這和法制研究的數量最多應有直接的相關性。不過，若單由傳統制度主義的法制部分來看，規範取向的論文在他國憲法研究或他國間的比較研究上，卻少於實用性與敘述性的研究成果總和，展現了制度規範面在當代憲法研究中並未佔有絕對的優勢，這樣的發現說明了，研究者雖大多採取所謂的舊制度主義進行法制研究，但在具體內涵上仍有轉化；而也由於憲法運作的經驗越加豐富，研究者或許也注意到了憲法的實用性問題，並參考國外的經驗與台灣進行對話（見表7-7）。從數字上來看，跳脫單一台灣的研究，規範性的法制研究便明顯減少，這或許表示了法、政研究在此合流之現象。因此，在台灣的本土研究外，若透過他國制度研究成果進行探討，思考制度運作的內涵與意義，並轉而灌注在台灣的經驗與規範上，將可能成為法、政學界重要的交集處。

表 7-7　憲法研究取向（期刊）　　　　　　　　　　　　　　　　　　　單位：篇

		舊制度論	新制度論	總計
敘述性	台灣及其比較	70	12	82
	他國及其比較	64	1	65
	無特定	12	0	12
規範性	台灣及其比較	99	0	99
	他國及其比較	27	0	27
	無特定	48	0	48
實用性	台灣及其比較	63	3	66
	他國及其比較	12	0	12
	無特定	9	0	9
總計		404	16	420

資料來源：國家圖書館、本研究整理。

　　總體而言，我們發現法制研究在相關文獻檢閱是最多學者採取的方法，雖然檢索的資料中包含法律學期刊而可能產生此一結果，不過，政治學門期刊在傳統法制研究的比率也明顯較經驗研究高出許多。其原因或許與單一他國的分析對象有關，特別是在半總統制的憲政改革道路上，他國的憲法規範與制度運作經驗，往往是台灣憲政運作的重要參考依循，這從法國的半總統制研究，以及台、法之間的比較在其中作為主流便可見一斑。另外，半總統制的研究在近幾年才開始有量化研究的成果相繼產出，國內研究者仍是以法制研究為主，應也與此一現象相關。

　　更值得注意的現象是雖然在專書的部分，政治學與法律學的研究途徑完全交疊，但經由期刊檢閱，我們發現半總統制的研究成果，展現了台灣政治學界在制度研究途徑的突破，以及與法律學的明顯區別之處。特別是透過對半總統制議題的研究更加細節化、深入化，以及制度研究途徑和行為者行動方式的對話，政治學者重新賦予制度研究途徑更多新的意義。國內學者如吳玉山、林繼文、廖達琪、吳重禮、蔡榮祥、沈有忠等人（Liao and Chien, 2005; Lin, 2002, 2008; Shen, 2011; Tsai, 2008, 2009; Wu, 2009; Wu, 2000），以半總統制為主，將台灣案例及與他國憲政經驗的比較發表在國際期刊的成果，更凸顯了憲法研究在政治學領域具有更多元議題，並突破法學界多專注於規範性憲法研究的內涵。近年，中央研究院政治學研究所將半總統制研究作為重點計畫主題，並支持國內多項半總統制研究的發表與產出，相信也和台灣政治學界在憲法研究的特色建立上具有高度相關性。

　　最後，我們必須說明，本段落在期刊的部分主要針對收錄於 TSSCI 資料庫之文獻進行探討，可能在觀點上有失之偏頗的缺憾。不過，本章從影響力較高的期刊進行選擇，便是期望能兼顧到過去產生之影響，以及這些文獻對於後續憲法研究又將帶來哪些啟示。透過文獻檢閱，我們很清楚看見了台灣的憲法研究，在經驗研究的層面依然相對缺乏；尤其在政治學內部，法制研究者與行為研究者之間實應加強彼此間的對話，共同就政府體制框架進行分析並探測其影響，互相充實研究內涵。

肆、台灣憲政研究的未來展望

　　本章前兩節分別回顧了台灣過去十餘年憲政研究的議題趨勢及方法取向，本節站在過往研究的基礎上，希望能眺望未來，提出將來台灣憲政研究可以思考探討的議題方向及方法運用，以為有志於憲政研究者的一個參考。以下依議題及方法兩大部分，作為探索未來的框架說明之。

一、研究議題

這裡依舊以本章前所列的七大面向來探討。第一項「歷史發展」主要是憲政演化的歷史敘事，過去十餘年在書籍上的介紹並不少（見表7-2），在期刊上則出現比例較低（見表7-4）；在未來的研究議程上，這方面的議題，除非有重大歷史事實的必要呈現（如修憲者的口述歷史資料揭露新的事證），或特殊敘事觀點的引入（如某人、事、物、國或國際對台灣修憲的影響），以目前的研究比例，應屬恰當，尚不需特別推動強化。

第二項「原理邏輯」則是本章認為在未來的研究議程上，應是特別值得關注的項目。如本章開頭所引述Lutz之觀點，21世紀應是憲政反省時代。繼20世紀憲政民主的蓬勃發展，憲政主義的跨域披植，後進憲政民主國家（如台灣），實可以深切反省檢討：我們憲法所依循的原理邏輯究竟為何？我們的終極關懷或核心價值是放在個人自由權利，還是平等和諧社會？這個基本價值的確立，連帶影響我們對政府的態度，是愈小的有限政府愈好，還是大有為的政府較佳？再接著又牽連政府設計的原理是「制衡」為上，還是「效能」為優？還有「以民為主」的信念如何在憲政的各項設計中彰顯及保障？總而言之，在我們生吞活剝西方憲政理念及邏輯逾半世紀的今日，我們如何從戴著「憲政」的面具，深化融入為自己的真實容顏？

過往的研究顯示，關注於台灣的探討雖是大宗，但有關「原理邏輯」的探索相對於他國研究卻是少數（台灣10%上下，他國30%-59%，見表7-2及表7-4），某種程度也反映憲政學者的觀察評論：我們的修憲過程，權宜性質太濃（葉俊榮、張文貞，2006：3），要反思檢討制憲時的原理信念，是否能貫穿或回應調適於當代情勢，是相當困難的。而且我國1947年制憲的歷史，也同樣訴說著調和折衷權宜的故事。依此，我們或者也要更深切的思考，台灣憲政建構及發展的形上哲學信念為何？這方面的探討，以目前的學科分類，可能落在傳統中國文史哲研究的領域裡，希望未來能見到法政學界政治思想史或憲政哲學者，有跨領域合作探索此方面議題之出現。

第三項的「時代精神」議題，本章特別獨立出這一項作為歸納分類依據，主要是由於初步檢索近十餘年憲政出版品的關懷主題後，發現人權及新興科技（如網路、幹細胞研究等）與憲政原則或精神的連結，在文獻中正嶄露頭角，受到一些重視。而從全部文獻登錄的結果看來，這方面議題討論，關於國外的高出於台灣，以專書來呈現的又遠高於期刊論文（請參見本章表7-2及表7-4）；這多少顯示連結「時代精神」與憲政原則的探討在台灣未來的憲政研究，尤其在期刊論文的園地，有大幅成長空間。不過，這方面的議題研究，實需跨多元領域合作才能奏功，某種程度也設下研究的障礙，如果沒有

由上而下（如國科會）的支援推動，很難由個別憲政學者突破。[7]

第四項「憲政影響」，相較於其他項目，是過去十餘年較受關注的研究主題（請參見表 7-2 及表 7-4），且尤其聚焦於台灣本身的經驗（書，33.33%；期刊，56.28%）。但這方面的研究，細究起來，主要探討方向，如前文所述，是以政治層面為主，如憲政架構於 1997 年修憲成為雙首長型態後，對總統或行政權二元化之影響，或是對政府型態、國會角色之影響等。這樣鎖定憲政設計對政治層面的行為者及相關機構之影響探討，大約也是 1990 年代連續修憲，至 1997 年又修出「半總統制」的一個自然結果，學界難免要分析瞭解更動頻繁的憲政架構對政治運作的影響。

不過，就「憲政影響」的宏觀面看，只聚焦「政治面」顯得窄了些，再加上多僅關注於「台灣」情勢，就更窄化到僅能應用有限的理論邏輯，呈現接近敘述性的分析；或是由已知結果，藉由「歷史制度途徑」，做出似乎合乎因果的論述探討，但「事後之明」的斧鑿痕跡卻是如影隨形。

依本章所見，在「憲政影響」方面的未來研究議程，可將「影響」的層面，向外擴及政策、社會及經濟面等；比如比較同為半總統制國家，其對政策的產出究竟有何影響？憲政架構安排是關鍵因素嗎？[8] 在社會面向上，國外文獻已有探討比較制度發展與參與外國社團組織表現之關聯的論文（Chan, Isobe, and Makino, 2008: 1179-1205）。在經濟面向上，則有文獻比較「政治制度」與經濟表現之關聯（Hicken, Satyanath, and Sergenti, 2005）；還有同時牽涉政策與經濟面向的研究，如 Torsten Persson 和 Guido Tabellini（2004）探討憲政規則與財稅政策產出（constitutional rules and fiscal policy outcomes）之因果關係。

舉出以上這些文獻範例，主要想說明「憲政影響」的研究範疇可以如何從「政治面」拓展到其他各層面。不過，從以上的範例也可看出，這樣的議題在研究設計上要以台灣為單一的分析個案，並不易做到，其本質就帶著各國比較的性質。所以台灣學界在未來的研究努力上，如果想既深且廣的挖掘「憲政影響」，多國比較就是研究設計上難以迴避的選項之一。這方面在本節的下一部分「方法」中還會討論。

第五項「影響憲政」背景或因素的研究探討方面，台灣憲政學者在過去十餘年並不是太熱衷（書，4.6%；期刊，11.74%，見表 7-2 及表 7-4）；但這方面的研究值不值得未來再多付出心力關注呢？本章以為這一面向的議題和第一項「歷史發展」有些類似，

---

[7]　目前所知哈佛大學的法律學院成立有 Berkman Center for Internet and Society，來統整不同學科，從事資訊科技及網路管理立法之研究。網址為：http://cyber.law.harvard.edu/。

[8]　目前本章三位作者受國科會委託，即在從事這方面的探索。計畫名稱為「超越半總統制：台灣、法國、羅馬尼亞三國治理實際的比較研究」，編號：NSC 101-2420-H-110-009-MY3。

如果只是歷史敘事性質地描述某一事件或人物對憲政制度發展的影響，則以目前的關注比例應算適合。但如果有新的視角，尤其能有有趣的理論觀點來解釋憲政之運作或演化，則這一研究面向，仍有深化探掘的價值。

什麼是「新的」或「有趣的」理論視角呢？本章試舉二例說明。一個是 Tom Ginsburg（2002: 763-799）試著連結儒家與憲政主義（Confucian Constitutionalism），其中比較台灣與韓國司法審查（judicial review）的發展趨勢，特別關注儒家文化中重「禮」、講「秩序」、求「和諧」等價值，如何在台韓「司法審查」的案例上融入講求「個人權利」及「合法性」的憲政主義內涵。另一個則是 Petra Schleiter 及 Edward Morgan-Jones（2009: 871-892）試圖用委託代理（principal-agent）的理論架構來推測半總統制中人民、總統及國會的三角關係，以解讀分析其中權力的拉扯及變動。

以上兩個案例，本章認為對未來「影響憲政」的研究面向，應頗有些啟發。此外，台灣在 2005 年的選制變遷（從複數選區單記不可讓渡投票制轉為單一選區兩票的相對多數及比例代表並立選制），對憲政運作的可能影響，應也有理論及實務上的探索價值，只是目前的研究數量並不算多，仍有再開發的空間。

第六項「改革倡議」在過去十餘年的憲政研究中，尤其是針對台灣，算得上是顯學，特別是在「專書」部分（24.14%，見表 7-2）。可能理由之一，即為本章一再提及台灣修憲的權宜性質，讓憲法及增修條文成為政治標靶，再修憲甚且制憲之倡議，時有所聞，而以「專書」表達，也較不受期刊論文審查程序繁複嚴格之羈勒。不過，且不論政治上的作用目的，對憲政的「改革倡議」探討，在未來是否仍應為值得關懷的議題呢？本章以為「是的」，因為一方面還是基於「憲法」的權宜性質，原理邏輯上留有諸多議論空間；再方面是 1997 年修憲後到目前的十數年，算是所謂「半總統制」的實證經驗期，從已累積一定的實務案例反思檢討這樣的憲政設計，並與本土哲學及憲政主義的原理邏輯做深刻的對話，應是學界責無旁貸的使命！

第七項「修憲程序」在過往研究中，從稱不上是顯學，但本章當初列為研究議題中的一項，主要係基於台灣 2005 年第七次修憲將日後的修憲程序改為世界少有的高難度（廖達琪、簡赫琳、張慧芝，2008：357-395）；這樣的高門檻（立院四分之三出席，再四分之三同意後，需全部選舉人過半數出席，過半同意才通過），對憲政發展的利弊得失為何，甚少文獻探討（即使在憲政影響部分也未見）。而「修憲程序」在我們既有的認知裡，便是「剛性憲法」不宜輕易修改，但是否就是如此呢？值此 21 世紀或稱「憲政反省時代」，本章以為所謂「剛性」與「柔性」憲法之區分與義理，各國修憲程序之安排與來龍去脈的比較，以及修憲程序之影響的實證探討及評估，應仍是未來研究議程中的一環，雖然不必是顯學。

二、研究方法

本章第參節所回顧的「台灣憲政研究方法」顯示，目前研究方法方面，較集中的仍是以「制度」為核心，無論新舊制度論皆然。這其實也無可厚非，憲政主要呈現的就是「制度」藍圖，無論哪一途徑、哪一視角切入，「制度」（成文或不成文）必成為研究中的主、配角。所以，本章針對「方法」部分，在未來研究時或可強化，或補充之建議，採取超越新舊制度主義或行為主義之立場，聚焦於討論研究取向、研究設計及資料蒐集方法三方面。

「研究取向」在本章第參節中已有所討論，這裡延續探索未來或可強化之取向。「研究設計」則在第貳、參節中均觸及研究對象的計算分析；但除這一研究對象面向外，本章也將繼續深入探討未來研究設計方面，還可拓展思考的面向。至於「資料蒐集方法」部分，本章前面雖未觸及，但深感「憲政」研究，法規文獻等資料是根本，但如何蒐集？如何整理？如果要做跨國比較，又如何統整資料？這些實值得未來研究思考。

綜合以上，本章以下即從研究取向、研究設計及資料蒐集方法等這三方面，提出一些觀點供參考。

首先是「研究取向」方面，本章用的三分類為：敘述性（發生什麼、現況是什麼）、規範性（規範是如何，所以實際該如何）、及實用性（實際上是如何，所以規範可以怎麼調整來解決問題）。其中「實用性」是相對比例最低的，「規範性」則是最多的，尤其針對台灣案例（參見表7-7）。或可以說，台灣在20世紀末的頻仍修憲（1991-2000），多少影響在21世紀的最初十年（2001-2011），研究者會以新修的規範來繩準行為者的實際作為，所以「規範性」取向的研究佔了大宗。但隨著憲政經驗的發展，時序的推移，本章認為未來研究取向應可多思考「實用性」議題，也就是以實務運作上發生的問題現象，來反省憲政規範的可能缺失，並謀求解決之道。畢竟台灣的憲法多出於權宜安排；而當下則是憲政反省的年代。

再來就「研究設計」方面，本章從前面研究議題及研究對象的討論中，歸結出四項未來或可多發揮引用的研究設計：

第一是跨國比較的設計。如本章的第貳、參節均呈現過往研究多集中於台灣個案，跨國研究實不多見，如果出現，多是以台灣為核心；而比較的案例，通常不超過四個國家，且較集中於美、德、法等大國。但如同本節第一部分「研究議題」所陳述，如果我們想深入瞭解「憲政影響」所及的政策社會經濟面，多國比較不可避免，尤其還想期待統計上的推論效果，又以「國」為單元時，20個個案是很基本的。另外，在「影響憲政」的議題面向，多國比較的研究設計也較能探索理論性的命題。

如果「多國」達 20 個以上，一時不易得，本章建議採取 Arend Lijphart （1988: 54-70）之設計策略，從較相近的個案比較起，比如「半總統制」國家中，人口經濟規模相去不遠者，產生的政策效果為何？以此來限縮個案比較挑選的範圍。當然，實際操作設計仍是以研究議題的需求為核心。

第二是跨領域的研究設計。本章在篩選過去十餘年的憲政文獻時，即已發現「法律」專業方面的期刊論文，和「政治」專業上的關懷，其實很難完全區隔，所以也蒐羅了不少歸類於「法律」期刊的論文；接續本章的第貳、參節分析中，也顯示憲政研究的「法、政」，實質上雖難劃分，但因學科形式的分類切割，造成法政學者間的研究，很少交流對話，也各自發展出不同的研究典範。而未來的研究設計中，法、政學者的交流合作應是跨領域的第一步，比如「違憲審查」這樣的議題，法政學者聯合探討其背後之影響因素，其相互交鋒或交融之旨趣應大異於任何單一方面之努力。

跨領域的研究設計，當不只於法政學者而已，如本節第一部分「研究議題」中已指出，憲政「原理原則」或「影響憲政」因素，如果要追根溯源、落實本土，文史哲領域的專家亦應有所挹注合作，才能豐厚憲政之根底。而如果憲政要能與「時代精神」接軌，跨科技、生物醫學等領域之合作研究，也就難免，只是如沒有公權力之投入推動，合作難度甚高。

第三是個案深入的研究設計。雖然過往的研究顯示，「台灣」是聚焦探討的對象，但研究途徑絕大多數是所謂的「制度主義」（不論新舊），研究取向多以「規範性」為主，而研究議題則重「憲政影響」；綜合這些研究圖象，其實尚未做到對「台灣」憲政個案的深入挖掘，或者說由下而上的瞭解。

什麼是由下而上的瞭解呢？試舉一例說明。學者如 Kim Lane Scheppele（2004: 389-406）即提倡憲政民族學（constitutional ethnography），希望引入民族學誌的田野深入訪察，針對選定個案不預設立場，以理解詮釋建構出底層人民對憲政認知或情感圖象，來代替實證計量分析從理論假設來預測現象或解釋變異的研究取向。

這一憲政民族學誌的個案深入研究途徑，對台灣未來的憲政研究設計而言，應可列為選項之一。因為憲法對我們這樣的文化背景而言，舶來的成分高，而在舉世皆然的潮流下，我們勉力引入，依樣畫葫蘆，演練數十載，但到底人民在日常生活中是如何體悟看待的？人民又是如何評價感受的？這些深層的挖掘及理解，或會有助於理論及實務上進一步「反省」或「紮根」所謂的「憲政」。

第四項是實驗研究設計的嘗試。過往台灣的憲政研究幾乎很難與「實驗設計」聯結，文獻上目前也是從缺。但因為台灣的選制改變，倒是有些學者嘗試用「準實驗設計」的概念邏輯（Campbell and Stanley, 1963: 1-12），以真實自然情境為場域，來比較

選制變遷前後政黨在選區參選的策略等等。依此，台灣近年的修憲，有沒有理論上可以
推論、比較、檢證某項制度變遷前、後行為差異的議題？如果「自然情境」很難設計出
良好的實驗組及控制組，有沒有可能將「制度」化約為遊戲規則，來測試受試者的行為
反應？

　　這方面的相關文獻，以本章所見，似乎還未出現，是不是表示不能做呢？本章認為
「實驗研究設計」用在憲政議題上，非不能也，是不為也！仍有待各方學者努力尋求突
破。

　　以上四項：多國比較、跨域合作、個案深入、實驗設計，為本章對未來憲政「研究
設計」可思考或補強的建議，他們彼此間不見得互斥。現在的研究趨勢，頗鼓勵多重方
法運用；而運用之妙，還是得看議題性質及研究者的企圖。

　　「研究方法」部分的第三方面，主要針對「資料蒐集方法」；本章建議未來法政
學者，可考慮與資訊技術方面的專業人士合作，以建置資料庫的方式，統整登錄研究資
料，以方便檢索；如果資料量太大，或可試著運用文本探勘（text-mining）技術做初步
整理分析。這方面的嘗試及努力，仍需跨領域及長期耕耘；換句話說，公權力如國科會
者，願協助鼓勵、挹注資源，才較能奏功。

伍、結論

　　本章試圖回顧過去十餘年（2000-2011）台灣憲政研究的概況，並瞻望未來，提出
一些淺見供各方參考。本章的回顧整理顯示，在研究議題方面，台灣的政法學者較聚焦
於探討「憲政影響」，且多僅關注於「台灣」之分析；在研究方法方面，則大多仍歸為
「舊」與「新」的制度主義研究途徑；而在研究取向上，則是以「規範性」為大宗。如
果以法律、政治兩大學門來比較，本章的回顧整理也顯示政治比法律學門有較多各國憲
政的研究、改革倡議之探討，與相對較少的憲政影響分析。政治學門明顯較重視「半總
統制」之理論概念及應用研究，並較採「新制度主義」的研究途徑，與較多的「實務性」
研究取向。

　　本章對未來憲政研究的建議，在「議題」方面，「憲政影響」仍可是重點，但影響
層面或可擴及政策社會經濟等面向的探測分析；其他議題，本章大體的建議為：「原理
邏輯」要尋根探源、「時代精神」需強化分析、「影響憲政」（含「歷史發展」）應創
新切入、「改革倡議」宜賡續研討，以及「修憲程序」則不應忽視。

　　在「方法」部分，本章採超越制度及行爲主義之框架或區隔的立場，以研究取向、設計及資料蒐集三方面提供意見。在「研究取向」上，本章認爲「實用性」，也就是從實際經驗出發，探討反省憲政規範問題，並謀求解決之方，是未來可多思考的研究視角。在「研究設計」方面，本章提出：跨多國比較、跨領域研議、個案深入挖掘、及實驗設計引入等四項可參考之做法。最後的資料蒐集方面，本章鄭重推薦資訊技術的導入，以爲建置整理資料庫或協助做文本分析。

　　綜合以上，本章對未來憲政研究的期待是「反省紮根、與時俱進、超越制度、多元方法」。台灣憲政經驗雖不算豐厚，卻是憲政研究的肥沃土壤，預祝有志於此的研究者，寶山不空入，未來十年會有更令人驚艷之作出現。

參考書目

何思因、吳玉山，2000，《邁入廿一世紀的政治學》，台北：中國政治學會。

吳玉山，2002，〈半總統制下的內閣組成與政治穩定：比較俄羅斯、波蘭與中華民國〉，《俄羅斯學報》2：229-265。

沈有忠，2004，〈「半總統制」下的權力集散與政府穩定──台灣與威瑪共和的比較〉，《臺灣民主季刊》1（3）：99-130。

陳慈陽，2004，《憲法學》，台北：時英。

陳新民，2002，《1990-2000年台灣修憲紀實》，台北：學林。

湯德宗，2000，《權力分立新論》，台北：元照。

葉俊榮、張文貞，2006，〈路徑相依或制度選擇？論民主轉型與憲法變遷的模式〉，《問題與研究》45（6）：1-31。

廖達琪、簡赫琳、張慧芝，2008，〈台灣剛性憲法的迷思：源起、賡續暨其對憲改的影響〉，《人文及社會科學集刊》20（3）：357-395。

Butler, David. 1958. *The Study of Political Behavior*. London, UK: Hutchinson.

Campbell, Donald T. and Julian C. Stanley. 1963. *Experimental and Quasi-Experimental Designs for Research*. Boston, MA: Houghton Mifflin Company.

Chan, Christine M., Takehiko Isobe, and Shige Makino. 2008. "Which Country Matters? Institutional Development and Foreign Affiliate Performance." *Strategic Management Journal* 29(11): 1179-1205.

Finer, Herman. 1932. *Theory and Practice of Modern Government*. London, UK: Methuen.

Fiorina, Morris. 1995. "Rational Choice and the New(?) Institutionalism." *Polity* 28(1): 107-155.

Ginsburg, Tom. 2002. "Confucian Constitutionalism? The Emergence of Constitutional Review in Korea and Taiwan." *Law & Social Inquiry* 27(4): 763-799.

Hicken, Allen, Shanker Satyanath, and Ernest Sergenti. 2005. "Political Institutions and Economic Performance: The Effects of Accountability and Obstacles to Policy Change." *American Journal of Political Science* 49(4): 897-907.

Horowitz, Donald L. 2002. "Constitutional Design: Proposals versus Processes." In *The Architecture of Democracy*, ed. Andrew Reynolds. New York, NY: Oxford University Press.

Hsieh, John Fuh-Sheng. 2011. "The Logic of Semi-Presidentialism: Loopholes, History, and Political Conflict." *Issues & Studies* 47(1): 57-78.

Immergut, Ellen. 1998. "The Theoretical Core of the New Institutionalism." *Politics and Society* 26(1): 5-34.

Isaak, Alan. 1975. *Scope and Methods of Political Science*. Homewood, IL: Dorsey Press.

Krasner, Stephen. 1984. "Approaches to the State: Alternative Conceptions and Historical Dynamics." *Comparative Politics* (16): 223-246.

Liao, Da-Chi and Herlin Chien. 2005. "Why no Cohabitation in Taiwan?" *China Perspectives* 58: 55-59.

Lijphart, Arend. 1988. "The Comparative Method: The Comparable-Cases Strategy in Comparative Research." In *Comparative Politics in the Post-Behavioral Era*, eds. Louis J. Cantori and Andrew H. Ziegler, Jr. London, UK: Lynne Rienner, pp. 54-70.

Lin, Jih-Wen. 2002. "Democratic Stability under Taiwan's Semi-Presidentialist Constitution: Implications for Cross-Strait Relations." *Issues & Studies* 38(1): 47-79.

Lin, Jih-Wen. 2008. "The Institutional Context of President Chen Shui-Bian's Cross-Strait Messages." *Issues & Studies* 44(1): 1-31.

Lutz, Donald S. 2000. "Thinking about Constitutionalism at the Start of the Twenty-First Century." *Publius* 30(4): 115-135.

Ma, Shu-Yun. 2007. "Political Science at the Edge of Chaos? The Paradigmatic Implications of Historical Institutionalism." *International Political Science Review* 28(1): 57-78.

March, James and Johan Olsen. 1984. "The New Institutionalism: Organization Factors in Political Life." *American Political Science Review* 78(3): 734-749.

Marsh, David and Gerry Stoker. 1995. *Theory and Methods in Political Science*. New York, NY: St. Martin's Press.

Marsh, David and Gerry Stoker 著，陳義彥譯，1998，《政治學方法論》，台北：韋伯文化。

Persson, Torsten and Guido Tabellini. 2004. "Constitutional Rules and Fiscal Policy Outcomes." *The American Economic Review* 94(1): 25-45.

Peters, Guy and Jon Pierre. 1998. "Institutions and Time: Problems of Conceptualization and Explanation." *Journal of Administration Research and Theory* 8(4): 568-583.

Peters, Guy. 1996. "Political Institutions, Old and New." In *A New Handbook of Political Science*, eds. Robert Goodin and Hans-Dieter Klingemann. New York, NY: Oxford University Press, pp. 205-222.

Pierson, Paul and Theda Skocpol. 2002. "Historical Institutionalism in Contemporary Political Science." In *Political Science: The State of the Discipline*, eds. Ira Katznelson and Helen V. Milner. New York, NY: Norton, pp. 693-721.

Robertson, Brain. 1993. "The Return to History and the New Institutionalism in American Political Science." *Social Science History* 17(1): 1-36.

Robinson, Glen. 1991. *American Bureaucracy: Public Choice and Public Law*. Ann Arbor, MI: University of Michigan Press.

Scheppele, Kim Lane. 2004. "Constitutional Ethnography: An Introduction." *Law & Society Review* 38(3): 389-406.

Schleiter, Petra and Edward Morgan-Jones. 2009. "Citizens, Presidents and Assemblies: The Study of Semi-Presidentialism beyond Duverger and Linz." *British Journal of Political Science* 39(4): 871-892.

Shen, Yu-Chung. 2011. "Semi-Presidentialism in Taiwan: A Shadow of the Constitution of the Weimar Republic." *Taiwan Journal of Democracy* 7(1): 135-152.

Tsai, Jung-Hisang. 2008. "Sub-Types of Semi-Presidentialism and Political Deadlock." *French Politics* 6(1): 63-84.

Tsai, Jung-Hsiang. 2009. "Political Structure, Legislative Process, and Corruption: Comparing Taiwan and South Korea." *Crime Law Social Change* 52(4): 365-383.

Wu, Chung-Li. 2009. "Semi-Presidentialism and Divided Governance in Taiwan: Public Perceptions of Government Performance." *Issues & Studies* 45(4): 1-34.

Wu, Yu-Shan. 2000. "The ROC's Semi-Presidentialism at Work: Unstable Compromise, Not Cohabitation." *Issues & Studies* 36(5): 1-40.

Wu, Yu-Shan. 2008. "Study of Semi-Presidentialism: A Holistic Approach." Paper presented at International Conference on "Semi-Presidentialism and Democracy: Institutional Choice, Performance and Evolution," October 17-18, Taipei: Institute of Political Science at Academia Sinica.

附錄

附錄一　憲政資料庫相關期刊文章數
附錄二　2000-2011 年台灣憲政研究回顧期刊文章
附錄三　2000-2011 年台灣憲政研究回顧書目
附錄四　2000-2011 年台灣學者憲政研究議題類型架構及編碼
附錄五　2002-2011 年憲政研究方法分類架構及編碼

囿於篇幅所限，以上附錄資料請詳見中研院政治所網頁（http://www.ipsas.sinica.edu.tw）之出版品專區

國際關係與兩岸關係

第八章

兩岸關係研究的開展與侷限[*]

吳玉山

　　兩岸關係研究具有其重大的學術與現實意義，但是兩岸研究的深化卻不容易推進。在 12 年前，當中國政治學會出版《邁入廿一世紀的政治學》特輯，以回顧台灣政治學的發展時，有關於兩岸關係的研究並沒有列成專章，而是被放在「國際關係」下的「外交政策」當中（吳玉山，2000）。這是有其原因的。雖然兩岸關係對於台灣的影響極其重大，包括國防、外交、經濟，或是社會、文化、認同等各個面向都是如此，但是兩岸的議題性質特殊，在學術化與理論化上面對兩個先天的困難。第一個困難是兩岸關係先天上具有內外的雙重性質，因而影響到次領域的建立。兩岸關係一方面是台灣和一個外在實體之間的關係，另一方面這個外在實體又不是一般的外國，而是法律上我國的一部分，又在文化和血緣上和台灣密切相依。對岸更對於台灣提出強烈的主權要求，並造成中華民國在國際上處境艱難。由於同時具有外在性和內在性，因此兩岸關係的研究既具有國關性質、又具有本國政治的性質；既與大陸研究密切相關、又和台灣政治密不可分。這就造成研究兩岸關係的學者可能是來自國關領域（例如美中台關係的研究者）、本國政治（例如國家認同的研究者）、大陸研究（例如台商的研究者），或是其他領域，他們各有其歸屬。兩岸關係因為和多個既有的政治學次領域高度重疊，所以無法展現其獨立性；雖然極端重要，但是不能成為一個界線分明的學術範疇，因而影響到它的發展，也影響到它和主流政治學理論接軌的可能性。[1] 這樣的情況是和兩岸關係本身的特質密切相關的。

　　對於兩岸關係的研究除了受到議題本身兩重性的影響之外，也受到兩岸關係高度政治化的影響，這是深化此一研究所面對的第二個困難。由於台灣的政治競爭不是以國家在經濟中所應該扮演的角色（也就是左右）為核心，而是環繞在國家認同和兩岸關係

---

[*] 本章特別感謝台灣大學政研所的蘇軍瑋與傅澤民兩位同學協助搜尋相關資料與製作圖表，並感謝趙建民教授所提供的評論意見。

[1] 兩岸關係本身具有多面向的性質，在這許多的面向當中，都有不少的理論可資參考，然而如何揉合這些理論，成為一個足以解釋多面向兩岸關係的分析框架，卻是缺乏先例的。在政治學的文獻當中，沒有任何一個既有的理論可以充分地解釋兩岸關係。如果研究者無法自己發展出這樣的理論性解釋框架，自然會影響到和政治學主流對話與接軌的能力。

的議題上，因此對兩岸關係的研究便具有極高度的政治性和現實性。其優點是這個領域的議題容易引起社會大眾的興趣，而缺點則是街談巷議與媒體評論充斥，政治上的對立又極端嚴重，因此影響到兩岸關係研究往學術化與理論化的方向發展。在獨立的學術領域不易建立，和現實政治性過高的兩個因素影響下，兩岸關係研究的深化受到相當的限制。一方面不易發展理論讓兩岸關係研究和國際主流接軌，一方面也限制了學術界提供研究成果以供社會與政府參考的能力，這是極為可惜的。看到此種情況，雖然學術界也做出了相當的努力，並且產生了若干的成果（例如包宗和、吳玉山，1999、2009），但還是有非常大的改進空間。由於兩岸關係研究巨大的學術與政策意義，如何加以深化已經成為學術界迫在眉睫的重要考驗與挑戰。

在以下的討論當中，我們將針對台灣的兩岸關係研究進行檢視，並加以分類。我們所採用的類別標準是通論、歷史、政策、比較政策，與理論。其中的通論和歷史合為描述類，政策與比較政策合為政策類，理論則自成一類。我們所根據的材料包括各大學所開授的相關課程、處理兩岸議題的學術專書，以及政治學期刊中有關於兩岸關係的論文。[2] 我們所得到的總體圖像是兩岸議題受到社會和學術界的相當關注，但是在研究的層次上卻較為偏重歷史、通論與政策，而較為缺乏理論，也因此不易和政治學的研究主流密切接軌。此種趨勢，在課程方面最為明顯，專書部分次之，而期刊論文則有較強的理論化趨勢，但也還是有所不足。從這裡我們可以看出當前兩岸關係研究可以改進之處。

壹、大學課程

大學所開授的兩岸關係課程代表了兩個意義：一個是大學在學術訓練方面對學生的要求，一個是學生對於專業知識的需求，當然前者的份量通常是較重的，可是在台灣的大學數目供過於求的情況下，學生以及社會對於課程及其內容的偏好也必然會漸趨重要。台灣的大學數目眾多，我們以有開設兩岸關係課程的大學為主，搜尋其課程綱要，

---

[2] 我們的資料一方面集中於在台灣所發表的兩岸關係研究成果，一方面又以中文為限，這樣蒐集資料的策略自然會有所缺漏，使得我們無法一窺兩岸關係研究的全貌。然而為了較精細深入地搜尋與掌握資料，同時也為了符合本書所揭櫫的檢視台灣政治學發展的宗旨，本章暫時採取了此一有限的資料蒐集策略。對於兩岸關係研究的全面性檢視，包括學者以英文或在國外發表的研究成果或相關課程分析，可以納入本章的後續研究當中。

並且加以分類。這些大學包括台灣大學等共 29 所大學，開課單位頗為多元。[3] 由於過去的課程資料不容易蒐集，因此我們集中於各校在 99 學年度上、下學期與 100 學年度上、下學期所開授的與兩岸關係相關的課程，一共是 199 門。[4] 就這些課程在各校的分配而言，在 29 所大學當中，共有 7 所開出超過 10 門的兩岸關係課程，它們是政大（23 門）、淡江（22 門）、台大（21 門）、文化（20 門）、銘傳（16 門）、台師大（11 門），與中山（亦為 11 門）。其中前四個學校（開課數超過 20 門者）所開授兩岸關係課程的數目就達到了全體課程總數的 43.2%。這些學校對於兩岸關係的重視有些是反映了傳統、組織與師資，有些則是體現了學校在發展方向與教學重點上對兩岸關係特別著重。

在這 199 門課程當中，有 13 門並非專門針對兩岸關係而開設。這些課程通常是和中國大陸研究相結合，而冠以「中共政經發展與兩岸關係」等名稱，其中兩岸關係所佔的比重一般偏低。在以兩岸關係為主的課程中，又有 68 門沒有提供可檢索的課程內容。[5] 由於僅以課程名稱難以判定類別，因此在以下的分類當中，我們排除了這些缺乏可檢索內容的課程。在經過兩個階段的整理後，我們手邊共有 118 門專注於兩岸關係、又可檢索內容的課程作為分析的基礎。

我們把這些課程分為歷史、通論、政策、比較與理論等五大範疇。歷史類的課程是以兩岸關係史為內容，又分為兩種類型：第一種多半是歷史系所開，將兩岸關係溯及明鄭或是更早的時期；第二種則以當代為範圍，主要是討論 1949 年以後的兩岸關係。通論的部分是介紹兩岸關係的各個面向，而沒有特別的著重。政策類的課程有些是以中共對台政策為主，或是以台灣的大陸政策為主，或是雙方皆論。這些課程常以雙方的執政者為基礎，分別討論他們的政策取向。另一種的政策課程則是以領域為基礎，討論兩岸的經貿政策、投資政策、軍事政策等，重點是瞭解雙方的相對政策態度，和政策互動。

---

[3] 它們是台灣大學、政治大學、台北大學、東吳大學、清華大學、淡江大學、文化大學、台灣師範大學、成功大學、中興大學、中央大學、中山大學、中正大學、東海大學、輔仁大學、中原大學、東華大學、佛光大學、高雄師範大學、彰化師範大學、嘉義大學、市立台北教育大學、金門大學、靜宜大學、義守大學、世新大學、銘傳大學、玄奘大學、開南大學。就開授課程的單位而言，包括政治系所、國發所、歷史系、通識中心、新聞所、農經所、東亞所、公行系、外交系、台史所、行管學程、亞太學程、國華系、東亞系、經濟系、政經所、國策所、國政所、中國與亞太所、戰國所、史地系、國際暨大陸系、大陸所、財金系、未來所、國際與兩岸系、中山所、法律所、國貿系、勞工所等。

[4] 由於本章是在政治學發展的系絡下來檢視兩岸關係研究，因此對於大學開授課程的選擇也是以政治相關為主，而無法兼顧其他領域的課程。例如各校許多商管方面的課程都涉及兩岸關係，但均不納入本章的討論範圍之內。

[5] 本章對於各個課程的檢索主要是透過網站的搜尋，如果有些課程的綱要無法在學校的官網上搜得，便納入此一範疇當中。

比較的部分是針對兩岸在不同政策領域的作爲進行比較研究，包括勞工政策、政治參與、地方治理、環境保護、經濟發展、土地政策、醫療保險、金融政策、司法制度、第三部門，以及國會體制等等。這些課程所研究的其實不是兩岸關係本身，而是比較兩岸在特定領域所採行的政策。在這裡主要的關懷不是兩岸的互動，而是二者政策的異同與其意義。最後有關於理論的課程主要是將研究兩岸關係的理論加以耙梳整理，分爲幾個面向，而後分別評述。也有專注於特定途徑的理論（例如國際關係），並以此來分析兩岸關係。

　　現在我們可以看一下各校的課程在這幾個範疇中的分配。通論組共有 41 個課程，佔總課程數的 34.7%，數目最多，遠超過其他的範疇。政策組與歷史組居次，分別有 27 與 25 個課程，佔總數的 22.9% 與 21.2%。居於第四的是比較組，共有 14 個課程，佔 11.9%。最後是理論組，共有 11 個課程，佔總數的 9.3%。由於歷史的課程和通論類似，都是對於兩岸關係進行基本的描述，因此這兩個介紹性質的範疇就佔了總課程的 55.9%，居於最大宗。在其餘的三組當中，政策的研究較爲精細，比較政策更需要發展出分析的框架，而理論組的抽象層次則更高。這三類課程所佔的比例是政策高於比較、而比較高於理論，顯示越接近抽象與理論端，課程的數目越少。總體而言，有關於兩岸關係的課程，從最一般的通論與歷史、到較爲精細的政策、到分析性更高的比較研究，再到理論的探討，其份量與比重是逐步降低的。這是一個非常明顯的現象。關於各組課程佔總課程數的比重，在以下的圖 8-1 中有清楚的顯示。

　　描述性課程數量較大，一方面顯示學校重視兩岸關係的領域，一方面也代表社會與學生想要瞭解兩岸關係。然而分析性課程的缺乏，卻也表示學生較不可能從修課中發展

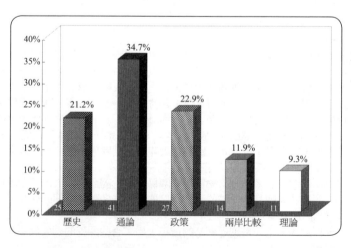

圖 8-1　兩岸關係研究課程的分配

出研究兩岸關係的能力。作為我們母體的 29 所學校包含了台灣研究型大學的主力，因此兩岸關係的研究成果理應可以從各大學的授課情況中體現出來，不過我們在其中卻發現了當前研究的侷限：一方面對於兩岸議題的探討具有相當的廣度，另一方面卻又較為缺乏深度，顯示此一領域還正在初步開展當中。

貳、研究兩岸關係的專書

　　課程是學術訓練與知識傳承的核心，專書與期刊則是研究發表的主要形式。其中在專書的部分，我們以過去十年（也就是 2002 到 2012 年）為搜索的範圍，透過全國圖書書目資訊網的資料庫，以「兩岸關係」、「大陸政策」、「兩岸交流」、「涉台政策」等關鍵字進行檢索，得出 1,635 筆的搜尋結果。在這其中我們進行兩個階段的篩選。首先是剔除重複的書目和影音出版品的部分，其次是排除了政府的政策說帖等出版品、研討會論文、學位論文、個人傳記，以及個人評論等，最後得到 184 筆的專書文獻資料。這 184 本學術性的專書就構成了我們分析的基礎。

　　在 184 本專書當中，屬於通論性質的有 43 本，佔總數的 23.4%，多是合輯，其範圍頗為廣泛，而主題則較為分散多元。屬於歷史類的有 28 本（15.2%），其中有討論兩岸史觀者（如林滿紅，2002）、有論述台灣歷史與兩岸關係者（如楊貞惠，2004；賴澤涵、朱德蘭，2004）、有以戰後與冷戰時期為主題者（如沈志華，2010）、有專門探討李登輝時期者（如李福鐘，2010；郭壽旺，2006）、有關注陳水扁時期者（如邵正興，2008），也有以馬英九時期為重點者（如余莓莓，2009）。不論是通論或歷史性質的專書，都提供了重要的經驗資料，讓讀者可以建立理解兩岸關係的知識基礎。但是這兩類的專書在理論性與分析性上較為有限。在專書當中數目最多的是政策類的著作，包括統獨（如王英津，2004）、戰略（如吳建德、張蜀誠、王瑋琦，2012；劉世忠，2010）、外交（如毛鑄倫，2011）、經貿（如范世平，2010；徐斯勤、陳德昇，2011；羅致政，2010）、文教（如楊景堯，2012）等各項範疇，共有 88 本，佔總數的 47.8%。這些政策類的專書焦點較為集中，可以深入地挖掘主題。和大學課程不同的是，專書中比較兩岸政策的頗為有限，在我們的資料中僅有五本（2.7%），主要是討論兩岸在經濟發展（謝國興，2010）、農村治理（王振寰、王瑞琦、陳永生，2010）、文化教育（楊景堯，2010）和重大災害處置（陳德昇，2005；劉文斌，2011）等方面的政策表現。

　　在 184 本專書當中，探討理論模式或是運用理論分析到兩岸關係研究的共有 20 本，佔 10.9%，就比重而言和課程相近。在這些著作中，由包宗和與吳玉山所編的《爭辯中的兩岸關係理論》（1999、2011）與《重新檢視爭辯中的兩岸關係理論》（2009、

2012）性質較為特殊。這兩本著作將兩岸關係的研究途徑歸納為兩岸互動、國內政治與國際環境等三個面向，又在每一個面向中分別討論了數個理論，因此構成了相當完整的文獻檢閱與評述，是討論理論的專著。[6] 而其他的理論性專書則大多採用了特定的途徑或模式來分析兩岸關係，例如分裂國家模式（張亞中，2010b、2011）、國家社會途徑（林信華，2003）、國際體系理論（向駿，2006）、戰略三角模型（王堯鈞，2005）、建構理論（吳得源，2009；衛民，2007）等。由於這些專書的作者都努力結合社會科學理論與兩岸關係，因此他們的切入方式較為深入，所獲得的研究成果也比較具有累積性。專書在通論、歷史、政策、比較與理論等各個範疇分布的情況，在圖 8-2 中可以清楚地看出來。

我們如果比較圖 8-1 和圖 8-2，便可以發現課程中通論和歷史部分所佔的比例非常高，達到 55.9%，但是在專書當中這一部分卻下降到 38.6%。另一方面，政策所佔的比例在課程當中較為有限，僅有 22.9%，但是在專書中卻上升到 47.8%。另外理論在專書中佔 10.9%，和課程中的 9.3% 差異不大。整體而言，由於政策部分的比重提高，兩岸關係研究在專書中所展現的分析性比課程要高。但是如果我們是以理論作為兩岸關係研究和主流政治學接軌的橋樑，則在專書當中，這一個連結還是很脆弱

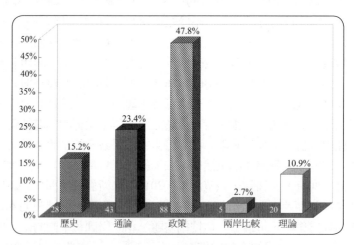

圖 8-2　兩岸關係研究專書的分配

6　以《重新檢視爭辯中的兩岸關係理論》為例，便從三大面向、13 個途徑來解析兩岸關係，其中包括有國際關係的現實主義與建構理論、有社會心理的調查研究及精神分析、有重視形式的賽局理論和空間模型、有政治經濟學的理論框架、有經驗統計的時間序列、有歷史文化的研究典範、有實證法學的分析形式，還有規範面向的倡議討論。

的，僅佔約一成的比重。[7]

參、研究兩岸關係的期刊論文

　　期刊論文是專書之外另外一個最主要的研究發表渠道。在這一方面我們資料蒐集的方法是以《2008 年台灣政治學期刊評比》（郭承天、林正義、蕭高彥、陳敦源，2008）所選定的 19 份專業政治學期刊為基礎，逐一檢視從 2002 年迄今（2012 年）各期刊中所登載的有關於兩岸關係的論文，並且加以分類。在這 19 份期刊當中，共有 12 份於觀察期內曾經刊登過以兩岸關係為主題的論文。[8] 論文總數為 107 篇。[9] 以下便以這 107 篇論文作為基礎，來進行次領域的分類。

　　由於我們所選取的期刊是進入政治學專業期刊評比的刊物，其中絕大多數都是國內的 TSSCI 期刊，因此其內容較具有學術性與理論性，同時也不會出現以兩岸關係史為主題的論文。[10] 我們因此預期這 107 篇論文不會有歷史的討論，同時在分析性上也會比專書和課程為強。實際分析的結果的確如此。在所有 107 篇論文當中，沒有一篇是屬於純粹歷史的範圍，而通論部分則有 28 篇，佔 26.2%。如果將歷史和通論兩個合為一個範疇，則二者在期刊中所佔的份量比在課程和專書中都低，顯示經驗性高、分析性低的類別在期刊中最少出現。其次，在期刊論文中政策部分的共有 33 篇，佔 30.8%，這比課程中的為高，與專書相比則較低。比較的部分有 7 篇（6.5%），如同在專書中一樣，比重都是最小的。在期刊論文中最為突出的，是理論部分特別多，共有 39 篇，佔了總數

---

[7]　我們在做這個比較的時候，理解到所蒐集的課程和專書資料的時間點是有差距的。在課程方面我們所蒐集的是 99 學年度上、下學期和 100 學年度上、下學期的資料，也就是從 2010 年下半年到 2012 年上半年，但是在專書方面，我們的資料卻涵蓋了從 2002 到 2012 年的十年。雖然有這樣的差異，但是由於過去課程資料蒐集的困難，因此這一部分較難改善。不過，如果我們只考慮從 2010 到 2012 年的專書，並和 2002 到 2012 年的專書資料加以比較，則會發現二者次領域的分布是相當一致的，也就是政策類最多，而理論類最少。

[8]　這 12 份期刊為：《台灣政治學刊》、《東吳政治學報》、《選舉研究》、《問題與研究》、《臺灣民主季刊》、《遠景基金會季刊》、《歐美研究》、《中國大陸研究》、《政治學報》、《東亞研究》、《公共事務評論》，與《第三部門學刊》。

[9]　在這 107 篇期刊論文當中，《遠景基金會季刊》刊登了 46 篇，《中國大陸研究》刊登了 20 篇，《問題與研究》則刊登了 14 篇，是刊登篇數最多的三種期刊。三者合計刊登達到 80 篇論文，佔了總數的四分之三。

[10]　郭承天等在 2008 年對 19 份政治學期刊所做的評鑑當中，共包括了 14 種 TSSCI 期刊，是評鑑內容的主要部分。而在 2002 至 2012 年曾經刊登過有關兩岸關係的 12 種期刊當中，有九種是 TSSCI 期刊。

的 36.4%，不但是期刊論文中最大的項目，也比課程與專書中相對應的比重爲高。關於
期刊論文在各領域的分配可參見圖 8-3。

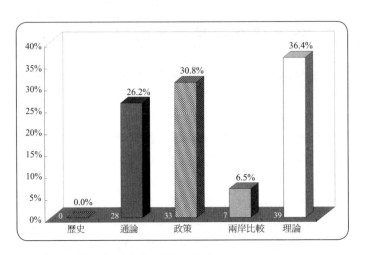

圖 8-3　兩岸關係研究期刊論文的分配

　　我們在表 8-1 當中歸納了前面討論的結果，將課程、專書與期刊論文中各研究類
別的分配做了一個比較。我們發現課程的歷史與通論部分（描述類）比重最高（合爲
55.9%），政策與比較（政策類）次之（合爲 34.8%），最低的是理論類（僅有 9.3%）。
這顯示課程的經驗性最高、分析性最低。在專書當中歷史與通論的描述類的比重合爲
38.6%，較課程降低很多，政策與比較（政策類）則大幅增加爲 50.5%，理論類也微升
到 10.9%。這顯示經驗性逐漸降低、而分析性則開始提升。到了期刊論文的部分，歷史
與通論的描述類僅合佔 26.2%，政策與比較類爲 37.3%，仍居最高，但是理論類已經躍
升爲 36.4%，與政策類幾乎不相上下，顯示經驗性持續降低，而分析性與理論性則大幅
提高。因此，從課程、專書，到期刊論文，經驗性是逐漸降低，而分析和理論性是逐漸
增加的。這樣的一個趨勢，當我們比較圖 8-1、圖 8-2 與圖 8-3 時，也可以從峰點的位置
不斷向右移動看出來。

肆、理論化的努力

　　雖然在課程、專書，與期刊論文當中對於理論部分的偏重不同，但都展現了若干
理論化的表現是兩岸關係研究和政治學接軌的橋樑，因此值得特別
注意。在以下的討論當中，我們擷取課程、專書與期刊論文當中屬於理論的部分，並依

表 8-1 課程、專書與期刊的比較 　　　　　　　　　　　　　　　 單位：%

	課程	專書	期刊
歷史	21.2	15.2	0
通論	34.7	23.4	26.2
描述類合計	55.9	38.6	26.2
政策	22.9	47.8	30.8
比較	11.9	2.7	6.5
政策類合計	34.8	50.5	37.3
理論	9.3	10.9	36.4

據《爭辯中的兩岸關係理論》與《重新檢視爭辯中的兩岸關係理論》中所採取的三個面向與 13 個理論途徑加以分類，以瞭解國內在兩岸關係理論化的方面發展的概況。這三個面向是兩岸互動、國內政治，與國際環境。在兩岸互動面向的理論包括分裂國家模式、整合理論、權力不對稱模式，與賽局理論。在國內政治面向的理論包括政治制度與競爭、政治心理途徑，以及國家與社會途徑。在國際環境面向的理論包括現實主義國際體系、戰略三角模式，及新自由與建構理論。除了三個面向之外，另有總論的部分，是以評介和比較各個研究途徑為主題。分析的結果顯示在表 8-2 當中。

表 8-2 課程、專書與期刊論文中的理論途徑

		課程	專書	期刊	總計
總論		6	4	1	11
兩岸互動面向	分裂國家模式	1	1	1	3
	整合理論		3	2	5
	權力不對稱模式		1		1
	賽局理論			3	3
國內政治面向	政治制度與競爭			3	3
	政治心理途徑		5	16	21
	國家與社會途徑	1	1	5	7
國際環境面向	現實主義國際體系	3	1	6	10
	戰略三角模式		1		1
	新自由與建構理論		3	2	5
總計		11	20	39	70

從表 8-2 中我們可以看到，理論途徑中的總論部分相當程度上集中於課程。台灣大學、台北大學、台灣師範大學，以及東吳大學都開設了評述與比較兩岸關係理論的課程，共有六門。在專書方面包括了全面性討論兩岸關係研究途徑的《爭辯中的兩岸關係理論》（包宗和、吳玉山，1999、2011）與《重新檢視爭辯中的兩岸關係理論》（包宗和、吳玉山，2009、2012）。這兩本書對於各個課程的內容安排有相當程度的影響。另外在論文中有較早時期魏鏞（2002b）對台海兩岸互動模式的討論。總論是檢視兩岸關係理論發展的平台，也是進一步推動兩岸關係研究理論化的基礎。由於其性質的關係，主要是出現在課程和專書當中。除了總論之外，兩岸互動、國內政治，與國際環境三個面向都各有發展。在兩岸互動方面，分裂國家模式共有課程一門、專書一本（張亞中，2010a），與論文一篇（張亞中，2003a）。這個模式的探討已經脫離了初期和兩德、兩韓的比較，而聚焦於如何有創意地處理兩岸關係。各種對於國家定位的討論，都和此一模式密切相關。就整合理論而言，共有專書三本（邱垂正，2008；張亞中，2003b、2010b）、期刊二篇（莊奕琦、劉冬威，2012；童振源，2003）。其關切的重心是經濟與政治的關連，也就是兩岸經濟的整合是否會對政治整合帶來甚麼樣的影響。在權力不對稱模式方面，僅有專書一本（郝望，2006），然而此一因素對於兩岸關係其實具有極大程度的影響，特別在兩岸實力快速拉開的情況下，更值得關注。最後與賽局理論相關的共有三篇論文，其中形式化的程度各有不同（李英明、賴皆興，2005；沈有忠，2006；張執中，2002）。如何發展新的形式理論來解釋兩岸關係，是理論界可以著力之處。

在國內面向當中的政治制度與競爭方面有三篇論文，分別探討了藍綠版圖、民主和平，與分立政府和兩岸關係之間的關係（李酉潭、張孝評，2004；岳瑞麒、吳重禮，2006；耿曙、陳陸輝，2003）。在這裡比較缺乏對於中國大陸政治發展的關注，是可以加強之處。國內面向中有一個當今兩岸關係研究文獻裡最突出的區塊，即對於認同變化的研究。此處共有五本專書（石之瑜，2004；林谷芳，2005；林國章，2010；郭洪紀，2002；謝政諭，2007）、15 篇論文。[11] 在論文當中，除了三篇是採用心理分析的途徑之外，均以社會調查的方式來蒐集資料，並進行判讀。這裡研究的主要對象是一般台灣民眾的國家認同，但也有相當的部分是探討台商或參與各種兩岸交流活動的民眾是否會因為和對岸的接觸與交往而改變了其認同。這一區塊由於有不斷蒐集的實證資料加以支撐，因此產量頗眾。當然所缺乏的還是對於大陸民眾的調查研究。最後在國內面向還有

---

[11] 這 15 篇論文是：石之瑜（2003a、2003b）；吳乃德（2005）；林瑞華、胡偉星、耿曙（2011）；林瑞華、耿曙（2008）；徐火炎（2004）；耿曙、曾于蓁（2010）；張傳賢、黃紀（2011）；盛杏湲（2002）；陳重成（2008）；陳陸輝、耿曙、涂萍蘭、黃冠博（2009）；陳朝政（2005）；陳義彥、陳陸輝（2003）；楊開煌、劉祥得（2011）；劉嘉薇、耿曙、陳陸輝（2009）。

國家與社會途徑，這是以社會和國家的互動為主軸，特別對於政治與經濟之間的關連進行研究探討。國家社會途徑共有一門課程、一本專書（林信華，2003），與五篇期刊論文（林琮盛、耿曙，2005；耿曙，2009；耿曙、林琮盛，2005；耿曙、林瑞華，2007；張家銘、江聖哲，2007），其重點一個是大陸經濟發展對於中共政權的對台政策是否產生影響，一個是大陸的「惠台」政策與台商的經濟利益是否會改變受影響的台灣民眾的政治行為。這些都是極為重要的議題，而研究者也都採用了頗為嚴謹的研究方法。

　　第三個面向是國際環境。在這裡有一個很大的項目是用現實主義和國際體系來解釋兩岸關係，包括有三門課程、一本專書（向駿，2006），與六篇期刊論文（王崑義、李黎明，2003；宋學文，2004；張廖年仲，2005；蔡昌言、李大中，2007；蔡東杰，2003；Wang, 2002），顯示此一途徑受到普遍的重視，並且是國際關係理論和兩岸關係研究之間的主要連結。研究者試圖從各種現實主義來理解兩岸關係，並將其放置到國際體系中來。除了體系論之外，此一途徑也包括了權力轉移理論與外交政策分析等。戰略三角模式其實是一種現實主義理論，以國家安全和三邊互動為框架，試圖分析美國、中國大陸與台灣之間的戰略互動。在這一塊僅有專書一本（王堯鈞，2005），顯然不足以理解愈趨緊密與頻繁的美中台三邊互動。最後是新自由主義與建構理論的研究，包括專書三本（吳得源，2009；徐淑敏，2005；衛民，2007）與期刊論文二篇（徐淑敏，2004；陳德昇、陳欽春，2005）。新自由與建構理論相當程度是對於現實主義的反動，它們彼此之間也有相當的不同，放在一個範疇內是取其與現實主義的對立。對於在現實主義框架下受盡壓制的台灣而言，試圖在新自由主義或建構論下尋找出路是非常自然的。當然在此一方面的理論發展還是有所不足。

伍、開展與侷限

　　本章鳥瞰了兩岸關係研究在過去十年來的進展，發現不論是在大學開授課程、出版專書，或是發表期刊論文方面都有相當的成績。然而雖有廣度，深度卻較為有限。我們檢視了 29 所大學的兩岸關係課程共 199 門，相關專書共 184 本，以及 12 種期刊所刊登的 107 篇相關論文，將其依據歷史、通論（二者合為描述類）、政策、比較（二者合為政策類），與理論等範疇加以分類，發現課程的經驗性最高、而理論性最低；期刊論文則完全相反，其經驗性較低、而分析性最高；專書則介於其中。課程最多的是描述類的項目，專書最多的是政策類，而期刊論文則是政策類與理論類平分秋色。這樣的結果一方面顯現了課程、專書與期刊論文的對象不同，一方面也凸顯了整體而言兩岸關係研究的分析與理論性還是不足，因此較難與政治學主流接軌，或提供具有深刻理論基礎的政

策建議。在這裡我們看到了當前兩岸關係研究的侷限所在。

　　如本章在開頭所述，兩岸關係研究處身於數個已經相當根基強固的政治學領域之間，先天上具有多重性質，比較不容易集中資源、培養本身的人才。另一方面，兩岸關係又正處於國內政治競爭的核心，因此爭議性高，而街談巷議又充斥，因此不被認為具有理論性。此種常俗的看法也影響到兩岸關係研究的學術化與理論化。雖然如此，在過去十年當中，兩岸關係的重要性不斷地被大眾認知，包括2012年的總統大選便是以兩岸關係作為辯論競爭的主軸，而兩岸關係研究也成為一個受到重視的領域。但此種社會認知還沒有轉化為廣泛而深入的學術與理論研究，以匹配兩岸關係不斷增高的重要性。這個事實，在本章的分析中已經清楚地顯現出來了。

　　由於理論化的程度決定了兩岸關係研究是否能和政治學的主流接軌，以及是否能提出有科學基礎的政策建議，因此我們對於理論化的表現特別著重。在本章中，我們把課程、專書與期刊論文中屬於理論性的項目集合起來，觀察它們在兩岸關係研究各次領域中的分配，發現一些亮點（例如政治心理的研究），也看到許多可以加強之處（例如權力不對稱模式與戰略三角模式）。如何在既有的理論基礎之上持續精進、提升學術品質，並對大陸政策提供具有紮實科學基礎的建議，實在是兩岸關係的研究者在當前最深切的使命。在這一方面，過去研究者的努力已經展現了若干的成績，但是仍然必須與時俱進、持續深化。由於兩岸關係在可預見未來會是美國與中國大陸這兩大世界強權之間頭等重要的議題，因此兩岸關係在國際關係學界佔有一定的份量，也吸引了許多國際學者投入研究。台灣對於兩岸關係的研究先天上佔有優勢地位，大可積極地進行國際化，並爭取在此一領域的發言權與研究議程的設定，同時延伸進入國關理論的辯論與開展，讓兩岸關係成為當代國關研究中一個重要的理論性案例。除了發展學術的意義之外，台灣的兩岸關係研究更可以將中華民國的政治現況與台灣民眾的價值偏好忠實地加以呈現分析，將有利於國際上對我們的理解與支持。

　　最後，我們可以從兩岸關係研究的變化，看出一些知識社會學的脈絡。今天以國家認同作為優勢研究途徑的情況並不是自始即然的。雖然我們手邊沒有1990年代兩岸關係研究文獻的完整資料，但是參考一些當時出版的重要專書與論文（例如包宗和，1992；張五岳，1992；張亞中，1998；許禎元，1998；趙全勝，1994），可以發現分裂國家模式是一個非常重要的研究途徑。這顯然和我國的傳統官方立場是密切相關的，也反映了當時社會和學術界的重要思考方向。到了2000年之後，政治與知識環境的劇烈改變，大幅度地衝擊了傳統的兩岸關係研究途徑。國家認同的研究成為顯學，並且充分地反映在各項研究成果當中。從分裂國家模式到政治認同分析，我們所看到的不僅是兩岸關係研究中的優勢途徑轉移，更是台灣政治環境變遷的縮影。近年來兩岸經濟互動不斷增溫，探討政經關係的研究也愈益興盛，在未來是否又會帶來新一波的優勢途徑轉移

還尚待進一步的觀察。總體而言，從過去的發展趨勢來看，兩岸關係研究不可能不反映台灣整體的政治變遷。在這一方面，如果能夠積累更多的跨時性資料，例如每隔一段時間便進行一次兩岸關係研究的調查，當可更進一步確認政治環境和學術研究之間的關係。這也讓我們對兩岸關係研究進行分析產生了重要的知識社會學的意義，是十分具有價值的。

參考書目

丁樹範（編），2003，《胡錦濤時代的挑戰》，台北：新新聞文化。

卜睿哲（Richard C. Bush）著，林添貴譯，2011，《台灣的未來：如何解開兩岸的爭端》，台北：遠流。

卜睿哲（Richard C. Bush）、歐漢龍（Michael E. O'Hanlon）著，林宗憲譯，2010，《不一樣的戰爭：台灣的選擇／中國的焦慮／美國的挑戰》，台北：博雅書屋。

中華徵信所企業公司，2010，《ECFA 關鍵報告》，台北：中華徵信所企業公司。

毛鑄倫，2011，《中國崛起與台海兩岸：關於美／日霸權掌控台灣以脅制中國的觀察與理解》，台北：海峽學術。

王央城（編），2007，《前瞻兩岸關係發展的趨勢》，桃園縣：國防大學戰略研究所。

王英津，2004，《國家統一模式研究》，台北縣：博揚文化。

王振寰、王瑞琦、陳永生（編），2010，《兩岸鄉村發展與農村治理》，台北：五南。

王振寰、湯京平、宋國誠（編），2011，《中國大陸暨兩岸關係研究》，高雄：巨流。

王高成等，2008，《全球戰略形勢下的兩岸關係》，台北縣：華立。

王偉霖（編），2010，《兩岸經貿新契機：金融與智慧財產篇》，台北：新台灣人文教基金會。

王崑義、李黎明，2003，〈想像的危機：「反恐時代」美國的危機建構與台灣的戰略選擇〉，《遠景基金會季刊》4（2）：61-109。

王堯鈞，2005，《進出戰略三角：認同台灣的國際政治學》，台北：翰蘆。

王嘉州等，2005，《胡溫體制的平衡戰略：思維與政策》，台北：遠景基金會。

王銘義，2005，《對話與對抗：台灣與中國的政治較量》，台北：天下遠見。

王麗珠（編），2005，《兩岸大眾傳播交流現況與發展》，台北：新聞局。

亓樂義，2006，《捍衛行動：一九九六年台海飛彈危機風雲錄》，台北：黎明文化。

亓樂義，2008，《三戰風雲：新形勢下的台海危機》，台北：黎明文化。

包宗和，1992，〈國家整合：中、韓、德模式之比較〉，《社會科學論叢》40：93-110。

包宗和、吳玉山（編），1999，《爭辯中的兩岸關係理論》，台北：五南。

包宗和、吳玉山（編），2009，《重新檢視爭辯中的兩岸關係理論》，台北：五南。

包宗和、吳玉山（編），2011，《爭辯中的兩岸關係理論》，二版，台北：五南。

包宗和、吳玉山（編），2012，《重新檢視爭辯中的兩岸關係理論》，二版，台北：五南。

包宗和等，2004，《台灣安全戰略評估 2003-2004》，台北：遠景基金會。

巨克毅（編），2005，《台海安全的戰略新情勢》，台北：鼎茂。

巨克毅（編），2006，《東亞戰略格局與台海安全》，台北：鼎茂。

田弘茂、張顯超（編），2008，《兩岸交流二十年：變遷與挑戰》，台北縣：明田文化。

田麗虹，2004，《兩岸關係的決策分析：解析行政立法關係下的大陸政策》，台北：新文京開發。

石之瑜，2003a，〈起手無悔大丈夫──迷失在依附者能動性中的美「中」戰略棋盤〉，《遠景基

金會季刊》4（2）：39-60。

石之瑜，2003b，〈「復興基地」論述的再詮釋：一項國家認同參考指標的流失〉，《遠景基金會季刊》4（4）：37-66。

石之瑜（編），2003c，《家國之間：開展兩岸關係的能動機緣》，台北：新台灣人文教基金會。

石之瑜，2004，《台灣之命運：鎖在帝國前線，停在民主邊緣》，台北：海峽學術。

石玉民，2012，《從敵對到握手：兩岸關係六十年全掃瞄：1949-2009》，台北：靈活文化。

石田浩，2007，《台灣民主化與中台經濟關係：政治內向化與經濟的外向化》，台北縣：稻鄉。

石田浩，2010，《共同幻想的「中華」：經濟學者論述 海峽兩岸的形勢》，台北縣：稻鄉。

向駿（編），2006，《二〇五〇中國第一？：權力轉移理論下的美中台關係之迷思》，台北縣：博揚文化。

朱正中、孫明德（編），2005，《中國經濟開世局‧兩岸關係創新機》，台北：台灣經濟研究院。

朱敬一（編），2009，《ECFA：開創兩岸互利雙贏新局面》，台北：遠景基金會。

朱新民（編），2005，《胡溫體制的平衡戰略：思維與政策》，台北：遠景基金會。

朱蓓蕾，2005，《兩岸交流的非傳統性安全》，台北：遠景基金會。

余莓莓，2009，《破冰與決堤：國共擴大接觸對兩岸關係的衝擊》，台北縣：晶典文化。

吳乃德，2005，〈麵包與愛情：初探台灣民眾民族認同的變動〉，《台灣政治學刊》9（2）：5-39。

吳玉山，2000，〈政治與知識的互動：台灣的政治學在九〇年代的回顧〉，《邁入二十一世紀的政治學》，何思因、吳玉山（編），台北：中國政治學會，頁3-48。

吳宗錦，2007，《台灣關鍵時刻：在獨立與統合的分岔路口》，台北：水瓶座。

吳建德、張蜀誠、王瑋琦，2012，《柳暗花明：兩岸軍事互信與和平協議之路》，高雄：麗文文化。

吳建德等（編），2012，《兩岸關係新論》，台北：五南。

吳釗燮（編），2011，《台海兩岸關係與中國國際戰略》，台北：新台灣國策智庫。

吳得源，2009，《「一中（各表）」的國際構成與作用：制度與建構論觀點》，台北：政治大學國際關係研究中心。

吳瓊恩，2009，《中國文化的和平崛起與兩岸關係的發展》，台北：海峽學術。

呂紹理、唐啓華、沈志華（編），2010，《冷戰與台海危機》，台北：政治大學歷史學系。

宋學文，2004，〈闡述「維持現狀」對台灣前途之意涵——動態平衡的模糊過渡途徑〉，《臺灣民主季刊》1（2）：167-191。

李中邦，2009，《日本影響兩岸關係的know-how：官民兩手相互為用與國際政治謀略》，台北：海峽學術。

李中邦，2010，《日本對兩岸新情勢的反撲》，台北：海峽學術。

李允傑，2007，《台灣政局與兩岸關係》，台北：海峽學術。

李允傑，2009，《透視兩岸‧財經》，台北：海峽學術。

李功勤，2004，《中華民國發展史：兼論兩個中國的互動與衝突》，台北：幼獅文化。

李本京，2005，《美國與兩岸關係：東亞國際政治之危機與轉機》，台北：中美文化經濟協會。

李西潭、張孝評，2004，〈民主化與台海和平之分析〉，《問題與研究》43（4）：1-34。

李亮、李立，2012，《60年台海風雲大揭秘》，台北：靈活文化。

李英明、賴皆興，2005，〈從理性博奕向結構博奕轉移：兼論兩岸結構博奕〉，《遠景基金會季刊》6（4）：1-29。

李家泉，2003，《陳水扁主政台灣總評估》，台北：海峽學術。

李華球，2007，《把脈台海：由兩岸關係與國際形勢診斷台北和北京之間的隱患》，台北縣：博揚文化。

李福鐘，2010，《國統會與李登輝大陸政策研究》，台北：五南。

李銘義（編），2006，《兩岸關係與中國研究》，台北縣：新文京開發。

杜聖聰，2008，《兩岸真相密碼：中共對台宣傳的政策、作為與途徑》，台北：秀威資訊科技。

沈有忠，2006，〈從台灣的政治競爭推論「反分裂國家法」下的美中台賽局〉，《遠景基金會季刊》7（3）：105-138。

沈志華（編），2010，《冷戰與台海危機》，台北：政治大學歷史學系。

辛旗，2003，《時代悲情‧文化變遷‧兩岸關係》，台北：海峽學術。

周湘華，2008，《遺忘的危機：第一次台海危機的真相》，台北：秀威資訊科技。

周繼祥等，2011，《兩岸關係六十年》，台北：台大國發所兩岸關係研究中心。

岳瑞麒、吳重禮，2006，〈「分立政府」對於兩岸政策影響之初探：以1996-2004年行政與立法互動關係為例〉，《遠景基金會季刊》7（1）：1-52。

林中斌，2005，《以智取勝：國防兩岸事務》，台北：全球防衛雜誌社。

林中斌，2008，《偶爾言中：林中斌前瞻短評》，台北：黎明文化。

林正義、歐錫富（編），2011，《2009亞太和平觀察》，台北：中央研究院人文社會科學研究中心亞太區域研究專題中心。

林谷芳，2005，《兩岸之繭：台灣面對大陸如何心理解套》，台北：天下遠見。

林信華，2003，《超國家社會學：兩岸關係中的新台灣社會》，台北縣：韋伯文化。

林祖嘉，2005，《兩岸經貿與大陸經濟》，台北：天下遠見。

林國炯，2012，《聯合國世紀風雲論中國國家安全與統一》，台北：海峽學術。

林國章，2010，《民族意識與兩岸關係》，台北：海峽學術。

林琮盛、耿曙，2005，〈從「安全」與「利益」的兩難中解套：再思兩岸關係中的市場力量〉，《遠景基金會季刊》6（4）：239-281。

林瑞華、胡偉星、耿曙，2011，〈「階級差異」或「認同制約」？大陸台灣人當地融入的分析〉，《中國大陸研究》54（4）：29-56。

林瑞華、耿曙，2008，〈經濟利益與認同轉變：台商與韓商個案〉，《東亞研究》39（1）：165-192。

林滿紅，2002，《晚近史學與兩岸思維》，台北：麥田。

邵正興，2008，《激與盪：台北危機處理「兩國論」與「一邊一國論」》，台北：秀威資訊科技。

邵宗海，2003，《當代大陸政策》，台北：生智文化。

邵宗海，2004，《兩岸關係：兩岸共識與兩岸歧見》，台北：五南。

邵宗海，2011，《新形勢下的兩岸政治關係》，台北：五南。

邱垂正，2008，《兩岸和平三角建構》，台北：秀威資訊科技。

政治大學國際關係研究中心，2004，《我國外交暨大陸政策的機會與挑戰》，台北：政治大學。

洪明東，2007，《美中台三贏：彈性和解方案》，台北：時英。

洪儒明，2004，《民進黨執政後的中共對台政策：2000 年 5 月至 2003 年 5 月》，台北：秀威資訊科技。

紀欣，2003，《「一國兩制」在台灣》，台北：海峽學術。

范世平，2007，《大陸出境旅遊與兩岸關係之政治分析》，台北：秀威資訊科技。

范世平，2010，《大陸觀光客來台對兩岸關係影響的政治經濟分析》，台北：秀威資訊科技。

唐明輝，2009，《美國在台海的角色探究》，台北：問津堂。

唐開太、林克倫（編），2002，《江澤民訪美後台、美、「中」三邊關係展望》，台北：中華歐亞基金會。

徐火炎，2004，〈台灣結、中國結與台灣心、中國情：台灣選舉中的符號政治〉，《選舉研究》11（2）：1-41。

徐淑敏，2004，〈互賴理論中「敏感性與脆弱性」概念應用於兩岸互動關係的操作化分析〉，《遠景基金會季刊》5（4）：189-217。

徐淑敏，2005，《敏感性與脆弱性：互賴理論下的兩岸關係》，台北：時英。

徐博東、郭慶全（編），2011，《近十年來民進黨大陸政策大事記（2000.1-2010.12）》，台北：海峽學術。

徐博東等，2008，《大國格局變動中的兩岸關係》，台北：海峽學術

徐斯勤、陳德昇（編），2011，《跨域投資與合作：台日商策略聯盟理論與實務》，新北市：INK 印刻文學。

耿曙，2009，〈經濟扭轉政治？中共「惠台政策」的政治影響〉，《問題與研究》48（3）：1-32。

耿曙、林琮盛，2005，〈全球化背景下的兩岸關係與台商角色〉，《中國大陸研究》48（1）：1-28。

耿曙、林瑞華，2007，〈制度環境與協會效能：大陸台商協會的個案研究〉，《台灣政治學刊》11（2）：93-171。

耿曙、陳陸輝，2003，〈兩岸經貿互動與台灣政治版圖〉，《問題與研究》42（6）：1-28。

耿曙、曾于蓁，2010，〈中共邀訪台灣青年政策的政治影響〉，《問題與研究》49（3）：29-70。

郝望，2006，《台海兩岸綜合實力對比及預測》，台北：秀威資訊科技。

高希均等，2006，《兩岸經驗 20 年：1986 年以來兩岸的經貿合作與發展》，台北：天下遠見。

高長，2009，《大陸經改與兩岸經貿》，台北：五南。

張五岳，1992，《分裂國家互動模式與統一政策之比較研究》，台北：業強。

張五岳（編），2005，《兩岸關係研究》，新北市：新文京開發。

張志楷（Gordon C. K. Cheung）著，林宗憲譯，2009，《中國因素：大中華圈的機會與挑戰》，台北：博雅書屋。

張亞中，1998，《兩岸主權論》，台北：生智文化。

張亞中，2003a，〈論兩岸治理〉，《問題與研究》42（6）：29-65。

張亞中，2003b，《全球化與兩岸統合》，台北：聯經。

張亞中（編），2010a，《兩岸政治定位探索》，新北市：生智文化。

張亞中，2010b，《統合方略》，新北市：生智文化。

張亞中，2011，《一中同表或一中各表：記兩岸統合學會與聯合報的辯論》，新北市：生智文化。

張俊宏，2011，《和平：中立的台灣》，台北：台灣書房。

張春英（編），2008，《海峽兩岸關係史》，共四卷，台北：海峽學術。

張家銘、江聖哲，2007，〈蘇州台商的政企關係——制度鑲嵌與比較觀點的考察〉，《政治學報》44：25-65。

張家麟，2008，《國家與宗教政策：論述兩岸政治體制、宗教政策與宗教交流》，台北：蘭台。

張國城，2009，《兩岸關係概論》，台北縣：華梵大學人文教育研究中心。

張執中，2002，〈兩岸對政治談判的評估及因應策略分析〉，《問題與研究》41（1）：25-50。

張傳賢、黃紀，2011，〈政黨競爭與台灣族群認同與國家認同間的聯結〉，《台灣政治學刊》15（1）：3-71。

張廖年仲，2005，〈從1995-96年台海危機論冷戰後中共的安全政策〉，《遠景基金會季刊》6（2）：185-22。

張麟徵，2005，《泥淖與新機：台灣政治與兩岸關係》，台北：海峽學術。

戚嘉林，2005，《李登輝兩岸政策十二年》，台北：作者自行出版。

戚嘉林，2009，《中國崛起與台灣》，台北：海峽學術。

盛杏湲，2002，〈統獨議題與台灣選民的投票行為：一九九〇年代的分析〉，《選舉研究》9（1）：41-80。

習賢德，2004，《統獨啓示錄：飛彈危機下的台海和戰抉擇（1996-2006）》，台北：亞太圖書。

莊奕琦、劉多威，2012，〈經濟整合與政治衝突的關聯性——以兩岸關係為例〉，《中國大陸研究》55（1）：23-39。

許立一（編），2009，《全球主義與兩岸社會政經文化變遷》，金門縣：金縣社大。

許忠信，2010，《ECFA東西向貿易對台灣之衝擊》，台北：新學林。

許禎元，1998，《分裂國家主權意識形成途徑之研究》，台北：時英。

郭乃日，2005，《看不見的台海戰爭》，台北縣：高手專業。

郭承天，2002，《國際政治與兩岸關係》，台北：台灣大學。

郭承天、林正義、蕭高彥、陳敦源，2008，《台灣政治學期刊評比》，行政院國家科學委員會專題研究計畫（計畫編號NSC 97-2420-H-004-160-），http://czech.nsc.gov.tw/public/Data/0101817574471.PDF。檢索日期：2012年7月31日。

郭洪紀，2002，《台灣意識與中國情結》，台北縣：慧明。

郭壽旺，2006，《華府智庫對美國台海兩岸政策制定之影響：對李登輝總統九五年訪美案例之研究》，台北：秀威資訊科技。

陳一新，2007，《危機潛伏：布希政府第一任期從平衡到失衡的兩岸政策》，台北縣：博揚文化。

陳一新（編），2005，《美中台關係戰略評估・2004》，台北：遠景基金會。

陳力生，2002，《台灣海峽的和平與戰爭》，台北：時英。

陳文賢，2002，《柯林頓及布希政府的中、台政策：決策小組的研究途徑》，台北：一橋。

陳亦偉，2007，《中共「反分裂國家法」的戰略意涵》，台北：秀威資訊科技。

陳承功、邱文通（編），2010，《金門協議 20 年》，台北：中華民國紅十字會總會。

陳明通等，2005，《民主化台灣新國家安全觀》，台北：先覺。

陳建民，2007，《兩岸關係中的美國因素》，台北：秀威資訊科技。

陳建民，2008，《兩岸小三通議題研究》，台北：秀威資訊科技。

陳建仲，2008，《藍綠對決下的兩岸關係》，台北：海峽學術。

陳重成，2008，〈全球化下的兩岸社會交流與互動：一個從他者轉向自身的歷程〉，《遠景基金會季刊》9（1）：39-73。

陳添枝（編），2010，《不能沒有 ECFA：東亞區域經濟整合對台灣的挑戰》，台北：遠景基金會。

陳陸輝、耿曙、涂萍蘭、黃冠博，2009，〈理性自利或感性認同？影響台灣民眾兩岸經貿立場因素的分析〉，《東吳政治學報》27（2）：87-125。

陳朝政，2005，〈大陸台商的認同變遷：理論的歸納與推論〉，《東亞研究》36（1）：227-274。

陳毓鈞，2003，《新世紀中美台關係：困境與出路》，台北：海峽學術。

陳毓鈞，2005，《我們是誰？台灣是什麼？》，台北：智庫。

陳毓鈞，2006，《胡錦濤時代的中美台動向：維持現狀、遏制台獨》，台北：海峽學術。

陳毓鈞，2010，《馬英九的變與兩岸大勢》，台北：博揚文化。

陳義彥、陳陸輝，2003，〈模擬兩可的態度還是不確定的未來：台灣民眾統獨觀的解析〉，《中國大陸研究》46（5）：1-20。

陳德昇（編），2005，《兩岸危機管理：SARS 經驗，教訓與比較》，台北：晶典文化。

陳德昇（編），2008，《經濟全球化與台商大陸投資：策略、佈局與比較》，台北縣：INK 印刻文學。

陳德昇、陳欽春，2005，〈兩岸學術交流政策與運作評估〉，《遠景基金會季刊》6（2）：35-82。

章念馳，2003，《統一探究：兩岸關係與中國前途》，台北：海峽學術。

傅國良、曹炳揚，2004，《懷柔的中國》，台北：海鴿。

游盈隆（編），2008，《近二十年兩岸關係的發展與變遷》，台北：海基會。

游鴻裕，2009，《兩岸經貿關係：台商的投資與經營觀點》，台北：雙葉書廊。

湯紹成，2011a，《兩岸關係綜論》，台北：海峽學術。

湯紹成，2011b，《從台灣看大陸當前的發展：幾位學者的觀察》，台北：海峽學術。

童振源，2003，〈兩岸經濟整合與台灣的國家安全顧慮〉，《遠景基金會季刊》4（3）：41-58。

童振源，2011，《台灣的中國戰略：從扈從到平衡》，台北：新銳文創。

黃秋龍，2010，《兩岸總體安全下的非傳統威脅》，新北市：法務部調查局展望與探索雜誌社。

新台灣國策智庫（編），2011，《兩岸國防》，台北：新台灣國策智庫。

新台灣國策智庫（編），2011，《兩岸關係》，台北：新台灣國策智庫。

楊貞惠，2004，《台灣歷史與兩岸關係》，台北：志文。

楊景堯，2010，《域見與異見：兩岸文教觀察與思考》，高雄：麗文文化。

楊景堯，2012，《兩岸文教交流與思考：2009-2011》，高雄：麗文文化。

楊開煌，2003，《札西德勒：中共，達賴喇嘛與台灣》，台北：海峽學術。

楊開煌，2005，《出手：胡政權對台政策初探》，台北：海峽學術。

楊開煌，2009，《新局：對胡六點之解讀》，台北：海峽學術。

楊開煌、劉祥得，2011，〈社會接觸及政治態度影響台灣民眾對大陸印象、認知、政策評估之分析〉，《遠景基金會季刊》12（3）：45-94。

萬瑞君，2010，《大勢所趨：ECFA是台灣唯一的活路》，台北縣：聚財資訊。

群策會（編），2009，《ECFA的政經災難》，台北縣：群策會。

葛永光、洪昭男，2009，《「外交休兵」對我國推動國際外交之影響專案調查研究報告》，台北：監察院。

褚靜濤，2007，《台海衝突與交流》，台北：海峽學術。

趙全勝（編），1994，《分裂與統一》，台北：桂冠。

趙建民（編），2010，《大陸研究與兩岸關係》，台北縣：晶典文化。

齊茂吉（編），2007，《兩岸發展史學術演講專輯》，共六輯，中壢市：中央大學史研所。

劉文斌，2005，《台灣國家認同變遷下的兩岸關係》，台北：問津堂。

劉文斌，2011，《為人民服務：兩岸制度競爭的核心》，台北：秀威資訊科技。

劉世忠，2010，《歷史的糾結：台美關係的戰略合作與分歧（2000-2008）》，台北：新台灣國策智庫。

劉性仁，2010，《大陸觀點下的「反分裂國家法」研究》，台北：時英。

劉登翰，2010，《跨越海峽的文化記認：中華文化與閩台社會》，台北：海峽學術。

劉嘉薇、耿曙、陳陸輝，2009，〈務實也是一種選擇——台灣民眾統獨立場的測量與商榷〉，《臺灣民主季刊》6（4）：141-168。

劉慶元，2003，《解析中共國家安全戰略》，台北：揚智文化。

劉慶祥（編），2010，《兩岸和平發展與互信機制之研析》，台北：秀威資訊科技。

潘錫堂，2009，《兩岸政經關係與情勢》，台北縣：新文京開發。

練卜鳴，2011，《兩岸農業合作的省思與期許》，台北：唐山。

蔡昌言、李大中，2007，〈不對稱戰爭相關理論及其應用於中國對台戰略之研析〉，《遠景基金會季刊》8（3）：1-42。

蔡東杰，2003，〈美國霸權變遷與兩岸關係發展〉，《政治學報》36：83-113。

蔡政文（編），2008，《當今歐盟─中國─台灣關係的演變與未來》，台北：遠景基金會。

蔡朝明（編），2009，《馬總統執政後的兩岸新局：論兩岸關係新路向》，台北：遠景基金會。

蔡瑋，2002，《新世紀的兩岸秩序》，台北：海峽學術。

蔡瑋，2007，《微言危言：兼論兩岸關係及台灣內政》，台北：海峽學術。

蔡學儀，2006，《兩岸經貿之政治經濟分析》，台北縣：新文京開發。

蔡學儀，2009，《兩岸經貿發展分析與研究變數建構》，台北：新文京開發。

衛民，2002，《台灣、中國、大崩壞？》，台北：海鴿。

衛民，2007，《兩岸是人為造成的制度：以建構主義為本體論的新制度分析》，新北市：韋伯文化。

鄭海麟（編），2006，《兩岸中國和平統一國是建言：圍繞「黃十點」的政治與法律問題研究》，台北：海峽學術。

鄭海麟，2009，《台灣「政黨再輪替」與兩岸關係》，台北：海峽學術。

鄭端耀（編），2009，《兩岸國際空間談判》，台北：政治大學國際關係研究中心。

鄭鴻生，2006，《百年離亂：兩岸斷裂歷史中的一些摸索》，台北：台灣社會研究季刊。

鄧文聰，2011，《和解：籌設具有中華民族特色的一國兩治民主實驗區》，台北：商訊文化。

蕭政之（編），2002，《兩岸大走向：WTO 讓兩岸經濟一同起飛》，台北縣：沛來。

蕭萬長，2005，《一加一大於二：邁向兩岸共同市場之路》，台北：天下遠見。

賴澤涵、朱德蘭（編），2004，《歷史視野中的兩岸關係（1895-1945）》，台北：海峽學術。

戴東清，2012，《兩岸終究難免一戰！？》，台北：秀威資訊科技。

戴萬欽（編），2011，《世界新格局與兩岸關係：善意與雙贏的機會》，台北：時英。

謝正一，2012，《台海分合的 10 年》，台北：亞太創新文教。

謝政諭，2007，《文化，國家與認同：打造兩岸「民族新肚臍」》，台北：幼獅文化。

謝國興（編），2010，《改革與改造：冷戰初期兩岸的糧食、土地與工商業變革》，台北：中央研究院近代史研究所。

魏艾（編），2003，《中國大陸經濟發展與市場轉型》，台北：揚智文化。

魏鏞，2002a，〈邁向民族內共同體：台海兩岸互動模式之建構發展與檢驗〉，《中國大陸研究》45（5）：1-55。

魏鏞，2002b，《兩岸關係互動及整合模式之比較分析》，台北：行政院大陸委員會。

羅致政，2009，《漂移的島嶼：大國夾縫中的台灣》，台北：前衛。

羅致政（編），2010，《ECFA 大衝擊：台灣的危機與桃戰》，台北：新台灣國策智庫。

羅致政、宋允文（編），2007，《解構一個中國：國際脈絡下的政策解析》，台北：台灣智庫。

譚慎格（編），2005，《重估「一個中國」政策：美國學界、政界對一中政策的挑戰》，台北縣：群策會。

蘇起，2003，《危險邊緣：從兩國論到一邊一國》，台北：天下遠見。

顧立民、趙忠傑，2010，《大陸政策與兩岸關係》，台中：博明文化。

Wang, Yuan-Kang. 2002. "Preserving Peace in the Taiwan Strait." *Chinese Political Science Review* (政治學報) 33: 149-174.

第九章

美中台關係學術研究的回顧與前瞻

陳一新

壹、前言

　　本章主要目的為對 2000 年以來國內與國外學者在美中台關係上的著作做一回顧與前瞻，內容主要包括：前言、美台關係的回顧與前瞻、美中關係的回顧與前瞻、兩岸關係的回顧與前瞻，以及美中台關係的回顧與前瞻，並在結論中對這個領域學術研究的過去與未來做一討論與評估。

　　在「貳、美台關係的回顧與前瞻」中，作者將針對美台關係、美台非正式聯盟，以及棄台論等議題的研究做一探討。在「參、美中關係的回顧與前瞻」中，將針對美中關係、美中戰略互疑、美中戰爭的可能性，以及美中關係與聯盟政治等議題的研究進行討論。在「肆、兩岸關係的回顧與前瞻」中，將針對兩岸關係與兩岸衝突的可能性、台灣對兩岸與台美關係的影響、兩岸統一對美日兩國的影響等議題的研究進行探討。在「伍、美中台關係的回顧與前瞻」中，將針對台灣內政與美中台關係、美國外交與兩岸關係、兩岸關係中的美國因素、霸權穩定與美中台關係等議題的研究進行探討。最後，在「陸、結論」中，本章除回顧美中台關係學術研究的過去之外，也對該研究的未來趨勢做一簡單評估。

貳、美台關係的回顧與前瞻

　　在這一部分，作者將針對美台關係、美台非正式聯盟，以及棄台論的爭辯做一探討。

一、美台關係

　　楊仕樂與卓慧菀（2003）探討美國對台軍售政策有無變化。作者回顧美國對台軍售歷史，發現美國一直遵守《台灣關係法》的精神，以維持兩岸的軍事平衡。此外，他們

也發現美國雖然限縮售台武器的性能，但也會在台灣迫切需要時不吝於提供新的科技。該文的主旨是，美國小布希（George W. Bush）政府對台軍售具有高度的延續性，不僅未因中國大陸的崛起而改變，反而因中共近年軍力的不斷擴張，而對台灣提供美國第一線部隊所使用的裝備與最新的科技。惟事實上，該文的論證可能僅適宜用於小布希總統在 2001 年 4 月做出八項軍售的決定，因為九一一事件後，美國就決定在全球反恐的戰爭中尋求中共的支持與合作。

蔡政修（2006）探討 2002 年以來陳水扁總統提出公投與新憲議題對美國兩岸政策與兩岸關係的影響。作者發現，從北京的觀點來看，陳水扁的憲改工程不啻是將《中華民國憲法》「去中國化」與「在地化」，是台灣獨立的前奏曲。而從華府的角度觀之，陳水扁的憲改工程更具有挑釁北京與製造兩岸關係緊張甚至拖美國下水的政治意涵。陳水扁極力推動公投與憲改工程，不僅造成台美互信下降，也迫使美國調整兩岸政策，以便在台灣推動與獨立相關政策或行動時，採取立即與明快的預防性措施，最後損害的是中華民國的國家利益。

林正義（2009a）認為美國小布希總統反對陳水扁總統執意推動防衛性公投，而調整對台政策。結果是民進黨政府雖然成功地推動防衛性公投，但台北也付出高昂的政治代價。該文的主要目的是探討台灣防衛性公投與美國對台政策調整之間的關聯性。作者檢視北京為了阻止台灣進行獨立公投，不惜付出包括戰爭在內的各種代價。對於飛彈與大陸政策兩項防衛性公投，小布希總統與美國政府官員並不以為然，但國務卿鮑爾（Colin Powell）最後還是勉強放行。惟隨著公投議題日益敏感，小布希政府決定調整對台政策，亦即從柯林頓總統時期所堅持的「兩岸任何協議必須要有台灣人民的同意」調整為「台海雙方和平解決分歧，需經兩岸人民可共同接受」。雖然防衛性公投僥倖通過美方的把關，但最後卻讓台灣的主權與尊嚴受損，可謂得不償失。惟從另一角度觀之，陳水扁總統不惜犧牲台灣的利益，但卻藉防衛性公投增加了選票，又可謂有失有得了。

陳一新（2008）對陳水扁總統提出「入聯公投」加以批評，認為他的目標超越「公投綁大選」，而有讓台灣民主倒退的複雜政治意涵。當陳水扁總統執意提出「入聯公投」時，由於美國欠缺有效的政策工具迫使民進黨收回成命，因此小布希政府官員一再反對無效。後來，華府決定改弦易轍，對台灣人民訴諸以情。及至美方察知陳水扁企圖恢復戒嚴、停止或延遲選舉，美國官員才決定嚴詞制止以避免台灣社會民主倒退。

林正義（2009b）分析中共軍事威脅下美台軍事合作的目的、現況、問題、未來的挑戰及因應之道。作者認為美台軍事合作在柯林頓（William Jefferson "Bill" Clinton）總統第二任期開始日益密切，超過美國與其他許多國家的軍事合作內容。到了小布希政府時期，美台軍事合作更是往前進一大步。不過，台灣遲遲未能在 2008 年以前完成採購

小布希政府答允的軍售項目，導致美國以為台灣沒有防衛自己的決心。此外，他也指出美國呼籲兩岸展開政治對話（包括兩岸「信心建立措施」和「和平協議」）與美國在台海兩岸關係的角色之間的矛盾，特別是兩岸一旦簽署「和平協議」，美國就可能重新評估對台軍售的正當性與必要性。至於台灣遲遲未能在 2008 年以前完成採購小布希政府答允的軍售項目，可能是藍綠都應檢討與反省的問題。綠營應該檢討的是當時不應將最昂貴的三項武器系統（潛艦、愛國者三型飛彈、P-3C 反潛機）綁在一起，又揚言要出售國土與發行公債籌款購買武器，自然引起藍營不滿與反彈。藍營應該反省的是在立法院程序委員會不應將軍售案一再排入議程，以致出現藍委封殺軍售案數十次之多的情況，並引起美方不必要的誤解。

二、美台非正式聯盟

　　陳一新（Chen, 2012）指出，兩岸關係的快速改善讓不少美國人擔心，台灣將遲早不是為大陸經濟磁吸效應所吸引，就是屈服於北京的政治壓力，台灣自己也經常遭美國放棄；惟隨著中國大陸 2010 年所展現對核心利益的擴張主義與強勢作風，美國決定在亞洲採取平衡政策，並將台灣視為重要安全與經濟夥伴，從而大幅降低台灣擔心被棄的危機。該文驗證史耐德（Glenn H. Snyder）《聯盟政治的安全困境》的一些主要假設。經過案例研究與理論討論，該文的結論是，兩岸關係的快速改善讓華府擔心，一旦台北要求美國在兩岸關係深化時擔任台灣的保證國，美國將受到拖累，台灣則因中國快速崛起而常常有被美國放棄的恐懼，但在中國 2010 年展現高度擴張主義之後，美台同意，他們之間的非正式聯盟還可以透過「戰略再保證」（strategic reassurance）與其他關係進一步加以強化。

三、棄台論的爭辯

　　雖然「棄台論」只是美國學界極少數人的主張，並非主流意見，但若瞭解棄台論背後力挺者正是中國大陸，恐怕不能掉以輕心。2009 年前後冒出的「棄台論」背景之一就是不少美國學者認為，中國大陸快速崛起，而美國國力相對衰退。美國不僅在國際衝突上不再處處以世界警察自居，而且在發行公債方面還一再仰賴中國大陸鼻息。

　　肯恩（Paul V. Kane）堪稱此派代表。他建議歐巴馬政府應關起門來與北京當局協商，以終止對台軍售及軍事協助，一筆勾銷美國的 1.14 兆美元債務（Kane, 2011）。他的想法讓美國前副助理國務卿薛瑞福（Randy Schriver）實在看不下去，指責「這種說法

既天真又危險」（2011）。當然，他不只是批評肯恩，而是將美國所有主張放棄台灣的人士都包括在內。

基列（Bruce Gilley）（2011）主張美國不應繼續支持台灣對抗大陸，而應鼓勵台灣走向「芬蘭化」（Finlandization）。基列專長在民主、合法性與全球政治，卻昧於兩岸政治精髓，不知兩岸基於不同理由，對他的想法都不感興趣，蓋台北無論藍綠都擔心「芬蘭化」是對主權矮化，北京不願「芬蘭化」則是因必須先承認中華民國主權。

此外，兩岸關係的快速改善，也讓若干美國學者誤以為台灣遲早會琵琶別抱。例如，易明（Elisabeth Economy）在討論美中台關係時就認為，台灣將在經濟上愈來愈依賴中國大陸，有朝一日可能會在政治上也擁抱大陸。[1] 知名中國問題專家沈大偉（David Shambaugh）（2010）指出，兩岸之間的遊戲已經結束，台灣已無法擺脫中國大陸的掌握，美國必須早日放棄台灣。他說近幾年來台海兩岸關係已出現巨大變化，美國需要重新檢討對台灣的政策，特別是軍售政策（Shambaugh, 2011）。[2] 問題是，如果台灣已經走入尾聲，北京又何需大費周章，持續推動江陳會與兩岸和平發展？

中國大陸經濟與軍事實力的快速崛起，也讓不少美國學者擔心台灣可能無法抵抗得了中國大陸武力犯台。例如，歐文斯（William Owens）（2009）主張美國應檢討《台灣關係法》與對台軍售。曾任駐北京大使的普理赫（Joseph W. Prueher）（2011）認為美國即使繼續提供武器，台灣也不可能有效防衛自己，因此有必要檢討《台灣關係法》與對台軍售。他的這套說法表面上似乎言之成理，然而同樣的邏輯若用在南韓與日本，美國是否也應停止對南韓與日本軍售？

迄至目前為止，將「棄台論」發揮到極致的莫過於葛雷瑟（Charles Glaser）。他認為有鑒於中國大陸核武的快速發展，美國有必要徹底檢討《台灣關係法》與美國對台軍售，和北京就台灣問題達成協議，以避免美中之間可能發生的一場核子大戰（Glaser, 2011）。布里辛斯基（Zbigniew Brzezinski）（2012）主張美國有必要檢討《台灣關係法》，因為只有與中國大陸改善關係才符合美國國家利益。問題是，一旦美國放棄台灣，不僅美國在亞洲信譽破產，日本與南韓也將被迫擴充軍備以求自保，將會造成亞洲軍備競賽與兵禍連連。

史文（Michael Swaine）（2011a）主張修正（modify）「六項保證」，認為只有如此才符合美國利益。他指出美國無法長期在東亞擁有主導優勢，必須及早開始思考與中國接觸，逐漸減少彼此在台海的軍事投注，讓兩岸最終能走向政治對話。史文表示，美

---

[1] 參見易明於 2011 年 6 月 9 日在一場於紐約舉行的 Council on Foreign Relations 會議上的發言。
[2] 亦可參見 Blogspot（2011）。

國最終要考量的必須是自己的利益，即使這代表美國必須修正對台灣的「六項保證」。[3]

　　史文是美國智庫中研究人民解放軍的頂尖學者，從美國國家利益的角度來看「六項保證」問題，其立論較諸一般的「棄台論」者更具說服力。但是，史文的問題不只一端。首先，史文認為，由於美國無法長期在東亞擁有主導優勢，因此必須及早開始思考與中國接觸，逐漸減少彼此在台海的軍事投注。問題在於，國務卿柯林頓（Hillary Rodham Clinton）才在 2009 年 7 月於曼谷宣布美國要重回亞洲，依史文的主張，豈非美國又要改弦易轍？美國早就決定與中國接觸，但北京近年卻不斷透過明示或暗示的方式將南海、黃海與東海列為「核心利益」，即使美國不想獨霸太平洋，但顯難坐視中國逐步將周邊海域列為「核心利益」。

　　其次，固然史文的看法符合了美國人重視國家利益的主流觀點，但卻會讓已經運轉三十多年的美國兩岸政策難以為繼。特別是美國一旦修正「六項保證」，是否意味著逐步放棄台灣？這會讓美國在東亞盟國寒心，從此不再信任美國，未必符合美國利益。石明凱（Mark Strokes）（2011）指出，除了美國軍售之外，台灣有自己的國防投資，即使中國對台動武，台灣仍是可防禦的，美國不應驟然改變對台政策。何況美國既能在「六項保證」做出讓步，難道不會一讓再讓，最後連《台灣關係法》與對台軍售都棄子認輸，無異棄台灣於不顧。

　　第三，史文主張修正「六項保證」的目的絕不止於軍售，而是透過「逐漸減少彼此在台海的軍事投注」這樣一個過程，「讓兩岸最終走向政治對話」。問題是，史文顯然並沒有將台灣人民是否有意願與中國大陸走向政治對話列入考量，以為透過美中兩國政府的政治壓力就能讓台灣就範。早在 30 年前，雷根總統對台灣提出「六項保證」時，就決定美國不改變對「台灣主權」的立場，且不壓迫台灣與大陸談判。當時，台灣還是威權政府，美國都能尊重台灣政府的意願，現在台灣早已進入民主時代，台灣人民也早已當家自主，又怎會屈從於美中兩國的政治壓力？

　　葛來儀（Bonnie S. Glaser）與唐耐心（Nancy Bernkopf Tucker）（2011）對葛雷瑟的姑息主義論調不以為然，認為放棄台灣不惟不能解決問題，而且只會助長野心更熾，就像 1930 年代姑息主義反而帶來更大災難一樣。他們指出，放棄台灣是姑息的做法，只會造成嚴重後果，美國不僅不該放棄台灣，還得加強雙方關係，否則將釋出錯誤訊

3　美中兩國發表「八一七公報」前，雷根總統於 1982 年 7 月 14 日透過美國在台協會台北辦事處處長李潔明（James Lilley）向中華民國總統蔣經國提出「六項保證」：1. 不設定對台軍售的終止期限；2. 不變動《台灣關係法》；3. 不在事前與大陸磋商對台軍售；4. 不在兩岸之間扮演調解人；5. 不改變對「台灣主權」的立場且不壓迫台灣與大陸談判；以及 6. 不正式承認大陸對台灣的主權。參見 Harry Harding（1992: 389-390）。

息（Tucker and Glaser, 2011）。一旦台灣不在美國領導的亞太戰略體系，則中國大陸的前進基地將會更進一步擴張。事實上，「棄台論」與 1930 年代英國首相張伯倫（Wilt Chamberlain）的綏靖主義（appeasement policy）並無二致。

「國際評估暨戰略中心」（International Assessment and Strategy Center，IASC）在 2011 年 10 月舉辦的「台灣能自衛嗎？」（Is Taiwan Defendable?）研討會中，與會的學者專家指出，台灣應該爭取「非對稱的戰力」（asymmetric defense capabilities），以強化自我防衛能力（Feuerberg, 2011）。例如，費學禮（Richard D. Fisher）主張台灣應該爭取「非對稱戰力」，如感應式啓爆武器系統，以強化自我防衛能力。譚慎格（John J. Tkacik）甚至指出，美國根據《台灣關係法》出售台灣足夠的防禦性武器，但並未限制只能出售防禦性武器，因爲兩岸實力懸殊，台灣的任何武器都是防禦性武器。在軍售的議題上，一方面有沈大偉、普理赫、歐文斯、葛雷瑟主張檢討《台灣關係法》與美國對台軍售，另一方面也有費學禮、譚慎格、成斌（Dean Cheng）、卜大年（Dan Blumenthal）主張美國應賣給台灣更先進的武器系統，雙方針鋒相對。

在美國引起更大爭議的一個問題就是，台灣是否會隨著兩岸關係的快速發展而向中國大陸靠攏？沙特（Robert Sutter）（2009）早就主張全面檢討中國大陸對台灣日益增加的影響力以及美國的因應之道。他進一步擔心，中國大陸快速崛起、台灣整體實力相對落後，以及美國對台支持較前爲差，已成爲一個趨勢，台灣很難擋得住中國大陸的磁吸力量（Sutter, 2011a, 2011b, 2011c）。美國許多學者專家對美國前途悲觀、視台灣爲美中改善關係障礙，於是提出重新審視《台灣關係法》或檢討美國對台軍售的論調。但是，卜睿哲（Richard C. Bush）認爲，那只不過是美國多元社會不同聲音的投射，既非主流，也不足以影響美國決策者的看法，只是會三不五時地出現。[4]

卜睿哲和容安瀾（Alan Romberg）（2009），以及柴哥利亞（Donald Zagoria）[5] 認爲，基於以下理由，台灣的地位仍無可替代，而美台關係也將屹立不搖：1. 中國大陸領導人知道權力與利益之間的關係、權力的限制，以及自己的弱點與問題，當然他們也知道誰是亞洲的龍頭；2. 中國大陸領導人會非常務實地用他們自己的方式，面對台灣推出的互不否認、活路模式、外交休兵等提議，來處理兩岸關係；3. 美國因爲自己國家利益的考量而協助台灣；4. 台灣的民主制度將一直是台灣國家安全與生存的最佳保障；以及 5. 台灣活躍的經濟使台灣在國際上具有強韌的競爭力。

---

[4]　Richard C. Bush told this author at an academic conference hosted by The Brookings Institution, Washington, DC, June 7, 2011.

[5]　Donald Zagoria made his remarks at a meeting hosted by National Committee on American Foreign Policy, New York, NY, July 10, 2011.

　　雖然大多數主張「棄台論」的學者都不是兩岸事務專家，但是他們卻或多或少與中國大陸有很好的互動關係，同時也開始影響美國的國會。也有不少中國大陸的學者及官員與「棄台論」遙相唱和。

　　由此觀之，「棄台論」目前也許影響有限，但北京既然是幕後推手，仍應審慎應對。

參、美中關係的回顧與前瞻

　　這一部分將針對美中關係、美中戰略互疑、美中之間戰爭的可能性，以及美國再平衡亞洲戰略對美中關係的影響等議題進行討論。

一、美中關係

　　王高成（2005）根據華茲（Kenneth Waltz）新現實主義中的國際權力結構論來分析柯林頓政府對中共的外交戰略。作者認為，柯林頓政府從最初對中共的施壓轉為採取全面交往的戰略，主要是受到以下三項因素的影響：1. 後冷戰時期國際體系權力結構從兩強對峙轉為一超多強的格局；2. 美國自身經濟發展的考量；以及 3. 中共對美國的威脅降低。柯林頓政府從早先對中共施壓改採全面交往的戰略對美國帶來的影響包括：1. 美國在軍事上繼續執世界牛耳；2. 民主自由人權漸成普世價值；3. 其他大國並未集結挑戰美國霸權領導；4. 美國經濟情況好轉。柯林頓政府的交往戰略對中共帶來的影響為：1. 由於美國對中共採取交往戰略，亞太國家無須選邊，不僅有助於北京發展睦鄰外，也有助於中共掌握戰略機遇期，全力發展經濟；2. 柯林頓政府交往的戰略，有助於中美關係全面改善，造成雙贏的局面；3. 中共經濟力量提升，才有意願與實力在 1997 年亞洲金融風暴時協助受到衝擊的國家，有助於北京在東南亞地區的進一步發展；4. 美國採取交往的戰略讓中共有意願協助美國處理區域衝突或危機；5. 華府交往的戰略讓北京有意願化解台海衝突。

　　當然，柯林頓政府交往的戰略也產生一些負面效應：1. 美中兩國交往因美國在大陸推動民主化、自由與人權等普世價值而時生齟齬；2. 在經濟掛帥的考量下，促進中國大陸改善人權與促進中共接受國際安全規範的努力不免遭到犧牲；3. 中共在亞太地區和平的有利環境致力發展經濟，並藉經濟實力挹注在國防武力的發展，不但對亞太鄰國構成威脅，也造成區域軍備競賽；4. 美國與中共建立「建設性戰略夥伴關係」，不啻提升中共的大國地位，造成美國其他盟國（特別是日本）的不安；5. 柯林頓政府的交往戰略對

中共協助美國遏制亞太地區、北韓與巴基斯坦核擴散的效果極其有限；6. 美國與中共建立「建設性戰略夥伴關係」，不免犧牲台灣的利益（王高成，2005）。

蔡明彥（2009）分析美中兩國在互信不足下進行軍事交流的情況與困境。作者指出，在美中兩國既非「敵人」亦非「盟友」的架構下，雙方既競爭又合作。近年來中國大陸軍事現代化進展快速，美國深表關切並有意強化與大陸的軍事交流。惟由於雙方政治與軍事互信不足，美中兩國的軍事交流在本質上只是「消極性戰略合作」，目標僅設定在避免兩軍發生擦槍走火、軍事意外及防止兩國軍事對抗升高等。雖然美中兩國已建立愈來愈多的軍事對話與交流管道，但因欠缺政治與軍事互信，雙方在許多安全議題的合作仍無法深化。

美國國防部（U. S. Department of Defense）（2011）在《關於 2011 年中華人民共和國軍事與安全發展》（*Annual Report to Congress: Military and Security Developments Involving the People's Republic of China 2011*）（簡稱 2011 年《中國軍力報告》）的報告中表示，美國歡迎一個遵循國際規範與推動區域與全球安全與和平的中國，但中國大陸現代化的國力卻泰半用在拓展外交利益或解決爭議。該報告之目的是探討中國大陸的軍力發展與可能衝擊。該報告不僅對大陸軍力快速發展的背後戰略意向高度質疑，也意在提醒台灣於推動兩岸關係之餘不要忘了強化軍備，以提升自我防衛能力。

2012 年《中國軍力報告》指出人民解放軍仍將台海衝突列爲首要目標，這並不讓人意外，只因過去欠缺佐證資訊與相關發展情資，而未獲得應有的重視（U. S. Department of Defense, 2012）。最近據報導人民解放軍在福建北部臨東海山區，以爆破方式，剷平兩公里多的山頭，在海拔 364 公尺高地，興建水門機場，相關軍用設施已近完工，陸續有殲十、蘇愷 30 戰鬥機與無人攻擊機等進駐，基地有 S-300 防空飛彈。這座中共最新軍用機場，是共軍首座將戰略意涵指向春曉油田與釣魚台的軍用機場，針對日本、美國出現在東海的軍艦與軍機進行反制。由於該戰略意涵也可指向台灣海峽，因此自然也可視爲是人民解放軍將台海衝突列爲首要目標的一項最新證據。五角大廈的《中國軍力報告》未對中國大陸第五代戰機的未來發展做出詳細的評估。2012 年 4 月間，美中經濟與安全評估委員會（U. S.-China Economic and Security Review Commission）（2012）發表中國武裝系統的報告指出，根據美國情報機構的預估，到 2018 年至少會有數架殲 20 隱形戰機將可以投入戰鬥。2012 年《中國軍力報告》僅引述美國國防部代理副助理部長海大衛（David Helvey）的評論說，「美軍將繼續監督其進展，並理解該型戰場的特殊任務」，但未對第五代戰機的未來發展做出詳細的評估。

針對中國海軍發展航空母艦究竟只是爲了象徵性宣揚國威，還是爲了擁有數個具有實際戰鬥能力與遂行戰鬥任務的航母戰鬥群，2012 年《中國軍力報告》並未提出確切的

分析。由於來自中國大陸有關航母發展的分析與評估非常混亂，因此目前幾乎無人敢確定中國海軍發展航母的真正戰略意向爲何。此外，中國海軍未來一定會在海外建立港口與基地。例如，位於印度洋的非洲塞席爾共和國（Republic of Seychelles）已邀請中方使用港口作爲中國船艦的補給點。針對此點，2012 年《中國軍力報告》並未提出中國海軍是否有能力在海外建立珍珠鏈的分析。該報告點名中國大陸透過網路戰竊自美國獲得許多軍事機密，但究竟美國有多少資訊外流，或中國大陸如何運用這些竊取來的機密，該報告卻諱莫如深。

有關解放軍的核武實力，2012 年《中國軍力報告》僅指出中國擁有 50 至 75 枚可配備於洲際彈道飛彈、或以各種形式發射和存放的核子武器。惟實際上，五角大廈可能低估了中國大陸實際擁有的核武數量。五角大廈估計 2012 年中國國防預算約爲 1,200 至 1,800 億美元。不過，由於美國國防部缺乏長期的可靠數據，因此美方不確定中國大陸是否未來會超越美國，成爲全球最大的軍事預算國家。2012 年《中國軍力報告》隻字未提人民解放軍領導在未來十八大決策圈子中的地位。在薄熙來事件後，有鑑於薄長期與軍方的關係，下一代領導人不可避免地將重新思考軍方在決策體系中的地位。如果黨指揮槍的方向仍爲新的領導班子與全黨所肯定，則解放軍領導作爲軍方利益代言人的地位與角色不無可能會受到限制。中國大陸從所謂的「懲越戰爭」（1979 年）以來，即未真正捲入大型戰爭，如果解放軍真要在 21 世紀走上戰場，則是否具備現代高科技戰爭的戰力，尚需經過戰場的考驗。薄熙來事件所顯示的是大大小小的薄熙來在中國大陸無所不在；同樣地，解放軍領導的貪污腐化情形可能也不惶多讓。果真如此，解放軍的作戰能力與士氣就不得不讓人懷疑了。

總體而言，該報告的主旨是儘管 2008 年後兩岸關係快速改善，但北京仍將大幅心力放在嚇阻、延緩或否定美國馳援台灣。當大陸軍力在過去十年快速崛起的同時，受限於國際因素，台灣軍事能力卻相對落後，因而造成兩岸軍力嚴重失衡。

二、美中戰略互疑

李侃如（Kenneth Lieberthal）與王緝思（Jisi Wang）（2012）共同發表《中美戰略互疑：解析與應對》（*Addressing U.S.-China Strategic Distrust*）報告，指出儘管美中關係大幅改善，但由於兩國缺乏互信，因此雙方關係將是長期的零和博弈。

美中戰略互疑是兩國之間存在已久的問題。「戰略互疑」意指雙方長遠的互不信任，這個問題已成爲兩國關係的核心。中國大陸副主席習近平 2012 年 2 月 15 日在華府一場主要政策演說中指出，戰略互信問題在中美關係的主要問題中佔據首要地位，更

間接襯托出中美戰略互疑的問題（Lieberthal and Wang, 2012）。在這份報告中，中國認為美國在對台軍售、人民幣、在中國沿海進行軍事偵察、對西藏、新疆以及民主自由人權的看法、重返亞洲，以及對北韓、伊朗與東南亞國家的外交立場等各方面，不斷加深北京對美國在國家安全領域與戰略意圖方面的不信任。美方則認為，中共人民解放軍優先發展針對美國作戰的武器系統、軍方與軍事計畫缺乏透明度、來自中國境內對美國政府、軍事與私人機構的網路攻擊行動、在美間諜活動層出不窮，特別是北京對美中關係各個面向皆從零和角度出發，也不斷加深華府對北京戰略意圖的懷疑。

李侃如與王緝思提出這份報告，首先應是由於美中長期戰略互疑，已經到了不得不提出事實真相的地步。其次，他們希望美中兩國領導人、決策參與者、智庫學者專家能研擬化解兩國戰略互疑之道。第三，他們希望兩國能透過具體言行與互動來消除或至少減少戰略互疑，並增加戰略互信。他們認為，美中之間的戰略互疑主要原因有三：1. 美中之間不同的政治傳統、價值體系與文化；2. 對彼此的決策過程與政府和智庫、國會之間關係瞭解的不夠；3. 對彼此之間實力差距日益縮小的認識。

儘管他們找到病因並開出藥方，但仍可能徒勞無功。在軍事方面，李侃如與王緝思建議，雙方應發展長期與深層對話，討論如何進行軍事部署與正常活動，才能同時允許中國捍衛核心利益，美國也能履行對地區盟友的義務。太平洋也許夠大，可以同時容納美中兩國，然而，華府同意北京捍衛核心利益，及北京同意華府履行對地區盟友的義務，本身就自相矛盾。雙方對北韓核武、伊朗核武發展、南中國海、太空活動等議題的歧見，即使再多開幾次高峰會，也不太可能化異求同。此外，美中兩國對台海問題更是看法互異，緩解不易。

在經貿方面，他們建議，美國應創造條件鼓勵中國對美國實物資產的投資；在2012 年大選前完成美國對中國技術出口限制的評估；針對美國官員與專家，中國增加政治體系運作的透明度，以便美國做出切合實際的預期；並盡快完成雙邊投資條約的談判。

然而，令人不解的是，對美國增加中國政治體系運作的透明度，為何不是針對全世界？美中雙邊投資條約的談判固然非常重要，惟從美國迄今還不願承認大陸市場經濟地位以及雙方對人民幣升值問題迄未形成共識來看，雙方經貿矛盾顯然比表面上所呈現的更為嚴峻。

在網路領域方面，他們建議，美中兩國應討論可能採取的規範、規則和可以接受的做法。理論上固然不錯，但因牽涉到各自網路作戰能力，卻是說易行難。在多邊對話方面，他們建議，美中兩國應推動舉行兩個三邊（中美日和中美印）對話，以處理這兩個三邊架構中各國關心的問題，減少戰略區隔，並避免其他國家選邊。問題是，此種安

排似乎對飽受美國重返亞洲威脅的北京較為有利，而對已經大致掌控亞太局勢的華府不利。

該報告有關軍事上的建議似乎也過於強調應然面，而忽略了實然面。即使雙方在軍事方面發展長期與深層對話，並由兩國最高領導層主持，但是，華府同意北京捍衛核心利益以及中國大陸同意美國履行對地區盟友的義務，基本上是相互矛盾的。北京對核心利益的認定，並沒有獲得華府的支持。這也正是貝德（Jeffrey A. Bader）（2012a）所強調的，雙方對核心利益的看法互異，是美中兩國 2010 到 2012 年在亞太地區形成對峙的主因。

尤其重要的是，儘管美中不斷嘗試改善關係，但他們對彼此的認知幾乎都是從負面角度分析。經常和中國官員接觸的美國官員與智庫學者認為，北京的意圖相當明確，對美中關係所有相關問題都從零和角度出發，而且未來 15 年內，兩國將繼續針鋒相對。如果這是美國官員普遍的看法，則美中戰略互疑可謂「冰凍三尺，非一日之寒」。中國官員與智庫學者則相信，美國站在「錯誤歷史的一邊」，最後目標是維持全球霸權，企圖牽制甚至阻礙中國崛起。連王緝思也引述中方觀點認為，如果美國持續被經濟與國內政治拖累，長期看來，中國將是美中兩強惡鬥最後的勝利者。如果這是中國政治菁英的普遍觀點，則此一根深蒂固的想法恐怕不易消除。

美中改善關係已經多年，儘管雙方存在著多重溝通管道，但卻一直難有重大進展，除了以上因素之外，最主要就是中國仍是一個共產國家，美國對共產國家的潛在敵意從未消失。再加上他們之間在亞太地區的戰略矛盾日益浮現，雙方在談判議題的優先順序上都是各自有所堅持，不但安全困境時隱時現，甚至連非傳統安全議題都合作不易，更不用說攸關國家安全與國家利益的傳統安全議題。在美國重返亞洲之後，美中之間的矛盾更是白熱化，李侃如與王緝思只有「打開天窗說亮話」，把問題攤在陽光下，他們找到了美中戰略互疑的部分病因。但如果不從化解美中戰略互疑的真正原因著手，即使照方抓藥，最多也只能治標而不能治本。

芮效儉（Stapleton Roy）（2012）指出，未來十年將是決定美中關係發展的關鍵時刻，美國在政策上應對一個更為強大與更為繁榮的中國有所準備、及早因應；如果雙方無法自制化解戰略衝突，而導致緊張關係提升，則東亞地區恐怕很難維持和平與繁榮。這是繼李侃如與王緝思提出的「中美戰略互疑」報告之後，又一位美中問題專家對雙方關係提出警訊的一篇重要文章。

當然，所謂「未來十年」是西方人士常用的說法。事實上，任何一段時期都可能是考驗美中關係的關鍵時刻。芮效儉指出，歐巴馬如果連任，他和未來中共最高領導人習近平之間的關係，將是美中關係發展的關鍵因素。若大陸經濟持續發展，美國卻未能控

制預算赤字,則中國大陸將成為全球 GDP 最大的國家。這樣的局勢發展不但具有心理和戰略重要性,也可能影響雙邊關係。

理論上來說,美國經濟若能快速復甦,將能讓華府重拾自己掌握世界經濟、軍事與政治等議題主導權的信心。問題是,未來數年美國的經濟最多只能持續溫和成長。而大多數國家都認為中國大陸早則 2020 年,遲則 2030 年將取美國而代之,成為帶動全球經濟的火車頭。如芮效儉所言,這樣的結果當非長期做慣世界霸主的美國所能接受。華府不但會在心理上受傷,無法做出有效的調適,而且心理失衡之後,也不免會影響美國的戰略部署。

中共對美國的挑戰與冷戰時期的美蘇對峙完全不同,大陸的影響力更大也更全面。芮效儉警告說,也許大陸要維持快速成長會面臨阻礙,但美國的政策制訂者絕不能將美中之間的競爭寄望於此。芮效儉、李侃如和王緝思在某些觀點實不謀而合。例如,芮效儉指出,東南亞地區與南中國海是美中兩國近年聚焦之所在,目標不是要圍堵大陸,而是希望恢復當地盟邦的信心。問題是,只要美國繼續將注意力放在東南亞地區與南中國海,必然會被中共視為是在顛覆後院。

顯然,芮效儉、李侃如與王緝思都找到了美中戰略互疑的部分病因;但是,美中兩國要建立戰略互信、避免戰略衝突仍有很長一段路要走。由於中國大陸仍是一個共產國家,因此,不太可能和美國發展成柯漢(Robert O. Keohane)與奈伊(Joseph S. Nye)(1989)所提到的「複合式互賴關係」(Complex Interdependence)。由此觀之,美中兩國無論是改善關係或是合作,都受到意識型態與戰略矛盾的制約。如果華府與北京不從根本原因著手,要想化解美中戰略互疑不免緣木求魚,終是鏡花水月。

三、美中戰爭的可能性

Wen-Hsiang Tsai 所撰《中國資訊科技戰略其對美國國家安全意涵的分析》(*An Analysis of China's Information Technology Strategies and Their Implication for US National Security*)(2012)一書,目的在分析冷戰結束後,中國大陸在不對稱戰爭方面的進展、對美國的衝擊,及美國的因應之道。該書之主旨在於,由於中國已依循孫子兵法「以弱擊強」的指導原則,發展出以高科技為基礎的不對稱戰爭攻擊方式,可在避免與美國強大軍力正面交鋒的情形下贏得戰爭,因此,美國必須正視中國不對稱戰爭的戰略,並妥為肆應。

卜睿哲與歐漢龍(Michael E. O'Hanlon)(2007)指出,美中之間的戰爭既不合情理,也不像歷史上所指出的是完全無法避免的。他們表示,美中爆發戰爭的可能原因既

不會是中國作爲區域或全球強權而挑戰美國，也不會是中國經濟強大到威脅美國，而會是台灣宣布獨立，讓中國忍無可忍而出手。亦即中國不會主動對美國挑戰，但卻可能因台獨問題而武力犯台，接下來美國的干預則可能導致美中兩國兵戎相見。要避免戰爭，需要美國在危機時刻即使遭到挑釁也不冒險報復，並立即採取法律行動（例如通過緊急立法拒斥台獨），及透過外交手腕幹旋化解戰爭危機。

迄今爲止，有關美中之間是否會爆發戰爭的專書，當首推密爾謝米爾（John J. Mearsheimer）的《大國政治的悲劇》（*The Tragedy of Great Power Politics*）（2003）。在民主自由成爲人類思想主流、國際經濟相互依存、若干重大國際組織可以協助化干戈爲玉帛的 21 世紀，他仍然力主所有和諧與和平不過是假象，不論是圍堵還是交往，美中之間的競爭勢將如螺旋狀不斷上升，最後以兵戎相見收場，並將所有小國捲進戰場。從攻勢現實主義的角度出發，他指出大國政治就是達爾文式弱肉強食的悲劇，恃強凌弱的零和遊戲，因此永遠不能信任其他國家的善意。他強調，大國政治就是追求權力的極大化，只有壟斷權力才是確保自己國家生存之道。透過從歐洲到亞洲兩個世紀軍事與外交史的案例研究，發現無不與他所主張的攻勢現實主義若合符節。他甚至批評美國對中國的交往政策不智，認爲讓中國富裕與民主只會使它更爲強大，美國的政策應是竭盡全力延緩中國的經濟成長（Mearsheimer, 2003: 1-54, 360-402）。

四、美中關係與聯盟政治

謝淑麗（Susan L. Shirk）（2007）認爲，在光鮮亮麗的經濟繁榮之下，中國領導人對國內外的安全有著強烈的不安感。中國快速發展的經濟與對外開放政策，促使中國人民大開眼界，見賢思齊，這就讓中國領導人席不安枕，既擔心國內發生什麼失控的大事，復憂慮外部發展也狀況連連。天安門事件以來，中國領導人對自己人民的恐懼，已反映在對許多國家的交往政策之上。中國人民的強烈民族主義，特別是反日情緒的高昂與統一情結的強烈，加上親美又反美的特殊情感，使北京在外交政策上受到一定的制約。

《絕非磐石：聯盟政治與強制外交的問題》（*Worse Than a Monolith: Alliance Politics and Problems of Coercive Diplomacy in Asia*）（2011）一書中，柯慶生（Thomas J. Christensen）指出，聯盟集團內部的分歧與協調的欠缺，不僅讓聯盟領導無法遂行強制外交對付真正或潛在敵人，也無法預防衝突及防止衝突升高，或透過談判成功解決爭端。根據冷戰時期美蘇兩大陣營的外交檔案與案例研究，他成功地驗證他的假設：聯盟的內部分歧、欠缺協調是聯盟無法克敵制勝的主因。該書認爲，聯盟的內部分歧不斷惡化、欠缺協調而

無法改善、彼此敵意持續升高，往往更甚於外部的對峙與分化，特別是聯盟內成員國對彼此力量的對比、決心與意向不夠瞭解時，就會產生誤判，不但聯盟領導指揮無方，聯盟內部失和，甚至聯盟集團內部也可能發生戰爭。雖然該書以討論冷戰時期的聯盟政治為主，但聯盟政治理論卻是跨時代的，歷久而常新。因此，該書對美國再平衡亞洲後的聯盟政治也具有很高的參考價值。這是一本有歷史案例、國際關係理論，也有方法論與假設驗證，能融合理論與案例的好書。

貝德（Bader, 2012b: 1-17, 69-108）分析美國的亞太政策與再平衡亞洲戰略形成的始末，主要目的在於探討美國亞太政策並不十分成功的原因。他指出，歐巴馬一入主白宮就希望以亞洲為美國利益攸關地區，和中國維持一個穩定的關係，並和盟邦與夥伴強化關係。惟因美國介入反恐、中東與阿富汗太深，終於事與願違，結果是美國僅強化與盟邦與夥伴的關係，但美中關係卻不斷惡化。從美國總統歐巴馬的談話來看，美國再平衡亞洲的戰略至少包含政治、軍事、經濟等三個面向，的確非他一任所能竟功（Office of the Press Secretary, The White House, 2011a, 2011b）。貝德（Bader, 2012b: 140-150）的最後建議是，美國總統最好在中國政策上維持一個正確的平衡，維持美國的強大，但卻不墮入安全困境的陷阱。問題是，這建議是典型的「知易行難」。因為安全困境自古有之，任何美國總統都不可能視若無睹。既知安全困境所在，身為美國總統就不可能不採取行動。

肆、兩岸關係的回顧與前瞻

在這一部分，作者針對大陸對台政策及兩岸關係與兩岸衝突的可能性、台灣對兩岸與台美關係的影響，以及兩岸統一對美日兩國的影響等議題進行探討。

一、兩岸關係與兩岸衝突的可能性

卜睿哲（Bush, 2005: 1-26, 245-304）指出，兩岸關係盤根錯節，兩岸經濟日益整合，同時又在政治軍事上相互設防。亦指出由於主權與安全是兩岸的核心爭議或難解之結，因此美國可一方面對大陸提供戰略再保證，以確保北京可在包括台灣問題在內的外交議題進行合作，另一方面又可對台灣提供政治信心與軍事嚇阻，但又要勸告台灣不要挑釁。兩岸之間難解之結，只有靠美國、大陸與台灣三方面都自行想通，才會豁然開朗、撥雲見日。卜睿哲當時未預料到 2008 年台灣政黨輪替後，美中台都同意在「九二共識」下恢復談判。雖然爭議仍在，但兩岸難解之結已經逐漸打開。

　　唐耐心（Tucker, 2005）分析2003至2005年間台灣執意推動公投與大陸堅持通過《反分裂國家法》、台海緊張情勢不斷升高之際，美中兩國如何因應與化解危機的過程。她指出，2003至2004年間民進黨政府推動飛彈與大陸政策公投後，儘管2004年底立法院改選後藍營立委取得多數，但北京仍堅持要通過《反分裂國家法》，為綠營畫下紅線，使得台灣海峽動盪不安，美中之間的戰爭不無可能在兩岸點燃戰火之後一觸即發。所幸仰賴美中兩國領導人的政治智慧，終於成功地化解一場不必要的戰爭。

　　沈有忠（2006）分析中共通過《反分裂國家法》後美中台關係的可能發展與演變。作者發現，自2000年起，民進黨籍總統陳水扁拋出一連串「一邊一國」、公投與制憲等議題，中共遂在2005年推出《反分裂國家法》為法理台獨劃下紅線。由於陳水扁早就讓美國感到不滿，加上九一一事件後美國急需與中共改善關係，以便有餘裕處理全球反恐戰爭，因此美國對《反分裂國家法》雖不支持但卻不加譴責，顯示美國對中共能利用該法制約民進黨是樂觀其成的。泛藍一方面反對該法，另一方面又從政治競爭角度認為該法可以制約台獨運動，泛綠則準備在中共通過該法後，拋出一系列台獨相關議題與活動。

　　陳明通（2009）探討中共對台政策本質與針對馬英九政府的策略調整。他指出，從中共對台政策本質來看，「解決台灣問題，完成祖國統一大業」是北京不變的長程戰略目標，但在對台策略上則因時、因黨與因人而有所調整。例如，在民進黨陳水扁總統執政期間，胡錦濤就以「一法兩公報」（《反分裂國家法》、連胡公報、宋胡公報）為主軸，並以「胡四點」要求民進黨接受「九二共識」為輔，形成對台策略的框架。及至馬英九總統上台，由於國民黨早就接受「九二共識」，但卻提出「不統、不獨、不武」的三不政策，胡錦濤又提出「胡六點」呼籲馬總統「恪守一個中國」。作者認為，面對北京促談與促統壓力，馬總統的選項有以下三點：1. 接受北京框架；2. 完全拒絕，即使兩岸關係倒退亦在所不惜；3. 對北京設定的議題予以部分配合，但也自有想法與堅持。作者認為，馬總統會選擇第三個選項，但在中共壓力下會被擠往第一個選項，而且北京贏面似乎愈來愈大。惟證諸馬總統提出「和中、友日、重美（原為親美）」、三道防線（兩岸關係制度化、人道外交廣結善緣、國防外交重視台美合作）以及鐵三角（兩岸關係、外交、國防），儘管大陸促談與促統壓力愈來愈大，台灣仍能屹立不搖、堅若磐石。

　　裘兆琳（2010）分析美中台三方在台灣參與世界衛生組織（World Health Organization，WHO）多年來策略轉變與互動過程。她指出，從1997年開始，台灣盡一切努力尋求參加世界衛生大會（World Health Assembly，WHA）之觀察員未果，直到嚴重急性呼吸道症候群（Severe Acute Respiratory Syndrome，SARS）在2003年全球肆虐，國際社會才體認到全球防疫不能有任何缺口，美國始決定積極促成。2005年世界衛生大會在《國際衛生條例》（International Health Regulations，IHR）修訂條文中加入「普世適用」

的文字，才為台灣參與世界衛生大會提供法源基礎。2008年馬英九總統上任後，兩岸關係改善，世界衛生組織秘書處於2009年4月與2010年3月先後邀請台灣以「中華台北」（Chinese Taipei）名義與觀察員身分出席世界衛生大會（此一安排一直延續下去）。由此觀之，台灣順利參與世界衛生大會可謂天時（SARS肆虐）、地利（國際社會與美國）、人和（兩岸關係改善）的完美結合。

史文（Swaine, 2011a）指出，美國不可能長期在亞太地區維持優勢，也不可能永遠保護台灣，有必要及早與中國達成協議，逐漸減少彼此在台海的軍事投注，讓兩岸最終走向政治對話。問題是，他未對中國究竟是保守的安全維護者或是侵略性的擴張主義者做出分辨。更重要的是，他主張修正「六項保證」的目的自然不止是軍售，而是透過「逐漸減少彼此在台海的軍事投注」這樣一個過程，讓兩岸最終走向政治對話。

二、台灣對兩岸與台美關係的影響

任雪麗（Shelley Rigger）（2011）分析台灣在國際上備受打擊與矮化但卻屢挫屢戰最後終於卓然有成的因素，主要目的就是探討何以台灣在世界舞台的表現遠遠超過其地理上的格局。作者發現，台灣之所以能在國際社會發揮巧實力（smart power），背後主要的動力就是日趨成熟的民主、不斷自我提升的自由市場、文化活力、世代交替、處理兩岸關係的靈活性，以及在國際社會受到孤立卻拼命力爭上游的決心。

在中國國力快速崛起之際，唐耐心（Tucker, 2011: 1-8, 273-280）質疑美國是否正確對待這個一度是美國盟國的台灣。她指出，自1950年以來至2011年，即使在中華民國與美國有軍事同盟關係的歲月，華府也從未真正擁抱台北，更不用說後來台灣只是美國非正式盟友的年代。政策與觀點上的不同，使台灣在中國大陸之前往往屈居下風。雖然她認為美國「聯中制蘇」的大戰略成功地促成蘇聯崩解，台灣也獲得倖存；但華府卻在台灣問題上對北京做了許多不必要的讓步，不僅造成美台互信降低，也讓美國在亞太地區的盟國與夥伴感到不安。在此種情況下，台北長期在擔心受怕中生存。不過，台灣不斷的經濟與政治改革終使這個島國卓然自立。

從美國官員在國會聽證會的證詞中，可以看出美台關係仍然相當穩固。主管亞太事務的助理國務卿坎貝爾（Kurt Campbell）即指出美國亞太地區戰略的重要部分之一，就是與台灣建立全面、持久的非官方關係。台灣總統大選獲得美國國會的關注，並謂美國在台灣總統選舉中不會選邊站，美國願與台灣人民選出的任何一位領導人密切合作（United States House of Representatives Committee on Foreign Affairs, 2011）。

　　在 2011 年的這場聽證會上，坎貝爾五次重申美國對台的「六項保證」，強調美國對台軍售絕對沒有事先與中國大陸諮商。當時多位國會議員對美國僅同意將 F-16 A/B 升級不以爲然，也有不少議員認爲美國不同意出售 F-16 C/D 戰機給台灣是受到中方壓力。面對他們的質詢，坎貝爾重申美國立場，將「六項保證」、《台灣關係法》，以及美中之間的三個聯合公報，共同列爲對台關係的基礎。他一再強調 F-16 A/B 升級案保證絕對沒有與北京協商。

　　針對兩岸關係，坎貝爾指出，美國政策維持一貫的立場，促進了台灣的繁榮和民主發展，支持了兩岸與區域的穩定，也讓台灣在近年來得以和中國大陸培養出正面的關係。他認爲兩岸關係的和平發展，對整個區域的穩定和繁榮至關重要，也符合美國的國家利益。在美台高層接觸方面，坎貝爾指出，美國正在積極尋找提高與台灣會談層級的方式，例如國務院與台灣外交部次長級的私下接觸，就是美方幕後運作的方式之一。至於台灣參加國際組織的問題，坎貝爾認爲台灣證明了它是國際社會重要且負責任的成員，美國一直大力支持台灣有意義地參與國際組織。他並強調美國一向反對國際社會任何單邊決定台灣政治地位的企圖，未來若是同樣的問題再次出現，美國將繼續持強烈反對立場。他希望台灣能夠參加一些無法成爲會員的組織，像是世界衛生組織、國際民航組織（International Civil Aviation Organization，ICAO）、聯合國氣候變化綱要公約（United Nations Framework Convention on Climate Change，UNFCCC），以及其他重要國際組織，以讓台灣能夠在大多數國際組織發出它的聲音。關於許多台灣人民關切的「免簽證計畫」，坎貝爾明確指出，台灣申請加入美國免簽國「事實上已經快要完成了」，短期內將可看到進展。[6]

三、兩岸統一對美日兩國的影響

　　Donald Joseph Curran III（2012）探討兩岸和平統一對美日兩國的可能影響。當然，就目前來看，這還是一個假設性的問題，惟一旦假設成真，的確會對美日兩國及整個亞洲的安全、經濟與政治關係造成全盤性的衝擊。他認爲，由於軍事能力與社會、政治的因素，不論華府是尋求和統一後的中國改善關係、準備與中國兵戎相見，或是在海外用兵，東京都會深自不安，擔心美日同盟遭到背棄，而選擇對北京讓步。

---

[6]　編者註：台灣果然已於 2012 年 10 月加入美國的免簽計畫，成爲第 37 個赴美免簽國家。

伍、美中台關係的回顧與前瞻

在這一部分,作者將針對台灣內政與美中台關係、美國外交與兩岸關係、兩岸關係中的美國因素、霸權穩定理論與美中台關係等議題進行探討。

一、台灣內政與美中台關係

吳玉山(2000)運用選票極大化策略模式與戰略二角理論來分析中華民國第十任總統大選對於兩岸關係的影響。作者發現,在 2000 年總統大選中,台灣內部泛藍或泛綠因為選票考量在競選政綱上都有「趨中」的現象,因此,民進黨選前高舉「中間路線」,選後也表示可以把「一個中國」當成議題來和北京討論;美國在大選前後經常高舉理想主義支持台北,選後則現實主義掛帥向北京傾斜;中共則在黨代表大會前民族主義高漲,要求對台施壓不惜一戰,大會後才注重經濟表現,希望兩岸和平相處。此外,作者並發現,在戰略三角的架構下,美國在兩岸關係中固然經常扮演一個維持均衡的角色,但更常扮演一個「不情願的樞紐」(Unintended Pivot),亦即每當台灣或大陸拋出可能改變現狀的議題時,美國都會面對來自台北或北京要求美方表態的壓力。由於台灣、美國和中國大陸三方面的國內政治都對兩岸政策產生不同程度的影響;因此,美國對兩岸及兩岸之間的政策就會不斷調整與變動。

謝敏捷(2001)分析民進黨執政後台灣為何只有在中共堅持的統一為「唯一選項」、美國支持的「民主選舉」及大多數台灣人民支持的「維持現狀」三者擇一。作者指出,民進黨主政後,兩岸未來關係的發展有兩種可能,其一是政治關係不穩定,但經濟交流持續成長,一如過去 14 年之情況,或是政治關係穩定,並帶動兩岸多方面關係的良性發展。除了部分台北與華府因素之外,北京如何解讀陳水扁總統主政後的大陸政策也是一項重要因素。作者認為,1996 年台海危機之後,台獨選項已被排除。民進黨政府只能在統一、民主選舉、維持現狀之間做出選擇。問題是,後來的發展顯示,儘管台獨選項已被排除,但是陳水扁政府並未從以上三個選項做一抉擇,反而是仍然不斷拋出台獨相關議題來挑釁中國大陸。

二、美國外交與兩岸關係

陳一新(2001a)從小布希總統與其國安外交團隊成員的互動及他過去的領導風格,來分析小布希政府的外交與兩岸政策。作者發現,從小布希輔選老布希(George H. W.

Bush）、擔任德州州長期間、自己參選總統以及受到外交團隊成員影響的過程中，可以看出小布希如何吸取外交事務的經驗，從而建構自己的國際觀與外交戰略的藍圖。作者認為，小布希競選時期的言論只能作爲參考，但從其國安外交團隊的人事佈局，倒是可以看出他會竭力讓美國在國際體系維持優勢、外交政策朝偏亞重歐擺動、不輕易介入國際衝突（九一一事件後才改變）、部署飛彈防禦系統，以及維持一個大致平衡的兩岸政策（陳水扁不斷挑釁大陸後才改變）。

　　陳一新（Chen, 2006）分析柯林頓政府 1995 年提供李登輝總統訪美簽證到 1996 年處理台海危機的決策過程。從艾理遜（Graham Allison）與哲理考（Philip Zelikow）的三個決策模式（理性行爲者模式、組織行爲模式、政府政治模式）和假設驗證的案例研究方法，來研究 1995 至 1996 年台海危機的決策過程，作者發現在這段期間的決策過程中，美中台三方都一再犯錯，導致衝突愈演愈烈。

　　陳一新（2001b）分析小布希政府的亞太戰略的構想與部署。從小布希總統本人與其國安外交團隊成員的言行、美國的種種具體作爲，以及美國在亞太地區的實際部署中，作者發現雖然小布希政府以亞太地區爲主軸的國防戰略構想在推動的過程中出現困難，但是從歐洲軍事裝備與兵力東移亞太地區、美國擴建或補強在亞太地區的軍事基地、強化與日本、南韓、澳大利亞等傳統盟國以及越南、印度、印尼等新夥伴的關係、對中共、俄羅斯與北韓進行圍堵交往，對台大舉軍售，並積極研發與測試飛彈防禦系統來看，此一國防戰略構想不僅已經成形，而且其中不少已付諸實施。

　　陳一新（2003）分析小布希政府時期國際政經體系變遷對美中台關係的衝擊。作者指出，自 1991 年冷戰結束迄 2003 年，國際政經體系與美中台關係凡三變：1. 柯林頓時期以弱勢單極爲主的多極體系時，華府朝北京傾斜，台灣挑戰大陸，遭美中聯手打壓；2. 小布希初期轉型的過渡國際政經體系，對台灣有利，但隨著九一一事件而轉變；以及 3. 美伊戰爭後強勢單極爲主的多極體系，美國可能進一步朝中國大陸傾斜。台灣藉小布希政府的支持，不斷推出與台獨相關議題刺激大陸，造成台美互信不斷降低；中共卻懂得如何扮演韜光養晦的角色，加上九一一事件後，華府尋求北京合作進行全球反恐戰爭，雙方關係大幅改善。在美伊戰爭後，強勢單極爲主的多極體系不再對台灣有利。儘管美國勢將領導，但爲了國家利益卻必須對其他國家做出妥協，以尋求合作。如果美國尋求北京在全球多項議題進行合作，台北又在華府與北京眼中成爲麻煩製造者，美國將會毫不留情地犧牲台灣，進一步朝中共傾斜。

　　陳一新（1995、2004）分析陳水扁總統執政後的美中台關係。作者指出，陳水扁提出的「一邊一國論」與兩項防禦性公投或許有助於凝聚民進黨支持者的共識與選票，但卻絕對有損台美互信，並有助於美中兩國在涉台議題上形成共識。他表示，民進黨政府

環繞著台獨相關議題接二連三拋出公投、制憲等主張來挑釁中國大陸，不僅對兩岸關係不利，也不利於台美關係甚至會破壞美國戰略模糊對台灣的好處。

林正義（2005）探討美國柯林頓與小布希兩任政府推動兩岸信心建立措施（confidence-building measures，CBMs）的努力以及台北與北京的反應。作者發現，北京擔心兩岸若在「一個中國」戰略問題上未達成共識，而僅在「中程協議」與「信心建立措施」等戰術問題上達成協議，北京將得不償失；因此，大陸對此並不熱衷。另一方面，台北一則擔心華府不願對兩岸信心建立措施做出擔保，一則也擔憂一旦兩岸關係走向和解，美國就更有理由不再或減少對台軍售；因此，台灣當時視「信心建立措施」為洪水猛獸，避之惟恐不及。

陳一新（2005）對小布希政府第一任期的兩岸政策做出分析。作者指出，美中兩國在2004年不僅已形成防止台灣片面改變「台海現狀」的共識，而且已啟動「防止台獨」相關的合作機制。他認為，此一共識與合作機制固然對台灣構成新的制約，降低台海兩岸擦槍走火的機率，但對我國仍有若干負面衝擊。由於何謂「台海現狀」與「台獨」的詮釋權過去一向掌握在美國手中，但在美中達成前述之後，北京也逐漸開始分享此一詮釋權；因此，我國的國際空間可能會面臨進一步的限縮。更重要的是，華府過去針對是否根據《台灣關係法》出兵協防台灣一直維持模糊空間，北京也因此一不確定因素而不敢對台輕易動武，惟從2004年開始，此一模糊空間已因民進黨陳水扁違反台美之間在「四不一沒有」的君子協定而破壞殆盡。

林泰和（Lin, 2007）分析2001年美國提出「核子態勢評估」對台灣國家安全的影響。作者指出，新的美國「核子態勢評估」強調攻擊性核武、飛彈防禦系統、強化的核武基礎設施的新核武三元，取代陸基洲際飛彈、潛射洲際飛彈、戰略轟炸機的舊核武三元。此一新的核武戰略的好處是美國有更多的軍事選項與更大的作戰彈性；壞處則是美中軍備競賽、危機不穩定性及先制攻擊等因素可能引發美中兩國之間的核戰。他認為，由於任何美中之間的戰爭都可能導致核武的使用，因此，只要台灣持續成為美中軍事衝突的引爆點，這種核武風險就會對台灣國家安全造成負面影響。他相信，就台灣的國家安全來說，美國對台灣採取「戰略清晰」政策要比「戰略模糊」政策來得更好。

陳一新（2007）分析小布希總統第一任期從平衡到失衡的兩岸政策之因素與過程。作者指出，自從陳水扁當選中華民國總統後，台海情勢就危機潛伏。雖然陳水扁在2000年5月20日就職演說時同意「四不一沒有」（不會宣布獨立、不會變更國號、不會推動兩國論入憲、不會推動改變現狀的統獨公投，也沒有廢除國統綱領與國統會的問題），但在隨後四年中卻不斷拋出「一邊一國」、兩項防禦性公投、正名、公投制憲及建立新國家等議題，違反台美之間「四不一沒有」的君子協定。這一連串從暗獨而走向

明獨的發展，不僅讓原先潛伏的台海危機日益嚴重，也導致小布希政府第一任期的兩岸政策從平衡轉趨失衡。

袁鶴齡和沈燦宏（2012）分析美中台戰略三角和兩岸信心建立措施之間的關係。作者將 1987 至 2011 年間分為六個時期，並設定 CBMs 的五項指標（宣示性指標、溝通性指標、限制性指標、透明性指標、查證性指標），評定為正面或負面值，據以統計兩岸 CBMs 正反值總和數目。經過比較李登輝、陳水扁與馬英九三位總統任期內在 CBMs 的作為後，研究發現三位總統均以低階政治議題的查證性 CBMs 作為較多，限制性（軍事性）與透明性的作為較少，顯示雙方皆存在著與國家安全相關的主權議題考量。整體觀之，無論從兩岸 CBMs 發生的頻率、CBMs 正負值與 CBMs 指標分布面積等三個面向來看，當時第一任期尚未任滿的馬英九已比兩個或兩個任期以上的陳水扁、李登輝來得更多、更高與更廣。

三、兩岸關係中的美國因素

于有慧（2001）分析九一一事件前兩岸關係中的美國因素。作者發現，美中關係互動對兩岸關係發展具關鍵影響。根據結構平衡理論，當美中關係趨向緩和，兩岸關係亦趨向平穩發展；當美中關係陷入緊張，兩岸關係亦難有所突破。作者發現，小布希總統上台後，儘管視中共為威脅、大舉軍售台灣、協助台灣構建戰區飛彈防禦計畫，北京仍低調回應，儘量不與美國直接對抗。這主要就是當時的中共仍採取「韜光養晦」的戰略，以發展為主軸，採取的是守勢外交，以抓住戰略機遇期為要務。

陳一新（Chen, 2004）分析美國在兩岸關係中所扮演的不同角色。作者指出，美國對台軍售是扮演武器掮客（arms broker），強化與台灣的貿易關係則是扮演貿易促進者（trade promoter），二者也具有扮演兩岸之間「平衡者」（balancer）角色的政治意涵。美國除了出面扮演「政治平衡者」的角色之外，也扮演「政治詮釋者」（political interpreter）的角色。他認為，儘管華府與北京存在根本性的矛盾，華府為了自己的國家利益常犧牲台北，但兩岸都會宣稱他們和美國的關係是曾所未有的好。

陳一新（Chen, 2008）分析美國在兩岸談判過程中所扮演的不同角色。作者認為，從 1987 年兩岸兩航談判之後，美國就決定為兩岸談判創造一個有利的條件為己任。作者指出，美國對台軍售、增加美台互信與提升美台關係都是為了提高台北在與對岸談判的自信，顯示美國不僅在兩岸談判扮演「促成者」（facilitator）的角色，也扮演「平衡者」的角色。台海緊張情勢升高時，例如 1996 年爆發台海危機，美國決定派遣航母戰鬥群趕赴台灣海峽排紛解難，這時美國扮演的就是「保證者」（guarantor）的角色，以

確保台海的和平與穩定。一旦台灣拋出挑釁大陸的議題造成兩岸關係倒退時，例如李登輝總統提出「兩國論」，美國又要出面扮演「調人」（mediator）的角色。在主權或台灣獨立議題上，兩岸出現歧見時，美國會出面扮演「詮釋者」的角色。民進黨執政期間兩岸關係倒退，美國則扮演「促談者」（promoter）的角色。該文指出，儘管華府公開宣稱美國不在兩岸之間擔任調人，但實際上美國不僅扮演「調人」的角色，更經常扮演「促成者」、「平衡者」「保證者」「詮釋者」及「促談者」的角色。

四、霸權穩定與美中台關係

吳昭燮（2010）分析九一一事件後美國國力相對衰退與中國國力快速崛起對美國霸權領導與美中台關係的影響。作者指出，九一一事件後，美國國力的相對下滑和中國大陸國力快速崛起，一方面美國必須與中國大陸在許多國際議題（包括反恐、區域衝突、經濟貿易與非傳統安全議題）上進行合作，另一方面美國要繼續維繫主導性霸權的地位將日益困難。此一發展已影響到美中台關係，其中又以北京藉著財政工具介入美國對台軍售讓台灣感受最為深刻。

宋學文和陳亮智（2011）從霸權穩定論演化的角度分析美國對台灣民主發展的支持與所扮演的角色。作者指出，他們從霸權穩定論演化的角度出發，認為美國已從戰後僅強調軍事、外交與經濟硬實力為主的「傳統霸權」，演化到除傳統霸權之外也融入自由、民主、人道、人權、軟實力及多邊架構的「自由霸權」；惟「美國自由霸權」在推動與支持自由民主人道人權等普世價值的同時，也會算計自己的國家利益。因此，華府一方面會要求北京不得以武力解決台灣問題，另一方面也會介入、干預與管控台北任何朝法理台獨的言行。霸權穩定論的演化論點除了有助於為美國在台灣民主發展過程的角色扮演提供一個具有解釋、分析功能的理論依據，也有助於預測美國未來將繼續支持台灣民主的行為表現。雖然霸權穩定論的演化理論仍有待更多案例來強化該理論的可驗證性，但是至少美國在台灣民主發展過程的角色扮演之案例研究顯示，該理論具有一定的說服力。

陸、結論

在「貳、美台關係的回顧與前瞻」，有關棄台論的探討中，可以發現儘管「棄台論」者來勢洶洶，但正如卜睿哲所言，「棄台論」者所提出的論點只不過是美國多元社會不同聲音的投射，但絕非主流意見。「棄台論」者所主張的不是理論建構尚未成熟，就是

充滿綏靖主義色彩，遭到非議。正如史文自己所說的，中國崛起後，「棄台論」在美國學界一度掀起千層浪，但是美國政府卻始終不為所動。或許是美國採取再平衡亞洲政策的緣故，台灣在美國眼中似乎又有了新的價值。

在「參、美中關係的回顧與前瞻」中，可以發現芮效儉、李侃如、王緝思都找到了美中戰略互疑的部分病因；但是，美中兩國要建立戰略互信、避免戰略衝突仍有很長一段路要走。美中兩國無論是改善關係或是合作，都受到意識型態與戰略矛盾的制約。如果華府與北京不從根本原因著手，要想化解美中戰略互疑不免緣木求魚。不論如何，美國已經在亞洲採取再平衡的戰略，美中兩個大國已開始在軍事、外交、政治與經濟每一個領域展開他們的交鋒。在有關美中之間戰爭可能性的探討中，似乎以卜睿哲與密爾謝米爾的論點較具說服力。

在「肆、兩岸關係的回顧與前瞻」中，有些美國學者認為，美國不可能長期在亞太地區維持優勢，也不可能永遠保護台灣，有必要及早與中國達成協議，透過「逐漸減少彼此在台海的軍事投注」這樣一個過程，讓兩岸最終走向政治對話。然而，從美國官員在國會聽證會中的證詞，可以看出美台關係仍然固若磐石。從官員針對美台關係、美國對台安全承諾、兩岸關係、高層接觸、支持台灣參與國際組織，以及免簽計畫的談話，可以看出美台關係迭有進展。雖然兩岸統一就目前來看，還是一個假設性的問題，惟一旦假設成真，的確會對美日兩國及整個亞洲的安全、經濟與政治關係造成全盤性的衝擊，其代價恐怕不是美日及亞洲各國所能負擔得起的。

在「伍、美中台關係的回顧與前瞻」中，針對台灣內政與美中台關係、美國外交與兩岸關係、兩岸關係中的美國因素、霸權穩定理論與美中台關係等四大議題有關理論與案例的探討，顯示國內學者已日益藉由國際關係理論對美中台關係進行更深層次的探討。

從這十來年美中台關係學術研究情況，可以觀察出一些趨勢。首先，不少政治學者與國際政治學者進入自己原先並不熟悉的美中台關係領域，諸如基列、葛雷瑟等。其次，基於自己的政治偏好、意識型態、國家利益與個人利益的考量，某些卸任官員或軍人也踏進美中台關係的領域，並有愈來愈多之勢，像是美國前國家安全顧問布里辛斯基、前參聯會副主席歐文斯及前太平洋司令普理赫等。第三，儘管智庫學者提出的政策研究與觀點、大學教授提出學術理論，以及政府報告尚未完全整合，但彼此之間至少已經相互援引。最後，國內學者對於美中台關係已經能採用國際關係的各種理論進行深入的分析，而他們的研究成果也越來越受到國際間的重視。

參考書目

于有慧，2001，〈近期兩岸關係中的美國因素〉，《中國大陸研究》44（8）：1-21。

王高成，2005，《交往與促變——柯林頓政府對中共的外交觀點》，台北：五南。

吳玉山，2000，〈台灣總統大選對於兩岸關係產生的影響：選票極大化模式與戰略三角途徑〉，《遠景季刊》1（3）：1-33。

吳釗燮，2010，〈主導性霸權的困境：九一一後國際局勢與美中台關係演變〉，《東吳政治學報》28（1）：1-32。

宋學文、陳亮智，2011，〈美國對台灣民主發展之影響：一個霸權穩定論演化的分析觀點〉，《東吳政治學報》29（3）：1-51。

沈有忠，2006，〈從台灣的政治競爭推論《反分裂國家法》下的美中台賽局〉，《遠景基金會季刊》7（3）：105-137。

林正義，2005，〈美國與台海兩岸信心建立措施〉，《問題與研究》44（6）：1-28。

林正義，2009a，〈台灣防衛性公投與美國對台政策調整〉，《歐美研究》39（2）：333-388。

林正義，2009b，〈美國與台灣軍事合作：威脅的評估與因應〉，《遠景基金會季刊》10（2）：101-152。

袁鶴齡、沈燦宏，2012，〈從美中台戰略三角的演變看兩岸信心建構措施的建立〉，《東吳政治學報》30（3）：51-107。

陳一新，1995，《斷交後的中美關係》，台北：五南。

陳一新，2001a，〈從布希外交團隊與領導風格看美國外交與兩岸政策〉，《遠景季刊》2（1）：1-33。

陳一新，2001b，〈布希亞太戰略的構想與部署〉，《遠景季刊》2（3）：1-27。

陳一新，2003，〈美伊戰爭前後國際體系變遷對美中臺的影響〉，《國際關係學報》（18）：147-179。

陳一新，2004，《戰略模糊中的美中台新圖像》，台北：遠景基金會。

陳一新，2005，〈不再平衡的美國兩岸政策〉，《台灣國際研究季刊》1（3）：1-26。

陳一新，2007，《危機潛伏：從平衡到失衡・布希政府第一任期的兩岸政策》，台北：博揚文化。

陳一新，2008，〈入聯公投將把台灣帶到那裡？〉，《中國國際戰略評論》（1）：85-95。

陳明通，2009，〈當前北京對台政策剖析〉，《東吳政治學報》27（2）：127-202。

楊仕樂、卓慧菀，2003，〈美國小布希政府對台軍售之分析：維持兩岸軍事平衡〉，《問題與研究》42（6）：67-96。

裘兆琳，2010，〈我國參與世界衛生組織之策略演變與美國角色分析：一九九七一二○○九〉，《歐美研究》40（2）：431-517。

蔡明彥，2009，〈美國與中國軍事交流之發展與限制（2004-2007年）〉，《歐美研究》39（3）：533-566。

蔡政修，2006，〈從台灣的公投、新憲議題看美國小布希政府的兩岸政策調整〉，《問題與研究》
　　45（1）：107-136。

謝敏捷，2001，〈唯一選項或民主選舉：台北、北京、華府關於兩岸關係前景的爭議〉，《中國
　　大陸研究》44（9）：27-40。

Bader, Jeffrey A. 2012a. "Obama's Asia Policy." Speech, March 27, Taipei: Taipei Forum, http://www.
　　taipeiforum.org.tw/.

Bader, Jeffrey A. 2012b. *Obama and China's Rise: An Insider's Account of America's Asia Strategy*.
　　Washington, DC: The Brookings Institution.

Blogspot. 2011. "U.S. Scholar David Shambaugh: U.S. Arms Sales Policy To Be Reviewed." November
　　4: http://wn6.blogspot.com/2011/11/us-scholar-david-shambaugh-us-arms.html (accessed November 6,
　　2011).

Brzezinski, Zbigniew. 2012. "Balancing the East, Upgrading the West." *Foreign Affairs* 91(1): 97-104.

Bush, Richard C. 2005. *Untying the Knot: Making Peace in the Taiwan Strait*. Washington, DC:
　　Brookings Institution Press.

Bush, Richard C. and Alan Romberg. 2009. "Cross-Strait Moderation and the United States—A Response
　　to Robert Sutter." *PacNet Newsletter* (17A): http://csis.org/publication/pacnet-17a-march-12-2009-
　　cross-strait-moderation-and-united-states-response-robert-sutter (accessed March 14, 2009).

Bush, Richard C. and Michael E. O'Hanlon. 2007. A *War Like No Other: The Truth About China's
　　Challenge to America*. New York, NY: Wiley.

Chen, Edward I-hsin. 2004. "U.S. Role in Future Taipei-Beijing Relations." In *Political and Economic
　　Security in Asia-Pacific*, ed. King-yuh Chang. Taipei: Foundation on International and Cross-Strait
　　Studies (FICs)/Great Mountain Publisher, pp. 193-216.

Chen, Edward I-hsin. 2006. "The Decision-Making Process of the Clinton Administration in the Taiwan
　　Strait Crisis of 1995-1996." In *The 1996 Strait Crisis: Decision, Lessons & Prospects*, ed. King-yuh
　　Chang. Taipei: Foundation on International & Cross-Strait Studies (FICs), pp. 13-44.

Chen, Edward I-hsin. 2008. "The Role of the United States in Cross-Strait Negotiations: A Taiwanese
　　Perspective." In *Conflict Management, Security and Intervention in East Asia*, eds. Jacob Bercovitch,
　　Kwei-bo Huang, and Chung-chian Teng. New York, NY: Routledge, pp. 193-216.

Chen, Edward I-hsin. 2012. "The Security Dilemma in US-Taiwan Informal Alliance Politics." *Issues &
　　Studies* 48(1): 1-50.

Christensen, Thomas J. 2011. *Worse Than a Monolith: Alliance Politics and Problems of Coercive
　　Diplomacy in Asia*. Princeton, NJ: Princeton University Press.

Curran III, Donald Joseph. 2012. *Bridging the Strait: Implications for Japan and the United States
　　Following a Peaceful Reunification of China and Taiwan*. USA: Amazon Digital Services.

Feuerberg, Gary. 2011. "Experts Discuss, 'Is Taiwan Defendable?'" *The Epoch Times* October 31:
　　http://www.theepochtimes.com/n2/world/experts-discuss-is-taiwan-defendable-63515.html (accessed

November 2, 2011).

Gilley, Bruce. 2011. "Not So Dire Straits: How the Finlandization of Taiwan Benefits U.S. Security." *Foreign Affairs* 89(1): 44-60.

Glaser, Bonnie S. and Nancy Bernkopf Tucker. 2011. Remarks at A Roundtable Discussion on "Assessing the U.S.-Taiwan Security Partnership," October 18, Washington, DC: Washington Quarterly and Freeman Chair in China Studies at Center for Strategic and International Studies, http://csis.org./event/assessing-us-taiwan-security-partnership (accessed October 20, 2011).

Glaser, Charles. 2011. "Will China's Rise Lead to War." *Foreign Affairs* 90(2): 80-91.

Harding, Harry. 1992. *A Fragile Relationship: The United States and China Since 1972*. Washington, DC: The Brookings Institution.

Kane, Paul V. 2011. "To Save Our Economy, Ditch Taiwan." *The New York Times* November 10: http://www.nytimes.com/2011/11/11/opinion/to-save-our-economy-ditch-taiwan.html?_r=1&scp=1&sq=Paul%20V.%20Kane&st=cse (accessed November 11, 2011).

Keohane, Robert O. and Joseph S. Nye. 1989. *Power and Interdependence*, 2nd ed. New York, NY: Harper Collins Publishers.

Lieberthal, Kenneth and Jisi Wang. 2012. *"Addressing U.S.-China Strategic Distrust."* In *China Center Monographs*, no. 4, Washington, DC: John L. Thornton China Center at the Brookings Institution.

Lin, Taiho. 2007. "The Implications of U.S. Nuclear Strategy for Taiwan's Security." *The Development of Soochow Journal of Political Science* (東吳政治學報) 25(2): 123-127.

Mann, Jim. 2000. *About Face: A History of America's Curious Relationship with China, From Nixon to Clinton*. New York, NY: Vantage.

Mearsheimer, John J. 2003. *The Tragedy of Great Power Politics*. New York, NY: W. W. Norton & Company.

Morrison, Wayne M. and Shirley A. Kan. 2011. *U.S.-Taiwan Relationship: Overview of Policy Issues—CRS Report*. USA: Amazon Digital Services.

Office of the Press Secretary, The White House. 2011a. "Remarks by the President in the Meeting with Trans-Pacific Partnership." November 12: http://www.whitehouse.gov/the-press-office/2011/11/12/remarks-president-meeting-trans-pacific-partnership (accessed November 14, 2011).

Office of the Press Secretary, The White House. 2011b. "Remarks by President Obama to the Australian Parliament." November 17: http://www.whitehouse.gov/the-press-office/2011/11/17/remarks-president-obama-australian-parliament (accessed November 19, 2011).

Owens, Bill. 2009. "American Must Start Treating China as A Friend." *Financial Times* November 17: http://www.ft.com/cms/s/0/69241506-d3b2-11de-8caf-00144feabdc0.html (accessed November 17, 2009).

Prueher, Joseph W. 2011. Remarks at the Meeting on "The Way Ahead with China," March 29, Washington, DC: Center for Strategic and International Studies and Miller Center of Public Affairs at University of Virginia, http://eventful.com/washington/events/way-ahead-china-/E0-001-037859132-5 (accessed March 29, 2011).

Rigger, Shelley. 2011. *Why Taiwan Matters: Small Island, Global Powerhouse*. Lanham, MD: Rowman & Littlefield.

Roy, Stapleton. 2012. "Power Shift in China—Part II." *YaleGlobal* April 18: http://yaleglobal.yale.edu/content/power-shift-china-part-ii (accessed April 21, 2012).

Schriver, Randy. 2011. "U.S. Arms Sales to Taiwan Could Enhance Cross-Strait Relations." Remarks at a Conference on "Taiwan's Future in the Asian Century: Toward a Strong, Prosperous and Enduring Democracy," November 10, Washington, DC: American Enterprise Institute, http://www.aei.org/events/2011/11/10/taiwans-future-in-the-asian-century-toward-a-strong-prosperous-and-enduring-democracy/ (accessed November 12, 2011).

Shambaugh, David. 2010. "A New China Requires a New Strategy." *Current History* 109(728): 219-226.

Shambaugh, David. 2011. Remarks at the National Conference on "US National Security: Six Top Issues for the 2012 Election," November 4, Washington, DC: World Affairs Councils of America.

Shirk, Susan L. 2007. *China: Fragile Superpower*. New York, NY: Oxford University Press.

Strokes, Mark. 2011. Remarks at the Conference on "The Future of US Posture Towards Cross-Strait Relations," September 28, Washington, DC: Atlantic Council, https://www.acus.org/event/future-us-posture-towards-cross-strait-relations (accessed September 30, 2011).

Sutter, Robert. 2009. "Cross-Strait Moderation and the United States—Policy Adjustments Needed." *PacNet Newsletter* (17): http://csis.org/publication/pacnet-17-march-5-2009-cross-strait-moderation-and-united-states-policy-adjustments-need (accessed on March 5, 2009).

Sutter, Robert. 2011a. "Taiwan's Future: Narrowing Straits." *NBR Analysis* (May): http://wwwnbr.org/publications/element.aspx?id=497.

Sutter, Robert. 2011b. "Why Taiwan's Freedom of Action Continues to Erode." *PacNet Newsletter* (30): http://csis.org/publication/pacnet-30-why-taiwans-freedom-action-continues-erode.

Sutter, Robert. 2011c. Remarks at a Digital Video Conference on "U.S. Scholar Discusses Cross-Strait Issues," September 21, Taipei: American Cultural Center, American Institute in Taiwan (AIT).

Swaine, Michael. 2011a. Remarks at the Conference on "The Future of US Posture Towards Cross-Strait Relations," September 28, Washington, DC: Atlantic Council, https://www.acus.org/event/future-us-posture-towards-cross-strait-relations (accessed on September 30, 2011).

Swaine, Michael. 2011b. *America's Challenge: Engaging A Rising China in the Twenty-First Century*. Washington, DC: Carnegie Endowment for International Peace.

Tsai, Wen-Hsiang. 2012. *An Analysis of China's Information Technology Strategies and Their Implication for US National Security*. USA: Amazon Digital Services.

Tucker, Nancy Bernkopf, ed. 2005. *Dangerous Strait: The U.S.-Taiwan-China Crisis*. New York, NY: Columbia University Press.

Tucker, Nancy Bernkopf. 2011. *Strait Talk: United States-Taiwan Relations and the Crisis with China.* Cambridge, MA: Harvard University Press.

Tucker, Nancy Bernkopf and Bonnie S. Glaser. 2011. "Should the United States Abandon Taiwan?" *The Washington Quarterly* 34(4): 23-37.

Tyler, Patrick, 2000. *A Great Wall: Six Presidents and China, An Investigative History.* Los Angeles, CA: PublicAffairs.

U. S.-China Economic and Security Review Commission. 2012. *Indigenous Weapons Development in China's Military Modernization.* April 5: http://origin.www.uscc.gov/sites/default/files/Research/China-Indigenous-Military-Developments-Final-Draft-03-April2012.pdf.

U. S. Department of Defense. 2011. *Annual Report to Congress: Military and Security Developments Involving the People's Republic of China 2011.* USA: CreateSpace Independent Publishing Platform.

U. S. Department of Defense. 2012. *Annual Report to Congress: Military and Security Developments Involving the People's Republic of China 2012.* USA: CreateSpace Independent Publishing Platform.

United States House of Representatives Committee on Foreign Affairs. 2011. *Why Taiwan Matters.* USA: Amazon Digital Services.

公共行政

第十章

公共行政學領域發展概況[*]

施能傑

　　1954 年政治大學在台灣復校時先設行政研究所，1962 年該校政治學系首設公共行政學組，1963 年獨立設置公共行政學系，成為台灣第一個授予公共行政學位的大學機構，[1] 迄今台灣公共行政學的大學專業教育已有半個世紀。公共行政學領域的發展狀況究竟為何，過去 20 年間，定期出現相關的檢視工作，陳金貴（1991）整理早期的課程設計，孫同文（1998）回顧 1990 年前的研究狀況，江明修（2002）接續回顧 2000 年前的課程狀況，盧偉斯（2002）提出對幾個研究領域的觀察，詹中原（2005）提供碩士論文的分析。本章接續這項工作，但焦點置於 2000 年後的發展狀況，首先介紹領域的人力資源狀況，其次是公共行政領域的教育內容，最後說明公共行政領域已出版期刊論文的研究重點。

壹、學系所的人力資源與學生數

　　公共行政學高等教育 1960 年初到 1990 年前，僅有七個學校設立日間或夜間部學制，此後，各公私立大學與學院大量設立公共行政相關學系、碩士班和碩士專班，並設置博士班（組）。採用台灣公共行政與公共事務系所聯合會（Taiwan Association for Schools of Public Administration and Affairs，TASPAA）的會員數而言，目前已經有三十多個相關學系與研究所，總數量超過關連性很密切的政治學系。

一、各校目前的基本狀況

　　本研究調查各校 2011 學年度時的資料整理如表 10-1。

---

[*] 作者非常感謝政治大學公共行政學系碩士班邱芪茜、孫悅耘和張玄熹的協助，從網站和各期刊目錄蒐集和登錄本章分析使用的各項原始資料。作者也感謝相關學系所辦公室整理與提供該校的基礎資料。

[1] 台灣省立法商學院則在 1955 年設置學院層級的大學部行政學系。

表 10-1　各校師資數、大學部與研究所現有學生數（2011 學年度）

	設立年	師資數	學士班	碩士班	碩專班	博士班	學士班師生比	研究所師生比
政治大學 公共行政學系	1963	14	198	120		20	14.1	10.0
台灣大學 政治學系公共行政組	1963	9	239	55	98	13	26.6	18.4
中國文化大學 行政管理學系	1963 （夜）	11	479				43.5	
淡江大學 公共行政學系	1964 （夜）	16	559	45	53		34.9	6.1
台北大學 公共行政暨政策學系	1967	27	522	81	67	17	20.9	6.6
東海大學 行政管理暨政策學系	1986	11	264	53	53		24.0	9.6
元智大學 社會暨政策科學學系	1989	3		20	80			33.3
中央警察大學 行政管理學系	1991	9	54	10				1.1
空中大學 公共行政學系	1993	10						
中華大學 行政管理學系	1996	9	197	39	38		21.9	8.6
暨南國際大學 公共行政與政策學系	1996	14	233	65	58	8	16.6	9.4
世新大學 行政管理學系	1996	13	430	21	95	12	33.1	9.8
玄奘大學 公共事務管理學系	1998	5	73	10	27		14.6	7.4
義守大學 公共政策與管理學系	2000	10	240	20			26.7	2.2
銘傳大學 公共事務學系	2000 （碩專）	9	248	21	51		27.6	8.0
佛光大學 公共事務學系	2001 （碩）	12	108	27	46		9.0	6.0
開南大學 公共事務管理學系	2002	11	246	23	30		22.4	4.8

表 10-1　各校師資數、大學部與研究所現有學生數（2011 學年度）（續）

	設立年	師資數	學士班	碩士班	碩專班	博士班	學士班師生比	研究所師生比
彰化師範大學 公共事務與公民教育學系	2004 （碩）	8	214	31	47		26.8	9.8
台北市立教育大學 社會暨公共事務學系	2006	8	103		45		12.9	5.6
台南大學 行政管理學系	2006	9	139	19			15.4	2.1
稻江科技暨管理學院 公共事務管理學系		4	4				1.0	
中山大學 公共事務管理研究所	1992	8		41	45	39		15.6
南華大學 公共行政與政策研究所	1999	6		37				6.2
東華大學 公共行政研究所	1999 （碩專）	8		50	78			16.0
逢甲大學 公共政策研究所	2002	9		17	104			13.4
中興大學 國家政策與公共事務研究所	2006	5		18	55			14.6
嘉義大學 公共政策研究所	2010	5		12				2.4
政治大學 社科院行政管理碩士學程	1998				108			
東海大學 社科院公共事務碩士在職專班					156			
中山大學 社科院高階公共政策碩士學程					39			
中央警察大學 行政警察學系	1957	12						
東吳大學 政治學系	1954	3.5		12		2		4.0
中正大學 政治學系	1993	4						

表 10-1　各校師資數、大學部與研究所現有學生數（2011 學年度）（續）

	設立年	師資數	學士班	碩士班	碩專班	博士班	學士班師生比	研究所師生比
高雄大學政治法律學系	2000	9	212	31	33		23.6	7.1
成功大學政治學系	2001	3	249					
中山大學政治經濟學系	2001	1.5						
中央大學客家政治經濟研究所	2004	4		26				6.5
中央大學法律與政府研究所	2006	3		37				12.3

說明：東吳大學政治學系以下各校的師資數僅計算屬於公共行政領域者。東海大學、淡江大學和台北大學另分別有進修部學士班 121、235、389 人。中國文化大學行政管理學系 1997 年起將夜間部改為日間部，淡江大學公共行政學系 1989 年起另增設日間部。

1. 目前共有 38 個學系、研究所和學院提供公共行政領域的教育課程，20 個是公立學校。其中，八個是純碩士班研究所，三個是純碩士在職專班，另外的 27 個提供大學部和研究所教育。1992 年中山大學公共事務管理研究所成立，是台灣第一所純招收碩士班的學校。

2. 提供大學部教育服務的學校可分為三類型。單獨設置公共行政學系（或不同學系名稱）的學校居多數。第二類採公共行政和其他領域合併設置學系，如元智大學、彰化師範大學和台北市立教育大學。第三類是政治學系中設立公共行政課程專業，但台灣大學政治學系則單獨設置公共行政組。最後，尚有高雄大學政治法律學系等幾所學校，雖然並未提供公共行政專業課程，但也開授部分課程，因此也加入 TASPAA。

3. 目前僅有政治大學、台灣大學和淡江大學的學系或組別維持使用「公共行政」一詞，其他學校多採用別的名稱，包括行政管理、行政暨政策、公共事務等。

4. 政治大學公共行政學系於 1964 年設立第一個碩士班，目前已有 17 所學校設置碩士班；政治大學公共行政學系於 1989 年設立第一個博士班，目前已有五所學校設置；政治大學社會科學學院於 1998 年設立第一個在職生碩士專班，目前已有 15 所學校設置，多數是由學系辦理。

5. 各校專任師資總數有相當差距，台北大學最多有 27 位。多數學校的師資數低於十人。

6. 純就表 10-1 所列 30 所公共行政學系和研究所而言，目前共約有 4,550 位大學部、835 位碩士班、1,373 位在職碩士班和 109 位博士班學生，即碩博研究生約佔 34%；碩士生總數與在職專班碩士生總數的比例是 1：1.6。另外，尚有 745 位大學進修部學生。

7. 淡江大學和台北大學的學士班學生總數最高皆超過 500 人，文化大學和世新大學次之有超過 430 人；相對地，政治大學碩士班和中山大學博士班學生數顯著地高於其他學校。

8. 各校的碩士專班學生數多遠超過碩士班學生數。政治大學社科院、東海大學社科院和逢甲大學的碩專班學生數都超過百人，台灣大學和世新大學也接近百人。

9. 文化大學學士班師生比最高，超過 40 人，淡江大學和世新大學其次，皆超過 30 人，佛光大學最低約是九人，政治大學和台北市立教育大學次之，約在 15 人（稻江學院狀況特殊不列入）。研究所而言，台灣大學、東華大學和中山大學平均每位專任教師需指導論文學生數都超過 15 人，相對高於其他學校（元智大學研究所屬政策科學領域專任教師人數很少，學生極可能找其他領域專任教師指導，因此平均值應屬高估）。

二、各校目前的專任師資狀況

本研究根據前述各校官網上所刊登專任師資，逐一登錄每位教師的背景資料，包括職稱、最高學位、最高學位畢業學校國別、最高學位學科屬性和性別。統計結果如表 10-2，整體說明如下。

1. 目前資料齊全的 299 位專任教師中，20 所公立學校合計佔 61%；相較於 2002 年，公立學校教師比例是 52.4%。

2. 整體而言，教授和助理教授比例呈現相當（27%、29%），相較於 2002 年的調查，教授比例略微下降，副教授比例略微增加。公立學校教授比例（37%）超過私立學校（16%）一倍以上，私立學校有 41% 是助理教授。更細部的分析顯示，教授比例超過學系師資半數的學校是政治大學（64.3%）和台北大學（59.3%）。

3. 就最高學位學校國別而言，畢業於台灣者的比例目前是 43.5%，較 2002 年上升。若以個別學校分析，80% 以上畢業於台灣者有銘傳大學、警察大學行政管

　　理；60% 以上畢業於台灣者有警察大學行政警察、元智、玄奘、空大、南華、
　　彰師大、嘉義；相對地，80% 以上畢業於美國與其他國者，有政大和世新（皆
　　為 93%）、台大和中山公共事務管理研究所。

4.　目前的專任師資有 96% 皆具備博士學位，此與 2002 年幾乎一致。

5.　就最高畢業學位而言，37% 是公共行政學（含公共政策）領域，30% 是政治學
　　領域，24% 是社會科學以外領域。個別學校最高學位屬於公共行政領域的狀況
　　是，80% 以上者有東吳（100%）和世新，60% 以上者包括中山政治經濟、中
　　正、玄奘、成人和政大，僅有 10% 左右者有開南（0%）、逢甲、南華和東華。
　　至於，公共行政與政治領域合計低於 50% 者有中央、警大、元智、逢甲、義
　　守、嘉義、稻江等學校。

6.　嘉義大學女性教師比例最高（60%），東華、銘傳、中央、中山政經、義守、
　　東海、玄奘沒有女性教師。

表 10-2　專任師資的背景　　　　　　　　　　　　　　　　　　　　　　　單位：%

	職稱			
	教授	副教授	助理教授	講師
2012 年比例（N = 299）	27.4	40.1	29.1	3.3
公立學校（N = 181）	37.0	38.2	19.4	5.4
私立學校（N = 118）	15.7	42.5	41.8	
2002 年比例（N = 170）	30.6	39.4	30.0	
公立學校（N = 89）	47.2	33.7	19.1	
私立學校（N = 81）	12.3	45.7	42.0	

	最高學位畢業學校			最高學位
	台灣	美國	其他國	博士
2012 年比例	43.5	40.8	15.7	96.0
2002 年比例	35.3	50.0	14.7	96.1

	最高學位畢業學校				女性
	公共行政	政治	社會科學	其他	
2012 年比例	36.8	29.8	9.4	24.1	18.4

說明：1. 2002 年係根據江明修（2002：37）換算。
　　　2. N 為專任教師數。

貳、公共行政領域的教育內容

本研究請各學校提供 2011 學年度開授課程表，並也同時使用各校官網資料補遺漏之處。就所蒐集學校開授的必修課程分爲學士班、碩士班和碩士專班做綜合性整理，如表 10-3（限於篇幅，各校課程不列出），說明如下。

表 10-3　共同性高的必修課程

學士班	A 類 （n = 17）	B 類 （n = 8）	研究所	A 類 （n = 16）	C 類 （n = 8）	D 類 （n = 19）
行政學	17	5	研究方法	10	4	12
行政法	17	2	量化方法	10	3	6
公共政策	17	7	公共政策	9	7	7
研究方法與方法論	16	3	質化方法	6	3	5
地方政府	15	1	公共管理與事務	6		2
憲法	13	5	公共行政理論	4	3	
統計學	13	6	組織	4		
經濟學	13	5				
人事行政	13	3				
法學緒論	10	4				
政府預算	12	1				
政治學	12	6				
全球化與國際關係	8	5				
公共管理	8	1				
比較政府	7	4				
資訊與政府	7	1				
社會學	6	5				
行政倫理	6	1				
組織理論	6	1				
組織行爲	5					
政治經濟學	4	3				
兩岸關係	4	1				
中西思想史	4	3				
第三部門	3					
管理學	3					

說明：A 類指公共行政學或公共事務學系，B 類指政治學系和其他學系，C 類指公共政策與政治研究所，D 類指碩士專班。

一、大學部必修課

1. 典型的公共行政或公共事務學系大致上可以分爲幾個群組（但各校所採用的具體課程名稱未必都一致）。首先，行政學、行政法和公共政策是每個公共行政學系都列入的課程，研究方法和地方政府兩個領域也受到幾乎同樣的重視。第二組被多數學校列爲必修課的領域包括憲法、統計學、經濟學、政治學、政府人事行政、政府預算和法學緒論。第三組是全球化與國際關係、比較政府、公共管理、資訊與政府、行政倫理、組織理論和社會學等。至於政治學系或其他學系架構也大體上在此範疇內，只是更重視公共政策和政治學等，相對地行政法等法律課程較少列入必修課。

2. 和早期整理的課程相比較（江明修，2002；陳金貴，1991），公共行政領域的大學部教育內容本質沒有太大改變，傳統的基本課程繼續受到強調，如前兩類群組。不過，全球化、資訊與政府和公共管理等領域課程，以及第三部門課程，已經受到更多的重視。必修課程結構的微調，反映台灣公共行政學教育內容對政府運作環境變化的回應。就各校公共行政學系而言，暨南大學的必修課程設計是較爲不同的，除了傳統課程外，特別加入政治經濟、國際政治和國家學等課程。晚近也有少數學校將兩岸關係列入必修課程。

3. 細部觀之，不同學校所設定學系必修科目數量是有所不同。換言之，在上述共同性高的必修課之餘（某種程度似乎也是模仿），學校仍保留部分空間，設計與其學系特點搭配的必修課程。例如，幾所改制的教育大學，通常包括公共行政以外的領域重點，台南大學就特別偏重管理學領域。

二、研究所必修課

1. 碩士班研究所必修課程數量一般都不多，各校主要是提供選修課程，因此各校的課程內容幾乎是難以找到相當的共同性。這樣的設計方式和美國公共行政研究所要求有相當數量的必修課程，以及相當結構化或模組化的課程設計，著實有別。其原因或許是爲提供學生更多元學習機會，但也不能說不是「放任或尊重」個別老師興趣。台北大學、世新大學和銘傳大學是相對要求有較多必修課的三所學校（八門以上），台大僅要求三門，政大最近一次改變也增加必修課。

2. 研究方法，且同時又包括量化和質化方法，以及公共政策等是各校研究所間最具共通性的必修課程。公共政策類研究所更是清晰地以公共政策課程爲主。對照江明修（2002：26）整理1990年代研究所必修課程資料，公共政策是持續

被重視的課程，研究方法在早期並沒有受到特別的重視。相對地，台灣公共行政研究所最早期重視的組織理論課程，目前相對沒有受到特別的重視。

3. 許多學校同時辦理研究所和碩士專班，碩士專班的必修課程主體更是置於研究方法和公共政策。相對於碩士班，專班必修課程數量略少。台大是唯一一例外，完全沒有選修課，幾乎有 20 門必修課，包括許多偏屬政治學領域的課程。

Wu 和 He（2009）最近曾分析美國和中國公共行政學領域研究所課程，兩位作者將課程區分為六類領域：traditional topics、new public management、new governance paradigm、public service paradigm、professional skills for public managers 和 others。研究發現第一類傳統領域仍是美國專業教育內容最重視的，該領域中納入教育課程者的比例依序是組織理論（75%）、政策過程、公共行政演進、公務倫理、財務管理、人力資源管理和行政過程（皆超過 60%）。其他各類領域中較多被納入課程者僅有領導（59%）、政治管理和政府再造（皆約 41%）。中國的課程中，新公共管理類領域則受到凸顯，傳統領域中和美國約略相當，但公務倫理課程並未受到高度重視。對照該文的經驗分析結果，與本研究所分析的台灣研究所教育內容是有差異之處，這方面值得台灣公共行政學界進行更深層的對話與定位。

參、公共行政領域的研究內容

第一本公共行政學教科書出現後（張金鑑，1935），早期公共行政學領域研究者常基於國家考試與市場需求的理由，習於撰寫各子題的教科書。1990 年代後隨著更多相關專業性學術活動和專業期刊的出現，以及教師升等制度的要求等新環境，公共行政學領域教師的研究狀況更多元地表現在不同面向，包括研討會提交論文、執行國科會和其他機構委託研究計畫、專書或專書論文、期刊論文等。

一、各校研究數量狀況

本研究從各校學系所官網中逐筆查詢專任教師自行提供的歷年著作目錄，不限於2000 年後，然後進行量化性內容整理如表 10-4（四所學校有相當高比例教師並未提供或提供不完整，因此實際分析的學校數是 34 所）。表 10-4 所稱的著作「總數」包括：各種期刊論文、專書論文、專書、研討會論文和研究計畫。僅以該表「平均每一教師著作數量」的構面，說明各校的研究狀況如下：

表 10-4 各校專任教師研究數量

	採計教師數	著作數量				平均每一教師著作數量			
		總數	專書文	期刊文	審查文	研討會	出版文	期刊文	審查文
政大公共行政學系	14	1,696	80	657	165	68.5	52.6	46.9	11.8
台大政治學系公共行政組	7	575	45	215	43	45.0	37.1	30.7	6.1
台北大公共行政暨政策學系	25	1,790	129	658	157	40.1	31.5	26.3	6.3
警大行政警察學系	12	442	70	167	19	17.1	19.8	13.9	1.6
警大行政管理學系	9	308	27	159	7	13.6	20.7	17.7	0.8
中山公共事務管理研究所	8	759	33	204	94	65.3	29.6	25.5	11.8
中正政治學系	4	133	7	50	26	19.0	14.3	12.5	6.5
空大公共行政學系	10	647	90	222	28	33.5	31.2	22.2	2.8
暨大公共行政與政策學系	12	682	60	227	49	32.9	23.9	18.9	4.1
東華公共行政研究所	8	674	51	170	31	56.6	27.6	21.3	3.9
成大政治學系	3	206	14	42	9	50.0	18.7	14.0	3.0
中山政治經濟學系	2	138	21	50	14	33.5	35.5	25.0	7.0
中央客家政治經濟研究所	3	144	5	35	6	34.7	13.3	11.7	2.0
中央法律與政府研究所	3	46	1	17	11	9.3	6.0	5.7	3.7
北教大社會暨公共事務學系	8	519	49	173	32	37.1	27.8	21.6	4.0
南大行政管理學系	9	556	22	185	42	38.8	23.0	20.6	4.7
中興國家政策與公共事務研究所	5	311	4	44	17	52.6	9.6	8.8	3.4
彰師大公共政策與公民教育學系	8	313	21	75	10	27.1	12.0	9.4	1.3

表10-4　各校專任教師研究數量（續）

	採計	著作數量				平均每一教師著作數量			
	教師數	總數	專書文	期刊文	審查文	研討會	出版文	期刊文	審查文
嘉大公共政策研究所	5	222	14	124	0	16.8	27.6	24.8	0.0
東吳政治學系	4	150	5	62	16	20.8	16.8	15.5	4.0
文化行政管理學系	2	144	3	75	3	33.0	39.0	37.5	1.5
淡江公共行政學系	16	407	31	127	43	15.6	9.9	7.9	2.7
東海行政管理暨政策學系	11	313	64	97	9	13.8	14.6	8.8	0.8
中華行政管理學系	9	553	60	194	8	33.2	28.2	21.6	0.9
世新行政管理學系	13	958	70	207	44	52.4	21.3	15.9	3.4
玄奘公共事務管理學系	5	150	20	47	3	16.6	13.4	9.4	0.6
南華公共行政與政策研究所	5	107	9	38	7	12.0	9.4	7.6	1.4
佛光公共事務學系	10	392	28	95	16	26.9	12.3	9.5	1.6
銘傳公共事務學系	9	381	15	123	11	27.0	15.3	13.7	1.2
開南公共事務管理學系	11	303	46	99	13	14.4	13.2	9.0	1.2
義守公共政策與管理學系	5	307	7	75	27	45.0	16.4	15.0	5.4
元智社會暨政策科學學系	3	207	6	49	11	50.7	18.3	16.3	3.7
逢甲公共政策研究所	8	209	11	97	8	12.6	13.5	12.1	1.0
稻江公共事務管理學系	2	12	0	5	1	3.5	2.5	2.5	0.5

說明：「研討會」是指論文總數扣除專書文和期刊文的數量。「出版文」指專書文和期刊文的合計量。「審查文」僅計算 TSSCI 與英文期刊文章和中文期刊英文文章。學校依設置年份排列（分公立、私立）。

1. 就研討會文章而言，政大和中山公共事務研究所皆接近70篇，東華、中興、世新、成大和元智皆是五十餘篇。公立學校中，中央法律與政府研究所、嘉大、警大和中正屬於較低組，皆低於20篇。私立大學普遍低於30篇，稻江最低，逢甲、開南、南華、東海和淡江也都在10至15篇。

2. 就各種期刊（學術性和實務性）文章而言，政大最高有47篇，文化大學和台灣大學依次有38和30篇，其他尚有九所學校超過20篇，中華大學是唯一的私立大學。若以所有出版著作（加計專書、專書文章）而言，上述模式並沒太大改變，只是數量增多，以政大為例，增為53篇。

3. 純就審查較嚴謹的學術性期刊（TSSCI和英文）而言，政大和中山公共事務研究所約是12篇，中山政治經濟學系居次，中正、台北大學和台大皆超過六篇；台南大學雖然成立較晚，但平均篇數超過其他公立大學。私立大學中義守大學最高有五篇，再次是東吳、元智和世新，其他私立學校幾乎都在一篇左右。

二、學術性期刊論文的數量與性質

第二個分析對象是期刊論文。公共行政學領域教師的研究成果大致上發表在兩種類型的期刊：學術性和實務性。實務性期刊通常由政府機關或學會出版，例如《研考雙月刊》、《文官制度》季刊（原為《考銓》季刊）、《國家菁英季刊》、《人事月刊》、《公務人員月刊》、《人事行政》等，這類期刊刊登文章的總數量非常龐大，不過，被收錄的文章並沒有經過嚴謹的審查機制。

本研究選擇學術性期刊為分析對象，包括《公共行政學報》、《行政暨政策學報》、《政治學報》、《政治科學論叢》、《東吳政治學報》、《台灣政治學刊》、《臺灣民主季刊》、《中國行政評論》和《空大學報》等九份。[2] 前面七份期刊都採很嚴謹且雙向匿名審查制度，目前均列入台灣社會科學引文索引（Taiwan Social Science Citation Index，TSSCI）期刊。《公共行政學報》和《行政暨政策學報》是典型公共行政學領域的學術性期刊。《中國行政評論》和《空大學報》性質上屬於公共行政學領域，雖仍有審查機制，但相對較缺乏高度嚴謹性，而且2004年後的出版數量和狀況有顯著下降。

本研究所選定的期刊論文標準有兩類：公共行政學領域兩個TSSCI期刊的所有「研究論文」，其他七份期刊中關於公共行政學領域的文章。表10-5提供分析的單元包括數量、作者數和性質，說明如下：

---

[2] 1963年政大公企中心出版的《中國行政期刊》是台灣最早的學術性期刊，然因近十年來出刊狀況不穩定，本章未納入分析。

表 10-5　期刊論文分析

（A）數量

	公共行政學報	行政暨政策學報	政治學報	政治科學論叢	東吳政治學報	臺灣民主季刊	台灣政治學刊	中國行政評論	空大學報	合計
2000	14	5	2	2			1	25	7	56
2001	7	12		4			1	24	10	58
2002	11	15		5	1			24	11	67
2003	8	10	1	4	3	3	1	28	12	70
2004	15	8	2	5	3			24	5	62
2005	17	8	3	6	1		1	30	8	71
2006	18	9		4	3	5	2		4	48
2007	21	8	1	8	5	6		4	3	55
2008	24	9	2	2	7	6	1	4	3	57
2009	21	8	1	2	2	4	2	8	4	53
2010	16	8			4	1	1	4	4	35
2011	18	8	3	3	3	4		2	11	49
合計	190	108	12	45	32	29	10	177	78	681

表 10-5　期刊論文分析（續）

（B）作者人數

期刊名稱	公共行政學報	行政暨政策學報	政治學報	政治科學論叢	東吳政治學報	臺灣民主季刊	台灣政治學刊	中國行政評論	空大學報	合計
1人	127	73	8	38	20	15	8	118	63	470
2人	42	18	3	3	6	12	2	41	13	140
3人以上	21	17	1	4	6	2	0	18	2	71
1人比例	67	68	67	84	63	52	80	67	81	69

年度	2000	2001	2002	2003	2004	2005	2006	2007	2008	2009	2010	2011
1人	44	44	56	51	46	48	30	34	44	30	19	24
2人	10	9	8	14	12	16	7	12	9	15	11	17
3人以上	2	5	3	5	4	7	11	9	4	8	5	8
1人比例	78.6	75.9	83.6	72.9	74.2	67.6	62.5	61.8	77.2	56.6	54.3	49.0
1人比例（TSSCI）	75	75	84.1	76.7	84.8	75.8	59.1	60.4	78	51.2	54.8	50

表 10-5 期刊論文分析（續）

（C）文章性質

期刊名稱	公共行政學報	行政暨政策學報	政治學報	政治科學論叢	東吳政治學報	臺灣民主季刊	台灣政治學刊	中國行政評論	空大學報	合計
理論概念	127	77	7	33	18	23	4	145	60	494
兼個案	63	31	5	12	14	6	6	32	18	187
個案比例	33.2	28.7	41.7	26.7	43.8	20.7	60	18.1	23.1	27.5

年度	2000	2001	2002	2003	2004	2005	2006	2007	2008	2009	2010	2011
理論概念	48	49	53	48	42	48	33	42	43	36	20	32
兼個案	8	9	14	22	20	23	15	13	14	17	15	17
個案比例	14.3	15.5	20.9	31.4	32.3	32.4	31.3	23.6	24.6	32.1	42.9	34.7
個案比例（TSSCI）	29.2	20.8	25.0	40	45.5	33.3	34.1	24	39	45.2	30.6	30.2

1. 就出版數量而言，九份期刊共有 681 篇文章。若僅採計 TSSCI 期刊，數量則驟降為 426 篇，2000 至 2005 年間的每年數量約為 29.3 篇，2006 年後的總數量比較穩定，每年約為五十餘篇，但似乎有呈現減少趨勢。學術性公共行政學領域文章半數以上都刊登在兩份公共行政學領域的期刊，《公共行政學報》因採季刊發行，成為單一比例最高的來源，其他五份政治學領域期刊在 2000 年後共刊登 128 篇公共行政學領域的研究論文，約佔三成。

2. 對照公共行政學界專任教師總數近 300 人，平均每年約僅有 20% 教師會有一篇此類型期刊的文章。此外，作者是否有集中現象，[3] 本研究並未進行精確分析，不過確實可觀察到很少數幾位教師有較多期刊文章數。

3. 就單篇文章作者人數而言，2000 至 2011 年分析期間，單一作者比例最高平均有 69%，兩位作者有 21%，三人以上作者為 10%。不過，近幾年，單一作者的比例有呈現明顯下降的趨勢，2011 年已降至 49%。

4. 就文章是兼具個案經驗討論性質而言，2000 至 2011 年分析期間，全部期刊是 27.5%，TSSCI 期刊則增至 32.2%。《台灣政治學刊》、《東吳政治學報》和《政治學報》的個案文章比例高於平均數，《公共行政學報》的比例略高於《行政暨政策學報》。

三、學術性期刊論文的研究主題

本研究採用上述的學術性期刊文章為分析範圍。作者先就每篇研究論文給予一個主題分類，再進一步將主題做大類別的歸納，如表 10-6。本章的主題分類方式，除了參考美國 *Public Administration Review* 上類似文章的分法外（Bingham and Bowen, 1994; Perry and Kraemer, 1986; Raadscheldes and Lee, 2011; Terry, 2005），也反映著作者本身的教學與研究見解。分類概念如有不同，結果發現自然會容或有別，例如，本章對於「組織」或「組織理論」主題的內涵就不包括組織行為研究，而偏偏限於類似組織結構設計等課題。

僅就 TSSCI 期刊 426 篇文章分析後，主要現象說明如下：

1. 公共政策理論與概念是篇數（32）和比例最高的研究內容，績效管理、公民參與、資訊網站、政府預算與財政、政府人事管理和組織行為等六項主題都大概

---

[3] 黃紀、湯京平、吳重禮（2002）分析政治學系期刊著作時採用的指標之一。

表 10-6　期刊論文與國科會研究計畫的研究主題

類別	主題	所有期刊篇數	TSSCI 篇數	國科會案件數
公行理論		16	9	8
官僚研究		8	5	5
制度論	制度論	9	4	12
治理關係		98	64	71
	治理理論	25	15	10
	政策網路	16	13	12
	社會資本	9	6	7
	非政府組織	4	2	12
	非營利組織	24	16	24
	社區夥伴	12	6	2
	組織間關係	1	1	
	救災體系	7	5	4
地方政府		27	18	13
	地方政府	16	10	7
	府際關係	11	8	6
公共政策		114	62	69
	公共政策理論	53	32	34
	政策評估	10	7	12
	政策執行	5	2	8
	政策工具	2	2	
	政策規劃	5	4	
	實體政策	16	6	
	永續發展	8	3	1
	管制	15	6	14
決策		5	2	2
組織結構與類型	組織結構與類型	8	6	13
政府改造		24	15	6
	國外行政改革	15	8	3
	台灣政府改造	6	5	3
	組織重組	3	2	

表 10-6　期刊論文與國科會研究計畫的研究主題（續）

類別	主題	所有期刊篇數	TSSCI 篇數	國科會案件數
新公共管理		35	26	17
	新公共管理	7	5	
	民營化	14	9	5
	委外民間參與	9	7	2
	公私夥伴	5	5	10
公共管理		65	42	42
	一般性管理	4	3	
	標竿學習	3	1	
	策略管理	6	2	5
	績效管理	25	20	13
	知識管理	14	9	9
	組織變革	1	1	2
	服務品質	5	2	2
	行銷	5	3	7
	創新			3
	危機管理	2	1	1
組織行為		31	22	28
	組織行為研究	25	18	22
	領導	2	1	3
	組織信任	4	3	3
政府人事管理	政府人事管理	34	19	22
政府預算與財政		37	21	30
	政府預算與財政	36	20	29
資訊與政府		33	22	19
	資訊網站	30	21	19
	資訊隱私	3	1	
民主行政		47	40	15
	行政民主	6	5	4
	公民參與	25	20	3
	商議民主	16	15	8

表 10-6　期刊論文與國科會研究計畫的研究主題（續）

類別	主題	所有期刊篇數	TSSCI 篇數	國科會案件數
服務倫理		16	13	14
	行政倫理	8	6	7
	貪污	8	7	7
文官與政治		1	0	4
	政務領導			2
	文官中立			2
其他		71	36	65
	治理能力			4
	公法課題			2
	政府體制	7	6	
	其他	64	30	59
合計		679	426	455

　　有 20 篇。非營利組織、商議民主、治理理論和政策網路等三項主題屬於受重視的第三群研究主題。其他主題的篇數都少於十篇。最後，歸類為其他的研究主題之篇數幾乎也是最多的，顯示公共行政學領域研究興趣極為廣泛多元和個別化，當然這可能也不利於研究間的知識對話與交流。

2. 若歸納為研究類別而言，治理關係（64）和公共政策（62）是兩個明顯受到重視的研究方向。第二個群組是公共管理（42）與民主行政（40）。第三個受到重視的群組是新公共管理、政府預算與財政、資訊與政府、組織行為、政府人事管理。

3. 綜合上述兩點，台灣公共行政學領域相對不感興趣的研究主題包括傳統的組織理論相關課題（如組織結構設計、決策），以及傳統的領導研究。原因之一可能是公共行政學界教師較少有實際從事政府公共服務工作經驗。

4. 本研究另將研究主題和年份間進行交叉分析，大體上發現沒有明顯的趨勢，但是績效管理、商議民主、行政民主和組織行為等的研究，近年間是比較多的。另外，就期刊而言，兩份公共行政期刊刊登的研究主題中，並沒有非常明顯的特定主題；《政治科學論叢》有高比例的政策研究（16%），《臺灣民主季刊》有高比例的主題屬於商議民主（24%）、公民參與（21%）和貪污研究（17%）。

四、國科會公共行政學領域研究計畫的研究主題

根據國科會政治學門研究計畫補助案的資料，本研究選取 2000 至 2011 年公共行政學領域的研究計畫為分析樣本，研究主題整理如表 10-6，表 10-7 則是各學校的執行數量。整體說明如下：

表 10-7　各校執行國科會公共行政學領域研究計畫案數量（2000-2011）

	案件數	比例		案件數
政治大學	65	13.6	中華大學	4
世新大學	55	11.5	佛光大學	3
台北大學	36	7.5	高雄大學	3
東海大學	27	5.6	稻江科技暨管理學院	3
淡江大學	26	5.4	中台科技大學	2
暨南國際大學	23	4.8	玄奘大學	2
中央研究院	21	4.4	交通大學	2
中央警察大學	21	4.4	空中大學	2
中正大學	20	4.2	屏東科技大學	2
義守大學	19	4.0	新竹教育大學	2
中央大學	17	3.6	彰化師範大學	2
中山大學	16	3.3	台灣師範大學	2
台灣大學	13	2.7	中正理工學院	1
東吳大學	11	2.3	中原大學	1
中國文化大學	10	2.1	文藻外語學院	1
東華大學	9	1.9	南華大學	1
台南大學	9	1.9	中興大學	1
銘傳大學	9	1.9	高雄餐旅大學	1
元智大學	7	1.5	國防大學	1
台北市立教育大學	7	1.5	輔仁大學	1
開南大學	6	1.3	靜宜大學	1
逢甲大學	5	1.0	成功大學	4
			陽明大學	4

1. 此 12 年間，共有 478 個研究案（多年期計畫會被計算超過一次以上），但各年間數量變動極大，也無趨勢可言。2000 年最高有 55 案，2004 年最少僅有 26 案。總計有 45 所學校曾通過一個以上的計畫案，其中有 24 所公立學校，執行計畫案總數是 277 個（58%）。

2. 政大和世新的執行數量居前兩位，兩校約佔四分之一。台北大學有 7.5%，東海和淡江也都超過 5%。台大執行比例並不高。不過，即使是政大，平均一年也僅約五件，對照該校提出申請教師數，可能也並非每位教師每年均有通過申請案。

3. 若歸納爲研究類別而言，治理關係（71）和公共政策（69）是兩個明顯受到重視的研究方向，其次是公共管理（42），第三個受到重視的群組是政府預算與財政和組織行爲，隨之是資訊與政府和政府人事管理。就個別主題而言，公共政策理論與概念（34）是篇數最高的研究計畫內容，政府預算與財政（29）、非營利組織（24）、政府人事管理（22）、組織行爲研究（22）和資訊網站（19）等次之。另外，管制、績效管理、組織結構、制度論、政策網路、政策評估和非政府組織等主題也都有超過十項研究計畫。大致上而言，國科會研究計畫的主題內容，和 TSSCI 期刊文章的主題內容間，有某些差異性。

最後，詹中原（2005）和莊文忠、吳穎年（2012）都曾以公共行政領域碩士論文爲分析單元，瞭解研究生的研究主題。不過，碩士和博士研究生論文畢竟是未出版的研究成果，也未經嚴謹審查，因此，本章不納入討論範圍，有興趣讀者可自行參閱前兩篇文獻。

肆、結語與討論問題的提出

本章的主旨是回顧性的事實說明。未來公共行政學領域的教育和研究該如何，已超出本章範圍。2002 年 11 月中國行政學會等曾主辦類似主題的研討會，江明修、陳金貴、彭錦鵬和學界多人均提出文章觀點，蕭全政等人則參與討論，這些討論都值得重視。作者僅根據本章前述的事實狀況分析，繼續提出下列的議題，供公共行政學界同仁討論：

1. 各校間學士班課程設計內容差異性不大。和十年前比較，雖然確實增加一些回應政府運作環境的新課程，如全球化、資訊科技等，基本模式也變化不大。由於美國並沒有真正的大學部公共行政學系教育，許多國家也將公共行政學規劃

為專業學院的研究所教育。究竟台灣的大學部該如何定位，以及該提供哪些基礎性和實務性課程，值得嚴肅討論。更嚴肅的課題討論是，真的有需要單獨設置大學部的公共行政學系嗎？還是各校依其學院設計方式，在社會科學院、管理學院或法學院中提供大學部的公共行政學程？

2. 由於大學通識課程和共同課程的總學分數佔畢業學分數比例不低，學士班公共行政專業課程設計模式是該有更策略性的討論，包括究竟應採更多數量的必修課程或是減少必修課程？同時是否應該採取幾個模式化的學習路徑規劃？例如，政治大學最近一次設計走向是略微增加必修總學分數，但增加更多必修課程數量（將原來許多一學年傳統必修課程改為一學期二或三學分），提供學生增加接觸包括全球化、永續發展、跨域管理、第三部門等學習內容。台南大學區分為公共行政和管理兩個模組是一個例子，政大新課程也設計三個模組化的課程學習路徑。

3. 目前各校公共行政學系碩士班（包括在職專班）課程基本上是鬆散化的，某種程度和國外公共行政專業學院研究所教育課程的結構有相當差距。不僅必修課少，選修課內容也遷就現有師資的研究專長，少有幾個次領域重心。由於就讀碩士班學生的大學部未必全來自公共行政專業領域，一定比例的畢業生會進入政府部門服務，因此，公共行政學系碩士班教育內容，更值得再思考。

4. 台灣需要辦理研究性導向的博士班教育嗎？政治大學成立第一個博士班迄今已逾十多年，目前一方面學術機構人力需求市場並不大且趨緩，一方面幾乎博士班學生多非全職學生，博士班教育過程的品質嚴謹性也並非不受疑慮，因此，有多少空間需要設置此類型博士班，是值得嚴肅重新檢視。博士班教育方向提供非研究性導向的學位是值得積極思考的。重要的配套包括：課程設計和論文期待等方面的變化，以及推動中央政府院級和部會層次，以及各地方政府層級，設置相當數量以博士學位為遴用要件的非主管性但高階政策研究與分析性職位（性質上是比照《教育人員任用條例》進用的聘任）。

5. 許多學校除了碩士班外，都有在職專班，其總量更是超過碩士班，必然增加專任教師的教學和指導碩士論文的負擔。究竟該如何經營這兩者以產生更大的綜效？例如，是否應該學美國，在同一學制下招收一般學生和在職者，要求大量的必修課程，但是上課時間有更大彈性，同時取消碩士論文等。當然，應否辦理在職專班，本身就是各校應該再嚴肅討論的議題。台灣大學專班就是完全沒有選修課（雖然課程中包括許多政治學領域課程，但這是反映該學系的教師環境）。

6. 目前的研究內容極為多元，但非常令人驚訝的還是過度以公共政策為主體，且未必是理論性強的政策研究。最為傳統但並非不重要的組織理論（不包括組織行為），特別是組織結構設計、組織決策和領導力等，近十年間相當不受到重視。除了反映在研究主題上外，課程內容也同樣如此。研究過於重視治理、網路、公共管理等雖然與美國同步，但學界的研究主題是否應該多重視實務上重要，且有理論意涵的主題？

7. 愈來愈多的期刊論文中包括個案研究，方法上可能是採取量化或質化的資料蒐集與分析，這種現象是值得鼓勵的，其反映更多研究者對台灣本地問題的關懷，這是公共行政學和其他學科差異的重心之一。不過，整體而言，個案研究的文章也不應該忽略需要和理論概念對話的品質，特別是某些個案研究文章，過度將本是手段性的統計分析方法或訪談對話等當作是目的，忽略對所欲驗證的理論假設之合宜和合理論述，也缺乏對研究發現意涵的深層討論，這是令人憂慮的現象。

8. 研究論文中單一作者的比例有呈現明顯下降的趨勢。這代表研究者間的合作。不過，另外卻也出現不少是教師與研究生的合作，這種現象是學界應該充分討論的課題，特別不要逾越該有的學術倫理。

9. 各校專任師資的聘用本屬各校學系所經營策略的一環，不過，資料顯示，仍有不少公共行政學系所專任師資中，低於半數的專業背景來自較近之學科領域，這是公共行政學領域社群應該自我思考的問題，也是任何參與審查設置這方面學系、碩士班、在職專班等申請計畫者，應該優先重視的要求。

參考書目

江明修，2002，〈台灣公共行政教育之省思〉，「張金鑑教授百齡誕辰紀念會暨學術研討會」論文，
　　11月16日，台北：中國行政學會、政治大學公共行政學系。

孫同文，1998，〈台灣公共行政的研究成果的回顧與評估〉，《暨大學報》2（1）：133-159、
　　328-329。

張金鑑，1935，《行政學之理論與實際》，上海市：商務印書館。

莊文忠、吳穎年，2012，〈台灣公共行政暨公共事務碩士生研究什麼及如何研究？1997-2008年
　　碩士論文為例〉，《公共行政學報》42：33-71。

陳金貴，1991，〈大學與研究所公共行政教育課程設計之研究〉，「紀念張金鑑教授八秩晉九誕
　　辰行政學術研討會」論文，12月，台北：中國行政學會、政治大學公共行政學系。

黃紀、湯京平、吳重禮，2002，〈我國政治學系所期刊著作學術表現之研究：1995-2001〉，《台
　　灣政治學刊》6：53-85。

詹中原，2005，〈台灣公共行政研究的回顧與展望〉，「我國公共行政的傳承與展望研討論壇」
　　論文，11月26日，台北：中國行政學會。

盧偉斯，2002，〈台灣公共行政研究的進程：著作文獻之觀察分析〉，「張金鑑教授百齡誕辰紀
　　念會暨學術研討會」論文，11月16日，台北：中國行政學會、政治大學公共行政學系。

Bingham, Richard D. and Wlliam M. Bowen. 1994. "'Mainstream' Public Administration Over Time: A
　　Topical Content Analysis of *Public Administration Review*." *Public Administration Review* 54: 204-
　　208.

Perry, James L. and Kenneth L. Kraemer. 1986. "Research Methodology in the *Public Administration
　　Review*, 1975-1984." *Public Administration Review* 46: 215-226.

Raadscheldes, Jos C. M. and Kwang-Hoon Lee. 2011. "Trends in the Study of Public Administration:
　　Empirical and Qualitative Observations from *Public Administration Review*, 2000-2009." *Public
　　Administration Review* 71: 19-33.

Terry, Larry D. 2005. "Reflections and Assessments: Public Administration Review, 2000-2005." *Public
　　Administration Review* 65: 643-645.

Wu, Xun and Jingwei He. 2009. "Paradigm Shift in Public Administration: Implications for Teaching in
　　Professional Training Programs." *Public Administration Review* 69(supplement s1): S21-S28.

第十一章

我國公共行政典範之遞移與建構（2000～）

詹中原

　　學科典範之研究涉及知識與歷史的雙層面向，其一方面是學科現況之自我評鑑及反省，另一方面更是學科繼續發展的奠基工程。

　　1980 年代是公共行政學典範劇烈變遷的時期。在新右派（New Right）及新自由主義（New Liberalism）之導引之下，以新管理主義（New Managerialism）為學科哲學基礎的新公共管理（New Public Management，NPM），形成了公共行政歷經 30 年之典範核心。但此項典範在以效率及生產力為名之優勢之下，於實踐過程中，亦在理論及實務上（詹中原，1999；deLeon and Denhardt, 2000; Frederickson, 1997）受到公平（fairness）、正義（justice）、民主價值、代表性（representation）等多種價值之挑戰。因此 NPM 的學科典範若稱其嚴重到已經「告別」或「結束」（certainly adieu）（Drechsler and Kattel, 2008），或許過於嚴重，但其「衰退」（decline）的趨勢（Wu and He, 2009）卻早已是公共行政學科有識之士之不爭共識。

　　正由於既有典範之出現鬆動，繼之而起之各項「準典範」，如以民主價值落實為核心之新公共服務典範（New Public Service，NPS）（Denhandt and Denhardt, 2007），又按 Xun Wu 和 Jingwei He（2009）之描述，這些準典範尚包括以民眾參與及網路治理（network governance）重新形塑公部門職能的「新治理典範」（New Governance Paradigm），或強調公共價值為行政及政策指導之「公共價值典範」（New Public Value Paradigm）（Alford, 2002; Moore, 1995; Smith, 2004; Stoken, 2006），甚至於有學者主張古典「官僚型模典範」（The Bureaucratic Paradigm）之復興（Lane, 1994）或「新韋伯國家」（New-Weberian State）（Drechsler and Kattel, 2008），對於公共行政學科而言，當前正是一個典範競逐的時刻，而且亦進一步影響到學科的延續發展。但對台灣公共行政學科生命而言，此刻更不僅只是在此些競逐的準典範間做一選擇而已，更為重要者應是台灣公共行政學界是否應思考屬於台灣公共行政典範之建構？或是如學科歷史回顧再現，繼續作一名前述西方典範建構成型後之跟隨者？[1] 本章首先試由歷史的視角，簡述 1950 至 1990 年

---

[1] 回顧台灣公共行政學科發展之趨勢即呈現強烈此種典範追隨者之特性。如 1970 年代前後之管理科學典範。而前文中所提之「新公共管理」典範，於 1980 年代形成一種全球運動，而台灣甚至於作一名典範選擇之跟隨者，在時間上都是遲滯到 1990 年代中後期。

代之台灣公共行政發展階段重點，並歸納出學科之「行政價值」（public administrative value）。而其後將分析重點置於 2000 年新世紀後之學科典範變遷，並以學術論文、期刊論文、出版書籍、大學教學課程四項途徑支柱，嘗試回答上列之兩項研究問題：台灣目前之公共行政學科典範內容爲何？及此典範之下一步建構如何？

壹、台灣公共行政之發展階段史

一、1950 至 1960 年代的公共行政：萌芽期

1934 年國民黨政府在大陸時期即在內政部之下成立了「行政效率研究委員會」，加強對預算、人事及行政效率等系統進行研究及政策建議，在此基礎下，1937 年委員會改組爲「行政效率革新委員會」，1940 年進而提出「行政三聯制」，此套制度一直影響台灣行政運作至今。

在二次世界大戰日本投降後，台灣於 1945 年 10 月 25 日重回中國懷抱。在 1949 年中國大陸的國民黨中央政府，撤退駐守來台。爲了面對冷戰氛圍和對岸威脅，國家發展的策略深植於政權中，於是政府掌控社會發展及爲了能提供足夠的經濟和社會資源，因此政府在台灣開始重視公共行政之演進，並加強其回顧。

蔣中正總統於 1966 年 12 月展開一連串新的改革，1969 年 4 月成立研考會，其是負責行政革新最主要的部門。而所有行政院下的部門被要求建造研究發展和評估體系，以適應科學管理方法，並精進計畫評估行政體系。

總而言之，在此階段的革新樣貌包含：1. 關注於促進行政效能和控制；2. 行政管理之理論紮根；3. 缺乏民主參與精神之公共政策。

二、1970 年代的公共行政：茁壯期

1971 年中共贏得聯合國常任理事會席位，而在 1979 年台灣和美國斷交，斯時石油危機衝擊全球經濟。這些外部因素促使對政府行政運作的高度關注。

1972 年 6 月蔣經國院長提出十大建設，關注於行政倫理和建設的行政革新：藉由公布公共建設的時程提高資訊透明度、禁止公務員間任何形式的餽贈、禁止公務員參與民眾集會、禁止公務員於法無據變更預算、要求公務員克盡己責、暫停興建新公務大樓。

行政院注意到每年公務員數目的增長，於是組織再造方案在 1972 年展開，藉由兼併單位和裁減冗員來控制員額。行政院革除了 1,985 個單位和 1,641 位的不適任員工。之後在 1975 年還有 409 個單位及超過 14,000 名員工被裁減。1978 年革新繼續實行，為了促進科學管理及革除冗員，在 1979 至 1984 年間又有 7,588 名公務員被資遣。

在 1970 年代最重要的改革計畫之一是為公共行政的在地化。國民黨希望加強權威的合法性，並從蔣經國任行政院長始培育出許多政治菁英。首先這計畫需增加更多年輕的台灣政府官員，授權讓他們參與和決策，並培育他們成為未來內閣的成員或領導者，再來則要推行定期的在地選區國會選舉，這些背景因素亦都促使公共行政與在地系絡開始相結合。

三、1980 年代的公共行政：轉型期

此階段並非建基在行政改革，而是那些確實影響行政的外在重大事件。不容質疑地，冷戰氛圍的改變讓此階段的新政變得可行，民主改革在 1980 年代末期開始推動，行政院著手編修法案，亦開始能自由成立政黨。此外發行新的報紙也被允許。此階段象徵著威權的尾聲，開始邁向民主改革。

除了政治變遷外，經濟和社會的自由化也由此展開。在經濟發展方面，台灣快速的經濟成長被列為和港、韓、星一樣的亞洲四小龍。台灣同樣放寬了歐美進口的障礙和限制，為了讓經濟因自由化和國際化能有更廣闊的發展。

這階段伴隨著政治改革展現出動態的社會改革變遷，許多的環境和社會運動在 1980 年代蓬勃出現。原本官僚勢力主導決策的情形，也因更多的公眾壓力、經濟導向和民意而改善，使台灣產業更活絡自由。簡言之，這階段最具代表性的就是社會、經濟、政治的自由化。

四、1990 年代的公共行政：再造期

台灣的民主化開展，並持續關注貪腐，而西方傳來的新公共管理啟動一系列的革新。國民黨政府企圖讓台灣行政更有效率和廉潔，三個主要的改革目標是：廉政、效能、便民。在連戰指導的行政革新計畫下，要求行政效能、減少貪污、支持公民社會發展，為了獲致行政效能，採行英美等國的新公共管理做法。針對便民方面，加強服務和資訊通信科技的應用是兩大主要策略，此外還包含工作改善、簡化程序、委外、文件電子化、促進跨部門溝通等。在跨國競爭力上，台灣如今在政府資訊科技服務上是傲視全

球、榜上有名的。

政府自 1989 年開始加速公營企業私人化，40 個國營企業減爲 26 個。在 2000 年更有 50 個中大型國營企業委外經營。但當然也有委外會造成貪污的聲音，但仍有 30,056 個政府職位因這波組織再造和效率考量消失。

公共資源被視爲納稅人的血汗錢，所以因政府執行而衍生的環保和資源成本問題，透過委外和私部門參與公共建設計畫來改善的同時，也要改變對計畫執行的審核監控。

1990 年代改革趨於和緩。在總統選舉過後，李登輝總統繼續以上改革，藉由民選政府強化競爭性、促進服務品質、加強公民社會發展。1998 年 7 月政府改革的架構誕生，企圖建造創新、有彈性、課責的政府，憑藉著私部門的經驗和組織再造的實例。

陳水扁總統於 2001 年邀集不同領域的菁英組成國家改革委員會，改革持續地倡導解制、效能（大多仿效私部門實例）、分權化、委外。委外的一大目標在縮小政府結構，並輔以自願和提早退休策略來促成。並強化資訊科技的應用和提升公民參與、輿論討論。

貳、台灣公共行政之價值

在台灣，顯然地行政價值並非永遠一成不變，也不會在正式文書中被詳述。但有些價值會持續深植思想之中，且被視爲重要的行政依據。以下即反映在台灣行政體系的各個發展階段中。作者在比較亞洲諸國之公共行政價值時，曾對台灣行政價值做下列四項之歸納（Jan, 2010）。

一、行政效率

行政效率關注行政命令執行的速度和反應，以確保政策和計畫的充分執行。在台灣早期的行政架構發展將行政能力奉爲圭臬，亦重視社會成員行動的有效協調。行政效率應是重視效能甚於西方所謂有效運用資源的經濟效率。

近年來新公共管理的想法漸爲台灣政府所採納，即爲顯著之例，而電子化政府就是當中顯著的代表。電子化政府廣泛的應用在促進透明化的速度，以及許多服務目前都可在線上實行，包括報稅、機車申請登記、付費、工業資訊、健保和公營服務。政府更期待能提供創新的 24 小時服務。因此行政效率爲一重要價值以能保證政策迅速有效（能）的達到目標。

二、深化民主

　　台灣已從威權體制轉型為民主共和政體。由許多例證可知，像政治辯論充斥且多元，公民企圖影響和參與政策決策。自由且熱情的選舉，渴求清廉，以及人權被充分的保衛免受侵害。

　　法律亦重視資訊的自由。法律是建造和維繫民主的關鍵，其被安全守護，人民已有警覺不再走回頭路。有越來越多的證據顯示，台灣的政府部門也提出新政策以強化民主。當然官僚性格並非如此容易改變，即便在完全成熟的民主政體下，這類性格之濫殤仍可在行政體系中見到。在當代民主和法律的角色都是官僚體系之主流價值。

三、課責與職責

　　台灣承繼著中華文化，所以關於責任的概念及道德觀亦同。課責的想法鑲嵌在人民及政府關係中，和儒家傳承的思想一致，儒家重視鞠躬盡瘁及領導者仁的展現。文官和上司的關係涉及到強烈的個人信任和忠誠。

　　舉例來說，公僕收受現金、宴會和禮品，在過去會被視為建立和鞏固忠誠的做法。自1970年的行政革新始界定以上作為是貪污，人民更以積極的行動反對各種形式的貪污，像是訴訟、行政訴願。在台灣公部門的課責觀點一直被視為重要價值，即便它的標準和實踐正在改變。

四、規則導向

　　台灣具有高度層級節制的政府結構，以及無數的規則和程序。確實，結構的制式化（formalization）、集權（centralization）和複雜度（complexity）是部分台灣公共行政的現況，規範和程序是導航與執行政策的主要方法。部門必須瞭解哪種規範須應用於特定情況，常伴隨著成文的紙本，規則導向（rule orientation）在台灣行政是非常強調的。

　　顯然地，如此的規則導向有一個長遠的傳統，台灣的此項傳統和德、法非常相似，而台灣的建制基礎的確是傾向德國傳統進而發展與形塑而來，並且受法國的實例影響進行修正，這樣的國家間交流在現今仍十分強烈。

　　然而對規範的依賴妨礙了彈性，一個動態社會所展現的新景況無法被現有的規範和行政實例包含和預見。台灣的領袖和資深管理者往往被呼籲釋放裁量權，並去形塑新規則以闡述新例。如此的領袖想法和決策風格亦和儒家遺思相同。遺憾的是，許多領導者

被責任束縛太多，無法做出所有的必要決策。同時加強低層授權對未來而言是必須的。

參、台灣公共行政典範之指標現況

本章典範指標之登錄（coding），係著眼於國際公共行政學科之比較，並參酌近期分析台灣公共行政典範之期刊論文，如 1. 台灣公共行政研究典範，如 *Public Administration*（Wu, He, and Sun, 2013）；2. 中國大陸及美國大學教學典範遞移，如 *Public Administration Review*（Wu and He, 2009）；3. 亞洲各國中國大陸、台灣、韓國、日本等公共政策學科教學之現況比較（Wu, Lai, and Choi, 2012）等論文之登錄架構，並由作者提出符合台灣系絡修正後採用，共計 26 個項目。其中包括古典公共行政之傳統領域，如領域理論／研究、公共政策、人力資源管理、公共財政及預算與行政法學等。但同時亦包括另一大類之新興項目，如新公共管理、危機管理及網路治理等，這些主題嘗試調查反映了公共行政領域內理論及實務界之實際範圍及公共服務功能現況。

一、學位論文

本研究藉台灣博碩士論文知識加值系統清查登錄 2000 至 2012 年台灣公共行政暨公共事務系所聯合會（Taiwan Association for Schools of Public Administration and Affairs，TASPAA）所屬 35 所大學之公共行政及公共事務系所（見表 11-1）之碩士論文（包括設有碩士在職專班授與學位者）共計 1,897 篇（見表 11-2）。而其中比重明顯突出者為：（一）地方政府（第 15 項）有 436 篇（23.0%）；（二）非營利（政府）組織（13）之 263 篇（13.9%）；（三）危機管理（21）之 149 篇（7.9%）；（四）人力資源（11）之 115 篇（6.1%）（五）電子化政府（17）之 108 篇（5.7%）。而相對較低者為：（一）行政學典範（1）之 0 篇（0%）；（二）決策理論（9）之 3 篇（0.2%）、行政領導（6）之 3 篇（0.2%）、公共行政教育（2）之 3 篇（0.2%）、研究方法（4）之 4 篇（0.2%）；（三）中國大陸（25）之 6 篇（0.3%）。

學位論文為碩博士學生在學校研習心得總結，其題目研究反映了公共行政學術機構之研究方向，學生與學術課程互動之知識結論，學校教師對學生在研究主題上選擇之指導，可視之為當時學科典範之重要內容指標。

表 11-1　台灣公共行政暨公共事務系所聯合會會員名單

中山大學公共事務管理研究所	東華大學公共行政研究所
中山大學政治經濟學系	空中大學公共行政學系
中央大學法律與政府研究所	南華大學公共行政與政策研究所
中央大學客家政治經濟研究所	政治大學公共行政學系
中央警察大學行政管理學系	淡江大學公共行政學系
中央警察大學行政警察學系	逢甲大學公共政策研究所
中正大學政治學系	開南大學公共事務管理學系
中國文化大學行政管理學系	義守大學公共政策與管理學系
中華大學行政管理學系	彰化師範大學公共事務與公民教育學系
中興大學國家政策與公共事務研究所	暨南國際大學公共行政與政策學系
元智大學社會暨政策科學學系	台北大學公共行政暨政策學系
世新大學行政管理學系	台北市立教育大學社會暨公共事務學系
玄奘大學公共事務管理學系	台南大學行政管理學系
成功大學政治學系	台灣大學政治學系
佛光大學公共事務學系	銘傳大學公共事務學系
東吳大學政治學系	稻江科技暨管理學院公共事務管理學系
東海大學公共事務碩士在職專班	嘉義大學公共政策研究所
東海大學行政管理暨政策學系	

資料來源：台灣公共行政暨公共事務系所聯合會，http://taspaa.org/membership01.html。

二、期刊論文

　　學科之期刊為學科研究成果之重要知識交流平台，而其主題之選擇充分顯現學科中作者研究旨趣及主題之判斷，自當是形塑典範之重要指標之一。

　　本研究期刊論文之分析，藉台灣期刊論文索引系統為工具，並參考了行政院國家科學委員會人文及社會科學發展處（簡稱國科會人文處）於 2011 年 9 月 30 日召開期刊評審委員會聯席會議，依據 2009 年 10 月 9 日修訂之「台灣社會科學引文索引資料庫期刊收錄實施方案」，所調整的 2011 年台灣社會科學引文索引（Taiwan Social Science Citation Index，TSSCI）資料庫收錄期刊名單。

　　而本研究之期刊資料係蒐集 2011 年 TSSCI 資料庫收錄之政治學門期刊，共計 11 種刊物所刊登之文章為分析對象，選取 2000 至 2012 年之期刊文章，整理歸納登錄各類別領域發展趨勢，期刊名單如表 11-3。

表 11-2　台灣公共行政學門碩博士論文統計分析表

研究領域	項次	內容	數量	比率（%）
一、行政學範圍與方法	1	行政學典範	0	0.0
	2	公共行政教育	3	0.2
	3	行政哲學與倫理	27	1.4
	4	研究方法	4	0.2
二、組織理論與管理	5	組織理論	12	0.6
	6	行政領導	3	0.2
	7	行政管理	12	0.6
三、政策科學	8	公共政策	68	3.6
	9	決策理論	3	0.2
四、政府財政與預算	10	政府財政	21	1.1
五、人事行政	11	人力資源	115	6.1
	12	人事政策	23	1.2
六、公民社會與民主行政	13	非營利（政府）組織	263	13.9
	14	公民參與	80	4.2
七、中央與地方政府	15	地方政府	436	23.0
	16	府際關係（跨域治理）	103	5.4
八、公共管理	17	電子化政府	108	5.7
	18	政府改造	106	5.6
	19	績效管理	72	3.8
	20	策略管理	59	3.1
	21	危機管理	149	7.9
	22	新公共管理（民營化、PPP、BOT）	69	3.6
	23	網絡治理	38	2.0
九、行政法	24	公法、行政法、公務員法	96	5.1
十、比較行政	25	中國大陸	6	0.3
十一、其他	26	反貪	21	1.1
		總計	1,897	100.0

資料來源：作者統計整理。

表 11-3　2011 年度 TSSCI 期刊政治學門收錄名單

公共行政學報 Journal of Public Administration
台灣政治學刊 Taiwanese Political Science Review
行政暨政策學報 Public Administration & Policy
東吳政治學報 Soochow Journal of Political Science
政治科學論叢 Taiwanese Journal of Political Science
政治與社會哲學評論 SOCIETAS: A Journal for Philosophical Study of Public Affairs
政治學報 Chinese Political Science Review
問題與研究 Issues & Studies
臺灣民主季刊 Taiwan Democracy Quarterly
遠景基金會季刊 Prospect Quarterly
選舉研究 Journal of Electoral Studies

資料來源：國科會人文處，http://ssrc.sinica.edu.tw/ssrc-home/2011-10.htm。

　　根據資料分析結果共 276 篇（見表 11-4），期刊論文相關最高領域之落點項目為：（一）人力資源（11）之 31 篇（11.2%）、地方政府（15）之 31 篇（11.2%）；（二）組織理論（5）之 30 篇（10.9%）；（三）決策理論（9）之 20 篇（7.2%）及非營利（政府）組織（13）之 20 篇（7.2%）；（四）電子化政府（17）之 18 篇（6.5%）；（五）公民參與（14）之 17 篇（6.2%）。而最低者依序為：（一）行政學典範（1）之 0 篇（0%）、中國大陸（25）之 0 篇（0%）、公共行政教育（2）之 0 篇（0%）、行政管理（7）之 0 篇（0%）；（二）研究方法（4）之 1 篇（0.4%）；（三）公法、行政法、公務員法（24）之 2 篇（0.7%）。

三、書籍

　　本部分之資料藉由全國圖書書目資訊網，蒐集 2000 至 2012 年之出版書籍，去除重複再版、補習班之考試教材以及法規解釋彙編三類，共得 1,441 本書籍（見表 11-5），並分別按 26 個項目登錄。結果其中最高五項分別為：（一）地方政府（15）之 413 本（28.7%）；（二）非營利（政府）組織（13）之 273 本（18.9%）；（三）行政法（24）之 202 本（14.0%）；（四）危機管理（21）之 72 本（5.0%）；（五）電子化政府（17）之 71 本（4.9%）。而最低之三項為：（一）行政學典範（1）之 0 本（0%）、決策理論（9）之 0 本（0%）及網絡治理（23）之 0 本（0%）；（二）行政哲學與倫理（3）之 3 本（0.2%）、中國大陸（25）之 3 本（0.2%）；（三）公共行政教育（2）之 2 本（0.1%）。

表 11-4　台灣公共行政學門期刊論文統計分析表

研究領域	項次	內容	數量	比率（%）
一、行政學範圍與方法	1	行政學典範	0	0.0
	2	公共行政教育	0	0.0
	3	行政哲學與倫理	3	1.1
	4	研究方法	1	0.4
二、組織理論與管理	5	組織理論	30	10.9
	6	行政領導	10	3.6
	7	行政管理	0	0.0
三、政策科學	8	公共政策	12	4.3
	9	決策理論	20	7.2
四、政府財政與預算	10	政府財政	10	3.6
五、人事行政	11	人力資源	31	11.2
	12	人事政策	6	2.2
六、公民社會與民主行政	13	非營利（政府）組織	20	7.2
	14	公民參與	17	6.2
七、中央與地方政府	15	地方政府	31	11.2
	16	府際關係（跨域治理）	10	3.6
八、公共管理	17	電子化政府	18	6.5
	18	政府改造	11	4.0
	19	績效管理	8	2.9
	20	策略管理	3	1.1
	21	危機管理	9	3.3
	22	新公共管理（民營化、PPP、BOT）	12	4.3
	23	網絡治理	6	2.2
九、行政法	24	公法、行政法、公務員法	2	0.7
十、比較行政	25	中國大陸	0	0.0
十一、其他	26	反貪	6	2.2
		總計	276	100.0

資料來源：作者統計整理。

表 11-5　台灣公共行政學門書籍統計分析表

研究領域	項次	內容	數量	比率（%）
一、行政學範圍與方法	1	行政學典範	0	0.0
	2	公共行政教育	2	0.1
	3	行政哲學與倫理	3	0.2
	4	研究方法	40	2.8
二、組織理論與管理	5	組織理論	5	0.3
	6	行政領導	12	0.8
	7	行政管理	42	2.9
三、政策科學	8	公共政策	67	4.6
	9	決策理論	0	0.0
四、政府財政與預算	10	政府財政	14	1.0
五、人事行政	11	人力資源	28	1.9
	12	人事政策	25	1.7
六、公民社會與民主行政	13	非營利（政府）組織	273	18.9
	14	公民參與	17	1.2
七、中央與地方政府	15	地方政府	413	28.7
	16	府際關係（跨域治理）	16	1.1
八、公共管理	17	電子化政府	71	4.9
	18	政府改造	32	2.2
	19	績效管理	21	1.5
	20	策略管理	37	2.6
	21	危機管理	72	5.0
	22	新公共管理（民營化、PPP、BOT）	39	2.7
	23	網絡治理	0	0.0
九、行政法	24	公法、行政法、公務員法	202	14.0
十、比較行政	25	中國大陸	3	0.2
十一、其他	26	反貪	7	0.5
		總計	1,441	100.0

資料來源：作者統計整理。

四、大學課程

在 TASPAA 的 35 所大學中，本研究以網站上博碩班研究所課程 100 學年度資料呈現為基準，按 26 個項目登錄各校之課程組成。35 所大學排除未設有研究所者及未呈現更新資料者、在職專班，共 24 所大學系所（見表 11-6）。

表 11-6　台灣公共行政暨公共事務系所聯合會會員名單

中山大學公共事務管理研究所
中山大學政治經濟學系（以公共事務管理研究所擇一登錄）
中央大學法律與政府研究所
中央大學客家政治經濟研究所（以法律與政府研究所擇一登錄）
中央警察大學行政管理學系（以行政警察學系擇一登錄）
中央警察大學行政警察學系
中正大學政治學系
中國文化大學行政管理學系（無研究所）
中華大學行政管理學系
中興大學國家政策與公共事務研究所
元智大學社會暨政策科學學系
世新大學行政管理學系
玄奘大學公共事務管理學系（資料為 99 級，不列入統計）
成功大學政治學系（政治經濟學研究所資料為 96 學年度，不列入統計）
佛光大學公共事務學系
東吳大學政治學系
東海大學公共事務碩士在職專班（在職專班，不列入統計）
東海大學行政管理暨政策學系
東華大學公共行政研究所
空中大學公共行政學系（無研究所）
南華大學公共行政與政策研究所
政治大學公共行政學系
淡江大學公共行政學系（網站資料無法取得）
逢甲大學公共政策研究所
開南大學公共事務管理學系
義守大學公共政策與管理學系

表 11-6　台灣公共行政暨公共事務系所聯合會會員名單（續）

彰化師範大學公共事務與公民教育學系
暨南國際大學公共行政與政策學系
台北大學公共行政暨政策學系
台北市立教育大學社會暨公共事務學系（無研究所）
台南大學行政管理學系
台灣大學政治學系
銘傳大學公共事務學系
稻江科技暨管理學院公共事務管理學系（無研究所）
嘉義大學公共政策研究所

資料來源：台灣公共行政暨公共事務系所聯合會，http://taspaa.org/membership01.html。

　　在 24 所大學研究所課程之 26 項公共行政領域中，呈現最為集中之前五類分別為：（一）研究方法（4）之 23 門（95.8%）及公共政策（8）之 23 門（95.8%）；（二）新公共管理（22）之 19 門（79.2%）；（三）行政管理（7）之 18 門（75.0%），公法、行政法、公務員法（24）之 18 門（75.0%）；（四）地方政府（15）之 16 門（66.7%）；（五）組織理論（5）之 15 門（62.5%）。而相對最未有共識（或最少開設課程）之內容則有：（一）反貪（26）之 0 門（0%）；（二）行政學典範（1）之 1 門（4.2%）及公共行政教育（2）之 1 門（4.2%）；（三）行政領導（6）之 2 門（8.3%）（參見表 11-7）。

表 11-7　台灣公共行政學門碩博士班課程統計分析表

研究領域	項次	內容	數量	比率（%）
一、行政學範圍與方法	1	行政學典範	1	4.2
	2	公共行政教育	1	4.2
	3	行政哲學與倫理	10	41.7
	4	研究方法	23	95.8
二、組織理論與管理	5	組織理論	15	62.5
	6	行政領導	2	8.3
	7	行政管理	18	75.0
三、政策科學	8	公共政策	23	95.8
	9	決策理論	11	45.8
四、政府財政與預算	10	政府財政	14	58.3

表 11-7　台灣公共行政學門碩博士班課程統計分析表（續）

研究領域	項次	內容	數量	比率（%）
五、人事行政	11	人力資源	6	25.0
	12	人事政策	10	41.7
六、公民社會與民主行政	13	非營利（政府）組織	14	58.3
	14	公民參與	10	41.7
七、中央與地方政府	15	地方政府	16	66.7
	16	府際關係（跨域治理）	11	45.8
八、公共管理	17	電子化政府	7	29.2
	18	政府改造	6	25.0
	19	績效管理	6	25.0
	20	策略管理	6	25.0
	21	危機管理	11	45.8
	22	新公共管理（民營化、PPP、BOT）	19	79.2
	23	網絡治理	3	12.5
九、行政法	24	公法、行政法、公務員法	18	75.0
十、比較行政	25	中國大陸	14	58.3
十一、其他	26	反貪	0	0.0
		總計	275	100.0

資料來源：作者統計整理

肆、公共行政典範之遞移

　　經由前述四個典範面向——學術論文、期刊論文、書籍及課程分析，公共行政學科 2000 年後之綜合典範呈現如表 11-8。

一、正向典範內涵（高位）

1.　地方政府（15）：無論是學位論文、期刊論文及書籍均是呈現最高之出現次數比率。而在課程類中亦呈現第四高位。
2.　公法、行政法、公務員法（24）：出版之書籍及課程開授均呈第三高。
3.　非營利（政府）組織（13）：在學位論文與書籍類中均呈第二高位。

4. 危機管理（21）：學位論文為第三高，而書籍亦呈第四高。
5. 電子化政府（17）：期刊論文及書籍分別居第四高及第五高。
6. 人力資源（11）：期刊論文發表佔第一高。
7. 研究方法（4）：課程開設在各校中受第一高之共同重視。
8. 公共政策（8）：課程開設在各校中受第一高之共同重視。
9. 組織理論（5）：期刊發表比重佔第二高，而課程開設亦有第五高之共識。
10. 新公共管理（22）：課程開設在各校中受第二高之共同重視。

表 11-8　台灣公共行政學門論文、期刊、書籍及課程典範內容分析總表

項目比重排名 ＼ 類別	學位論文	期刊	書籍	課程
第一高	（15）	（11）（15）	（15）	（4）（8）
第二高	（13）	（5）	（13）	（22）
第三高	（21）	（9）（13）	（24）	（7）（24）
第四高	（11）	（17）	（21）	（15）
第五高	（18）	（14）	（17）	（5）
第三低	（25）	（24）	（2）	（6）
第二低	（9）（6）（2）（4）	（4）	（3）（25）	（1）（2）
第一低	（1）	（1）（2）（7）（25）	（1）（9）（23）	（26）

資料來源：作者統計整理。
說明：1. 其中括弧內數字為登錄表中之項目代號。
　　　2. 項目比重排名分為兩類：其一為出現次數最高之五位，其二為次數出現最低三位。

二、負向典範內涵（低位）

1. 行政學典範（1）：學位論文、期刊論文及書籍均為第一低位，而課程亦為第二低位。
2. 公共行政教育（2）：學位論文、書籍出版及課程均為第二低，期刊發表第一低。
3. 研究方法（4）：學位論文第二低，期刊發表亦是第二低位。
4. 中國大陸研究（25）：期刊發表第一低，學位論文第三低，書籍第二低。
5. 決策理論（9）：學位論文第二低，而書籍為第一低。

　　另外，反貪（26）在課程開設方面未出現，網路治理（23）之書籍非常少（第一低），而行政法（24）雖書籍出版及課程開設均居高位，但在期刊論文發展上卻相當不足（第三低）。

　　由於以上為綜合性之典範指標，作者特別選擇四篇 2000 年前代表性之學科發展（典範內容）研究論文，試做一項比對分析：

（一）政府再造之本：我國公共行政研究暨教育的檢視與展望（江明修，1997）

　　論文分析 1984 至 1996 年間國科會計畫，發現在公共行政主題相關之前三位分別為：1. 公共政策（40%）；2. 組織理論與行為（20%）；3. 行政學基本理論（16%）。而在此期間完全無研究計畫之主題呈現分別為行政倫理（0%）、人力資源管理（0%）、行政法（0%）等。

　　而其次，該文同時分析 1991 至 1996 年間公共行政相關研討會之論文主題次數，前三位分別為：1. 公共政策（35.3%）；2. 行政學基本概論（14%）；3. 組織理論與行為（13.2%）及人事行政（13.2%）。而在這些會議論文中，非營利組織所佔比重為 0%，人力資源管理亦僅得 2.2%，而行政法則為 2.9%，與地方政府 2.9% 及行政倫理 2.9% 相當，所佔分配比例均相當低。

　　論文第三部分分析銓敘部發行之《行政管理論文選輯》（1987-1996）。其分析發現最高三位為：1. 行政學基本理論（40.2%）；2. 人事行政（21.6%）；3. 公共政策（12.9%）。而此論文選輯特別呈現了人事行政及行政學基本理論，筆者認為與銓敘部之編輯政策選稿方向有絕對關係。而較低類項分別有行政學方法論（0%）、行政法（0.4%）及非營利組織（0.4%）。

　　在江文的三部分分析資料與本章分析資料做序列性之對比（2000 年前與後），可將之典範遞移歸納為五類。

1. 傳統學科重要內涵之「延續」：如公共政策、組織理論（與行為）。
2. 傳統學科內涵重要性之「衰退」：如行政學基本理論、人事行政。
3. 傳統學科內涵重要性之「上升」：如行政法、行政倫理、人力資源管理、非營利組織、地方政府。
4. 新興學科內涵之「浮現」：危機管理、新公共管理、電子化政府。
5. 學科內涵之「消逝」（或幾近於）：市政學、公共關係、政府與企業。

（二）台灣公共行政研究成果的回顧與評估（孫同文，1998）

孫同文分析國內 14 份期刊自 1960 至 1989 年共 733 篇論文，以五個層面 21 個變項做歸納。

1. 其中公共政策層面（30.1%）為五層面論文主題科目最高者，而組織結構層面（25.9%）亦佔有第二位之重要比重。此應屬於「傳統學科重要內涵之延續」。
2. 傳統學科內涵之「加強」所指的是孫文中的「學科層面」（行政學方法論、公共行政範圍、公共行政教育），其總數僅有 6.5%，而此一結論與本章在 2000 年後之研究有關行政學典範（1）及公共行政教育（11）之低位現象「仍然」一致，而此一內涵在公共行政領域有其重要性，其典範內涵屬持平而應加強。
3. 孫文中之行政法（3.5%）及府際關係（2.7%）均並無呈現高度比例。但本章 2000 年後之分析此兩內涵，行政法（24）在書籍及開設課程雖佔極重要之比重，但期刊論文與孫文之發現相同，出現次數相當低僅二篇（0.7%），因此可見，行政法課程之開設普遍受到重視，亦有相當豐富之書籍，但從事期刊寫作之論文卻甚缺乏。而有關於本章府際關係（16）之 10（3.6%），孫文資料發現與本章相接近，應亦列入「持平而加強」之學科內涵。

（三）公共行政資訊科技教育之研究（黃朝盟、王嫚謙，2004）

黃朝盟、王嫚謙繼孫同文之研究，分析國內 92 學年度（2003）之大學課程，並統計 1991 至 2004 年間 11 種學所期刊 3,115 篇論文。發現國內大學資訊課程開設比例並不高，而論文中有關資訊文章比例亦僅 6.04%，此種現象與本研究之發現已有轉變，在期刊論文中電子化政府（17）為第四位，有 18 篇佔 6.5%，而博碩士論文中為第五位，有 108 篇論文佔 5.7%，而課程開設在 24 所學校中亦有七所（29.2%）有相關課程，亦有改進。此為明顯「上升」之典範主題。

（四）大學及研究所公共行政教育課程設計之研究（陳金貴，1992）

陳金貴分析 1990 年三所大學包括政治大學、東海大學及中興大學研究所必修科目之呈現，其與本章研究發現公共政策（8）是各校共同開設之課程共識第一位，而人事政策（12）與研究方法（4）均為共同開設之必修課，其重要性結果與本章所列相同。

但亦有三類課程是屬目前各校所「消失」：1. 比較行政（理論）；2. 西洋行政思想史；3. 中國行政思想史，此為課程典範變遷之重要內容，屬於「消逝」之主題。

伍、結論：未來典範之建構

　　以 2000 年為分界，本章試以公共行政典範之遞移，比較所得結論，可分為六個部分加以呈現如表 11-9：

　　表 11-9 中之歸納亦可有下列之分析及討論：

1. 行政法重要性之提升，其並非為新興主題，但受到典範內之重視（雖然期刊投稿比率不足），但學位論文、書籍及開設課程與 2000 年前均有大幅之差異。此反映台灣環境實務中，無論社會對公部門之課責或公部門之自我控制（依法行政）已是公共行政之基本要求。

2. 行政哲學與倫理的「提升」，筆者以為此反映著行政倫理之強調，如實務界《行政中立法》之頒布實施，而人民亦有相同之期許。但對於此部分之行政哲學，筆者並不以為已在典範中有「提升」之現象。此部分在未來研究，建議應在登錄量表中將兩概念分開處理。筆者確實認為所謂行政哲學在公共行政領域並未有足夠之重視，過去及現在均如是。

表 11-9　公共行政學科典範之遞移

典範主題　　遞移之類態	項目主題				
重要內涵「延續」	公共政策	組織理論（行為）			
內涵重要性之「提升」	行政法	行政哲學與倫理	人力資源管理	非營利（政府）組織	地方政府
新興內涵之「浮現」	危機管理	新公共管理	電子化政府（電子治理）		
重要內涵「持平」	行政學方法論	公共行政範圍	公共行政教育	府際關係（跨域治理）	
重要內涵「衰退」	行政學基本理論	人事行政	政府職能		
「消逝」之主題（在公共行政領域中）	市政學	公共關係	比較行政	中國政治思想史	西洋政治思想史

資料來源：作者統計整理。

3. 非營利（政府）組織之提升，反映多元社會的治理功能，亦是後政府集中威權時代必然呈現之必然價值。對台灣而言，新治理模式之出現（或許此為可能之未來典範建構）有助於台灣內部資源之整合動員，而對外（國際社會），非政府組織之瞭解及實務接觸，在艱困之國際環境是必要關鍵之途徑。

4. 台灣《地方制度法》實施後，地方生態有了極巨大之轉變，無論是對地方政府組織、人事制度、財政，均產生實質之衝擊。中央與地方為夥伴關係無庸置疑，但誠如公共行政學者長期所言，其相互之間實為一種「非自願的夥伴關係」（reluctant partnership）。如何理順此一關係實為台灣公共行政學者之重要課題。同時在本世紀千禧年後，聯合國之公共行政及發展管理部（Division for Public Administration and Development Management）亦提出了「千禧年發展目標」（Millennium Development Goals，MDGs），其中重要之內涵即為地方政府之發展課題。此一主題在台灣公共行政典範中呈現之重要性，應可視為對內外環境之事實反應及反映。

5. 「新公共管理」是新興浮現典範內涵中最值得一論者。在本章註 1 中，筆者特別提醒，台灣公共行政學科典範呈現與西方典範建構成型較遲滯之現象。而2000 年後之台灣公共行政典範似乎仍是以新公共管理為「浮現」核心價值，而西方學者早已認為此一典範已經衰退或是結束，筆者以為此一議題為此時此刻台灣公共行政學者應該深思而努力者。

6. 「行政學方法論」及「公共行政範圍」與前述之行政哲學有緊密之相關，此二者與「公共行政教育」一樣均並非是新的課題。1980 及 1990 年代其重要性即已有共識，但過去（2000 年以前）未在典範中受到重視，而本研究亦是持平，實就典範之建構而言有極大之障礙，尤其是「公共行政之範圍」之討論不是即為典範之範圍？如何能不加以重視？

7. 府際關係（跨域治理）在台灣內部是實務界之能力建立（capacity building）。其關係者如政策領域之「政策協調」（policy coordination），與政府績效有絕對之連結。近期我們在台灣實務界見到此一類型失敗之案例。但此亦非台灣所獨有，例如美國紐奧良市卡崔納大災難之後，在美國公共行政學界引起之最大討論即為跨域治理能力之不足。

8. 公共行政學科典範之傳統特色稱之為「跨領域導向」（interdisciplinary orientation）、「應用導向」（applied orientation）及「問題解決導向」（problem-solving orientation）。故理論與實務界之連結極為重要。「人事政策」即為此一連結之場域。台灣之人事政策官規官制有其優良歷史傳統背景，但其穩健性亦可能同時蘊涵著保守封閉傾向，此一關係到政府實際工作者——公務人員之制度之

發展,對公共行政學科者,應給予必要之重視。而在典範中之「衰退」(較之 2000 年以前更顯重要性不足)實值得警惕 ✔

9. 「比較行政」在國際上未必全然,但在台灣似乎已是一個消逝的主題。在國際公共行政學術界,此一主題之起落與第二次世界大戰後之美國對歐洲重建政策及日後全球角色扮演有關,但對台灣公共行政學者及公務人員(尤其高階政策制訂者)而言,全球化是一項新課題及新現象,但全球化之下一項「比較導向」(comparative orientation)之全球化視野及格局亦極其重要,同時亦方可平衡全球主義與在地主義,使國家政策不致失之於劃地自限及故步自封。

10. 中國大陸相關之行政及政府課程在各校之開設有 14 所大學,佔 58.3% 比例之課程開設率。此一主題可謂一項新興之課題,尤其是相較 2000 年前之各校情況,早期的政治環境並不鼓勵對此課題多做接觸(當然「匪情」除外),但隨著兩岸政治局勢之改變及中國大陸本身內部制度之修正,大陸之課題在各領域中已是一門「有趣」的知識,但在學校開設此一相關課程之餘,本章研究發現,2000 年後之中國大陸公共行政博碩士論文僅有六篇(0.3%)、期刊論文 0 篇(0%)、書籍亦只有三本(0.2%),均顯示對中國大陸公共行政課題之研究,在兩岸新的政經環境之下,尚有許多可資鼓勵之空間。

本章針對研究結果表 11-9 提出十點心得結論,但筆者自知,仍有多方之限制及不足。首先,關於典範,其應不止於學位論文、期刊論文、書籍及課程,充其量此四面向僅反映典範之部分,而關於典範之思想、價值、信仰、方法、語言等多種方面,是本章未提及處理者,必須要更周延之研究方法及架構方可求其全。本章僅是一項有限描述之後設研究(meta-analysis)而已。其次,對於典範之建構,雖然現況之瞭解為其必要之基礎,但在此基礎尚需大量之知識、理論、智慧累積,本章嘗試提出未來典範相關議題之毫末,但並未能對典範建構之研究問題有實質之回答及貢獻,僅期以此研究為基礎,期待台灣公共行政學界前輩智者能夠建構出一份有如黑堡宣言(Blackburg Manifesto)影響力之台灣公共行政典範的台灣宣言(Taiwan Manifesto)。

參考書目

江明修，1997，〈政府再造之本——我國公共行政研究暨教育的檢視與展望〉，《國立政治大學公共行政學報》（1）：1-36。

孫同文，1998，〈台灣公共行政的研究成果的回顧與評估〉，《暨大學報》2（1）：133-159。

陳金貴，1992，〈大學及研究所公共行政教育課程設計之研究〉，「第四屆中華民國管理教育研討會」論文，4月24-26日，政治大學公共行政及企業管理教育中心：政治大學、中華民國管理科學學會。

黃朝盟、王嫚謙，2004，〈公共行政資訊科技教育之研究〉，「中國政治學會年會暨學術研討會」論文，9月19日，台北：中國政治學會、成功大學政治學系與政治經濟研究所。

詹中原，1996，《台灣公共研究之後設分析（Meta Analysis）》，台北：國科會。

詹中原，1999，《新公共管理》，台北：五南。

詹中原，2003，《新公共政策》，台北：華泰。

詹中原，2005，〈台灣公共行政發展史研究——學科之歷史回顧、現況、展望〉，《中國行政管理》（6）：92-97。

詹中原，2005，〈台灣公共行政發展史研究——學科之歷史回顧、展望〉，《中國行政管理》（7）：92-98。

Alford, John. 2002. "Defining the Client in the Public Sector: A Social-Exchange Perspective." *Public Administration Review* 62(3): 337-346.

deLeon, Linda and Robert B. Denhardt. 2000. "The Political Theory of Reinvention." *Public Administration Review* 60(2): 89-97.

Denhardt, Janet V. and Robert B. Denhardt. 2007. *The New Public Service-Serving, Not Steering*. Armonk, NY: M. E. Sharpe.

Drechsler, Wolfgang and Rainer Kattel. 2008. "Towards the Neo-Webernian State? Perhaps, but Certainly Adieu, NPM!" *The NISPAcee Journal of Public Administration and Policy* 1(2): 95-99.

Frederickson, H. George. 1997. *The Spirit of Public Administration*. San Francisco, CA: Jossey-Bass.

Jan, Chung-yuang. 2010. "History and Context of Public Administration in Taiwan." In *Public Administration in East Asia: Mainland China, Japan, South Korea, Taiwan*, ed. Evan M. Berman. New York, NY: Taylor & Francis, pp. 497-516.

Lane, Jane-Eric. 1994. "Will Public Management Drive out Public Administration?" *Asian Journal of Public Administration* 16(2): 139-151.

Moore, Mark H. 1995. *Creating Public Value: Strategic Management in Government*. Cambridge, MA: Harvard University Press.

Smith, R. F. 2004. "Focusing on Public Value: Something New and Something Old." *Australian Journal of Public Administration* 63(4): 68-79.

Stoken, Gerry. 2006. "Public Value Management: A New Narrative for Networked Governance?" *American Review of Public Administration* 36(1): 41-57.

Wu, Xun and Jingwei He. 2009. "Paradigm Shift in Public Administration: Implications for Teaching in Professional Training Programs." *Public Administration Review* 69(supplement s1): S21-S28.

Wu, Xun, Allen Yu-Hung Lai, and Dolim Choi. 2012. "Teaching Public Policy in East Asia: Aspiration, Potentials and Changes." *Journal of Comparative Policy Analysis* 14(5): 376-390.

Wu, Xun, Yan-Ling He, and Tung-Wen Sun. 2013. "Public Administration Research in Mainland China and Taiwan: An Assessment of Journal Publications 1998-2008." *Public Administration*, 91(2): 261-280.

第十二章

行政組織與文官制度研究之十年回顧

壹、前言

　　我國的行政學術界雖然早在 1950 年代已經萌芽，但是在 1960 年代國內各大學才陸續設立相關學系和研究所。1990 年代開始，行政學相關系所大量設立。1991 年中央警察大學設立行政管理學系，其後陸續有中山大學、空中大學、暨南大學、中華大學、世新大學、中正大學、南華大學、玄奘大學、佛光大學、義守大學等新設相關系所。在過去十年裡面，主要以公共事務爲名的系所，也同樣大量開設。其中包括了銘傳大學、東華大學、開南大學、稻江科技暨管理學院、中興大學、台南大學、台北市立教育大學、逢甲大學、彰化師範大學。在此背景下，行政學研究的學術人力也因此大幅增加，各項相關研究成果在數量上及品質上，也呈現大量成長。

　　就本章所討論的主題「行政組織與文官制度研究」而言，在過去十年中最大的環境變動是，從 1996 年開始推動的政府組織再造工作，陸續從修憲的法制層級，演進到有關《中央行政機關組織基準法》、《中央政府總員額法》的立法過程，並從而促進延宕長達 23 年的《行政院組織法》修法工程。

　　《行政院組織法》修正作業從 1987 年就已經開始，前後歷經二次政黨輪替，前後六度函送立法院審議。《行政院組織法》修法的最大動力來自於 2004 年 6 月通過的《中央行政機關組織基準法》對於各部會總數的總量管制規定。配合該法的規定，民進黨政府在同年 9 月第三次函送立法院《行政院組織法》修正案，設 13 部、四會和五獨立機關（共 22 個機關）。2005 年 3 月，因立法院法案屆期不續審之規定，《行政院組織法》第四次函送立法院，設 13 部、四會和五獨立機關（共 22 個機關）。2008 年 2 月，因法案屆期不續審，《行政院組織法》第五次函送立法院，設 14 部、七會和五獨立機關（共 26 個機關）。同年 5 月國民黨重新執政，並於 2009 年 4 月經行政院院會通過新版草案，設 13 部、九會、二總處、一行、一附屬機構和三獨立機關（共 29 個機關），函請立法院第六次審議，並於 2010 年 2 月 3 日修正公布。行政院部會級組織由現行 37 個精簡爲 29 個，新組織架構應該自 2012 年 1 月 1 日開始啓動，惟至 2013 年 2 月，13 個

二級部會的組織法律仍未通過立法。

　　另一方面，地方政府層次也因為從台北和高雄二個院轄市，轉變為在 2010 年底進行五都選舉，地方組織結構改變，因應此一情勢發展，地方層級行政組織與文官制度的研究也相應產生。

　　雖然在本章撰寫之際，在《行政院組織法》體制下，應該進行的行政院各部會組織法律更新尚未完全通過立法，但是我國行政體系的中央政府組織架構，大致上已經完成制定憲法 60 年來第一次重大的組織改組。正由於中央政府組織改造牽涉範圍廣泛，相關議題眾多，因此我國行政學界無論在學術期刊論文、國科會委託研究計畫、政府委託研究計畫等各方面，都進行深入而廣泛的研究。

　　從文官制度的角度來看，過去十年中最大的改變是 1997 年修憲所要求的有關政府總員額之準則性法律，一直到 2010 年 1 月才完成《中央政府機關總員額法》之立法工作，並和《中央行政機關組織基準法》、《行政院組織法》之修正，同時於同年 2 月 3 日修正公布。政府組織改造後之人事行政總處將專責管理中央政府員額管理之規劃、調整、監督、員額評鑑。中央政府員額總量高限以五院及所屬機關為適用範圍，總統府及國家安全會議為準用機關，中央政府機關員額劃分五類進行總量控管，總員額高限為 17 萬 3 千人，但不包括軍職人員及公立學校教職員。總員額法的立法精神是增進員額調配彈性，提升用人效能為目標。在員額總數不高過法定高限為目標下，各機關應於高限內進行人力彈性調控，以增加行政效率，並進行整體員額管理的策略規劃。文官制度的改變，除了《中央政府機關總員額法》之外，最重要的變遷是 2010 年改變退休制度，並延長退休年齡。2000 年代其他比較大規模的修法工作，尚包括《公務人員任用法》、《公務人員陞遷法》、《公務人員俸給法》、和《公務人員考績法》。

　　本章針對過去十年有關行政組織與文官制度之研究，將充分顯現以上政府組織和文官制度的法制改變。以下，本章將分段針對行政組織和文官制度二大主題，分別檢討相關學者所進行的各項研究，並分別從「期刊論文」、「國科會研究計畫」、以及「其他政府機關委託研究計畫」，進行分析統計和論述。

貳、資料蒐集方法

　　有鑑於上述三項研究對象在數量上甚為龐大，進行撰寫和研究工作的學界人數眾多，為有效掌握分析範圍，本章所分析的學者，僅限於台灣公共行政與公共事務系所聯合會（Taiwan Association for Schools of Public Administration and Affairs，TASPAA）各會員系所的專任教師。2003 年成立的 TASPAA 目前已經有 35 個系所會員。由於 TASPAA

的發展已經得到行政學界制度性的肯定，密切相關的系所已經完全加入，甚至以政治經濟為名的系所也有加入者。就行政學者的涵蓋性而言，大致上應已概括。以本章所討論的「行政組織」和「文官制度」而言，未被涵蓋在 TASPAA 會員之專任教師內者，人數應該在個位數以下。整體而論，本章蒐集之 TASPAA 系所會員的教師共計 410 位，其中並包括退休（例如張世賢、吳瓊恩）、離職（江宜樺、江啓臣、江瑞祥）、轉職（例如王信賢）的教師。

一、研究計畫

本章之研究得力於政府推動學術研究資訊公開化和要求上網的機制，研究計畫相關資料的蒐集，主要是透過國家實驗研究院科技政策研究與資訊中心之「政府研究資訊系統」（Government Research Bulletin，GRB）（http://grbsearch.stpi.narl.org.tw/GRB/），該資料庫涵蓋國科會計畫，以及行政院所屬機關委託之研究計畫。有關 GRB 系統之操作，首先是鍵入「教師姓名」，而後選定在 90 年度之後，所有「社會研究領域」之研究計畫。搜尋結果顯示，在國科會計畫方面，共計查得 1,335 件研究計畫。經編碼篩選後，與本章相關者計有 222 件，其中組織相關之國科會計畫有 109 件，文官制度相關之國科會計畫有 113 件。[1]

除 GRB 系統所涵蓋之行政院所屬機關委託研究計畫外，作者在資料蒐集過程中並透過協助，取得「考試院」委託研究計畫之相關資訊。整體而言，TASPAA 系所會員之教師共計執行 213 件「其他政府機關委託研究計畫」（行政院 191 件、考試院 22 件）。而經編碼篩選後，與本章相關者計有 141 件，其中與行政組織相關者計有 66 件，與文官制度相關者則有 75 件。惟必須說明的是，行政院及考試院所屬機關委託研究計畫，除了計畫主持人之外，經常也會有協同主持人之人事配置，襄助計畫能於較短之期限內完成，並獲得實際之政策成效。有鑑於計畫主持人必須總負研究計畫之責，同時行政機關也多以計畫主持人之學經歷及研究成果作為委託與否之重要考量，因此，本章將「其他政府機關委託研究計畫」之成果，歸屬於計畫主持人。

二、期刊論文

有關 TASPAA 系所會員教師所著之期刊論文資料，本章係搜尋國家圖書館之「台灣

---

[1] 本章已儘可能集中鎖定在行政組織與文官制度二項研究主題，並儘量採用較為寬鬆的判定標準。在此研究過程中，無法達成完全精確的篩選標準，也應先行敘明。

期刊論文索引系統」（http://readopac.ncl.edu.tw/nclJournal/），將前述 410 位教師之姓名
鍵入「作者」之查詢欄位，進行搜尋工作。經刪除未經審查程序（peer reviewed）、偏
向邀稿性質之期刊文章（如《T & D 飛訊》、《研習論壇》、《國家政策論壇》）後，
與行政組織、文官制度相關者計有 601 篇，其中行政組織相關者有 216 篇，與文官制度
相關者有 385 篇。針對期刊論文「合著」作者的處理方式，本章是將該文章歸屬於第一
作者。若第一作者非為 TASPAA 系所會員之教師，則該文章之成果歸屬於第二順位或遞
序之 TASPAA 系所會員教師。

　　本章進行分析的研究文獻，前後十年主要係指從 2001 到 2011 年的資料。但為求資
料的完整性和延續性，2012 年 6 月以前所能蒐集到的資料，也將其包括在內（見表
12-1）。納入 2012 年論文，就方法學上來講，不無瑕疵，但有鑑於國內政治學界長年
以來甚少進行文獻回顧之集體計畫，本章仍然將分析資料儘可能予以容納。一方面，學
術上的研究成果往往是落後指標，在計算研究成果時，本來就存在時間上的落差，本章
進行分析也加以充分考慮；另一方面，有別於國外學術研究學門經常針對特定時間內的
期刊表現進行分析，分析的母體固定，計算時間的嚴謹度並不成為問題，這也有別於本
章的敘述、分析和主要旨趣。

參、行政組織之研究

一、期刊論文

　　由於行政學屬於跨學科的本質，行政學所探討的學術議題容易趨向重要而細瑣，
關注的層面由中央政府到地方政府，由行政程序到政治決定，由服務細部規範到政策規
劃，需要處理的面向多元而複雜。因此，要進行學術領域的回顧和分析，往往會遇到難
以下手的困境。本章在集體計畫規劃下，探討有關行政組織之研究，對於期刊論文進行

表 12-1　TASPAA 系所會員教師相關研究成果數（2001-2012）

	行政組織	文官制度	小計
國科會計畫	109	113	222
其他政府機關委託研究計畫	66	75	141
期刊論文	216（49）	385（36）	601

資料來源：作者自行整理。
說明：括弧（）內為刊登於 TSSCI 期刊的文章數。

分類，就會面臨難以歸類，或難以歸納出核心議題和理論趨勢的必然現象。針對行政組織之研究論文，在本章蒐集的 216 篇文章中，計有 49 篇刊登在台灣社會科學引文索引（Taiwan Social Science Citation Index，TSSCI）期刊。這些文章中，討論地方政府組織的有 18 篇，組織制度的有 18 篇，民營化的有九篇，中央政府的有四篇。在過去十年中，有關行政組織之學術論文，除了民營化以外，政府與民間的協力關係也是一個突出的主題，相關論文共有 11 篇，佔整體文章總數的 22.4%（見表 12-2）。

表 12-2　行政組織研究：TSSCI 期刊論文的主題分布（2001-2012）

主題 ＼ 次主題	發展	協力	理論	績效	小計 篇數	小計 %
地方	11	5	2	0	18	36.7
制度	5	6	4	3	18	36.7
民營化	7	0	0	2	9	18.4
中央	3	0	1	0	4	8.2
小計	26（53.1）	11（22.4）	7（14.3）	5（10.2）	49	

資料來源：作者自行整理。
說明：括弧（　）內為百分比。

　　在行政組織的期刊論文中，總計有 27 位作者，發表 49 篇刊載於 TSSCI 期刊的文章，並有八位學者發表數為二篇以上（見表 12-3）。其中，最特殊的是，林淑馨（2001、2002a、2002b、2003、2004a、2004b、2005、2006a、2006b、2007、2008a、2008b、2009、2012）有關行政組織的 TSSCI 期刊論文數目最多，總共有 14 篇（佔所有篇數的28.6%），但其中九篇，都在討論民營化的議題，並且主要從日本的經驗進行討論。例如：日本的民營化、日本鐵路改革的民營化、郵政事業民營化等議題。研究日本論文的另一主題是地方政府協力關係，也是從日本的經驗加以探討，例如：日本地方政府的非營利組織政策、日本地方政府與非營利組織協力關係之分析、日本地方政府促進非營利組織協力之理想與現實均由林淑馨所撰寫。其次，朱鎮明（2004、2005、2008、2010）的四篇期刊論文分別討論：英國地方政府變革、台灣府際關係、協力關係、媒體評鑑地方政府績效，研究重點在地方政府，但討論之面向有所不同。

　　也許因為上述文章所討論的因素，有關行政組織的期刊論文中，討論行政組織理論的文章並不多見。有關行政組織理論的文章例如：彭錦鵬（2005）有鑑於 20 世紀政府部門分權化與專業化的結果造成政府服務的碎裂化，引介發端於英國的「全觀型治理理論」；呂育誠（2002）從歷史制度主義探討公共組織變革的發展方向；趙永茂（2003）試圖從策略途徑，探索台灣的府際關係與跨域管理架構。

表 12-3　行政組織研究：發表二篇以上 TSSCI 期刊文章之學者（2001-2012）

作者	系所	篇數
林淑馨	台北大學公共行政暨政策學系	14
朱鎮明	東華大學公共行政研究所	4
江大樹	暨南大學公共行政與政策學系	2
呂育誠	台北大學公共行政暨政策學系	2
李長晏	中興大學國家政策與公共事務研究所	2
孫　煒	中央大學法律與政府研究所	2
曾冠球	淡江大學公共行政學系	2
劉明德	中山大學公共事務管理研究所	2

資料來源：作者自行整理。

二、國科會研究計畫

在過去十年中，國科會有關「行政組織」的研究計畫總共有 109 件，共有 45 位學者參與。研究的對象以出現頻率高低而言，分別是政府組織制度（39 件）、地方行政組織（39）、災害防救（13）、民營化（5）、中央政府（4）、教師（4）、行政法人（3）、獨立機關（2）。

進行國科會有關行政組織之委託研究學者 45 人中，呈現高度集中的情形。執行委託研究計畫件數最多的前十位學者，共執行 49 件，其中，有四人各執行六件，一人五件，五人各四件，佔所有件數的 45%。此外，執行國科會委託研究計畫件數三件的有八人，二件的有九人，一件的有 18 人。

就研究經費而言，在過去十年中，行政組織的研究計畫總共支出 4,625.8 萬元。獲得補助經費前十位學者的經費總額，佔所有補助經費的 50%，因此集中的情形相當明顯。此外，獲得國科會經費補助超過 300 萬元的學者僅有二人，200 到 300 萬元的有四人，100 到 200 萬元的有 13 人，低於 100 萬元的有 26 人，最低的補助經費是 15.6 萬元（見附錄一）。

就所有的國科會委託研究計畫而言，整體呈現比較清楚集中的二項主題，是政府組織再造和非營利組織的研究。政府組織再造相關計畫，有八人參與，共 13 件計畫，經費支出 539.7 萬元。非營利組織相關計畫，有 11 人參與，24 件計畫，支出經費 986.5 萬元。其中，政府組織再造的相關計畫基本上比較偏向歷史分析或國外經驗的介紹，只有二件有關行政法人制度的研究，是討論參採國外經驗用於我國的前瞻性與可行性研究。

三、其他政府機關委託研究計畫

　　相對於國科會研究計畫比較關注於基礎性的學術研究，其他政府機關委託研究計畫則均有明確的應用性需求。特別是在過去十年中，政府組織再造的推動工作，必須進行不同層級、不同領域、不同個別需求的研究規劃，因此非屬國科會的政府委託研究計畫相對於十年以前，不論在品質上和數量上，都有明顯的成長。另外一個重要的因素是民進黨執政期間，行政院研考會爭取到立法院的財政支持，自 2006 年開始大幅度增加研究經費。

　　在過去十年中，政府各部會（包括考試院，以下同）有關「行政組織」的研究計畫總共有 66 件，計有 43 位學者參與。研究的對象以出現頻率高低而言，分別是地方行政組織發展（31 件）、中央政府組織發展（21）、組織制度（8）、警察組織（4）、行政法人（2）。進一步以研究內容的主題加以分類，如表 12-4 所示，政府各部會有關行政組織的研究計畫，主要集中在組織發展（42 件，2,917.1 萬元）和組織績效（15 件，1,584.3 萬元），這二大類就包括了研究經費的 87%。其他項目包括：協力（4 件，373.0萬元）、貪污（2 件，136.1 萬元）、外國經驗（2 件，129.8 萬元）、法制（1 件，52.0萬元）。

　　執行政府各部會有關行政組織之委託研究學者 43 人中，並未如國科會研究計畫呈現高度集中的情形。共計只有一位執行六件委託研究計畫，一位執行四件，三位各執行三件，其他都在二件以下。執行委託研究計畫的學者中，有九人各執行二件，其他 29人各執行一件。

表 12-4　行政組織研究：其他政府機關委託研究計畫主題之執行件數與經費總額
　　　　　（2001-2012）

主題	件數	經費總額（萬）
組織發展	42	2,917.1
組織績效	15	1,584.3
協力	4	373.0
貪污	2	136.1
外國經驗	2	129.8
法制	1	52.0
總計	66	5,192.3

資料來源：作者自行整理。

　　就研究經費而言，在過去十年中，政府各部會補助行政組織的研究計畫總共支出為
5,192.3 萬元。正如國科會研究計畫的情形，就經費集中補助的程度來看，也是相當明
顯。此外，獲得國科會經費補助超過 400 萬元的學者僅有四人，超過 200 萬元低於 300
萬的有四人，超過 100 萬元低於 200 萬元的有九人，低於 100 萬元的有 26 人，最低的
補助經費是 6.4 萬元（見附錄二）。

　　和國科會研究計畫比較不同的是，政府各部會的委託研究最突出的研究主題是政府
組織再造的相關計畫，總共有 30 位學者主持研究 38 件計畫，共使用 3,096.2 萬元。

肆、文官制度之研究

一、期刊論文

　　在過去十年中，刊登在 TSSCI 期刊的文官制度相關文章，總共 36 篇。這些文章中
幾乎涵蓋文官制度的各面向。大略上加以分類，討論主題涉及相關制度的文章最多，
達到 30 篇，其次則包括契約人力二篇、地方文官二篇、高級文官一篇、警察一篇。進
一步從次主題而論，與管理相關者有 13 篇，行政倫理的有六篇，多元化四篇，待遇三
篇，任用一篇，考選一篇（見表 12-5）。其他文章則探討公務人員的各項理論或實際議
題，例如接班人才計畫、知識分享、文武關係、裁量行為、工作滿意度、工作價值等。

表 12-5　文官制度研究：TSSCI 期刊論文的主題分布（2001-2012）

主題 ＼ 次主題	管理	倫理	多元化	待遇	陞遷	理論	任用	考選	人力	績效	小計
制度	9	6	3	3	3	2	1	1	1	1	30
契約人力	2	0	0	0	0	0	0	0	0	0	2
地方文官	1	0	1	0	0	0	0	0	0	0	2
中高階文官	1	0	0	0	0	0	0	0	0	0	1
警察	0	0	0	0	0	0	0	0	0	1	1
小計	13	6	4	3	3	2	1	1	1	2	36

資料來源：作者自行整理。

文官制度的相關 TSSCI 論文中，總計有 20 位作者，發表 36 篇刊載於 TSSCI 期刊的文章，並有十位學者發表數為二篇以上（見表 12-6）。其中，刊登篇數最多的是施能傑（2004、2006a、2006b、2009），共四篇文章，分別討論考選制度、薪資績效化、公務倫理、文官體系能力與政府競爭力。彭渰雯（2008；彭渰雯、李秉叡，2011；彭渰雯、林依依、葉靜宜，2009）刊登的三篇文章全部都在討論職場上的性別關係，和黃煥榮（2005、2008、2010）的三篇文章相當類似。趙達瑜（2004、2005、2008）的三篇文章則全部討論公務人員的保障。蔡秀涓（2002、2004a、2004b）的三篇文章則分別探討組織信任、人力資本理論、工作價值觀。彭錦鵬（2003、2007）的二篇文章分別探討高級文官團制度的趨勢，和英國公部門待遇制度改革。黃朝盟（黃朝盟、陳坤發，2002；李俊達、黃朝盟，2010）二篇文章討論組織精神力和行政倫理。蔣麗君（2004；蔣麗君、顏上晴，2011）二篇文章檢討公務人員與行政電子化、資訊人員員額配置。蘇偉業（2007；蘇偉業、黎世輝，2011）的二篇文章，則係比較台灣與香港政府契約人力制度，以及探討初任公務人員職位配置採用的「分發」制度。

　　從以下二段關於研究計畫的描述和分析，可以清楚看出，研究計畫相當普遍地成為期刊論文的撰述基礎。尤其是當期刊論文作者的國科會研究計畫主題呈現明顯集中於某些議題的情形下，將研究成果發表於 TSSCI 期刊上，被接受的程度可望相對提高。

表 12-6　文官制度研究：發表二篇以上 TSSCI 期刊文章之學者（2001-2012）

作者	系所	篇數
施能傑	政治大學公共行政學系	4
彭渰雯	中山大學公共事務管理研究所	3
黃煥榮	台北市立教育大學社會暨公共事務學系	3
趙達瑜	暨南大學公共行政與政策學系	3
蔡秀涓	東吳大學政治學系	3
胡龍騰	台北大學公共行政暨政策學系	2
彭錦鵬	台灣大學政治學系	2
黃朝盟	台北大學公共行政暨政策學系	2
蔣麗君	成功大學政治學系	2
蘇偉業	政治大學公共行政學系	2

二、國科會委託研究計畫

在過去十年中，國科會有關「文官制度」的研究計畫總共有 113 件，共有 36 位學者參與。研究的對象以出現頻率高低而言，分別是人事行政各項業務（81 件）、教師（6）、地方政府人事行政（5）、契約人力（4）、政務人員（4）、警察（4）、檢察（3）、中高階人員（2）、法院（2）、國營事業（1）、軍人（1）。其次，就人事行政各項業務的 81 件加以細分，就包括：人事管理（29 件）、倫理（14）、貪污（9）、訓練（7）、多元化（7）、保障（5）、績效管理（3）、職能（2）、人事行政理論（2）、退休（1）、待遇（1）、任用（1）。

執行國科會有關行政組織之委託研究學者 36 人中，呈現高度集中的情形。執行委託研究計畫件數最多的前十位學者，共執行 63 件，佔所有件數的 55.8%。執行國科會委託研究計畫件數 11 件的有一人，八件的有二人，七件的有一人，六件的有一人，五件的有三人，四件的有二人。此外，執行三件的有八人，二件的有八人，一件的有十人。

就研究經費而言，在過去十年中，文官制度的研究計畫總共支出 6,686.6 萬元。獲得補助經費前四位學者的經費總額，佔所有補助經費的 46.5%。獲得補助經費前十位學者的經費總額，更佔所有補助經費的 68.7%，因此資源分配集中的情形相當明顯（見附錄三）。

就整體國科會研究計畫而言，有關文官制度的研究計畫，基本上和研究者的長期研究興趣密切結合，就研究集中的情況而言，除了上述執行較多研究計畫的學者所呈現個人化的集中情況外，研究主題也有集中的情形，例如有些學者專注於對於司法體系人員的研究、對於公務人員保障的研究、對於國小教師的研究等。我們發現研究主題集中有助於研究計畫持續得到國科會補助的機率。

三、其他政府機關委託研究計畫

和行政組織研究相同的情形是，相對於國科會研究計畫比較關注於基礎性的學術研究，其他政府各部會委託研究計畫則均有明確的應用性需求。在過去十年中，政府各部會（包括考試院）有關「文官制度」的研究計畫總共有 75 件，共有 47 位學者參與。研究的對象以出現頻率高低而言，分別是人事行政各項業務（47 件）、中高階人員（11）、地方政府人員（7）、契約人力（3）、軍人（3）、政務人員（1）、教師（1）、醫事人員（1）、關務人員（1）。其次，就人事行政各項業務的 47 件研究計畫再加細分，

其出現頻率是：貪污（10）、管理（8）、任用（6）、訓練（5）、績效（4）、人力（3）、多元化（2）、考選（2）、服務（2）、待遇（2）、退休（2）、倫理（1）。

　　和前述二大類分析比較不同的是，執行政府各部會委託研究計畫的學者分布的程度，除了少數幾位例外，是相當分散的。執行研究計畫件數較多的，包括執行七件研究計畫有一人、六件有一人、四件有一人、三件有一人，二件有 12 人，一件有 31 人。

　　如果進一步觀察政府各部會委託研究計畫的經費分布，將會發現如果扣除掉法務部對於廉政指標的巨額補助，則政府對於文官制度改革的研究，經費投注是相當薄弱的。縱然政府各部會在文官制度方面投注研究經費達 4,946 萬元，如果扣除廉政指標及其研究的經費 1,546 萬元，則實際上在十年中，政府對於文官制度方面的研究經費就只有 3,400 萬元（見附錄四）。

　　我國和其他已開發國家目前所共同面臨的挑戰是，人口結構產生少子化、老年化所形成的「雙殺現象」。同時，勞動人口的負擔因之逐漸沈重，也面臨失業率不斷攀升的就業結構。在此情形下，1980 年代以來先進民主國家不得不進行公務人員員額精簡的措施，並推出進行文官制度管理分權化、效率化、市場化的改革措施。同時由於各國平均壽命不斷提高、退休人員享受相對優渥退休待遇的結果，造成各國政府長期財政負擔沈重的危機，不得不持續進行公務人員退休制度的改革。但是我國人事行政總處在面臨國內外環境重大挑戰之際，其研究經費則少得可憐。在過去十年中，唯一真正討論待遇制度的研究計畫是劉坤億所執行的《我國公務人員待遇制度改進方案之研究》。但是受限於研究經費及承辦機關的自我設限，研究計畫並未得到適當的重視與後續的政策規劃。以危機情況相當嚴重的退休制度而言，政府各部會也未付出適當的重視和研究。對於我國中央政府每年需要付出 4,000 億元以上的人事費，但是每年對於待遇制度的研究經費竟然不到 200 萬元，並且長年以來都是如此，確實為不可思議之研究資源分配。如果再考慮政府一年編列退休撫卹支出及債務利息達 1,400 億元，則文官制度有待研究與革新之處，實為不勝枚舉。

伍、結論

　　過去十年中，我國行政學界對於行政組織和文官制度的研究，由於教學人力因應新成立系所的需求而增加，研究能量明顯提升。同時由於政府因應國際情勢而進行組織改造，學界對於行政組織變動進行廣泛深入的研究，也有相當明顯的成果。中央政府總員額制度終於通過立法，地方政府組織因為院轄市數目增加而有大幅變動，都使各項研究

計畫陸續得到重視和推動。

　　然而從本章分析中也可觀察到，對於行政組織和文官制度的研究，在研究資源的配置上，在某些部分出現高度集中的情形。研究資源能夠進行有效的集中配置，對於成長中的研究領域，可能是正確的分配。特別是基礎調查研究的經費如果能夠充分而且寬裕，對於後續的相關研究所能造成的效益，是可加以肯定的。例如對於廉政指標的研究及持續性的調查，對於建立清廉的政府，將具有學術與實務上的價值。此外，對於文官體系的調查，如果能夠符合學界的需求，並預見外國先例移植到國內的可能發展，而建構合適並被廣泛運用的資料庫，也是值得期待的學術基礎建設。

　　我國的國家規模和政府、文官體系規模顯然無法提供毫無限制的研究資源，因此也就更需要珍惜研究資源，隨時檢討研究計畫經費集中的情形，不斷進行學術研究資源分配之分析。經過此一程序，可望逐漸建立結果導向型的學術研究願景，和社會需求進行更為密切的結合。

參考書目

朱鎮明，2004，〈地方治理與地方政府現代化：21 世紀英國地方層次的變革〉，《行政暨政策學報》38：31-60。

朱鎮明，2005，〈政策網絡中協力關係的成效：理論性的探討〉，《公共行政學報》17：113-158。

朱鎮明，2008，〈媒體評鑑地方政府績效之研究──以天下及遠見兩雜誌為例〉，《公共行政學報》26：105-140。

朱鎮明，2010，〈競爭型計畫與台灣府際夥伴關係的實踐〉，《公共行政學報》37：71-110。

呂育誠，2002，〈公共組織變革的另類思惟──歷史制度主義觀點的啟示〉，《公共行政學報》7：137-172。

李俊達、黃朝盟，2010，〈組織精神力與工作績效之研究：以台北市政府中高階文官為例〉，《東吳政治學報》28（3）：187-233。

林淑馨，2001，〈民營化政策的公共性與企業性：以日本為例〉，《行政暨政策學報》33：149-172。

林淑馨，2002a，〈鐵路改革的比較分析：以 OECD 國家為例〉，《行政暨政策學報》34：123-152。

林淑馨，2002b，〈郵政事業改革對普及服務供給影響之研究〉，《行政暨政策學報》35：71-101。

林淑馨，2003，〈郵政事業自由化、民營化與普及服務確保之研究：西歐國家經驗和日本現況〉，《政治科學論叢》19：225-253。

林淑馨，2004a，〈電信事業的自由化、民營化對普及服務供給之影響：以中華電信為例〉，《東吳政治學報》37：29-64。

林淑馨，2004b，〈民營化與第三部門：日本鐵路改革經驗的反思〉，《公共行政學報》11：109-142。

林淑馨，2005，〈日本型公私協力之析探：以第三部門與 PFI 為例〉，《公共行政學報》16：1-31。

林淑馨，2006a，〈民營化與組織變革：日本國鐵的個案分析〉，《政治科學論叢》27：147-184。

林淑馨，2006b，〈日本地方政府的非營利組織政策：以三重縣與神奈川縣為例〉，《公共行政學報》21：39-72。

林淑馨，2007，〈日本地方政府與非營利組織協力關係之分析──以橫濱市和箕面市為例〉，《行政暨政策學報》45：73-114。

林淑馨，2008a，〈電信產業改革與普及服務制度：日本與台灣的比較分析〉，《公共行政學報》26：71-103。

林淑馨，2008b，〈郵遞市場自由化與普及服務：國外經驗之啟示〉，《行政暨政策學報》47：91-130。

林淑馨，2009，〈日本公私協力推動經驗之研究：北海道與志木市的個案分析〉，《公共行政學報》31：33-67。

林淑馨，2012，〈日本地方政府促進非營利組織協力之理想與現實〉，《政治科學論叢》51：91-128。

施能傑，2004，〈公共服務倫理的理論架構與規範作法〉，《政治科學論叢》20：103-139。

施能傑，2006a，〈政府薪資績效化的政策設計〉，《公共行政學報》18：51-84。

施能傑，2006b，〈文官體系能力與政府競爭力：策略性人力資源管理觀點〉，《東吳政治學報》22：1-46。

施能傑，2009，〈考試權獨立機關化定位的新討論——民主責任政治的檢驗〉，《臺灣民主季刊》6（1）：135-168。

彭渰雯，2008，〈當官僚遇上婦運：台灣推動性別主流化的經驗初探〉，《東吳政治學報》26（4）：1-58。

彭渰雯、李秉叡，2011，〈推動性別主流化之過程評估：架構建立與先導研究〉，《公共行政學報》38：115-150。

彭渰雯、林依依、葉靜宜，2009，〈女性在陽剛職場內的樣板處境：以海巡與消防單位為例〉，《東吳政治學報》27（4）：115-170。

彭錦鵬，2003，〈英國公部門薪俸制度改革的經驗與檢討〉，《政治科學論叢》18：71-100。

彭錦鵬，2005，〈全觀型治理：理論與制度化策略〉，《政治科學論叢》23：61-99。

彭錦鵬，2007，〈高級文官團制度之聚合趨勢〉，《歐美研究》37（4）：635-679。

黃朝盟、陳坤發，2002，〈公務人員的行政倫理觀——台灣縣市政府行政菁英意見調查分析〉，《政治科學論叢》16：119-136。

黃煥榮，2005，〈組織中戀情關係之理論探討：研究命題與整合性分析架構之建立〉，《行政暨政策學報》41：115-147。

黃煥榮，2008，〈工作場所戀情與性騷擾關連性之理論探討〉，《公共行政學報》27：161-186。

黃煥榮，2010，〈組織中戀情關係之管理：問題與建議〉，《公共行政學報》36：125-153。

趙永茂，2003，〈台灣府際關係與跨域管理：文獻回顧與策略途徑初探〉，《政治科學論叢》18：53-70。

趙達瑜，2004，〈公務員保障案件撤銷與駁回原因及影響救濟結果因素之分析研究〉，《公共行政學報》11：35-75。

趙達瑜，2005，〈從保訓會受理之保障事件研析我國公務員降調制度〉，《公共行政學報》17：37-82。

趙達瑜，2008，〈我國公務員保障事件不同意見書之研究〉，《公共行政學報》29：93-132。

蔣麗君，2004，〈公務人員與行政電子化：高雄市戶政事務人員對行政電子化認知的調查研究〉，《公共行政學報》10：95-140。

蔣麗君、顏上晴，2011，〈因應電子化政府發展資訊人員員額配置之原則初探〉，《公共行政學報》40：145-181。

蔡秀涓，2002，〈政府部門人力資本理論與應用〉，《東吳政治學報》14：135-166。

蔡秀涓，2004a，〈世代因素對公務人員工作價值觀影響之實證分析：以考試院暨所屬機關為例〉，《東吳政治學報》18：41-67。

蔡秀涓，2004b，〈公務人員組織信任模型之建構：以台北市政府為例〉，《人文及社會科學集刊》16（2）：241-277。

蘇偉業，2007，〈管理主義下的政府機關人力彈性化：台灣與香港政府契約人力制度之比較分析〉，《公共行政學報》23：29-66。

蘇偉業、黎世輝，2011，〈為什麼初任公務人員職位配置採用「分發」制度？一個歷史回顧分析〉，《行政暨政策學報》53：25-64。

附錄

附錄一　國科會委託「組織」研究計畫詳細資料
附錄二　其他政府機關委託「組織」研究計畫詳細資料
附錄三　國科會委託「文官制度」研究計畫詳細資料
附錄四　其他政府機關委託「文官制度」研究計畫詳細資料

囿於篇幅所限，以上附錄資料請詳見中研院政治所網頁（http://www.ipsas.sinica.edu.tw）之出版品專區

台灣政治

第十三章

台灣國會研究的回顧與展望

黃秀端

壹、前言

　　國會是民主國家不可或缺的一部分，當一個國家沒有國會或是國會只是行政權的附庸時，該國必然難以成為民主國家。台灣在解嚴之前，行政權獨大，立法院被戲稱為行政院的「立法局」，加上資深立委長年不改選，完全無法反映民意。由於立法院角色與功能不彰，當時對立法院的研究並不多。對於立法院有較多的研究是在解嚴之後，當立法院的角色越來越重時。

　　立法院在 1987 年當民進黨進入國會之後開始成為媒體注目的焦點。不過，在幾次修憲下，立法院的權力與角色發生不少改變。在歷次修憲中，立法院增加對行政院院長的不信案投票權、對考試、司法、監察三院首長與委員和大法官的同意權、另外國大廢止後，原屬國大的權力也大多轉移到立法院，但是立法院對行政院院長的同意權卻被移除。這樣的修憲下，造就了今天半總統制下的立法院。

　　本章的目的在於檢視自 2000 年以來有關台灣國會的研究，並提出未來研究建議。究竟要如何整理如此龐雜的研究，並非易事。本章選擇了最簡單的分類方式，將立法研究分為「內部研究」與「外部研究」（Hibbing, 2007）。前者聚焦於立法機構本身的規則與歷史沿革；後者側重研究其他行為者對於立法機構的影響、民意代表與選民的關係與代表性。

　　內部因素的研究較外部因素單純。議會內部的委員會決議、黨團的角色與黨團協商、預算審議、院會的記名表決、政黨黨紀的強弱、院會內規等皆是學者研究焦點。另外，對於國會的改革也是一大研究議題。

　　至於外部問題則複雜許多，國會選舉制度與選舉行為的主題總吸引許多目光。競選活動與金錢對於選舉研究而言，也是重要的議題。另外，本章也將探討國會的代表性、國會議員的徵選以及生涯發展、行政與立法之間的互動、國會議員的選區服務、民間對於國會的監督，以及國會議員與官僚體系的關係等。最後人民對立法院的觀感也很重要，也就是國會與民意。

貳、國會內部研究

一、常設委員會的研究

　　常設委員會一向被視為國會的核心。為應付愈來愈複雜的立法趨勢，負責監督政府、審查法案與預算的國會，勢必要有專業化的分工。一個愈專業的國會，委員會的功能勢必愈強。

　　台灣的委員會制度設計並不鼓勵專業：每會期重新選擇委員會、自由登記超額抽籤分配委員會、[1] 無資深制、委員會領導分散。相對於美國學者對於委員會的研究強調委員會的權力及其權力的來源（Krehbiel, 1987; Shepsle and Weingast, 1987; Smith, 1988），我國立法院的常設委員會被認為缺乏專業且常被黨團協商所凌駕，因此對委員會的研究反而在瞭解為何立委遊走在不同的委員會（盛杏湲，2000a；蕭怡靖，2005），或是為甚麼效率與品質不好（黃秀端，2001a）。

　　國會議員選擇加入常設委員會之動機，有四種不同的理論，包括議員以競選連任為目的，加入委員會是為達此目標的分配理論（distribution theory）。Keith Krehbiel（1991）則是以「政策專業知識」觀點，提出「資訊理論」（information theory），指出院會之所以順從委員會的決定，並不是因為委員會制度本身擁有事後懲罰權力，而是委員會成員對其政策管轄範圍較為專業與擁有充分之資訊。Gary W. Cox 與 Mathew D. McCubbins（1993）則將委員會的指派視為是回饋忠誠黨籍議員的方式，國會中的多數黨將會藉由人數優勢掌控委員會的運作，進而達成其政策目的。Danier Diermeier 和 Roger B. Myerson（1999）認為委員會制度提高利益團體進行遊說之門檻，藉此極大化遊說者所必須付出之佣金，議員可以從中獲得利益。

　　蕭怡靖（2007）是國內第一位利用以上理論來分析第五屆立委選擇加入委員會的因素。該文利用問卷訪談的資料及藉由立委於各會期實際登記常設委員會的紀錄，以及立委的個人背景資訊，來驗證常設委員會的冷熱門程度，以及影響立委選擇常設委員會的因素。結果發現，區域立委如同「分配理論」所言，其行為決策以選區利益為出發點，故常設委員會的選擇往往考慮能否為選區爭取利益，或有助於個人連任。不分區立委行為決策的考量，則較接近「資訊理論」或「多數黨優勢理論」，主要在於考慮政策制訂的專業性及政黨政策立場的達成。鮑彤（Batto, 2005）從立委的選舉策略出發，如果其著重耕耘選區並在選舉中打組織戰者，較會參與具有尋租機會的委員會；至於，採取形

---

[1]　此部分目前已經改為依政黨比例分配。

象策略的立委，其選票較爲分散，競選經費較少，因此較不會參與具有尋租機會的委員會。

　　另外一部分對於委員會的研究在於其決策的過程與決策的功能。黃秀端（2000）採用 Richard Fenno 的委員會決策理論架構，指出不同的委員會因國會議員的目標、環境限制、策略前提、決策過程和決定不同而有不同的運作。該文觀察財政、教育、司法三委員會，發現此三委員會面臨的環境迥異，委員加入之目標亦不同，其決策方式也迥異。楊婉瑩（2002）檢證委員會的自主性以及在立法院中決策過程的角色，發現委員會在立院決策體系中欠缺自主性與獨立性，委員會的法案審查不是被政黨協商所取代，就是在院會遭到大幅修正，它只是暫時性之議題動員網絡，與利益交換場所。羅清俊（2002）檢視第四屆三讀通過之六項法律案在常設委員會的審議過程發現，常設委員會中委員資深程度越高者，越能在法案審查過程中表達適切與專業之見解；不分區立委在法案審查中，並未如預期發揮應有之專業角色。陳昌宏（2005）分析立委在《公共電視法》與《國防法》兩個法案的委員會審查之行爲，並探討立委在委員會上的發言內容是否受到政黨、選區、個人及國會制度等因素的影響。他的研究發現立委的行爲並非只受單一因素影響；同時，法案的發動機關不同，會衍生法案通過與否的變數。

　　張哲維（2009）分析第六屆立法院發現，有 38.2% 的法案是在委員會即遭到擱置，而無法進入後續的審查階段，且在院會的審查過程中，有過半的法案完全按照委員會的決議通過，可見委員會的審查意見受到某種程度的尊重。委員會類別、委員會流動率、提案部門、新聞曝光度、政黨競爭型法案、法案修正幅度、法案版本數皆是可能決定委員會影響力的因素。張哲維（2009）的研究顯示委員會的權力比楊婉瑩（2002）的研究要來得大許多，最主要因素爲後者分析第三屆立法院，而前者分析第六屆立法院。有鑒於黨團協商弱化委員會的權力，立法院於 2002 年進行第二波改革，規定委員會有權決定是否要將議案交付黨團協商或直接進入二讀會，讓委員會掌握較大的權力。

　　鄭勝元（2005）研究委員會召集委員的議程設定過程及其挑戰與限制，同時分析影響召集委員議程設定之因素。研究發現召委因所處的委員會性質不同而產生不同的議程設定偏好，制度因素、政黨因素、委員會因素、選區因素和個人因素皆會影響召委設定委員會議程的偏好，其中政黨因素更是最重要的影響因素。執政黨召委傾向設定立法議程，在野黨召委則傾向設定監督議程。該文是少數以召委議程設定爲對象的研究。

　　另外，有兩篇論文研究委員會召委。李舜雯（2006）經由深度訪談結果得出不同召集委員的類型，並且發現召委的行爲遠超過以往僅僅針對議案議程排定的觀察。楊婉瑩、藍文君（2008）一文試圖探究委員會召委的性別與權力關係，並將召集委員權力行使模式區分爲支配命令與賦權合作兩種模式，並進一步探討性別相關因素對於召委權行使的影響。研究顯示，委員會的性別生態，確實使得召委傾向賦權式的權力行使方式，

即傾向平行、合作的、強調共識的、傾聽的方式。但是，單純女性立委人數的增減，並不能完全解釋權力施爲的差異，必須同時考慮委員會脈絡性因素的影響。

　　或許是因爲立委經常遊走在不同的委員會以及委員會的專業性一直受人質疑，以致在此方面委員會之研究不如預期豐碩。

二、黨團與黨團協商

　　國會爲合議制的組織，唯有主要政黨的國會議員共同協商，方能順利運作。在解嚴之前，由國民黨所主宰的立法院，並無黨團制度的存在。立法院第一次有國會黨團的運作是在 1987 年民進黨立委正式宣布成立「民主進步黨立法院黨團」，並選出費希平爲黨團召集人。1992 年修正《立法院組織法》給予黨團在立法院設置院黨團辦公室的地位。[2] 1999 年制定《立法院職權行使法》，給予黨團在政黨協商中正式參與協商的地位與效力。[3] 隨著黨團的角色越來越重要，與黨團相關的著作開始出現。

　　在 2001 年 12 月第五屆立委選後，台灣首度出現多黨不過半的國會生態。王業立（2002）認爲以西方經驗觀察，面對與其不同政黨居多數之國會，籌組聯合政府是很自然之選擇，但是民進黨卻選擇單一政黨組閣的「少數政府」型態。以賽局理論觀之，任何一種兩黨結合都是「最小獲勝聯盟」，因此三黨在結盟過程中扮演同等程度的關鍵角色。接著，該文建議國會若要健全運作，黨團協商制度宜透明化、各委員會宜專業化、及採資深制、應懲戒違反利益迴避原則之立委及其所屬黨團。

　　黨團不但可以主導立法院的提案，甚至對法案通過與否居關鍵地位。黨團也可藉由集體力量以貫徹政黨的意志。羅國豪（2004）以院會爲中心主義的英國與以委員會爲中心主義的美國之國會運作，來作爲我國黨團的角色與功能之借鏡。莊富源（2003）介紹黨團的組織、議事運作的相關法規以及立院黨團運作的組織架構，屬於較爲靜態的探討。

　　其中鄭明德對於民進黨黨團運作之著墨最多。鄭明德（2004）分析民進黨立院黨團黨鞭制度之形成、組織、功能及變革。另外一篇文章則以民進黨立院黨團的組織爲中心，探究其形成、定位和結構變遷（鄭明德，2005）。林正斌（2004）檢視民進黨由反對黨轉爲執政黨，其黨團在國會的運作是否因而轉變。楊超（2007）則研究政黨替替後國民黨立院黨團組織運作之研究。他發現國民黨黨團規模與制度較龐雜，在政黨輪替後，黨團自主性較高。

---

[2]　《立法院組織法》第二十七條之一。
[3]　《立法院職權行使法》第七十一至第七十四條。

　　自第三屆立法院起，黨團協商在國會決策過程中扮演關鍵性的角色。然而該制度常被批評為密室政治、國會亂源、法案綁票等，因此黨團協商受到學者較多的關注。

　　黨團協商相關文獻有一些共同的特色，他們多半以先進國家，如英、美、日、德等國的國會黨團制度的運作方式，作為我國黨團制度改善的借鏡（吳坤鴻，2000；林瑞雯，2002；侯世傑，2002；游雨鈴，2000）。其次，他們也多從制度面著手，比較第一次與第二次國會改革前後黨團協商制度運作之差異（林瑞雯，2002；陳采葳，2003）或討論黨團協商制度發展的過程（吳坤鴻，2000；侯世傑，2002）。此外，少數研究使用問卷調查或深入訪談的方式，以瞭解黨團協商實際運作的情況（吳坤鴻，2000；侯世傑，2002；陳采葳，2003）。同時，幾乎每位研究者皆為黨團協商制度提出一些改革意見（阮昭雄，2010；趙弘章，2005）。

　　這些作品中只有陳采葳（2003）對於議案送交黨團協商之比例與被修正之程度做較有系統之量化分析。根據楊婉瑩、陳采葳（2004）及陳采葳（2003）之內容分析發現：第五屆的委員會擁有決定是否將草案送交黨團協商的權力，因此送交黨團協商的法案大幅降至 28.3%。然而一旦議案送交協商後，有高達 78.85% 的法案遭到修正，其中有 68.3% 的議案都受到實質的修改，委員會的專業意見並未受尊重。

　　但是，該篇論文僅觀察三讀通過的法案，並未討論未完成三讀的議案。若委員會可以決定法案是否交付協商，送入協商的議案必然是較無共識的議案。送入協商的議案也不見得都會完成協商。那些沒有完成協商與三讀的議案，往往才是各政黨競爭與對抗之所在，因此，黃秀端與何嵩婷（2007）認為有必要進一步探討未完成協商的草案。

　　何嵩婷（2006）、黃秀端與何嵩婷（2007）檢驗第五屆立法院一讀通過後的 2,472 筆提案，發現完成三讀的提案僅 38%。其中逕付二讀、黨團提案、政治及兩岸類、由高度忙碌的委員會審查及有對案的提案，送交黨團協商的機會比較高。其次，逕付二讀、有對案、政府提案、政府制度與政府組織類、經濟及財政類、政治及兩岸類、教育及文化類的提案較容易送交協商，也較易完成協商。而高度忙碌委員會審查的提案，容易送交協商卻不易達成協商結論。另外，有對案、政府提案容易完成三讀。交付高度忙碌的委員會審查之提案比較不容易完成三讀，且屬於經濟及財政與教育及文化類的提案相較於社會福利及環保類的提案而言，也比較不容易完成三讀。送到黨團協商的提案有一半無法在協商中解決。然而一旦完成協商，三讀通過的機會很高，因此，黨團協商仍是立法院的議事過程不可忽視的一環。

　　王北辰（2011）更進一步探討影響委員會決議是否送交黨團協商的因素以及席次多寡對政黨是否送交協商有不同的考量。該研究發現小黨會影響委員會決議是否送交黨團協商；此外，委員會專業程度、決議會期以及提案屬性包含有無對案、提案內容、提案規模、是否屬技術性提案也會影響委員會決議是否送交黨團協商。

僅管社會各界對於黨團協商有不少負面的看法，但是大部分立委助理與立委對於黨團協商機制抱持正面的看法，也認爲法制化的協商機制有助於增進立法效率（阮昭雄，2010；陳采葳，2003）。不過，周建邦（2009）發現在 2008 年選後國民黨一黨獨大之後，黨團協商與促進議事效率關係越來越淡薄。

黨團協商一直爲國人所詬病，原因是密室協商、利益交換。雖然有不少學者對黨團協商有興趣，但是我們仍舊無法一窺黨團協商內部政策之形成或討價還價之過程。

三、政黨團結度與政黨結盟

國會所有成員一起開會的會議通常稱爲院會。一般法律案、預算案都需要院會三讀通過。院會表決的方式很多，但是只有記名表決才會在立法院公報顯示每一位立委的投票表決紀錄。因此記名表決常被國內學者運用，來測量立法院內的政黨團結度或是政黨之間的結盟狀態。

最早有黃麗香（1999）分析立法團結度與議題、政黨、立委類型和是否擁有黨職的關係。吳宜蓁（2001）研究第三屆立法院政黨之間法案的結盟，她認爲政黨在立法決策空間的位置受到選民基礎的考量及政黨在特定議題上的立場所影響。在兩岸關係議題上爲國、新兩黨與民進黨對抗的局面。經濟與發展類法案，國民黨最有可能積極推動立法，社會福利或環保議題，新黨成爲國、民兩黨拉攏的對象。改革與政府組織調整類法案，較有可能的立法聯合類型爲民、新兩黨聯合對抗國民黨，或國、新兩黨聯合對抗民進黨。

黃秀端（2004）運用記名表決資料來比較國民黨執政的一致政府時期與民進黨執政的分立政府時期，發現在一致性政府時期，各黨的黨紀較爲鬆弛，政黨對決的法案也較少，常因議題之不同，而有不同的政黨結盟；在分立政府時期，藍綠對抗，因此跨議題結盟的空間減少。在第五屆立委選後，此種對抗之狀況不減反增，尤其當雙方陣營實力接近時，政黨動員便升高，各政黨團結度因而增加。黃秀端、陳鴻鈞（2006）進一步發現此種分野不應只分爲一致與分立政府，應將政黨席次考慮進去。當朝野雙方的席次接近時，不管一致或分立，對抗都會上升。在多數政府時期，若執政黨和反對黨的席次總和差距愈接近，則愈容易產生朝野對抗的互動模式；少數政府比多數政府更容易出現朝野對抗的互動型態；在少數政府時期，若雙方陣營勢力相當時，與國會中有一個在野黨或在野聯盟席次超過半數甚多相較，更容易出現朝野對抗的情況。

盛杏湲（2008）採用 Stuart Arthur Rice 的政黨凝聚力指標，檢驗 1996 至 2008 年的政黨凝聚力，發現在 2000 年政黨輪替後兩黨的政黨凝聚力皆大幅上升。凝聚力上升是因政黨對立，致使立委感受敵對政黨之獲勝將會危及其政治生命以及同黨立委感受他

們是政治生命共同體，所以有較強烈的團結動機。蔡韻竹（2009）研究小黨的策略與運作，從記名表決的結果得出小黨的凝聚力因議題、黨內因素、以及外在的大黨對立情勢而不同。

國內外學者利用記名表決的研究相當多，不過有些學者對太過依賴記名表決來研究國會的立法提出警告，認為記名表決可能是對立法行為的一種扭曲（Arnold, 1990; Hall, 1996）。記名表決只是表決的一部分，並非所有立法投票的隨機樣本，可能有嚴重的選擇性偏差（Carrubba et al., 2006; Clinton and Lapinski, 2008; Hug, 2010）。之所以會有記名表決，是一種有目的之行為，是政黨展現其立場的行為。再者，政黨可能利用記名表決來施展黨紀於其成員。邱訪義和楊婉瑩（Chiou and Yang, 2008）建構與分析台灣政黨要求記名表決的動機之綜合模型（unified model），發現國民黨提出記名表決是為了施展紀律，民進黨則是為了建立政黨維護弱勢的形象。另外，他們也認為記名表決選擇的偏差與多數席次的大小、政黨偏好的同質性以及政黨的議程有關。

蔡韻竹（2011）分析第三至第六屆的記名表決，發現政黨已經成為記名表決的主要發動者，而政治競爭性類議題是國內各政黨最常發動的表決，尤其是小黨或在野黨。在利益資源分配議題，大黨較小黨更有發動該類表決之動機。另外，執政黨會利用程序性表決來迂迴翻案、策動黨內團結、和規避輿論批評。

黃秀端、陳中寧（2012）對記名表決之研究發現，記名表決僅佔所有提案的不到十分之一，在過去兩屆（第六、七屆）記名表決次數最多的提案正好也是該屆最引起爭議的法案，意謂有記名表決之法案可能較未記名表決之法案具爭議性。因此以記名表決來測量政黨團結度，似乎有過度膨脹政黨對立之疑。他們更進一步發現：有併案、經黨團協商、逕付二讀等情形，較容易進行記名表決，因為這些絕大多數是備受政黨關注的法案。

從以上文獻分析發現，學術界採用記名表決為資料的研究相當多，特別是以記名表決作為政黨團結度或政黨凝聚力指標，並找出影響各國政黨團結度之因素。但是，近年來不少學者開始質疑記名表決是否能代表國會議員的立法行為。

四、議程設定與議程否決

立法院內的議程設定一向為政黨必爭之地，黃秀端（2003b）從程序委員會的議程設定來觀察，發現過去一向不受重視的程序委員會，在分立政府時期成為在野黨阻擋行政院提案的場所。當程序委員會成為重要的戰場時，報紙對程序委員會的報導則數遠高於一致政府時期。

李怡達（2003）進一步以議程拒絕的概念研究第四屆立法院的運作，試圖找出立法院中議程拒絕的場域、否決者及行為者策略。該研究發現越小的團體越容易以議程拒絕為工具；分立政府時期確實會影響到法案的審議。他同時也發現政治性高的法案較容易被阻殺，而政治性低的法案卻容易被忽略。另外，該文更指出控制議程的組織比實際審議的組織更能阻殺法案。

吳東欽（2008）同樣從議程阻絕的觀點，比較1993至2007年間一致與分立政府時期對於國會立法行為的影響。研究發現，程序委員會審定議程時，確實存在阻絕議案的情形。分立政府時期，是由在野黨而非執政黨主導立法議程的安排，程序委員會的角色由配合行政部門推動立法轉變為抵制者，因而造成嚴重的立法滯塞及施政責任難以歸責等問題。葉怡君（2009）的研究結果也呈現分立政府為立法僵局的原因，程序委員會與委員會審查過程皆為議程阻絕的主要場域。

李誌偉（2010）同時考量消極與積極議程之設定。該文分析第二到第六屆所有法律提案，觀察政黨如何在不同審查階段中選擇阻擋對手提案，如何促進自身提案三讀。在消極議程設定上，政黨在選擇阻擋手段時，基於動員成本的考量，多以政黨協商為主要阻擋手段。在積極議程方面，李誌偉（2010）、邱訪義和李誌偉（2012）在控制提案規模、提案時間等因素下，發現多數黨在議程設定權的助益下，提案較少數黨容易完成三讀。然而在行政院提案上，分立性政府因素僅微幅降低行政院提案三讀的機率。此外，政黨協商在數個控制變項中對提案完成三讀的影響力是最小的，與目前認為政黨協商有助於提升審查效率不同。

五、影響立委立法行為之研究

國會議員的行為究竟受到何種因素影響？分配理論學者強調其行為受到選區的影響，以達連任成功之目的。謝瑩蒔（2007）、羅清俊與謝瑩蒔（2008）以分配理論為基礎來探究第三、四屆立委的分配政策提案行為是否受到立委所屬選區規模大小影響，並同時觀察第三跨越第四屆，選區員額的變化是否會影響立委的分配政策提案行為。雖然結果並未達顯著水準，但作者表示仍然可以從迴歸係數的符號與大小看出小規模選區立委在分配政策提案上較中型與大型選區立委來得積極。

廖健良（2007）、羅清俊與廖健良（2009）進一步分析第五、六兩屆區域立委的分配政策提案行為，發現第五屆大型及中型選區立委的分配政策提案數量，皆顯著低於小型選區立委的數量，其中又以大型選區立委的數量最少。同時，該研究也發現在野黨立委及選票集中指數高的立委，也會較積極提出分配政策法案。

　　不過在第六屆立法院時期，在野黨與執政黨之差異仍舊存在，但在選區規模方面都未達顯著水準。由於第六屆的大型與中型選區的立委在分配政策提案的數量大幅成長，小型選區則未出現這種現象，作者推論可能是預期選制改為單一選區的結果。

　　羅清俊（2008）另外一篇文章從選民的角度來觀察，發現在單記非讓渡投票制（single non-transferable vote，SNTV）之下，選民對於選區立委帶回補助利益的確有高度期待，而小規模選區比中型或大型規模選區的選民心目中有更強烈的企盼。超過九成七的小規模選區選民認為立委積極爭取補助是他們應該要為地方做的事情，並對於盡職的立委給予極高的評價，反之則給予極低的評價。從選民角度的研究與前面立委的分配政治提案行為正好相互呼應。

　　羅清俊、詹富堯（2012）認為立委熱衷具有成本分散且利益集中的特殊性利益（particularized benefit）提案，除了應付選區選民或利益團體的要求、證明他們在立法院的努力、增加知名度或建立聲望之外，還具有傳達訊息給行政部門之功能，讓行政部門知道立委有多麼需要選區的利益，間接要求行政部門分配超額的政策利益至他們的選區。該文利用中央政府在95至98年度分配至各縣市的計畫型補助款進行分析，證實立委特殊利益提案比例越高的縣市，獲得的計畫型補助款也越多。

　　立法院對於具有分配政策型態的提案是否因國會議員之間的互惠原則而呈現「幾乎全體一致」通過的情況，羅清俊（2004）分析《離島建設條例》及第二、三、四屆立法院中央政府總預算中，具有分配政策性質並同時從事記名表決之預算案項目，發現立法院「幾乎全體一致同意」的決策型態並不常出現。法案一旦涉及政黨的意識型態或是政黨直接利益，或是政策利益分配的規模過於龐大並涉及公平的爭議時，反而呈現「政黨內部幾乎全體一致同意」（intra-party universalism），而非全院「幾乎全體一致同意」的決策型態，亦即政黨之間立場壁壘分明的情況。而當政黨界線分明時，常設委員會委員對於審查條文內容所持立場與其他全院非委員會委員所持立場並無顯著差異。不過，隨著不同的分配預算項目，獲勝聯盟內部的政黨組合也不同。有時候國民黨與民進黨合作，有時國民黨與新黨或親民黨合作，有時候是新黨與民進黨合作。

　　盛杏湲（2012）將研究放在企業型政治法案，亦即成本集中在特定的少數人，而利益是分散給普遍多數人的立法。由於該類法案成本集中在某些大企業或少數團體，因此他們會用盡各種方式來阻擋該類法案通過；受益者雖然為多數人，但是他們普遍感受不到，因此發現該類型法案比顧客型政治的立法提案更不容易通過。然而若企業型政治提案獲得媒體青睞而大幅報導，將會獲得大眾的關注，使得以連任為目的的立委與政黨有極高的動機推動立法，通過率便大增。

　　陳奕誌（2007）檢驗第四到第六屆第四會期的立法院影響立委問政的因素，這些變

數包括政黨、資深、產生方式、選區特性與選舉的時間接近性。該文以質詢、發言、提案數量來衡量立委之問政，發現在野黨問政數量勝過執政黨、新科立委在問政上表現得比資深立委好，但是資深立委在提案數量上還是超過新科立委、區域立委的問政表現比不分區立委優秀、選區之農林漁牧業人口比例低的地區所產生之立委問政數量較高、越接近改選時間立委的問政數量就越少。

　　至於立委企業背景與選區企業是否會讓立委對相關法案有更積極的行動，張皖萍（2007）、羅清俊與張皖萍（2008）對第三到五屆立委的提案資料顯示，對於立委企業利益提案數並沒有顯著影響。

六、國會的預算審議

　　預算審查權是國會相當重要的權力。憲法第六十三條規定立法院有議決預算案之權。第五十九條更明定行政院於會計年度開始三個月前，應將下半年度預算案提出於立法院。但是國內學者對於立法院預算審查的研究並不多，且絕大多數為學位論文。這些作品大多採取法制的研究途徑來瞭解我國目前的預算審議制度，並援引他國作為借鏡，提出對我國立院預算審議制度之建議（林鴻柱，2003；陳立剛，2002；廖文正，2004；廖書賢，2002）。另外，在民進黨執政時期，由於執政黨在國會沒有多數的支持，再加上核四預算的爭議，行政與立法間對於預算的衝突遂成為關注的問題，這些研究包括從法制面來觀察預算審議權之界線不明問題（吳文弘，2003；高全國，2002；黃俊傑、郭德厚，2003；廖書賢，2002）、從較動態的層面來檢視行政院與立法院之間的預算衝突（游憲廷，2009、2011）。

　　政府政策必須透過預算來加以實踐。預算是一項社會資源的分配，且是政策制訂的焦點，預算審查過程成為各種勢力角逐的重心。游憲廷（2011）藉由分立政府時期，立法院預算審議過程的衝突案例，解釋立法與行政部門之間的預算衝突。鄭雪梅（2011）檢視中央政府90至100年度公務預算的立法院審議發現，分立政府較一致政府容易形成行政立法預算僵局，如：歲入預算大幅刪減、歲出預算遭凍結比例高、個別部會預算審議僵局高於整體總預算、朝野黨團協商成為預算審議的主戰場、預算主決議內容有差異。但是在歲出刪減比例部分，則未顯示分立與一致政府的差異。作者認為分立政府時期總預算案往往成為朝野政黨政治角力的犧牲品。

　　另外，有鑑於我國中央政府特別預算的比例越來越高，游憲廷（2012）探討特別預算制度和我國行政與立法關係，發現過分仰賴特別預算有諸多不良的影響，包括：違背立法意旨、破壞審議制度、侵蝕預算原貌、混淆負債程度等。此部分仍有相當值得研究的空間。

七、立法院其他相關職權之研究

　　其他對於與立法院職權有關的研究非常零星，有賴未來更多之研究。對於立法院院長角色的研究，有余元傑（2000）、馮美瑜（2007）探討立法院院長扮演的角色與功能，進而釐清其角色與定位。程寶壽（2009）認為立法院院長作為我國最高民意及立法機關的代表，可以藉由其憲政權力與地位，扮演兩岸交流、溝通功能，以建立「第二管道」協商平台。過去有不少關於立法院院長角色是否應中立化的討論，根據翁明安（2005）的分析，要走向議長中立化有其制度上的不可能性。在憲政體制上，我國乃趨向行政與立法處於分立的狀態，且立法院院長在選舉上需仰賴政黨的力量，無法取得其中立性。另外，在內部規範與慣例上，亦未形成有利於院長中立化的規範與慣例。在立法院扮演舉足輕重角色的立法院院長，研究卻如此的少，尤其是對於較為動態的部分，如院長如何領導的研究幾乎是空白，殊為可惜。

　　國會調查權是立法權監督行政權的重要工具，同時也具有輔助立法的作用，國會可以在立法之初透過調查權來獲得相關立法資料，作為立法參考。另外，調查權之行使程序，多半會舉行聽證會，透過反覆辯論以發現問題真相，並透過電視的轉播，讓人民知的權利得以實踐。駱建呈（2006）比較美、英、法等國的國會調查權，認為我國在歷次修法與大法官解釋下，逐漸建構了國會調查權的雛形，並提出朝向與國外國會調查權看齊的建議。廖元豪（2006）也認為依大法官釋字第585號解釋，立法院可以在「不侵犯其他機關核心權力」的前提下，擁有極為廣泛的強制調查權。楊日青（2002）認為我國立法院調查、聽證等職權尚不完整，期望立法院能具有類似美國國會的完整職權，發揮健全之國會功能。王吉次（2004）也有同樣的看法。

　　其他還有一些國會立法與程序的著作。如：許劍英的《立法審查理論》（2000）與《國會立法與程序》（2001）、周萬來的《議案審議》（2000）與《立法院職權行使法逐條釋論》（2004）、曾濟群之《國會立法與程序》（2001）、羅傳賢的《國會與立法技術》（2004）及《立法程序與技術》（2008）。這些作者累積他們多年服務立法院之心得，有系統地介紹立委的職權、相關法規、議事規則與程序、立法技術等。汪少偉（2003）在國會五法修正及制定通過後，分從立法提案、委員會審查、議程安排、院會討論、法案公布與覆議權等方面，來檢視當前之立法程序，並提出其建言。謝聖斌（2004）認為立法院議事效率受限於立法院組織架構、職權行使、立法技術與程序，以及立法院倫理等多重環節，為提升議事效率仍應持續國會立法改革。以上的研究皆較屬於靜態的法制分析。鍾政輝（2009）以諸多實例來補充觀察，發現策略的運用對法案的影響力是存在的，特別是少數黨經由靈活的議事策略運用，也有機會在議場上取勝。

　　最後，立法院的運作除立委之外，整個幕僚系統是非常重要的。國會幕僚支援系統

雖僅爲輔助性質，但對國會整體運作之影響不容忽視。在 2000 年國會改革五法中特別強化立法院專業支援系統架構，設立了法制局、預算中心及國會圖書館。此外，也提供立委較多的公費助理。然而國內對於幕僚支援系統和國會助理的學術研究非常少，大部分是評論式的討論。

葉嘉楠、高鴻鳴（2008）比較立法院法制局、預算中心及國會圖書館與美、日兩國國會幕僚支援系統的角色與功能，發現此三機構之成立對法案審查確實有幫助，然而立委對專業幕僚之需求不大，原因是立委只關心連任問題。另外，委員會未能建立專業審查機制、及黨團協商制度凌駕委員會的審查都是原因。

羅偉豪（2005）發現預算中心在立法院審議預算的過程中確實具有影響力，且受政治力的影響程度不大，但很可惜政治環境的變遷會影響其角色與發揮影響力之空間。預算中心對立法院議事效能確有正面之影響，但是立委的選擇與偏好才是最關鍵之因素。

在立委助理方面也缺乏研究。田麗虹（2001）把多年來的實務經驗整理出來，提供有志擔任國會助理者從草擬立法提案、評估法案、審核預算案、草擬新聞稿、到處理選民陳情服務事項完整而豐富的資訊與實務說明。黃臺生（2006）認爲立委助理有其貢獻，但爲人詬病之處頗多，因此對於國會助理制度有一些改革建議。

八、國會改革

民眾對於立法院有很多的不滿，學者也不斷的提出各種建議。國會改革有很大一部分是對於選舉制度的建議，此乃源於對當時 SNTV 選制的不滿。王業立（2001）、周育仁和楊鈞池（2001）、謝復生（2001）、張世熒（2002）、朱肇華（2002）、蔡學儀（2002）、潘誠財（2001）、林繼文（2003）等學者皆提出對選制改革的建議。徐永明（2002）更進一步模擬採行單一選區兩票制可能造成對台灣的政治衝擊。而在 2008 年立委選舉之後，廖益興（2010）曾檢視選舉制度變革效應；王仕賢（2008）比較德國的聯立制與我國的並立制，指出單一選區兩票制缺失，包括選區大小之妥適性和選票與席次的比例性偏差等問題並提出選制改革建議。

除選舉制度外，有不少學者探討國會內部的改革，包括對兩次國會改革的檢討（陳淑芳，2002；黃秀端，2002a；謝芙美，2002）、對委員會改革的建議（陳學聖，2001；黃秀端，2003a）、對黨團運作與黨團協商的建議（王業立，2003；楊泰順，2001a）、對國會倫理提升的建議（王定村，2004；李禮仲，2001；林世宗，2001；黃秀端，2002b）等。羅傳賢（2001）認爲委員會與黨團協商等制度皆亟待改進，另外幕僚的提升也相當重要。王定村（2004）認爲要提升立委的專業倫理除了國會內部改革之外，一

些外部因素的演進也必須相互呼應,如:政府體制、立法院與總統和行政院之間的關係、立委選舉方式、立委和選民的關係、以及立委和政黨的關係等。

在中央研究院的支持下,瞿海源(2011)針對國會與媒體的亂象,提出改革建議。在該書中作者匯集近50位學者、立委與實務工作者之意見,對國會改革提出完整的建議。這是在實施新選制之後對國會改革提出最完整的建議,包括立委選舉制度的改革、立法院組織制度及運作改革,包含院會、委員會、引進審議式民主機制、提升立委素質及自律、提升立法院幕僚功能及立委素質、加強議事透明與公民監督等。林濁水(2011)在台灣智庫的支持下亦提出完整的改革版本,他將改革分為三個階段。第三階段的改革是憲政體制必須明確化,方能使國會角色與任務定位清楚,另外對於選制的公平性與立委的人數皆是其改革之目標。

蘇子喬(2010)主張憲政體制與選舉制度應該搭配在一起進行觀察,才有可能明確判斷一個國家究竟應採何種憲政體制和選舉制度。該文以「憲政體制」、「選舉制度」、「政黨體系」、「政府型態」四個變項搭配在一起所形成的架構,探討不同憲政體制與選舉制度搭配下可能造成之利弊得失。該文建議若台灣未來走向總統制,在立委選制應避免採取比例代表制或聯立制,以免陷入政治僵局;若仍維持半總統制,而立委選制擬採取比例代表制或聯立制,則應設定門檻,以防止小黨林立造成政治不穩定,同時也應賦予立法院閣揆同意權,以避免出現少數政府。

李其芃(2007)認為當今我國國會的轉變,乃歷經七次修憲而來。綜觀七次修憲乃是各個政黨、政治菁英與修憲行為者等,在當下的時空環境與制度脈絡下,考慮自身利益與目標而展開競逐、妥協、談判等互動之結果。

參、外部研究

一、選舉制度與投票行為

接著討論外部因素的研究。首先,我們不能忽視與選舉相關之主題,此方面的研究還算豐富。與選舉有關的文獻可以分為幾部分,一為有關立委選舉制度的探討,包括舊的 SNTV 制下(李冠成、劉從葦,2008)或新的單一選區兩票制下對國會席次與政黨體系的影響(盛治仁,2006;游清鑫,2008;蔡佳泓、王鼎銘、林超琦,2008)、選民對新選制的認知(游清鑫,2012;鄭夙芬,2008;蕭怡靖,2009、2012)、新選制下選民的投票行為(林長志,2010)。謝易宏(2012)更用理性選擇制度論企圖解釋台灣立委

選舉制度如何從 SNTV 改變為單一選區兩票制以及為何會發生在 2004 年的關鍵時刻。

其次為有關立委選民的投票行為,包括:選民策略投票或不同選制下的選民投票行為(王宏忠,2006;王鼎銘,2003a;王鼎銘、郭銘峰,2009;黃秀端,2001b;蔡佳泓、王金壽、王鼎銘,2007;蕭怡靖、黃紀,2010a)、影響立委選民投票選擇的因素,如政黨(盛杏湲、陳義彥,2003)、政策(王鼎銘,2003b)、經濟評估(王柏燿,2004)、總統施政表現(吳重禮、李世宏,2003;李世宏,2003;陳陸輝,2006)、社會脈絡與個人網絡(張佑宗、趙珮如,2006;湯晏甄,2007)、政治知識與政治評價(傅恆德,2005)、選票空間或地盤分布(洪永泰、吳偉立,2005;徐永明、吳怡慧,2012;鄧志松、吳親恩、柯一榮,2010;鮑彤,2001)、多層次投票模型建構(蕭怡靖、黃紀,2010b)等。另外,也有學者研究候選人的競選策略(王中天,2008;林長志,2004、2009;徐永明、陳鴻章,2004;陳文俊、黃志呈,2004)。由於本書他章另外規劃選舉制度以及投票行為的分析,因此不再贅述。

另外,與選舉有關的是究竟何種因素影響立委的連任。吳宜侃(2005)探討 SNTV 選舉制度下影響立委連任的因素,發現政黨、個人表現(立委之立法工作、選區服務、新聞曝光度),對立委之連任影響最為關鍵。顏克宇(2008)比較我國 2000 年政黨輪替前後,於 SNTV 選舉制度下立委連任失利的因素。研究發現政黨輪替後,教育程度的高低、地方派系因素已非影響連任成敗的原因,然而政黨因素對於選民的投票行為影響仍然顯著,另外年輕化、競選經費亦成為重要的因素。

游文玫(2006)以大台北地區第六屆區域立委選舉女性立委當選人為研究對象,探究女性立委在區域選舉當選獲勝的內部因素與外部因素。研究發現影響女性立委當選最重要的內部因素是個人特質,次要因素是政治優勢,接著是選舉行銷;外部因素則是政治氣氛,其次為選區競爭,再來是危機處理。

吳惠芳(2006)也是以女性為研究對象,分析第五、六屆連任成功和連任失敗的女性區域立委,觀察其問政行為表現,並進一步找出行銷成功的因素和潛在的典型。透過深度訪談和問卷訪問,作者將這些立委歸納出「通才型」、「通才偏專業型」、「問政優先型」以及「問政和選區兼顧型」等四大類。最後發現,連任機會最高的類型為「通才型」的女立委,其次為「通才偏專業型」。讓人覺得相當遺憾的是連任率最低的為「問政優先型」。

最後,與選舉有關的為政治獻金,台灣的選舉花費很大,因此政治人物需要大筆的政治獻金,雖然我國已經制定《政治獻金法》,但是對於政治人物向監察院申報之政治獻金的可靠程度,多數人依舊存疑,使得政治獻金的研究並不多。

　　對於立委參選人政治獻金的實證研究，以王鼎銘最多。王鼎銘（2007）分析影響立委參選人收受捐獻差異的因素。接著王鼎銘、范恩邦（2010）分析第七屆立委選舉的競選支出，得出的結論與美國學者 Jacobson 支出理論不謀而合。除政黨提名及現任者優勢會影響參選者得票外，無論是現任者或是挑戰者，參選人本身的支出越多其得票率會越高；其次，同選區對手的支出越多，對其他參選者的選票越不利；再者，現任者支出轉換成選票的邊際效果，遠低於挑戰者。

　　王鼎銘（2011）在另外一篇文章進一步修正 Gary C. Jacobson 的理論將其運用於 SNTV 制。該文根據 SNTV 制的特性，特別是同室操戈的情況，將適用於單一選區相對多數制之理論予以創新修正。作者的分析發現，政治獻金對挑戰者的影響大於現任者。其次，同黨對手的支出會對同黨其他同志產生負面之影響、同黨參選人越多對現任者越不利、黨際間的競爭低於黨內的競爭，這些發現都與 SNTV 制出現黨內同志爭食票源的理論相符。該文是第一篇從競選經費支出來觀察 SNTV 制同室操戈的問題，並得到經驗性之驗證。這些文章主要資料來源為參選人向監察院申報的競選支出項目，確實有些檯面下的交易並無法從監察院的資料看出，但這是目前國內唯一可以取得較為可靠的資料，只要該資料的偏差並不是非隨機的，大體上還可以接受。

二、國會的代表性

　　再來談到議員的「代表性」（representation），亦即議員何以能夠代表他的選民，其與選民的連結又是從何而來。自代議政治興起，代表角色定位的理論與爭議便如影隨形，與民主政治的發展相始終。代表究竟是代表誰的利益？代表選區選民的利益？國家的利益？還是要反映政黨的需求？代表需具有獨立判斷的能力或是須忠實地反映被代表者的心聲？

　　另外，也有將代表分為描述性代表（descriptive representation）以及實質性代表（substantive representation）。前者指候選人從某些選區選出，代表某些族群、性別團體、或其他的少數利益團體而非代表整個人口。實質性代表是指國會議員實質上為某些團體發聲的情況，與該國會議員本身的背景無關。

　　張福建（2007）曾經就政治思想史的角度，說明議會與代表觀念的演變與其間的主要爭議，最後並就盧梭、史密特等人對議會政治與代表的詰難，反省此一制度理想與現實的落差。在另外一篇文章中，張福建、劉義周（2002）一方面探討英、美、法三國憲政史上有關「代表制」所引發的爭議；另一方面則分析我國選民對於中央民代的認知和期望，發現規範層面與經驗層面仍有一段落差。

　　盛杏湲（2000b）認為政黨與選區是議員在國會議事所面臨的兩股重要力量，此兩股力量均可能影響議員的代表行為。根據其對第三屆立委的研究發現，約三分之二的立委偏向選區取向，僅有不到三分之一的立委偏向政黨取向。選區取向的立委較重視選區服務，政黨取向的立委較重視立法表現且較忠於政黨的立法領導。盛杏湲（2005）在另外一篇文章訪談一般民眾對於立委角色的期待，發現當在選區與集體代表兩個角色無法兩全時，民眾較期望立委扮演集體代表的角色，以國家整體利益為優先。但是立委碰到兩者衝突時，多半選擇偏向選區利益的立場。

　　包正豪（2009）的研究聚焦於原住民籍立委，該研究指出，原住民籍立委會受到選舉競爭影響，傾向積極回應選民利益，但此「選民」是指廣義的「原住民選民」。另外，他發現原住民籍立委所屬的選區與政黨對其提案內容性質與數量有相當程度影響。山地原住民與無黨團結聯盟立委立法積極度最高，但個別立委之間的立法積極度差異極大。

　　就自由主義者觀點而言，代議士應超越任何認同群體的利益，包括本身的性別或是階級認同，致力於代表全體利益，因此實質性代表應重於描述性代表。社群主義者則認為，在共同的認同基礎上，代議士應積極代表本身所屬的認同群體，要有一定女性代表的出現，婦女的利益才能獲得實踐，描述性代表乃是實質性代表的前提要件。楊婉瑩（2001a）檢視不同理論對婦女進入國會是否會較關心婦女議題的爭議，發現過去在跨國研究上這些爭議並未得到解答。該文進一步將此種理論代入我國婦女保障名額所引發的爭議。她認為舊有的婦女保障名額已不合時宜，應用更進步的性別比例原則來取代。

　　在另一篇文章，楊婉瑩（2001b）比較男女立委在代表認知與行為上的可能差異，發現性別差異確實出現於立法院內，沿著選民認同與政策偏好兩個面向將男女立委切割成不同的代議士群體。主觀上認同婦女選民也使得女性立委在實際上投注較多心力於婦女議題。同時，在面臨各種性別差異的限制時，楊婉瑩（2001b）認為 Susan J. Carroll 的婦女網絡觀點，強調婦女團體或人際脈絡在連結女性從政人員與婦女文化上扮演重要角色，是解釋性別差異在代議制度內被保存與維繫之主因。

　　楊婉瑩（2006）企圖將1990年以來在立法院推動之性別法案區分為競爭性多元主義、統合多元主義、以及自由統合主義等，三種不同的利益代表以及國家與社會團體關係，並進一步推論不同模組的性別法案推法之難易。競爭性多元主義法案推法時間最長，難度也最高，其次為統合多元主義法案。自由統合主義推法歷時最短，難度也最低。根據楊婉瑩的幾篇研究，我們可以發現女性代表的比例確實有其性別議題的影響力，甚至會影響委員會權力行使模式，但是女性必須要超過某個比例之關鍵人數，並讓整體政治氛圍有利於婦女參政，真正的影響力才會出現。

三、國會議員的徵選以及生涯發展

　　立委候選人的提名與從政生涯也是引人注意的主題。國內有幾位學者研究政黨對於立委候選人的提名，但是對於立委的政治生涯的研究卻是少之又少。

　　政黨提名公職候選人具有替選民篩選候選人的功能，也就是扮演政治菁英甄補的角色。國內研究者似乎對民進黨提名制度的興趣遠高於對國民黨的興趣。主要原因可能是民進黨的提名制度具有較明確的遊戲規則可循，學者較有機會進行深入研究，特別是民進黨首度引入民意調查作為該黨提名機制的一部分，引發諸多討論。王業立與楊瑞芬（2001）、楊瑞芬（2001）的研究指出，1998 年民進黨首度採行民意調查作為決定該黨提名立委候選人的機制，是期望縮短黨意與民意的落差，以期候選人在選戰中獲勝，並藉此消弭黨內初選時買票的風氣，以及人頭黨員對初選可能造成的扭曲。結果發現，民意調查並不一定能達成上述目的，甚至初選成績與選舉結果之間仍會產生重大落差。吳重禮（2001）則認為初選民調雖然引發不少爭議，但其主要作用在確保提名人選產生的正當性，使得落敗者無法將其失敗歸咎於黨務幹部。在技術上，該文建議提高有效樣本數來改善現行初選民調。

　　在碩士論文方面，焦點也都放在民進黨的提名制度。李昆澤（2001）、楊圓娟（2001）皆著重於民進黨提名制度的演變。趙正宇（2005）僅是分析第六屆立委選舉桃園縣民進黨立委候選人之提名。陳明卿（2007）則觀察西方的選制，並藉此提出對民進黨提名制度的建議。

　　徐永明、陳鴻章（2002）的文章是唯一同時針對國民黨與民進黨在 SNTV 選制的提名檢討。該文從政黨提名數的最適性（optimality），以及選票動員配置的有效性來測量兩黨的有效提名行為。SNTV 選制下由於每一選區選出多名立委，政黨可能會發生超額提名或提名過於保守，以致得票比例低於席次比例的提名失誤情況。他們發現，國民黨進入 1990 年代後失誤率增加，超額席次利益降低；民進黨卻呈現相當的學習能力，在選票增長有限的情況下，透過降低提名失誤，擴張席次率。但是從選票有效動員來看，國民黨配票能力依舊較民進黨強。

　　至於對於立委生涯的研究，則有朱元魁（2008）觀察第二到第六屆立委，將其生涯發展途徑分為四種：生涯型、跳板型、離散型，與兼具生涯型／跳板型。該研究顯示以生涯型為主要發展方向之立委有逐漸增加之趨勢，而跳板型與離散型之立委則逐漸減少，由此可推論立法院正朝向成為更為健全專業立法功能之國會發展。廖達琪（2010）則進一步試圖從國會議員生涯類型結構的變遷，來探討與民主體制取向的對應關係。該文歸結出總統制、內閣制及半總統制的組成邏輯，以及相對照各體制下會出現國會議員

生涯類型不同的組合趨勢。接著，試從立法院從第二到第七屆歷屆立委生涯類型變遷情形，來反思其間組成結構的變化所對應的民主體制取向。該文發現立法院長期發展，較傾向以「專職型」立委爲主流，似乎比較接近「總統制」下的國會議員職涯傾向。

四、行政與立法之間的互動

國會角色之所以重要是因爲其扮演制衡與監督行政部門的角色，因此行政與立法的互動是國會研究中相當重要的一環。國內對此種互動的研究大多將焦點放在一致性政府與分立政府的比較。

吳重禮與林長志（2002）最早利用經驗性研究來探討國內分立政府問題。該文利用爭議性議題的論述、中央政府年度預算刪減幅度、法案的制定、立法部門監督質詢等指標來檢驗立法院在政黨輪替前後的表現。研究發現在爭議性的議題論述與預算刪減幅度上確實有不同，然而在法案的制定與立法質詢監督上的差異卻不明顯。楊婉瑩（2003）則認爲立法院內政黨之間的衝突與合作非常複雜，受到內部與外部因素的影響，很難用一致與分立政府的二元對立來描述解釋。

黃秀端（2003c）認爲立法院對於預算與法案的審查最能呈現行政與立法的關係，沒有國會多數支持的政府，行政部門對預算的審查與法案的推動可能在立法院受阻。在總預算的刪減比例，並未顯示此種差異，然而若從預算主決議的數量與內容，確實可以看出少數政府的預算在立法院所遭遇的困難。另外，少數政府時期政府法案在院會記名表決的通過率只有三成多，與多數政府時期的九成八有相當大的差異。政黨對立在少數政府的情況，還可以從政黨對決的表決比例增加、政黨對決的類型越傾向藍綠對抗，以及政黨團結分數越來越高等指標看出端倪。另外，前面提到黃秀端、陳鴻鈞（2006）的實證研究發現，在多數政府時期，若執政黨和反對黨的席次總和差距愈接近，則愈容易產生朝野對抗的互動模式；反之，若執政黨擁有的席次越多時，在野黨與執政黨對抗的互動模式將會降低。

盛杏湲（2003）比較一致與分立政府時期，立法機關與行政機關在立法過程中的相對影響力，發現行政院在立法過程中扮演相當重要的角色，但在一致政府時期，行政院提案通過的比例較立委提案高，且通過所需時間也較短；在分立政府時期，行政院法案通過的比例大幅降低，且通過所需要時間也較立委提案爲長，顯示當行政院無法掌握立法院的多數席次時，在法案的推動上較爲困難。其次，該研究亦發現國民黨與民進黨立委在分立政府時期的朝野角色互換，導致其立委有不同的立法表現。國民黨立委由於失去行政權的舞台，在立法提案上比以前積極；反之，民進黨立委並不如過去積極。

　　歐陽晟（2008）檢視第二至第六屆立法院期間，行政院提出的重大法案在立法院審議的情形，但其研究發現分立政府之重大法案審議結果與一致政府差異並不大。該文進一步將研究分為四個階段，一致政府前期、一致政府後期、分立政府前期、分立政府後期，分析結果卻顯示：分立政府後期的法案通過情形優於分立政府前期，一致政府後期與前期的差異更為顯著。另外，分立政府後期的重大法案通過情形，明顯較一致政府前期好。換言之，分立初期行政部門的重大法案在國會常遭擱置延宕，但後期，重大法案通過率大幅回升甚至略高於一致政府的平均數，因此分立政府無損於重大法案之制定。

　　邱訪義（2010）試圖以四個賽局理論模型檢視在何種條件下台灣分立政府會產生立法僵局。該文與其他文獻不同的是，將立場表態與消極立法的動機納入模型的建構與推演，結果發現唯有當國會多數黨立法消極時，立法僵局才會產生。在分立政府下，容易造成行政立法敵對關係，進而促使立院多數黨消極立法。

　　另外，有幾篇論文是針對特定法案的討論，如：蘇庭誼（2006）處理分立政府下《公民投票法》制定過程之行政、立法互動，特別是少數黨所用的各種策略；周百信、李裕民（2009）探討少數政府下「工時案」的政治角力，發現在該案審查時，由當時在野黨的國民黨所主導，形成「在野黨決策，執政黨執行」的局面。

　　高翠敏（2011）比較一致與分立政府時期兩岸相關法案之提案數、進入一讀數與通過三讀數，發現兩者之立法生產力並無差別。利用重要報紙社論來篩選兩岸重大法案，也發現政府型態無顯著影響。同樣是對於兩岸政策的探討，岳瑞麒、吳重禮（2006）以《聯合報》與《中國時報》對於兩岸政策議題在行政與立法關係的報導，來觀察行政與立法的互動，並將此互動分為「共識」、「協商」，及「分歧」三種。該文發現，在一致政府之下，行政與立法之間的共識性較高、關係較為和諧；分立政府期間，行政與立法互動較易產生對峙。

　　吳育任（2009）從「課責觀點」研究行政立法關係，發現在多數政府時期，立法院的課責機制如質詢、預算審查、法案審查、聽證調查等，都難以對行政院課責，因為行政院所提的法案可以順利通過。但在少數政府時期，由於行政院和立法院多數黨屬於不同政黨，立法院反而能對行政院課責。

　　由前面研究，發現對於一致與分立政府時期的立法是否有差異並沒有一致的結論。但是我們可以發現那些得到兩者沒有差異結論之研究，通常使用法案通過數量以及重要法案的通過率。法案通過數量以及重要法案的通過率並無法看出這些通過的法案是否為政府所支持（黃秀端，2003c；Cheibub, Przeworski, and Saiegh, 2002），例如在民進黨執政時期通過的重大法案如：《公民投票法》、《國家通訊傳播委員會組織法》等，其重要條文內容都不是民進黨想要的。

五、國會議員的選區服務

　　憲法並未規定國會議員要做選區服務，然而國會議員為何風塵僕僕地奔波於選區各個角落呢？顯然在他們心目中，選區服務有相當的重要性。不同政治體制及選舉制度下，議員耕耘選區的動機並不相同，John E. Carey 和 Mathew S. Shugart（1995）認為在SNTV 的選制之下，傾向於鼓勵候選人經營選區，建立個人選票（personal vote）。

　　Bruce E. Cain、John A. Ferejohn 和 Morris P. Fiorina（1987）對美國選民的分析顯示，議員於選區內所做的各種努力，包含個案服務、爭取補助計畫，以及信件都會影響選民對於服務之評價。這些資源累積起來，便形成選民對於服務之期望，選民越覺得議員將會對他們有所幫助時，越可能投票給該議員。黃秀端（1994）是國內學者最早對選區服務進行有系統的研究者，爾後有蔡佳泓（1996）、高世垣（2000）的研究。

　　王靖興（2006、2009）進一步發現在野與在朝政黨在問政與選區服務有不同的表現。民進黨立委在政黨輪替後，投入較多的時間和精力在選區上，不論是在選區服務工作時間比例、選民服務個案數以及紅白帖數目上，皆比處於在野地位時期來得多。在問政上，無論在法律提案、施政質詢、預決算質詢，成為在野黨的國民黨立委變得較過去在朝時積極，民進黨立委反而轉為消極。

　　不同選舉制度下國會議員的服務動機並不同，我國採混合選制，區域立委與不分區立委之服務動機自然有所差異。高偉綸（2011）發現區域立委建立個人選票的動機較強烈，為追求連任的目標，立委會提供更多利益給選區；而當選區利益與政黨利益產生衝突時，他們較有可能與政黨的立場不一致。不分區立委之授權來源為所屬政黨，缺乏建立個人選票的動機，因此較傾向維護政黨政策，並且對政黨較為忠誠。鮑彤（Batto, 2009）認為新的單一選區相對多數制與舊複數選區相比，個人選票將會下降，政黨選票將增加。不過該文將個人選票分為黨內個人選票（選民對政黨有偏好，但是偏好該政黨提名的某位候選人）與超政黨個人選票（選民對政黨沒有偏好，而是支持該候選人本身）。鮑彤預期單一選區將會降低黨內個人選票，但是超政黨個人選票依舊會存在。連勝然（2012）進一步觀察立委在選舉制度變革後之服務行為是否有所不同。該文的特點是更精緻的將改革後的單一選區依其規模的大小來加以檢視。

　　當網際網路逐漸發達之時，陳蓉怡、蔡韻竹（2011）企圖瞭解此種新溝通的媒介，在立委之選區服務扮演何種角色。其研究結果發現，新媒介僅是扮演補充性角色，尚未能取代傳統的面對面服務行為。

　　由以上分析可以發現，此部分主要的研究放在立委的選區服務內容以及是否因地區、選制等因素而有所差異。至於究竟選區服務是否有助於連任，尚待進一步之研究。

六、對國會的監督

立委缺乏在國會問政的動機，反而喜歡勤跑選區，耕耘地方；即使在國會也傾向於作秀、搶鏡頭，並不認真審查法案。法案不在委員會中審查，卻任意保留至政黨協商，政黨協商常黑箱作業，利益輸送問題嚴重。同時，根據澄社的調查（張茂桂，2004），立委兼職問題嚴重，造成利益衝突問題與無法專注於問政。

但是選民對以上現象究竟瞭解多少呢？若要讓民主的代表具有課責性，我們首先要能夠評量我們的立委，瞭解他們到底在做什麼。我們如何評估立委的表現呢？國內最早對立委表現做評估的是新時代基金會（1990）對增額立委的分析。該基金會針對79至82會期72位增額立委之質詢次數、屬性、特點、法案發言次數、發言對法案影響力、政見與質詢的關連性與符合性來分析，並出版《立法院擂台——增額立委問政評估》一書。澄社在國會評鑑算是做得比較多的團體。1992年澄社進行第一次國會評鑑，並於2003年將1992至2002年的國會評鑑報告連同對國會的改革建議一併出版成書，定名為《解構國會→改造國會》（瞿海源等，2003）。隔年又出版《2003年澄社監督國會報告》（瞿海源等，2004），內容包括對該屆立法的總檢討、立委兼任營利事業報告、質詢與發言、不當行為、與資深記者座談等。

2004年澄社改變監督的方式，不再仰賴「聲望法」，而是採取客觀之指標。此次採取正面觀察與負面觀察指標，並據此公布表現不及格及表現優良之立委。負面觀察指標包括：利益衝突風險、言行不良、起訴判刑。正面觀察指標包括對於法案審查相對積極、簽到出席情形至少達尚可（66%以上）、不涉及上述負面觀察等。此次的觀察可說是歷年來較為全面性之觀察。

黃瀚儀（2006）觀察這些曾經對國會監督的社會團體，發現並非所有團體都能長期對國會進行追蹤，因為政治及社會環境對於「監督國會」的認同不足以支撐社會團體持續進行監督行動。該文建議未來如欲持續進行監督國會行動，除鼓勵社會團體持續監督、提供更多相關資訊、擴大人民支持基礎之外，學術界需對此問題多加關注，並參考有監督國會經驗的國家，發展更精確之指標及方法。

社團法人公民監督國會聯盟（簡稱公督盟）的成立應該是在往黃瀚儀所建議的方向進行。多個社團於2008年結盟成立公督盟，該聯盟之成立開啟對監督國會的長期抗戰。自第七屆第一會期開始，公督盟每一會期皆進行評鑑。2009年出版《監督國會實錄》（社團法人公民監督國會聯盟，2009）。另外於2011年出版《國會防腐計》。該書由四位前記者陳香蘭、申慧媛、紀麗君、陳映慈（2011）執筆，她們廣泛訪問各黨立委、記者、參與公督盟活動者，並觀察公督盟的所有活動。透過嚴謹的方法與查證，該

書除了揭露公督盟如何監督立委的點點滴滴,更讓讀者看到檯面下,立委操作預算與議題的手法,也清楚表達為何必須監督立委的理由。

如果我們要使人民選出的民意代表向選民負責,並據此來決定我們的一票是否要繼續支持他,我們應該對他們的行為有清楚的瞭解,民間團體的監督有其不可磨滅的價值。然而這些著作主要目標在影響民眾的態度,在學術性上仍有所不足。

七、國會議員與官僚體系

有關國會議員與官僚之間互動的研究,在台灣相當的缺乏。國會通過法律和預算之後,如何確保官僚體系忠實的執行國家的法律與預算?有些學者從委託人—代理人理論(principal-agent theory)來看國會對官僚的控制,然而官僚有掌握資訊之優勢,國會監督成本甚高。陳敦源(2002)曾從代理人理論來討論我國官僚體系的控制問題。另外一經常被使用的理論為鐵三角理論,如果政策的好處由少數的團體所享受,但成本卻由一般大眾所負責,這樣的政策在立法時很容易受到與利益團體關係良好的國會議員所左右,官僚通常也會相當配合而形成所謂的次級政府(subgovernment)或政策鐵三角(policy triangle)。也就是利益團體、官僚組織、與委員會之間形成共生共榮的關係。不過,國內在此方面之研究相當匱乏。

黃士豪(2007)則從選區服務的角度來看國會議員對行政官僚的介入。立委為了回應選區利益,而對官僚體系提出要求和建議,等同於在行政權範圍內的事務上介入了官僚行政。該研究利用深入訪談、調查研究以及統計分析,檢視在目前立法院的議事程序之下,立委與行政機關的互動情形,結果發現,多數立委主動與行政機關接觸是為了選區服務,而行政機關與立委接觸則是為了爭取立委對法案和預算的支持,而此種關係又以委員會為核心。立委介入行政運作並不能予取予求,而行政機關通常也不會直接拒絕立委,而是酌情給予通融、協助委員與選民溝通或是加速行政流程。行政機關在面對立委的介入時,主要的考量為避免立委成為否決者、行政裁量權和資訊的運用,而對個別立委的考量包括:該立委的委員會經歷、黨團三長的經歷、資深程度以及委員對該個案的重視程度。

八、民意與國會

2012 年 4 月聯合國開發計畫署(UNDP)和國際議會聯盟(Inter-Parliamentary Union,IPU)共同發表的「全球國會報告」指出各國的選民普遍對國會失去信心。美國和立陶

宛人民對國會的信任度不到 10%，只有非洲南部地區的國會一枝獨秀（IPU and UNDP, 2012）。台灣立法院雖未在調查之列，但是根據「台灣選舉與民主化調查」在 2008 年的訪問，受訪者對立法院過去三年的整體表現，以 0 到 10（0 表示很不好，10 表示很好）的分數來呈現，結果立法院只得到 3.48 分，遠低於及格分數（朱雲漢，2008）。2011 年 4 月根據遠見民調顯示，佔國會七成席次的國民黨立委，民眾的滿意度僅有 25.5%，不滿意度超過六成。

美國有不少學者（Hibbing and Theiss-Morse, 1995; Loewenberg, 2010）企圖解釋為什麼民眾不信任國會，卻又不斷的將他們的國會議員送回國會山莊。國會是個議政機構，美國民意卻顯示高達 86% 的民眾希望代議士不要只會空言，應該直接採取行動。然而，民主若沒有費時的「辯論」與「妥協」，我們不知道如何將民主的真諦化為現實。國會因為其公開供人檢驗的特質，反而使其淪為遭受非難的機構。因此，楊泰順在《被誤解的國會》（2001b）一書中指出國會的民意支持度低，是有結構性的特徵，無需大驚小怪。民眾對國會的支持度低，並不見得表示國會無能。作者提出了七個國人對國會運作的錯誤認知與觀念，並建議國會應建立其尊嚴，才能得到人民之信任與解決內部的亂象。

民眾雖然普遍對立院的表現不滿，但是國內在此方面的研究卻不多。盛杏湲、黃士豪（2006）在〈台灣民眾為什麼討厭立法院？〉一文指出，民眾對立法院評價偏低有幾種原因：對國會的主觀期待與國會實際表現之間有落差、國會本身程序上所表現出的衝突性與黨派性、民眾普遍的對政府表現與民主政治實行的不滿，以及媒體的報導取材與方式。同時，他們也發現那些認同行政團隊政黨、接觸媒體越多、資訊越充分、政治知識越高者對立法院的不滿越深。林水波（2004）表示當立法院過度由意識型態主導、立法議事延宕、無力完成對政院的監督時，使得民眾對於代議制度信任不足，將對民主有不良影響。

王宏恩（2011）的研究讓人對立法院之信心稍微出現曙光，他指出民眾對於立法院的評價並非立委實際的表現，而是媒體對立委報導的形象。當民眾利用多媒體隨選視訊系統，花四個小時的時間觀看委員會中立委整段的質詢以及官員的回應，77% 的受試者對立法院的信任有顯著的提升，卻有近六成的受試者降低對媒體公正度的評價。從該研究得到的啟發為民眾對立法院的評價常受到媒體片斷報導的影響，若立法院資訊越透明，例如有國會頻道的議事轉播，提供民眾直接觀察立院的運作，或許可以改變他們經常打架的印象，提升對立法院的信任感。

肆、國會研究的前景與建議

台灣自從民主化之後，對國會的研究才逐漸增加，因此該領域的研究仍舊相當年輕。不過，我們可以發現近年來國會研究數量越來越多，方法上也越來越多元。然而由於台灣有關國會研究的歷史很短，因此仍有相當多的層面有待未來更進一步的研究。

在研究途徑方面，國內絕大多數的國會研究採取歸納的研究途徑，主要的國會研究學者如：盛杏湲、廖達琪、楊婉瑩、黃秀端、羅清俊等皆採取此種方式。他們大多蒐集客觀的記名表決資料、分析立法院公報的內容、或訪談立委及相關人員。另外，還有一些偏向法制層面的探討，如羅傳賢、周萬來等，但是法制研究途徑過於靜態，只能瞭解法制層面的制約，卻無法真正瞭解立委與立法行為。至於，採用理性抉擇或形式理論研究途徑的學者非常少，邱訪義是主要的學者。邱訪義企圖利用形式理論建立一個台灣分立政府時期立法僵局的模型；反之，美國國會研究有不少學者採取理性抉擇研究途徑來探討委員會的決策、議員的投票行為、國會制度的影響等，例如 Gary W. Cox、Mathew McCubbin、Keith Krehbiel、Kenneth Shepsle、Barry R. Weingast 等。

理性抉擇研究途徑假設人的行為是理性的，且有一定的偏好順序，強調演繹邏輯的推論。理性抉擇研究途徑通常有很強的理論模型建構，但是被批評為缺乏實證資料佐證、其理論之建構常為事後諸葛、過分簡化模型，與現實政治脫節（Green and Shapiro, 1994）。不過，邱訪義（2010）的著作很難得能兼具強有力的理論模型建構，再加上豐富之實證資料的統計分析。歸納的研究途徑在資料的蒐集上非常豐富，但是缺乏演繹理論的基礎。

本章將國會研究分為內部與外部研究。內部研究是屬於國會內部的組織與運作問題。外部研究則牽涉到國會與其他部門的互動與外界的關係，甚至包括民眾對國會的態度。最後，將從這幾個面向來談未來的研究與前景。

在國會內部研究方面，包括立法院內部的組織、制度的運作，如：委員會、黨團與黨團協商制度、幕僚機構等研究。另外，本章也檢驗國會內部立委的行為，包括院會記名表決以及政黨聯盟、影響立委的問政行為等。院會記名表決的研究算是比較多的也有不錯的品質。委員會的研究雖然也有不錯的作品，但因為委員會成員的變動快速、加上黨團協商制度的影響，使得委員會的研究結論相當不同。不過，對於委員會召委的研究相當缺乏。對於黨團運作的作品並不多，但是對於黨團協商制度的研究不少，由於黨團協商的過程與內幕之資料不易取得，因此目前看到的研究不外乎是對黨團協商制度的改革建議，或是運用客觀的資料來觀察法案送交黨團協商比例與通過的情況，無法得到其精髓。

對於國會領袖的問題，包括院長的領導、政黨黨鞭如何領導立法都是將來可以切入的方向。其次，國會的預算審議過程多偏向法制層面的探討，但對於過程的互動仍有待加強。除此之外，對於國會幕僚以及其他立法院相關職權的研究未來都有相當的空間。

在國會外部研究方面，選舉行為與選舉制度、國會議員的選區服務算是國內研究比較豐富且品質也不錯的部分。不過，有關立委競選經費來源部分仍是一片空白。選區服務與連任之間的關係如何也缺乏嚴謹的驗證。行政與立法之間的互動因為在 2000 至 2008 年經歷分立政府之故，因此引發不少學者的研究興趣，不過此部分得到的結論並不一致，對於用什麼指標也有不同的看法。國會議員的徵選以及生涯發展方面，除了對民進黨的提名研究外，國民黨的提名研究卻幾乎沒有，而對國會議員生涯發展的研究更少。由於過去立委的連任率並不是那麼高，這些落選立委或是決定不參選的立委到底都在做什麼，是值得追蹤研究的。

近年來由於公督盟的成立，民間對國會的監督越來越制度化，有關立法表現的資料也將會越來越齊全，未來如何將民間對於國會的監督與對立委的課責相聯結，是值得學者關切的。另外，人民對立法院的觀感，以及國會對民意的反應也需要更進一步研究。

在國外國會議員與官僚體系之間的關係是不少學者關注的地方，但是國內在這方面卻非常少，到底立法院有沒有方式或能力監督行政部門的執行？鐵三角理論或代理人理論是否適用於我國，皆是值得探討的。

最後，我國已經通過《遊說法》，也有不少媒體報導利益團體對國會議員的施壓或透過政治獻金等各種方式來收買國會議員，但是目前國內對於國會議員與利益團體的關係如何，什麼樣的法案是有利益團體介入的以及利益團體如何影響國會議員決策的研究卻付之闕如。當然此方面研究在資料的取得上將有其困難度。

最後，國內也缺乏一部完整關於國會歷史性發展的研究，也沒有一本好而有關立法院與立法委員研究的教科書。總而言之，對於有心致力於國會研究的學者，該領域還是有相當廣泛的空間。

參考書目

王中天，2008，〈SNTV 的政黨失誤類型之探討、測量與運用：以台灣立法院選舉為例（1992-2004）〉，《選舉研究》15（1）：51-72。

王仕賢，2008，《台灣與德國國會的混合選舉制度之比較研究》，台北：淡江大學歐洲研究所碩士論文。

王北辰，2011，《影響我國委員會決議送交黨團協商因素之研究》，台北：政治大學政治學系碩士論文。

王吉次，2004，〈立法院行使彈劾調查權之研析〉，立法院法制局（編），《立法原理與制度》，台北：立法院法制局，頁 185-223。

王宏忠，2006，〈我國選民配票行為之研究：以 2001 年立法委員選舉為例〉，《東亞研究》37（2）：39-77。

王宏恩，2011，〈資訊提供與立法院政治信任〉，《臺灣民主季刊》8（3）：161-197。

王定村，2004，〈論國會改革與立法委員專業倫理的建立〉，《思與言：人文與社會科學雜誌》42（1）：31-64。

王柏燿，2004，〈經濟評估與投票抉擇：以 2001 年立委選舉為例〉，《選舉研究》11（1）：171-195。

王業立，2001，〈未來立委選制調整的幾個方向及其利弊得失〉，蘇永欽（編），《國會改革：台灣民主憲政的新境界》，台北：新台灣人文教基金會，頁 13-26。

王業立，2002，〈國會中的政黨角色與黨團運作〉，《月旦法學》86：82-96。

王業立，2003，〈國會中的政黨與黨團協商：民主政治中的磐石還是障礙？〉，瞿海源（編），《解構國會→改造國會》，台北：允晨文化。

王業立、楊瑞芬，2001，〈民意調查與政黨提名：1998 年民進黨立委提名與選舉結果的個案研究〉，《選舉研究》8（2）：1-29。

王靖興，2006，《立法委員的立法問政與選區服務之分析：政黨輪替前後的持續與變遷》，台北：政治大學政治學系碩士論文。

王靖興，2009，〈立法委員的立法問政與選區服務之分析：2000 年政黨輪替前後的持續與變遷〉，《台灣政治學刊》13（2）：113-169。

王鼎銘，2003a，〈策略投票及其影響之檢測：二〇〇一年縣市長及立委選舉結果的探討〉，《東吳政治學報》16：95-123。

王鼎銘，2003b，〈政策認同下的投票效用與選擇：空間投票理論在不同選舉制度間的比較〉，《選舉研究》10（1）：171-206。

王鼎銘，2007，〈台灣政治獻金法及參選人政治獻金資料之實證研究〉，《選舉研究》14（2）：121-144。

王鼎銘，2011，〈參選人競選支出效果及其外部性：單記非讓渡投票制下之黨內競爭性分析〉，《人

文及社會科學集刊》23（3）：341-370。

王鼎銘、范恩邦，2010，〈立委參選人競選支出的選舉效果：Jacobson 支出理論在台灣新選制下的再驗〉，《台灣政治學刊》14（2）：3-35。

王鼎銘、郭銘峰，2009，〈混合選制下的投票思維：台灣與日本國會選舉變革經驗的比較〉，《選舉研究》16（2）：101-130。

包正豪，2009，〈原住民籍立法委員的代表取向與問政行為：1993-2008 之法律提案內容分析〉，《選舉研究》16（1）：95-131。

田麗虹，2001，《國會助理工作手冊：國會生態地圖總導覽》，台北：新自然主義。

朱元魁，2008，《國會議員的生涯類型研究——以台灣立委第二屆到第六屆為例》，高雄：中山大學政治學研究所碩士論文。

朱雲漢，2008，〈2005 年至 2008 年「選舉與民主化調查」四年期研究規劃（III）：2008 年立法委員選舉面訪案〉，行政院國家科學委員會專題研究計畫（計畫編號 NSC 96-2420-H-002-025）。

朱肇華，2002，〈立法委員選舉採行單一選區兩票制可行性之探討〉，《中國地方自治》54（8）：4-13。

何嵩婷，2006，《立法院黨團協商制度對國會立法之影響分析：以第五屆立法院為例》，台北：東吳大學政治學系碩士論文。

余元傑，2000，《我國立法院長制度與角色之研究》，台北：師範大學三民主義研究所博士論文。

吳文弘，2003，《行政院與立法院間預算爭議之解決機制——預算法制之健全化》，台北：台灣大學政治學系政府與公共事務碩士在職專班論文。

吳育任，2009，《立法院對行政院課責機制之研究：以少數政府時期為例》，台北：台北大學公共行政暨政策學系碩士論文。

吳坤鴻，2000，《我國立法院「政黨協商制度」之研究》，台中：東海大學政治學系研究所碩士論文。

吳宜侃，2005，〈立法委員連任預測模型分析——以第四屆立法委員為例〉，《選舉研究》12（1）：173-210。

吳宜蓁，2001，《國會中政黨的立法聯合——第三屆立法院的探討》，台北：政治大學政治學系碩士論文。

吳東欽，2008，〈從議事阻撓觀點探討我國中央分立政府運作之影響〉，《臺灣民主季刊》5（3）：71-120。

吳重禮，2001，〈民意調查應用於提名制度的爭議：以 1998 年第四屆立法委員選舉民主進步黨初選民調為例〉，《選舉研究》9（1）：81-111。

吳重禮、李世宏，2003，〈總統施政表現對於國會選舉影響之初探：以 2001 年立法委員選舉為例〉，《理論與政策》17（1）：27-52。

吳重禮、林長志，2002，〈我國 2000 年總統選舉後中央府會關係的政治影響：核四議題與府會互動的評析〉，《理論與政策》16（1）：73-98。

吳惠芳，2006，《台灣女性國會議員政治行銷取向對其連任之影響——以第五、六屆立法委員為例》，台北：台灣大學政治學研究所碩士論文。

李世宏，2003，《總統施政表現對於國會選舉影響之初探：以 2001 年立法委員選舉為例》，嘉義：中正大學政治學研究所碩士論文。

李其芃，2007，《我國憲法中國會定位變革之研究》，台北：台灣大學國家發展研究所碩士論文。

李怡達，2003，《議程拒絕與法案審議——以第四屆立法院運作為例》，台北：台灣大學政治學研究所碩士論文。

李昆澤，2001，《民主進步黨初選制度的研究——初選制度的設計與演變》，高雄：中山大學政治學研究所碩士論文。

李冠成、劉從葦，2008，〈「M+1」法則與有效候選人數的實證分析：以 1989 年至 2004 年台灣地區立法委員選舉為例〉，《選舉研究》15（1）：73-107。

李舜雯，2006，《立法院常設委員會召集委員之研究》，台北：銘傳大學公共事務學系碩士論文。

李誌偉，2010，《台灣立法院議程設定研究：二到六屆之分析》，台北：東吳大學政治學系碩士論文。

李禮仲，2001，〈國會遊說法制的比較研究〉，蘇永欽（編），《國會改革：台灣民主憲政的新境界》，台北：新台灣人文教基金會，頁 339-368。

汪少偉，2003，〈我國國會立法程序之研究〉，《實踐通識論叢》2：157-168。

阮昭雄，2010，《黨團成員對黨團協商功能認知研究：以第七屆立法院為例》，台北：台北大學公共行政暨政策學系碩士在職專班論文。

周百信、李裕民，2009，〈我國半總統制下「少數政府」運作之研究——兼論「工時案」的政治角力〉，《社會科教育研究》14：111-127。

周育仁、楊鈞池，2001，〈中選區制的可行性及妥善性〉，蘇永欽（編），《國會改革：台灣民主憲政的新境界》，台北：新台灣人文教基金會，頁 27-44。

周建邦，2009，《現階段立法院黨團協商之研究（2008.2.1 至 2009.6.16）》，台北：台灣大學國家發展研究所碩士論文。

周萬來，2000，《議案審議》，台北：五南。

周萬來，2004，《立法院職權行使法逐條釋論》，台北：五南。

岳瑞麒、吳重禮，2006，〈「分立政府」對於兩岸政策影響之初探：以 1996-2004 年行政與立法互動關係為例〉，《遠景基金會季刊》7（1）：1-51。

林水波，2004，〈台灣代議政治的信任門檻〉，《臺灣民主季刊》1（1）：119-141。

林世宗，2001，〈國會議員之利益衝突與迴避〉，蘇永欽（編），《國會改革：台灣民主憲政的新境界》，台北：新台灣人文教基金會，頁 325-338。

林正斌，2004，《我國政黨黨團組織運作研究——以 2000 至 2004 民主進步黨黨團為例》，台北：台灣師範大學三民主義研究所在職進修碩士班論文。

林長志，2004，《民進黨立委候選人在北高兩市「聯合競選策略」之成因及效應》，嘉義：中正大學政治學研究所碩士論文。

林長志，2009，〈立委選舉中民進黨的「聯合競選策略」：以北高兩市爲例〉，《台灣政治學刊》13（1）：55-106。

林長志，2010，《立委選制變遷對選民投票行爲之影響：投票穩定與變遷的分析》，台北：政治大學政治學系博士論文。

林瑞雯，2002，《立法院委員會與黨團協商制度之研究（1999-2002）》，台北：台灣大學國家發展研究所碩士論文。

林濁水，2011，〈終結國會亂象國會改革政策白皮書〉，台灣智庫，12月：http://www.taiwan-thinktank.org/page/chinese_attachment_1/2334/.pdf。檢索日期：2012年7月26日。

林鴻柱，2003，《立法院預算審議權之研究》，台北：政治大學法律學系學士後法學組碩士論文。

林繼文，2003，〈選舉制度：國會改革的基礎工程〉，瞿海源等，《解構國會→改造國會》，台北：允晨文化。

社團法人公民監督國會聯盟，2009，《監督國會實錄》，台北：社團法人公民監督國會聯盟。

邱訪義，2010，〈台灣分立政府與立法僵局理論建立及其實證意涵〉，《臺灣民主季刊》7（3）：87-121。

邱訪義、李誌偉，2012，〈立法院積極議程設定之理論與經驗分析〉，《台灣政治學刊》16（1）：3-60。

侯世傑，2002，《我國國會黨團協商機制之研究——以立法院第二屆至第五屆第二會期爲例》，台北：師範大學政治學研究所在職專班論文。

洪永泰、吳偉立，2005，〈第五屆立委選舉台聯候選人的得票分布：三種得票離散程度衡量工具的分析〉，《選舉研究》12（2）：189-212。

徐永明，2002，〈單一選區兩票制政治衝擊的模擬〉，陳隆志（編），《新世紀，新憲政：憲政研討會論文集》，台北：元照，頁467-484。

徐永明、吳怡慧，2012，〈總統與立委選票分裂的政治地理分析及其立法影響：2012年大選與瘦肉精議題〉，「2012年全球危機下的行政立法互動國會學術研討會」論文，台北：東吳大學。

徐永明、陳鴻章，2002，〈老狗學把戲：立委選舉政黨提名的有效性〉，《東吳政治學報》15：87-121。

徐永明、陳鴻章，2004，〈多席次選舉中政黨的分合：以台灣區域立委選舉爲例〉，《選舉研究》11（1）：127-169。

翁明安，2005，《我國立法院長角色中立化可能性之分析》，高雄：中山大學政治學研究所碩士論文。

高世垣，2000，《選區服務與個人選票的建立》，台北：政治大學政治學系碩士論文。

高全國，2002，《預算民主統制之研究——以立法院預算審議之界限與效力爲核心》，台北：台灣大學法律學研究所碩士論文。

高偉綸，2011，《區域與不分區立委代表行爲之差異》，台北：政治大學政治學系碩士論文。

高翠敏，2011，《分立政府對立法生產力之影響——以兩岸相關議題爲例》，台北：台北大學公共行政暨政策學系碩士論文。

張世熒，2002，〈立法委員選舉制度的改革與過渡──2001年立委選舉結果的省思〉，《中國行政評論》11（4）：1-24。

張佑宗、趙珮如，2006，〈社會脈絡、個人網絡與台灣2004年立法委員選舉選民的投票抉擇〉，《臺灣民主季刊》3（2）：1-38。

張茂桂，2004，《立法委員第五屆第四五會期評鑑報告》，台北：澄社。

張哲維，2009，《委員會影響力的決定因素：第六屆立法院的分析》，台北：政治大學政治學系碩士論文。

張皖萍，2007，《立法委員企業背景與選區企業對於分配政治行為的影響》，台北：台北大學公共行政暨政策學系碩士論文。

張福建，2007，〈代表與議會政治──一個政治思想史的探索與反省〉，《行政暨政策學報》45：1-34。

張福建、劉義周，2002，〈代表的理論與實際〉，《政治與社會哲學評論》1：117-149。

盛杏湲，2000a，〈立法委員為什麼遊走在不同的委員會？〉，林繼文（編），《政治制度》，台北：中央研究院，頁361-399。

盛杏湲，2000b，〈政黨或選區？立法委員的代表取向與行為〉，《選舉研究》7（2）：37-73。

盛杏湲，2003，〈立法機關與行政機關在立法過程中的影響力：一致政府與分立政府的比較〉，《台灣政治學刊》7（2）：51-105。

盛杏湲，2005，〈選區代表與集體代表：立法委員的代表角色〉，《東吳政治學報》21：1-40。

盛杏湲，2008，〈政黨的國會領導與凝聚力──2000年政黨輪替前後的觀察〉，《臺灣民主季刊》5（4）：63-86。

盛杏湲，2012，〈媒體報導對企業型政治立法成敗的影響〉，《東吳政治學報》30（1）：2-43。

盛杏湲、陳義彥，2003，〈政治分歧與政黨競爭：2001年立委選舉的分析〉，《選舉研究》10（1）：7-40。

盛杏湲、黃士豪，2006，〈台灣民眾為什麼討厭立法院？〉，《臺灣民主季刊》3（3）：85-127。

盛治仁，2006，〈單一選區兩票制對未來台灣政黨政治發展之可能影響探討〉，《臺灣民主季刊》3（2）：63-86。

莊富源，2003，〈憲改以來我國立院黨團制度之初探〉，《白沙人文社會學報》2：17-50。

許劍英，2000，《立法審查理論與實踐》，台北：五南。

許劍英，2001，《國會立法與程序》，台北：台灣書店。

連勝然，2012，《選區服務：立法委員選舉制度變革前後之觀察》，台北：東吳大學政治學系碩士論文。

陳文俊、黃志呈，2004，〈配票選舉策略之成效──第五屆立委選舉民進黨高雄市北區個案〉，《選舉研究》11（2）：43-79。

陳立剛，2002，〈台灣預算審議制度問題及改進方向〉，《月旦法學》85：75-84。

陳蓉怡、蔡韻竹，2011，〈選區溝通的新管道──選民與立委的電子郵件接觸〉，《臺灣民主季刊》8（1）：83-131。

陳昌宏，2005，《立法委員在常設委員會立法行為之研究——「公共事務類」法案之個案分析》，台北：台灣大學國家發展研究所碩士論文。

陳明卿，2007，《民進黨公職候選人提名制度之研究（2002-2006）》，台北：中國文化大學政治學研究所碩士在職專班論文。

陳采葳，2003，《立法院黨團協商制度對國會議事運作影響之分析（1996-2003）》，台北：銘傳大學公共事務學研究所碩士論文。

陳奕誌，2007，《影響立法委員問政的因素：第四屆第一會期至第六屆第四會期》，台北：東吳大學政治學系碩士論文。

陳香蘭、申慧媛、紀麗君、陳映慈，2011，《國會防腐計》，台北：允晨文化。

陳淑芳，2002，〈國會改革五法實施之成效與檢討〉，《月旦法學》85：26-41。

陳陸輝，2006，〈2004年立委選舉政治信任的政治後果〉，《臺灣民主季刊》3（2）：39-61。

陳敦源，2002，《民主與官僚》，台北：韋伯文化。

陳學聖，2001，〈如何改進委員會的功能〉，蘇永欽（編），《國會改革：台灣民主憲政的新境界》，台北：新台灣人文教基金會，頁151-164。

傅恆德，2005，〈政治知識、政治評價與投票選擇：第五屆立法委員選舉研究〉，《選舉研究》12（1）：39-68。

曾濟群，2001，《國會立法與程序》，台北：台灣書店。

游文玫，2006，《大台北地區女性立法委員當選因素之探討——以第六屆立法委員選舉為例》，台北：台灣師範大學政治學研究所在職進修碩士班論文。

游雨鈴，2000，《國會黨團之研究——以德國法為中心 兼論我國立院黨團》，台北：輔仁大學法律學研究所碩士論文。

游清鑫，2008，〈如何評估選區重劃的政治效果〉，黃紀、游清鑫（編），《如何評估選制變遷：方法論的探討》，台北：五南，頁21-48。

游清鑫，2012，〈初體驗與粗體驗：台灣民眾對立委新選制的認知、參與及評價〉，《選舉研究》19（1）：1-32。

游憲廷，2009，《立法院預算審議之研究：2001-2008》，台北：台灣師範大學政治學研究所碩士論文。

游憲廷，2011，〈台灣行政與立法預算衝突及其解決機制之研究〉，《蘭陽學報》10：124-138。

游憲廷，2012，〈從特別預算制度探討我國行政與立法關係：新制度論的觀點〉，「2012年全球危機下的行政立法互動國會學術研討會」論文，台北：東吳大學。

湯晏甄，2007，《社會網絡與投票行為：2004年立法委員選舉的實證分析》，台北：東吳大學政治學系碩士論文。

程寶壽，2009，〈兩岸交流、溝通、協調探討——立法院長角色分析〉，新竹：玄奘大學公共事務管理學系碩士班論文。

馮美瑜，2007，〈當代台灣憲政體制變遷下立法院院長的角色與功能之研究〉，《北台灣科技學院通識學報》3：107-124。

黃士豪，2007，《影響立法委員介入官僚行政因素之研究》，台北：政治大學政治學系碩士論文。

黃秀端，1994，《選區服務：立法委員心目中連任之基礎》，台北：唐山。

黃秀端，2000，〈立法院內不同類型委員會的運作方式〉，《東吳政治學報》11：35-70。

黃秀端，2001a，〈立法院委員會制度糾謬：立法效率與品質為何不好？〉，《當代》171：86-97。

黃秀端，2001b，〈單一選區與複數選區相對多數制下的選民策略投票〉，《東吳政治學報》13：37-75。

黃秀端，2002a，〈國會的效能升級——談兩波立法院之改革〉，《新世紀智庫論壇》17：42-56。

黃秀端，2002b，〈國會倫理優質化〉，「邁向正常國家群策會國政研討會」論文，台北：公務人員訓練中心。

黃秀端，2003a，〈委員會制度：國會運作的樞紐〉，瞿海源（編），《解構國會→改造國會》，台北：允晨文化。

黃秀端，2003b，〈程序委員會、分立政府與議程設定〉，「2003年台灣政治學會年會暨世局變動中的台灣政治學術研討會」論文，台北：東吳大學。

黃秀端，2003c，〈少數政府在國會的困境〉，《台灣政治學刊》7（2）：1-46。

黃秀端，2004，〈政黨輪替前後的立法院內投票結盟〉，《選舉研究》11（1）：1-32。

黃秀端、何嵩婷，2007，〈黨團協商與國會立法：第五屆立法院的分析〉，《政治科學論叢》34：1-44。

黃秀端、陳中寧，2012，〈記名表決作為政黨團結度的測量〉，「2012年全球危機下的行政立法互動國會學術研討會」論文，台北：東吳大學。

黃秀端、陳鴻鈞，2006，〈國會中政黨席次大小對互動之影響——第三屆到第五屆的立法院記名表決探析〉，《人文及社會科學集刊》18（3）：385-415。

黃俊傑、郭德厚，2003，〈國會審查預算案所作決議之憲法界限探討〉，《台北大學法學論叢》52：1-25。

黃臺生，2006，〈國會改革：立法委員助理制度的整建〉，《玄奘管理學報》3（2）：101-142。

黃瀚儀，2006，《台灣「監督國會」的發展：代議民主再思考》，台北：台灣大學政治學研究所碩士論文。

黃麗香，1999，《國會政黨的組織誘因與立法團結：以第二屆立法院為例的探討》，台北：東吳大學政治學系碩士論文。

新時代基金會，1990，《立法院擂台——增額立委問政評估》，台北：時報。

楊日青，2002，〈從憲政走向探討立法院的角色及其應有的調查與聽證權〉，《理論與政策》16（1）：55-71。

楊泰順，2001a，〈國會運作與政黨協商〉，蘇永欽（編），《國會改革：台灣民主憲政的新境界》，台北：新台灣人文教基金會，頁127-149。

楊泰順，2001b，《被誤解的國會》，台北：希代。

楊婉瑩，2001a，〈由民主代議政治的理論與實踐檢視性別比例原則〉，《人文及社會科學集刊》13（3）：305-344。

楊婉瑩，2001b，〈性別差異下的立法院〉，《政治科學論叢》15：135-169。

楊婉瑩，2002，〈立法院委員會的決策角色：以第三屆立法院為例〉，《問題與研究》41（4）：83-113。

楊婉瑩，2003，〈一致性到分立性政府的政黨合作與衝突──以第四屆立法院為例〉，《東吳政治學報》16：49-95。

楊婉瑩，2006，〈台灣性別法案推法歷程的比較分析〉，《政治科學論叢》29：49-82。

楊婉瑩、陳采葳，2004，〈國會改革風潮下黨團協商制度之轉變與評估〉，《東吳政治學報》19：111-150。

楊婉瑩、藍文君，2008，〈關鍵性別比例與權力行使的關係──對立法院委員會召集委員的觀察〉，《政治學報》46：1-43。

楊超，2007，《政黨輪替後立法院黨團組織運作之研究──以中國國民黨為例》，台北：政治大學行政管理學程碩士論文。

楊圓娟，2001，《民進黨提名制度的形成與變遷》，台北：台灣大學社會學研究所碩士論文。

楊瑞芬，2001，《民進黨立法委員提名制度──民意調查角色之探討》，台中：東海大學政治學研究所碩士論文。

葉怡君，2009，《法案審議與議程阻絕──立法院第三屆到第六屆的分析》，嘉義：中正大學政治學系碩士論文。

葉嘉楠、高鴻鳴，2008，〈立法過程中幕僚支援系統角色與功能之探討〉，《中華行政學報》5：205-243。

廖元豪，2006，〈論立法院調查權的界限與範圍──釋字第五八五號解釋與美國經驗的參照〉，《台灣本土法學雜誌》78：83-91。

廖文正，2004，《立法院預算審議制度之研究》，台北：政治大學行政管理學程碩士論文。

廖書賢，2002，《立法院參與法定預算停止執行決策之研究》，台北：東吳大學法律學系法律專業碩士班碩士論文。

廖益興，2010，〈選舉制度變革效應的分析與檢視：以2008年立委選舉為例〉，《中華行政學報》7：61-76。

廖健良，2007，《選區規模對於立法委員分配政策提案行為的影響：第五、六屆立法院的分析》，台北：台北大學公共行政暨政策學系碩士論文。

廖達琪，2010，〈國會議員生涯類型變遷與民主體制的取向分析──以台灣第二到第七屆立法院為例〉，《東吳政治學報》28（2）：49-96。

趙弘章，2005，〈我國立法院委員會專業化與黨團協商透明化之分析〉，《中山人文社會科學期刊》13（1）：37-54。

趙正宇，2005，《民進黨立委候選人提名制度之研究——第六屆（2004 年）立委選舉桃園縣個案分析》，台北：銘傳大學公共事務學系碩士在職專班論文。

歐陽晟，2008，《政府型態對於議案審議的影響：台灣一致政府與分立政府的比較》，台北：政治大學政治學系博士論文。

潘誠財，2001，〈從選區劃分論我國立法委員選制改革〉，《復興崗學報》72：237-268。

蔡佳泓，1996，《立法委員的選民服務之個案研究》，台北：政治大學政治學系碩士論文。

蔡佳泓、王金壽、王鼎銘，2007，〈以濁水縣為例解析台灣 2005 年三合一選舉的聯合動員效應〉，《台灣政治學刊》11（2）：173-225。

蔡佳泓、王鼎銘、林超琦，2008，〈選制變遷對政黨體系之影響評估：變異量結構模型之探討〉，黃紀、游清鑫（編），《如何評估選制變遷：方法論的探討》，台北：五南，頁 197-222。

蔡學儀，2002，〈國會改造之選舉制度方案比較〉，《選舉研究》9（2）：117-150。

蔡韻竹，2009，《國會小黨的行動策略與運作》，台北：政治大學政治學系博士論文。

蔡韻竹，2011，〈誰代表誰：立委為誰提案？為誰立法？〉，「2011 年民主、國會與決策學術研討會」論文，台北：東吳大學。

鄭夙芬，2008，〈選民對新選制的認知與評價：焦點團體研究方法的運用〉，黃紀、游清鑫（編），《如何評估選制變遷：方法論的探討》，台北：五南，頁 91-129。

鄭明德，2004，〈民進黨立法院黨團的黨鞭制度〉，《中華人文社會學報》1：38-55。

鄭明德，2005，〈民進黨立法院黨團組織問題之研究〉，《政治科學論叢》25：135-66。

鄭雪梅，2011，《我國分立政府與一致政府下立法院預算審議之研究——以 2000 年至 2011 年為例》，台北：台灣大學政治學研究所碩士論文。

鄭勝元，2005，《立法院召集委員議程設定之研究——以政黨為核心之分析》，台北：政治大學政治學系碩士論文。

鄧志松、吳親恩、柯一榮，2010，〈選票空間分布與席次偏差：第六、七屆立委選舉的考察〉，《選舉研究》17（1）：21-53。

蕭怡靖，2005，〈我國立法院資深制度之探討——委員會遊走及召集委員資深度之變遷〉，《政治科學論叢》25：105-134。

蕭怡靖，2007，〈我國立法委員選擇常設委員會之研究：以第五屆立法委員為例〉，《東吳政治學報》25（3）：131-182。

蕭怡靖，2009，〈選制認知與投票參與：2008 年立法委員選舉的多層分析〉，《政治學報》47：29-58。

蕭怡靖，2012，〈民眾對立法委員選舉之政黨不分區名單的認知與影響：以 2008 年立法委員選舉為例〉，《選舉研究》19（1）：33-67。

蕭怡靖、黃紀，2010a，〈單一選區兩票制下的一致與分裂投票〉，《臺灣民主季刊》7（3）：1-43。

蕭怡靖、黃紀，2010b，〈2008 年立委選舉候選人票之分析：選民個體與選區總體的多層模型〉，《台灣政治學刊》14（1）：3-53。

駱建呈，2006，《國會調查權之研究──兼論我國立法院調查權之法制化》，台北：台灣大學國家發展研究所碩士論文。

鮑彤，2001，〈選舉地盤：候選人票源凝聚程度之分析〉，《選舉研究》8（1）：211-251。

謝易宏，2012，〈台灣立委選制變遷的新制度論解釋〉，《臺灣民主季刊》9（1）：81-141。

謝芙美，2002，〈概述國會改革五法修正重點〉，《立法院院聞》30（4）：114-122。

謝復生，2001，〈對國會選舉制度改革的幾點建議〉，蘇永欽（編），《國會改革：台灣民主憲政的新境界》，台北：新台灣人文教基金會，頁 3-12。

謝聖斌，2004，《議事效率與立法院相關立法之分析》，台北：中國文化大學中山學術研究所碩士論文。

謝瑩蒔，2007，《選區規模對於立法委員分配政治行為的影響：第三、四屆立法院的分析》，台北：台北大學公共行政暨政策學系碩士論文。

鍾政輝，2009，《立法院議事策略之研究》，台北：台灣大學國家發展研究所碩士論文。

瞿海源（編），2011，《國會及電視媒體改革建議案》，台北：巨流。

瞿海源等，2003，《解構國會→改造國會》，台北：允晨文化。

瞿海源等，2004，《2003 年澄社監督國會報告》，台北：允晨文化。

顏克宇，2008，《政黨輪替前後區域立法委員競選連任失利因素之初探》，嘉義：中正大學政治學研究所碩士論文。

羅偉豪，2005，《立法院幕僚支援系統對議事效能影響之研究：以預算中心為例》，台北：台北大學公共行政暨政策學系碩士論文。

羅國豪，2004，《我國國會黨團在政黨中的角色與地位──與英美之比較》，台中：東海大學政治研究所碩士學位論文。

羅清俊，2002，〈立法院常設委員會審查功能之實證研究──委員會資深程度與不分區立委角色的影響〉，《月旦法學》86：36-61。

羅清俊，2004，〈分配政策與預算制定之政治分析〉，《政治科學論叢》21：149-188。

羅清俊，2008，〈小規模立法委員選區的分配政治：選民對於補助利益的期待〉，《臺灣民主季刊》5（4）：47-85。

羅清俊、張皖萍，2008，〈立法委員分配政治行為分析：選區企業與立法委員企業背景的影響〉，《政治科學論叢》35：47-94。

羅清俊、詹富堯，2012，〈立法委員特殊利益提案與中央政府計畫型補助款的分配：從民國 94 年至 98 年之資料探析〉，《公共行政學報》42：2-32。

羅清俊、廖健良，2009，〈選制改變前選區規模對立委分配政策提案行為的影響〉，《台灣政治學刊》13（1）：3-53。

羅清俊、謝瑩蒔，2008，〈選區規模與立法委員分配政策提案關聯性的研究：第三、四屆立法院的分析〉，《行政暨政策學報》46：1-48。

羅傳賢，2001，〈當前立法亟待改進的缺失〉，蘇永欽（編），《國會改革：台灣民主憲政的新境界》，台北：新台灣人文教基金會，頁 369-387。

羅傳賢，2004，《國會與立法技術》，台北：五南。

羅傳賢，2008，《立法程序與技術》，台北：五南。

蘇子喬，2010，〈憲政體制與選舉制度的配套思考〉，《政治科學論叢》44：35-74。

蘇庭誼，2006，〈我國分立政府下之行政、立法互動分析——以公民投票法制定過程爲例〉，台北：銘傳大學公共事務學系碩士論文。

Arnold, R. Douglas. 1990. *The Logic of Collective Action*. New Haven, CT: Yale University Press.

Batto, Nathan F. 2005. "Electoral Strategy, Committee Membership, and Rent-seeking in the Taiwanese Legislature, 1992-2001." *Legislative Studies Quarterly* 30(1): 43-62.

Batto, Nathan F. 2009. "Change and Continuity in the Personal Vote after Electoral Reform in Taiwan." *Issues & Studies* 45(2): 99-123.

Cain, Bruce E., John A. Ferejohn, and Morris P. Fiorina. 1987. *The Personal Vote: Constituency Service and Electoral Independence*. Cambridge, MA: Harvard University.

Carey, John E. and Mathew S. Shugart. 1995. "Incentives to Cultivate a Personal Vote: A Rank Ordering of Electoral Formulas." *Electoral Studies* 14: 419-439.

Carrubba, Clifford J., Matthew Gabel, Lacey Murrah, Ryan Clough, Elizabeth Montgomery, and Rebecca Schambach. 2006. "Off the Record: Unrecorded Legislative Votes, Selection Bias and Roll-Call Vote Analysis." *British Journal of Political Science* 36: 691-704.

Cheibub, Jose Antonio, Adam Przeworski, and Sebastian Saiegh. 2002. "Government Coalitions and Legislative Effectiveness under Presidentialism and Parliamentarism." URL http://www.yale.edu/las/conference/papers/cheibub.pdf (accessed March 2, 2010).

Chiou, Fang-Yi and Wanying Yang. 2008. "Strategic Choices of Roll Call Requests." Paper presented at the 2008 Annual Meeting of Midwest Political Science Association, April 3-6, Chicago, USA.

Clinton, Joshua and John Lapinski. 2008. "Laws and Roll Calls in the U.S. Congress, 1891-1994." *Legislative Studies Quarterly* 33(4): 511-542.

Cox, Gary W. and Mathew D. McCubbins. 1993. *Legislative Leviathan: Party Government in the House*. Berkeley, CA: University of California Press.

Diermeier, Danier and Roger B. Myerson. 1999. "Bicameralism and Its Consequences for the Internal Organization of Legislatures." *The American Economic Review* 89(9): 1182-1196.

Green, Donald P. and Ian Shapiro. 1994. *Pathologies of Rational Choice Theory: A Criticque of Applications in Political Science*. New Haven, CT: Yale University Prsss.

Hall, Richard L. 1996. *Participation in Congress*. New Haven, CT: Yale University Press.

Hibbing, John R. 2007. "The Future of Legislative Studies." Speech, July 23, Taipei: Center for Legislative Studies, Department of Political Science, Soochow University, http://classi.ppo.scu.edu.tw/congress/symposium.php?p=9&type= (accessed July 30, 2012).

Hibbing, John R. and Elizabeth Theiss-Morse. 1995. *Congress as Public Enemy: Public Attitudes Toward American Political Institutions*. Cambridge, UK: Cambridge University Press.

Hug, Simon. 2010. "Notes and Comments: Selection Effects in Roll Call Votes." *British Journal of Political Science* 40(1): 225-235.

IPU and UNDP. 2012. *The Global Parliamentary Report: The Changing Nature of Parliamentary Representation*. Geneva, Switzerland and New York, NY: IPU and UNDP.

Krehbiel, Keith. 1987. "Why Are Congressional Committees Powerful?" *American Political Science Review* 81(3): 929-945.

Krehbiel, Keith. 1991. *Information and Legislative Organization*. Ann Arbor, MI: University of Michigan Press.

Loewenberg, Gerhard. 2010. *On Legislatures: The Puzzle of Representation*. Boulder, CO: Paradigm Publishers.

Shepsle, Kenneth and Barry Weingast. 1987. "The Institutional Foundations of Committee Power." *American Political Science Review* 81(1): 85-104.

Smith, Steve. 1988. "An Essay on Sequence, Position, Goals, and Committee Power." *Legislative Studies Quarterly* 13: 151-176.

第十四章

台灣選舉制度研究的回顧與前瞻

王業立、蘇子喬、郭銘峰

壹、前言

　　我國選舉制度的研究，經過學界長期以來的耕耘與努力，已經累積了頗為豐碩的研究成果。若回顧 1990 年代至今我國選舉制度的研究成果，會發現學界對於選舉制度的研究焦點，與我國過去十多年選舉制度的變遷過程密切相關。我國立法委員的選舉制度長期實施單記非讓渡投票制（single non-transferable vote，SNTV），自 1990 年代初期隨著政治民主化的發展，立法委員全面改選後，SNTV 對我國政治生態造成的危害日益明顯，1990 年代中期以來選舉制度改革的呼聲遂逐漸興起，歷經十年左右的政治折衝與辯論，一直到 2004 至 2005 年間，我國選舉制度改革才真正實現。我國於 2004 年 8 月由立法院提出立委選舉制度改為並立式單一選區兩票制（mixed-member majoritarian system，MMM）（以下簡稱並立制）的修憲案，在 2005 年 6 月由任務型國民大會複決通過。2008 年 1 月，我國立委選舉首度實施並立制；2012 年 1 月的立委選舉，已經是實施並立制以來的第二次選舉。若觀察我國選舉制度研究的研究焦點，2005 年以前學界對選舉制度的研究，主要是探討 SNTV 的利弊，並提出選舉制度的改革方案；2005 年並立制的修憲案通過後，學界的研究焦點一方面在於回顧選舉制度改革的變遷過程，另一方面則預測並立制採行後可能引發的政治效應。2008 年首度實施並立制後，學界則開始將實施並立制實際造成的結果與先前的預測相互對照，提出實證分析，並檢討並立制實施的成敗。很明顯地，我國選舉制度研究始終緊密跟隨著我國的政治發展過程，充滿非常濃厚的現實關懷。

　　本章的主旨，在於回顧我國自 1990 年代中期以來選舉制度研究的研究成果，並試圖提出未來選舉制度研究可以進一步開拓耕耘的議題。根據上述我國選制變遷的過程與選舉制度研究焦點的轉變，本章以下將分為三個層面對我國選舉制度的研究文獻[1] 進行

---

[1] 本章所回顧的研究文獻，範圍限於 1990 年代中期至今國內探討選舉制度的學術專書、重要學術期刊的論文，以及博士論文。至於國內探討選舉制度的碩士論文與學術研討會論文，儘管也有重要的學術價值，但基於本章撰寫時間的限制，原則上不在本章回顧的文獻範圍之內。

回顧，第一個層面是選舉制度的改革與變遷，此層面屬於選舉制度的上游研究，亦即制度抉擇（institutional choice）的探討。第二個層面是選舉制度的內涵與運作，此層面主要是屬於選舉制度的中游研究，亦即制度運作（institutional operation）的探討。第三個層面是選舉制度對政治生態的影響，此層面則是屬於選舉制度的下游研究，亦即制度影響（institutional impact）的探討。

貳、選舉制度的改革與變遷

　　我國學界對於選舉制度之改革與變遷的探討，大致上可以分為兩類研究文獻，一類是基於我國過去實施 SNTV 所造成的弊病，提出選制改革的建議方案，這類研究文獻固然具有實證面的立論基礎，但同時也具有規範面的關懷；另一類則是對選制改革的實際過程進行分析，這類研究文獻則純粹屬於實證面的探討。以下分為這兩部分進行回顧。

一、SNTV 的弊病與選制改革的建議

　　我國 1990 年代中期以來的選舉制度研究，聚焦於探討 SNTV 的弊病，以及提出選制改革的方案。我國採行 SNTV 由來已久，這種選舉制度係源自於日本，而台灣自日據時代，開始有局部開放的民意代表選舉以來，便是承襲日本採行此種選舉制度。台灣光復後，各級民意代表選舉即依循往例採行 SNTV。1990 年代初隨著台灣民主化的進展，中央民意代表全面改選，1991 年底舉辦的第二屆國大選舉與 1992 年底舉辦的第二屆立委選舉，依照憲法增修條文的規定，廢除了職業代表而改以政黨名單比例代表制產生全國不分區代表與僑選代表；而在區域選舉部分，仍然依照舊制採行 SNTV（2000 年第六次修憲，將「任務型國大代表」全部改由比例代表制產生；2005 年第七次修憲，則將國大廢除）。在全國不分區代表與僑選代表部分，係採「一票制」及 5% 政黨門檻，以政黨名單比例代表制選出。所謂「一票制」，是指選民只需要在區域選舉中投下一張選票，選舉各區域的民意代表，而各政黨在區域選舉中所提名候選人的選票總和，即視為各政黨的得票。凡是總得票率超過 5% 的政黨，則可依其政黨得票率，分配全國不分區代表與僑選代表的名額。因此就選舉制度的分類而言，我國自 1992 年第二屆立委選舉之後採行的選舉制度，亦可說是混合制的一種。不過這種混合制並非世界上其他國家較常見的「單一選區兩票制」，而是相當罕見地結合 SNTV 與「政黨名單比例代表制」的「一票制」。由於我國這種選制中以政黨名單比例代表制選出的立委名額僅佔總名額的五分之一左右，比例甚少，且在一票制的設計下，以政黨名單比例代表制產生的立委

並無自己單獨的選票基礎，整個選舉制度的主軸其實是以 SNTV 選出的區域立委部分為主，因此若不論制度細節，一般人皆將我國過去的立委選舉制度逕稱為 SNTV。

學界對於這種選舉制度的缺失具有相當的共識，有相當多的學者都批評這種選舉制度造成的弊病（王業立，2011：98-107；林繼文，2001；張世熒，2002；黃德福、楊鈞池、劉念夏，2002），茲將學者的論點歸納如下：首先，由於選區中應選名額不只一席，候選人當選並不一定要獲得選區中的最高票，只要爭取特殊少數選民支持亦有機會當選，導致候選人在競選策略上容易走偏鋒。第二，在選區應選名額為複數的情況下，有時政黨在同一選區中會提名多位候選人，候選人不僅要和其他政黨的候選人競爭，也必須與同黨的候選人競爭，導致同黨候選人之間互挖牆腳、兄弟鬩牆、同室操戈的現象層出不窮，有時候黨內競爭甚至比黨際競爭還要激烈。第三，候選人為求勝出，不僅要贏他黨的候選人，也要贏同黨的候選人，須靠自己尋找各種管道建立自己的選票基礎，導致選戰中候選人的角色遠重於政黨的角色，派系、財團與黑道的力量也因此容易趁虛而入。第四，各政黨為追求當選席次極大化，常動員選民進行「配票」，此種現象也有扭曲選民真實意志之嫌。第五，一票制的設計強迫選民將區域代表的選票換算成全國不分區和僑選代表的選票，混淆了選民的投票意向（因為選民投票給某黨的區域代表並不必然代表選民支持該黨的政黨名單），且全國不分區和僑選代表並無自己單獨的民意基礎，猶如「搭便車」當選，在國會中可能被視為「二軍」和「次等代表」。當然，SNTV 也並非毫無正面的價值，由於選區應選名額為複數，此種制度具有相當程度的比例性，小黨的生存空間在理論上比單一選區相對多數制來得大，故此制具有保障少數的精神，這或許是此種選舉制度唯一較被學界認同的「優點」。

由於 SNTV 的確存在著太多的缺失，弊遠多於利，改革選舉制度在 1990 年代中期之後遂逐漸成為社會的共識，而在各種選制改革方案中，「單一選區兩票制」的混合式選舉制度成為最主要的改革方向。尤其日本在 1994 年決定將眾議院選舉由 SNTV 改為並立式單一選區兩票制，並於 1996 年正式實施，國內在此同時更是掀起一陣探討選舉制度改革的浪潮。不過，儘管單一選區兩票制逐漸成為看似最具共識的選項，但關於選制改革的方案細節，由於事涉各政黨的實際政治利益，以及各自政治人物是否會影響其連任的現實政治考量，在政界較難獲致共識。學界對於選制改革方案也各有不同的看法，除了最多學者主張的單一選區兩票制之外，政黨名單代表制、中選區兩票制、兩輪投票制等方案亦有學者主張，[2] 但許多學者都認為，單一選區兩票制這種混合式的選

---

[2]　除了多數學者主張單一選區兩票制之外，也有學者主張採行其他選制。例如周繼祥（1999）主張中選區兩票制；吳志中（2001）建議採行兩輪投票制；彭天豪（1999）則建議採行開放式政黨名單比例代表制。

舉制度可以同時兼顧「單一選區相對多數制」與「比例代表制」的正面價值。不過,關於單一選區兩票制究竟是要採行德國式的聯立制(mixed-member proportional system,MMP),還是日本式的並立制,學界的看法則頗為分歧。[3]

　　事實上,當時政界對於單一選區兩票制最主要的歧見,也是在於各主要政黨對於聯立制與並立制各有不同的偏好。1996 年底召開的國家發展會議,曾經達成未來中央民意代表選舉改採單一選區兩票制的共同意見,然而在 1997 年 7 月第四次修憲的過程中,由於國民黨堅持主張並立制,民進黨與新黨則主張聯立制,導致國發會所達成的單一選區兩票制的共同意見在修憲時胎死腹中。自此之後,選制改革僵局的主要癥結點,始終是因為各政黨在「聯立制 vs. 並立制」的立場對立而無法達成選制改革的共識。一直到 2004 年 8 月,立法院終於通過了包括立委選舉改採並立制在內的修憲案,並在 2005 年 6 月由任務型國大複決通過了第七次修憲。在憲法增修條文第四條規定,立法委員自第七屆起名額減為 113 席;其中區域立委 73 席改採單一選區相對多數制,全國不分區立委 34 席由得票率 5% 以上的政黨依得票比例分配席次,並規定各政黨當選名單中,婦女不得低於二分之一(即婦女保障名額)。至於另外的六席原住民立委(平地與山地原住民立委各三席),憲法增修條文並未規定其選舉方式。

二、選制變遷的實證分析

　　一個值得探討的問題是,我國國會選制改革為何會自 1990 年代中期以來延宕了許久後,在 2004 至 2005 年間實現?在民主國家中,國會選舉制度的改變向來是相當困難的政治工程,因為國會選制改革的達成,必須透過修法或修憲,而修法勢必透過國會,修憲也往往須由國會發動。從個別國會議員的利益而言,現任者既然都是現有選舉制度下的贏家,選制改革乃是要贏家去改變既有的遊戲規則,這將對現任者帶來不確定的風險,因此通常缺乏誘因與動機去修改既有的遊戲規則,維持現狀往往是個別國會議員的優先選項。就個別政黨的利益而言,目前國會中的政黨勢力既然是透過既有選舉制度而逐漸形成、茁壯的,自然會去維護既有的選舉制度。既是如此,選制改革如何成為可能?針對我國的國會選制改革,黃德福、廖益興(2009)、張傳賢和張佑宗(Chang and Chang, 2009)、謝易宏(2012)等學者提出頗為細膩的實證分析,說明選制改革這項看似「不可能的任務」為何能真的實現。

　　黃德福、廖益興(2009)指出,選制改革成功的必要條件,是在諸多改革方案中,

3　例如,主張採行聯立制者有:王業立(2001)、林繼文(2001、2003)。主張採行並立制者有:李英明、楊鈞池(2001);黃德福、楊鈞池、劉念夏(2002)。

存在一個各主要政黨所接受的「優勢選項」。在台灣，至少在 2000 年政黨輪替之前，此一「優勢選項」並不存在。林繼文（2001）以 1998 年立委選舉各主要政黨的得票率為基礎，模擬各黨在不同選制下可能獲得的席次。模擬結果顯示，並立制能使國民黨獲得更多席次，卻會使民進黨與其他政黨損失席次；相對地，聯立制會使民進黨與其他小黨獲得更多席次，卻會使國民黨損失席次。這樣的模擬結果，可以充分說明為何當時國民黨偏好並立制，民進黨與其他政黨偏好聯立制，當時並不存在各主要政黨都能接受的優勢選項。顯然地，唯有在各主要政黨的政治實力發生明顯變化的情況下，選制改革的優勢選項才有出現的可能，選制改革的空間也才有可能浮現。而 2001 年的立委選舉結果，造成我國政黨體系發生重大變動，開啟了選制改革發生的契機。當時民進黨在國民黨與親民黨的分裂下成為國會第一大黨，得票率 33.4%（席次率 39.2%），國民黨 28.6%（席次率 30.1%）、親民黨 18.6%（席次率 19.9%）、台灣團結聯盟（以下簡稱台聯）7.8%（席次率 4.6%）。徐永明（2002）利用此次立委選舉各政黨的得票率為基礎進行模擬，結果顯示並立制會使國民黨與民進黨兩個主要政黨增加席次，聯立制則會使親民黨與台聯等小黨增加席次。尤其是民進黨因為連續在 2000 年 3 月總統大選、2001 年 12 月立委選舉、2004 年 3 月總統大選這三次重大選舉獲勝，對於未來選民基礎的持續增長抱持著相當樂觀的期待（Chang and Chang, 2009）。於是，隨著民進黨選票基礎的擴大與國會席次的增加，民進黨對選制改革的偏好，逐漸從過去的聯立制轉向對大黨有利的並立制，並立制開始成為國民黨與民進黨這兩個主要政黨共同接受的改革方案，成為「優勢選項」。

　　不過，可以想像的是，儘管並立制成為國、民兩黨的優勢選項，只要親民黨與台聯徹底反對並立制，國、民兩黨也無法修憲改變選舉制度，因為修憲須經全體立法院立法委員四分之一提議，四分之三出席，及出席委員四分之三決議，始能由立法院提出修憲案，再經任務型國大複決通過，而國民黨與民進黨合計的席次遠遠不足四分之三的決議通過門檻。換言之，親民黨與台聯可說擁有選制改革的少數否決權。既是如此，為何親民黨與台聯會接受並立制此一對自己未來發展明顯不利的選舉制度，而在 2004 年 3 月總統大選前夕在立法院的修憲委員會同意簽署並立制方案的協商共識，並在同年 8 月於立法院院會中與國、民兩黨共同通過修憲案？黃德福與廖益興（2009）認為，原因在於，2004 年 3 月總統大選與年底立委選舉前夕，我國政黨體系已形成泛藍與泛綠兩大陣營的對抗，國民黨與親民黨聯合在一起成為泛藍陣營，民進黨與台聯則聯合在一起成為泛綠陣營，雙方陣營均以贏得總統大選與立法院席次過半為最高目標。在選舉期間，各政黨對於民意變化的風吹草動皆非常敏感。而在 3 月總統大選前夕與 12 月立委選舉前夕，「立委席次減半」乃是民意高度支持的政治改革議題，對於此項議題，各政黨皆必須正面回應而無法迴避，以免被對方扣上「反改革」的帽子而導致敗選。於是，國民黨與

民進黨分別在回應「立委席次減半」此一民間具有普遍共識之訴求的同時，採取夾帶並立制此一選制改革方案的策略，迫使親民黨與台聯不敢反對，否則將連帶導致「立委席次減半」目標無法達成，而造成民意反彈，導致自己的陣營在總統與立委選舉敗選。總之，並立制的選制改革方案之所以能在立法院通過，原因就是「立委席次減半」與「並立制」已經成為一個包裹式的國會改革提案，而「立委席次減半」背後則有沛然莫之能禦的民意聲浪所支持（謝易宏，2012：115）。並立制的選制改革方案趁勢被國、民兩大黨夾帶進入政治議程，在「立委席次減半」的高度民意壓力與各黨追求總統與立委勝選的短線思考下，親民黨與台聯當時猶如被國、民兩大黨「綁架」，不得不在總統與立委選舉逼近的選舉壓力下接受並立制的選制改革方案。[4]

其實，在接下來 2005 年 5 月任務型國大選舉時，親民黨與台聯即改變立場，轉而反對修憲案通過，並計劃以任務型國大複決門檻在法律（《國民大會職權行使法》）尚未明定的漏洞，希望於任務型國大選後再視選舉結果訂定修憲案複決通過的門檻。當時兩個小黨的盤算是，若國大選舉結果贊成修憲案的比例不到七成五，則可將修憲複決門檻定為四分之三以否決修憲案。當時由於《國民大會職權行使法》修法的延宕，任務型國大的選舉竟是在修憲複決門檻法令未訂定的荒謬情況下進行，這種強況猶如球賽規則尚未訂定，就先開賽。不過，任務型國大的選舉結果，贊成修憲案通過的票數合計為81.4%，已超過五分之四的比例，這個比例已超過《國民大會職權行使法》所可能制定的最高複決通過門檻。於是，同年 6 月正式集會的任務型國大便以超過五分之四的比例複決通過修憲案，並立制的選制改革方案至此終於正式通過（盛治仁，2006：64-65）。親民黨與台聯在任務型國大選舉期間的反悔顯然已無法扭轉修憲案通過的情勢。回顧整個選制改革的過程，不得不承認確實充滿了若干戲劇性。

以上敘述是學界對於我國立委選制改革過程的大致分析。值得注意的是，關於選舉改革的實證分析，亦有學者將研究的對象延伸至世界上其他國家，例如林繼文（1997）以理性選擇論的角度分析了日本 1994 年選制改革的過程，李憲榮（2005、2006）探討

---

[4] 針對國、民兩大黨所提出的「席次減半＋並立制」包裹式修憲提案，台聯曾一度試圖提出「席次減半＋維持原選制（SNTV）」的修憲提案加以因應，親民黨也試圖提出「席次減半＋聯立制」的提案。然而，此兩提案在立法院黨團協商的過程中，被國、民兩黨斷然拒絕。而在當時強烈民意敦促國、民兩大黨通過席次減半之修憲案的政治氣氛下，若親民黨與台聯堅持維持原選制或採行聯立制而導致席次減半的修憲案無法通過，會被外界認為此兩小黨是要以不同於兩大黨的選制方案來阻擾修憲，屆時「反改革」的罪名將被套在親民黨與台聯身上，而不是由國、民兩黨承擔，對兩小黨的立委選情勢必會造成嚴重衝擊。此外，親民黨與台聯在當時也認為，即便立法院表決通過修憲案，在半年多之後的國大複決程序仍有阻擋的機會。總之，選舉壓力與短線思考，應是兩小黨當時同意「席次減半＋並立制」修憲案的原因。

了 1990 年代加拿大、紐西蘭的選制改革過程,蘇子喬、王業立(2010)則以新制度論的角度對俄羅斯、義大利、泰國於 2005 至 2007 年間的選制改革過程提出實證分析。

參、選舉制度的內涵與運作

國內學界對於選舉制度之內涵與運作的研究,大致可以分為以下幾個部分,一是引介世界各國選舉制度的內涵,二是探討選舉制度在執行過程中的規劃,尤其是選區劃分的探討;此外,也有學者對我國婦女保障名額的制度進行探討。以下就這幾個部分的研究進行回顧。

一、選舉制度內涵的引介

國內學界對於選舉制度的研究,除了聚焦於台灣選舉制度的探討之外,也有不少學者為文引介世界各國的國會選舉制度,例如李國雄(2005)介紹了英國的單一選區相對多數制;李憲榮(2008)介紹了愛爾蘭的單記可讓渡投票制;王鼎銘、郭銘峰(2009)、林繼文(2008)、吳明上(2003)、潘誠財(2007)等學者介紹了日本的並立制;谷瑞生(2007)、李建良(1999)介紹了德國的聯立制、施奕任(2011)介紹了新加坡的集選區制。由於我國立委選制改革的方案於 1990 年代中期之後便是以單一選區兩票制為主要的選項,因此在世界各國的選舉制度中,日本並立制與德國聯立制的制度內涵,受到學界的討論最多。尤其是日本與台灣在地緣上同為東亞國家,與台灣有較為相近的文化與國情,且眾議院議員選舉於 1994 年決定改採並立制之前也是與台灣同樣長期採行SNTV,在 SNTV 下有頗相似的政治現象,因此日本的選制改革過程、新選制的內涵,以及新選制實施後的政治效應,對於我國的選制改革都具有重要的參考價值,因此國內學界對世界各國選舉制度的研究中,係以日本選舉制度的相關研究最為豐富。關於學界對於日本選舉制度的研究成果,在後文尚有具體介紹。

二、選區劃分的探討

我國立委選舉制度改為並立制之後,選區劃分的議題成為學界重視的議題。在過去立委選舉採行 SNTV 的時代,原則上是以各縣市與直轄市的行政轄區為選區,除了少數人口較多的縣市與直轄市有選區劃分的必要之外,多數縣市與直轄市並無選區劃分的必要,因此選區劃分的議題在過去並不是非常凸顯。然而,自 2005 年修憲改為並立制後,

73 席區域立委將以單一選區相對多數制選出，全國將細分爲 73 個單一選區，勢必要大幅切割既有的縣市與直轄市的行政轄區。區域立委的選區劃分應如何規劃才符合實質面與程序面的公平原則，遂成爲國人與學界重視的問題。

國內學界在探討選區劃分的標準時，最常引用的是 Arend Lijphart（1982）所指出的 16 項標準，[5] 徐永明、陳鴻章（2006）與黃國敏（2008）歸納爲以下幾個原則：1. 公平代表性：即每個議員所代表的選民數量應盡量相等，以符合「一人一票，票票等值」的基本原則；2. 行政區域完整性：選區劃分應配合地方行政疆界，盡量維持其完整性與一致性。選區的形狀應該是簡潔且連續的，避免傑利蠑螈（gerrymandering）式的選區劃分；3. 區域保障原則：憲法所定的基本地方單元，應保障其最低席次，使國家的每一個地方單元都能選出自己的代表，以保障地方單元的利益；4. 建立公平公正的選區劃分機制：選區劃分的機制應由法律明文規定，並盡可能由公正中立的機構進行選區劃分。除了選舉劃分爲標準爲學界所重視外，值得注意的是，由於美國相較於其他國家有較豐富的選區劃分經驗，也累積了許多關於選區劃分之訴訟的司法判例，因此國內學者在進行選區劃分的比較研究時，最常以美國經驗作爲探討的對象。然而值得注意的是，美國聯邦眾議員的選區劃分，相較於世界上其他民主國家，黨派操作的色彩其實相當強烈。因爲美國的選區劃分方式，係根據每十年一次的人口普查結果，依各州的人口變動重新分配各州的眾議員名額，再由各州自行根據各州法律，進行選區劃分的工作，而目前大多數州的選區劃分工作，乃是由州議會議員組成的委員會來進行，故選區劃分往往是州議會中各黨派政治角力的結果。至於世界上其他多數民主國家（例如英國、德國、加拿大、日本、澳洲、紐西蘭等），儘管選區劃分機構的組成方式不盡相同，但大抵是由具有獨立性且超乎黨派的委員會進行選區劃分的工作（蔡學儀，2011：49-53）。我國選區劃分的比較研究，實有必要進一步參酌美國之外其他民主國家的經驗。

---

[5] Lijphart（1982）的 16 項標準如下：1. 對每一位公民而言，皆應有平等的代表，即「一人一票，票票等值」原則；2. 選區的劃分應盡量與地方的行政疆界一致；3. 選區在地域上應是簡潔且連續的；4. 選區劃分應該讓政治上的少數派有他們的代表；5. 選區劃分應該讓種族上的少數派有他們的代表；6. 選區劃分不應對任一政黨特別有利而產生偏差；7. 選區劃分不應對任一種族團體特別有利而產生偏差；8. 選區劃分應對選民在政黨偏好上的改變有充分廣泛的回應力；9. 選區劃分應使每一政黨所獲席次與選票比例相稱；10. 選區劃分應使每一種族團體所獲席次與選票比例相稱；11. 選區的劃分應使其具有競爭性，亦即在每一選區中，每一政黨都有當選的機會；12. 每一選民所投的票對於選舉結果應有相同的影響力；13. 每一選民的選票應盡可能被運用到，盡量不要產生死票；14. 每一個議員在議會中的權力，應與代表選民的人數相稱；15. 應該有相等數目的代表爲相等數目的選民進行服務的工作；16. 大多數的選民應該可以透過其代表控制立法結果，而少數選民不應選出大多數的代表。

　　我國目前區域立委的選區劃分方式主要規定於《公職人員選舉罷免法》（第三十五至第三十七條）。該法規定，區域立委選區由中央選舉委員會斟酌行政區域、人口分布、地理環境、交通狀況、歷史淵源等因素劃分之。自 2008 年第七屆立委選舉開始，每十年重新檢討一次並變更之。中央選舉委員會須將選區變更案送經立法院同意後發布。立法院對於選區變更案，應以直轄市、縣市為單位行使同意或否決。如經否決，中央選舉委員會應就否決之直轄市、縣市，參照立法院各黨團意見，修正選舉區變更案，並於否決之日起 30 日內，重新提出。立法院最遲應於立法委員任期屆滿一年一個月前，對選區變更案完成同意，未能於期限內完成同意部分，由行政、立法兩院院長協商解決之。

　　我國 2008 年首次實施並立制以來，選區劃分最主要的問題，在於各單一選區的人口數並不均等，有些選區的人口數差別尤其懸殊。這是因為我國選區劃分方式，係先根據各縣市與直轄市人口佔全國人口的比例，確定各縣市與直轄市的區域立委應選名額，再由各縣市與直轄市根據分配到的應選名額劃分選區。由於憲法規定各縣市至少選出一名區域立委，許多人口較少的縣市（共有十個）遂不須劃分選區，即以縣市的行政轄區為單一選區。然而這些縣市的人口數相差甚大，有人口達到 46 萬左右的新竹縣，亦有人口僅有一萬左右的連江縣。從另一個角度而言，連江縣選民之區域立委選票的價值，是新竹縣選民之選票價值的 46 倍，明顯違反前述「公平代表性」的原則。此一現象的癥結在於我國憲法明文規定區域立委「各縣市至少一名」，導致前述選區劃分原則中的「區域保障原則」凌駕「公平代表性」。若要改善此一現象，則須修改憲法刪除此一規定，或是增加區域立委總額（亦須修憲），或是大規模調整行政區劃，合併較少的縣市為同一選區。可以預期的是，這些做法的難度都相當高，在未來短期內並不容易達成（游清鑫，2008）。

三、婦女保障名額制度的探討

　　婦女保障名額是我國各級民意代表選舉中行之有年的制度。我國憲法第一三六條規定：「各種選舉，應規定婦女當選名額，其辦法以法律定之。」此為婦女保障名額制度的憲法依據。不過，政府遷台後長期實施威權統治，儘管有局部的地方自治，但中央民意代表直到 1992 年才完成全面改選，婦女保障名額的制度也因此未充分落實。地方民意代表部分，地方民意代表選舉自 1950 年即實施，根據 1950 年頒布的《台灣省各縣市實施地方自治綱要》以及根據該綱要所制定的《台灣省各縣市議會組織規程》，有關婦女保障名額的規定為各選舉區「每滿十名，應有婦女名額一名，餘數在五名以上者，或名額未達十名，而達五名以上者，均至少有婦女名額一名。」中央民意代表部分，在

1980 年頒布的《動員戡亂時期自由地區增加中央民意代表名額辦法》中，增額立法委員的婦女保障名額制度與前述各縣市議會相同。值得注意的是，上述婦女保障名額的法規依據皆非立法院所制定的法律，而是地方法規或行政命令。當時婦女保障名額制度並未依憲法第一三六條的規定在法律層面加以落實。

　　我國婦女保障名額制度在法律與憲法層面的落實，是在 1990 年代隨著台灣民主化的發展而逐漸實現的。1991 年第一次修憲，確立中央民意代表在台灣全面改選的法源基礎，在憲法增修條文明文規定國大代表與立委的婦女保障名額，規定各選區選出的區域立委與國大代表，以及各政黨在政黨名單當選的僑選與全國不分區立委與國大代表，在五人以上十人以下者，應有婦女保障名額一人，超過十人者，每滿十人應增婦女保障名額一人。1997 年第四次修憲，國大代表在全國不分區與僑選代表部分的婦女保障名額制度有所變動，各政黨在政黨名單當選的全國不分區與僑選代表，改為每滿四人，應有婦女當選名額一人；國大區域代表的婦女保障名額則維持原制，立委的婦女保障名額亦未變動，仍維持前述「十分之一條款」。而隨著 2005 年第七次修憲將國大廢除，國大的婦女保障名額制度已經成為歷史。至於立委的婦女保障名額，直到第七次修憲將立委選制改為並立制後才發生改變。由於區域立委採單一選區相對多數制，單一席次的選舉無從規定婦女保障名額，僅能在採政黨名單比例代表制的僑選與全國不分區立委才可能有婦女保障名額的制度，規定各政黨當選名單中，婦女不得低於二分之一。至於地方民意代表部分，1999 年立法院制定《地方制度法》，規定各選舉區選出的直轄市議員、縣（市）議員、鄉鎮（市）民代表名額達四人者，應有婦女當選名額一人，超過四人者，每增加四人增一人。

　　學界對於婦女保障名額制度的研究，主要著重於以下幾個議題：首先，是從憲法法理與民主理論探討婦女保障名額的存廢問題，儘管有少數論者認為婦女保障名額的制度其實違反憲法中的平等原則而主張廢除（吳煜宗，2007；許崇賓，2012），但在當代差異政治（politics of difference）的思維下，多數學者與民間婦女團體仍審慎以對，並未輕言廢除（楊婉瑩，2001）。其次，是從實證角度檢視不同層級民意代表的婦女保障名額制度所發揮的功能，學者大抵發現：隨著婦女參選與當選比例的逐年增加，過去立委的「十分之一條款」，在 1990 年代中期之後便已落後社會現實，一方面許多女性已不需要依賴保障名額當選，另一方面保障名額過低，使得此一制度非但無法達成促成婦女參政的積極意義，原意為保障的下限（floor）有時反而成為政黨提名的上限（ceiling）（隋杜卿，2001；黃長玲，2001；楊婉瑩，2000a、2000b）。至於目前立委新選制下政黨名單二分之一保障名額的功能評估，可能是因為新選制採行不久，目前尚未見到學界對此進行較細緻的分析。關於目前地方議員的四分之一保障名額，學界則發現此制度確實發揮了保障女性參政的實質效果，因為若無四分之一的保障名額，女性當選人確實遠不及

四分之一（黃秀政，2005）。另外值得一提的是，也有學者發現世界上在憲法規定婦女保障名額的國家其實相當罕見，具有此制的國家多數是在法律層次規範此一制度，而且婦女保障名額制度在先進民主國家的普及化，主要是 1960 年代西方第二波婦女運動與新社會運動發展後強調差異政治的產物。以此觀之，我國早在 1946 年制定憲法時就將婦女保障名額制度明文入憲，就差異政治的實踐而言，實具有先驅性的意義，故有學者試圖從歷史考察的角度，去細究我國 1946 年制憲時婦女保障名額制定的歷史過程（黃秀政，2005；黃長玲，2012）。

肆、選舉制度的政治效應

　　國內學界關於選舉制度之政治效應的探討，大致可以分為三部分的研究主題：一是探討選舉制度對於選民投票行為的影響，以及對於政黨與候選人之競選策略的影響；二是探討選舉制度對政黨體系的影響；三是探討選舉制度對政黨體系之外各種政治生態的影響。以下分為此三部分進行回顧。

一、選舉制度對投票行為與競選策略的影響

　　我國立委選制的變革直接牽動選舉規則（electoral formula）、選區規模（district magnitude）、選舉門檻（electoral threshold）、選票結構（ballot structure）等的調整，有關新舊選制的不同內涵與政治效應，各界有相當多面向的觀察。在此，本章主要設定以「選民投票行為履行完成」為止的選舉效應，回顧現有文獻如何探討立委選制變革對於政黨、候選人競選策略，與選民投票行為的影響。

　　先就國會議員選制改革前的政治效應觀之，舊制底下的國會議員是藉由複數選區的 SNTV 選制選出，此一結構的最大特色是候選人僅需掌握少數足夠選票，便可跨越當選門檻，而政黨藉此適當策略操作亦有獲席次紅利（seat bonus）的空間，因此有關政黨、候選人與選民在競選與投票過程中的理性策略行為，經常是文獻分析 SNTV 選制效應的主軸。例如黃秀端（2001）、王業立（2011）曾經探討台灣採 SNTV 制度下，政黨之候選人提名及後續配票等協調問題，王中天 （2008）則是彙整 1992 至 2004 年立委採 SNTV 制度下的選舉資料，針對政黨提名與配票間的兩項協調障礙，進一步歸納政黨在選舉可能犯的四種失誤類型，並發現台灣幾個主要政黨均曾遭遇 SNTV 選制先天所帶來之提名不足、過度提名、或配票不均之協調障礙問題。至於此制度對於微觀層次選民行為的影響上，相關研究（王業立，2011；王鼎銘，2003a、2003b、2003c；

黃秀端,2001)指出因複數選區的 SNTV 選制下政黨有獲得席次紅利或過度代表(over-representation)的機會,是以理性上選民會尋求邊際候選人(marginal candidates)的最適化為原則,以力求屬意政黨席次的極大化。這些研究採實際經驗資料分析後更證實,選舉學理上所稱之選民策略投票(strategic voting)與政黨選票之黨內位移(intra-party transfer)的現象,確實都發生在台灣實施 SNTV 的過程當中。

政黨內部之票源競爭與選民策略投票現象,是學界檢視 SNTV 選制效應時相當關鍵的一環,學界後續對此也挹注更多心力深入探討。如王鼎銘(2011)等即是從競選之成本效益與負面競選(negative campaigning)的角度,觀察到 SNTV 制下參選人競選開支對於增長本身選票的效果與對其他參選人的外部性(externality)效應。其研究證實了 SNTV 下黨內同志確實具有相當強烈的競爭性,同黨參選人透過競選支出互挖牆角的情況甚為嚴重。而 SNTV 選制值得探討的問題不僅於此,包括選制規則直接牽涉到選票如何轉換為國會席次的代表性問題,學界直指 SNTV 選制的代表性通常是介於單一選區與比例代表制之間,並以「半比例代表制」(semi-proportional system)(Lijphart, 1994: 10; Taagepera and Shugart, 1989: 28)或「準比例代表制」(村松岐夫、伊藤光利、辻中豐,2001:143-145)稱之。也因此一制度的特性,國內相關研究曾聚焦於探究 SNTV 制下弱勢族群的生存空間,如包正豪(2011)主要是探討原住民在 SNTV 制下政治版圖的變遷,林繼文(2001)則是關注選票換算的比例性與代表規模合適性的問題。而 SNTV 選制下政黨與候選人針對地方選區票源的經營至為關鍵,是以包括政黨派系發展與其對地方選區的經營運作(如徐永明、陳鴻章,2004、2007)、國會議員立法代議行為表現(如盛杏湲,2005;Sheng, 2003)與其分配政策提案行為的表現(如羅清俊,2001、2004;羅清俊、廖健良,2009)、甚或政黨策略運用立法院委員會召委等重要職位以協助立委尋求連任的影響(如 Tsai, 2005),都是學界分析 SNTV 選制時所強調的重點。

前述課題為台灣學界探討實施舊制 SNTV 時的重要面向,然因實施此制產生過度代表席次、極端主義、少數當選、金權弊案纏繞、議事效率低落、地方派系傾軋、選區定額不均衡(票票不等值)、政權不易輪替等諸多弊病(王業立,2011;林繼文,1999、2001;張世熒,2002;黃德福、楊鈞池、劉念夏,2002),我國已於 2005 年 6 月時啟動第七次修憲程序,正式通過立委新選制的改革內容。自 2008 年的第七屆立法委員開始,採行「單一選區兩票並立制」。此制度下選民可投兩票:一票投人(區域立委),由相對多數決產生;一票投黨(政黨比例代表),由各政黨依其政黨票之得票率來分配席次。一般預期此制將能促成兩黨競爭的格局,同時亦可照顧社會弱勢與反映多元民意(Dunleavy and Margetts, 1995; Shugart and Wattenberg, 2001)。也因新制強調結合兩票結構的設計,有關新選制改革效應的相關討論面向更加精彩豐富。

舉例言之，在王業立、彭怡菲（2004）的研究中主要是歸類不同選制類型與選舉層次的一致／分裂投票行為（straight- and split-ticket voting）類型，而有關台灣新制下一致／分裂投票的分析方法，在黃紀（2001、2008a）的研究中也提出相當完整的介紹。這幾篇研究對於瞭解混合兩票架構下一致／分裂投票的定義或分析方法，有相當大的幫助。奠基選制學理基礎後，各界也開始探究改革新制的成效，相關研究主題包括如探討新制下民眾對於立委新選制的認知、參與及評價（如游清鑫，2012；鄭夙芬，2008；Huang and Yu, 2011）、新制兩票架構下的一致／分裂投票行為（蕭怡靖、黃紀，2010b）與兩票互動效果（陳陸輝、周應龍，2008；黃紀，2010）、觀察新舊選制下選票空間分布與席次偏差（鄧志松、吳親恩、柯一榮，2010）等議題。部分研究更是運用了定群追蹤資料（panel data），分析新舊選制變革過程中的選民穩定變遷投票行為（王鼎銘、郭銘峰，2009；林長志，2009b）、甚或進一步從事比較採用類似制度之台、日、韓選舉效應的跨國比較（如王鼎銘、郭銘峰，2009；Tsai et al., 2011）。值得一提的是，針對評估新選制效應的各項方法或研究設計上，晚近幾年也更獲得國內學者的重視並有相當成果，包括效應評估（impact evaluation）的因果推論方法（如黃紀，2010）、新舊選制變遷選區重劃政治效果的評估方法（游清鑫，2008）、評估選制變遷對區域立委代表行為的影響（如盛杏湲，2008）與對地方政治生態的影響（如黃信達、王業立，2008）、民眾選制認知評價的焦點團體研究法（鄭夙芬，2008）、以政黨得票的全國一致化程度（nationalization）檢視選制變遷對於政黨體系的影響（蔡佳泓、王鼎銘、林超琦，2008）等。部分研究更進一步提出可運用地理資訊系統（geographic information system，GIS）與空間分析方法（spatial analysis），估算新制下立委的選舉地盤（鄧志松、吳親恩，2008）。整體而言，目前國內針對台灣新選制的研究，除了已更強調研究設計的嚴謹度外，包括質化與量化研究方法均有十足進展，而新資訊科技的運用也獲得相當重視。

誠如前述，台灣改採新制後的各項研究主題，已相當紮實地探究了選制規範的內涵。特別值得說明的是，有關新選制下政黨的參選策略或選民行為的分析，多數研究的共識是需重視檢測混合選制兩票間的互動性。由於混合選制是強調整合區域立委選票（採單一選區相對多數制）與全國不分區立委選票（採政黨名單比例代表制）之兩票架構，是以當整合兩票架構後的效應檢測，勢必將較單純採相對多數決或比例代表選制難以估算。而學界對於混合選制兩票架構之政治效應，目前也有許多辯論，總括來說是依兩票架構間互動效果的彰顯與否，歸納為「獨立效果」（independent effect）與「連動／感染效果」（interaction/contamination effects）兩派不同觀點。簡單來說，贊同獨立效果觀點的學者（如 Moser, 1997; Moser and Scheiner, 2004; Stratmann and Baur, 2002）認為，混合選制是涵蓋單一選區多數決與比例代表制兩種制度，採行混合選制後不論是政黨參

選策略與競選資源的使用，抑或選民的投票決定，均會分別按照兩項選制的迥異特質加以展現。因此，當估算兩種選制架構對政黨參選策略、選民投票決策、政黨體系形塑的影響，可視爲各自獨立的不同實體（separate entity），分別估算各自選票的政治效應後，再予以匯總分析（Bawn, 1993; Moser, 1997）。相較之下，持連動效果說的學者則認爲，正由於混合選制同時受到兩種不同選制架構的規範，因此其連動性就誠如 Federico Ferrara、Erik Herron 和 Misa Nishikawa 的觀點：「就微觀層次而言，是指選民、政黨、參選者或是國會議員在混合選制兩票架構下之一端的行爲決策，將會顯著受到另一端選制規則的影響；而就宏觀層次而言，則是代表選舉的最終結果，像是有效政黨數，會同時受到不同選制特徵的牽動」（2005: 8-9）。他們在分析混合選制的政治效應時發現兩票選制架構會受到彼此間的污染或感染，而獨立效果說認爲可藉由「控制實驗」來檢視混合制兩票的各自純淨效果是不可能的。據此，一般在文獻上針對連動效果說，也經常會以「感染效果說」（如林繼文，2008）或「污染效果說」（如黃紀，2010）來加以形容。歸納前述，現今國內選制研究從事有關「杜弗傑法則」（Duverger's Laws）所預期不同選制內涵對政黨體系影響之三項法則，或者觀察其機械效果（mechanical effect）與選民策略投票之心理效果（psychological effect），均會檢測兩票是否存在相互連動效果。惟目前就台灣的新選制架構來看，由於並立制是強調兩種議席各自獨立計算，不僅未若聯立制較強調兩種議席密切相關，也未若日本存在如重複提名（dual candidacy）可能影響兩票互動的背後機制（mechanism），是以一般預期台灣立委兩票架構上的互動感染效果，應該比較小。[6] 目前探討台灣首度（即 2008 年）實施並立制國會選舉的經驗研究（如陳陸輝、周應龍，2008；黃紀，2010；Huang, Chen, and Chou, 2008 等），都發現到兩票架構未具有顯著互動效果。然其在後續國會選舉的效果爲何，仍值得再持續觀察。

　　總括前述介紹，可發現有關我國實施 SNTV 選制與改採並立式選制的內涵與效應，目前在學界已累積相當豐碩的成果。然誠如 Steven R. Reed（2005: 282）的提醒，針對選制變革對於政治行爲者（如政黨、代議士、選民）與國家民主政治運作的政治效應，恐非短期可準確評估，甚至應以十年（decade）爲期方可完整評估。[7] 爰此，有關新制相關的政治效應，仍需要後續研究挹注心力，俾以系統性建構屬於台灣選舉制度與行爲研究的理論。

---

[6]　關於日本兩票架構感染效果的可能性與候選人重複提名制度影響效應的討論，可詳見林繼文（2008），郭銘峰（2011），郭銘峰、黃紀、王鼎銘（2012a、2012b）。

[7]　其原文爲：the most appropriate time frame for evaluating structural reforms is decades not years（Reed, 2005: 282）。

二、選舉制度對政黨體系的影響

選舉制度對於一個國家政黨體系的形塑具有重大影響，是學界普遍承認的事實。關於國會選制如何影響一個國家的政黨體系，法國政治學者 Maurice Duverger 早在 1950 年代即提出了「杜弗傑法則」，半個世紀以來引起學界諸多討論。根據 Duverger（1954）的觀點，國會選制採行單一選區相對多數制的國家，傾向形成兩黨制；國會選制採行比例代表制的國家，則易導致許多相互獨立的政黨出現，傾向形成多黨制；兩輪投票制則易形成多黨聯盟。[8] 就單一選區相對多數制而言，由於各選區應選名額只有一名，因此任何參選的候選人不論其得票多寡，只要不是得票最多的候選人，最終仍無法得到席次。這種選舉規則對各政黨在選票與席次之間的轉換效果，亦即選舉規則本身的「機械性因素」（mechanical factor），具有「贏者全拿」（winner takes all）的特質，政黨在此種選制下容易出現超額當選（over-representation）或代表性不足（under-representation）的嚴重「比例性偏差」（disproportionality）現象。[9] 若政黨評估自己的實力不足以在選區中獲得最高票當選，基於勝選的考量，通常在選前會彼此結盟，共打選戰，而原先佔有優勢的政黨也會設法聯合其他力量，以確保其優勢地位，因而最終會凝聚成兩股相互抗衡的政治力量，此即選舉制度的「機械性因素」。

再者，當原本支持小黨的選民瞭解到他們將選票投給小黨形同浪費時，自然會傾向將選票移轉到他們原本不打算支持的兩大黨中較不討厭的一方，以防止較討厭的另一方當選，這種選舉規則的「心理因素」（psychological factor）亦會促使選民進行策略性投票（strategic voting），使選民棄小黨以就大黨，最終的投票對象傾向在兩個較大政黨之間做選擇，小黨的選票終將流失，幾無生存空間。綜言之，單一選區相對多數制的「機械性因素」和「心理因素」，前者造成政黨的「融合」（fusion），後者造成政黨的「消滅」（elimination），將使選區中的選票集中於兩個主要政黨，進而形成兩黨制。

就比例代表制而言，由於比例代表制設計的目的，就是強調「比例代表性」，亦即希望各政黨在國會中所擁有的席次比例，應盡量符合各政黨在選舉中所得到的選票比

---

[8] 吳文程（2001）針對杜弗傑法則中有關比例代表制與兩輪投票制影響政黨體系的假設進行檢證，認為杜弗傑這兩項假設應精確地定義為：比例代表制傾向形成極端多黨制，兩輪投票制傾向形成溫和多黨制。

[9] 關於單一選區相對多數制的嚴重「比例性偏差」，Rein Taagepera 和 Matthew S. Shugart（1989）以「選舉立方法則」（the cube law of elections）說明此現象。他們指出：在兩黨制、單一選區相對多數制的選舉中，兩黨席次的比率將會是兩黨得票率比率的三次方。國內學者林澤民和李鳳玉（Lin and Lee, 2009）對此進一步提出空間迴歸模型（spatial regression model），檢視此一法則在我國 2008 年立委選舉的有效性。

例。在採行此制的國家中，一個政黨只要能跨過當選門檻，即可依得票比例，在國會中擁有相當比例的席次。在此情形下，小黨較有機會存活，小黨之間互相聯合的誘因將會減弱，選民進行「策略性投票」將選票集中於大黨的動機也會降低，因此比例代表制容易導致許多獨立政黨的形成，傾向形成多黨制。

儘管「杜弗傑法則」並未論及 SNTV、聯立制、並立制等選舉制度，但循著杜弗傑法則的論述邏輯，學者大致肯認，SNTV 由於是在複數選區下施行，其比例代表性理論上是介於單一選區相對多數制與比例代表制之間，且選區應選名額越多，比例代表性會越彰顯，小黨的生存空間也會越大，也就越傾向形成多黨制。在聯立制下，由於是依各政黨在政黨名單部分（第二票）的得票率來分配各黨在國會的全部席次，亦即政黨的第二票得票率與該黨在國會中的總席次率相當，因此聯立制與比例代表制一樣，皆非常具有比例性，故而也容易形成多黨制。至於在並立制下，單一選區部分（第一票）與比例代表部分（第二票）的選票分別計算，互不影響，乃是一種對小黨不利的選舉制度。儘管並立制因為有政黨比例代表制部分的席次，使小黨仍有若干生存空間，但由於單一選區部分的席次勢必由大黨囊括絕大多數席次，小黨在單一選區部分幾乎不可能獲得席次，因此並立制原則上仍是一種對大黨有利的選舉制度。具體而言，此種制度對大黨有利的程度，取決於單一選區名額佔國會總名額的比例，亦即單一選區佔國會總名額的比例越高，對大黨越有利。而目前世界上採取並立制的國家，除了極少數的例外，單一選區的名額皆佔國會總名額的一半以上，因此就整體而言，即便小黨在比例代表部分仍有可能獲得若干席次，而不致完全消失，但並立制仍會形成兩大黨競爭的基本格局。就算並立制不見得會塑造標準的兩黨制，但大抵是「兩大黨加上眾小黨」（two-plus）的政黨體系。

上述選舉制度影響政黨體系的命題，若就我國的實際經驗加以觀察，大致是可以獲得確認的。李柏諭（2006）分別探究我國採相對多數制的總統選舉與縣市長選舉、過去採 SNTV 的立委選舉、採比例代表制的任務型國大選舉等不同類型的選舉中，選舉的有效政黨數是否有差異，結果發現總統選舉與縣市長選舉的有效政黨數最少，立委選舉的有效政黨數次之，任務型國大選舉的有效政黨數最多。[10] 而在我國於 2005 年修憲將立委選制由 SNTV 改為並立制後，在 2008 年第七屆立委選舉正式施行此制之前，有不少學者根據並立制的制度邏輯，以及日本採行並立制的實際經驗，預期我國在並立制實施後將從多黨制轉變為兩大黨為主的政黨體系（盛治仁，2006；陳佳吉，2004a、2004b）。從 2008 年實施並立制後兩次立委選舉結果的經驗看來，選前的評估的確得到

---

[10] 「有效政黨數」的計算公式為：$N = 1/\sum Pi^2$（Pi 是個別政黨的得票率或國會席次率），參見 Markku Laakso 和 Taagepera（1979）。

實證上的支持（Hsieh, 2009）。

事實上，一國的政黨體系不僅受到國會選制影響，也可能會受到總統選制影響，因此也有學者以「杜弗傑法則」的論點為起點，進一步檢視全球民主國家國會選制與總統選制對於政黨體系的「綜合」影響。蘇子喬、王業立（2012）發現：從國會選制來看，國會選舉採比例代表制的國家，其國會有效政黨數在整體上確實如杜弗傑法則所言明顯多於國會選舉採單一選區相對多數制的國家。而不論是國會選舉採比例代表制或單一選區相對多數制，有總統直選制度之國家的國會有效政黨數，明顯少於無總統直選制度的國家。若再進一步觀察，在國會選舉採比例代表制的國家中，若總統選舉採相對多數制，其國會有效政黨數會少於總統選舉採兩輪決選制的國家；不過，在國會選舉採單一選區相對多數制的國家中，不論總統選舉採相對多數制或兩輪決選制，其國會有效政黨數的差異不大。

針對選舉制度對於政黨體系的影響，也有學者提出研究方法上的反省。蔡佳泓、王鼎銘、林超琦（2008）指出，若要掌握一國政黨體系的實際樣貌，單從各政黨的得票率與席次率進行分析，可能是不夠的。因為就得票率和席次率來看很類似的政黨體系，有可能存在著很不同的競爭關係。例如，同屬兩黨制的國家，有可能是兩個政黨 A 和 B 在全國都有相當的競爭力，也有可能政黨 A 和政黨 B 各自在某特定區域有支配的優勢，而在某些區域則無競爭力。前者的政黨體系是全國集中型，兩個政黨在全國的得票率有一致性，後者則是分散型，在區域上是一黨獨大，並沒有兩黨競爭。如果某政黨所受到的支持，在全國是相當一致的，亦即政治全國一致化（nationalization of politics）的程度較高，則政黨所採取的競選策略，也會比較以全國性議題為訴求；若政治全國一致化的程度較低，代表政黨倚賴特定區域的支持，則政黨所採取的政策訴求，也就會比較偏向特定區域的利益。因此，若要瞭解政黨體系的動態情形，除了掌握整體得票率與席次率的變動外，還必須瞭解政黨在不同層級的得票情形。故蔡佳泓等人提出「變異量結構模型」來計算政黨在各個選區的得票與離散程度，試圖以更細緻的方式掌握政黨體系的實際樣貌。

不過，在學界普遍承認選舉制度影響政黨體系的同時，黃旻華（2003）等學者則提醒，勿將選舉制度、政黨、候選人、選民的複雜動態關係，過度簡化為靜態的制度決定論，而低估非制度性因素（例如社會分歧因素）的影響。假如一個國家存有明顯的社會分歧，各選區因種族、語言、宗教、地域等分歧而差異甚大，選區層次的兩黨制未必會形成全國層次的兩黨制，因為單一選區相對多數制在一個選區所造就的兩大黨未必是另一個選區的兩大黨，除非是各選區的兩大黨恰好也是所有各選區最主要的兩個競爭政黨，否則在全國層次上仍會形成多黨體系。再者，選舉制度固然影響政黨體系的發展，但既有的政黨體系也往往相當程度地決定了選舉制度的選擇。事實上，以歐陸國家的實

際經驗來看,歐陸國家多黨制的存在,早於比例代表制採行的時間,就此看來,其實是多黨制決定了比例代表制,而非比例代表制形成了多黨制。選舉制度的政治效應往往是在於鞏固或強化既有的政黨體系,而不是創造或形塑新的政黨體系(廖益興,2010)。

　　總之,關於選舉制度對於政黨體系的影響,學界目前對此議題的共識是,國會選制與政黨體系之間並不存在單一因素(monocausal)或是單一線性(unilinear)的關係,選舉制度僅是影響政黨體系的成因之一,某一特定的選舉制度並不必然會產生某一特定的政黨體系,且選舉制度與政黨體系兩者的關係,也可能是互有因果,相互影響的。不過,就整體趨勢而言,假若一個國家沒有嚴重的地域、文化、種族等社會分歧,選舉制度對於該國政黨體系的形成確實具有關鍵的影響力。

三、選舉制度對其他政治生態的影響

　　關於選舉制度對政治生態的影響,學界主要將焦點放在我國改採並立制的政治影響評估。歸納學者的看法(王業立,2011;吳親恩、李鳳玉,2007;盛杏湲,2008;陳滄海、林瑞隆,2005;游清鑫,2006),並立制實施後可能造成以下的政治影響:首先,就政黨生態而言,除了前述一般預料新選制將形成「兩大黨加上眾小黨」的政黨體系之外,多數學者也預期各政黨的黨紀與凝聚力應會強化,這是因為在單一選區下,每個政黨僅會提名一位候選人參加選舉,候選人之間的競爭也同時意味著政黨之間的競爭,政黨的政策訴求、標籤與形象應是候選人能否當選的重要關鍵之一,立委當選既然較過去 SNTV 更為依賴政黨的奧援,為了獲得政黨的提名以追求連任,自然會較願意遵從黨紀,且過去 SNTV 在同選區中同黨候選人兄弟鬩牆、同室操戈的情景將不復存在,政黨的凝聚力與向心力應會較過去增強。

　　其次,就立委的代表角色與行為而言,單一選區下候選人的競選策略與政策訴求應會逐漸趨中而溫和化,候選人走偏鋒的現象將會比過去 SNTV 的情形減少。以選區服務而言,由於單一選區的地理範圍縮小,票源集中、以整個選區為服務對象的候選人當選機率可能提高。過去 SNTV 下票源較分散,只靠中央問政的形象型候選人將難以當選;要當選,最好的策略就是服務特定的選民,而非所有選民。而且,在單一選區當選的立委將是各選區中的「唯一」代表,選民與立委的連結性更為加強,候選人當選後為了追求連任將不得不重視選區的經營,導致立委問政地方化,「肉桶立法」(pork-barrel legislation)的現象有可能更為普遍,立委的現任者優勢也可能會更為顯著。

　　第三,就政治版圖而言,區域立委改採單一選區後,可能會加深台灣「北藍南綠」的結構,亦即北部地區多為藍營立委候選人當選,南部地區多為綠營立委候選人當選。

這是因為單一選區相對多數制具有「贏者全拿」的特質，係由得票最高的候選人獲得選區中唯一的一席，在南部綠營選民較多的選區，即使藍營候選人亦能獲得一定的選票，但選區中得票最高的候選人往往是綠營候選人，故無法獲得席次；同樣地，在北部藍營選民較多的選區，綠營候選人也面臨相同的命運。這將導致台灣未來的政治版圖呈現「北更藍、南更綠」的趨勢，不利於調解族群的對立與地域的衝突。

　　以上三點是學界對於「新選制的政治影響」較具共識，也較常被提出的評估觀點。此外，也有學者指出新選制採行後，單一選區與過去 SNTV 的複數選區相較，有可能壓縮婦女參政的空間（游清鑫，2006）。有學者認為並立制將能促成立法院存在一個掌握過半數的政黨，降低分立政府與少數政府出現的機會（楊日青，2000；蘇子喬，2010）。也有學者認為並立制下塑造的兩黨體系較容易產生一黨政府，這樣的政府型態會比多黨制下的聯合政府或少數政府更有利於財政赤字的控制，增進財政紀律（葉嘉楠，2005）。

　　不過，究竟新的選舉制度採行後能否減少賄選風氣，以及能否削弱地方派系的力量，學者的看法不盡相同，這是學界對於新選制的政治影響評估較無共識的部分。就賄選問題而言，有學者認為新選制能否發揮抑制賄選風氣的作用，取決於新選制是增加還是減少當選所需的安全票數，如果當選的安全票數越高，則候選人透過賄選買票的動機應該會越弱。新選制採行後，大幅提高了候選人在單一選區中當選所需的安全票數，應該可以降低賄選情形。且單一選區下候選人人數較少，抓賄的繁複程度降低，不論是候選人相互監督或是司法檢調單位的查賄力量都可望增強（盛治仁，2006）。另有學者以採行 SNTV 的第六屆立委選舉與採行並立制的第七屆立委選舉的賄選一審判決資料進行比較分析，發現在單一選區下，賄選對候選人增加當選的機率並沒有明顯的幫助，且候選人過往的賄選紀錄會降低其當選的機率，此研究發現意味著新選制具有抑制賄選的作用（吳親恩，2012）。不過，也有學者認為，單一選區因選區地理範圍較小，強化了候選人與選民之間的直接關係，候選人更易掌握作為行賄對象的目標選民，故強化了候選人賄選的效果，而提高候選人行賄的可能（廖益興，2010）。同樣地，就地方派系的問題而言，學者也有不同的評估。有學者認為根據日本採行並立制的經驗，政黨集權化、派閥勢力消退的趨勢已逐漸浮現，此一趨勢也可望在台灣實施並立制後發生（吳明上，2011）。但有學者認為在並立制採行後，儘管整體而言政黨在選舉中的影響力可望增強，但在某些原本地方派系勢力強大的地區，也有可能是政黨依賴地方派系而提名派系人物當選。換言之，在單一選區下，固然有些選區是候選人依賴政黨而當選，但有些選區也可能是政黨依賴候選人而當選，假若是後者，且地方派系的勢力若與選區大致相符合，地方派系仍有持續壯大的空間（吳親恩，2006）。

伍、台灣選舉制度研究的前瞻

　　完整回顧國內學界過去十多年來關於選舉制度的研究成果之後，本章最後針對未來台灣選舉制度研究可進一步耕耘開拓的研究議題，歸納整理出以下五點建議，希望提供後續研究進一步參考。

　　首先，我國學界對於選舉制度的研究，主要集中在國會議員選舉制度的探討，對於地方議員（直轄市議員、縣市議員、鄉鎮市民代表）選舉制度的探討則相當少。[11] 我國立委選舉制度從 SNTV 改爲並立制之後，目前地方議員選舉仍然維持採行 SNTV。過去中央層級的立委選舉採 SNTV 造成的弊病，在立委選制改變後確實有了一些改善（當然也不免產生了一些新的問題），然而 SNTV 所造成的諸多現象，在地方層級仍然明顯存在。地方議員選舉制度是否有必要如同立委選舉制度進行改革？若要改革，是要如同目前立委選舉制度採行單一選區兩票制，或是有其他更適宜的方案（例如比例代表制、全額連記制、限制連記制等）？由於地方議員選舉制度的改革是修改相關法律（例如《公職人員選舉罷免法》、《地方制度法》）即可達成的事情，並不像立委選舉制度改革涉及修憲，在程序上應有較彈性的調整空間。地方議員選制改革的問題尚有待學界進一步思考探究。

　　其次，我國目前選舉制度研究還可看到一個空缺，即儘管有關國會議員選舉的研究文獻卷帙浩繁，但總統選舉制度的研究則不多見。衡諸全球，我國總統選舉採行的相對多數制，在世界上總統直選的國家中並不算普遍，具有絕對多數制精神的兩輪決選制才是世界上最爲普遍的總統直選制度。[12] 我國總統選舉在 1994 年第三次修憲後，決定改爲公民直選並採相對多數制，1997 年第四次修憲曾將總統選舉制度調整列爲修憲議題之一，但最後不了了之。自此之後，立委選制改革的議題持續受到重視，總統選制改革的議題則逐漸遭到忽略。過去一兩年，儘管總統選制改革的呼籲和討論偶見報端，但學界對總統選制的研究似乎始終不如過去討論立委選制改革的熱烈程度。究竟我國總統選舉制度是否有調整的必要，此一議題也有待學界進行更細緻與縝密的探討。

　　第三，我國立委選舉目前雖已改採並立制，但其實目前的並立制中仍殘留了一部分

---

[11] 王業立（2011：113-121）與林信雄（2009）的研究應是至目前爲止，國內學界少數探討地方議員選制改革者。王業立建議未來我國地方議員選舉改採限制連記制，林信雄建議採並立式單一選區兩票制。

[12] 根據王業立（2011：18）的統計，在全世界 91 個總統由人民直接選出的國家中，有 51 個國家採行兩輪決選制，佔 56.0%；有 19 個國家採行相對多數制，佔 20.9%。另外，愛爾蘭與斯里蘭卡兩個國家的總統選舉則是採取具有絕對多數制精神的選擇投票制。

的 SNTV，即原住民立委選舉的部分。原住民立委選制的設計與調整，向來受到國人忽略，學界探討原住民立委選制的相關文獻也相當少。事實上，在第七次修憲改變立委選舉制度時，僅對原住民立委的名額略做調整（將山地原住民與平地原住民立委各四席改為各三席），並未規定原住民立委的選舉方式。目前原住民立委的選舉方式乃是規定於《公職人員選舉罷免法》，選舉方式係以全國為選區，山地原住民與平地原住民立委應選名額三席，全國的平地原住民選民與山地原住民選民的第一票並不選舉各選區的區域立委，而是選舉原住民立委，由得票前三名的候選人當選。換言之，就原住民選民而言，立委選舉制度並非「單一選區兩票制」的並立制，而是 SNTV 加上政黨名單比例代表制的並立制。可能是因為原住民選民佔全體選民的比例相當低（約 2%），原住民立委選制引發的政治效應較為輕微，導致多數國人與學界在探討立委選制時，容易忽略對原住民立委選舉制度的討論。然而，六席原住民立委在立法院中佔有超過 5%（6/113 = 5.3%）的代表席次，在我國目前立法院中三席立委即能組成黨團參與政黨協商影響議事運作的情況下，此一席次比例實不可謂少。究竟原住民立委選舉制度應如何規劃較為適宜，亦有待學界進行詳細的思考。

　　第四，選舉制度研究乃是制度研究的一環，制度研究的另一項主題則是憲政體制。選舉制度的研究者，未來也可以進一步思考將選舉制度與憲政體制進行配套研究的可能性。由於選舉制度會影響一國的政黨體系，不同的政黨體系與憲政體制相互搭配會組成各種不同的政府型態，而整體制度運作的優劣則可以透過不同政府型態所展現的政治效應來加以觀察。[13] 就此看來，在制度研究中，「選舉制度」、「憲政體制」、「政黨體系」、「政府型態」顯然可以放在一個廣泛的架構中進行探討。憲政體制與選舉制度如何搭配的議題，也提醒選舉制度的研究者，應將自己的研究成果與其他的制度研究相互

---

[13] 若將政黨體系區分為兩黨制與多黨制，憲政體制區分為內閣制與總統制，則兩者搭配下會形成不同的政府型態，不同的政府型態也各有不同的政治效應，茲分述如下：第一，內閣制與兩黨制的搭配通常會形成「一黨內閣」，這種政府型態的優點在於施政較有效率、政治較穩定，但容易產生政府濫權的危機。第二，內閣制與多黨制的搭配通常會形成「聯合內閣」或「少數內閣」。在聯合內閣的情況下，施政效率與政治穩定程度不如一黨內閣，但政府濫權的危機也相對較為緩和；在少數內閣的情況，通常施政較無效率，政治較不穩定。第三，總統制與兩黨制的搭配會形成「一致政府」或「分立政府」，在一致政府的情況下，通常施政較有效率；在分立政府的情況下，容易形成政治僵局，施政缺乏效率。第四，總統制與多黨制的搭配則幾乎注定形成「分立政府」，政治僵局將難以避免，而多黨制多是肇因於比例代表制，因此一般認為，在以上各種組合中，總統制與比例代表制（因而形成多黨制）的搭配對一國的民主鞏固最不利，過去拉丁美洲國家的實際經驗即為例證。至於半總統制與不同政黨體系搭配下所形成的政府型態，以及不同政府型態所展現的政治效應，會比純粹的內閣制或總統制來得複雜，但亦能依照上述推論方式來加以思考。

對話。目前固然已有學者對於選舉制度與憲政體制的配套提出相關的研究成果（林繼文，2006；蘇子喬，2010），但更為細緻豐富的的配套研究仍值得期待。

第五，有關選制改革之效應評估的方法上，雖然邇近國內外相關實證研究已更重視準實驗（quasi-experiment）的研究設計，希望更精準評估選制改革效應之因果關係，然就我國改採並立制之效應評估來說，在研究設計上最大的挑戰，仍在於如何去尋求合適的對照組（control group），以對照評估有無實施新制之「實驗／處理組」（experiment/treatment group）的效應。據此，未來相關研究中應可嘗試設定與我國國情與選制改革方向最為類似的日本，以合適的研究設計進行對照比較。此外更重要的是，我們也呼籲有關選制改革政治效應的評估，最佳的研究設計仍以跨時序（longitudinal）的研究設計最為珍貴。我們也建議相關研究從事分析時，應儘量擴充選舉的分析屆數，甚或跨國度完整蒐集台日兩國歷年採 SNTV 與並立制的各項選舉數據，更細緻的研究設計架構，精準解析選制改革的政治效應與其因果機制。

參考書目[*]

王中天，2008，〈SNTV 的政黨失誤類型之探討、測量與運用——以台灣立法院選舉為例〉，《選舉研究》15（1）：51-72。

王保鍵，2007，《立委單一選區對客家族群政治參與之影響》，台北：中國文化大學政治學研究所博士論文。

王業立，2001，〈再造憲政運作的理想環境——選舉制度、國會運作與政黨協商機制的改革芻議〉，《新世紀智庫論壇》16：29-39。

王業立，2011，《比較選舉制度》，第六版，台北：五南。

王業立、彭怡菲，2004，〈分裂投票——一個制度面的分析〉，《台灣政治學刊》8（1）：3-45。

王鼎銘，2003a，〈政黨認同下的選票效用與選擇——空間投票理論在不同選舉制度間的比較〉，《選舉研究》10（1）：171-206。

王鼎銘，2003b，〈複數選區下的棄保效應——民調與選區資料的觀察比較〉，《理論與政策》17（1）：87-106。

王鼎銘，2003c，〈策略投票及其影響之檢測——二○○一年縣市長選舉及立委選舉結果的探討〉，《東吳政治學報》16：95-123。

王鼎銘，2008，〈修憲議題與政黨偏好的交織——任務型國大選舉比例代表制的投票分析〉，《台灣政治學刊》12（2）：213-250。

王鼎銘，2011，〈參選人競選支出效果及其外部性〉，《人文及社會科學集刊》23（3）：341-370。

王鼎銘、范恩邦，2010，〈立委參選人競選支出的選舉效果——Jacobson 支出理論在台灣新選制下的再檢驗〉，《台灣政治學刊》14（2）：3-35。

王鼎銘、郭銘峰，2009，〈混合式選制下的投票思維——台灣與日本國會選舉變革經驗的比較〉，《選舉研究》16（2）：101-130。

王鼎銘、郭銘峰、黃紀，2008，〈選制轉變過程下杜佛傑心理效應之檢視——從日本眾議院選制變革的經驗來觀察〉，《問題與研究》47（3）：1-28。

王鼎銘、黃紀、郭銘峰，2009，〈2005 年日本眾議員選舉之分析——自民黨策略與小泉魅力之影響〉，《問題與研究》48（2）：1-34。

王鼎銘、蘇俊斌、黃紀、郭銘峰，2004，〈日本自民黨之選票穩定度研究——1993、1996 及 2000 年眾議院選舉之定群追蹤分析〉，《選舉研究》11（2）：81-109。

包正豪，2011，〈原住民政治版圖的持續與變遷：1992-2008 立委選舉的總體資料分析〉，《選舉研究》18（2）：87-120。

---

[*]　分類參考書目詳見附錄一。

田弘華、劉義周，2005，〈政黨合作與杜瓦傑法則——連宋配、國親合的賽局分析〉，《台灣政治學刊》9（1）：3-37。

吳文程，2001，"Duverger's Hypothesis Revisited"，《東吳政治學報》12：41-73。

吳志中，2001，〈台灣選舉制度的抉擇〉，《研考雙月刊》25（6）：34-48。

吳明上，2003，〈日本眾議院議員選舉制度改革之探討——小選舉區比例代表並立制〉，《問題與研究》42（2）：79-94。

吳明上，2011，〈日本眾議院選舉制度改革與自民黨集權化之關係〉，《問題與研究》50（3）：29-47。

吳重禮，2002，〈SNTV 的省思——弊端肇因或是代罪羔羊？〉，《問題與研究》41（3）：45-60。

吳重禮，2008，〈立法委員選舉制度改革的省思——匡正弊端或治絲益棼〉，黃紀、游清鑫（編），《如何評估選制變遷：方法論的探討》，台北：五南，頁 251-277。

吳煜宗，2007，〈婦女保障名額的違憲性〉，《月旦法學教室》55：6-7。

吳親恩，2006，〈選制改變的影響——從 SNTV 到「並立式單一選區兩票制」〉，吳重禮、吳玉山（編），《憲政改革：背景、運作與影響》，台北：五南。

吳親恩，2012，〈立法委員選舉的賄選誘因與效果〉，《臺灣民主季刊》9（1）：41-80。

吳親恩、李鳳玉，2007，〈選舉制度與台灣政黨族群議題立場的和緩〉，《政治學報》43：71-99。

李建良，1999，〈政黨比例代表制與選舉平等原則：以德國聯邦眾議院選舉制度為中心〉，《歐美研究》29（2）：105-169。

李柏諭，2006，〈選舉制度對政黨體系之影響——台灣總統、縣市長、立法委員、任務型國大選舉之實例比較〉，《政治科學論叢》27：69-111。

李英明、楊鈞池，2001，〈以「單一選區兩票制」建立政黨競爭的公平性與和諧性〉，《國家政策論壇》1（8）：84-86。

李國雄，2005，〈英國的選舉制度、政黨政治與 2005 年的國會大選〉，《立法院院聞》33（9）：8-22。

李憲榮，2005，〈加拿大選舉制度改革之探討〉，《台灣國際研究季刊》1（1）：53-82。

李憲榮，2006，〈紐西蘭國會選舉制度改革評析〉，《台灣國際研究季刊》2（1）：29-49。

李憲榮，2008，〈愛爾蘭「單一選票讓渡」的選舉制度〉，《台灣國際研究季刊》4（14）：1-19。

村松岐夫、伊藤光利、辻中豊，2001，《日本の政治》，東京：有斐閣。

谷瑞生，2007，〈德國國會選舉制度及國會選舉〉，《選舉評論》（3）：23-36。

周繼祥，1999，〈「大選區、多席次、兩票制」之研析〉，《立法院院聞》27（9）：12-19。

林長志，2009a，〈立委選舉中民進黨的「聯合競選策略」——以北高兩市為例〉，《台灣政治學刊》13（1）：55-106。

林長志，2009b，《立委選制變遷對選民投票行為之影響》，台北：政治大學政治學系博士論文。

林長志、黃紀，2007，〈不同層級選舉中之一致與分裂投票——2005年台北縣之分析〉，《問題與研究》46（1）：1-32。

林信雄，2009，〈我國縣市議員選舉實施單一選區之可行性——一個公共選擇理論的觀點〉，《人文資源研究學報》5：57-73。

林建地，2004，〈我國立委選制改革方向——單一選區兩票制可行性探討〉，《師大政治論叢》3：31-66。

林繼文，1997，〈制度選擇如何可能——論日本之選舉制度改革〉，《台灣政治學刊》2：63-106。

林繼文，1999，〈單一選區兩票制與選舉制度改革〉，《新世紀智庫論壇》6：69-79。

林繼文，2001，〈選舉制度——國會改革的基礎工程〉，《當代》（53）：58-77。

林繼文，2002a，〈選舉制度改革對政黨國會席次之影響——理想與現實的對話〉，《立法院院聞》30（4）：35-47。

林繼文，2002b，"Electoral System, Voter Preferences, and the Fragmentation of Party System: The East Asian Cases"，《選舉研究》9（1）：137-168。

林繼文，2003，〈單一選區兩票制與選舉制度改革〉，《全國律師》7（8）：93-104。

林繼文，2006，〈政府體制、選舉制度與政黨體系——一個配套論的分析〉，《選舉研究》13（2）：1-35。

林繼文，2008，〈以輸為贏——小黨在日本單一選區兩票制下的參選策略〉，《選舉研究》15（2）：37-66。

施奕任，2011，〈新加坡選舉制度與政治效應——1988-2011年國會選舉分析〉，《政治學報》52：65-99。

徐永明，2002，〈單一選區兩票制政治衝擊的模擬〉，《新世紀智庫論壇》17：6-16。

徐永明、陳鴻章，2004，〈地方派系與國民黨：衰退還是深化？〉，《台灣社會學》8：193-228。

徐永明、陳鴻章，2006，〈台灣立委選舉選區重劃對於政黨競爭衝擊的模擬〉，社團法人台灣法學會（編），《台灣法學新課題（四）》，台北：元照，頁31-83。

徐永明、陳鴻章，2007，〈黨內派系競爭與政黨選舉命運——以民進黨為例〉，《政治科學論叢》31：129-174。

張文貞，2002，〈憲政主義與選舉制度——「新國會」選制改革芻議〉，《新世紀智庫論壇》17：17-32。

張世熒，2002，〈立法委員選舉制度的改革與過渡——2001年立委選舉結果的省思〉，《中國行政評論》11（4）：1-24。

盛杏湲，2005，〈選區代表與集體代表：立法委員的代表角色〉，《東吳政治學報》21：1-40。

盛杏湲，2008，〈如何評估選制變遷對區域立委的代表角色與行為的影響——研究方法的探討〉，黃紀、游清鑫（編），《如何評估選制變遷：方法論的探討》，台北：五南，頁223-249。

盛治仁，2006，〈單一選區兩票制對未來台灣政黨政治發展之可能影響探討〉，《臺灣民主季刊》3（2）：63-86。

許崇賓，2012，〈婦女保障名額制度存廢之研究〉，《法令月刊》63（3）：69-95。

郭銘峰，2011，《並立式混合選制下兩票之連帶效果：日本眾議員選舉政黨重複提名策略與成效》，台北：台灣大學政治學研究所博士論文。

郭銘峰、黃紀、王鼎銘，2012a，〈日本眾議院選舉政黨重複提名策略與效應——選區層次之分析〉，《政治科學論叢》51：161-215。

郭銘峰、黃紀、王鼎銘，2012b，〈並立式混合選制下兩票之連動效果：日本眾議院選舉自民黨重複提名策略之分析（1996～2005年）〉，《問題與研究》51（2）：35-67。

陳佳吉，2004a，〈選舉制度與政黨體系關聯性的研究（上）〉，《復興崗學報》81：133-176。

陳佳吉，2004b，〈選舉制度與政黨體系關聯性的研究（下）〉，《復興崗學報》82：339-361。

陳陸輝、周應龍，2008，〈如何評估單一選區兩票制下候選人票與政黨票之間的連動關係〉，黃紀、游清鑫（編），《如何評估選制變遷：方法論的探討》，台北：五南，頁151-172。

陳華昇、涂志堅，2002，〈「台灣地區立法委員選區調整」芻議〉，《國家政策論壇》2（7）：59-81。

陳滄海、林瑞隆，2005，〈第七屆立法委員選舉對台灣立法政治生態之影響〉，《台北市立教育大學學報（人文社會類）》40（1）：29-54。

彭天豪，1999，〈立法委員選舉制度改革之比較研究〉，《立法院院聞》27（2）：7-28。

游清鑫，2004，〈分裂投票解釋觀點與台灣選舉之應用——以2002年高雄市長與市議員選舉為例〉，《台灣政治學刊》8（1）：47-98。

游清鑫，2006，〈單一選區兩票制——成分與政治影響〉，社團法人台灣法學會（編），《台灣法學新課題（四）》，台北：元照，頁3-30。

游清鑫，2008，〈如何評估選區重劃的政治效果〉，黃紀、游清鑫（編），《如何評估選制變遷：方法論的探討》，台北：五南，頁21-48。

游清鑫，2012，〈初體驗與粗體驗：台灣民眾對立委新選制的認知、參與及評價〉，《選舉研究》19（1）：1-32。

隋杜卿，2001，〈「婦女保障名額」我國選舉制度改革〉，蘇永欽（編），《國會改革：台灣民主憲政的新境界》，台北：新台灣人文教基金會，頁67-97。

黃秀政，2005，〈戰後台灣婦女參政問題（1949-2004）——以婦女保障名額制度為例〉，《亞洲研究》52：205-230。

黃秀端，2001，〈單一選區與複數選區相對多數制下的選民策略投票〉，《東吳政治學報》13：37-75。

黃長玲，2001，〈從婦女保障名額到性別比例原則——兩性共治的理論與實踐〉，《問題與研究》40（3）：69-82。

黃長玲，2012，〈差異政治的形成——1946年婦女保障名額制訂的歷史過程〉，《政治科學論叢》52：89-116。

黃旻華，2003，〈政黨體系理論中的「過度確定」問題——結構、制度、策略及文化〉，《問題與研究》42（4）：161-191。

黃信達、王業立，2008，〈選制改革對地方政治生態的影響——研究方法的探討〉，黃紀、游清鑫（編），《如何評估選制變遷：方法論的探討》，台北：五南，頁175-195。

黃紀，2001，〈一致與分裂投票：方法論之探討〉，《人文與社會科學集刊》13（5）：541-574。

黃紀，2008a，〈單一選區兩票並立制下選民的投票抉擇——分析方法之探討〉，黃紀、游清鑫（編），《如何評估選制變遷：方法論的探討》，台北：五南，頁129-150。

黃紀，2008b，〈選舉制度的脈絡與效應〉，黃紀、游清鑫（編），《如何評估選制變遷：方法論的探討》，台北：五南，頁1-17。

黃紀，2010，〈因果推論與效應評估：區段識別法及其於「選制效應」之應用〉，《選舉研究》17（2）：103-134。

黃紀、王鼎銘、郭銘峰，2005，〈日本眾議院1993年及1996年選舉——自民黨之選票流動分析〉，《人文及社會科學集刊》17（4）：853-883。

黃國敏，2008，〈「單一選區兩票制」選舉區劃分之研究：南投縣立法委員選舉個案探討〉，《中華行政學報》5：55-77。

黃德福、楊鈞池、劉念夏，2002，〈成本最小的立委選制改革〉，《國家政策論壇》2（2）：49-62。

黃德福、廖益興，2009，〈我國立法委員為何選擇並立式混合選舉制度〉，《政治學報》47：1-27。

楊日青，2000，〈政府體制、選舉制度、政黨制度與內閣組合的關係〉，《新野論壇》3：1-14。

楊婉瑩，2000a，〈婦女的政治機會結構析論〉，《國立中山大學社會科學季刊》2（4）：65-96。

楊婉瑩，2000b，〈選舉制度對婦女參政影響之評估〉，《理論與政策》14（4）：71-90。

楊婉瑩，2001，〈從民主代議政治的理論與實踐檢視性別比例原則〉，《人文及社會科學集刊》13（3）：305-344。

楊婉瑩，2002，〈從第五屆立委選舉結果探討未來選舉制度改革之方向〉，《國家政策論壇》2（1）：20-29。

楊鈞池，2005，〈一九九〇年代日本選舉制度改革及其影響之分析〉，《高大法學論叢》1（1）：167-216。

葉嘉楠，2005，〈政治制度對我國財政赤字的影響〉，《中華人文社會學報》2：84-110。

廖益興，2010，〈選舉制度變革效應的分析與檢視——以2008年立委選舉為例〉，《中華行政學報》7：61-76。

潘誠財，2001，〈從選區劃分論我國立法委員選制改革〉，《全國律師》72：237-268。

潘誠財，2007，〈日本眾議院新選舉制度對政黨體系形成之影響〉，《復興崗學報》89：411-437。

蔡佳泓、王鼎銘、林超琦，2008，〈選制變遷對政黨體系之影響評估——變異量結構模型之探討〉，黃紀、游清鑫（編），《如何評估選制變遷：方法論的探討》，台北：五南，頁197-222。

蔡學儀，2002，〈國會改造之選舉制度方案比較〉，《選舉研究》9（2）：117-150。

蔡學儀，2011，《單一選區兩票制新解》，台北：五南。

蔡學儀、柯三吉，2001，〈單一選區兩票制於我國實施之研究〉，《行政暨政策學報》33：101-122。

鄭夙芬，2008，〈選民對新選制的認知與評價──焦點團體研究法的應用〉，黃紀、游清鑫（編），《如何評估選制變遷：方法論的探討》，台北：五南，頁 91-127。

鄧志松、吳親恩，2008，〈立委選舉地盤估計──GIS 與空間分析的應用〉，黃紀、游清鑫（編）《如何評估選制變遷：方法論的探討》，台北：五南，頁 49-87。

鄧志松、吳親恩、柯一榮，2010，〈選票空間分布與席次偏差：第六、七屆立委選舉的考察〉，《選舉研究》17（1）：21-53。

蕭怡靖，2009，〈選票認知與投票參與──2008 年立法委員選舉的多層探討〉，《政治學報》47：29-58。

蕭怡靖、黃紀，2010a，〈2008 年立委選舉候選人票之分析──選民個體與選區總體的多層模型〉，《台灣政治學刊》14（1）：3-53。

蕭怡靖、黃紀，2010b，〈單一選區兩票制下的一致與分裂投票──2008 年立法委員選舉的探討〉，《臺灣民主季刊》7（3）：1-43。

謝易宏，2012，〈台灣立委選制變遷的新制度論解釋〉，《臺灣民主季刊》9（1）：81-141。

羅清俊，2001，《台灣分配政治》，台北：前衛。

羅清俊，2004，〈分配政策與預算制定之政治分析〉，《政治科學論叢》21：149-188。

羅清俊、廖建良，2009，〈選制改變前選區規模對立委分配政策提案行為的影響〉，《台灣政治學報》13（1）：3-53。

蘇子喬，2010，〈憲政體制與選舉制度的配套思考〉，《政治科學論叢》44：35-74。

蘇子喬、王業立，2010，〈為何放棄混合式選舉制度？──歷史制度論的分析〉，《東吳政治學報》28（3）：1-81。

蘇子喬、王業立，2012，〈總統與國會選制影響政黨體系的跨國分析〉，《問題與研究》51（4）：35-70。

Bawn, Kathleen. 1993. "The Logic of Institutional Preferences: German Electoral Law as a Social Choice Outcome." *American Journal of Political Science* 37(4): 965-989.

Chang, Alex Chuan-hsien and Yu-tzung Chang. 2009. "Rational Choices and Irrational Results: The DDP's Institutional Choice in Taiwan's Electoral Reform." *Issues & Studies* 45(2): 23-60.

Dunleavy, Patrick and Helen Margetts. 1995. "Understanding the Dynamics of Electoral Reform." *International Political Science Review* 16(1): 9-30.

Duverger, Maurice. 1954. *Political Parties: Their Organization and Activity in the Modern State*. London, UK: Methuen.

Duverger, Maurice. 1986. "Duverger's Law: Forty Years Later." In *Electoral Laws and Their Political Consequences*, eds. Bernard Grofman and Arend Lijphart. New York, NY: Agathon Press, pp. 69-84.

Ferrara, Federico, Erik Herron, and Misa Nishikawa. 2005. *Mixed Electoral Systems*. New York, NY: Palgrave Macmillan.

Hsieh, John Fuh-sheng. 2009. "The Origins and Consequences of Electoral Reform in Taiwan." *Issues & Studies* 45(2): 1-22.

Huang, Chi and Ching-hsin Yu. 2011. "Political Cycle of Voters' Understanding of the New Electoral System: the Case of Taiwan." *Japanese Journal of Electoral Studies* 27(2): 60-76.

Huang, Chi, Ching-hsin Yu, and Yi-ching Hsiao. 2011. "Citizens' Awareness of the New MMM Electoral System in Taiwan: A Cohort Analysis." *Election Studies (Korean Association of Electoral Studies)* 1(2): 7-43.

Huang, Chi, Lu-huei Chen, and Ying-lung Chou. 2008. "Taiwan's New Mixed Electoral System and Its Effects on 2008 Legislative Election." Paper Presented at 2008 年度選挙学会 分科会 E アジア・比較部会「東アジアの選挙」, May 17-18, Tokyo, Japan: Chu University.

Laakso, Markku and Rein Taagepera. 1979. "Effective Number of Parties: A Measure with Application to West Europe." *Comparative Political Studies* 12(1): 3-27.

Lijphart, Arend. 1982. "Comparative Perspectives on Fair Representation: The Plurality-Majority Rule, Geographical Districting, and Alternative Electoral Arrangements." In *Representation and Redistricting Issues*, eds. Bernard Grofman, Arend Lijphart, Robert B. McKay, and Howard A. Scarrow. Lexington, MA: Lexington Books.

Lijphart, Arend. 1994. *Electoral Systems and Party Systems: A Study of Twenty-Seven Democracies 1945-1990*. Oxford, UK: Oxford University Press.

Lin, Jih-wen. 2004. "Can Social Solidarity be Institutionally Engineered? The Case of Presidential Elections." *Issues & Studies* 40(3/4): 183-224.

Lin, Tse-min and Feng-yu Lee. 2009. "The Spatial Organization of Elections and the Cube Law." *Issues & Studies* 45(2): 61-98.

Moser, Robert G. 1997. "The Impact of Parliamentary Electoral Systems in Russia." *Post-Soviet Affairs* 13(3): 284-302.

Moser, Robert G. and Ethan Scheiner. 2004. "Mixed Electoral Systems and Electoral System Effects: Controlled Comparison and Cross-National Analysis." *Electoral Studies* 23(4): 575-599.

Reed, Steven R. 2005. "Japan: Haltingly Towards a Two-Party System." In *The Politics of Electoral System*, eds. Michael Gallagher and Paul Mitchell. Oxford, UK: Oxford University Press, pp. 277-293.

Sheng, Shing-Yuan. 2003. "The Influence of Party and Constituency: Legislative Behavior under the SNTV Electoral System." Presented at the Conference on Electoral Politics in Taiwan, April 11-13, University of South Carolina.

Shugart, Matthew S. and Martin P. Wattenberg, eds. 2001. *Mixed-Member Electoral Systems: The Best of Both Worlds?* Oxford, UK: Oxford University Press.

Stratmann, Thomas and Martin Baur. 2002. "Plurality Rule, Proportional Representation, and the German

Bundestag: How Incentives to Pork-Barrel Differ Across Electoral Systems." *American Journal of Political Science* 46(3): 506-514.

Taagepera, Rein and Matthew S. Shugart. 1989. *Seats and Votes: The Effects and Determinants of Electoral Systems*. New Haven, CT: Yale University Press.

Tsai, Chia-hung. 2005. "Policy Making, Local Factions and Candidate Coordination in SNTV: A Case Study of Taiwan." *Party Politics* 11(1): 59-77.

Tsai, Chia-hung, Ching-hsin Yu, Lu-huei Chen, and Su-feng Cheng. 2007. "Voting Behavior and Electoral Engineering." *Japanese Journal of Electoral Studies* 22: 120-136.

Yu, Ching-hsin and Yu-cheng Chang. 2009. "Disproportionality under the Mixed-member System in Taiwan's Legislative Election of 2008." *Japanese Journal of Electoral Studies* 25(2): 119-130.

附錄

附錄一　分類參考書目

說明：本參考書目係根據本章所劃分的研究議題進行分類，並依姓名筆劃順序排列。必須說明的是，事實上許多參考文獻探討的主題同時涉及不同分類的研究議題，下列參考書目的分類乃是筆者根據研究主題的探討「焦點」進行的劃分。

囿於篇幅所限，以上附錄資料請詳見中研院政治所網頁（http://www.ipsas.sinica.edu.tw）之出版品專區

第十五章

台灣選舉研究的回顧與前瞻 —以 TEDS 十年來的資料使用為例[*]

游清鑫

壹、前言

從實際的歷史來看，自 1940 年開始台灣就有地方選舉，至今已經過了 70 年再就選舉研究來看，如果以鄒文海在 1964 年所完成《台灣省地方選舉的研究》算起，至今也已經將近 50 年。不論從實際層面的選舉活動，或是理論層面的選舉研究，選舉對台灣來講都不算陌生。[1]但是，在這超過半個世紀的時間裡，台灣實際的選舉並非一開始就是全面性的選舉，而是逐步的從地方選舉擴大到全國性的選舉，更重要的，選舉的內涵也是隨著台灣民主化的進展而逐步顯現其政治重要性。同樣的，台灣的選舉研究也並非很快地具有完整的理論與方法，而是隨著更多人力與資源的投入，才逐漸受到國內外學術社群的重視。

事實上，從過去半個世紀的台灣政治發展來看，受到學術界最多注目的主題便是政治與經濟的現代化發展，而在政治與經濟的現代化過程中，台灣社會也出現許多重要的研究課題，選舉研究便是其中之一。在相當程度上，選舉活動的開展是反映出台灣政治民主化的進程，而選舉研究的發展，則是記錄台灣民主化的核心課題，因此，瞭解台灣選舉研究的發展內涵與過程，便可以瞭解台灣政治發展的趨勢。當然，如同影響台灣選舉活動開展的多樣因素，台灣選舉研究的發展歷程也受到多重因素的影響。不過，選舉

[*] 本章初稿發表於 2012 年 8 月 6 至 7 日之「政治學的回顧與前瞻」學術研討會，該研討會由中央研究院政治學研究所與國科會人文及社會科學發展處政治學門主辦。本章作者衷心感謝主辦單位的邀請，同時感謝張傳賢教授以及會場諸學術先進悉心的評論與建議。本章作者也感謝 TEDS 召集人黃紀教授與規劃與推動委員會提供過去十年的資料申請紀錄，以及政治大學選舉研究中心陳惠鈴、林錫興、范惕維與王丞玄四位同仁在資料處理上的協助。當然，本章所有文責概由作者自負。

[1] 如果依據鄒文海（1964：2）的說法，自 1946 年起，台灣即有村里長的選舉，也是台灣地方選舉的開始。如果從投票權的角度來看，日據時代（1930 年代中期）即已有卅市街庄的選舉。

研究的進展總是趕不上選舉活動的開展，尤其是在台灣民主化快速發展階段，當學術界才剛完成對特定選舉主題的理解之後，新的主題早已經出現。因此，在台灣從事選舉研究的研究者，所需要擔憂的，不是沒有新的研究題材，而是有限的時間與人力無法對這些研究課題進行全面性地瞭解。

　　本章的目的在於介紹台灣選舉研究的發展。可以理解的，要完整的檢閱過去半個世紀台灣選舉研究的文獻是一件不可能的任務，所幸的是，陳義彥與吳統雄已經在 1986與 2003 年分別撰文評介當時台灣選舉研究的概況，其論點提綱挈領，對瞭解過去台灣選舉研究的發展有很大的助益。陳、吳兩位先進的努力，也是本篇論文的起點，因此，本章首先介紹兩位學者的論點，作爲本章的開端，除了回顧 2000 年之前選舉研究的概況之外，也是對兩位前輩的尊敬。但是，針對近十年來的選舉研究文獻，本章認知到無法像兩位前輩一樣蒐集完整文獻，更遑論逐一就這些文獻進行比較，例如，在附錄一中，本章嘗試蒐集 2000 年至本章初稿完成期間，在台灣社會科學引文索引（Taiwan Social Science Citation Index，TSSCI）期刊所發表與選舉相關的論文，其數量固然多，卻無法將這些文獻視爲此期間台灣選舉研究的全貌。爲了避免資料無法窮盡的困擾，本章以比較保守的方式，僅以台灣選舉與民主化調查（Taiwan's Election and Democratization Study，TEDS）的資料庫爲來源，分析從 2002 年開始，使用該資料的選舉研究論文在各方面的特性。最後則在結語與討論部分說明本章的研究限制與未來建議。

　　TEDS 爲 2001 年開始成立的國內大型選舉調查研究計畫，透過跨校合作以及「過程公開、資源共享」的理念，有系統的提供選舉與民主化的調查資料供國內外學術社群使用，研究者使用該資料庫的內容時，除了必須有資料申請程序之外，也需在論文中註記資料來源說明，有利本章對其資料使用的追蹤瞭解。TEDS 相關資訊可以參考其網站：www.tedsnet.org。

貳、瞭解台灣選舉研究的入門

　　欲從實證的角度理解台灣選舉研究的發展，陳義彥（1986）的論文是一個很好的出發點。該文除了部分討論當時美國投票行爲研究的發展外，主要還有三個部分：第一部分是記錄了從 1950 至 1985 年的 30 年期間，共計 76 次的中央層級與地方層級的選舉，以及各類型選舉的投票率，其間也針對 1964 至 1984 年的 20 年期間，蒐集到 21 篇由學術界成員所完成的投票行爲研究論文透過這些論文的內容以及使用方法，該文將台灣投票行爲研究的發展分成三個階段：萌芽時期（1960 年代）、關鍵時期（1971 至 1980

年），以及發展時期（1980 年代以後），並且順著這樣的時序，分別介紹各篇研究論文之研究所得與方法特色。第二部分是從前述的文獻分析中提出我國投票行為研究的檢討，包含：研究對象上加強地方選舉的研究；在選民投票行為決定上，區隔政黨取向、政見取向，以及候選人取向的相互關係，並且考量我國特有的文化影響與賄選行為的影響；納入總體資料的人文區位分析；更為動態的研究報紙及傳單在選舉中的作用；引介「固定樣本連續研究法」（panel study）到選舉研究中；以及熟悉各國的法令規章並進行交流，對國人的投票行為做長期性的系統研究。第三部分則對我國投票行為研究趨勢提出未來展望，說明因為更多的研究人力與單位，更新的研究方法，以及更多的校際與科際的合作研究，使得未來台灣投票行為的研究將更為蓬勃發展。

　　吳統雄（1986）承續陳義彥的行文方式，呼應與補充其論文。該文除了額外提出 30 篇選舉研究論文進行摘要評述之外，更重要的是對當時台灣選舉研究的現況檢討與未來展望提出看法。在檢討方面，該論文主要是針對研究方法部分，強調研究方法應該更為多元地使用，無需侷限在量化的範圍內，以利研究理論的完備；從抽樣到測量效度的研究方法也應該更為精緻，以強化研究所得的解釋力；包含納入歷史、哲學、社會學等學科，以追求整合研究法的概念。在展望部分，該文期待台灣的選舉研究得以「薪盡煜傳，不再生食」，意即儘早從相似度高且數量大的探索性研究中（這些研究猶如台灣選舉研究的薪火）走出來，並且建立成熟的台灣選舉研究理論（這樣的理論猶如善用薪火而得到的熟食）；隨著逐步離開「生食」階段，嘗試建立如同美國密西根大學學派的學派典範，以凝聚國內選舉研究的力量；促進類似專業期刊的論壇，讓研究者彼此之間可以有相互對話觀摩的園地；最後則是催生選舉研究標準化資料庫，以提高研究品質與資料效益。

　　兩位學者的論文風格相近，不僅有系統地針對各個論文的主題進行分類，並且都針對每一篇論文所採用的研究對象、研究方法（途徑），以及研究結論進行整理，對於當時的選舉研究提供相當有用的文獻來源，當然，其對選舉研究文獻的介紹與檢閱方式，同樣也成為後續研究者在進行文獻檢閱時的模仿對象。

　　有趣的是，陳義彥（2003）在「TEDS2001」學術研討會中，以「我國投票行為研究的回顧與展望」為題，進行專題演講，在這篇演講當中，仍舊延續 15 年前的模式，對台灣選舉研究發展的階段進行分期敘述，但重要的差異則是在萌芽（1964 至 1975 年）、關鍵（1976 至 1988 年）與發展（1989 至 2000 年）等三個階段之後，再加上了國際接軌期（2000 年之後）。在各階段的發展特色上，可以發現在越後面的階段，有越多的研究人力投入，以及越新的研究方法被帶入選舉研究的領域中，例如在發展時期，相較於 15 年前論文的討論，有更新的研究主題被帶入，諸如回溯性（retrospective）與展望性（prospective）取向的研究，台灣民主化的相關議題（如族群認同、統獨態度、

國家認同以及政黨重組的研究），以及經濟學研究途徑的使用等，都在此一時期出現，在此同時，選舉預測以及質化研究方法也成為學者研究選民投票行為的興趣與方式，顯現出主題、內容與方法的多樣性。

而更值得注意的重點是國際接軌期所代表的意涵。以 TEDS 為例，一方面不僅整合國內各學術單位共同合作，有系統的進行台灣的選舉研究，另一方面更將調查內容與執行方式與國際學術社群參與最廣泛的「選舉體系比較研究」（Comparative Study of Electoral System，CSES）接軌，正式將台灣的選舉研究走向國際化，因此，國內的研究者除了藉由 TEDS 取得選舉調查資料外，更進一步透過 TEDS 的媒介，取得國外研究團隊的調查資料，使得台灣的選舉研究得以和國外社群互通有無，也對台灣選舉研究的發展提供很大的助益。而除了 TEDS 之外，另一個以民主化相關議題為主要關切的「亞洲民主動態調查」（Asian Barometer Survey）也是以台灣為基地進行跨國研究，當中也包含與選舉相關的主題研究，這些跨國合作的選舉研究，正是國際瞭解台灣以及台灣接觸國際的主要媒介。

另一項與 15 年前的論文不同的是，陳義彥帶入了影響台灣選舉研究蓬勃發展的五項關鍵因素，一是前輩學者（包含鄒文海、蔡啟清、雷飛龍、胡佛、袁頌西等）扮演關鍵性的推手角色，認知到選舉對台灣政治發展的重要性，進而將選舉研究帶入台灣的學術社群中。二是行政院國家科學委員會（簡稱國科會）長期大力的經費支援，這些經費是各校的研究者進行調查時的活水，尤其對各種大型研究計畫（或各種整合型計畫）而言，國科會的支持更具重要性，也因為國科會的支持才能使這些大型研究計畫產生更大的效益。三是重要研究團隊或單位的出現，例如台灣大學胡佛設立政治體系與變遷研究室，政治大學雷飛龍設立選舉研究中心等，讓選舉研究有了堅實的研究基地。四是台灣政治發展中，選舉活動頻繁，尤其是總統直接民選之後，社會媒體與民眾的高度關切，使得選舉研究更為重要。最後則是電話民意調查的蓬勃發展，使得民意調查成為普遍的資訊蒐集方式，而選舉調查也可以透過電話調查快速地蒐集並累積資料，進一步助長選舉研究的發展。但是，陳義彥也提出了台灣選舉研究未來的努力方向，這些內容則與 15 年前的呼籲仍有相似之處（同時也有吳統雄的呼籲），包含選舉與傳播的關係、選舉策略的研究、選舉變遷的研究、基層選舉的研究、質化研究法與量化研究法並重，以及建立本土化的選舉理論等。

參、近十年的台灣選舉研究

前述兩位學者評介台灣選舉研究成果的方式是值得後續研究者參考的。然而，與 1986 年之前不同的是，隨著更多人力的投入以及更多資料的出現，台灣選舉研究的成

果已經隨著時間的增加而加倍成長。本章限於時間與能力問題，無法以陳、吳兩位學者近乎窮盡當時所有選舉研究論文的方式來進行討論，因而選擇以 TEDS 資料所產出的選舉研究文獻為對象，瞭解近十年來台灣選舉研究的各項內涵。選擇 TEDS 資料庫的使用狀況最主要原因乃是可以確認這些論文是以選舉為核心的研究主題，可以理解的，並非所有的論文都是以討論台灣民眾的投票決定或是選舉參與為分析對象，但即便如此，從 TEDS 的主題與研究設計來看，這些論文所討論的內容仍舊是與台灣的選舉政治有密切的關聯性。當然，一個同樣重要的問題是，除了 TEDS 的資料外，國內尚有許多不同形式的選舉調查資料，這些資料同樣值得進一步探索與應用，只是本章限於人力，無法盡悉關照，但也絕不因而影響這些資料對台灣選舉研究的重要性。

一、調查資料的使用方向與數量

　　自 2002 到 2012 年初期，研究台灣選舉的國內外學術社群以 TEDS 資料為來源共計發表 661 份學術作品，這些作品的分類與分布如圖 15-1 所示。在圖 15-1 中可以發現，TEDS 資料被用在比較多的作品是以國際學術研討會的形式出現，佔所有作品的四成三左右，其次是中文期刊與碩博士論文，分別佔有一成九與一成六左右，再次為國內研討會的論文，比例為一成四左右，其餘則為國際期刊、中文專書篇章以及英文專書篇章，其各自比例並不高。其中，國際學術研討會的論文除了研究者採用 TEDS 資料撰寫國外研討會的論文之外（例如美國政治學會研討會），更有相當的比例是來自 TEDS 在每一次調查訪問結束之後，就會召開國際性的學術研討會，邀請國內外的學者專家就蒐集到的調查資料進行分析研討，也因而其數量相對偏高。相較之下，國內研討會當中使用 TEDS 資料則常是研究者直接使用 TEDS 的調查資料，在國內各種不同的研討會場合（如政治學會年會的研討會）進行論文發表用途。另外值得注意的是專書或者是專書篇章的出現，數量相對較少，英文專書主要出現在由 Philip Paolino 與 James Meernik 所合編之論文集 *Democratization in Taiwan: Challenges in Transformation*（2008），是以台灣政治發展為主題的專書，而部分參與的作者藉由選舉資料的分析參與寫作，另一份中文專書是來自陳陸輝、游清鑫、黃紀主編的《2008 年總統選舉：論二次政黨輪替之關鍵選舉》（2009），主要是針對 2008 年總統選舉的各項研究主題撰寫論文。

　　如果再將類別稍做整併，可以發現 TEDS 資料最多的用途在於國內外的學術研討會論文與發表在中英文期刊的論文，而其間值得注意的是，國內外研討會的論文經常會被研究者修改之後投稿至學術期刊，因此，兩者之間會有相當高比例的重疊性。但是，即便如此，從學術出版流程的經驗來看，由於具有專業審查機制的期刊（不論是否屬於 TSSCI 或是 SSCI 等級）對於論文品質的要求皆有一定程度，此種要求會使研討會所發

表的論文會先經過相當程度的修改並且獲得審查同意之後,才有機會成為正式的期刊論文;再者,也有許多研討會論文最後沒有成為期刊論文或變成其他作品,但仍舊是作者進一步從事其他論文寫作的參考,也因而可以將研討會論文與期刊論文視為不同類別。圖 15-1 當中也可以看出有相當數量的作品是在國際的外文期刊中出現,其數量仍遠落後於國內期刊,顯示出台灣選舉研究已經有相當的國際化程度,但仍有待加強之處。最後,過去十年也可以發現,以台灣選舉主題為碩士、博士論文的比例不算低,這一比例也透露出選舉研究可以持續受到研究生的關注,有利於日後選舉研究的傳承。

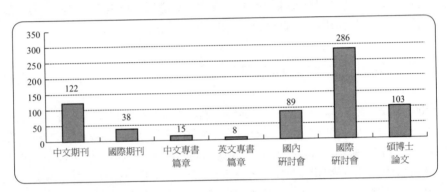

圖 15-1　TEDS 資料使用分布
說明:在碩博士論文的項目中,因為只有一份為英文的博士論文,因而將其併入整
　　　個碩博士論文的類別,但不再區分中英文。

二、選舉研究出版數量趨勢

　　以 TEDS 資料的使用來看過去十年台灣選舉研究的出版情形時,在圖 15-2 的資料顯示整體還算穩定,每年的平均出版數量約在 60 份作品左右。其中,圖 15-2 也可以發現在 2005 年前後,以及 2009 年前後的論文數量比較高,尤其是 2005 年的論文數量更超過 110 份,主要是因為該年度有比較多的國際學術研討會論文,而 2012 年的數量僅代表 2012 年年初的數字,而非整年的出版數量。從這一趨勢圖似乎也可以發現,在全國性選舉(總統選舉以及立委選舉)之後的隔年,有關選舉研究的出版數量也會相對較高,這一部分或許透露出全國性選舉的重要性也帶動研究者的興趣,並進而進行研究寫作,但此處僅能以「臆測」的角度來看,因為實際檢驗 2005 與 2009 年的出版作品時發現,固然有比較多的論文是針對前一年全國性選舉的分析,但其內容也可能同時包含其他主題的選舉論文,因此,此一趨勢還有待進一步的觀察,或許在 2012 年總統與立委選舉資料釋出之後,可以更清楚地解釋是否有這樣的研究趨勢。

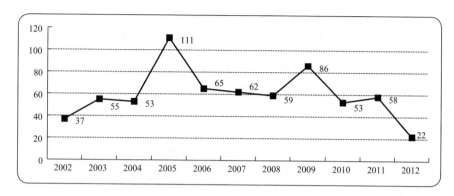

圖 15-2　選舉研究論文出版趨勢

三、選舉研究的主題分布

　　選舉研究的主題當然與選舉有關，因此舉凡民眾的投票抉擇或是選舉參與行為等，都是選舉研究的範圍，甚至與選舉制度有關的內涵也與選舉研究密切相關，同時也要再加上相關的民眾政治態度、政策偏好或是政治資訊等，都可以視為選舉研究的題材，並因而構成各種不同理論解釋觀點。TEDS 調查研究在設計上即是環繞民眾的選舉投票、參與，以及民主態度為焦點，並因而擴及相關理論的探索，也因此會在投票抉擇與選舉參與之外，同時納入各種相關主題或概念進入研究當中。

　　表 15-1 的歸納結果即為過去十年來使用 TEDS 資料撰寫的論文之主題內容，這些內容主要是從所有論文的題目中，擷取重要的主題或是概念，這些主題或是概念會被作者放在論文題目上，即代表該篇論文所關切的重點（如投票決定因素或是特定的政治態度），或是該論文主要的興趣所在（如理論的驗證或是統計方法的使用），而由於每一篇論文所關切的重點不同，從中所擷取的主題或是概念也有所不同，或是論文可能著重討論不同主題或是概念之間的相互關係，這樣也會有多個關切點。透過這樣的歸納整理，可以初步瞭解過去十年學術社群主要的研究興趣或是關注的主題。在 661 篇論文當中，總共可以得出 2,013 個主題內容，經過進一步歸納之後，可以得出 35 個類別，在這些類別當中，出現最多的類別是民眾投票行為抉擇，在 2,013 個主題當中出現過 216 次，比例佔有一成以上，遠遠超過其他類別。其次類別則是方法論與模型分析、政黨認同與支持、政治價值與態度，以及地方選舉等類別，出現次數皆有在 100 次以上。再次則是調查方法、民主化與價值、總統選舉、立委選舉、政治傳播與媒體、認同，以及選民結構與差異等類別，其出現的次數也都有超過 50 次以上，其餘類別則數量較少。

表 15-1 論文題目內容與分布

主題	次數	%	主題	次數	%
投票行為抉擇	216	10.7	政府組織與制度	35	1.7
方法論與模型分析	139	6.9	政黨政治與制度	35	1.7
政黨認同與支持	130	6.5	政治知識	31	1.5
政治價值與態度	122	6.1	公民社會	30	1.5
地方選舉	119	5.9	形式理論抉擇	30	1.5
調查方法	91	4.5	選舉策略與效果	29	1.4
民主化與價值	86	4.3	經濟評估與投票	27	1.3
總統選舉	85	4.2	非投票政治行為	27	1.3
立委選舉	78	3.9	統獨	26	1.3
政治傳播與媒體	76	3.8	社會網絡	24	1.2
認同	73	3.6	分歧與極化	22	1.1
選民結構與差異	70	3.5	意識型態	17	0.8
選舉制度	49	2.4	政治領導與菁英	15	0.7
施政評估滿意度	46	2.3	公民投票	15	0.7
選舉資料庫	44	2.2	中國因素與兩岸關係	11	0.5
政策議題	37	1.8	地理差異	11	0.5
候選人因素	36	1.8	民意與民意調查	10	0.5
			其他	121	6.0

說明：1. 本表是以每一論文（總數 661 篇）的主題為目標，依照其內容類別進行歸類，總次數為
2,013。
2.「非投票政治行為」主題是指投票以外的政治參與行為；「其他」類別則是該論文主題
較為獨特無法與其他論文的主題內容合併者。

從這些主題內容的分布，可以多少看出台灣選舉研究社群從事選舉研究寫作時的關
注所在。當然，這樣的歸類是以論文題目所提供的主題或是概念直接擷取，各類別之間
也不必然存在互斥性，甚至是彼此相關的，例如投票行為抉擇可以是在總統選舉中，也
可以在立委選舉中，也可以是作者從認同因素來討論總統選舉的投票抉擇因素等。換言
之，這些主題內容都是廣義的選舉研究所可以涵蓋的，此處僅是就論文題目的呈現內容進
行歸納，反映出這一時期研究者對論文主題的選擇。

如果再從論文的關鍵字來看，如表 15-2 所示，可以發現從作者的角度來看，多數
作者從事選舉研究的論文寫作時，有關投票決定因素的討論仍舊佔有最大宗，在所有關

表 15-2　論文關鍵字分布[2]

關鍵字	次數	%
投票決定因素	535	28.0
態度、價值	397	21.0
方法理論	342	18.1
政治參與	190	10.0
認同、統獨	143	7.6
政治傳播	114	6.0
選舉制度	60	3.2
立委選舉	36	1.9
地方選舉	36	1.9
政治分歧	18	1.0
總統選舉	15	0.8
政治制度	7	0.4

說明：本表是以每一篇以 TEDS 資料庫撰寫而成的論文（因有些論文無法搜尋得到，故總數少於
　　　表 15-1 數量，為 639 篇）中，作者自行設定的前五個關鍵字（如有論文列舉關鍵字超過五
　　　個時，以前五個為準，不足五個時，則以實際個數為準），依照其性質進行歸類，總次數
　　　為 1,893。

鍵字的個數中佔有兩成八以上的高比例，如以論文篇數來看，則有討論到選民投票決定
的論文比例更高達 83.7%（535/639）。其次是有關民眾政治態度與價值問題的討論，
以政治態度和價值為關鍵字的論文比例也達兩成一，如以論文篇數來看，則也有 62.1%
（397/639）的論文會討論選民的態度與價值問題。再者是在論文關鍵字中列舉與理論
探索、研究策略、或是特定統計方法使用的比例也有一成八左右，佔所有論文數量的
53.5%（342/639），至於其他諸如政治參與、認同與統獨分歧以及傳播等面向，也受到
相當高比例的關注。
　　表 15-2 顯示投票因素的討論成為選舉研究的主要關切，乃是相當合理的結果，畢
竟在 2001 至 2011 年的十年當中，只有 2003、2007 與 2011 年沒有選舉，其他時間則都

---

[2]　在論文關鍵字的蒐集過程中發現，論文作者對於關鍵字的選擇有相當大的差異，即便是相似研
　　究主題（如投票決定因素的討論），也會有不同的關鍵字，因此本章原則上先尊重作者所提出
　　的關鍵字內容，進而就其論文性質對關鍵字進行歸類，此一過程不免增加歸類上的複雜性、不
　　一致性以及各類別之間沒有清楚的互斥性。因此，本章對於表 15-2 中的 12 大類關鍵字仍需坦
　　承或有流於主觀之嫌，但考量日後查證以及持續研究的可能性，本章會將這些歸類的編碼方式
　　保存並開放給學術同仁使用參考，有意者也歡迎與本章作者聯繫。

有全國性的總統／立委選舉或是地方性的選舉（直轄市、縣市、鄉鎮市層級），這樣多的選舉，自然促使研究者想方設法探索民眾投票決定因素，例如選民的政黨認同、候選人的形象、政策立場、特定選舉事件等，在每次選舉都受到很高的關注。而民眾的態度與價值問題受到研究者的關注，除了其可能影響民眾的政治選擇之外，也與台灣民主進程有密切關聯性，諸如民眾對台灣民主發展的評價與民主價值等，民眾在這些態度與價值的變化趨勢裡，相當程度也反映出台灣民眾的民主素養。前述有關民眾的投票決定以及價值態度的變化都與台灣實際政治發展密切相關，而為數眾多的選舉活動與系統性調查的出現，當然也為方法論的研究提供豐富的適用個案，這也使得方法論的討論在近期的選舉研究佔有一席之地，此一趨勢也是台灣選舉研究一項正面的發展。

四、研究社群人力分布

前述研究主題的分布透露出學術社群的關切與興趣，另一個值得討論的問題便是研究社群人力的變化。從圖 15-2 的時間趨勢中可以得出，台灣選舉研究社群在研究創作的數量上還算穩定，而且有一個穩定增加的趨勢，因此下一個有趣的問題便是，這些論文創作者的來源為何？在一般情形下，學術研究經常可以看見論文是由單一作者獨力完成，當然也可以看到許多論文是多人合作完成，兩者對於論文品質高低並沒有任何關聯性，但如果仔細觀察兩者在創作人的差異時，通常可以發現一個經驗上的通則：多人合作的論文，常常會由一位比較資深的研究者，帶領其他比較資淺的研究者一起寫作。當然，此處的「帶領」可以是勞力的分擔，也可以是思考的啟發，以及各種不同的成分，但不論何種合作關係，總是有利於資淺者更快融入學術研究社群中。因此，相較於單一作者的論文來講，多重作者的論文也比較可能帶有學術傳承的精神。同時，多重作者的出現也顯現出研究社群成員的擴大，當成員持續增長時，也可以預期此領域的研究將持續成長與茁壯。

換言之，學術研究需要人力投入才能累積成果，當有越多的人力投入研究時，成果才能具體顯現。而除了數量的顯現之外，另一個值得思考的問題則是學術研究的傳承發展。當學術社群有持續不斷的人力投入研究領域時，如同有源源不斷的活水可以持續注入與灌溉研究成果；同時，就學術研究的推展角度來講，每一個研究者皆會同時扮演學習者與教導者的角色，也就擔負了學術傳承的重任。此種學術傳承的必要性也同樣適用到台灣的選舉研究，在圖 15-3 當中可以發現，教師（含學術機構研究人員）固然是TEDS 資料庫的主要使用者，相對的，以學生身分使用該資料庫的比例也不算低，此一比例除了透露選舉研究領域的開放性之外，也透露出年輕世代的學生社群並沒有在研究

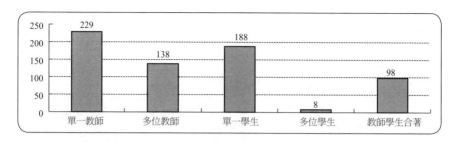

圖 15-3　論文作者身分

領域中缺席，自然有利於台灣選舉研究的持續發展。此外，圖 15-3 也顯示雖然多數的資料使用者傾向「單打獨鬥」式的自己一人撰寫論文，但也有相當高比例是多人合作，而其中更值得注意的是老師與學生合作撰寫論文的比例也不算低，以及也有較少比例的論文是由多位學生自行合作撰寫。可以理解的，學生不論是自行撰寫論文，或是合作撰寫論文，或是與老師合作撰寫論文，都代表學術新血持續加入台灣選舉研究的領域中，而其中內涵也代表著學生與老師兩者之間的教導、學習以及學術傳承，對於選舉研究的發展也是美事一樁。

　　但是，同樣是論文創作者的問題，如果要實現前述越多的創作者投入對選舉研究領域的發展越有利的論述，還有一個問題要考慮：在過去十年來所創作出來的 661 篇論文是由多少不同作者所共同貢獻的？也就是說，在學術創作的過程中，固然可以看到多人合作的模式，但同時也會看到少數人所產出的論文數量遠高於其他學術同儕的情形，當越少的人創作出越多的學術論文時，此時學術領域的發展變傾向更為尖銳的金字塔形狀，反而缺乏萃實廣博的人力資源，也因而可能是對學術社群的發展產生不利的影響。這一隱憂也出現在圖 15-4 的實際作者數的分布上，當本章將所有作者進行檢視，如果一位作者在這 661 篇論文當中有超過一篇論文時，即以一篇計算，其餘不列入計算時，其作者總數就成為 211 位，也就是說 661 篇論文是由 211 位作者所完成，從數字上看，每一位作者平均負擔 3.1 篇論文以上，但在實際上，其分布絕不是每一位作者皆完成 3.1 篇論文，有些人完成得少（即便是有一篇合著的論文就算一篇的話，最少是一篇），而有些人則完成得多（從資料數據中顯示，包含獨力完成或是合著，有部分作者參與了超過 20 篇論文寫作），但整體來看，當論文的產出過於集中少數人時，即便是一種自然趨勢所促成，對於整個學術社群的發展卻是一道值得注意的訊息。

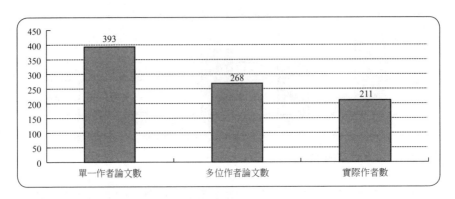

圖 15-4　研究社群人力分布

五、多類型與跨時期資料使用的出現

　　經歷了十年的 TEDS 調查，合計有 17 次不同選舉類型的調查研究，並且因資料蒐集方法的多樣性，透過系統性的資料累積，提供研究者更多的誘因可以進行多類型資料或是跨時期的選舉比較研究。因此，在所有的論文當中，有七成一左右的論文是採用單一選舉調查資料，另外則有兩成八左右的篇數是使用多筆資料，這些論文或者是採用同一年度不同選舉調查資料，或是在圖 15-5 當中可以看出，隨著時間的增加，有越來越多的研究嘗試在同一篇論文當中使用多筆調查資料，藉以比較不同時期台灣民眾選舉行為的變遷趨勢。比較常見的情形是研究者擷取多次全國性的調查資料，瞭解台灣選民行為投票決定的變化，或是針對同樣類型的總統選舉或是立委選舉各自進行比較研究。同樣的，也有針對地方選舉的議題，挑選同樣是地方選舉的調查資料進行研究。可以預期的，隨著時間與資料的累積，研究者會有越來越多的縱貫式資料可以使用，有助於多方面瞭解台灣選民的各種特色。

　　另一方面，除了跨時期與跨選舉類型資料的使用之外，資料也顯示約有兩成左右的研究論文除了以 TEDS 的調查資料為主要分析來源之外，也進一步結合非 TEDS 的資料一併納入分析當中，這些非 TEDS 資料可能來自研究者個人所自行蒐集的資料，也可能來自其他研究團隊所建立的資料庫資料，此種結合不同資料（庫）的研究方式，通常著眼於不同資料之間在方法使用以及資料內容的互補性，藉以強化理論需求或是讓研究內容更為完整，此種情形也是未來選舉研究值得注意的發展趨勢。

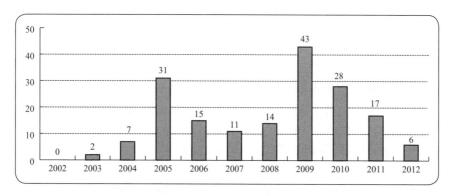

圖 15-5　跨類型／年度選舉資料使用分布

肆、台灣選舉研究近況討論

　　前述陳義彥與吳統雄所提出的三份論文與講稿，是瞭解國內選舉研究發展的重要資訊，並且也相當正確的預期了後續台灣選舉的發展。正如兩位學者所提出的，從 2001 年開始執行的 TEDS，其發展模式強調整合、主題、方法、資料累積，以及國際互動等特性。首先，在 TEDS 每一次的調查當中，除了有關民眾的基本資料之外，持續都保有幾項核心的研究問題：媒體使用習性、政治參與行為、施政表現（與經濟表現評估及回溯與展望評估相關聯）、候選人形象、政治知識、重要政治態度（如政治功效意識、政治信任、制衡觀）、政策偏好、政黨認同、民主價值、統獨偏好、自我認同（台灣人／中國人認同）。其中，多數的調查主題是與一般跨國性調查的內容相似，但是仍然保留部分台灣選舉過程中獨有的重要主題，例如選舉動員模式、族群動員、統獨偏好等問題，這樣的內容組合，也讓台灣的選舉研究內容與其他國家的選舉研究內容有所不同。

　　其次，多樣資料蒐集方式的採用逐漸成為面訪調查的重要輔助。從調查資料的品質要求，以及多數跨國性調查的資料取得方式來看，選舉研究多數採用面訪的方式取得所需資料。然而，受限於面訪本身所需的人力與時間成本，並不是所有選舉研究的主題，或是研究時機都可以使用面訪，更重要的，其他的資料蒐集方法也可憑藉其自身的優點，對選舉研究提出貢獻。在 TEDS 過去的調查當中，面訪雖然是主流方式（未來應該也是主流），卻也沒有排除電話訪問以及焦點團體訪談的使用。事實上，電話訪問雖然無法納入太多的問卷內容進入研究，但在資料蒐集的便捷性部分卻是面訪所無法提供的，也是需要進行動態調查時的最好選擇，例如在 2005 年任務型國民大會代表的選舉，

2009 年北市六區、苗栗一區立委補選，2008 年立委選舉，2009 年雲林二區立委補選暨雲林縣三合一選舉，以及 2012 年總統與立法委員選舉等，這些選舉事件的資料蒐集必須仰賴電話訪問的進行。

其中，在 2008 年立委選舉，以及 2012 年立委選舉的電訪更採取滾動樣本的研究設計，在選舉前一個月左右的時間每天進行電訪，藉此瞭解選舉期間民眾態度的動態變化。同時，固定樣本連續研究的方式也被應用到全國性的面訪以及 2008 與 2009 年的電訪當中，此種設計不僅有利檢驗選舉調查題目的信度與效度，其內容更是研究民眾選舉態度變化的重要依據。同樣重要的是，不同於量化研究研究策略的焦點團體訪談，也被納入台灣的選舉研究當中，透過焦點團體訪談的特性，針對特定主題或是新的研究內容，從質化的角度瞭解民眾對這些問題的看法，並進一步回饋到量化研究的問卷設計或是資料的解讀上。例如針對跨國研究中的左派／右派政治意識型態題目，對台灣民眾來講，其認知的方式及內容與歐美國家的民眾截然不同，因此透過焦點團體的方式呈現台灣民眾心目中的左右意識型態，並回饋給國際與國內的研究社群，提醒該主題在台灣的適用性與凸顯台灣選舉研究的特殊點；又如針對 2008 年台灣第一次推動的單一選區兩票制（mixed-member majoritarian system，MMM）的立委新選制，民眾對該新制度的理解以及對此一制度的整體評價又是如何？透過焦點團體訪談可以取得民眾對新選制認知的有限性以及探索其對新選制評價的因素，並將這些資訊再用於問卷設計中，這些結果也是面訪調查所無法提供。

再次，相較於全國性的選舉研究，地方層級的選舉研究為數雖然相對較少，也欠缺持續性，但個案成果卻也更具系統性。持平而論，在陳義彥以及吳統雄提出對地方選舉進行研究的建議之後，從過去到現在的選舉研究多數仍以全國性的選舉為主，如總統選舉與立委選舉為主，以地方選舉為主題的題材相對不足。如以面訪的調查方式來講，比較常見的地方選舉常常鎖定比較高層次或是比較具有政治重要性的地方選舉為對象，例如直轄市的選舉，或是在各縣市長選舉中選定幾個特定的選舉進行研究。地方選舉研究數量少的原因是可以理解的：一方面是研究對象的重要性不如全國性的選舉，例如研究區域的政治重要性，或者研究者的理論需求，地方層級的選舉總不如全國性的選舉；另一方面則是合格的研究對象數量多，使得研究對象選取過程中必須進行各項權衡，而這樣的結果，經常導致同一區域的調查結果無法有系統的進行資料累積，作為前後期間的比較研究。因此，地方選舉研究的問題不在於缺乏個案的研究數量，而在於同一時期個案之間或是同一個個案不同時期的比較研究難以進行。然而，撇開這樣的限制，單就每一次地方選舉的研究案例中可以發現，其本身的理論建構與研究設計仍舊相當完整，在某種程度上，地方選舉研究如同全國性的選舉研究一樣，況且，就實際 TEDS 的經驗來講，過去針對地方選舉的研究，已經可以看出在相當程度上有鎖定特定的地方城市進行

調查研究，例如過去兩次直轄市長／市議員的選舉已經持續選定了台北市與高雄市兩個老牌直轄市爲研究對象，這些研究結果對於完整瞭解這個城市，以及兩個城市間的比較有相當大的助益。

　　地方選舉有別於全國性選舉的關鍵點即在於地方政治生態與特定議題在選舉時扮演更爲重要的角色，例如地方既有的政治傳統、派系政治、選舉動員，以及政黨角色的扮演等問題，如果仔細的探索都可以成爲一個完整的個案研究，甚至可以成爲全國性調查的參照。因此，如果因面訪成本考量無法對太多地方城市進行面訪形式的選舉研究，選擇成本較低的電訪方式，甚至是同時兼採質化的研究途徑，來探索這些地方層級的選舉動能，不僅能納入更多的地方選舉個案，同時更能有效兼顧成本與研究目標，未嘗不是一個好的選項。

　　緊接著，選舉研究不只是侷限在選舉主題的研究，而是觀察台灣政治社會發展的重要參考。在前述多重主題與多樣方法的結合下，多數的選舉研究雖然離不開台灣民眾如何在選舉中進行投票決定的問題，同時也藉由主題與研究方法的使用，觸及到選民投票決定以外的問題，例如台灣的民主價值或是民主信念的問題，不僅是熱門的跨國比較題目，同時也是檢驗台灣民主轉型的重要資料，常見的「台灣民眾雖然對於實際的民主表現不滿意，但是仍然有相當高的比例認同民主的優越性」[3]；或者也可以經常看到研究者聚焦於台灣特有的族群認同、統獨偏好與政黨認同三者的研究，或是三者彼此之間的相互關係；又或者可以看到研究者切割民眾的特定屬性進行研究，如將年齡分層，來比較不同年齡層的民眾在各項問題上的差異等。這些研究雖然不是討論影響民眾投票的因素，但卻可以在選舉研究的主題中取得資料，這種發展趨勢也再次證實了透過選舉研究有利於解讀台灣政治發展的面貌，如再加上不同時間點所取得的變化情形，選舉研究的發展可以成爲理解台灣整體政治與社會發展的一個捷徑。

　　最後，TEDS 另一項重要的成果乃是選舉調查資料的累積與資料庫的建立。回應前述陳義彥與吳統雄對於擴大分享應用選舉調查資料的期待，TEDS 從 2001 年開始至 2012 年的總統與立法委員選舉，已經進行了 17 次大大小小中央層級與地方層級的選舉調查，這些調查資料除了蒐集過程的公開與標準化之外，並將這些調查結果視爲學術社

---

[3] 此處民主滿意度常用的操作化內容類似爲「整體來說，請問您對台灣民主政治實行的情況滿不滿意？」，民主優越性常用的操作化內容則爲「在我們社會上，有人覺得民主比較好，也有人覺得獨裁比較好。在下面三個說法中，請問您比較同意哪一種？（三種說法分別是：不管什麼情況，民主政治都是最好的體制；在有些情況下，獨裁的政治體制比民主政治好；對我而言，任何一種政治體制都一樣）」，兩者經常在跨國研究中出現，也是歷次 TEDS 調查重點項目之一。

群的公共財，在資料整理完成後公開給研究者使用。透過網頁建構與專人管理的提供，
任何研究者在遵守既有研究倫理的要求下，可以自由的使用這些蒐集到的資料。對國外
研究者來講，使用台灣選舉調查資料並沒有太大的門檻限制，因爲資料庫不僅提供英文
內容，其調查內容也可以與跨國研究進行比較，對國內研究者來講，在無須付出成本的
情形下，隨時可以取得所需的調查內容，從單一的選舉到多次選舉，加上多樣化的內容
與研究設計，同時解決了調查研究的成本負擔，更強化了研究構想的完整性。

伍、結語

在陳義彥以及吳統雄於 1986 年的論文中，同樣介紹了美國選舉研究的調查。事實
上，在此之前，游盈隆已經在 1984 年發表「投票行爲研究的緣起與發展」一文，此篇
論文相當詳盡的討論了美國投票行爲在研究主題、途徑與方法上的演進。這些論文也暗
示出在台灣選舉研究的關鍵期與發展期（依照陳義彥的分法）階段，受到美國投票行爲
研究的重要影響，因此，往後台灣選舉研究的發展，不可避免的持續受到諸如芝加哥學
派、密西根學派、理性抉擇學派等學術典範的影響，而社會因素（包含媒體與團體參與
理論）、社會心理因素（如政黨認同理論）、與經濟投票理論（或是政府表現評估）等
也持續被用來解釋台灣民眾的選舉行爲。但是，台灣的選舉研究在步入國際接軌期之
後，是不是有任何可以和其他國家，不論是新興民主國家或是成熟民主國家，有更不一
樣的內涵？或者，更精確來講，能否在肯定前述研究途徑的適用程度之外，仍有一些獨
有的「台灣選舉研究」？僭用陳義彥演講內容的最後一段話：「最後一項就是要建立我
們自己的理論，到現在來講，坦白講我們大部分都是用國外的，尤其是用美國的理論來
做探討，但我們的理論創見在哪裡？我們台灣選舉的真正特色在哪裡？也許我們要思考
一下，就是說我們在選舉方面本土化的理論在哪裡？這是值得我們去努力的」（2003：
6）。

以此觀點來思考，選舉研究必須將台灣近期固有的政治發展歷史納入考量（Rigger,
2000）。在 1950 年代國民黨政府從大陸到台灣之後，台灣與中國的對峙從來沒有消失，
再加上 1947 年二二八事件的影響，使得台灣的政治發展對外有中國的陰影，對內有省
籍差異，因而演化出特有的社會分歧，在此特有的歷史發展系絡當中，政黨的興起與其
角色扮演是與其他國家的發展路徑截然不同的。處於對外的中國因素以及對內的省籍分
歧，台灣的選舉研究不可避免的也會受到深刻的影響，因此，各種民眾統獨立場、族群
認同、兩岸政策偏好等，持續都是選舉研究的重要主題。可惜的是，雖然有許多個別深
入的論述討論這些因素如何影響台灣選民的行爲，但卻缺乏一個完整的主導理論可以有

系統地支撐起「台灣選舉研究」。這一個「台灣選舉研究」內涵不是要摒棄國際社群常用的政黨認同、經濟階級、或是媒體政治等常態選舉研究變數的重要性，相反的，是在如何正視這些普遍性的因素之外，納入中國因素以及以省籍與認同因素所帶動的政治分歧（如統獨偏好、認同分歧、經濟利益等因素），並且重新審視以此兩種因素為主導而建構「台灣選舉研究」之可能性。當然，這樣的建議並不是有意降低政黨在選舉研究當中的重要性。事實上，此處的中國因素與認同分歧並非與政黨無關，如同學者對政黨操作社會分歧的研究觀點（Lipset and Rokkan, 1967），在台灣的選舉過程中，政黨常是藉由中國因素與認同分歧的的操作而獲取選舉利益，只是在多數的選舉研究中，政黨的操作角色、認同分歧、與兩岸政策偏好三者彼此的內生性（endogenous）關係而無法得到清楚的解決。

最後，本章的詮釋與推論觀點必有所限，不宜過度引伸。由於本章在資料的取材是以過去十年使用 TEDS 資料的紀錄為主要來源，此一資料的建立一部分來自研究者向 TEDS 資料管理人申請資料，或是使用資料後所填寫的成果，更大一部分則是來自 TEDS 資料管理人單方面的蒐集，此種透過網路或是人際關係蒐集資料的方式，仍舊不免有遺漏其他論文的可能性。同時，因為時間與能力的限制，本章的分析是以這些論文的主題來理解其研究焦點，無法取得完整的論文一窺全貌，這一缺失導致本章無法進一步瞭解這些論文所採用的研究途徑與方法，或者就其研究結果進行更為詳盡的討論與介紹。再者，本章從分析資料取得的角度限縮台灣選舉研究的內涵，這樣狹隘的限縮方式主要是著眼於讓本章主題更為聚焦，但是，就實質的內涵來看，廣義選舉研究除了可以以資料特性來區分外，也有許多論文從制度設計的層面討論選舉制度與投票行為之間的關係，或是從研究方法的角度切入討論選舉研究的主題，或是直接從不同的學科領域討論選舉問題（例如政治傳播學者對選舉過程的競選效果或是媒體使用研究）等不一而足，這些研究直接反映出選舉研究本身所具有的科際整合特性，也是瞭解台灣選舉研究發展所必備的內容。

參考書目

吳統雄，1986，〈薪火與生食——讀陳義彥「我國投票行為研究的回顧與展望」〉，《民意》
　　113：3-31。

陳陸輝、游清鑫、黃紀（編），2009，《2008 年總統選舉：論二次政黨輪替之關鍵選舉》，台北：
　　五南。

陳義彥，1986，〈我國投票行為研究的回顧與展望〉，《民意》110：3-28。

陳義彥，2003，〈台灣選舉行為調查研究的回顧與展望——「TEDS2001」學術研討會圓桌論壇講
　　詞〉，《選舉研究》10（1）：1-6。

游盈隆，1984，〈投票行為研究的緣起與發展〉，《東吳政治社會學報》8：193-229。

鄒文海，1964，《台灣省地方選舉的研究》，台北：寰宇。

鄒文海，1973，《台灣省地方選舉的研究》，台北：寰宇。

Lipset, Seymour M. and Stein Rokkan. 1967. *Cleavage Structures, Party Systems, and Voter Realignment: Cross-National Perspectives*. New York, NY: The Free Press.

Paolino, Philip and James Meernik. 2008. *Democratization in Taiwan: Challenges in Transformation*. Burlington, VT: Ashgate Publishing Company.

Rigger, Shelly. 2000. "Social Science and National Identity: A Critique." *Pacific Affairs* 72(4): 537-552.

第十六章

台灣分立政府研究

吳重禮

壹、前言

　　相較於政治學其他研究議題，「分立政府」（divided government）屬於新興研究課題。在台灣的政治體制中，分立政府意指總統所屬政黨無法掌握立法院多數席次；反之，「一致政府」（unified government）表示總統所屬政黨同時掌握立法院多數議席；相關概念說明，容後再敘。[1] 其實，分立政府並非新近形成的政治現象。在美國歷史上，聯邦政治體制除了零星偶發的分立政府之外，曾經歷三波明顯、持續性分立政府時期，分別是由 1843 至 1861 年、1875 至 1897 年，以及 1969 年迄今；然而，這種現象並未獲得學術界的重視。直到約 20 年前，James L. Sundquist（1988: 613-615）在一篇論文中指出，1960 年代末期至 1980 年代末期，美國政治正面臨一個新的階段，亦即常態性分立政府已然形成，逐漸取代一致政府，而分立政府亦可謂是一種特別型態「聯合政府」（coalition government）。換言之，這種聯合政府並非起源自政黨或者政治領導人物之間自發性結合，而是因為大規模選民採取「分裂投票」（split-ticket voting）的選舉結果使然。

　　依據 Sundquist（1988: 613-635）的立論，民主政治首重「政黨政府」（party government）的運作機制，而民主政治與責任政治之體現，更與政黨政治有著密切的關係。經由健全的政黨競爭，執政黨擔任行政機關與立法機關的樞紐，反對黨則扮演監督執政黨的角色，成為政府施政的警鐘。然而，在分立政府之下，因為行政權與立法權分屬不同政黨所掌握，使得政黨政府的運作原則遭到嚴重的削弱，行政部門與立法部門彼此分歧

---

[1]　關於「divided government」一詞，翻譯的詞彙甚多，如「分裂政府」、「分立政府」、「分治政府」、「分黨控制政府」等，其中又以「分裂政府」較為常見（王國璋，1993：214；楊日青，2001：195）。至於「unified government」一詞，譯名如「一黨政府」、「單一政府」、「一致政府」等。作者以往所發表之論文以「分立性政府」與「一致性政府」為名，之後修訂為「分立政府」與「一致政府」，在此沿用之（吳重禮，1998、2000）。

矛盾，而所謂負責任、重效能的政府已不可得。這些分立政府運作的難題，無論在內政、國防與外交政策方面，均一一凸顯出來。

　　無獨有偶地，我國中央層級政府在 2000 至 2008 年經歷分立政府時期，亦引發台灣政治學界的高度關注。在 2000 年之前，總統、行政院長，以及立法院多數席次均由國民黨同時掌控，直至第十任總統大選，民進黨籍候選人陳水扁擊敗國民黨提名的連戰與獨立參選人宋楚瑜，國民黨黯然交出長達半世紀的中央執政權。其意涵不僅是台灣首度進行政黨輪替，同時也是我國中央層級之行政與立法部門首次進入分治時代。2004 年總統選舉，陳水扁以些微差距再度擊敗連戰、宋楚瑜的搭配。然而，2001 和 2004 年立法委員選舉，儘管民進黨取得相對多數議席，卻無法跨過半數的門檻。換言之，民進黨雖然贏得中央執政權，然而面對的困境卻是未能掌握立法院絕對多數的席次。事實上，我國政府體制不僅在中央層級呈現分立政府狀態，甚至在地方政府方面，縣市長與議會分屬不同政黨掌控的情形亦漸趨頻繁。在以往國民黨威權統治時期，地方層級分立政府的出現多屬零星偶發，但是自從 1989 年之後，經歷數次縣市長與議會選舉，分立政府卻有明顯增加的趨勢，儼然成為地方府會關係的常態（相關論證，可參見吳重禮、黃紀、張壹智，2003；Wu and Huang, 2007）。在此政治環境之下，分立政府議題逐漸受到國內學界的重視，迄今亦累積了頗為豐碩的研究成果。

　　鑑於分立政府意涵及其議題具有學理的重要性與實際政治的參考價值，本章擬探究數項相關議題。首先，說明分立政府的概念意涵，並檢視台灣學界對於分立政府研究脈絡的引介。其次，將既有研究文獻區分為三項研究主軸，分別包括憲政體制與分立政府、投票行為與分立政府，以及分立政府與政治影響。在結論中，作者摘述重點，提出未來研究的幾項芻議，作為學術研究的參考。關於分立政府學術文獻的彙整，有兩點必須加以說明。首先，既有著作討論的議題往往相互糾葛，一篇論文所討論的議題，經常與其他課題有若干重疊之處，並不宜截然劃分。在此，為清楚地呈現台灣分立政府研究發展情形，始將其區分為幾項研究主軸。其次，礙於能力不足和時間的限制，作者顯然未能蒐集所有重要研究文獻，且罅漏之處必多；本章僅定位為拋磚引玉的性質，期望引發後續更多的討論。

貳、分立政府的概念意涵與研究緣起

　　以行政首長與立法部門絕對多數席次所屬之政黨來觀察府會結構型態，就學理而言，可區分為一致政府與分立政府。一致政府意指在政府體制中，行政部門與立法部門皆由同一政黨所掌控。相對於一致政府的概念，分立政府意指行政部門與立法部門分屬

不同政黨所掌握。當然，在「一院制」（unicameralism）體制之下，分立政府乃是議會由不同於行政部門所屬政黨佔有多數議席。在「兩院制」（bicameralism）體制中，當兩個民選議會均擁有實質的立法權，只要其中的一院由不同於行政部門所屬政黨擁有多數議席，即可稱為分立政府（吳重禮，2006：137）。簡言之，分立政府乃是行政首長所屬政黨無法同時擁有立法部門多數議席。

　　就定義的緣起而言，分立政府原指涉的是美國聯邦政府的政治體制，其憲政體制為總統制，該政黨制度為兩黨制。因此，在美國政治體制之下，分立政府的意涵運用極為簡明（Laver and Shepsle, 1991: 252）。儘管如此，近來若干學者嘗試引申分立政府的概念，套用於其他非總統制、多黨制的國家，裨益進行比較研究。舉例來說，Matthew Soberg Shugart（1995: 327-343）將政府型態區分為分立政府、一致政府，以及「無多數政府」（no-majority government）；後者意指沒有任何單一政黨得以掌握議會中的絕對多數席次。值得一提的是，Robert Elgie（2001: 2-12）耙梳彙整相關文獻並進一步將分立政府概念延伸，運用在總統制、內閣制，以及總統和議會均由人民選舉產生的半總統制國家。依據其分類，如表 16-1 所示，在總統制之下，分立政府有兩種型態：其一，議會由不同於總統所屬的政黨掌握過半數席次；其二，沒有任何政黨掌握絕對多數席次。在內閣制之下，分立政府意指執政黨無法掌握議會絕對多數席次；這種情形亦即普遍為人所熟知的「少數政府」（minority government）。在半總統制之下，分立政府也有兩種型態：其一，執政黨在議會中無法掌握過半數議席；其二，議會由不同於總統之所屬政黨（或政黨聯盟）佔有多數議席，使得總理與總統分屬不同政黨，這種情形亦即所謂的「共治」（cohabitation；或稱為 split-executive government）。綜觀之，在不同憲政體制、政黨制度之下，均有可能產生分立政府，其共同特徵在於行政首長（無論是總統制之下的總統或是內閣制之下的總理）所屬政黨無法掌握議會多數席次。

表 16-1　憲政體制與分立政府型態

憲政體制類型	分立政府型態
總統制	1. 議會由不同於總統之所屬政黨（或政黨聯盟）佔有多數議席
	2. 在議會中，沒有任何政黨掌握過半數席次
內閣制	執政黨（或政黨聯盟）無法在議會中掌握過半數議席
半總統制	1. 執政黨（或政黨聯盟）無法在議會中掌握過半數議席
	2. 議會由不同於總統之所屬政黨（或政黨聯盟）佔有多數議席，使得總理（或謂首相）與總統分屬不同政黨

資料來源：摘譯自 Elgie（2001: 12）。

　　如前所述，在 1969 年以降，聯邦層級分立政府成為美國政府體制的常態，甚至在地方政府層級方面，州長與州議會分屬不同政黨掌控的情形亦漸趨頻繁。從 1946 至 1990 年間，一致政府的比例呈現明顯下降趨勢。在 1988 年之後，甚至約有 75% 州政府層級處於分立政府的局面（Fiorina, 1991: 181）。既然分立政府成為政治體制司空見慣的現象，當然引起美國政治學者的關注。近十餘年來，探討美國分立政府運作的學術著作相當繁多，研究的主軸環繞三項議題：形成分立政府的可能肇因、分立政府所導致的影響，以及應該採行何種政治改革以杜絕分立政府的可能弊端。有鑑於愈來愈多的學者投注心力在這些相關議題的研究，David W. Brady（1993）認為，關於分立政府議題的探討，可能取代以往偏重「政黨重組或解構」（party realignment or dealignment）的思考，而成為學術界探究選舉結構（如選民投票行為、政黨重組或解構）、政府制度，以及政策制訂等三個互動面向的研究重心。

　　關於美國分立政府概念的引介，台灣學界最初可以溯及王國璋（1993：213-241）的一篇專書論文。該文檢視美國政黨與選舉的理論，以及 1988 年總統選舉的統計資料，剖析選舉結果造成分裂投票的原因，包括政黨功能的式微、選民政黨認同的弱化、候選人中心的選舉型態（強調個人政績和形象競選），以及選民對於總統與國會議員的雙重評價標準等。至於將分裂投票的概念套用在台灣選舉政治的濫觴，應該是黃德福（1991：55-80）研究 1989 年縣市長和區域立法委員與省議員選舉的分裂投票情形；該文運用整體資料和民意調查資料，以台北縣、雲林縣、高雄縣為研究案例，分析資料顯示，男性、年齡較輕、軍公教職業和獨立選民有較高比例採取分裂投票。在文中提及分裂投票與「分立政府」的關連，則是由洪永泰（1995：120）首開先河（儘管其譯為「分裂政府」）；該文運用人文區位分析和抽樣調查資料，分析 1994 年台北市選舉分裂投票的情形和原因，實證結果發現，在控制社會人口特徵條件下，政黨認同、年齡和籍貫是影響選民分裂投票的重要變數。

　　較有系統地、更為完整地介紹分立政府的研究文獻和理論架構，則是吳重禮（1998）、陳敦源與黃東益（Chen and Huang, 1999）的論文。這兩篇著作均探討美國分立政府運作的學術著作，檢視分立政府形成原因與運作情形。關於分立政府的肇因，學者嘗試提出多項因素解釋分裂投票，譬如政治體制的「憲政架構安排」（constitutional parameters）、「政策平衡理論」（policy balancing theory）、「結構性規則」（structural rules）、候選人議題、選舉聯盟、政黨式微，以及獨立選民意向反應等。儘管形成原因眾說紛紜，然而尚未發展出周全的解釋足以為多數學者所接受。一如缺乏解釋分裂投票的完整論述，研究者亦無法確切剖析分立政府可能導致的影響；有些學者認為分立政府導致政策制訂與執行的弊端，若干學者則抱持保留的態度。不約而同地，這兩篇論文在結論中皆提及，1997 年底縣市長選舉中，國民黨遭逢空前挫敗，民進黨贏得相對多數選

民支持，然而在 1998 年初地方縣市議員選舉，國民黨在各縣市皆領先其他政黨，取得多數席次。此現象意味著，對地方政治運作而言，行政首長與議會分屬不同政黨，可能因彼此意識形態與政策立場的對立衝突，引發緊張關係，阻礙地方政治的運作。

緊接著，吳重禮（2000）在一篇論文中，提及台灣政治發展面臨的四項議題（包括縣市層級行政與立法部門分屬不同政黨、中央政府執政黨與地方政府多數黨分屬不同政黨、縣市長與鄉鎮市長分屬不同政黨，以及國民黨可能無法同時掌控行政部門與立法部門），正是屬於分立政府的爭議。作者衍生分立政府的概念，將其進一步區分為「水平式分立政府」（horizontal divided government）與「垂直式分立政府」（vertical divided government）兩種面向，以擴大此概念的適用性，期望作為未來比較研究的基礎。就在該期刊物出版之後，2000 年 3 月情勢緊繃的總統大舉結果揭曉，民進黨陳水扁因為國民黨連戰與宋楚瑜的分裂而得利，然而在 5 月就職之後，卻面對國民黨掌握多數席次的立法院。

在 2000 至 2008 年民進黨執政時期，或許最引起社會關注的是，在政府體制運作之下，掌握實權的總統與立法院絕對多數席次分別為不同政黨所掌握，造成總統、行政院長與國會關係的不協調，陳水扁政府諸多政策措施引發朝野嚴重的衝突與對立。[2] 執政當局為尋求共識，往往必須藉由「體制外」的協商機制，試圖籌組多數穩定的「國家安定聯盟」，迴避府會僵局以求政策的推行。在此政治氛圍之下，分立政府或者少數政府議題迅速受到社會各界的矚目，亦成為政治學者關切的研究課題，而累積了豐碩的學術著作，這是下一節討論的重點。

---

[2] 由於無法掌握立法院多數席次，陳水扁政府諸多政策措施引發朝野嚴重的衝突與對立，諸如核四續建與否、兩岸政策定位、宗教直航、反反覆覆的加稅與否、國家安全捐、縮短工時、公務人員全面週休二日、老人福利津貼、國民年金、預算刪減、高科技企業員工配股按實際股價課稅、南部科學園區與高速鐵路的對立、股市疲弱不振、經濟景氣衰退創下失業率新高、行政院提出 8,100 億振興景氣措施之紛爭、6,108 億的軍購政策、監察院人事案、《行政院組織法》草案、八年八百億治水特別預算案、台灣高速鐵路興建計畫、《國家通訊傳播委員會組織法》草案、政壇及金融市場矚目的股市禿鷹案、高雄捷運弊案引發的後續效應（包括陳哲男事件、行政院新聞局表示不排除撤銷 TVBS 電視頻道執照）、退休公務人員 18% 優惠存款利率改革、高速公路電子收費系統招標工程，以及「國家統一委員會」終止運作和《國統綱領》終止適用、最高法院檢察署檢察總長人事同意權、基本工資調整、公股管理、《中央選舉委員會組織法》草案、去中國化的教育政策，以及中正機場、中華郵政、中正紀念堂和諸多機構的更名所引發的爭議和齟齬，都可以看到行政部門與立法部門扞格不合的現象，而且朝野對立有愈演愈烈之勢。

參、台灣分立政府學術文獻的三個研究主軸

如前曾述，分立政府似乎已然成為我國各級政府普遍存在的型態，因此引發台灣學界的關注。十餘年來，探討台灣分立政府的學術成果頗為豐富，依據作者的粗淺分類，可歸納為三個研究主軸，分別是憲政體制與分立政府、投票行為與分立政府，以及分立政府與政治影響。茲針對這些研究主軸，分述如下。

一、憲政體制與分立政府

關於分立政府之成因，儘管研究者試圖提供不同理論加以詮釋，但是仍未發展出周延的學說，為多數學者所認同。可以確定的是，分立政府現象的產生，並非任何單一因素所能造成的，主要包括「制度因素」（structural/institutional factors）與「行為因素」（behavioral factors）（Elgie, 2001: 5-7; Fiorina, 1996: 143-156, 177）。首先，制度因素偏重探討影響選民投票行為的外在變數，諸如憲政架構安排、「在職者優勢」（incumbency advantage）、「選區服務」（constituency service）、「選區劃分」（gerrymandered districts）、「偏頗的競選經費法規」（biased campaign finance laws）、「選舉時程」（timing of elections），以及「選舉規則」（electoral formulae）等。其次，行為因素的研究則主要著重在選民的「分裂投票」與「一致投票」（straight-ticket voting）的行為動機；關於行為因素的討論，請容後再述。

在肇因方面，憲政體制的設計可謂是形成分立政府的制度性因素（吳重禮、徐英豪、李世宏，2004：78）。在總統制與半總統制的體制之下，行政首長和代議士分別由選民投票產生，始可能發生分立政府的情況。在此行政與立法「分權」（separation of powers）與「制衡」（checks and balances）的憲政架構之下，具有「二元民主正當性」（dual democratic legitimacies）（Linz, 1994），所以就政府的組成結構而言，存有一致政府與分立政府兩種不同的政府型態。這種立論亦說明了在分權制衡體制中，分立政府「基因」存在的必然性。

在過去十餘年間，憲政體制可謂是台灣法政學者的研究焦點之一，其原因和我國政治情勢息息相關。就憲政結構的調整而言，經由 1994 年第三次與 1997 年第四次憲改，確立了總統在中央政府行政部門組織、人事與決策的主導權。[3] 現行的憲法架構主要涵

---

[3]　相對而言，1994 年第三次憲改的變動幅度較小，除規定總統、副總統由中華民國自由地區全體人民直接選舉（第二條）之外，主要的變革為行政院長副署權的縮減。1997 年第四次憲法增修

蓋 1946 年所制訂的憲法，以及 1990 年以來七次修憲所增加的增修條文，因此我國憲法體制經過歷年演變與多次修改，已產生相當程度的改變。雖然根據我國憲法第五十三條規定行政院爲國家最高行政機關，據此推論行政院長爲國家最高行政首長，但是由於實施動員戡亂與戒嚴體制，並在強人威權統治運作下，憲政運作逐漸偏離當初制憲的傳統精神與原則。即使在多次修憲過後，究竟我國屬於何種體制，至今仍是各界爭議的焦點。多數學者就總統選舉方式、人事任免與政策決定的模式，認爲我國憲政運作應從原來偏向「修正式內閣制」的架構，逐漸轉爲偏向「貌似半總統制的總統制」或仿效法國第五共和的「雙首長制」的架構發展。關於我國憲政架構的修改模式和政權合法性，諸多文獻有詳盡的闡述與說明（建議參閱吳玉山，2006；吳重禮、吳玉山，2006；沈有忠、吳玉山，2012；胡佛，1998；胡祖慶，2001；楊日青，2001；Wu, 2000）。

　　作爲一個由威權體制逐漸轉型朝向民主化發展的國家，我國中央層級與多數地方層級政府皆面臨分立政府的問題。回顧 2000 至 2008 年我國政治運作的僵局，這些政治紛擾情勢造成諸多社會衝擊，除了政黨立場與領導者意識形態的影響因素之外，憲政制度恐怕難辭其咎。必須說明的是，在既有憲政體制研究文獻中，分立政府往往並非探討的核心議題，而是附屬在其他相關議題之中，譬如半總統制的制度設計、半總統制運作類型的跨國研究、憲政體制和選舉制度的配套、選舉制度與選舉時程對於分立政府的影響、制度選擇和政黨體系的配套效應、政府體系的政治穩定因素、民眾對於半總統制憲政架構的政府表現評價（李俊達，2011；沈有忠，2005、2011；周育仁，2002、2006；周育仁、古志全，2009；周育仁、劉嘉薇、黎家維，2012；林繼文，2006；張峻豪，2011；陳宏銘，2009；黃德福，2000；Wu, 2009）。從比較政治的角度觀之，這些憲政制度的抉擇（制度上游）、運作型態（制度中游）、制度表現（制度下游）（吳玉山，2012：2），經常和分立政府的議題環環相扣，對於台灣本身的政治發展，諸如憲政體制的演變、政黨體制的重組與轉型、選民投票行爲的影響，以及行政與立法關係等，均值得從理論與實務加以研究分析。

二、投票行爲與分立政府

　　就選民投票行爲的影響來說，如前曾述，選民採取分裂投票或一致投票的行爲，

條文則大幅增加總統的職權，其主要包括總統的人事任免權（尤其是將憲法第五十五條的行政院長提名權修改爲任命權，同時取消立法院的閣揆同意權）（第二、三條）、立院解散權（第二、三條）、緊急命令權（第二條）、設置國家安全會議及所屬國家安全局（第二條）、提名權（第二、三、五、六、七條）、刪除監察院對總統及副總統的彈劾權（第七條）等。

所呈現的集體結果，就決定了府會結構是否爲分立政府或是一致政府的型態（吳重禮，1998：68）。分裂投票意指於同一次選舉中，有多種類別的選舉合併舉行，選民將選票投給支持不同政黨的行政首長與民意代表候選人。相對於分裂投票的情形，一致投票意味著在同時舉行的不同選舉中，選民將選票投給相同政黨的候選人。就另一層政治意義而言，選民選票分裂比例的增加，也意味著總統「衣帶效應」（coattail effects）的減弱。換句話說，擁有高度聲望的總統候選人憑藉著競選活動帶動選戰風潮，裨益同黨議員及其他公職候選人當選的情況已經逐漸下降。爲何若干選民在行政首長與民意代表選戰中投票支持不同政黨候選人？分立政府的形成究竟是選民蓄意的投票行爲所造成，還是無意的投票結果？是什麼樣的因素導致高比例的選票分裂情形？

　　針對這些問題，相關研究文獻嘗試提供各項學說以解釋分裂投票的動機（許增如，1999；黃紀、吳重禮，2000）。大致說來，學理論證的焦點著重在於選民究竟是否蓄意地採取分裂投票的行爲，意圖透過整體投票結果塑造分立政府，使得行政部門與立法部門分屬不同政黨掌控而相互制衡，抑或選民是基於其他原因的考量而採取分裂投票，但卻無意間產生了分立政府的結果。綜合各家論點，大抵上可分爲「蓄意說」（intentional factor；或稱爲 purposive explanation）與「非蓄意說」（unintentional factor；或稱爲 accidental explanation）兩個陣營。其中，「蓄意說」學派認爲，選民係刻意採取分裂投票的行爲，意圖透過整體投票結果塑造分立政府，使得行政與立法部門分屬不同政黨掌控而相互制衡。支持「蓄意說」的學派中，形成分立政府的動機與目標，從憲政架構的分權制衡爲考量的「制度平衡」（institutional balancing）、促使政府決策達到中庸適切的「政策平衡」、到避免任何政黨過度掌握權力而制訂流於保守或激進的政策，乃至於選民針對特定目的之節制政府預算支出等，不一而足。

　　反之，「非蓄意說」學派則認爲，選民的投票行爲是受到其他制度因素影響而採取分裂投票，卻無意間形成了分立政府的結果。持「非蓄意說」的研究者質疑一般選民是否有此深謀遠慮，並能洞悉政黨的政治立場、預期選舉結果，判斷在不同公職選舉中應支持不同政黨的候選人，以刻意製造分立政府的整體目標。必須說明的是，由於此派論者從不同的觀點來詮釋選民非蓄意的分裂投票，故亦是眾說紛紜，並無定見，從選民自我矛盾的政策偏好、選民無所適從的投票行爲故只得分攤「賭注」支持不同政黨、選民只單純以候選人個人條件爲取向、在特定選舉環境下選民採取「策略投票」（strategic voting）[4] 所造成之結果、選舉區劃分等結構性規則、政黨認同的弱化及政黨意識形態的

4　策略投票意指選民在面對選舉環境時，經過其理性計算，在不願意浪費選票的考量下，將選票投給心目中次佳的候選人；尤其是在單一選區相對多數決制度下，選民覺得投票給小黨的候選人，其當選的機率不大，形同浪費選票，因此將選票轉投給其他大黨，原本不支持但是感到較不討厭的一方，以防止最不喜歡的一方當選。

差別趨於含糊使選民無所適從、國會議員在職優勢使得挑戰者經常處於弱勢，乃至於現代大眾傳播媒體發達（尤其是電視的影響無遠弗屆），使得選民傾向以候選人的政見為投票取向等。歸納而言，這派學說認為，分裂投票造成分立政府並非選民蓄意塑造的結果。

近來國內學界引進分裂投票研究脈絡運用於本土化研究，已累積甚為豐富的研究成果（諸如吳怡銘，2001；林長志、黃紀，2007；許勝懋，2001；劉從葦，2003）。值得說明的是，西方研究文獻提供各種學說解釋分裂投票動機，對於瞭解我國選民投票行為與分立政府的成因，具有相當的啟發作用；然而，選舉制度、選舉週期，以及政黨體制的顯著差異，也是研究者引進理論架構時必須慎思的因素。舉例來說，部分研究延伸分裂投票與一致投票的概念，解釋台灣選民「投票穩定」（electoral stability）與「投票變遷」（electoral change）的行為動機及其研究方法（吳重禮、王宏忠，2003；黃紀，2001）。[5] 再例如，部分學者指出選舉制度對選民分裂投票的影響；詳言之，行政首長選舉所採行的相對多數決制，易使候選人有向中間移動的「向心誘因」（centripetal incentive），而民意代表選舉係採取複數選區單記非讓渡投票制（multi-member district with single non-transferable vote system，SNTV），因此易有朝向極端移動的「離心誘因」（centrifugal incentive）（王業立、彭怡菲，2004；游清鑫，2004）。另外，若干研究針對 2008 年立法委員選舉改採單一選區兩票制，或者地方行政首長暨議員選舉，運用集體資料進行跨層次推論，分析影響選民一致投票或者分裂投票的因素（黃紀、張益超，2001；蕭怡靖、黃紀，2010）。

就相當程度而言，當分立政府逐漸成為政府體制常態，其意味著選民一致投票或者投票穩定度的降低，傾向將選票分別投給不同政黨的候選人。為何選民的投票抉擇呈現變動的趨勢？係起因於選民蓄意的投票行為，抑或無意的投票結果？直言之，選民是否刻意希望形成分立政府，使得行政、立法兩部門分別由不同政黨控制而相互制衡，或者是選民基於其他因素而投票給不同政黨，卻無意間造成分立政府的出現？當然，關於形成分立政府的肇因，是值得繼續研究的課題。

5　投票穩定指涉的是，選民在連續幾次的選舉中，把選票投給相同政黨的一致程度。相對地，選舉變遷意指在不同時期的選舉，選民投票支持不同政黨的候選人。假若選民之一致投票行為促成一致政府，分裂投票行為促成分立政府，當吾人以投票穩定取代分裂投票概念時，則可推論：若多數選民之投票行為呈現高度穩定狀態，有利於促成一致政府；反之，當多數選民的投票呈現低度穩定情形，則分立政府於焉產生。

三、分立政府與政治影響

一如分立政府的成因尚未定論，有關分立政府與一致政府的運作與影響亦是學界爭論的議題（吳重禮，1998、2000；邱訪義，2010）。依據政黨政治的觀點，相對於一致政府的運作，分立政府可能較易導致「政策滯塞」（policy gridlock）、「停頓」（deadlock）與「缺乏效率」（inefficiency），以及行政首長與立法部門的「僵局」（stalemate）。其基本邏輯是，在一致政府架構運作下，執政黨擔任行政與立法部門兩者之間的橋樑，具有政策協調、意見折衝等多項功能，強化政黨政治的運作機制。反觀，在分立政府架構運作下，由於存在著制度性衝突，較易導致行政與立法雙方的矛盾、分歧或衝突對立，削弱政黨政府的運作效能（Brady, 1993；Sundquist, 1988）。相較一致政府的表現，分立政府使得政府運作效能降低，失去既有的行動能力，立法過程之窒礙和僵局將不可避免。

就分立政府運作的影響而言，至少有五項普遍的觀點：第一，議會扮演監督制衡行政部門的關鍵角色，因此，一旦行政首長與議會分屬不同政黨時，反對黨掌握之委員會經常過度掣肘行政部門，阻撓行政首長所推行之政務，降低行政體系的效率。第二，行政首長與掌握議會的多數黨各有立場，易造成兩者關係不協調，導致重要政策之法律制定往往遭致擱置延宕的命運，降低「法案生產力」（legislation productivity）。第三，分立政府在政策的制定或執行過程中，有可能會比一致政府出現較顯著的更迭，而形成政策之間缺乏連續性。第四，執政黨與在野黨的界線不易區分，彼此的政策混淆，爭功諉過的現象便可能發生。職是，最為人所詬病的乃是政策制定和執行的疏失責任將無法釐清歸屬，因此民主體制所強調「政治責任」（accountability）與「回應性」（responsiveness）的特質亦無從體現。第五，就國家政治經濟情況而言，經濟表現深受政府體制的影響，在一致政府時期國家總體經濟表現較佳，而分立政府是肇致政策偏失與預算赤字竄升的主因。綜觀而言，此派學者所提出的觀點，認為分立政府在總體運作上與一致政府存有相當程度的差異。

儘管諸多學者認為分立政府較易造成政策僵局，然而質疑這種論點的學者強調，分立政府契合憲政體制的制衡原則，其目的即是為了保障人民權利，使得立法與行政部門產生制衡，此係符合多數選民的預期心理，並無損於政策制訂與執行成效。此外，由於行政部門與立法部門分別由不同政黨所把持，因此在政策制訂的過程中必須透過政黨協商，如此反而擴大決策機制，有別於單一政黨的片面民意。因此，分立政府根本並非真正的問題癥結所在，但卻成為政府運作效率低落、管理不善的託辭。舉例來說，David R. Mayhew（1991）為了探討分立政府的運作究竟是否有別於一致政府，檢視 1947 至 1990 年美國聯邦政府府會關係的互動情形，以國會制訂「重要法案」（important laws）為分

析指標；其研究發現，無論是在分立政府或者是一致政府時期，國會所通過的重要法案並無顯著差異。[6]其結論指出，分立政府並不必然導致立法過程產生僵局、滯塞，也不至於使得決策結果有顯著差別。在實際政治運作過程中，總統與國會議員皆須反映社會需求與選民期待，因此雖然彼此的意識形態與政治立場互異，但仍必須訴諸相互之間利益的調和，以通過爭議性法案。[7]Mayhew 的研究不僅挑戰以往眾多學者對分立政府所預設的負面影響，同時也為分立政府議題開啟重要的研究方向。

　　依循分立政府政治影響的論證，許多台灣政治學者（尤其是國會研究專家）挹注心力探討分立與一致政府所產生的結果是否有所差異，而且迄今已累積甚為豐碩的研究成果。整體來說，多數文獻著重於中央政府的府會關係，包括朝野政黨的合作與衝突、立法過程或者意識阻撓、法案產出、積極議程設定，以及立法院記名表決（藉以檢證政黨團結度）等（吳東欽，2008；吳重禮、林長志，2002；邱訪義、李誌偉，2012；盛杏湲，2003；黃秀端，2003、2004；黃秀端、陳鴻鈞，2006；楊婉瑩，2003）。若干研究著重兩岸政策的制訂，以及立法院對於兩岸經貿協商的監督角色（岳瑞麒、吳重禮，2006；黃秀端，2010；黃偉峰，2009；廖達琪、李承訓，2010；顧忠華，2010）。少數研究比較一致政府與分立政府的整體經濟表現是否具有顯著差異（吳重禮，2007），或者從「垂直式分立政府」角度切入，探討中央與直轄市政府的府際關係，以及中央對地方補助款分配的模式與影響因素（王志良、詹富堯、吳重禮，2012；吳重禮、李憲為，2005）。

　　此外，若干研究則側重於直轄市、縣市及地方政府的府會互動，包括地方政府年度預算刪減之幅度、地方政府所提案的通過比例與結果，以及行政首長的施政滿意度等（吳重禮、黃紀、張壹智，2003；吳重禮、楊樹源，2001；湯京平、吳重禮、蘇孔志，2002；黃紀、吳重禮，2000；廖達琪、洪澄琳，2004；Wu and Huang, 2007）。或者，部分研究嘗試探討民眾的制衡認知對於中央與地方府會關係，以及縣市行政首長評價之影響（陳陸輝、游清鑫，2001）。總體而言，在整體運作與政治影響方面，一致政府與分立政府是否有所差異，這些研究成果卻相異其趣，並無確切定論。究其原因，在於立論的基礎，以及研究者選擇不同評估指標測量「政府表現」（government performance）

---

[6]　1947 至 1990 年所通過的眾多法案中，何者屬於「重要法案」？ Mayhew（1991: chaps. 3-4）採取兩種篩選方法，包括「同時期評價」（contemporary judgments）與「回溯性評價」（retrospective judgments）。同時期評價係依據法案制訂當時新聞媒體報導的觀點加以評價，主要仰賴的傳播媒體為《紐約時報》（New York Times）和《華盛頓郵報》（Washington Post）；回溯性評價則依賴政策學者的研究文獻，評斷法案的價值與重要性。Mayhew 依據這兩種篩選方法，總共挑選出 267 件重要法案。

[7]　之後，Mayhew（2005）為了再度檢證自己的論點，繼續觀察第 102 到第 108 屆國會（1991 至 2002 年），分析這 12 年期間所發生的國會調查案件，同時另外增加 66 件重要法案。其研究結果再次顯示，分立政府與重要法案的通過與否並無顯著關係。

與「領導效能」（leadership efficiency），因此所得結論亦不盡相同。關於分立政府的政治影響，相信這是值得學者繼續投注精力的研究範疇。

肆、結論與建議

　　瞭解事實、解釋現象，以及預測未來，是科學研究的三個目的。在社會科學領域中，研究者經常面臨的一項問題，往往不是在於瞭解既存的事實，而是在於如何解釋這些現象。顯然地，研究者對於分立政府此一課題的探討亦面臨相同的處境。在過去十餘年間，在執政治學牛耳的美國學界，諸多學術著作檢視分立政府的形成原因與運作情形。關於分立政府的肇因，儘管學者嘗試提出多項因素解釋分裂投票行為，然而眾說紛紜，迄今尚未發展出周全解釋足以為多數學者所接受。無獨有偶地，一如缺乏解釋分立政府的完整論述，研究者亦無法確切剖析分立政府可能導致的影響。有些學者認為分立政府導致政策制訂與執行的弊端，若干學者則抱持保留的態度。當然，關於形成分立政府的可能肇因及其影響，都是值得繼續關注的課題。

　　本章回顧過去 20 年來台灣分立政府研究的概況，除了引介性質論文之外，主要環繞在三項研究主軸，包括憲政體制與分立政府、投票行為與分立政府，以及分立政府與政治影響。持平而論，在分立政府研究領域方面，我國學界的學術成果甚為豐碩，和美國政治學界發展趨勢相當接近。展望未來研究，作者在此提出幾點淺見作為參考。首先，西方研究文獻提供各種學說解釋分立政府的肇因與影響，具有相當的啟發作用。然而，參閱他國研究文獻時，我們必須指出，不同政治體制之間的憲政規範、政府架構、選舉制度往往存有顯著差異，因此概念的引用必須考量實際環境因素，適度修正始能運用於比較政治的研究（吳重禮、王宏忠，2003：87）。舉例而言，美國政治的整體結構係奠基於兩黨政治，行政首長與民意代表若非有民主黨或者共和黨的提名，甚難有當選的機會。反觀，我國的情形則有不同，在解嚴之後，政黨政治呈現蓬勃發展，新黨、親民黨、台灣團結聯盟、無黨團結聯盟陸續成立，似乎意味著朝向多黨政治發展的趨勢。儘管在 2008 年首次實施「單一選區兩票（並立）制」（mixed-member majoritarian system，MMM）之後，這些小黨在立法院的席次受到相當程度的壓縮，然而在 2012 年立法委員選舉中，親民黨和台聯在新選制後獲得全國不分區席次，並雙雙跨過成立黨團的門檻；另外，無黨團結聯盟取得二席，無黨籍一席。換言之，除了國民黨和民進黨之外，小黨在台灣政治版圖仍然佔有不可小覷的地位。

　　其次，有別於美國參眾議員選舉的「單一選區相對多數當選制」（single-member district with plurality system），我國各級民意代表選舉（立法委員、縣市議員等）以

往採取 SNTV，而立法委員選舉制度在 2005 年採取新制，主要改採 MMM 制。不同選舉制度對於候選人提名方式、政黨輔選方式、候選人競選策略、選民投票行為，以及不同層級民意代表的立法行為、選區服務和黨紀約束等，都可能會產生明顯差異。例如，在 SNTV 之下，候選人僅需取得部分選票便可跨越「安全門檻」（threshold of exclusion），而且應選席次愈多，安全門檻愈低，候選人只要爭取若干特定選民支持即可當選。然而，在 MMM 之下，依據「中間選民定理」（median voter theorem），候選人必須在議題立場採取溫和路線，爭取選區相對多數選民的支持，而極端意識型態的政治人物不易有當選空間。這些選舉制度的差異對於分裂投票和分立政府的影響，是不可輕忽的制度因素。

再者，我國除了憲政體制並非純粹美式總統制之外，在 2005 年選舉制度改革之前，總統四年一任，立法委員三年一屆，即使同年改選，也並非於同一時間進行改選。在立法委員任期改為四年的首度選舉，2008 年仍是先立法委員、後總統的選舉時程，亦即我國中央層級選舉並不符合分裂投票的定義，而是適用於投票穩定與變遷的概念。直到 2012 年，第 13 任總統和第八屆立法委員首度合併選舉，顯然這是研究分裂投票的契機；然而，未來兩種選舉是否繼續合併舉行，仍然在未定之天，並不是屬於制度性安排。

另外，在分立政府的政治影響方面，除了府會關係和法案制訂之外，近年來美國學界研究面向有益形成多元化的趨勢，這些新興議題包括國防政策與外交政策擬定的困境、推動社會福利制度難易的爭議、立法部門對官僚體系進行「細部控制」（micro-management）[8]因而降低行政體系效率的問題、對於總統人事任命權的影響（尤其是美國聯邦最高法院大法官的選任）、選民投票率降低所蘊含的政治意涵、國際貿易的緊縮政策，以及民眾對總統與國會的滿意度呈現顯著落差等。台灣政治發展過程所衍生的問題似乎和這些研究課題極為相近。或許，「他山之石，可以攻錯」，經由探討美國分立政府運作情形研究文獻，將有助於我國學者引進相關概念與分析架構，檢證台灣政治情勢面臨的各項議題。

---

[8]　所謂「細部控制」主要強調國會更緊密的控制與嚴格的監督，其意指國會大幅增加幕僚人員編制以便監督行政部門、國會委員會更頻繁地舉行聽證會、積極擴大使用立法權、擬定極為詳盡的法令細則以限縮官僚體系的裁量權（舉例來說，在環境法規、環境影響評估等方面），以及採行嘗試削減總統權力的措施並規範政府決策程序。更具體地說，與議會行政監督權有關的另一項爭議在於，行政體系是否會因為分立政府的緣故而遭受負面影響。其基本邏輯以為，總統與國會之間劇烈的牽制對立關係，可能有損法令的執行；整體而言，阻礙行政部門履行的功能，壓抑政府制訂創新政策及推動施政計畫。

參考書目

《中國時報》短評，2005，〈誰杯葛？誰無能？〉，9月7日，A2版。

王志良、詹富堯、吳重禮，2012，〈鞏固支持或資源拔樁？解析中央對地方補助款分配的政治因素〉，《政治科學論叢》51：51-90。

王國璋，1993，《當代美國政治論衡》，台北：三民。

王業立、彭怡菲，2004，〈分裂投票：一個制度面的分析〉，《台灣政治學刊》8（1）：3-45。

吳玉山，2002，〈半總統制下內閣組成與政治穩定：比較俄羅斯、波蘭與中華民國〉，《俄羅斯學報》2：229-265。

吳玉山，2006，〈政權合法性與憲改模式：比較台灣與歐洲後共新興民主國家〉，《問題與研究》45（1）：1-28。

吳玉山，2012，〈半總統制：全球發展與研究議程〉，沈有忠、吳玉山（編），《權力在哪裡？從多個角度看半總統制》，台北：五南，頁1-28。

吳怡銘，2001，〈台北市選民分裂投票之研究：八十七年市長市議員選舉之分析〉，《選舉研究》8（1）：159-209。

吳東欽，2008，〈從議事阻撓觀點探討我國中央分立政府運作之影響〉，《臺灣民主季刊》5（3）：71-120。

吳重禮，1998，〈美國「分立性政府」與「一致性政府」體制運作之比較與評析〉，《政治科學論叢》9：61-90。

吳重禮，2000，〈美國「分立性政府」研究文獻之評析：兼論台灣地區政治發展〉，《問題與研究》39（3）：75-101。

吳重禮，2006，〈憲政設計、政黨政治與權力分立：美國分立政府的運作經驗及其啟示〉，《問題與研究》45（3）：133-166。

吳重禮，2007，〈分立政府與經濟表現：1992年至2006年台灣經驗的分析〉，《台灣政治學刊》11（2）：53-91。

吳重禮、王宏忠，2003，〈我國選民「分立政府」心理認知與投票穩定度：以2000年總統選舉與2001年立法委員選舉為例〉，《選舉研究》10（1）：81-114。

吳重禮、吳玉山（編），2006，《憲政改革——背景、運作與影響》，台北：五南。

吳重禮、李憲為，2005，〈政黨政治與府際關係：以1995年至2003年媒體對中央與北高直轄市互動的報導為例〉，《人文及社會科學集刊》17（1）：71-102。

吳重禮、林長志，2002，〈我國2000年總統選舉前後中央府會關係的政治影響：核四議題與府會互動的評析〉，《理論與政策》16（1）：73-98。

吳重禮、徐英豪、李世宏，2004，〈選民分立政府心理認知與投票行為：以2002年北高市長暨議員選舉為例〉，《政治科學論叢》21：75-116。

吳重禮、黃紀、張壹智，2003，〈台灣地區「分立政府」與「一致政府」之研究：以1986年至2001年地方政府府會關係為例〉，《人文及社會科學集刊》15（1）：145-184。

吳重禮、楊樹源，2001，〈台灣地區縣市層級「分立政府」與「一致政府」之比較：以新竹縣市與嘉義縣市為例〉，《人文及社會科學集刊》13（3）：251-305。

李俊達，2011，〈憲政規則與理性選擇：台灣少數政府的存續（2000-2008）〉，《社會科學論叢》5（2）：1-32。

沈有忠，2005，〈制度制約下的行政與立法關係：以我國九七憲改後的憲政運作為例〉，《政治科學論叢》23：27-60。

沈有忠，2011，〈半總統制下行政體系二元化之內涵〉，《政治科學論叢》47：33-64。

沈有忠、吳玉山（編），2012，《權力在哪裡？從多個角度看半總統制》，台北：五南。

周育仁，2002，〈少數政府對行政立法互動之影響〉，《政治學報》34：17-30。

周育仁，2006，〈新內閣之困境與挑戰〉，《臺灣民主季刊》3（1）：105-110。

周育仁、古志全，2009，〈2008 年總統、立委選舉評析〉，蔡政文（編），《2009 年台灣展望》，台北：國家政策研究基金會，頁 101-111。

周育仁、劉嘉薇、黎家維，2012，〈2012 年總統立委合併選舉結果與影響之分析〉，蔡政文（編），《2009 年台灣展望》，台北：國家政策研究基金會，頁 157-187。

岳瑞麒、吳重禮，2006，〈「分立政府」對於兩岸政策影響之初探：以 1996-2004 年行政與立法互動關係為例〉，《遠景基金會季刊》7（1）：1-52。

林長志、黃紀，2007，〈不同層級選舉中之一致與分裂投票：2005 年台北縣之分析〉，《問題與研究》46（1）：1-32。

林繼文，2006，〈政府體制、選舉制度與政黨體系：一個配套論的分析〉，吳重禮、吳玉山（編），《憲政改革——背景、運作與影響》，台北：五南，頁 231-270。

邱訪義，2010，〈台灣分立政府與立法僵局：一理論建立及其實證意涵〉，《臺灣民主季刊》7（3）：87-121。

邱訪義、李誌偉，2012，〈立法院積極議程設定之理論與經驗分析：第二至第六屆〉，《台灣政治學刊》16（1）：3-60。

洪永泰，1995，〈分裂投票：八十三年台北市選舉的實證分析〉，《選舉研究》2（1）：119-145。

胡佛，1998，《政治學的科學探究（五）：憲政結構與政府體制》，台北：三民。

胡祖慶，2001，〈聯合政府的理論與實踐——法國經驗〉，蘇永欽（編），《聯合政府：台灣民主體制的新選擇？》，台北：新台灣人文教基金會，頁 81-90。

張峻豪，2011，〈半總統制運作類型的跨國研究〉，《問題與研究》50（2）：107-142。

盛杏湲，2003，〈立法機關與行政機關在立法過程中的影響力：一致政府與分立政府的比較〉，《台灣政治學刊》7（2）：51-105。

許勝懋，2001，〈台北市選民的分裂投票行為：1998 年市長選舉分析〉，《選舉研究》8（1）：117-158。

許增如，1999，〈一九九六年美國大選中的分裂投票行為：兩個議題模式的探討〉，《歐美研究》29（1）：83-123。

陳宏銘，2009，〈台灣半總統制下的黨政關係：以民進黨執政時期爲焦點〉，《政治科學論叢》41：1-56。

陳宏銘，2011，〈行政機關與國會的相對立法影響力──以2008年後台灣「一致政府」爲例證〉，《人文社會科學研究》5（2）：77-103。

陳陸輝、耿曙，2008，〈政治效能感與政黨認同對選民投票抉擇的影響──以2002年北高市長選舉爲例〉，《臺灣民主季刊》5（1）：87-118。

陳陸輝、游清鑫，2001，〈民眾眼中的分立政府：政黨的府會互動與首長施政滿意度〉，《理論與政策》15（3）：61-78。

游清鑫，2004，〈分裂投票解釋觀點與台灣選舉之應用：以2002年高雄市長與市議員選舉爲例〉，《台灣政治學刊》8（1）：47-98。

湯京平、吳重禮、蘇孔志，2002，〈分立政府與地方民主行政：從台中縣「地方基層建設經費」論地方派系與肉桶政治〉，《中國行政評論》12（1）：37-76。

黃秀端，2003，〈少數政府在國會的困境〉，《台灣政治學刊》7（2）：3-49。

黃秀端，2004，〈政黨輪替前後的立法院內投票結盟〉，《選舉研究》11（1）：1-32。

黃秀端，2010，〈境外協定與國會監督〉，《臺灣民主季刊》7（1）：145-155。

黃秀端、陳鴻鈞，2006，〈國會中政黨席次大小對互動之影響──第三屆到第五屆的立法院記名表決探析〉，《人文及社會科學集刊》18（3）：385-415。

黃紀，2001，〈一致與分裂投票：方法論之探討〉，《人文及社會科學集刊》13（5）：541-574。

黃紀、吳重禮，2000，〈台灣地區縣市層級「分立政府」影響之初探〉，《台灣政治學刊》4：105-147。

黃紀、張益超，2001，〈一致與分裂投票：嘉義市一九九七年市長與立委選舉之分析〉，徐永明、黃紀（編），《政治分析的層次》，台北：韋伯文化，頁183-218。

黃偉峰，2009，〈從歐美經驗論立法院在兩岸經貿協商之監督角色〉，《臺灣民主季刊》6（1）：185-198。

黃德福，1991，〈台灣地區七十八年底選舉分裂投票之初探研究：以台北縣、雲林縣與高雄縣爲個案〉，《政治學報》19：55-80。

黃德福，2000，〈少數政府與責任政治：台灣半總統制之下的政黨競爭〉，《問題與研究》39（12）：1-24。

楊日青，2001，〈政府體制、選舉制度、政黨制度與內閣組合的關係〉，蘇永欽（編），《聯合政府：台灣民主體制的新選擇？》，台北：新台灣人文教基金會，頁195-217。

楊婉瑩，2003，〈一致性政府到分立性政府的政黨合作與衝突──以第四屆立法院爲例〉，《東吳政治學報》16：47-91。

廖達琪、李承訓，2010，〈國會監督兩岸事務──花拳繡腿或真槍實彈〉，《臺灣民主季刊》7（1）：133-144。

廖達琪、洪澄琳，2004，〈反對黨獨大下的分立政府：高雄縣府會關係的個案研究：1985-2003〉，《台灣政治學刊》8（2）：5-50。

劉從葦，2003，〈中央與地方分立政府的形成：一個空間理論的觀點〉，《台灣政治學刊》7（2）：107-147。

蕭怡靖、黃紀，2010，〈單一選區兩票制下的一致與分裂投票：2008年立法委員選舉的探討〉，《臺灣民主季刊》7（3）：1-43。

顧忠華，2010，〈國會監督在兩岸關係中的角色〉，《臺灣民主季刊》7（1）：157-163。

Brady, David W. 1993. "The Causes and Consequences of Divided Government: Toward a New Theory of American Politics?" *American Political Science Review* 87(1): 189-194.

Chen, Don-yun and Tong-yi Huang. 1999. "Divided Government: A New Approach to Taiwan's Local Politics." *Issues & Studies* 35(1): 1-35.

Elgie, Robert. 2001. "What is Divided Government?" In *Divided Government in Comparative Perspective*, ed. Robert Elgie. New York, NY: Oxford University Press, pp. 1-20.

Fiorina, Morris P. 1991. "Divided Government in the States." In *The Politics of Divided Government*, eds. Gary W. Cox and Samuel Kernell. Boulder, CO: Westview Press, pp. 179-202.

Fiorina, Morris P. 1996. *Divided Government*, 2nd ed. Boston, MA: Allyn and Bacon.

Laver, Michael and Kenneth A. Shepsle. 1991. "Divided Government: America is not 'Exceptional'." *Governance* 4(3): 250-269.

Linz, Juan J. 1994. "Democracy, Presidential or Parliamentary: Does It Make a Difference?" In *The Failure of Presidential Democracy*, eds. Juan J. Linz and Arturo Valenzuela. Baltimore, MD: Johns Hopkins University Press, pp. 3-87.

Mayhew, David R. 1991. *Divided We Govern: Party Control, Lawmaking, and Investigations, 1946-1990*. New Haven, CT: Yale University Press.

Mayhew, David R. 2005. *Divided We Govern: Party Control, Lawmaking, and Investigations, 1946-2002*, 2nd ed. New Haven, CT: Yale University Press.

Shugart, Matthew Soberg. 1995. "The Electoral Cycle and Institutional Sources of Divided Presidential Government." *American Political Science Review* 89(2): 327-343.

Sundquist, James L. 1988. "Needed: A Political Theory for the New Era of Coalition Government in the United States." *Political Science Quarterly* 103(4): 613-635.

Wu, Chung-li and Chi Huang. 2007. "Divided Government in Taiwan's Local Politics: Public Evaluations of City/County Government Performance." *Party Politics* 13(6): 741-760.

Wu, Chung-li. 2009. "Semi-Presidentialism and Divided Government in Taiwan: Public Perceptions of Government Performance." *Issues & Studies* 45(4): 1-34.

Wu, Yu-Shan. 2000. "The ROC's Semi-presidentialism at Work: Unstable Compromise, Not Cohabitation." *Issues & Studies* 36(5): 1-40.

中國大陸政治

第十七章

辯證中的變與不變：
台灣對中共黨國體制的研究

徐斯儉

壹、引言

　　中國的政體是一個「黨國體制」（party-state system），也是一種威權政體。在比較政治學中，對於現代民族國家的政權分類，最主要的文獻來自於林茲（Juan Linz）（1975）的經典文獻 "Totalitarian and Authoritarian Regimes"。在此文獻中，他將政體分為民主、威權（authoritarianism）與極權（totalitarianism）。根據此一比較政治學的經典分類方法，本章將中國的「黨國體制」視為「威權政體」的一種。並在這樣的一種宏觀分類概念下，檢視台灣學者對中國黨國體制研究的文獻。囿於篇幅的限制，以及本書編輯的意旨，本章將檢閱的範圍限制在近十年內的主要著作上，包括已出版的中英文期刊論文、書籍專章和專書。

　　在 1989 年的蘇聯東歐共產政權一連串垮台後，中國作為一個共產黨領導的單一政黨和黨國體制的威權政體，在所謂的第三波民主化潮流衝擊下存活了下來，甚至在經濟發展上還取得了令其他國家豔羨的成績，可以說相當程度地跌破了人們的眼鏡。在 21 世紀第一個十年間，伴隨著俄羅斯普丁（Vladimir Putin）此半民主半威權政權的興起，中國與俄羅斯共同在全球領銜了一波所謂「民主化的逆流」（democracy backlash）（Carothers, 2006），儼然成為反西方民主的堡壘。不僅如此，近兩年北非中東又颳起了「茉莉花」革命之風，但中國至少到目前為止，其威權政體似乎仍然絲毫沒有面臨任何革命開花的可能。只不過，與此同時，中國國內在中共第十八次全國代表大會（簡稱十八大）前夕，卻面臨了激烈的高層鬥爭和此起彼伏的社會抗爭，這個威權政體的統治也未必是那麼輕鬆穩固的。

　　值此之際，我們來回顧近年台灣學界對於中共黨國體制的研究，問題意識應該不難聚焦。關於中國政體的研究，其實近年來國際政治學界也有不少討論，主要集中在探討以下幾個問題：中共政權是否可能產生民主化、中共政權作為一種威權政體如何做出

各種調適（Dickson, 2004; Pei, 2006; Shambaugh, 2008; Yang, 2004）、爲何具有強韌的生存能力（Gilley, 2003; Nathan, 2003, 2009）、中國的國家社會關係是否產生了性質的變化（Gilley, 2011; Hsing and Lee, 2010; Unger, 2008; Zheng and Fewsmith, 2008）。因此，本章也將聚焦於以下問題，作爲回顧文獻的主題軸線：中共的黨國威權體制，其面對一系列的內外在環境變化，做出了什麼改變，又堅持了哪些不變？在什麼意義下及多大程度上，產生了或沒有產生朝向民主化方向的變化？如果在沒有產生明顯民主化變遷的同時，其威權政體產生了哪些調整，其國家社會關係有哪些有意義的變化，又如何影響中共黨國體制的未來走向？本章的任務，在檢閱近十年台灣學者對於這一系列問題所做具代表性的相關研究。

　　基於上述的問題意識，本章將分爲以下幾個主要部分：在引言之後，第二段將處理黨國的後極權性質及對黨國核心體制部分的改革；第三段將處理黨國體制中有關菁英政治制度的改革；第四段將處理中國地方治理或地方政治改革的意涵；第五段將處理國家社會關係的改革；最後是結論。[1]

貳、後極權及黨國體制的核心制度改革

一、中國黨國體制作爲後極權政體的演變

　　如本章引言所述，中國以一個威權政體，能成功地完成了經濟起飛，卻同時強化其威權統治，可說是爲比較政治學提出了一個嚴苛的挑戰。吳玉山（2007）提出了「後極權資本主義發展（型）國家」的概念來分析中共的政權變遷，他的分析秉承了林茲（Linz, 2000）的主張，認爲後極權主義和威權主義是有所不同的，因爲後極權政體保有滲入社會深層的統治機制，對社會具有比一般威權政體更強大的控制力，但另方面中共卻又有東亞資本主義發展（型）國家[2]的若干特徵，可以用國家的力量推動快速的經濟發展。這兩者的結合使得中共能在快速發展經濟的同時，卻不會被社會多元破壞其壟斷性的統治。但這兩者的結合亦非完美，也有其不一致之處，後極權政體對於非公有部門的管制

---

[1]　本章囿於篇幅及本書之分工，主要回顧檢閱與「黨國體制」較爲相關之台灣學者的研究文獻。與中國政治經濟、社會政策、社會運動、社會抗爭相關之文獻，本章無法涵蓋。此外因字數限制難免有無法納入回顧者，謹此致歉。

[2]　本章將吳玉山提出的「發展國家」修改爲「發展（型）國家」，因爲有些其他學者使用「發展型國家」，但兩個詞都是指 developmental state。

有所放鬆，但資本主義發展（型）國家卻也可能因為後極權政體的控制而顯得僵化失效。吳玉山觀察到，這兩者的結合未必是萬靈丹，高速的經濟發展不可避免地帶來社會多元，是資本發展（型）國家對後極權所提出的挑戰；另一方面，後極權政體內的權力不受節制，因此可能帶來貪腐及政權內部的權力競逐，某種程度也制約了經濟進一步的發展。吳玉山巧妙地用這兩個概念的結合，勾勒出中共政權變遷的一種面貌，也同時將此種政權並存的長處與短處給予了理論的解釋。「後極權資本主義發展（型）國家」既是中共成功的動力，也是中共面臨麻煩的原因。吳玉山在該文最後指出，中共政權未來演化的方向，取決於其「制度變遷和能力增長的相對速度」，簡單地說，取決於經濟發展能否持續增長。如果能，就可以為此種政體帶來更大的正當性，如果不能，則該政體將面臨各種壓力挑戰，因而可能走向東亞民主的軌跡。

不過，此種分析似乎還有進一步推演的餘地，因為按照原本的分析，此種「後極權資本發展（型）國家」其實是一種矛盾的結合體，有內在的緊張性。問題在於，此種緊張性是否緊繃到一定的程度，就會出現難以維持的情況？如果按照此一概念原來的分析邏輯，面對經濟發展所產生的社會多元，此種政權必然會強化其「後極權」的本性去加以控制，那麼這會不會或如何會形成進一步對經濟發展的制約？近年出現的「國進民退」，似乎就有這種徵兆。而當「後極權」政體意識到這個問題，要進一步限制自己絕對權力之時，又必須同時面臨社會多元的壓力，那麼此種自我改革會有效嗎？幾位其他學者的研究似乎也都意識到了這個問題，也提出了類似或不同的觀察與回應。趙建民、張執中及徐斯儉等的研究可說是針對此觀點展開了比較具有代表性的討論（徐斯儉，2010；張執中，2008a、2008b；趙建民、張執中，2005）。

趙建民與張執中（2005：308、327-328、330-331）以「組織內捲」來分析中共作為一個列寧式政黨的調適與變遷。該文所謂「組織內捲」，指的是中共既不能維持創黨時的意識型態與精神，也無法進化為一個更具現代性的結構（理性化、經驗性、非人格化），而是內捲為一種帶有傳統運作色彩、具家長制特色的「新傳統主義」現象。該文繼而提出了「『黨性』與『發展』的矛盾」與「『民主』與『集中』的矛盾」，來分析在改革中所出現的具體內捲現象。譬如在黨內對「決策」、「監督」與「執行」的權力進行劃分，勢必挑戰「集體領導」的原則，違反了中共組織的原理；又如「黨內民主」的實行必須在黨員服從黨紀的前提下，也就是黨內表達不同意見的權利最終仍無制度的保障；再如中共想要改革因家長制而出現的權力集中，但改革卻仍須依賴自上而下家長制的發動與執行。作者在文末指出，黨國體制的改革，勢必增加體系的不確定性，使得領導人有所顧慮，故而產生內捲現象。作者認為，當權者若一味以穩定為考量，任令改革動力囤積，恐導致強迫式民主化的發生，其負面影響不能忽視。

　　林佳龍和徐斯儉（2004：19-20）在中共十六大之後，對中共黨國體制的變遷方向提出了「退化的極權主義」之觀點。該文認為，「退化的極權政體」對外界的挑戰有兩種回應，一種是做出向前變遷的「有限改革」，緩和政權本身與社會經濟結構之間的矛盾；另一方面，則是做出「返祖現象」的退後演化，退回到讓政權本身有安全感的原始基因，那就是組織上的「政治壟斷」及理念上的「重溫社會主義理想」，來鞏固政權自身的存續。徐斯儉（2010：62）較晚近的研究則從另外一個角度指出了黨國體制變遷的辯證式邏輯。徐斯儉指出，在中共政權變遷的軌跡中，存在著兩種制度邏輯，以黨為實際政治運作之核心、官員實際上向黨負責的「黨國邏輯」，一直是實際上主導中國政治的運作原則與制度邏輯，但近年來，另一種以人民意志為導向，國家權力來自人民、須向人民負責的政治運作邏輯，也就是「共和國邏輯」，也在中國政治過程中悄然浮現產生，這表現在「選舉制度的改革」、「人大述職評議制度」、「違憲審查」、「聽證制度」、「網路公民參與」等制度或現象。面對「共和國邏輯」的挑戰，「黨國邏輯」有三種回應的方式：正面回應、變相吸納、和負面打壓。其中的「變相吸納」回應策略，黨國可能推出「黨內改革」或「形式化改革」，一方面看似以改革回應壓力，但另一方面卻仍保有黨國最高與最後裁決的位置，如此可以增強黨國統治的回應性、有效性和正當性。該文最後指出，「共和國邏輯」的出現，在現階段或許為「黨國邏輯」提供了一個好用的工具，讓黨國體制能延續其統治的正當性和有效性，但「共和國邏輯」這個工具本身具有內在目的性價值，兩者之間的緊張性一定會隨著前者越來越強化而彰顯出來。

　　徐斯勤（Hsu, S. P., 2011: 12）在其共同主編的英文專書首章介紹中也提出了類似的辯證觀點，他以「調適後極權」（adaptive post-totalitarianism）來形容中共的政權，並認為中共政權在政治上的調適有兩種，一種是朝向某種有限自由化、民主化、法治化方向的調適，另一種則是朝著相反的方向，也就是朝向重新強化黨國控制社會和黨國壟斷權力的方向調適。徐斯勤認為，第二種調適會使得中共政權更執著於列寧式政權的結構惰性，並且會抵銷第一種調適的動力。徐斯勤將這樣一種存在兩個相反方向的調適稱為「調適的辯證性」（the dialectics of adaptation）。

　　相對於西方學者對於中共政體轉型研究的觀點而言，上述幾位台灣學者的論點看起來更具有分析上的辨證動態性。以黎安友（Nathan, 2003）、沈大偉（Shambaugh, 2008）、楊大力（Yang, 2004），以及狄忠蒲（Dickson, 2004）等人的分析為例，他們都強調中共政體的調適與韌性的一面，並用以解釋其擅於存活的一面；而裴敏欣（Pei, 2006）則強調其所面臨的挑戰和陷阱。這些論點都比較強調政體變遷中的某種單一趨勢，這是一種比較線性的思考方式。而吳玉山、趙建民與張執中、徐斯勤、及徐斯儉的上述論點，則強調中共政權變遷過程中所存在的辨證性邏輯和內在矛盾的動因。對於吳玉山而言，是後極權與發展（型）國家的辯證關係；對趙建民和張執中而言，是理性化

與內捲化的矛盾；對徐斯儉而言，是黨國邏輯與共和國邏輯的相互挑戰與回應；對徐斯勤而言，是兩種調適的互相矛盾與辯證。這幾個分析架構可以說分別共享一個座標上的原點，那就是「後極權／新傳統內捲／黨國邏輯／列寧式政權」，與此原點相對的，則展開了不同的座標軸線：包括「發展（型）國家／理性化／共和國邏輯／有限自由化民主化」，其中理性化與共和國邏輯可能有部分共變性，都強調制度上的分殊性，但又不完全相同。而發展（型）國家則與理性化也有相關性，因為發展（型）國家預設了一個超越社會利益（或黨內利益群體）的國家做出理性的政策選擇，但發展（型）國家也強調國家的主導和操控性，又可能與內捲傾向有關。這些不同軸線與原點之間所構成的多元空間，可說為中國的黨國體制提出一個研究的座標體系。

台灣學者提出這種辨證式的思考模式，或許是與台灣自身的經驗有關。直接將台灣的黨國體制與中國的黨國體制進行比較的文獻，在台灣學者的研究中還沒有比較完整的呈現，但是這個問題已經在最近的學術研討會中被提出。[3] 趙建民與李西潭（Chao and Lee, 2006: 211-212）的文章是少數的代表，該文一方面指出了中國與台灣都有黨國體制，對於中國而言，台灣應該是最值得比較的案例，但另一方面該文也指出了中國黨國體制與台灣的不同之處。該文雖然並沒有清楚地得出中國黨國體制的變遷最終是否會與台灣的黨國體制相同，但已經提出了這個比較的議題。此一比較的研究，仍有待台灣學者繼續耕耘。

二、黨內改革及黨內民主

承接著上一段的問題意識，本節將繼續來考察中國黨國體制變遷中對黨國核心制度改革的研究，集中於探討對黨內制度的改革及「黨內民主」。

徐斯儉（Hsu, 2006）回顧了胡錦濤對於黨和國家的一系列政治改革，包括了：菁英甄補的改革、限制地方幹部權力的改革、以及對地方幹部監督及課責的改革，這些改革主要想要達到四個目標：制約地方官員與領導幹部權力的任意性、節制地方領導官員幹部的尋租與貪腐、提高官僚組織的理性化程度和效率，以及容納社會壓力。雖然這些改革的確取得了若干成效，但在這四個目標中所強調的比例並不平均，其中可以看出想要滿足社會壓力的改革其實最少，而幾乎所有改革都有遏止貪腐和節制地方領導官員權力的意涵。在分析了所有胡溫政權的的政治改革措施後，徐斯儉發現這些改革存在以下的

---

[3] 「兩岸比較視野下的中國政治發展學術研討會」，政治大學東亞所、中央研究院政治學研究所籌備處、政治大學政治學系合辦，2012 年 6 月 1-2 日，台北：政治大學國際關係研究中心。

困境：第一，黨政幹部本身是被改革的對象，所以他們並沒有改革的動機；第二，這些改革總是存在各種制度上的漏洞與模糊，使得地方在實施時總是得以規避；第三，這些改革仍有賴於黨的領導來實施，也就是說改革的成效受到個別領導人個人或派系因素的左右；第四，在制約領導幹部的改革中，主要仍然依賴自上而下的監督，而非橫向權力分立的制約；第五，回應社會壓力的改革雖有部分開放政治參與的改革，但這些開放僅屬於半開放，且最終仍受制於黨的收放與掌控。非常有趣的是，以上的許多分析回應了上一段幾份文獻的一些觀點。譬如第二、三兩點反映了趙建民等所指出的制度化不足與內捲化傾向；第四、五點反映了黨國邏輯利用共和國邏輯的策略。其實，黨國邏輯對共和國邏輯的制約與運用，也可以說是另一種內捲化的表現。這篇歸納性的分析文獻基本上也隱含了內捲化的觀點，只是沒有明白說出這個概念。依照內捲化的概念，按照黨國自身改革的進程來發展，民主化應是遙不可及的。

張執中（2008a、2008b）的分析集中討論了「黨內民主」的內容、過程、與意涵。張執中這兩篇一篇是期刊論文，另一篇是其自著專書中的第三章，兩篇內容相仿，以下進行合併析論。其實張執中所分析的政改內容與徐斯儉（2006）所分析的非常類似，他集中於「幹部選任的民主機制」和「分解黨委權力」，前者包括：基層幹部直選、票決制試點，後者包括：三減改革（精簡黨委班子職數、減少副書記職數、擴大黨政交叉任職比例）、黨代會常任制試點、黨內監督與制衡。對於這些改革，張執中認為，許多改革雖不乏新意，但很難逃脫現有黨國體制的框架與限制，譬如黨代會常任制有可能真正分解黨委的權力，改變黨的權力運作和議行合一的體制，但卻因為受制於上級黨委和整體既有制度的慣性，使得這樣的改革成為某種「孤島」，最終無法存活。又如深圳的行政三分制，也同樣面臨中央支持信號不明，不敢「傷筋動骨」，被上級要求不得超越現行體制的範圍。張執中認為，這類「黨內民主」的改革，仍屬一種「鳥籠式」改革，缺乏黨內統一的理論定位和制度支持，削減了外界對於改革成效的預期。

如果根據上述幾份文獻的分析，可以看出，「黨內民主」的改革引入了一些與黨國體制不相符的元素，包括選拔幹部時引進了自下而上的推舉和候選人之間的競爭，以及一定程度分解原本黨委一元化領導的權力。然而，這樣改革中所產生的新元素與不同的組織原理，其效果能否擴大，能否最終解決問題，實取決於與原有制度原理之間的關係。然而分析顯示，許多黨內民主的新制度元素最終還是受制於既有的黨國邏輯，譬如幹部選拔過程的競爭並未脫離組織部的掌控，競爭限於黨內，人選限於組織部同意的範圍，而權力制約和分解也仍受制於上級意志，橫向的權力分立與制衡的制度並未真正產生。中共黨國體制內部的各種改革，整體而言可說是符合了吳玉山所說後極權政體回應發展（型）國家成功後帶來的挑戰。但這種回應看來帶有強烈的內捲化傾向，理性化的反應被根深蒂固的黨國本性制約著。對「黨內民主」的研究並沒有給我們指引出太多朝

向真正民主化轉型的訊息與跡象。誠如台灣中共研究資深學者楊開煌所言，中共的政治改革中「民主化」的意義與我們的不同，其目標是他們自己的「社會主義民主」（2007b：45），而不是我們所說的民主化方向，因此這也不難理解爲何一碰到違反黨國體制基本組織原則時，某些改革便難以爲繼。

三、黨國體制下的法治、反腐與人大改革

話雖如此，但如吳玉山上述分析所言，畢竟後極權政體權力的集中，某種程度上造成了其資本主義發展（型）國家所追求之經濟發展的障礙，其中最爲明顯的障礙便是官員和幹部普遍的貪腐，這對經濟發展而言，尤其是對私營企業而言，形成了一個非常不利於商業經營與自由競爭的宏觀環境因素。這也非常嚴重地削弱了中共黨國體制的正當性。因此如何強化法治，如何以制度性的改革遏制貪腐浮濫的趨勢，已經成爲中共這個政權一個核心任務。本段回顧台灣學者近年對於這方面的研究。

對於貪腐的遏制，徐斯儉（2006；Hsu, S. C., 2011）與王嘉州（2009）提出了相關的研究。徐斯儉（2006）提出「軟紀律約束」的概念，解釋爲何權力集中的中共黨國體制對各級幹部難以約束。該文檢視胡錦濤任內所提出「黨內監督條例」、「審計風暴」、「問責制」和「輿論監督」四項改革案例，發現雖中共已意識到應採行朝向權力分立方向的改革，但若如此勢必破壞中共體制的「民主集中制」、「集體領導」、或「以黨領政」等核心原則，因而此種改革勢將非常困難。該文認爲，「軟紀律約束」終將限制中共從「後極權威權政體」向民主之轉化。在徐斯儉（Hsu, S. C., 2011）另一篇著作中，更仔細地檢視了中共在整治貪腐上針對紀檢系統的改革，包括巡視制度、強化垂直領導、向群眾徵求檢舉等。該文發現，雖然經過這些改革，但以下的幾個基本制度特徵並未改變：紀委的「雙重領導」（同時受上級紀委和同級黨委領導）的基本原則、由上而下的監督、黨內監督優先於國家機關的監督。該文同樣發現中共在反貪腐的改革中存在兩種互相矛盾的趨勢，一種是以建立更具有獨立性權力和制度理性的反腐機關，另一個趨勢則是黨仍堅持其黨國一元性的權力行使邏輯。徐斯儉對中共反腐改革的分析可以說是再一次展現了中共黨國體制所謂「內捲化」的傾向。

王嘉州（2009）將胡錦濤任內（2003-2007）所處罰的 28 名省部級官員，根據其籍貫地、現職地、原職地等因素，將其歸類爲「開鍘立威」、「排除異己」、「淚斬馬謖」三種類型。結果發現，94% 屬於「開鍘立威」型、4.8% 屬於「排除異己」型、1.2% 屬於「淚斬馬謖」型。也就是說，大部分屬於「開鍘立威」型，比較符合「權力平衡」的作爲。王嘉州的研究，回應了吳玉山的問題意識，也就是說，他發現胡錦濤執政期間，

其經濟發展是呈現逐年成長的，但此種經濟成長乃是基於延續「地方發展（型）國家」的成長路線，因此其反腐並未真正改變醞釀此種蔓延式貪腐的「發展（型）國家」，王嘉州認為，此種因循卻已造成黨內紀律約束軟化。用吳玉山的問題語言來說，「發展（型）國家」雖然造成了貪腐的盛行，但整治貪腐卻必須服膺「後極權政體」的黨國制度原則，最多只能為現任統治者鞏固權力而服務。

上述幾位作者針對反腐制度的改革，分別從不同的角度提出分析，但很有意思的是，他們都得到某種接近「內捲化」的觀察。有偶無獨，這種兩種邏輯的相互矛盾拉扯或角力的現象，在陳至潔（2010）對中國司法改革的觀察中也同樣出現。陳至潔的「重鑄紅色天平」一文，在問題意識上回應了吳玉山所指出發展與後極權之間的緊張性，陳至潔指出，由於為了地方政權和利益部門對司法權力的抵抗，1999 年之後中共展開了一波基於「依法治國」的治理模式改革，支持最高人民法院主導的審判專業化和司法制度革新的改革。司法專業化的推行本身的確提高了公民選擇法院作為解決糾紛機制的意願，然而，卻也讓司法專業化與公民維權運動相互呼應。面對此一矛盾，國家領導人給予法院制度革新的支持逐漸變得模糊且有限，使得制度改革陷入地方政府與相關部委的多方抵制。在 2006 年之後，司法改革引入了另一股保守的傾向，因為一方面原有的司法改革其目的主要是為了讓中央重新集中權力以制衡地方，另一方面，中共中央開始擔心專業化的司法工作人員，對共黨政權的政治忠誠度開始下降，以及維權運動藉司法程序挑戰現存政治體制的可能性。這種曲折的改革過程，讓中共司法體制內部存在著「兩套互相衝突的實踐方式」（2010：96）。陳至潔對中共司法改革的分析，又再一次地觀察到中共黨國體制這種想要改、卻又不得不拉回來的「內捲化」傾向。這種傾向性在反腐和司法改革的研究再次被觀察到，驗證了前述幾位學者宏觀層面的觀察。

除了對於反腐和法治的改革外，學者也對人民代表大會（簡稱人大）的改革進行了一些研究。與上述兩項改革類似的是，人大也是一種可能產生對權力制約的國家機構，趙建民與張淳翔對人大的相關制度的改革進行了相關研究。趙建民（2002）針對全國人大和常委會的研究，以「自持續性」、「周界」，及「內部複雜化」三個面向，來分析全國人大制度化的狀況。該研究顯示，在 1980 年代之後，全國人大及常委會的「自持續性」與「內部複雜化」都已大為提高。然而，全國人大常委會領導階層及委員的連任比，並無明顯改善，顯示其周界的完整性尚待加強。特別有趣的是，這恰巧是因為黨國體制下人大常委的領導階層是與中央政治局、中央書記處、及中央政法委的關係至為密切，也就是說受制於以黨領政的原則。以本章的論述來說，這就是人大制度化與黨國邏輯矛盾的表現。與人大制度的發展有關的另一篇研究，是趙建民與張淳翔（2007：48-49）對人大之下的立法聽證制度的探討。該研究指出，由地方人大發展到全國人大的立法聽證制度，已經在中國實施了一段時間，但許多制度仍處於不完整的摸索階段。但此

種對於立法匯集意見的制度創新，仍受限於黨國體制的一些遺留制度遺跡，譬如仍有立法群眾路線的影子，利益團體的意見表達仍不明顯等。這說明了在後極權政體下，社會雖然開始出現了初步多元化的傾向，但社會利益因受制於國家的管制，其集團組織化仍低，所以即便國家開放了像聽證這樣的表達管道，所呈現出來的仍是林茲所說的「有限多元」的景象。人大的制度化改革，始終受制於黨國體制的制約，這也同樣反映了前述趙建民、張執中所提出的「內捲化」傾向。

四、小結

在最近出版的一本教科書中，耿曙和張執中（2011）將對中共政權性質的觀點分為「發展轉型觀」、「極權內捲觀」、和「威權鞏固觀」。這是很有意思，也是很有用的一種分類方式。不過，從本章的脈絡來看，這幾種觀點未必互相排斥。因為這幾種觀點都類似於一種線性的分析角度，但如本章上述所說，在具體研究中共對於黨國體制的改革後會發現，台灣的不同學者往往都不約而同地採取了一種辯證的觀點。

首先，吳玉山（2007）的文章指出中共政權同時具備「發展（型）國家」和「後極權政體」兩種性質，這兩種性質固然有其相輔相成之處，但亦有互相矛盾辯證的一面。趙建民與張執中的「內捲化」論點，其實並沒有說此政體是「一味冥頑僵化，完全故步自封」（耿曙、張執中，2011：28），恰巧相反的，本節所有作者都指出，中共政權的確具有願意調適和制度創新的傾向，這表現在趙建民與張執中所說的制度理性化與非人格化、徐斯儉所說的「共和國邏輯」、張執中所說的「黨內民主」、或陳至潔所說的「司法專業化」等，但關鍵是有這些調適性改革的同時，實證研究一而再、再而三地顯示，中共政權其「後極權黨國體制」具有很強的「內捲化」傾向，其一黨專政和一元化領導的傾向不斷將這些改革又拉回頭。其實恰恰是因為黨國政權具有調適能力作為前提，才有內捲化表現的可能。因此作者們產生「內捲化」的判斷並不是如耿曙和張執中（2011：28）在該文中所說，是一種「預設目的」或與「西方民主」比較的主觀判斷結果，而是基於對中共自身改革作為的研判而得到的客觀判斷。

其次，耿曙和張執中將第三種「威權鞏固觀」與「發展（型）國家」做聯結，用之與第二種和「後極權體制」聯結的「極權內捲觀」做對比。其實，內捲化不是因為極權，而是因為後極權，因為後極權才會調適，然後才有內捲。而且內捲化也並不見得表示威權不能鞏固或一定會導致革命，而發展（型）國家也未必表示威權就一定會鞏固。吳玉山已經指出，發展（型）國家與後極權是可能存在緊張關係的。至於威權是否鞏固，這其實也是一種動態狀態，在鞏固的表面下，仍可能暗流湧動，但未必表示革命就要爆發。上述幾篇被本章詮釋為具有內捲化觀點的文章，沒有一篇認為中國會有革命，也沒

有說中共不會繼續做出調適性改革。只不過,這些文獻都強調,光講此種黨國威權的調適性或韌性是不夠的,還應該要看到其不斷內捲的現象,才能對其所謂「威權穩定」(也就是沒有朝向民主化變遷)的內容有所正確判斷。簡單地說,所謂的「威權穩定」其實是一種辯證的動態過程,本章將在第五節處理國家社會關係時進一步析論。但如果採取內捲化的觀點,我們很難做出這種威權是已經被「鞏固」了的觀點,但也不表示此種政體即將被推翻。

參、菁英政治

一、菁英政治的制度化與民主轉型

對中共這樣一個不透明的政體,研究其菁英政治是非常困難的,但正因為不是一個民主政體,不是透過公開透明的政黨間競爭性選舉產生領導權,此種政體的菁英政治就顯得特別重要。更重要的是,對於一個非民主政體而言,或者對一個威權政體而言,始終可能存在著一種正當性危機,因此菁英權力的交替往往便成為此種政體內在緊張與矛盾的爆發點,這又使得菁英政治在中共這樣的政體顯得更加重要。本節回顧寇健文、黃信豪、吳玉山,以及趙建民與張鈞智等作者的文獻,來檢閱討論台灣學者近年對中共菁英政治研究的成果與觀點。

如果說研究中共菁英政治對於我們理解黨國體制有什麼意義的話,那麼最重要的課題應該是觀察中共菁英政治,尤其是菁英權力的交替,多大程度上已經被制度化(因而可被機率式地預測),或多大程度上仍受制於無法確定的非制度性因素(譬如派系鬥爭),這樣才能掌握其對政權穩定的影響。中共菁英交替的政治過程制度化程度越高,整個權力交替的過程越可預測,菁英之間權力分配與行使的不確定性越少,則整個政權的運作產生劇烈變革的可能也越小,其威權繼續持續運作的可能越大,民主化的可能性也就越小。威權政體菁英之間因為權力交替或因為政策路線產生分裂(兩者往往可能伴隨發生),往往是該威權政體產生民主化的最重要促成因素之一,或者幾乎是一種必要條件,但未必是充分條件。我們檢視菁英政治,實際上可說是對中共黨國體制的變遷最重要的條件進行檢視。

在上述脈絡之下,寇健文對中共菁英政治的研究幾乎可以說是近年來台灣學者中用力最深、成就最大的一位。寇健文最重要的研究焦點,在於找出中共菁英政治與權力轉移過程中的制度化軌跡。寇健文(2002:68-69)指出,技術背影、年齡限制、任期

限制，都構成了菁英晉升的規律。他發現，在「幹部年輕化」之後中共所推動的一些規範，譬如離退休年齡與任期限制，已經成爲重要的規則。寇健文（2005）亦指出，在政治繼承的四個重要環節中，「領導人任期長短」已經出現一些明確的制度化發展趨勢，但其他三項：「領導人選派程序」、「領導人去職和罷免程序」、以及「有權認可上述過程的機構」三方面，都還沒有形成規定或慣例。對照十八大之前的情況，寇健文（2005：271）的觀察饒有深意，他指出「誰有權決定新一代領導班子核心的預備人選」、「透過什麼程序來挑選」，成爲中共權力轉移制度化的最大考驗。此外，寇健文（2011：59）也指出目前中共菁英政治要通過制度化考驗還有以下幾個瓶頸：首先，軍委主席、總書記的年齡和任期限制尚未形成規定或慣例，且未見退場機制的形成；其次，中國大陸尚未解決新舊領導人之間的權力關係，舊領導人若不從軍委主席退下，新領導人能否真正掌握權力仍待觀察；第三，接班人程序尚未完善，譬如能否採取越南共產黨差額選舉總書記的方式，就是一個考驗指標。

　　寇健文以非常翔實的資料和大量的經驗證據分析，一方面指出了中共菁英政治制度化的趨勢，另一方面卻也提醒我們其制度化的不完全性，以及某種程度仍存在不確定性。他在2010年的一篇文章中將這樣的情形稱爲「有限的預測性」。此種「有限的預測性」對於本章的主題，黨國體制的演變，代表著什麼意義呢？寇健文給了非常清楚的回答。他指出這代表中共統治菁英雖然無法預先確定權力競逐的結果，但對政權體制存續和權力分配的遊戲規則已經享有高度共識。對民主轉型的文獻早就指出，是否存在「菁英共識」（elite consensus）是影響民主轉型的關鍵因素。寇健文（2010：31）認爲，若按照這個邏輯，恐怕很難期待中共仿效蘇聯、東歐多國的轉型經驗，因統治菁英內部分裂而導致民主化。

二、菁英政治的甄補的辯證內捲化邏輯

　　延續本章另一個分析的主軸，我們也可以在整理研究中共政治菁英的文獻時，注意這些作者的分析中，是否也出現第一節所說的辯證內捲的分析邏輯。此段將分析寇健文、黃信豪、吳玉山、趙建民與張鈞智等作者的研究。

　　寇健文（Kou, 2011）研究了中共對於海歸菁英的任用。該研究發現，中共雖然爲了經濟發展的原因願意任用這些具有西方知識專長的海歸菁英，但其任用基於中共對自身政權維續的考量和對海歸人士的不信任，此種任用是一種「有保留的任用」（promotion with reservation）（2011: 180）。寇健文認爲，此種型態肇因於中共黨國體制自身的「雙重性」（duality），一方面，經濟發展的取向讓中共傾向於任用具西方知識專才背景的

菁英，但另一方面，其後極權的特徵又讓其對具有西方背景的菁英無法放心。

　　黃信豪（2009）指出，中共的人事調整與其整體改革開放一樣，主要是一種回應環境挑戰的適應性改革，因此在此種背景下的菁英甄補，一定還是會被限制在維持一黨專政的根本目的之內。在此前提下，固然會兼顧經濟發展和社會治理的需求，但最關鍵的還是必須受到黨政治忠誠認可，因此那些具備專業背景但政治忠誠卻未受黨認可的政治菁英，將隨著時間不斷遭到更替；而那些被黨歷練過其政治忠誠受到確認的幹部，才能夠快速晉升至領導職位。黃信豪以量化分析的方式，發現「黨職經歷」才是培養領導菁英的最重要管道，並以此證明了他的論點。在另一篇文章中，黃信豪（2010：25、28）再度以量化方式進行分析，並用另一個類似的觀點——「有限活化」（limited renewal）。他在該文中指出，中共政治菁英組成的演變型態同時結合強化統治正當性的「活化」策略，以及維持專政的「有限」原則等兩種特性，因而呈現「有限活化」的特色。前者在於回應經濟社會變遷之統治需求，後者在於將活化限制在不影響中共一黨專政的原則內。黃信豪的發現對於中共黨國體制的意涵，在該文文末中被提出，他認為此種「有限活化」的菁英甄補趨勢或許意味著中共短期內出現統治菁英分裂而走向轉型道路的可能性較低。這樣的看法與寇健文相同。除此之外，黃信豪的研究用非常科學的量化方式，呈現出中共政權在菁英甄補上表現出某種二元辯證的策略，這非常符合且回應了吳玉山所提出的「發展」和「後極權」的分析架構。

　　相對於上述研究強調「政治忠誠」因素對中共菁英政治的影響，也有另一些學者強調「技術官僚」因素的重要性。吳玉山（Wu, 2004）對十六大後的中共領導層進行觀察後指出，中共的政權已經走入了共產政權都曾經歷過的「技術官僚穩定時期」。吳玉山認為，十六大後的中共統治菁英，呈現出三種特徵：技術官僚統治、代際交替和導師政治（technocratic rule, generational replacement, and mentor politics）。前兩個趨勢是因為追求經濟現代化和效率所致，但第三個特徵卻是因為黨國體制內部的「非正式政治」，也就是某種元老政治的型態。前兩個象徵著理性化的發展，但導師政治卻會對其形成嚴重的制約。這某種程度也反映了一種辯證發展的軌跡。

　　趙建民與張鈞智（2006：89-90）研究了中共十二大以來政治局和政治局常委的構成，以自汰換率、教育程度、職業背景三方面作為技術官僚的指標，發現十四大以後政治局和政治局常委的成員中，技術官僚都已經超過了 50%，十六大的常委甚至到達100%。該文認為，中共技術官僚制的形成，是經過了三個階段，由 1982 至 1986 年的「醞釀期」、到 1987 至 1996 年的「成長期」、到 1997 年之後的「成熟期」。技術官僚已在中共高層決策核心中佔據主流位置，成為中共菁英甄補的主要標準。這又有兩層意涵：個人專權弱化、派系政治限縮。基於這樣的研究結果，該文認為，黨組織的歷練

與政治忠誠固然重要，但已非唯一標準，實際上在同時於大學入黨的領導層中，擁有自然科學大學文憑或曾擔任經濟或專業職務者，其升遷優勢較佳，僅僅靠政治忠誠，已經無法取得晉升優勢。中共菁英甄補強調專業性和經濟導向，有利於整個政權維持學習能力，並保持其合法性。對於所謂的「菁英雙軌理論」（elite dualism），顯然這兩位學者是比較偏向技術官僚較為重要，他們的發表在前，這與之後黃信豪的研究成果立場不同，形成了一組對話。但無論是趙建民、張鈞智強調技術官僚的背景，或者黃信豪強調政治忠誠的最終重要性，政權在效忠黨國和專業技術兩者之間的確存在緊張關係。

三、小結

　　近年台灣學者對中共政治菁英的探討，一方面著重於尋找中共菁英甄補與晉升背後的標準與規律，另一方面也注重探討菁英政治與整個黨國政權變遷的關係。菁英甄補和權力繼承的政治，或者反映了對經濟社會發展的回應需求，或者是反映了對黨國忠誠確保的擔憂；其演化的軌跡，一方面有制度化的趨勢，但另一方面卻也仍然受到新傳統主義派系人治因素的制約。這些特色都清楚地反映了本章前述的問題意識。

　　在回顧了這些文獻之後，本章也要在此向台灣研究中共政治菁英的學者們提出一些問題。在中共十八大即將召開之前的 2012 年，我們目睹中共發生了非常戲劇性的高層權力鬥爭，也就是薄熙來事件。不可否認的是，薄熙來事件已經不僅僅是圍繞著十八大權力繼承與人事安排的一場鬥爭，甚至也牽涉到中共未來的路線調整，以及中國整個國家未來的走向。薄熙來史無前例地以地方諸侯之姿，引領了一場帶有強烈文革和意識型態色彩的唱紅歌運動，可說直接挑戰中共中央的話語領導權。看起來，這似乎都與中共中央權力交替過程中那些還沒有制度化的部分有關，因為沒有制度化，薄熙來才覺得不服，才覺得還有一搏的空間，其他的人（甚至某些軍方和政法系統）也才覺得似乎可以搭這班便車闖一闖。這場風暴目前固然已經平息，但是卻留給我們很重要的問題，那就是究竟這次事件代表著中共菁英政治制度化的成功還是失敗？中共菁英政治與權力交替，經過了這次事件，究竟是更加穩固還是更充滿了不確定性？研究中國菁英政治的學者們應該如何回答這個問題？

　　其實，真正重要的，是菁英政治如何影響整個黨國調適、改革、或內捲的可能性。不管中共菁英對權力繼承、梯隊接班，對年齡邊界、任期邊界、甚或經歷政績有多大的共識，他們對國家前途有多大共識似乎具有同等的重要性。即便這些最高領導菁英對那些已制度化的甄補過程有某些共識，但當他們對整個國家與黨存有不同看法時，那些沒有制度化的甄補過程在權力交替時就會被擴大。菁英彼此間理念與想法的差異，與菁英

甄補的制度化程度相比，如果不是更重要，至少是同等重要。從這點來看，中共究竟是會繼續內捲還是會擴大改革，取決於高層菁英間鬥爭的程度恐怕不小於取決於各種制度化積累的程度。

肆、黨國體制下的地方治理改革

一、地方人大和參與式預算的改革

對於中國地方人大的改革，近年來有若干台灣學者進行研究，其中針對浙江溫嶺的「民主懇談」和地方人大的「參與式預算」改革，有數篇研究，本節第一段將針對此展開討論。

徐斯勤（Hsu, 2009）對浙江溫嶺市的「民主懇談會」進行研究，他將這項制度的英文翻譯成 "democratic consultative assemblies"（民主諮詢大會），不失為一個準確的翻譯，因為首先無論是村一級民主懇談、工資協商、或鄉鎮的參與式預算民主懇談，其實舉辦的主體都是政府，是採取一種帶有民主傾向的、性質為諮詢的大會，讓人民可以和政府互動。徐斯勤以新河鎮的參與式預算懇談為例，指出在鎮政府預算編製、人大審查和事後決算的過程中，都讓民眾能夠參與，如此使得鎮政府的官員必須公開預算相關的訊息，並且因此為其預算編列的施政負責。他認為此種民主懇談的制度使得溫嶺的基層官員對當地的公民和社會須負起一種處於「行政負責」（managerial accountability）與「民主負責」（democratic accountability）之間的責任。「民主懇談會」讓人民與官員之間能建立起某種「委託人—代理人」之間的契約關係（principal-agent contract），並使得作為代理人的地方官員必須對作為委託人的人民給予更多更大的回應（responsiveness），並有助於政府負起公共責任。這篇文章點出了此項制度在中國尚未具備民主政體的條件下，仍然可以有助於行政機關對立法機關，以及官員對人民的負責，但並沒有討論到溫嶺的民主懇談對於整個黨國體制的意義或促進整個政體民主化的可能。

徐斯儉和吳建忠（2011）也提出了他們對溫嶺新河鎮參與式預算的觀察分析。該文首先肯定了此一改革具有一定的民主進步性，因為該文從田野研究中發現，在溫嶺推行實施參與式預算的過程中，如前兩文所述，主導的是溫嶺市市委宣傳部，但實際上在鄉鎮的試點並非一帆風順，而是幾經波折，數度甚至面臨夭折的。但在 X 鎮領導都意願不高的情形下，為何此一改革能在面臨人代會上有代表團退團抗議的風波後仍能繼續維持呢？該文有兩個發現：其一，由地方官員和學者所組成的「政治企業家」，為制度的推

動及被上層領導接受扮演了關鍵性的角色；其二，原來這與在此改革過程中，在鄉鎮次一級的各村片之間，產生了一種博弈，大家預期此一制度將每年進行，因此代表不同片區的代表之間彼此願意在某些預算的分配與爭取上妥協，但隱含的共識卻是來年應滿足那些之前做出讓步之其他片區的需求。該文發現，在中國如果推行了制度化的改革，讓社會公民參與公共治理的過程，即便沒有政府強制的角色和刻意的推行，只要該制度是公平的，有可能產生一種內在推行此制度繼續運行的動力。關鍵是，此一改革的幅度畢竟有限，並不影響鄉鎮黨政領導的基本施政，因此這樣的一種改革便取得了繼續存活的生命力。但反過來說，此文與上一篇有一個共同的觀點，那就是此一改革的產生的確並非肇因於體制內的動力，因此其產生有一定的偶然性。

上述這些研究顯示，在地方人大的改革當中，由地方黨委領導的改革，或許的確可以創造一些具有實質民主意涵的制度創新，也有可能某種程度讓地方黨政領導對當地社會和人民更為負責，但這些研究顯示，這些改革或具有偶然性，或仍具有明顯的侷限性。再者，這些具有民主意涵的改革為何出現在最基層的鄉鎮人大，而非出現在更靠近黨國核心的中央甚至省一級，這也值得我們思考。張執中曾指出，中共的改革策略是讓直接面對社會的基層黨政政權進行較大幅度的改革，但中央或高層則否，以免動搖黨國體制的根本與核心。威權政體因為沒有選舉，因此無法像民主政體那樣通過定期的選舉從社會和人民中取得修正改善其統治的訊息反饋，因此威權的改革往往是為了協助統治者克服此種資訊匱乏的處境。且從中央地方的角度來看，正如反腐改革一樣，政權推動或容許相關改革的動機，主要是協助中央的統治者監督地方政權，或者制約地方領導官員的濫權與腐敗，因此容許在基層進行具有一定民主意涵的改革。如果是這樣，我們恐怕不能由地方或基層層級改革的民主性，將之推論為整個政權進行同樣改革的先驅試點或實驗。相反地，也不能輕易否定其未來被推廣的可能，這還要取決於地方和中央透過何種機制就此互動。

二、省級政治改革的邏輯

蔡文軒（2011a、2011b）以四川、廣東、江蘇的省級政治改革為例，提出了「政績／派系」的解釋模型，來解釋中國省級政治改革的邏輯，該文是他博士論文的一個精簡版，完整的內容後來以專書的形式呈現。本章以他精簡版的期刊論文為代表進行討論。蔡文軒在此文中認為，由於胡錦濤任內同時強調以經濟發展為主的「小康社會」和以社會穩定為主的「和諧社會」，因此各省領導皆以此兩個口號作為其改革的目標。對於哪些省會選擇哪個作為目標，他提出了「政績／派系」的解釋模型，也就是混合了政績和派系兩個因素。從政績的邏輯來看，在經濟不富裕的省份，省級領導人主要推動人事制

度改革，以追求「和諧社會」的政績；而經濟富裕省份的領導，則傾向推動行政改革，以追求「小康社會」的政績。從派系的邏輯來看，採取激進政治改革的省級領導人，都是中央領導人的「派系」，中央領導人和省級領導之間的扈從關係，使得該省份較有可能出現激進的政治改革。中央領導人藉由「派系政治」的運作，來降低改革的風險性。基於此一解釋模型，在「政績」邏輯的導引下，四川推動「公推直選」是為了解決「後發展」的困境，在經濟政績無法與他省相比，追求「小康社會」無法取得快速進展的條件下，則推出較具有創造「和諧社會」效用的「公推直選」政治改革。而對於廣東而言，經濟發展本來就處於全國之首，因此為了進一步在追求經濟成長和「招商引資」的競賽中的領先地位，廣東進行了有助於提升行政效率的「行政三分制」改革。在「派系」邏輯之下，四川省委書記張學忠和廣東省委書記汪洋都被視為胡錦濤派系所屬的人馬，這也是為何這兩項比較具有政治風險的改革能在這兩個省展開的原因。為了進一步論證其「政績／派系」解釋架構的有效性，蔡文軒又舉了一個異例——江蘇。江蘇的經濟發展水平與廣東相仿，都處於全國前列，如從經濟發展決定政改或僅從政績的角度來看，應該採行有利於實現「小康社會」此一政績目標的改革措施，但在李源潮主政下的江蘇，卻選擇了進行幹部任用改革的「公推直選」。[4]

　　該文作者在理論的解釋上，可說是做出了一些努力。他從中央領導人的角度出發，考慮其進行政治或行政改革的風險，也從其派系扈從下屬省級領導幹部的角度出發，考慮其藉著改革創造政績。可以說蔡文軒是以中央和省級領導人的動機作為解釋的出發點，給各省的改革提出了一種理性選擇的解釋架構。這樣的解釋架構與本章第一節所提出的「內捲化」或「後極權發展（型）國家」的解釋架構有著明顯的差異，這兩個解釋架構的分析單位是整個黨國體系，也就是用整個黨國政治體系層級的特性來解釋其變遷方向與邏輯。蔡文軒的解釋則不同，他的被解釋項不是整個黨國體制，而是省級的改革；而他的解釋項則是中央與省級領導人個人的風險與效用計算。所以，菁英派系政治的研究應該和整個黨國體制的改革研究互相結合，基於理性選擇的解釋途徑，以不同派系中央領導人及其派系扈從的省級或其他下級領導人的效用函數為根據，對不同傾向的改革措施提出解釋。如果是這樣，則所謂的「內捲化」或其他類似的「辯證式改革」，或者對於整個黨國體制變遷的「辯證式」或「內捲式」解釋，就可以有了微觀的基礎，而不僅僅是將推論建立在比較抽象的系統層次特性。這樣將有助於提高對黨國體制理論解釋的可驗證性與科學性。

4　後來李源潮標榜的是有別於四川的「公推公選」，這與四川的「公推直選」相比，差別在於最後的鄉鎮黨委書記的投票不是由更廣大的幹部或「群眾」直選投票產生，而是由更能被上級組織部掌控的該級黨委全委會投票選舉，稱之為「公選」，以降低政治不確定性的風險。

三、小結

　　檢閱上述的中國地方黨政及治理改革，反映出了一個嚴肅的方法論問題，尤其是在中國進行基層政治研究時，需要特別注意到的一個方法論問題。如前所說，如果我們從統治者的理性出發，可以發現，他們認為在基層產生某種具有民主意涵的改革未必不好，因為在基層的民主可以替中央的領導人監督制衡基層的領導官員，防止整個政權的基層統治基礎過於腐爛敗壞，這樣反而有助於整體黨國威權體制統治的有效性與正當性。其實在討論鄉鎮人大的改革時，本章已經提出了這樣的論點。中國是一個非常大的國家，在中國的基層可以找到各種各樣的個案，來滿足各種各樣的學說假設。我們進行中國研究的學者，一定要小心，不要犯了方法論上的謬誤，以基層個案改革的正面意涵，輕易地據此對整體政權做出過度的推論。或者甚至可以說，在基層的民主改革，反而有可能造成有助於黨國體制威權鞏固的效果。

　　本段回顧了包括鄉鎮人大和省級改革的相關研究。本章發現，在這些基層改革中，有時也反映了整個政體的問題，可謂一葉知秋。首先，在基層中不難發現一些具有民主意涵或民主效果的改革，但這些改革的發生有可能有其非必然性；其次，這些案例或許因為違背了整個政治體制的某些基本邏輯，或許是因為其他地區的領導認為學習無法取得額外政績，或者有可能是因為彼此條件不同，因而有可能難以向外拓展或難以被複製推廣，所以這些案例有可能僅僅是一種「孤島現象」，關鍵在是否存在能利用各種資源讓上層和中央政府注意的「政治企業家」，將局部性的改革向外或向上擴延；再者，具有民主意涵的基層改革，有可能反而是上層有意的安排，其目的是協助中央或上層制衡基層領導幹部或官員，而不是真正對社會賦權，或者說讓基層社會所產生的權利，也僅僅限於維護其社區層次的利益，對於高層的政治，社會和公民仍然是被排除在外的。

伍、黨國體制下國家社會關係的變化

一、社會團體和社會力的逐漸興起

　　本章最後一節將簡單回顧有關在黨國體制下國家社會關係的研究文獻。

　　近年來，對中國政治的研究漸漸地越來越多的文獻開始探討中國公民社會的出現，社會組織的發展，以及相伴隨的國家社會關係的變化。西方學界對於中國國家社會關係的研究，有著不同的理論視角。台灣學者中，對於應該以何種理論視角來討論分析中國

的國家社會關係，主要是王信賢和王占璽（2006）提出了「自利官僚競爭模式」和「恩庇—侍從」關係兩種理論來作為對「市民社會理論」和「（國家）統合主義」的修正。他們指出中國大陸社會組織固然越來越多，但基本上其發展仍屬於「夾縫中求生存」，主要仍受制於國家「雙重管理」制度障礙的制約，以及透過行政介入的干預，和透過資源挹注的影響。不過，他們也指出，面對逐漸興起的社會組織，中國的國家也並非一味地打壓，主要還是採取了所謂「分類管理」的策略。所謂「分類管理」，是指國家用以下四種不同的管理方式分類對待社會組織：納入體制、積極管理、消極監管、有限放任。相對而言，社會組織也有不同的對應策略，包括：完全順從、自願依附、消極順應、和轉登記或由名人發起。在這樣的互動關係下，國家一方面控制社會組織發展的範圍與運作方式，另一方面也利用社會組織進行政府職能的延伸。在此情況下，社會組織不是對抗國家的力量，而往往成了協助政府的角色。目前中國社會組織仍處於求生存的階段，在黨國體制的約束下，距離出現大規模真正具有自主性的社會組織還有一段遙遠的路途。

　　王信賢（2010）之後又針對環保組織的發展為例，發表了一篇論文討論中國「國家－社會」關係的變與常。該文指出，由於中國在日益惡化的生態環境下，諸多環保組織表現活躍，在許多公共環境事件和議題上出面參與，發揮很大的影響力。因此該文關切，這是否代表中國的社會力在國際非政府組織之跨國倡議網絡的影響下已經興起，這是否將改變中國「國家－社會」關係的圖像。此研究顯示，其實中國政府的主導力量仍十分強大，且仍扮演著最主要的角色，雖然國際社會非政府組織（non-governmental organization，NGO）網絡已經涉入中國環保，且中國本土環保社會團體組織在其能力發展和社會參與上也取得了相當的成就，但政府無論在制度環境或關鍵性資源方面仍具有絕對的影響力和主導性，這點並未改變。環保組織雖然資源豐沛，國際力量雖然在中國非常活躍，但是這些都是在不碰觸政權容忍底線之下的情形。王信賢指出，正因為這樣的前提，因此中國環保組織很少直接涉入環境抗爭，與外國組織的接觸也小心翼翼。因為一旦有讓政府不放心的突發性事件，難保這些組織不會像法輪功一樣遭到「清理」。

　　王占璽和王信賢（2011）又共同發表了另一篇文章，比較了愛滋組織和環保組織的組織治理結構和組織場域，本章姑且不討論該文中所呈現兩個組織在這些方面的異同，但重要的是，該文指出，如果跳脫國家中心或社會中心的觀點，而以議題治理為討論的核心，則可發現這兩種組織都在其各自治理議題的場域中發展出複雜的網絡和資源，雖然威權政體的國家仍然不願對社會團體釋放更多的政策影響管道，但社會行動者在具體治理議題的範疇內其動員力和對社會的影響力卻也在提升。這個圖像與前兩篇已經開始有一些差別，也就是說社會力雖然仍然離挑戰甚至影響政策還有一段距離，但其力量已經逐漸在成長，而且好像在這一篇文章中的圖像，社會團體有逐漸開始脫離對國家「恩

庇一侍從」關係的趨勢。

二、黨國的強力回應

面對一個快速成長變遷和多元化的社會，中共黨國威權體制下的國家卻也沒有閒著。洪敬富（Hung, 2010）對甕安事件的研究顯示，國家也在網路時代，重新利用新媒體所提供的機會，藉著網路評論員的經營，重新強化了政權在意識型態方面透過網路向社會傳達的能力。簡單地說，國家與社會都在利用網路所提供的機會，在擴大自己的能力和影響力。這使得國家社會關係的圖像更為複雜。

陳至潔（Chen, 2010）關於中共政權對顏色革命反應的研究，則更直接而清晰地呈現出中國後極權威權政體對外在環境挑戰頑強的自我強化能力。該文指出，由於中共對於顏色革命的認知，認為這是由於在發生顏色革命的歐亞各國下列一連串因素所形成的：國內沸騰的不滿民怨、被反對黨操弄的選舉政治、和西方勢力為地緣戰略利益的介入；且這個現象是具有跨國傳染性的。因為上述的認知，因此中共所採取的對應作為，是對於國內自由和批評傾向的媒體、對政治活躍份子、對民間維權倡議者，和對於中國與西方的民間交流，採取了更嚴密的控管和打壓。

三、小結

就如同前面幾段所說，中國黨國體制下的國家，面對逐漸多元和能力不斷成長的社會，也發展出一種較從前更為辯證的「國家一社會」關係。面對一個變化多端、快速且又複雜的外在環境，中國黨國體制的國家不僅無意放棄其壟斷性地位，且也開始調適學習如何運用和發展新的能力吸收新的成分來繼續維持其威權統治；而另一方面，又適度地給社會一些發展的空間，必要時還可在政策或治理過程中對其意見表達開放一些管道，作為強化其威權統治的一種工具。中國的國家對社會適度開放空間和放鬆管理，並不是要追求多元，往往一方面對適應新的社會結構帶來的壓力進行調適，同時另一方面強化其吸納控制的能力，以便於繼續維持其強大的主導地位。台灣學者的研究再一次呈現出中共黨國體制這種辯證式的調適和變遷邏輯。

陸、結論：從回顧到展望

　　本章從四個方面檢閱了台灣學界最近若干年對中共黨國體制的研究，包括對於黨國體制核心制度的改革、菁英政治、地方治理改革、和國家社會關係的變化。本章發現，台灣學者對於中共黨國體制，有一些明顯的共同觀點，其中最重要的就是對中共黨國體制的變遷，採取一種辯證式而非線性式的解釋。所謂辯證式的解釋，意思就是認為中共這種體制，內在存在著不同方向或不同取向的變遷動力，彼此矛盾、彼此牽制、交互作用，造就了中共黨國體制變遷的軌跡。這種辯證的變遷模式，在不同的作者研究中往往以不同的面貌呈現。

　　這種辯證式的變遷觀點，主要表現在五種現象與軌跡，也是五個值得繼續拓展深化的研究架構：**「後極權發展（型）國家」**、**「內捲化」**、**「派系鬥爭」**、**「中央地方互動」**和**「國家社會博弈」**。吳玉山所提出的「後極權發展（型）國家」不僅是一個分析概念，其實也提供了一個體系層級的結構性分析架構，因為「後極權」和「發展（型）國家」兩者之間的緊張關係可以導引出許多研究課題與方向。這兩種趨勢如吳玉山所說，也未必始終是相矛盾的，因此找出這兩者之間的動態關係，可以是一個持續研究的課題。趙建民和張執中所提出的「內捲化」是另一個非常重要的體系層級結構性概念，在不同的文獻中有不同的表現方式，但它們共通之處就是，中共黨國體制所採取的許多有利於民主化、法治化、理性化的改革，始終會被黨國自身的一元化、新傳統、威權壟斷的組織原則給牽制和抵銷。我們可將之視為一個需不斷驗證的理論假設。「派系鬥爭」是影響中共黨國菁英政治是否能制度化的核心因素，但本章指出，其意義應不僅止於此，派系鬥爭也對於整個黨國體制在關鍵時刻能否產生突破性的改革非常有關，更關鍵性地影響了許多自上而下的改革如何布置、如何展開、如何擴延。或許研究中共菁英政治的學者與研究黨國體制的學者應該思考如何揉合這兩組研究議題的問題意識，展開新的研究設計。「中央地方互動」則是另一個研究辯證式變遷的重要線索，尤其是對於觀察基層或地方的治理改革。一方面，自下而上發生的改革，其為何能存活、為何能被容忍，或許與上層或中央統治者希望制約地方領導有關。另一方面，這些自下而上的改革，又如何一步步讓上層政府接受，或許和某些上層官員或知識份子如何框構（framing）這些改革的宏觀意義有關，這其中複雜的中央地方彼此的動機，以及相互間辯證式的互動，對於此類改革能否產生民主化意涵提供了非常重要的解釋變項和解釋途徑。最後，「國家社會博弈」則是將辯證力量的雙方歸因於國家與社會力量的對比消長以及制度安排和彼此對應策略。國家和社會在快速變遷的社會結構和經濟條件下，各自有壯大和強化自身力量的動機和策略。國家在制度安排上當然佔有優勢和主導地位，但社會顯然也逐漸摸索出對國家施壓卻又不被「清理打壓」的生存和發展之道，這是一場檯面上和檯面下的博

弈。在這過程中，研究網路和資訊科技如何為社會行動者提供論述的公共領域和組織動員的空間，以及如何為國家重新提供一個重塑其意識型態和正當性的平台，是一個值得探索的新興課題。

　　對於中共黨政體制民主化的前景，大部分的台灣學者比較沒有短期樂觀的期待。但如上述所整理的辯證性變遷軌跡而言，正因為中共作為一個後極權的黨國體制，其變遷不是線性的，所以長期仍充滿了某種程度的不確定性。上述五種辯證的邏輯，僅僅是一種文獻整理的結果，五種邏輯之間也可能有複雜的互動或連動關係，亦有可能有彼此矛盾之處。除了上述的邏輯之外，本章也提到，將中國的黨國體制，與台灣或其他東亞威權轉型的經驗進行比較，也是一個非常值得台灣學者耕耘的研究方向，值得我們繼續努力與期待。

參考書目

王占璽、王信賢，2011，〈中國社會組織的治理結構與場域分析：環保與愛滋 NGO 的比較〉，《台灣政治學刊》15（2）：115-175。

王信賢，2008，〈傾斜的三角：當代中國社會問題與政策困境〉，《中國大陸研究》51（3）：37-62。

王信賢，2010，〈當代中國「國家─社會」關係的變與常：以環保組織的發展爲例〉，《政治學報》（49）：1-39。

王信賢、王占璽，2006，〈夾縫求生：中國大陸社會組織的發展與困境〉，《中國大陸研究》49（1）：27-51。

王嘉州，2009，〈固權與發展？胡錦濤反貪腐邏輯分析〉，《東亞研究》40（2）：31-62。

吳玉山，2007，〈宏觀中國：後極權資本主義發展國家──蘇東與東亞模式的揉合〉，徐斯儉、吳玉山（編），《黨國蛻變：中共政權的菁英與政策》，台北：五南，頁 309-335。

林佳龍、徐斯儉，2004，〈退化的集權主義與中國未來發展〉，林佳龍（編），《未來中國：退化的極權主義》，台北：時報文化。

徐斯儉，2006，〈軟紀律約束：中共強化監督之政改的內在限制〉，《中國大陸研究》50（2）：35-60。

徐斯儉，2010，〈「黨國」還是「共和國」？──中共政治變遷的一個內在邏輯〉，《政治科學論叢》（45）：37-68。

徐斯儉、吳建忠，2011，〈在治理改革中走向民主：浙江溫嶺鄉鎮人大參與式預算之個案研究〉，《中國大陸研究》54（1）：1-28。

耿曙、張執中，2011，〈中共政治體制〉，王振寰、湯京平、宋國誠（編），《中國大陸暨兩岸關係研究》，高雄：巨流，頁 9-40。

寇健文，2002，〈權力轉移與「梯隊接班」機制的發展〉，丁樹範（編），《胡錦濤時代的挑戰》，台北：新新聞，頁 53-72。

寇健文，2005，《中共菁英政治的演變：制度化與權力轉移 1978-2004》，台北：五南。

寇健文，2007，〈中共與蘇共高層政治的演變：軌跡、動力與影響〉，《問題與研究》45（3）：39-75。

寇健文，2010，〈邁向權力核心之路：一九八七年以後中共文人領袖的政治流動〉，《政治科學論叢》（45）：1-36。

寇健文，2011，〈政治菁英流動〉，王振寰、湯京平、宋國誠（編），《中國大陸暨兩岸關係研究》，高雄：巨流，頁 41-64。

張執中，2008a，〈後極權威權政體的政治改革路徑：以中共「黨內民主」爲例〉，《社會科學論叢》2（2）：63-112。

張執中，2008b，〈黨內民主與體制邊界〉，張執中，《中共黨國邊界的設定與延伸：歷史制度論的觀點》，台北：韋伯文化，頁 49-84。

陳至潔，2010，〈重鑄紅色天平：中國司法改革的政治邏輯及其對法治的影響〉，《政治科學論叢》
　　（45）：69-106。

黃信豪，2009，〈晉升，還是離退？中共黨政菁英仕途發展的競爭性風險分析〉，《台灣政治學刊》
　　13（1）：161-223。

黃信豪，2010，〈有限活化的中共菁英循環：黨政領導菁英組成的跨時考察〉，《中國大陸研究》
　　53（4）：1-33。

楊開煌，2007a，〈中共四代領導集體決策運作之分析〉，徐斯儉、吳玉山（編），《黨國蛻變：
　　中共政權的菁英與政策》，台北：五南，頁51-91。

楊開煌，2007b，《新政：胡錦濤時代的政治變遷》，台北：海峽學術。

趙建民，2002，〈中國黨國體制下立法機關的制度化〉，《中國大陸研究》45（5）：87-112。

趙建民、張執中，2005，〈組織內捲與列寧式政黨的調適與變遷：中國共產黨的個案分析〉，《人
　　文及社會科學集刊》17（2）：299-341。

趙建民、張淳翔，2007，〈從群眾路線到有限多元：中國大陸立法聽證制度之發展〉，《中國大
　　陸研究》50（4）：31-55。

趙建民、張鈞智，2006，〈菁英循環或再生？十二大以來中共技術官僚的發展趨勢〉，《中國大
　　陸研究》49（2）：69-98。

蔡文軒，2011a，〈解釋中國大陸省級的政治改革：「政績／派系」模式的思考〉，《政治科學論
　　叢》（44）：105-144。

蔡文軒，2011b，《中共政治改革的邏輯：四川、廣東、江蘇的個案比較》，台北：五南。

Carothers, Thomas. 2006. "The Backlash Against Democratic Promotion." *Foreign Affairs* 85(2): 55-68.

Chao, Chien-min and Yeau-Tarn Lee. 2006. "Transition in A Party-state System: Taiwan as A Model
　　for China's Future Democratization." In *The Chinese Communist Party in Reform*, eds. Kjeld Erik
　　Brodsgaard and Zheng Yongnian. London, UK; New York, NY: Routledge, pp. 210-230.

Chen, Titus C. 2010. "China's Reaction to the Color Revolutions: Adaptive Authoritarianism in Full
　　Swing." *Asian Perspective* 34(2): 5-51.

Dickson, Bruce. 2004. "Dilemmas of Party Adaptation: The CCP's Strategies for Survival." In *State and
　　Society in 21st-Century China: Crisis, Contention, and Legitimation*, eds. Peter Hays Gries and Stanley
　　Rosen. New York, NY: RoutldgeCurzon, pp. 141-158.

Gilley, Bruce. 2003. "The Limits of Authoritarian Resilience." *Journal of Democracy* 14(1): 22-23.

Gilley, Bruce. 2011. "Paradigms of Chinese Politics: Kicking Society Back Out." *Journal of Contem-
　　porary China* 20(70): 517-533.

Hsing, You-tien and Ching Kwan Lee, eds. 2010. *Reclaiming Chinese Society: The New Social Activism*.
　　London, UK; New York, NY: Routledge.

Hsu, S. Philip. 2009. "In Search of Public Accountability: The 'Wenling Model' in China." *The Australian
　　Journal of Public Administration* 68(S1): S40-S50.

Hsu, S. Philip. 2011. "In Search of China's Developmental Model: Beyond the Beijing Consensus." In *In*

Search of China's Development Model: Beyond the Beijing Consensus, eds. S. Philip Hsu, Yu-Shan Wu, and Suisheng Zhao. London, UK: Routledge, pp. 1-24.

Hsu, Szu-chien. 2006. "Reforming the Party and the State under Hu Jintao." In *China into the Hu-Wen Era: Policy Initiatives and Challenges*, eds. John Wong and Lai Hongyi. Singapore: World Scientific Publishing, pp. 153-189.

Hsu, Szu-chien. 2011. "Strengthening the Soft Discipline Constraint: Limited Reform in Curbing Leading Cadres' Power." In *In Search of China's Development Model: Beyond the Beijing Consensus*, eds. S. Philip Hsu, Yu-Shan Wu, and Suisheng Zhao. London, UK: Routledge, pp. 224-245.

Hung, Chin-fu. 2010. "China's Propaganda in the Information Age: Internet Commentator and Wen'an Incident." *Issues & Studies* 46(4): 149-180.

Kou, Chien-wen. 2011. "Elite Recruitment and the Duality of the Chinese Party-state: The Mobility of Western-educated Returnee Elites in China, 1978-2008." In *In Search of China's Development Model: Beyond the Beijing Consensus*, eds. S. Philip Hsu, Yu-Shan Wu, and Suisheng Zhao. London, UK: Routledge, pp. 166-185.

Linz, Juan. 1975. "Totalitarian and Authoritarian Regimes." In *Macropolitical Theory: Handbook of Political Science*, Vol. 3, eds. F. I. Greenstein and N. W. Polsby. Reading, MA: Addison-Wesley, pp. 264-350.

Linz, Juan. 2000. *Totalitarian and Authoritarian Regimes*. Boulder, CO: Lynne Rienner Publishers.

Nathan, Andrew J. 2003. "Authoritarian Resilience." *Journal of Democracy* 14(1): 6-17.

Nathan, Andrew J. 2009. "Authoritarian Impermanence." *Journal of Democracy* 20(3): 37-49.

Pei, Minxin. 2006. *China's Trapped Transition: The Limits of Development Autocracy*. Cambridge, MA: Harvard University Press.

Shambaugh, David. 2008. *China's Communist Party: Atrophy and Adaptation*. Berkeley, CA: University of California Press.

Unger, Jonathan, ed. 2008. *Associations and the Chinese State: Contested Spaces*. Armonk, NY: M. E. Sharpe.

Wang, Hsin-Hsien. 2011. "Evolution into NGOs in Contemporary China: The Two Approaches and Dilemmas." In *In Search of China's Development Model: Beyond the Beijing Consensus*, eds. S. Philip Hsu, Yu-Shan Wu, and Suisheng Zhao. London, UK: Routledge, pp. 204-223.

Wu, Yu-Shan. 2004. "Jiang and After: Technocratic Rule, Generational Replacement and Mentor Politics." In *The New Chinese Leadership: Challenges and Opportunities after the 16th Party Congress*, eds. Yun-han Chu, Chih-cheng Lo, and Ramon H. Myers. Cambridge, UK: Cambridge University Press, pp. 69-88.

Yang, Dali. 2004. *Remaking the Chinese Leviathan: Market Transition and the Politics of Governance in China*. Stanford, CA: Stanford University Press.

Zheng, Yongnian and Joseph Fewsmith, eds. 2008. *China's Opening Society: The Non-state Sector and Governance*. London, UK; New York, NY: Routledge.

第十八章

中國大陸對外關係與全球化

冷則剛、陳玉文

壹、前言

　　全球化現今常被用來指稱世界各地的距離越來越短，國界越來越模糊的發展與現象。全球化從古至今一直都在發生，只是每個歷史時期發生的規模、方式與速度不同（黃清賢，2006：122）。當代的全球化（contemporary globalization）在 20 世紀中期後迅速發展，很多人喜歡把這個詞理解成國際化（internationalization)。但如前所述，若國際化是指國際交流往來，這從古早就發生了，只是當代的國際化把許多社經現象一體化或同質化，所以感覺很多事物不再有太多本土性的色彩，而是被去地域化（deterritorialization）（黃清賢，2006：121；簡博秀，2001：59），因為相對具有非本土性，彷彿被國際化。

　　當代的全球化不同於前面時期的另一特徵是資訊化的產生，電腦網路帶來的革命改變了人類交往、溝通與思考的模式，這樣的轉變對國際關係的影響深遠。當世界的距離縮短、國界模糊，感覺上有種超國界的全球文化出現，繼之而來的是很多議題不再具有地方性，變成是地球上很多人都會關心的議題，所以有所謂全球議程與地球村的概念產生。

　　對於政治學者而言，全球化讓國家主權觀念受到挑戰，主權還是存在，只是人們對主權的認知在某些程度上必須做調整，繼之而來的是國家政策的轉型，例如八大工業國家的政策就意識到全球化的重要性，在擬定對外政策時會將全球化納入考量。另外，之前提到的全球議題，有些有政治性，有些則無，與政治有關連的全球議題，像是全球暖化的政策因應，在國際政治上的可見度越來越高，深受決策者、學者以及大眾討論。

　　全球化並沒有取代在地化，相反地，有些擔憂全球化抹滅在地文化的力量同時興起，企圖保護在地文化，因此我們看到兩股力量的拉扯，所謂全球文化在某種程度上是被制衡的。即使全球化有其缺陷與限制，全球化基本上是很難抵擋的浪潮，是國際社會發展的方向，也是中國當前發展的方向。具體來說，中國一方面在面對全球化，企圖加入全球化，但如同世界其他地方的發展，在中國也有不少力量及輿論在制約全球化對中

國的衝擊。

　　以下將台灣學者在「中國的全球化」方面所做的研究，主要從國際政治、經濟、社
會，以及全球在地化四大面向來回顧與檢視。本章在從四個面向分析之前，也針對台灣
學者如何認知中國在全球發展的角色、以及對中國崛起現象的體認，做一簡要分析。在
論述此四面向的同時，亦比對中國大陸學者與西方（英語系）學者在同一個面向之關心
重點，讓讀者瞭解台灣學者的研究是否與對岸以及英語世界的研究有所接軌，可互相對
話。另外，值得一提的是，對中國全球化的關注不是政治學者的專利，在台灣，經濟學
者、傳播媒體專家、社會學家與地理學家都以他們的角度檢視與關心全球化對中國的影
響。以下囊括之作品雖以政治學者之見解爲主，但仍穿插其他領域學者對同樣議題之看
法及分析。由於章節分工及篇幅所限，有關兩岸關係、美中台關係，以及中國大陸外交
政策等與全球化相關的研究議題，將在專書其他章節中做較詳細的探討。在台灣學者的
著作中，本文主要聚焦於與理論結合，且具批判性的作品。其他有關政策取向的文獻，
則暫時不列入本章的研究範疇。

貳、台灣學術界對中國崛起的理論研究與認知

　　從台灣的角度來看中國大陸的全球化問題，首先面臨的即是如何看待「中國」這個
變化中的實體。台灣與中國處在一個大小懸殊，但是關係微妙的特殊狀態。因此，本節
首先探討在全球化的浪潮下，台灣學術界如何將中國大陸視爲一個主權實體，以及其在
國際體系中的角色。

　　全球化的研究並沒有全盤否認主權國家的重要性。自「和平崛起」與「和平發展」
以及「和諧世界」等概念出現後，台灣學術界也參照西方主流國際關係理論，企望梳理
出較批判性的分析視角。舉例而言，高朗（2006：53-94）首先從批判西方，尤其是美國
中心的認知角度出發，闡述理解中國崛起的分析視角問題。高朗指出，鄧小平對於中國
大陸發展的理念，將有持續應用的功效。因此，探討中國崛起的問題，需深入理解大陸
領導階層思維，以及背後指引的思想，才能準確掌握北京的意圖。高朗也以中共領導階
層的繼承問題、台灣問題，以及能源問題作爲影響北京未來對外政策轉變的重大因素。
然而，高朗並不認爲中國崛起是物質層面，或是霸權興衰的問題。高朗並批評美國觀察
的視角侷限於現實主義與自由主義的框架，忽略中國在與世界大規模接軌前，已有一套
觀念，並藉此指導中國對外關係。如果不能掌握北京領導的思惟方式，也將無法真正理
解與掌握中國崛起對世界的影響。

　　同樣是從批判西方的角度出發，石之瑜與張登及（2009：193-212）從心理學及精神分析途徑切入，從國家、天下、文明、亞洲四個面向探討如何理解中國崛起的意義。根據石之瑜與張登及的分析，天下是另一種異於主流國際體系理論的認識方法。在天下裡，國與國之間不存在不可磨滅的疆界。各國的文化永遠是互相學習的，天下形同一種放諸四海皆準的範示，其主要關切在於維繫國與國之間的某種尊卑秩序。傳統中國天下的概念，在執行層面與和諧世界概念一旦結合，則將掉入以主權國家及西方全球化消費主義的窠臼，反而顛覆了原本天下的概念基礎。

　　台灣學者除了批判西方中心的中國崛起論，以及中國本身在身分調適過程中陷入「西方中心」的困境外，中國在國際體系中的崛起是否會為國際體系帶來更多不穩定的因素，顯然也是關注的重點。有關中國崛起的和戰討論，吳玉山（2011：389-416）修正了權力轉移理論的悲劇預言，並凸顯意圖管理及制度彈性的重要性。吳玉山指出，只要在權力轉移和新興強權意圖中有一項被控制，戰爭便不會發生。在美中關係的議題上，如何在重大議題中（例如台灣）引導中國大陸修正其意圖，使其接受西方所設定的國際秩序，則雖有權力轉移，也不會有戰禍。中國大陸是否會成為反現狀的新興霸權，則由國際社會的制度彈性來決定。如果制度彈性高，則中國大陸只需依照現存國際規則，即可獲得重大利益，成為滿足現況的強權。然而，吳玉山亦指出，現存霸權是否願意「開門」以展現制度彈性，並共享權力，則涉及文化理念及歷史傳統等國內因素的考量。

　　1990年代末期以來，國際關係有關建構論的討論在台灣逐漸升溫。將建構論所探討的身分、認同等議題應用在分析中國的國際地位，也成為台灣學者感興趣的話題。此類研究議題的聚焦，一方面與西方國際關係理論典範的起落有關，另一方面也與大陸學者近十年來大量引用建構主義，分析中國在國際社會中新的身分有所關聯。從某種角度來看，台灣學者也從第三者的角色，試圖分析中國在國際社會的自我認同。邱坤玄與譚偉恩（2007：257-290）強調建構主義中的身分因素，與和諧世界政策有密切的關係。和諧外交強調將中國身分定位為成為多數國家的朋友，但不成為任何一個國家的敵人。邱坤玄與譚偉恩進一步強調，建構主義在中國參與國際社會的應用，凸顯了將合作與和諧的思維內化到國家人格之中，並將其視為一種信仰及價值。

　　就更細緻的分析角度出發，陳牧民（2006：1-26）則從中國大陸政治菁英論述安全的過程，探討中國崛起與中國在國際體系身分地位的變化。陳牧民提出一個規範面的政策分析，並指出從國際社會的角度來看，讓中國成為一個和平且負責任大國的最佳方式，是讓中國內部掌握政策論述主導權的政治菁英，能夠真正理解到中國的國家安全並未受到威脅。舉例而言，改革開放二十餘年間，中國對外安全戰略最溫和的時期大約是至1995年左右，也就是由「韜光養晦」轉向「全球化」的階段；當時中國政治菁英一

方面認爲國際社會願意接納中國，也認爲中國應該積極加入國際社會，因此在安全戰略上大力宣傳國際和平環境有利中國發展，甚至在對台政策上也曾出現「江八點」等低調軟性訴求。

就中國崛起與最敏感的美中互動關係而言，建構主義的分析視角與權力轉移論有類似的關注點，但途徑各有不同。朱雲漢與黃旻華（2007：23-58）也強調中國在國際參與的理性因素，但兩位的著作顯示，鄧小平這一代的中國領導人已超越傳統現實主義的分析框架，並充分認識到二次世界大戰後國際社會所出現的根本變化。此外，對國家利益以及威脅的界定，也超越了實證主義學派所設定物質主義式範疇，而直接涉及到意念的層次，並把「和平演變」視爲一種安全威脅，並將維護社會主義體制當作國家的根本利益。朱雲漢與黃旻華認爲，中國大陸此種思維模式符合建構主義所言「認同是利益的基礎」（identity comes before interests）。

台灣學者有關中國崛起的論述，針對軍事及安全問題，尤其是有關軍事安全的政治意涵，也有不少著墨。由於大小懸殊，軍事力量不對稱，有關軍事安全的討論多集中在與兩岸關係的關連性，以及政治上的連結。舉例而言，丁樹範和黃恩浩（Ding and Huang, 2011: 43-51）指出儘管兩岸經濟文化關係長足成長，但是隨著解放軍全球打擊能力增強，台灣面對中國軍事安全力量崛起，正面臨短期穩定，但長期威脅的矛盾態勢。此類矛盾的解決之道，是不刻意挑釁中國的崛起與其核心利益，同時推動台灣內部軍事管理現代化，以及軍事互信機制。丁樹範（2011：86-106）的另一篇文章也指出，兩岸對軍事互信機制的立場差異，是導致在此一議題上雙方互動停滯不前的主因之一。台灣視該機制爲一「階段性目標」，並作爲未來簽定「兩岸和平協定」核心目標的重要基礎。然而對中國而言，該機制是實踐「一中原則」的一項策略，其最終目標仍以推動兩岸統一爲核心。因此，兩岸對該機制的出發點不同，所欲達成的目標亦有根本性的差異，導致了兩岸在經貿對話後陷於政軍互動停滯的困境。林正義（Lin, 2007: 159-188）則引用中共《反分裂國家法》爲例，分析台灣對中國崛起的反應。林正義的分析指出，《反分裂國家法》使民進黨更加憎恨中國，並且使得美國及中國大陸本身政策操作的空間變小。此類政策彈性空間的壓縮，反而促使台灣與美國進行更緊密的軍事合作，以因應中國霸權崛起。

參、全球化的國際政治層面分析

上節的分析顯示，台灣學者面對海峽對岸中國在全球場域的崛起，在理論上展現出了批判的精神。除概念之外，在全球化的實際運作層面，台灣學者也展現出了充沛的研

究活力。本節開始主要從國際政治、經濟、社會、以及全球在地化四大面向來探討實際
運作層面。

　　西方英語世界關於全球化之探討與國際政治學相關的部分就是對主權影響之探索，
多數學者也都認識到即使全球化在某些層面修正了傳統對國家主權的定義，主權國家的
地位還是相當穩固，台灣的學者如果有注意到這個面向，見解也與英語學術刊物的論述
接近（陶儀芬，2002：191-211）。倒是大陸的學者在寫全球化對國家主權的影響時帶有
較明顯的民族主義情緒，認為全球化侵蝕了中國國家主權與主體性，甚至呼籲當政者即
使不能避免全球化浪潮，也必須適當捍衛中國主權（吳麗霞，2011：40；郭京龍、周延
召，2003：49-51）。

　　台灣學者從政治角度分析中國大陸在後冷戰時期的全球參與，傾向於將中國大陸視
為理性的行為者。他們認為中國對於後冷戰國際安全制度，扮演了改革者、維護者，及
創立者之角色。中國對主權的堅持並未在原則上有所變動，但在負責任大國的思維下，
雖非對安全的理解產生全面性改變，但反映出了比以往更積極的合作意向（邱昭憲，
2009：135-180）。林文程（2006：1-38）在分析二十餘年來中共參與聯合國安理會的投
票行為後，認為中國的外交越來越趨於理性化，進入後冷戰時期之投票已經純粹由權力
角度來界定國家利益。從務實角度來看，1990年代末期之後北京發現參加多邊機制有
助於提升中共之國際影響力，強化中共之強權地位，並制約美國的單邊主義。中共只有
積極參與國際多邊機制，才能在國際政經新秩序上發揮影響力。袁易則從建構主義的角
度，並以身分及利益的途徑出發，分析中共參與國際安全建制的行為，並從協議式、管
理式、社會化等諸多面向，探討中國遵循建制規範的動力及進程。袁易（2004）指出，
中國傳統上每每以受害者角色出現，卻成了國際組織作為下的受益者。隨著中國綜合國
力的增強，中國從和平崛起中轉型成一個負責任大國的身分，以更積極的態度參與國際
建制。在後續的研究中，袁易（2009：1-41）則進一步指出冷戰和後冷戰格局，是制約
中國在外空建制中身分的結構因素。

　　全球化對政治的另種影響是對安全概念之重新定義。傳統侷限於軍事安全和國家
安全的安全觀，因為全球議題擴張，不得不發展成更多面向的安全觀，例如環境污染、
或疾病傳染等議題都是非傳統安全問題。世界不少國家都領悟到全球性問題的相互依
存性，要解決這些問題，就必須有國際合作，所以中國是本著自利的考量（于有慧，
2001：74），決定跟隨國際發展趨勢，認為中國在國際上對安全議題的參與程度越高，
對中國的安全保障越有利（朱蓓蕾，2003：75-108）。在具體外交行為上，台灣學者觀
察到中國自1990年代以來，「以綜合安全，合作安全和共同安全等新安全觀為基礎，
通過與周邊和其他國家的雙邊與多邊合作，增進本身的安全利益、區域和平和穩定，並
進一步爭取國際規則的主導權（于有慧，2001：57-58；朱蓓蕾，2003：89、100）。」

這其實也幫助中國建立一個良好的國際形象，讓國際認為中國是個友善且負責的大國，中國對其和平崛起的強調，可以證明中國威脅論的說法有誤，因此世界各國不應對中國發展有所抗拒，因為中國是和善的大國。

以中國大陸參與全球環保事務為例，李河清（Lee, 2005: 135-150）羅列了中國參與氣候變遷的諸多談判原則，包含強調開發中國家發展的需求、環保與經濟成長平行發展的目標、工業發達國家的歷史責任，以及對開發中國家的科技移轉與環保協助等。李河清的分析顯示，中國在氣候變遷公約的談判策略符合長久以來「求同存異」的外交原則。然而，中國認為參與國際環境建制的談判，並不代表承諾此類建制所倡議的原則，也不代表中國必定要承諾各種責任，對國內的各種減排措施也不必然有拘束性的效果。

施奕任（2008：139-164）則指出，中國大陸作為全球化議題的騎牆者，處於實際角色與外交策略的困境。中國大陸因為不斷增加的大國政治地位，扮演了開發中國家領導者與代表的角色，舉手投足都會影響開發中國家對氣候變化的應對策略。但是考量自身利益及國際對中國崛起的憂慮，選擇低調的外交策略，不願在國際環保議題中突出特定角色。類似的理性模型分析，並結合國際與國內發展考量的論證，亦可見諸有關中國在氣候變化公約參與的分析。根據宋國誠（2011：1-32）的闡述，在第一時期，中國認為遵守國際環境與氣候公約，對中國的經濟發展是不利的，因此採取接近外交戰的策略，積極介入國際氣候論述權的爭奪。但是到了第二時期，則認為遵守氣候公約，有限度履行減排責任，將有助於中國經濟模式的更新與轉型。於是中國逐漸接受「危機—轉機」論，並提出中國應走向低碳經濟的戰略目標。

全球化對政治方面之影響，台灣和大陸學者看到的面向差不多，大陸觀察家也注意到新的全球安全議題產生新的利益，像是環境安全（郭秀清、牛冬梅，2007：42-45）；對區域合作和建立中國和善形象的文章在大陸也有闡述（王月紅，2008：54-57；王毅，2004：19-21），若要找相異處，最明顯的是大陸文獻對全球化在政治上的意涵有比較鮮明的民族情愫，想要捍衛中國的國家主權，提升中國的國際地位，而台灣學者寫這方面的議題幾乎都是以旁觀中立角度看待。

最後，台灣還有一點不同於大陸文獻的就是對兩岸關係的解析，思索全球化對兩岸關係發展的文獻不少，冷則剛（2009：141-162）從政治經濟學角度，先討論全球化時代下台灣身為一發展型國家如何調整政策，從原有扶植製造型產業到轉而支持重視研發與創新的產業，並創造兩岸分工的利基，因此兩岸的政經交往有了更複雜的推拉力量。童振源（2003）進一步探討中國如何運用經濟槓桿來對付台灣，從而指出中國的經濟槓桿能力在不同的情境下，對台灣造成什麼影響。

除了以政治經濟學角度看兩岸關係外，更有意思的是，有些文獻重點其實是討論全

球化對中國的影響，但是可能兩岸關係對台灣學者有種特別的意義，所以即使整篇作品幾乎都在探討中國，最後不少作者還是會把情境移轉到兩岸關係上，探討兩岸關係能否在中國面對全球化潮流的事實下有所出路。例如張亞中（2002：32、2003：231-290）認為經濟全球化讓兩岸關係更勢必只能用和平方式來解決，戰爭武力對雙方甚至其他國家的經濟成本都太大。宋學文和黎寶文（2002：47-83）則提出北京趁著全球化的浪潮推動兩岸更多經貿整合，試圖說服台灣人民接受一國兩制。但他們都提出台灣人民看到的不僅是經貿誘因，全球化的潮流也提倡民主與人權，由於中國政府在這方面的表現還無法跟上世界潮流，這會是兩岸整合的阻力。徐斯儉（2002：85-117）本來是討論大陸學者對全球化的探討，不過文末也談到對兩岸關係的意涵，他認為正如全球化打開了世界共同體的大門，兩岸的知識份子如果以類似思索全球化的方式思考兩岸關係，願意在某些方面尋求一體化，又不犧牲主體性，解決之道應可求。

肆、全球化的經濟層面分析

不少關於中國全球化的研究是從經濟全球化的觀點切入，看經濟全球化如何為中國帶來機運與挑戰（宋國誠，2002：23），這方面的研究其實不僅是台灣學者，更是中國大陸的學者關心的焦點，英語出版物同樣反映出這種對經濟全球化的熱衷討論，所以相關文獻很多，以下將台灣學者在此方面之討論簡要整理。

首先，幾乎所有觀察家都清楚經濟全球化對中國的雙刃影響，外資的進入刺激了中國經濟的成長，而中國的企業也往跨國方向發展，國際貿易成為中國必須積極參與的競技場。這些轉變於中國加入世界貿易組織（World Trade Organization，WTO）後更明顯。基本上，中國加入世界貿易組織就是象徵中國經濟在世界上的地位受到重視，讓中國經濟走向全球化（彭慧鸞，2002：365-390），對其國家經濟地位及國際政治地位皆有莫大意義（黃清賢，2006：122）。但加入後的代價是中國必須進一步改革與開放，讓經濟可以更自由地運作（楊聖明，2002：143-162）；也就是說，中國必須依照世界貿易組織的規則運行，讓自由化進入中國的經濟運作體制，用經濟自由化來吸引外資。雖然這種磁吸效應對中國很重要，但經濟自由化畢竟與中國傳統的管理經濟方式截然不同。這是國家與社會都要面對的丕變，這些機運與挑戰不僅是台灣學者，也是大陸以及西方學者關心的議題，因此相關作品很多。

舉例來說，市場的開放，讓外資可以進入中國的電信事業（包括網路產業）。外資固然對中國經濟成長很重要（宋國誠，2002：13-15；張亞中，2002：27），但外國電視媒體以其龐大資源，佔領市場以最大化其自身利益，對於中國本地的產業形成挑戰，這

也連帶讓台灣學者意識到全球化某種程度剝奪了中國大陸本土資訊的主體性（蔡裕明，2001：21-35）。但也有學者指出中國政府對電信的控制還是頗多，所以媒體市場即使比以往開放，但開放仍有侷限（左正東，2010a；呂郁女，2002：343-363）。

　　除了資訊媒體產業外，金融部門為因應全球化也必須調整，讓外國銀行進入中國。但是由於中國金融規範過死和市場透明度不高等先天不佳因素，使金融自由化的角度走的比預期還慢（陶儀芬，2002：191-211）。中國國內對全球化的因應除了在經濟層面造成影響外，不少問題也牽扯到社會的發展，這層面的影響會在之後社會層面的段落討論。

　　經濟問題除了和社會問題相扣之外，經濟與政治的關連亦不容忽視。例如在全球化的過程裡，中國除了在全球化外，其實世界也在中國化。西方工業大國看準中國潛在的商機，不斷積極與中國往來，讓中國在全球經濟事務的地位越來越重要，同時也提升中國在國際政治之地位。舉例來說，在亞洲金融風暴時，中國堅持不貶值人民幣，減低風暴的影響力，金融的起落影響範圍即使不是遍佈全球各地，至少也都是跨國界的。世界有種相互依存的微妙關係，中國在亞洲金融風暴中的表現讓其贏得不少國家稱讚，有助中國形象，也建立起中國在世界政治經濟上大國之地位（張亞中，2002：29）。

　　當然中國在國際政經地位上不是一直平順，例如中國想要進入國際，利用低成本的廉價勞工讓中國成為世界工廠。不過這也會影響中國和很多國家的關係，尤其對第三世界國家與東南亞國家而言，這是在壟斷他們的出口機會，因此競爭意味濃厚。

　　總之，經濟全球化對中國經濟發展與治理有雙刃影響。這不是只有台灣學者看到，中國大陸大多與全球化相關的文獻也都是緊扣經濟全球化的機運與衝擊，[1]西方（英語）的文獻在此面向的作品亦是汗牛充棟。[2]其實西方英語的文獻有些也是海外中國大陸的學人所貢獻的，台灣學者的英語作品反而較少。

伍、全球化的社會層面分析

　　台灣、大陸及英語文獻對中國面對全球化的學術探索著重在經濟層面，本章把社會

---

[1]　例如申森（2011：113-116）；李聰（2004：72-74）；郭京龍、周延召（2003：49-51）；陳苗（2011：19）；楊雪冬、王列（1998：1-36）；農猛吉（2004：119-130）；趙景峰（2005：19-20）；魏芳（2011：23）。

[2]　例如 Ilan Alon、Julian Chang、Marc Fetscherin、Christoph Lattemann 和 John R. Mcln-tyre（2009）；Doug Guthrie（2009）；Jonathan Holslag（2010: 641-662）。

面向特別提出來討論，但是其實社會面向和經濟層面息息相關，換句話說是中國面對全球化時國內所產生的問題，再度呼應經濟全球化的雙刃影響。

社會問題涵蓋層面很多，從人才不足、貧富不均、資訊差距、區域發展不均、城鄉差距到貪污腐化等（張亞中，2005：1-46）。舉區域及城鄉差距為例，簡博秀（2001：63）回顧與預測未來中國都市與區域發展研究的趨勢，提出全球化將逐漸成為研究中國都市與區域研究的重要研究主題之一。的確，不少新近作品皆提到中國在改革開放後因為經濟的成長，提升了不少人的經濟條件，窮人大幅減少，但是中國的區域間以及城鄉間的鴻溝依舊存在，外資都集中在偏好的地區，造成人口大量移入，進一步加劇城鄉與區域間的差距，因此發展中西部，提升其競爭力，是必要的（張亞中，2002：36；陳耀，2002：163-189）。

西方學者在社會面向之關注焦點除了以上幾點外，[3] 有一項是不同於兩岸學者的，亦即全球化帶來的影響有沒有讓中國更民主化？有沒有改善人權？當然，這個面向的發展與中國政治相關，也可以放在之前的政治面向討論。西方作品讓人看出民主化與人權的確是西方價值的重要成分，西方學者還是習慣用他們的價值觀點來檢視其他非西方國家，但這不見得代表西方學者贊成全球化所帶來的經濟成長一定會讓中國走向民主化的道路，事實上西方學者對此議題看法分歧，暫且不論全球化與民主化是否有正相關（Nolan, 2004: 103-130），至少這些學者可以同意中國社會的確在轉變中，這種轉變不是一種革命式（revolutionary）的劇烈轉變，而是一種演化式（evolutionary）的緩慢轉變（Guthrie, 2009: 277）。舉例來說，中國為了加入國際的遊戲規則，就必須讓經濟的運作比以往更透明化，為了讓外資可以安心留在中國，在保障勞工的權利方面也必須做得越來越好（Bowles and Harriss, 2010）。國際（西方）的規範（norm），例如法治、保障勞工權利、經濟透明等就這樣慢慢移植到中國社會運作中，因此即使中國沒有西方式的民主進展過程，中國用自己的方式與腳步在開放。

台灣學者在全球化對中國民主化的這塊討論相對沒有西方學者熱絡，近年的文章如果與民主化有關，大多著重討論資訊科技與網路發展對中國的影響。中國電腦科學家在引進網路到中國的過程，扮演重要角色，讓中國的全球網路治理（global internet governance）可以趕上世界的潮流，加速中國進入網路時代的發展（Tso, 2008: 103-144）。左正東（2010b）提到資訊科技讓中國的網路公民可以在某些程度上參與問政，像是網民在 1999 年大陸駐南斯拉夫使館被炸事件與 2001 年中美撞機事件等外交事務上都影響了中國領導人處理危機的立場。洪敬富、陳柏奇（2002：162-174）也提出在全

---

[3]　例如 Frank N. Pieke（2009: 953-971）。

球化資訊時代下，網路讓政府的治理方式與能力在某些程度上變得更公開與透明化。當政府還無法對 SARS 事件與毒牛奶事件做出正確有效的回應之前，網民在網路上傳播與交換資訊的行為，展現了「網路時代下公民的知情權與公民維權的意識」。這對威權國家政府的角色與治理方式產生深遠的影響，對關心中國民主化的學者與觀察家來說是一個新興且值得持續觀察的議題。不過陳玉文（Chen, 2012）的理論性文章裡也提出民主化的發展不會僅靠網路來達成，網路的公民權多在公共危機事件上展現，國家機器對於挑戰主權等網路行為還是嚴格打壓，網路科技的發達在整體上還是提升了國家掌控人民的能力，西方不宜對網路所能帶來的民主化革命有不切實際的憧憬。

面對社會的轉變，大陸學者的作品其實多了一種台灣作者少有的愛國情懷，有些大陸作品提出西方價值的輸入不見得對中國有益。例如尚會鵬（2000：143-162）認為西方文化的個人主義和中國文化的群體價值有所衝突，如果中國變成個人主義盛行的社會，西方社會的一些弊病也會在中國展開。不少中國作品對西方價值的移入提出質疑，台灣政治學者則少對價值與道德議題做深入探索。

陸、「全球在地化」與中國

有鑒於中國大陸廣大的幅員，以及地方政經環境的多樣化，在探討中國與全球接軌的問題上，研究者面臨分析層次的考量。在分析中國崛起及中國參與國際事務的文獻中，主要遵循國際關係中「國家」（state）的分析層次，將中國視為一個整體，考量其參與行為的持續與轉變。然而在全球經貿領域，或國際政治經濟學的架構下，中國因應全球變遷的動力，則展現出中央與地方共存共治的特色。尤其在執行層面，諸如永續發展、創新機制、吸引外資等面向，展現了地方治理與全球趨勢互動的複雜面貌。而此類研究，也呈現台灣學者跨學科的努力成果。

以地方治理與全球化動力的互動關係而言，社會學者陳小紅在議題設定及理論探索上扮演奠基的角色。如同陳小紅（2007：1-34）指出，經濟全球化，市場競爭日熾，資本與移民流動加劇，在在要求重新建立地理空間管理的新框架，並經由政府運行效益的提升，以更有效發揮非政府組織與城市區域治理的可能，使得「全球城市—區域治理」的課題更加明顯。中國城市區域的研究，則聚焦於生產的跨界轉移，全球城市區域空間的重構，產業群聚效應的跨域治理，以及政治與經濟的矛盾關係。

進一步延伸社會學者有關中國大陸邁向全球城市的過程，冷則剛（2003；Leng, 2004）指出全球化、國家及城市間的互動關係，並以上海市發展資訊產業「地方優勢」為案例分析，進一步凸顯「地方」及「城市」的分析層次在政治經濟學研究的重要性。

資訊產業的創新機制、市場運作、及群聚效果必須依託於特定的「戰略節點」。而此一戰略節點則主要爲特定的都會區及「全球城市」。當然，全球城市區域之研究不可忽略國家可能扮演的角色。此外，台灣、上海、矽谷的科技人彼此交流，形塑成員身分（membership）重疊的泛華人網絡。在全球化的衝擊下，此類泛華人網絡的國家認同，以及「全球公民」（global citizen）的認同趨向如何，是結合兩岸經貿與全球化分析研究之重點。

前節所介紹中國大陸有關參與全球永續發展議題的相關研究，可落實到地方執行層面，在這方面台灣學者聚焦於探討地方角色與全球環保趨勢的互動結合。舉例而言，Gerald McBeath 及冷則剛（2006）藉由比較的方法，檢視在永續發展的全球趨勢下，地方角色如何與全球發展目標結合，並探討中國大陸與台灣政治變遷和環境保育的互動關係。以中國大陸的例子來看，黨國體制的架構主要以「官方的非政府組織」（government organized non-governmental organizations，GONGO）來推動環境保育。此類 GONGO 與國際環保組織保持密切互動，以及共存共利的關係。從在地化角度來看，近年來有不少新興的草根勢力，提供新的公共空間（public space），與地方治理相結合，推動新的環境保育治理模式，並與全球治理相輔相成。

就吸引外資，並與全球化接軌的行爲而言，台灣學者亦指出由於中國大陸政策及政治環境面對全球化的不確定性，垂直治理的機制不易建立。面對全球化的壓力，其動能主要來自水平治理，亦即由地方政府負擔全球轉軌的主要功能。就研究案例的選擇而言，台灣學者亦偏好中國大陸沿海地區，尤其是長三角地區，並與台灣資本的聯繫作爲全球在地化的討論重心。舉例而言，周志龍（2007：23-52；Chou and Lin, 2007: 1405-1425）即以台灣的「全球策略投資基金」在昆山的投資案例，說明台灣工業不動產在大陸的市場進入模式，並凸顯由上而下的社會關係網絡，與地方政府企業動機，在全球化架構下的互動過程。

就中國大陸治理與全球分工網絡互動的研究而言，台灣學者針對長三角與全球產業鍊結合之著作汗牛充棟。舉例而言，王振寰（2007：177-226；Wang and Lee, 2007: 1873-1888）的著作凸顯蘇州的資訊產業與台灣的結合，一方面造就大陸地方政府與全球生產分工的整合，另一方面將台灣生產經驗與制度鑲嵌重新結合。然而，透過與南韓及台灣等地的比較研究，學者亦發現此類與全球化結合的努力事實上建構了外資在中國地方政府的領地（enclave），很少與本地廠商建立網絡關係。外資是資訊產業的主力，而大陸本地廠商不是規模較小，就是缺乏生產網絡的建立，以促進科技學習。

地方政府與全球聯繫的另一個面向是政策創新與學習。根據簡旭伸和 Bing Ho（Chien and Ho, 2011: 315-333）的分析，大陸地方政府既無法從過去歷史經驗學習，也無法從鄰近城區獲得發展經驗，因此唯一的學習渠道即爲透過全球聯繫，從國外取經。準此，

以長三角城市為研究對象，簡旭伸將跨國政策學習的模式分為三種：1. 地方領導人與外來投資者建構的昆山模式；2. 地方政府藉由制度化管道，與外國政府結盟學習的蘇州模式；3. 地方官員與全球主要顧問公司結盟學習的上海模式。

　　有關全球化的產業集聚，則以中國大陸雨後春筍出現的「高新科技園區」為台灣學者研究的焦點。不少學者從「制度變遷」與「治理轉型」的角度，探討區域經濟全球化的特色，尤其是高科技創新產業與全球資本的互動關係。此類著作聚焦於全球化下的制度創新與制度限制，並以新制度主義與地方政府之發展模式為分析重點（Leng and Wang, 2013）。有關全球在地化的另一種分析途徑，則以空間政治經濟學角度分析，並結合政治地理學的概念，探究大陸地方政府於空間治理中，如何達成高科技園區建設，促進都市重整及全球化的雙重目標，並描繪地方發展型國家的另一種風貌。此類研究途徑借用政治地理學的概念，引入空間的變數，並指出中國大陸不少園區建設事實上是房地產項目，其目的是引進外資，提高土地價值，吸引國際人才流通。因此，高新園區的建設事實上是一種全球化下重新包裝（re-branding）的工作（Wang and Leng, 2012: 47-73）。[4]

柒、結論

　　前面章節已回顧台灣學者如何探討中國全球化在政治、經濟、社會及在地化層面的呈現，這段總結期望以歸納與宏觀的角度審視台灣、大陸與西方文獻對這個議題切入之途徑與研究方法。

　　在切入問題的途徑（approach）方面，不少台灣學者在探討全球化對中國的影響前，習慣先討論西方國家對全球化現象的正反意見。以此框架作為基礎，再探究全球化對中國的意義，這樣的討論是比較全面性的，內容也比較豐富，相對而言，大陸學者的中文作品較精簡，直接談到全球化對中國的正反影響，可是如本文開宗明義就指出，全球化的現象不是當代特有的現象，只是在當代相關現象發展的很快速，大陸作品常把很多事情都與全球化掛勾，中國社會正反的發展好像都與全球化脫不了關係。與大陸作品比較，台灣的作品因為對全球化做比較多的意義與本質探討，在此框架下延伸的研究，顯得較有說服力。

---

[4]　有關政治地理學與中國地方治理結合的優秀著作，參見 You-tien Hsing（2010）。

　　在研究方法方面，台灣、大陸與西方的作品絕大多數都是用描述性方法來概念化與理論化全球化與中國的關係，在實證方面多採用質性個案研究方法，這幾乎是這個議題展現的常態，但值得注意的是一些西方文獻，甚至是海外中國學者在英語世界發表的作品，也採用量化方法來驗證全球化對中國的影響（Chen and Yao, 2006; Wei, Wen, and Zhou, 2002）。舉例來說 Jian Chen 和 Shujie Yao 主編的專書就對此議題的各種面向做科學驗證，證明全球化的確吸引外資進入，刺激中國成長與出口。專書中也有文章科學驗證了全球化的負面影響，例如 Xiaolan Fu（2006: 163-181）指出外資及出口造成中國收入的不均，建議政府應幫助內陸地區提升出口與吸收外資以減輕收入不均之問題。

　　除了研究方法以外，審視台灣學者研究中國大陸對外關係及全球化文獻，可以發現較少主動開發研究議題及研究理論。從本文檢視之著作來看，台灣學者似有將大陸視為理性行為者的傾向。易言之，有關行為背後的意圖起源，以及內政與外交連鎖的討論，還有不少進一步發展的空間。在國際關係學界幾輪大辯論之後，近年來大陸國際關係學者大量引用建構主義的分析途徑，台灣學者自然也受其影響，出版不少傑出的著作。晚進大陸學者亦熱衷於從歷史素材中尋找國際身分的定位。此外，有關中國全球在地化的主題，就政治學研究途徑而言，也開啓了整合比較政治與國際關係的契機。有關政治地理學及地方治理的研究傳統，如何在分析層次上做更精緻的研析，並與國際政治經濟學中有關外資及全球分工的研究課題展開對話，進而針對東亞城區發展之比較動力做一全面性的闡述，將是值得投注心力的課題。台灣學者在跨學科整合，以及研究方法多元化方面，似可在西方及大陸的研究典範以外，重新探索研究的定位，並超越兩岸及美中台關係研究架構的限制，在理論研究方面與宏觀的全球化架構重新整合，並以歷史的深度強化理論意涵，以開創新的研究契機。

參考書目

丁樹範，2011，〈中國的兩岸軍事互信政策：堅持一個中國原則和最終統一〉，《亞太研究論壇》52：86-106。

于有慧，2001，〈後冷戰時代中共新安全觀的實踐與挑戰〉，《中國大陸研究》44（2）：57-76。

王月紅，2008，〈打造全球化時代的中國軟實力〉，《山西高等學校社會科學學報》20（10）：54-57。

工振寰，2007，〈從科技追趕到創新的經濟轉型：南韓、台灣與中國〉，《台灣社會研究季刊》68：177-226。

王毅，2004，〈全球化過程中的亞洲區域合作〉，《外交學院學報》76：19-21。

左正東，2010a，〈大陸網路發展對社會變遷的影響〉，《交流》112：http://www.sef.org.tw/ct.asp?xItem=140331&ctNode=4407&mp=1。

左正東，2010b，〈兩岸網絡民主與網民問政〉，《交流》114：http://www.sef.org.tw/ct.asp?xItem=178351&ctNode=4407&mp=1。

申森，2011，〈對歷史現實的回應：全球化背景下社會資本理論的出場〉，《山東農業大學學報》3：113-116。

石之瑜、張登及，2009，〈中國崛起的意義〉，《文化研究》8：193-212。

朱雲漢、黃旻華，2007，〈探索中國崛起的理論意涵：批判既有國關理論的看法〉，朱雲漢、賈慶國（編），《從國際關係理論看中國崛起》，台北：五南，頁23-58。

朱蓓蕾，2003，〈全球化與中共安全觀：轉變與挑戰〉，《中國大陸研究》46（6）：75-108。

冷則剛，2003，《資訊產業全球化的政治分析：以上海市發展為例》，台北：INK印刻文學。

冷則剛，2009，〈國家、全球化與兩岸關係〉，包宗和、吳玉山（編），《重新檢視爭辯中的兩岸關係理論》，台北：五南，頁141-162。

吳玉山，2011，〈權力轉移理論：悲劇預言？〉，包宗和（編），《國際關係理論》，台北：五南，頁389-416。

吳麗霞，2011，〈經濟全球化時代的國家主權問題〉，《商業文化》3：40。

呂郁女，2002，〈資訊化社會的機會與限制：中國大陸電視媒介的挑戰暨作為〉，宋國誠（編），《二十一世紀中國（卷二）：全球化與中國之發展》，台北：政治大學國際關係研究中心，頁343-363。

宋國誠，2002，〈全球化與中國：機遇、挑戰與調適〉，《中國大陸研究》45（2）：1-33。

宋國誠，2011，〈氣候論述權：中國應對氣候變化公約的立場與論辯〉，《中國大陸研究》54（3）：1-32。

宋學文、黎寶文，2002，〈全球化與中共民族主義：「一國兩制」的機會與限制〉，宋國誠（編），《二十一世紀中國（卷二）：全球化與中國之發展》，台北：政治大學國際關係研究中心，頁

47-83。

李聰，2004，〈經濟全球化對中國政府的規制〉，《首都師範大學學報（社會科學版）》S2：72-74。

周志龍，2007，〈兩岸工業不動產跨界投資，市場進入模式與治理〉，《台灣土地研究》10（1）：23-52。

尚會鵬，2000，〈全球化形勢下東亞社會面臨的挑戰──從人與集團的角度考察〉，林振江、梁雲祥（編），《全球化與中國、日本》，北京：新華出版社，頁143-162。

林文程，2006，〈中共在聯合國安全理事會的投票行為分析（1971-2005年）〉，《問題與研究》45（3）：1-38。

林若雩，2002，〈由競爭走向整合：21世紀中國與東協的安全關係〉，宋國誠（編），《二十一世紀中國（卷二）：全球化與中國之發展》，台北：政治大學國際關係研究中心，頁313-339。

邱坤玄、譚偉恩，2007，〈中國和諧世界外交政策之研究：國際關係理論的分析〉，楊開煌（編），《胡錦濤政權之續與變論文集》，台北：問津堂，頁257-290。

邱昭憲，2009，〈中國崛起的國際制度參與：多邊安全制度影響國際合作行為之檢視〉，《遠景基金會季刊》10（1）：135-180。

施奕任，2008，〈中國大陸對全球暖化問題的因應：環境政治學的觀點〉，《政治學報》54：139-164。

洪敬富、陳柏奇，2002，〈全球化網路時代的中國治理：從SARS到毒牛奶事件〉，《戰略》2：162-174。

徐斯儉，2002，〈全球化：中國大陸學者的觀點〉，宋國誠（編），《二十一世紀中國（卷二）：全球化與中國之發展》，台北：政治大學國際關係研究中心，頁85-117。

耿曙、林琮盛，2005，〈全球化背景下的兩岸關係與台商角色〉，《中國大陸研究》48（1）：1-28。

袁易，2004，《中國遵循國際導彈建制的解析：一個社會建構論的觀點》，台北：五南。

袁易，2009，〈重新思考外空安全：一個中國建構安全規範之解析〉，《中國大陸研究》52（2）：1-41。

高朗，2006，〈如何理解中國崛起？〉，《遠景基金會季刊》7（2）：53-94。

張亞中，2002，〈中共的強權之路：地緣政治與全球化的挑戰〉，《遠景季刊》3（2）：1-42。

張亞中，2003，《全球化與兩岸統合》，台北：全球視野。

張亞中，2005，〈中國大陸內部安全與穩定：全球化的衝擊與因應〉，《遠景基金會季刊》3（4）：1-46。

郭秀清、牛多梅，2007，〈中國國家利益視野中的環境安全：地位與作用〉，《理論月刊》7：42-45。

郭京龍、周延召,2003,〈經濟全球化的挑戰與中國國家主權的維護〉,《學術交流》1：49-51。

陳小紅,2007,〈城市競爭與區域治理〉,《國家與社會》3：1-34。

陳牧民,2006,〈當和平崛起遇上台灣問題:菁英認知下的中國安全戰略〉,《中國大陸研究》49（4）：1-26。

陳苗,2011,〈全球化背景下中國國家干預理論存在問題及出路〉,《商業文化》10：19。

陳耀,2002,〈西部大開發與中國區域經濟:兼論全球化與區域發展〉,宋國誠（編）,《二十一世紀中國（卷二）:全球化與中國之發展》,台北:政治大學國際關係研究中心,頁 163-189。

陶儀芬,2002,〈全球化與中國金融改革〉,宋國誠（編）,《二十一世紀中國（卷二）:全球化與中國之發展》,台北:政治大學國際關係研究中心,頁 191-211。

彭慧鸞,2002,〈21 世紀中國大陸資訊化發展的全球化接軌〉,宋國誠（編）,《二十一世紀中國（卷二）:全球化與中國之發展》,台北:政治大學國際關係研究中心,頁 365-390。

童振源,2003,《全球化下的兩岸經濟關係》,台北:生智文化。

黃清賢,2006,〈全球化背景下轉化中的中共意識型態〉,《遠景基金會季刊》7（4）：119-156。

楊雪冬、王列,1998,〈關於全球化與中國研究的對話〉,胡元梓、薛曉源（編）,《全球化與中國》,北京:中央編譯出版社,頁 1-36。

楊聖明,2002,〈加入 WTO 之後的中國經濟〉,宋國誠（編）,《二十一世紀中國（卷二）:全球化與中國之發展》,台北:政治大學國際關係研究中心,頁 143-162。

農猛吉,2004,〈試論經濟全球化背景下中國政府經濟職能的定位〉,《廣西民族學院學報（哲學社會科學版）》S2：119-130。

趙景峰,2005,〈經濟全球化對中國的挑戰〉,《理論視野》1：19-20。

蔡裕明,2001,〈資訊性民族主義——Linux 對中國大陸的意義〉,《中國大陸研究》44（12）：21-35。

簡博秀,2001,〈全球化:中國都市與區域的研究與未來〉,《中國大陸研究》44（12）：37-64。

魏芳,2011,〈經濟全球化與我國企業面臨的機遇與挑戰〉,《企業報導》16：23。

Alon, Ilan, Julian Chang, Marc Fetscherin, Christoph Lattemann, and John R. McIntyre, eds. 2009. *China Rules: Globalization and Political Transformation*. Basingstoke, UK & New York, NY: Palgrave MacMillan.

Bowles, Paul and John Harriss, eds. 2010. *Globalization and Labour in China and India: Impacts and Responses*. London, UK: Palgrave MacMillan.

Chen, Jian and Shujie Yao, eds. 2006. *Globalization, Competition and Growth in China*. London, UK & New York, NY: Routledge.

Chen, Yu-Wen. 2012. "Internet and Interest Articulation in China: A Theoretical Re-Examination." *First Monday* 17(1): http://www.uic.edu/htbin/cgiwrap/bin/ojs/index.php/fm/article/viewArticle/3310/3135.

Chien, Shiuh-Shen and Bing Ho. 2011. "Globalization and the Local Government Learning Process in Post-Mao China: A Transnational Perspective." *Global Networks* 11(3): 315-333.

Chien, Shiuh-Shen. 2008. "Local Responses to Globalization in China: A Territorial Restructuring Process Perspective." *Pacific Economic Review* 13(4): 492-517.

Chou, Tsu Lung and Yu Chun Lin. 2007. "Industrial Park Development Across the Taiwan Strait." *Urban Studies* 44(8): 1405-1425.

Ding, Arthur and Paul A. Huang. 2011. "Taiwan's Paradoxical Perceptions of the Chinese Military: More Capable but Less Threatening?" *China Perspectives* 4: 43-51.

Fu, Xiaolan. 2006. "Exports, FDI, Linkages and Regional Disparities in China." In *Globalization, Competition and Growth in China*, eds. Jian Chen and Shujie Yao. London, UK & New York, NY: Routledge, pp. 163-181.

Guthrie, Doug. 2009. *China and Globalization: The Social, Economic and Political Transformation of Chinese Society*. New York, NY & London, UK: Routledge.

Holslag, Jonathan. 2010. "China's Road to Influence." *Asian Survey* 50(4): 641-662.

Hsing, You-tien. 2010. *The Great Urban Transformation: Politics of Land and Property in China*. New York, NY: Oxford University Press.

Lee, Ho-Ching. 2005. "China and the Climate Change Agreements: Science, Development and Diplomacy." In *Confronting Environmental Change in East and Southeast Asia: Eco-politics, Foreign Policy and Sustainable Development*, ed. Paul Harris. New York, NY: United Nations Press, pp. 135-150.

Leng, Tse-Kang 2004. "Global Networking and the New Division of Labor Across the Taiwan Straits." In *Cyber China: Reshaping National Identities in the Age of Information*, ed. Francoise Mengin. London, UK: Palgrave.

Leng, Tse-Kang and Jenn-Hwan Wang. 2013. "Local States, Institutional Changes, and Innovations Systems: Beijing and Shanghai Compared." *Journal of Contemporary China* 22(80): 219-236.

Lin, Cheng-Yi. 2007. "The Rise of China and Taiwan's Response: The Anti-Secession Law as a Case Study." *Issues & Studies* 43(1): 159-188.

McBeath, Gerald and Tse-Kang Leng. 2006. *Governance of Biodiversity Conservation in China and Taiwan*. Cheltenham, UK: Edward Elgar.

Nolan, Peter. 2004. *Transforming China: Globalization, Transition and Development*. London, UK: Anthem Press.

Pieke, Frank N. 2009. "Marketization, Centralization and Globalization of Cadre Training in Contemporary China." *The China Quarterly* 200: 953-971.

Tso, Chen-Dong. 2008. "Computer Scientists and China's Participation in Global Internet Governance." *Issues & Studies* 44(2): 103-144.

Wang, Hongying and Yeh-Chung Lu. 2008. "The Conception of Soft Power and Its Policy Implications: A Comparative Study of China and Taiwan." *Journal of Contemporary China* 17(56): 425-447.

Wang, Jenn-Hwan and Chuan-Kai Lee. 2007. "Global Production Networks and Local Institution Building: The Development of the Information-Technology Industry in Suzhou, China." *Environment and Planning A* 39: 1873-1888.

Wang, Jenn-Hwan and Tse-Kang Leng. 2012. "Production of Space and Space of Production: High Tech Industrial Parks in Beijing and Shanghai." *Cross Currents* 1: 47-73.

Wei, Shang-Jin, Guanzhong James Wen, and Huizhong Zhou, eds. 2002. *The Globalization of the Chinese Economy*. Cheltenham & Northampton, UK: Edward Elgar.

第十九章

台灣中共外交研究的回顧：
新發展與新挑戰*

邱坤玄、張登及

壹、前言：悠久的傳統與兩大研究途徑

　　台灣的中共外交學術傳統由兩大研究途徑組成：「歷史途徑」與「科學途徑」。在1980年代以前，相關研究主要是循著歷史途徑進行的。本章認為這個時期可稱做「古典時期」。由於當時的時空環境特殊，「古典時期」的研究屬於「匪情研究」的一部分（尹慶耀，1984）。其研究對象雖然也是中共的對外政策，但在自變項方面，卻非常強調體察共黨意識型態與中共領袖個人的決策風格。這可能是研究者有意無意地相信，中華民國特殊的政治地位與歷史經驗，極有助於洞悉「共黨」之意圖。當時中共與國際社會（international society）接觸少，受到國際因素的影響也相對較小，從歷史、意識型態或領袖風格分析中共外交政策，仍然具有相當的解釋力。加上當時研究中共的學者，有的曾參與國共鬥爭，在沒有西方的「科學方法」指引下，依靠對歷史與文化的感性認知及對中共各類文件與宣傳材料的敏感度，仍然可以對其外交做生動的描述與準確的解釋，甚至還具有一定程度的預測能力。[1] 1980年代後期以降，隨著中共與國際社會的互動加深，「古典時期」的知識與方法已無法完整說明日漸複雜的中共外交行為。同時，早年留學西方國家（以美國為主）的學人返國日眾，也引介了美國國際關係學界主流理論的成果和方法，科學的研究途徑因而逐漸茁壯。加上台灣內部本土化式民主化的發展，也鼓勵揚棄古典時期「體察」式的中國研究，「理論」此刻正好可以保護研究者的「客觀」

---

* 本章部分內容係邱坤玄「金磚四國與國際政治板塊之變遷：中國在東亞地區的多邊外交戰略」（NSC 99-2410-H-004-13-MY2）及張登及「中國國際關係／學爭論：知識社群的國家認同分析（1996-2008）」（NSC 97-2410-H-194-059）國科會計畫研究成果一部分，謹對國科會獎助和本書匿名審查先進的寶貴意見表示感謝。
[1] 例見尹慶耀（1973、1984）、郭華倫（1975）。

地位；台灣的中共外交研究遂進入了「理論時期」。[2]

　　隨著「中國崛起」的趨勢日益明顯，西方學界從 1990 年代後期起，不僅有更多的理論研究者投入了中共外交的研究，從國關理論「三大辯論」中崛起的反思主義（reflectivism）潮流，特別是躍居主流之一的建構主義（constructivism），也開始介入中共外交的探討。此時台灣的中共外交研究，已有若干當時資深或中青學者，以專（編）著分別展現對科學理論的嫻熟和對「古典時期」的傳承，中共外交研究邁入「理論時期」的時機日趨成熟。[3]「理論」此時已具備啓發與傳承的功能（邱坤玄，2009）。

　　從新世紀開始，不僅國際體系變遷的速度日益加快，主流國關理論內部也繼續沿著古典－新古典、攻守平衡（offense-defense balance）、權力平衡（balance of power）等概念分殊辯論，新的學派與議題更是蓬勃發展，且與「中國研究」（China Studies）這一學門的許多新領域相互整合（王振寰、湯京平、宋國誠，2011；包宗和，2011；張亞中、左正東，2011）。[4]快速變遷的理論與現實的大環境，使得台灣的中共外交研究不可避免地必須進入到一個「創新時期」。台灣的中共外交研究者，必須重新反思與整合從古典時期到理論時期形成的優勢和盲點，才能面對現實和理論的多重挑戰（朱雲漢、黃旻華，2007：24）。

　　本章將對「理論時期」以降台灣之中共外交研究的成果與發展，特別是 2000 年以來的動態，分別從「理論選擇」與「議題動向」兩面向加以分析。爲便於分類，「理論選擇」的部分將依照柯漢（Robert O. Keohane）（1988）所提出的「理性主義」與「反思主義」兩大傳統，將現實主義與新自由主義途徑的文獻一併於「理性主義」典範中討論；另將與理性主義在方法與本體論假定上差異較大的其他研究，納入「反思主義」一節。關於「外交」，本章將採廣義的理解，即包括「高政治」（high politics）可以管治的國際關係（international relations）議題，而不限於討論傳統「外交」（diplomacy）。但是本章將把純屬軍事戰略、國防議題和兩岸關係的研究排除在外。同時，筆者也將簡要回顧西方和中國大陸的有關研究進展，以收攻錯之效。

---

[2]　「古典時期」的研究以「歷史途徑」爲主，至「理論時期」則「科學途徑」逐漸取代「歷史途徑」。「古典時期」固然一去不復返，也不需要復古，但筆者預期「歷史途徑」將被重新重視，並與「科學途徑」進一步整合起來，成爲中共外交研究創新的契機。

[3]　例見田弘茂（1996）、石之瑜（1994）、吳玉山（1997）、周煦（1993）、蘇起（1992）。

[4]　包宗和（2011）的編著彙整了台灣國際關係理論各學派研究者的最新發展；張亞中、左正東（2011）的編著揭示了國關實務研究的最新趨勢；王振寰、湯京平、宋國誠（2011）的編著則更新了「中國研究」學界的進展與成果。筆者認爲，此三冊編著已約略涵蓋本章所涉及的台灣相關研究的所有範圍。關於各學派、議題的最新動向可逕行參閱各該論著，此處不一一列舉。

貳、近期西方與中國大陸的中共外交研究概觀

一、西方的中共外交研究：方法與議題的多元化

　　金淳基（Samuel S. Kim）（1998a）與藍普頓（David M. Lampton）（2001）分別在 1998 與 2001 年完成的重要編著，至今仍是西方中共外交與國際關係研究中，議題涵蓋最廣的里程碑式著作。[5]江憶恩（Alastair I. Johnston）與陸伯彬（Robert S. Ross）於 2006 年合編的 *New Directions in the Study of China's Foreign Policy* 以及江憶恩 2005 年的一篇會議論文，不僅檢討了傳統外交研究區分個人、國家與體系層次的分析案例，且具體指明了社會化、學習、認同、資源、環境、人口乃至「離群」（diasporas）等新的研究方向。作者們還認為，檔案與內容分析、訪談、「北京學」（Pekingology）的洞察等新舊結合的研究設計，將使中共外交的研究方法日趨多元化（Johnston, 2005: 29-38; Johnston and Ross, 2006: 1-12）。

　　雄厚的理論傳統和議題與方法的多樣化，已使西方中共外交研究的內涵遠比 1990 年代豐富。人們一方面可以看到延伸攻守辯論與結合地緣政治的現實主義專著（Fravel, 2008; Glasser, 2011: 80-91），以及延續傳統但納入全球政經新議題的綜合性研究成果（Lampton, 2008），也可以看到反思性、建構性理論在中共外交的案例中，究竟可以如何操作化、實證化（Johnston, 2008）。此外，有鑑於中共政權國際影響力增加，東亞古代體系的外交經驗是否可能重現，也是近十年爭論的熱門焦點（Acharya, 2003: 149-164; Kang, 2007）。這個爭辯甚至延伸到「文明政治」（civilizational politics）和國關理論新學派的可能性問題（Acharya and Buzan, 2010; Katzenstein, 2012）。

二、中國大陸的中共外交研究：普遍化與特殊化並進

　　秦亞青（2009a：306-308）根據近 30 年大陸國關學界發表之論文的計量分析指出，中國的國關理論典範尚未成形，但 2001 年以後已進入到「理論學習深化期」。這與本章所稱台灣的中共外交研究跨越「理論時期」邁入「創新時期」相比，水準似乎仍有落差。但秦亞青等學者所謂的「學習深化」，不僅是對西方理論的複製，也包括

5　國關理論不同學派對中共外交走向的分析，也可參見 Aaron L. Friedberg（2005）與 Thomas J. Christensen（2006）的專文。

批判，並有意識地朝本土學派—中國學派發展；[6]這種取向並不堅持排斥西方主流理論的認識論與方法論。秦亞青舉陳鋼、何占豪創作的「梁祝小提琴協奏曲」為例，該協奏曲完全使用西方的樂理概念，但表達了具有普遍意義又有中國色彩的問題意識。可見創新不貴在「文獻詳盡」、「方法複雜」，而是問對問題。這多少響應了阿查亞（Amitav Acharya）與布贊（Barry Buzan）的論說：如果亞洲地區能出現綜整本地軍事、宗教、外交經驗的論著，並經歷應用西方理論於區域案例的過程，最終有可能產生一般化（generalized）的概念和理論（2007）。所以儘管大陸外交學界尚不足以提出挑戰西方典範的替代方案，但可能成形的地方學派雛形，已為海外的中國研究專家們所注意（Carlson, 2006; Zhang, 2001）。

　　前述大陸外交研究所謂「理論深化期」，一方面出現了大批質量不一但平均水準上升中的主流理論研究，這可以從王緝思與王逸舟等人所專門編輯的學科全覽式專書看到（王逸舟，2009；王逸舟、袁正清，2006；王緝思，2008）。[7]同時，傳統的歷史性著作——包括個案與通史，也逐漸能擺脫中共意識型態的束縛而有佳作（牛軍，2009；沈志華，2008）。除此之外，在大陸也另有兩股外交研究潮流，正吸引著西方的關注：以趙汀陽（2005、2009）「天下體系說」為代表的規範性國際關係理論研究，和以閻學通為代表的中國古代國家間關係經典與案例之考證（閻學通、徐進，2008）。而東亞古代國際關係與古中國外交經驗的考察，還有大陸歷史學界許多相關著、譯加以支持（楊原，2012：62）。[8]至於西方國關研究重要著作的譯介，雖然以前存在的誤譯問題仍然不少，但佳作也越來越多，對許多新進研究者與師生幫助很大。[9]政治學門各分支在大

---

[6] 是否該有「中國學派」，其內涵又應以何為主，這些話題已經開始引起西方研究者的介入，但卻沒有共識。不過有關「中國學派」理論化的努力，成就較為突出的作品應屬秦亞青（2009b：69-86、2012）。

[7] 國科會獎助本章作者建立的「中國國際關係研究主要期刊作者／主題資料庫」（1996-2012）（NSC 97-2410-H-194-059-MY2）大體可證實這一長期趨勢。筆者於 2011 與 2012 年在北京執行之研究直接訪問《世界經濟與政治》、《中國社會科學》與《外交評論》三份刊物編者或高頻發表的作者亦證實此項觀察。

[8] 僅例舉數本如 Barfield（2011）、崛敏一（2010）、渡邊信一郎（2008）、陶晉生（2008）等。陶晉生係我國中研院院士，史語所學者，但其論著不少已為大陸轉簡出版。我國文史界以往的名家名著在中國大陸獲得比台灣更多的重視，其實是一種警訊。

[9] 僅例舉三本如王義桅、唐小松所譯由 John Mearsheimer 所著之《大國政治的悲劇》（2003）、秦亞青編譯的《西方國際關係理論經典導讀》（2009c），以及秦亞青譯的溫特（Alexander Wendt）的《國際政治的社會理論》（2000），皆屬對大陸研究中共外交與國際關係影響頗大的譯著。

陸的發展，國際關係與外交領域優勢最大、政治約束較為寬鬆，因此，與比較政治、政治思想和公共行政相比，發展的速度較快（陳牧民，2005a：5）。

　　上面的概覽式考察至少可以使我們確認，大陸中共外交的研究品質、議題廣度和創新內容都在快速增加。這對我們台灣的同行來說，是不得不面對的新挑戰。但由於我們擁有「歷史」與「科學」兩大傳統，筆者深信，藉助西方和對岸同行的研究成果，台灣的中共外交研究仍可保有局部的優勢，甚至發展出「台北學派」。

參、理性主義：基礎穩定的大傳統

　　柯漢以「理性主義」概念含括新現實主義與新自由（制度）主義是有其道理的，也因此後人會說新現實與新自由兩派在 1990 年代初已經形成「新新聯合」（neo-neo syntheses，兩者關係參閱圖 19-1）。因為雙方都採用個體經濟學對人的本質的假設，都接受無政府狀態的結構事實。只是新自由主義賦予「制度」（包括建制）一種引導理性行為者的地位。論戰焦點也轉向以各種經驗實證性的資料，測試有關命題的強度，「少談理論」一度成為雙方的共識（莫大華，2000；Keohane, 1988）。當前「理性主義」一脈又有更多辯論和分支，一些分析已試圖將建構主義的成果以社會學習（social learning）、調適（adaption）等概念吸納進來。知識上長期作為美國國關與外交研究下游的我國學界，一方面能謹守這樣的大傳統，同時也能追隨理性主義陣營中的精緻辯論，並使部分建構主義的觀點，也能服務於中共外交研究。

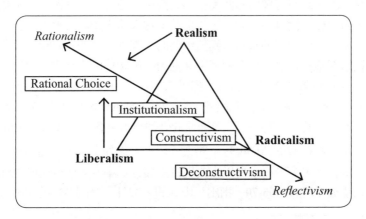

圖 19-1　1980 年代後期西方國際關係理論辯論形勢圖
資料來源：參閱 Waever（1997: 17-20）。

一、從權力平衡到大國外交

國際體系權力的分配是否改變,是嚴謹的現實主義者關注的核心問題。冷戰時期,人們關心的是兩極消長,及其對區域衝突的影響。冷戰後由於美國上升為體系霸主,人們自然轉而關切「霸權護持—霸權繼承」的問題。這一趨勢在台灣也不例外。雖然許多作品沒有冠上現實主義—霸權穩定等等標題,但大國權力分配的衡量,其實就是他們討論的核心。

舉例而言,吳玲君(2005)分析中共在亞太經濟合作會議(Asia-Pacific Economic Cooperation,APEC)角色的轉變時發現,北京藉著經濟實力提升,有技巧的為自己爭取了更多利益:國家安全、國家主權、經濟發展及國際地位,這應驗了現實主義爭取權力,同時又證實了新現實主義所言,崛起強權會制衡霸主的假設。又例如柯玉枝(1998)、邱坤玄(2000)、陳重成與唐欣偉(2005)、蔡東杰(2003)、蔡昌言與連弘宜(2008)都分別從權力平衡是否改變的角度,探討體系變遷對中美俄日關係或兩岸關係的影響。對這些文獻來說,權力分布被假定為自變項,單位的對外政策或某組雙邊關係是依變項。「大國」當然是「體系」的台柱,大國升降當然衝擊體系的權力平衡。「體系」與「極數」是中共外交的主要制約性因素。

1997 年 9 月中共召開「第十五次全國代表大會」,之後相繼與世界大國建立不同形式的「夥伴關係」,「大國外交」成為當時對外戰略的指針。[10] 從新現實主義的分析架構出發,邱坤玄(1999:23-38)認為中共「大國外交」政策就是國際權力分布的產物。一方面中共成為國際多極結構中的一極,乃國際權力分配下的必然;另一方面,由於中共國力的限制,因此政策選擇仍然面臨結構的拘束。他認為中共倘若在主觀上追求大國地位,忽略了對自己客觀實力的評估,或是其他國家誇大中國的實力,將其視為威脅,都違背客觀的事實。因此邱坤玄當時判斷中共的大國外交,並不足以對美國霸權造成威脅。在另一篇以霸權穩定論分析美國與中共權力平衡關係的文章中,邱坤玄(2000)進一步認定中共並無意挑戰美國的霸權。邱坤玄對中共外交的後續論述延伸到國際建制(international regimes)與多邊主義領域,但都謹守 Kenneth N. Waltz 對新現實主義經典的基本規定。他對中共外交的分析,有濃厚的守勢現實主義(defensive realism)色彩。

相較於邱坤玄嚴格遵守結構現實主義來分析「大國外交」,並認為中共尚不足以對現存霸權產生威脅。更多台灣學者以古典現實主義分析中共大國外交的意涵,而對之深具戒心。例如蔡瑋(2000:66-70)指出,中共的大國外交是選擇性的保護國家利益,因

---

[10] 有關國內與大陸學者對「大國外交」問題的全面評估,請參閱石之瑜(2000b:147-164)、張登及(2003)。

此特別重視主權獨立與平等發展，刻意迴避人權、民主、跨主權等議題，主要的目的是要對美國獨霸進行制衡。台灣其他有關大國外交的文獻基本抱持著與蔡瑋類似的看法。例如于有慧（1999：45-61）認爲中共要促進國際多極化，就是要制衡美國。趙建民與許志嘉（2009：1-43）對中共繼「大國外交」之後推出的「和諧世界」論述也抱持相同看法，認爲這些論述看似有建構主義的作用，究其本旨仍是要捍衛北京的威權統治。只是由於實力不足，內部情勢動盪，因此限制了中共論述的功效。

　　台灣學者還認爲中共自己對大國的定義不清，定義不清就造成理論與實務的多種矛盾（董立文，1998：65-76）。何況古典現實主義的分析層次以國家爲主，追求的是以權力爲核心的國家利益，所以在兩岸關係上，中共的「大國」地位，自然對台灣造成嚴重威脅。另外，面對「大國」的當事者不同，更會導致對大國外交有不同的推論（石之瑜，2000b）。大國的「身分」（identity）變數，就浮現成爲純「體系」觀點不能完全解決的問題。因而即便中共經濟實力超越德、日躍居世界第二，它與各國的「外交」並不能僅由體系的因素決定（張登及，2003、2011：425-428）。這便使得反思性途徑與各類建構主義方法，有介入的空間。

二、從安全困境到攻守辯論

　　無政府狀態下，現實主義外交政策追求權力極大化，邏輯的結果就是一國的安全造成他國的不安全，因而產生安全困境（security dilemma）。台灣的中共外交文獻從此一角度出發者非常多，尤其是關注兩岸、中日、中美等單位間的安全困境是如何構成，以及權力平衡、威脅平衡（balance of threat）與攻守平衡概念可如何運用，希望探求某種機制，緩和此一困境。安全困境研究中，除了客觀的「權力分布」是焦點之外，還重視行動者（actors）的意圖（intention）與信號傳遞（signaling）。在這一方面，較多的歷史、地緣因素、意識型態與制度性安排（institutional arrangements）的研究，也成爲「權力分布」之外，有趣的中介變項（intervening variables）。[11] 例如張雅君（2005：139-184）的案例研究認爲中日兩國的安全困境，主要來自於國際體系與雙邊利益兩大面向。在國際體系方面，美日同盟的持續強化使中日關係仍然嚴重對立。在雙邊關係方面，歷史因素無疑仍是一項重大障礙。她同時認爲海峽兩岸也面臨相同的問題。

　　攻勢或守勢現實主義的辯論，近年來也引起台灣的關注。[12] 例如王元綱（Wang,

---

[11] 關於意識型態如何影響國家利益排序，可參閱明居正（2011：39-40）。

[12] 關於攻勢／守勢的爭論以及「威脅平衡」的介紹，參閱 Snyder（2002: 149-173）、鄭端耀（2003：1-21），以及朱奕嵐（2004：111-155）。

2004：173-201）主張中共在體系中將無可避免地採取攻勢外交，此乃崛起強權唯一合理的抉擇。但陳一新（2000：87-138）與張廖年仲（2005：185-222）有關1996年台海危機分析，認定兩國不至於追求權力極大化。為了避免不必要的衝突，中美都透過釋放信號的措施穩定局勢。何函潔（2010）具體依據守勢現實主義的假定設計了驗證指標，檢驗了中共處理邊界爭議的三個案例，並獲得了局部的證實。張登及（2008c：95-134）則批判地檢討了攻勢現實主義對中美未來關係的論斷，認為地緣因素雖有不小的解釋力，但從結構現實主義原型看來，仍有化約論（reductionist）之嫌，可能誇大了美中互採攻勢的收益。這些作品大體都揭舉結構論以探討中共外交的攻守，差異點只在如何安排「中介變項」的地位。

三、從相互依存到建制參與

複雜相互依存（complex interdependence）與國際建制是理性主義傳統中，新自由主義的重要概念。新制度主義是自由主義當前最重要的分支。「制度」或許是霸權國所創設，但將逐漸發揮某種拘束力，使合作行為成為可能。

僅僅倚賴簡化的相互依存概念，在解釋與預測中共外交行為上有很大的限制。因此，台灣學界與美歐一般分析中共參與國際組織及日益複雜化的國際參與時，必須求助各類型的現實主義學說。這種理論混搭之所以障礙很少，是因為兩個視角同屬於「理性主義」的大家庭。例如張雅君（2005）評估中日關係指出，中日兩國的貿易在雙方都佔有重要的地位，但是中日雙方因為歷史、領土與能源問題爭論不休，成為兩國發展關係的結構性障礙。吳德美、曾聖文（2005：57-91）的研究也顯示，經濟相互依存在東南亞、大洋洲地區的發展，使中共區域關係獲得改善。經濟外交的「先經濟後政治」戰略，是中共成功的要訣。吳玲君（2005：1-27）同時指出，中共與東南亞的經貿合作關係日益密切，中共必須提供有形與無形的公共財支撐其主導權。吳玲君的研究顯然是從霸權穩定論的角度出發，成為研究中共在周邊地區參與國際建制的重要參考。

台灣學界研究中共外交，以往關注其國際建制參與行為的文獻並不多。但隨著中共從體制改革者、維護者轉變成規則制訂者之一（邱昭憲，2009），國內對中共參與國際建制的研究，也向多邊秩序的經營與「認知」因素的角色等方面拓展。

有關國際建制的研究在中共外交上的應用，聯合國是一個重要的觀察點。中共積極參與、肯定聯合國背後的意涵究竟如何，台灣學界主要仍從現實主義的基本立場來探討。例如林文程（2006：1-38）剖析中共在聯合國安理會的投票行為，斷定聯合國是北京制衡美國的工具。

　　經典的國際建制途徑研究應以袁易（2004b：97-133、2009：1-41）的兩個分析為代表。首先，袁易結合國際政治經濟分析與國際法等兩種途徑，考察中共參與國際導彈管制建制的行為時，認為中共不只是受制裁威脅，被迫接受管制自己的飛彈組件出口，它也依循國際建制而主動建立管制措施。但北京不接受導彈及其技術控制制度（Missile Technology Control Regime，MTCR）的正當性以保持外交彈性，則是不變的原則。袁易的這項分析說明，台灣學界以國際建制途徑分析中共外交，與西方理性主義的大傳統保持一致。游智偉（2011：29-64）的研究可說延續近似的主題與邏輯，認為中共參與國際核裁軍，是「因勢制宜」的學習。不過他提出了中共各時期不同的「認知地圖」，顯示「認知」的作用具有某種獨立性。所以無論是拓展「第三世界」外交，或者調整美中日三角，理性主義的大傳統不可能排除反思性、社會性與建構性因素的介入。[13] 袁易（2009：1-2）關於中共建構外空安全規範的研究，便強化了身分與利益共構的建構主義命題。與此近似，邱坤玄與黃鴻博（2010：100-101）認為即便仍以「國家利益」為前提概念，利益的觀點也會受到「身分」的影響。所以在軍備管制領域，「負責任」的話語，一開始是學習與調適，卻可能內化為國家利益的判準。

　　邱坤玄（2010：1-41）關於中共經營多邊秩序的研究進一步刻劃出大陸深化參與區域建制之後的外交特色：將西方理論原始的「多邊主義」與「治理」觀念進行了中國式轉化，並以「多邊」的建制參與維護政權「自主」。這一看法印證了國內關於「自由主義」理念和「霸權」性質的相關研究：霸主並非可任意主宰建制規則，層級秩序是權力與觀念分布的共同結果。如果如此，崛起強國將來會透過建制的平台，取得權力分配的「正當性」，也不令人意外（張登及：2001a；陳欣之，2007、2011b）。

肆、反思主義：發展中的新趨勢

　　反思主義論述特點在於強調行動者與制度是相互構成的，其過程是反思與詮釋。紐費德（Mark Neufeld）稱反思主義核心觀點有二：第一，作者對理論隱含的前提有自覺（self-awareness）；第二，作者留心理論的政治—規範面寓意。這樣的理論取徑，有時又被稱為「後實證主義」，意味著研究者不承認事實存在的「絕對客觀」（1993: 53-76）。不過，反思主義陣營中，溫特的建構主義仍承認互為主觀的觀念具有「客觀」的

---

[13] 中共對美日外交、對第三世界外交及太空與導彈政策如何受到「認知」的影響，參閱柯玉枝（2008）、邱坤玄（2004：1-32）、丁樹範（2010：99-133）。中共歷屆黨代表大會文件中反映的對世界局勢與自身使命的認知，參閱張登及（2001b：53-82）。

地位，足可被科學地研究和證實，從而在主流與「非主流」間走出一條「中間道路」（袁易，2011：373-377；陳欣之，2011a：26；黃競涓，2011）。由於本章目的不在於處理國際關係理論辯論，對反思主義將採取較寬鬆的觀點，將建構主義與其他具有後實證色彩的反思性研究途徑如何影響台灣的中共外交研究，都合併於本節分析。

一、建構主義的興起：身分與利益的建構和社會化

1990 年代末期，溫特的建構主義逐漸取得反思派的主導地位，並與現實主義、自由主義鼎足而三。與此同時，具備社會建構色彩的「知識社群論」，則成為建構學說在國關領域獲得應用的最主要途徑。[14] 全球化與國際議題專業化，已使大陸各界出現更多「理性負責」的角色認知，中共專業知識社群和中國作為一個能動者（agent）在國際社會的建構作用，逐日趨受到重視。

2000 年之後，台灣國關界對建構主義日益關注，運用於中共對外行為研究，著力最深的是袁易。[15] 袁易 1996 年的文章中就提出中共的對外行為並非一成不變，而是會透過決策者認知而有所差異。這裡已經提到決策者有關身分與利益的轉變問題，但是該文當時並未對轉變的因素與實踐推進分析（袁易，1996：1-17）。在之後的研究中，袁易（2004a）對中共建制遵循提出了一個整合型的分析架構，將中共對導彈建制的策略分為三種模式：原則性不遵循、脅迫下的遵循與管理式遵循。他 2004 年另一本專著提出了一套有關「能動與互動連結」的中階理論，以作為社會建構的補充（袁易：2004b）。邱坤玄與黃鴻博（2010：94-99）對中共參與國際軍備管制建制過程的實證探討也發現，除了現實利益，合作質量也引導著中共的「身分轉變」，並對其行為造成約束。最後，游智偉（2012：18）相當詳盡地檢閱西方文獻，揭示了從理性主義到反思主義光譜上，影響中共國際參與因素的各種理論和實踐的可能性：從合作利益促成的「利益順從」，到自有戰略文化造成的「內生戰略」。

至於關注知識社群在政策中作用的文獻，可以陳牧民（2005b：1-26）對「和平崛起」論述的研究，和彭慧鸞（2009：43-66）探討大陸知識社群參與「自主標準國際化」

---

[14] 知識社群論的早期文獻可上溯到 Ernst B. Hass（1977），國內的相關研究可參閱黃偉峰（2000）。

[15] 2001 年夏季《美歐季刊》第 15 卷第 2 期出版專刊討論建構主義國際政治理論。同年 11 月，秦亞青等四位學者來台與國內學者鄭端耀、袁易、石之瑜進行了研討，建構主義在台灣日益升溫。鄭端耀後來轉而關注新舊現實主義的細緻區別，袁易則關注國際建制對中共外交的觀念和行為的建構作用，石之瑜轉而研究日、韓、印、俄等國中國研究的認識論基礎。此三人可謂為台灣國關領域曾以建構主義研究中共外交的先驅人物。

為範例。陳牧民詳細梳理了「和平崛起」戰略風波的來龍去脈，並探討了這個爭論如何影響中共菁英對中國身分的認識，從而決定了其國家利益。彭慧鸞的研究更深入到微觀的層面，分析了國際政治、政府部門、國際標準化制度與知識社群網絡間的互動，發現中共如何從參與建制中的制度學習，邁向制訂國際標準的道路。她總結認為，未來觀察中共的國際參與，專家是建制中不可忽視的行為者。這個發現指明，即便是外交領域，像是現在熱門的南海問題，國際法與海洋研究專家的意見，以及彼等與國外專家所構成的知識社群和「共享觀念」，就日益重要。

二、跨越典範的趨勢：「軟權力」、公共外交與論述分析

「軟權力」（soft power）與國關理論中的「理念性因素」（ideational factors）有關，因此與建構主義理論的旨趣容易連結。根據奈伊（Joseph Nye）的說法，具備軟權力的國家將可以使自己的目標在他國眼中有「正當」（legitimate）的形象和道德的權威（moral authority）。這種形象與權威將使對手難以表述其偏好，而增進己方操縱議程（agenda）的優勢。

由於中共近年來除了軍經實力有所增長，在九一一事件後也一度呈現「軟權力」上升的現象（Nye: 2005）。特別是 2006 年以後，胡溫領導集體提出了「和諧世界」新口號，其柔性攻勢甚至使西方擔心「北京共識」（Beijing Consensus）意在挑戰「華盛頓共識」（Washington Consensus）。這些討論證明軍經實力以外，「發展模式」與話語論述都是一種建構性的權力工具。只是如楊昊等學者指出，這種「新工具」的性質究竟是文化性的還是政治性的，尚難定論（楊昊、蕭新煌、趙晧崳，2012）。

台灣若干文獻對中共的「和平崛起」、「和諧世界」、「公共外交」等議題的分析，也不同程度涉及這一建構作用的前景。例如施子中（2007：8-12）與張登及（2008a）都指明「和諧世界」取代了江澤民的「大國外交」，並兼具宣傳論述與外交戰略的性質。李俊毅（2008）更把「孔子學院」的普遍設置，視作北京的「儒學外交」。蔡東杰與洪銘德（2009b：45-88）將中共發展軟權力視為化解「中國威脅」的政策利器，並對此一政策在東協區域的成效進行了檢討；呂郁女和鄧中堅（2008：1-18）則以國際民調驗證軟權力成效，指出中共軟權力建設雖在亞非拉有收益，但在美歐與東北亞成效不彰。張登及（2008b）亦檢討奈伊與史翠菊（Susan Strange）等人對「權力」概念的定說，指出「漢語文化的推廣是否就是北京國家機器的軟權力資源」，這實際上大有疑問。這些問題涉及到國關理論裡，「權力」概念的根本問題，已非理性主義大傳統所能解答。

　　石之瑜（2011a：49-61）對中共公共外交的批判，彰顯了這一議題的跨典範特質。他指出由於「群己」關係倫理事涉「無私」的傳統身分要求，但中共的公共外交卻以爭取霸權中的一席之地爲目的。這一倫理與認知的內在緊張，使得中共的公共外交與睦鄰外交執行時，充滿原則與實踐的矛盾。他進一步聲稱，「中國崛起」無論對北京或其他國家，不是理性主義傳統下的一個純「客觀」的問題，而是一個角色內涵與知識論的問題（石之瑜、張登及，2010：37-51；Shih, 2012）。以上這些研究顯示，結合理性主義與反思性理論研究的「跨典範」途徑，可能對新的問題意識與方法的探索，有相當的幫助。

三、文明敘事與新學派問題

　　冷戰結束後，「文明」成爲國際關係的熱門話題。但在杭廷頓（Samuel P. Huntington）著述的脈絡中，「文明」指向的是意識型態時代結束後，新的衝突根源。不過，與理性主義大傳統之外各種新學說並起同時，「文明」也成爲這些新研究開始重視的概念。不似杭廷頓的衝突取向，此處的「文明」不僅指涉一個宗教或文化的區域，更可自成一個「世界體系」，並有其長期生活與交往的模式和秩序。它們也是開放和動態的，爲行動者與本身提供互動的能力與規範。所以一如西方文明，都可以產生普適的研究與實踐視野（石之瑜，2011b：332；Amin, 1993: 255-260; Katzenstein, 2012），甚至可能依此對「體系」產生新的理解。如果從這樣的角度看「文明」，加上「中國崛起」的既成現實，「中國學派」等新學派話題會引起重視，絲毫不令人意外。

　　從政策面來看，延續前節「軟權力」的脈絡，中共不僅希望建構更正面的外交形象，也盼望有自己的話語系統，而非困於西方的理論論述來表達本國的意志，甚至希望長遠的未來能以自製的話語制訂國際政治的規則。「中國學派」如果能發展，可以在這方面提供話語資源（黃恩浩、陳仲志，2010）。而「中國學派」要獲得發展，除了需要檢視其世代、機構、與體制資源和限制，也必須產生獨到的問題意識與方法。除了中共建政後的外交實踐，古代東亞體系的歷史經驗也是獨特而重要的資源。東亞文明與中國國際關係（外交）史，自然成爲「中國學派」建設的珍貴元素（張登及，2013）。

　　然而，汲取文明智慧建設新學派，困難之處除了傳統的黨政限制以外，中國成爲主權國家之前的文明史和文化意識，是否以及應如何與當前歐美建構的現代秩序和理論相調和？如果「中國學派」只是效響主流理論，如同僅僅改寫多邊主義卻仍捍衛中國中心

的主權利益（邱坤玄，2010：28-30），在反身性（reflectivity）嚴重的中共外交文化中，「中國學派」最大的挑戰恐怕就是「中國」這個概念。所以也有論者提出，與其侈談建設學派，不如深刻檢討所有理論的知識系譜和隱藏性的前提，使研究成爲研究者自我解放及相互對話的真正平台（石之瑜，2000b、2001、2011b：338-339；石之瑜、邵軒磊，2012：22-23）。

伍、議題多元化與歷史研究的復興

一、新議題和科際整合的趨勢

　　由於「中國」在亞洲與世界恢復其重要地位，本身就是一個跨領域甚至是「知識性」（epistemic）的現象，如何理解中共所稱之「國際政治經濟新秩序」，就像如何解讀「共同但有區別的責任」（common but differentiated responsibilities，CBDR）一樣，不僅需要「科學途徑」和「歷史途徑」攜手合作，還需要不同學科與方法的相互支援與交流。國內學者蔡東杰（2011）編寫的中共外交教材即列舉並討論了獨立自主外交、週邊外交、經濟外交、大國外交、夥伴外交等新世紀以來的重大主題。每一個主題都是跨層次的，也涉及到經濟學、社會學、法學甚至環境學、傳播學、民族學、人類學與區域研究等多種學科。

　　除了關照理論，台灣中共外交研究界也逐步投入這些重要議題。例如應對新區域主義（new regionalism）與資源跨界現象的興起，蔡東杰等人討論了大圖們江計畫的進程與中共東南亞外交的成效（蔡東杰、洪銘德，2009a、2009b；蔡東杰、劉泰廷，2011）。在大國關係與發展中國家外交方面，趙文志（2006）從經濟相互依存出發，闡述了何以人民幣問題未形成中美關係難以溝通的全面性障礙；邱昭憲（2010）的地緣經濟分析，研究了中日能源外交的衝突，與未來構築合作性機制的可能性；張雅君（2008）檢討了中共的非洲外交與西方全球治理模式相衝突的問題，認爲中共不僅沒有促成與非洲雙贏，還加深了全球治理的危機；柯玉枝（2007）則分析中共的拉美外交，認爲其作爲是趁九一一事件後的混亂加深中拉關係，以遂其「採購物資」和「孤立台灣」之圖謀。這些列舉表明，隨著中共外交涉及的領域和學科的擴大，台灣的中共外交研究議題與跨科際的程度也在擴大。

二、「古典」再現：歷史研究的復興？

與議題多元化同時進行的另一個趨勢，是我國中共外交研究古典時期特點的局部再現：重新重視歷史的因素與歷史的方法。這個趨勢雖然尚未開展，但卻與西方和大陸出現的一些「歷史學轉向」、「社會學轉向」風潮暗合。

在運用理性主義大傳統方面，如丁樹範等將「信心建立措施」（Confidence Building Measures，CBMs）指標化，用以檢視宋遼關係，論證了現實主義思維超越朝貢體系歷史的普遍性（丁樹範、黃恩浩、王俊評，2012）。王俊評（2011）則援引地緣政治學說，縱論了西周以迄清代地緣政治密碼與戰略次文化。相形之下，楊仕樂（2011：1-27）介入了西方爭辯中國「戰略文化」的辯論，與探討宋、明現實主義戰略文化的文獻展開對話，便具有建構論的色彩。他以鴉片戰爭爲其案例，說明所謂「王道」的戰略文化同時有其理念慣性與物質基礎。與此近似，張登及（2010：34-49）分析了朝貢體系的物質性與理念性特質，並用以追考清代的蒙古政策，認爲中國特有的世界觀與名分秩序觀，[16] 確實產生了理念成熟且實踐上富有彈性的秩序安排。[17] 在西方以「新殖民主義」、「新朝貢體制」批判中共對非外交時，這套朝貢體系分析架構並可應用於分析中非關係與中國─東南亞關係（張登及、陳瑩羲，2012：113-114；游智偉、張登及，2011：111-156）。

綜結而言，台灣有關中共外交研究的領域，隨著西方與大陸相關研究方法與議題的多元化，也正發生快速的變化。一方面，關注理論面的辯論與發展的研究者，仍在繼續驗證各種新舊命題與假說的適用性；而反思的潮流則不斷突破既有理論的邊界，向學科的新邊疆前進。另一方面，考察東亞古代外交與國際關係的歷史與理論性研究異軍突起，使我們有理由預期，東亞古代史與比較外交政策（comparative foreign policy），將是中共外交研究領域新興的主題。[18]

---

[16] 關於名分秩序觀，可參見張啓雄（2009）。

[17] 參閱大陸旅英學者張勇進（Yongjin Zhang）與英國學派學者布贊（Barry Buzan）（2012: 3-36）的相關論述。

[18] 這點毫不令人意外。如果歷史是連續的，「中共外交」本來就是中國外交史的一個次領域。對此會產生疑問，主要是因爲「中華民國（台灣）外交」與中國外交史的關係，仍有不確定性。

陸、結論

經由本章的分析，筆者認為台灣學界對中共外交的研究，已經有數項「新發展」令人鼓舞。

首先，台灣的中共外交研究已經完成「古典時期」向「理論時期」的過渡。對於西方理論的發展，特別是理性主義大傳統中的分殊辯論，已經相當嫻熟。第二、「理論時期」之初，持續沿用概念嚴謹度較低、近乎常識層次的分析，已有逐步被超越的趨勢。概念嚴謹與研究設計周詳的經驗性研究逐漸成為主流。第三、建構與反思性理論正獲得更多應用的機會，並且逐步與其他學科（特別是歷史學、社會學、政治經濟學）產生跨典範、跨科際的研究議程。第四、投入新議題的研究者和發表正在增加，使得本領域的研究與快速變化的國際環境保持同步。這些「新發展」有助於台灣的中共外交研究向「創新時期」推進。

不過學如逆水行舟，台灣的中共外交研究面臨著以下挑戰，需要學界共同運籌。

首先，儘管國內中共外交研究在研究設計方面日益嚴謹，但無論是理論或是政策導向的學術發表，在學術論文數上，似有緩慢遞減之勢。圖 19-2 顯示《中國大陸研究》等八項期刊（2000 至 2011 年），專以中共外交為主題的論文總數（僅計研究論文，且排除以兩岸關係為重點者），呈現緩步下降的趨勢。[19] 此或與學界近十年來強調的嚴謹審查制度有關，使得中共外交研究的學術發表趨於審慎。但也有可能是整個社科界投入本領域的資源與人數，被其他大陸新興議題（如治理、經改、環境、台商甚至旅遊等等）稀釋。如果原因是後者，對本領域向「創新時期」過渡的進程，將產生不利影響。

第二，國內中共外交研究在理論面頗能掌握國外的新動態，但可能也是受學術資源限制，這方面仍以理性主義大傳統的應用為主。然而，最近十年國外與中國大陸的研究動向顯示，跨典範與跨科際的中國研究（包括國際關係）已逐漸能與理性主義傳統分庭抗禮。可能是台灣面臨嚴峻國際壓力，使國內的中共外交研究即便開始有跨科際的現象，但跨典範的著述仍僅限於建構主義相關的研究，問題意識方面也仍多半是「進口」西方主流脈動，似乎無暇顧及「創新」議題，甚至忽略境外同行的創新嘗試。

---

[19] 有些專業刊物從月刊改為季刊，但也有刊物從半年刊改為季刊。與 1990 年代相比，發表平台應該沒有減少。由於 2007 至 2008 年《國際關係學報》刊出中共能源外交與「十七大」相關系列研究，方使這兩年文章總量拉升。另《共黨問題研究》（後改為《展望與探索》）與《中共研究》兩月刊也有不少相關文章，惟其較具政策導向，本研究暫不納入。

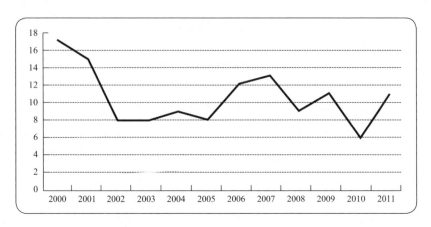

圖 19-2　國內主要期刊中共外交研究論文數量圖

資料來源：筆者整理自《中國大陸研究》、《問題與研究》、《東亞研究》（原
　　　　　《東亞季刊》）、《遠景基金會季刊》、《國際關係學報》、《政
　　　　　治學報》、《政治科學論叢》、《東吳政治學報》等八種政治學綜
　　　　　合性學刊或國際關係、區域研究專門性期刊所得。

　　第三，投入創新跨科際議題的中共外交研究固然逐步增加，但這些新研究可能因
為議題較新，導致與本領域兩大途徑——「理論」與「歷史」相脫節，呈現簡單套用理
論鋪排大批素材的現象。如果我國本領域總體研究資源無法增長，新議題又與日俱增，
「古典時期」的優勢又無法重整，則新研究反而可能孤島化，呈現蜻蜓點水或深細狹小
的樣態。一經開題，卻後繼乏人。

　　筆者認為，台灣的中共外交研究具有悠久的學術傳統。這一傳統下，有兩個變遷中
但不可繞越的背景因素，始終影響著研究者的選題和理論偏好：中華民國獨特的歷史處
境與台灣重要的戰略地位。兩者使我國的中共外交研究不可避免地帶有濃厚的敵情與政
策研究色彩，但也使研究者能在「中華民國／台灣／中國」等多重立足點上進行視角的
轉換，既能選擇超脫的客觀敘事，也保留體察中共國情的優點，使得相關研究富有多元
的特色和其他國家缺少的潛力。

　　當前國際體系與中共外交正處於一個轉型的關鍵期，國內學界要特別關注國際體
系與歷史階段如何過渡。台灣的中共外交研究要照顧到所謂「中國特色」，要從「歷史
時期」中的遺產萃取問題意識與傳統方法的精華，使其能與「理論時期」嫻熟習得的西
方理論相結合。尤其「匪情研究」時期兩岸在同一大歷史舞台競爭的認知與本體前提，
今日仍是「理解」中共與大陸公眾世界觀的重要資產。但這一傳統因台灣政治生態的變
遷而解消；相形之下，日韓或其他國家的中國專家因為沒有新建主體遭到吞噬的恐懼，

反而可以更無罣礙地掌握中國文明與歷史的脈動，這是台灣中共外交乃至中國研究面臨的共同挑戰。值得注意的是，目前西方與大陸已經出現關於未來國際體系可能面貌的討論，並引入東亞「文明」與古代體系的案例作為研究對象。台灣既然有「歷史」與「科學」兩大傳統優勢，實應及時做好理論與素材選擇的準備，才能積極加入對話，使我國的相關研究日新又新。

參考書目

丁樹範，2010，〈中美關於太空、導彈防衛與核武政策爭議之研究〉，《中國大陸研究》53（1）：99-133。

丁樹範、黃恩浩、王俊評，2012，〈中國歷史上的信心建立措施：以宋遼軍事關係為例〉，《遠景基金會季刊》13（2）：99-142。

于有慧，1998，〈國際因素對當前中共外交的影響〉，《中國大陸研究》41（6）：7-18。

于有慧，1999，〈中共的大國外交〉，《中國大陸研究》43（3）：45-61。

尹慶耀，1973，《中共外交與對外關係》，台北：中華民國國際關係研究所。

尹慶耀，1984，《中共的統戰外交》，台北：幼獅文化。

牛軍，2009，《後冷戰時代的中國外交》，北京：北京大學。

王俊評，2011，〈東亞地緣政治結構對中國歷代大戰略的影響〉，《中國大陸研究》54（3）：71-105。

王振寰、湯京平、宋國誠（編），2011，《中國大陸暨兩岸關係研究》，台北：巨流。

王逸舟（編），2009，《中國對外關係轉型 30 年》，北京：社會科學文獻出版社。

王逸舟、袁正清（編），2006，《中國國際關係研究（1995-2005）》，北京：北京大學出版社。

王緝思（編），2008，《中國學者看世界》，北京：新世界出版社。

包宗和，1993，《台海兩岸互動的理論與政策面向（1950-1989）》，台北：三民。

包宗和（編），2011，《國際關係理論》，台北，五南。

包宗和、吳玉山（編），2009，《重新檢視爭辯中的兩岸關係理論》，台北：五南。

田弘茂（編），1996，《後冷戰時期亞太集體安全》，台北：業強。

石之瑜，1994，《中共外交的理論與實踐》，台北：三民。

石之瑜，2000a，〈回應中國：「反國家」論述對「東方主義」的欲拒還迎——以周恩來為例〉，《共黨問題研究》26（12）：6-20。

石之瑜，2000b，〈解讀「大國外交」：論兩岸的差異〉，《政治科學論叢》（13）：147-164。

石之瑜，2001，〈鑿開霸權：普世主義與相對主義之外關於民主的知識〉，《中國大陸研究》44（3）：1-15。

石之瑜，2010，〈國際關係研究的亞洲地方性學派〉，《國際政治科學》（23）：1-24。

石之瑜，2011a，〈挑戰和諧世界：鄰邦與中國大陸的公共外交〉，《展望與探索》9（1）：49-61。

石之瑜，2011b，〈文明與國際關係理論：亞洲學派的不／可行性〉，包宗和（編），《國際關係理論》，台北：五南，頁 331-357。

石之瑜、邵軒磊，2012，〈全球「自」理：在思想史脈絡中實踐負責任的大國角色〉，《問題與研究》51（2）：1-33。

石之瑜、張登及，2010，〈中國崛起的知識論及其敘事衍生〉，《世界經濟與政治》（353）：37-51。

朱奕嵐，2004，〈死生之地、存亡之道——國家行爲者的策略反應〉，《東吳政治學報》（18）：
　　111-155。

朱雲漢、黃旻華，2007，〈探索中國崛起的理論意涵：批判既有國關理論的看法〉，朱雲漢、賈
　　慶國（編），《從國際關係理論看中國崛起》，台北：五南，頁 23-58。

何函潔，2010，《中共處理邊界爭議的戰略選擇：守勢現實主義的驗證》，嘉義：中正大學戰略
　　所碩士論文。

吳玉山，1997，《抗衡或扈從：兩岸關係新詮》，台北：正中。

吳玲君，2001，〈中共 APEC 策略與角色的轉變：新現實主義的解析〉，《問題與研究》40（3）：
　　1-21。

吳玲君，2005，〈中國與東亞區域經貿合作：區域主義與霸權之間的關係〉，《問題與研究》44
　　（5）：1-27。

吳德美、曾聖文，2005，〈中國大陸經濟崛起對東協經濟發展之影響〉，《問題與研究》44（3）：
　　57-91。

呂郁女、鄧中堅，2008，〈中國大陸軟權力的發展與影響〉，《全球政治評論》（21）：1-18。

李明，2007，〈「十七大」前後推動中共東北亞政策的軟權力〉，《東亞研究》38（1）：227-233。

李俊毅，2008，〈北京的儒學外交〉，《展望與探索》6（5）：41-62。

沈志華，2008，《中蘇關係史綱》，北京：新華出版社。

周煦（編），1993，《冷戰時期亞太地區之和平安定》，台北：政治大學外交學系。

明居正，2011，〈古典現實主義之反思〉，包宗和（編），《國際關係理論》，台北：五南，頁
　　27-48。

林文程，2006，〈中共在聯合國安全理事會的投票行爲分析〉，《問題與研究》45（3）：1-38。

邱坤玄，1999，〈結構現實主義與中共大國外交格局〉，《東亞季刊》30（3）：23-38。

邱坤玄，2000，〈霸權穩定論與中（共）美權力關係〉，《東亞季刊》31（3）：1-14。

邱坤玄，2004，〈中共對冷戰後美日安全關係的認知與新安全觀的形成〉，《東亞研究》35（2）：
　　1-32。

邱坤玄，2007，〈「十七大」前後中共外交之總體形勢評估〉，《東亞研究》38（1）：213-216。

邱坤玄，2009，〈台灣的中共外交研究與國際關係理論的對話〉，《東亞研究》42（2）：2-28。

邱坤玄，2010，〈中國在周邊地區的多邊外交理論與實踐〉，《遠景基金會季刊》11（42）：1-41。

邱坤玄、黃鴻博，2010，〈中國的負責任大國身分建構與外交實踐：以參與國際裁軍與軍備管制
　　建制爲例〉，《中國大陸研究》53（2）：73-110。

邱昭憲，2009，〈中國崛起的國際制度參與：多邊安全制度影響國際合作行爲之檢視〉，《遠景
　　基金會季刊》10（1）：135-180。

邱昭憲，2010，〈中日能源外交競和：地緣政治經濟的觀點〉，《亞太研究通訊》（8）：109-133。

施子中，2007，〈從「大國外交」到「和諧世界」：中共外交戰略之轉變〉，《展望與探索》5（1）：
　　8-12。

柯玉枝，1998，〈從國際體系變遷看後冷戰時期中共與日本之外交關係〉，《中國大陸研究》41

（6）：19-36。

柯玉枝，2007，〈論新世紀中共拉丁美洲政策及其影響〉，《中國大陸研究》50（3）：85-119。

柯玉枝，2008，〈十七大後中共的第三世界政策〉，《國際關係學報》（25）：153-173。

徐斯儉，2000，〈全球化──中國大陸學者的觀點〉。《中國大陸研究》43（4）：1-28。

秦亞青，2009a，〈中國國際關係理論〉，王逸舟（編），《中國對外關係轉型30年》，北京：
　　社會科學文獻出版社，頁306-343。

秦亞青，2009b，〈關係本位與過程建構：將中國理念植入國際關係理論〉，《中國社會科學》（3）：
　　69-86。

秦亞青（編），2009c，《西方國際關係理論經典導讀》，北京：北京大學出版社。

秦亞青，2012，《關係與過程：中國國際關係理論的文化建構》，上海：上海人民出版社。

袁易，1996，〈多邊主義與安全困境下之合作：國際關係理論與美「中」關係〉，《問題與研究》
　　35（6）：1-17。

袁易，2004a，〈中國與導彈建制：國際規範之挑戰與遵循〉，《問題與研究》43（3）：97-133。

袁易，2004b，《中國遵循國際導彈建制的解析：一個社會建構論的觀點》，台北：五南。

袁易，2009，〈重新思考外空安全：一個中國建構安全規範之解析〉，《中國大陸研究》52（23）：
　　1-41。

袁易，2011，〈社會建構論：Onuf、Kratochwil和Wendt的建構主義世界〉，包宗和（編），《國
　　際關係理論》，台北：五南，頁359-385。

高朗，2006，〈如何理解中國崛起〉，《遠景基金會季刊》7（2）：53-86。

崛敏一著，韓昇等譯，2010，《隋唐帝國與東亞》，蘭州：蘭州大學出版社。

張亞中、左正東（編），2011，《國際關係總論》，三版，台北：揚智。

張啓雄，2009，〈兩岸關係理論之建構：名分秩序論的研究途徑〉，包宗和、吳玉山（編），《重
　　新檢視爭辯中的兩岸關係理論》，台北：五南，頁115-138。

張登及，2001a，〈自由主義國際關係理論與西方的中共外交研究：一個概觀〉，《中國大陸研究》
　　44（11）：15-35。

張登及，2001b，〈中共建政後歷屆黨代表大會「政治報告」涉外言論的內容分析──國際政治觀
　　的定位與變遷〉，《東亞季刊》32（1）：53-82。

張登及，2002，〈爭論中的中共「大國外交」政策：對大陸學者訪談的綜合報告〉，《東亞季刊》
　　32（4）：1-21。

張登及，2003，《建構中國：不確定世界中的大國定位與大國外交》，台北：揚智。

張登及，2008a，〈中國外交政策的典範轉移？──從「大國外交」到「和諧世界」〉，「中國政
　　治學會2008年年會學術研討會」論文，嘉義：中正大學政治學系。

張登及，2008b，〈「軟權力」概念在國際關係理論中的發展試析：以冷戰後的中國為案例〉，「中
　　華民國國際關係學會第一屆年會學術研討會」論文，台北：台灣大學政治學系。

張登及，2008c，〈地緣因素與新現實主義：以冷戰後的美中地緣競逐為例〉，《政治學報》（45）：
　　95-134。

張登及，2010，〈清代蒙古盟旗制度建立的意涵：一種「天下體系」觀念下的國際政治制度創新〉，《蒙藏季刊》19（4）：34-49。

張登及，2011，〈外交戰略與國際地位〉，王振寰、湯京平、宋國誠（編），《中國大陸暨兩岸關係研究》，台北：巨流，頁421-450。

張登及，2013，〈國際關係理論「中國學派」發展中程評估〉，鄭端耀、楊昊（編），《東亞的理論與理論的東亞》，台北：政治大學國際關係研究中心，即將出版。

張登及、陳瑩羲，2012，〈朝貢體系再現與天下體系的興起？中國外交案例研究與理論反思〉，《中國大陸研究》55（4）：89-123。

張雅君，2005，〈中日關係的安全困境：國際體系與雙邊利益層面的分析〉，《遠景基金會季刊》6（4）：139-184。

張雅君，2008，〈中國非洲戰略爭議探析：全球治理 vs. 南南合作〉，《遠景基金會季刊》9（4）：1-51。

張廖年仲，2005，〈從1995-96年台海危機論冷戰後中共的安全政策〉，《遠景基金會季刊》6（2）：185-222。

莫大華，2000，〈國際關係理論大辯論研究的評析〉，《問題與研究》39（12）：65-90。

許志吉，2005，〈國際建制理論與中共對聯合國維和行動之政策〉，《展望與探索》3（10）：20-34。

許志嘉，2000，《中共外交決策模式研究：鄧小平時期的檢證分析》，台北：水牛。

許志嘉，2006，〈中共對台嚇阻戰略：理論與實踐〉，《全球政治評論》（15）：1-31。

郭華倫，1975，《中共史論（四卷本）》，台北：政治大學國際關係研究中心。

陳一新，2000，〈台海飛彈危機柯林頓政府決策分析〉，《遠景季刊》1（1）：87-138。

陳欣之，2007，〈國際體系層級的建構與霸權統治〉，《問題與研究》46（2）：23-52。

陳欣之，2011a，〈國際關係學的發展〉，張亞中、左正東（編），《國際關係總論》，三版，台北：揚智，頁1-34。

陳欣之，2011b，〈崛起、挑戰與繼承霸權：崛起強權參與建構國際制度過程的觀察〉，《問題與研究》50（4）：63-88。

陳牧民，2005a，〈中國國際關係學界發展初探（一）〉，《中國大陸研究教學通訊》（72）：1-5。

陳牧民，2005b，〈當和平崛起遇上台灣問題：菁英認知下的中國安全戰略〉，《中國大陸研究》49（4）：1-26。

陳重成、唐欣偉，2005，〈中國大陸崛起對當前國際體系的衝擊〉，《遠景基金會季刊》6（4）：101-137。

陶晉生，2008，《宋遼關係史研究》，北京：中華書局。

彭慧鸞，2009，〈從「中國製造」到「中國創造」：官僚政治、標準化知識社群與國際參與〉，《中國大陸研究》52（2）：43-66。

游智偉，2011，〈中國大陸參與國際核裁軍建制態度的變化──國際社會化或調適學習〉，《政治學報》52：29-64。

游智偉，2012，〈中國國際參與的西方文獻回顧：典則理論、理性調適與國際社會化的評估〉，《中國大陸研究》55（4）：1-30。

游智偉、張登及，2011，〈中國的非洲政策：軟權力與朝貢體系的分析〉，《遠景基金會季刊》12（4）：111-156。

渡邊信一郎著，徐沖譯，2008，《中國古代的王權與天下秩序》，北京：中華書局。

黃恩浩、陳仲志，2010，〈國際關係研究中「英國學派」典範及其對建構「中國學派」之啓示〉，《遠景基金會季刊》11（1）：41-86。

黃偉峰，2000，〈知識社群研究取向如何應用歐洲與東亞經濟暨貨幣整合？方法論的困境及其解決之道〉，《問題與研究》39（5）：47-61。

黃競涓，2011，〈國際關係理論中的後實證主義學派〉，張亞中、左正東（編），《國際關係總論》，三版，台北：揚智，頁119-148。

楊仕樂，2011，〈物質基礎、理念慣性：中國「王道」戰略文化的實證檢驗 1838-1842〉，《中國大陸研究》54（4）：1-27。

楊昊、蕭新煌、趙晧崸，2012，〈中國知識社群如何重構柔性權力理論：回顧與批判〉，《中國大陸研究》55（4）：59-88。

楊原，2012，〈中國國際關係理論研究〉，《國際政治科學》（2）：62-106。

董立文，1998，〈論中共的「大國」意義及其問題〉，《中山人文社會科學期刊》6（2）：65-76。

趙文志，2006，〈中美關係中的經濟因素：以人民幣匯率爲例〉，《東吳政治學報》24：69-115。

趙汀陽，2005，〈天下體系：帝國與世界制度〉，趙汀陽，《沒有世界觀的世界》，北京：人民大學出版社，頁 5-54。

趙汀陽，2009，《壞世界研究：作爲第一哲學的政治哲學》，北京：中國人民大學出版社。

趙建民、許志嘉，2009，〈中共第四代領導集體的「和諧世界觀」〉，《遠景基金會季刊》10（1）：1-43。

蔡昌言、連弘宜，2008，〈中國崛起對中美與中俄關係發展的戰略意涵〉，《遠景基金會季刊》9（3）：81-128。

蔡東杰，2003，〈美國霸權變遷與兩岸關係發展〉，《政治學報》36：83-114。

蔡東杰，2007，〈當前中國「大戰略」討論的辯證問題〉，《全球政治評論》17：1-18。

蔡東杰，2011，《當代中國外交政策》，台北：五南。

蔡東杰、洪銘德，2009a，〈中國大陸對東南亞外交政策之分析〉，《國會》37（11）：64-90。

蔡東杰、洪銘德，2009b，〈美中兩國在東南亞地區的軟權力構築與競爭〉，《遠景基金會季刊》11：45-88。

蔡東杰、劉泰廷，2011，〈微區域主義與大圖們江計畫之發展〉，《全球政治評論》35：143-160。

蔡瑋，2000，〈中共的「大國外交」戰略與兩岸關係〉，《共黨問題研究》26（2）：66-70。

鄭端耀，2003，〈國際關係攻勢與守勢現實主義爭辯之評析〉，《問題與研究》42（2）：1-21。

閻學通、徐進（編），2008，《中國先秦國家間政治思想選讀》，上海：復旦大學出版社。

蘇起，1992，《論中蘇共關係正常化（1979-1989）》，台北：三民。

Acharya, Amitav. 2003. "Will Asia's Past be Its Future?" *International Security* 28(3): 149-164.

Acharya, Amitav and Barry Buzan. 2007. "Why There is No Non-Western International Relational Theories?" *International Relations in the Asia-Pacific* 7(3): 287-312.

Acharya, Amitav and Barry Buzan, eds. 2010. *Non-Western International Relations Theory: Perspective on and Beyond Asia*. London, UK: Routledge.

Amin, Samir. 1993. "The Ancient World Systems versus the Modern Capitalist System." In *The World System: Five Hundred Years or Five Thousand*, eds. Andre Gunder Frank and Barry K. Gills. London, UK: Rouledge, pp. 247-277.

Barfield, Thomas 著，袁劍譯，2011，《危險的邊疆：游牧帝國與中國》，南京：江蘇人民出版社。

Carlson, Allen. 2006. "More than Just Saying No: China's Evolving Approach to Sovereignty and Intervention." In *New Directions in the Study of China's Foreign Policy*, eds. Alastair Iain Johnston and Robert S. Ross. Stanford, CA: Stanford University Press, pp. 217-241.

Christensen, Thomas J. 2006. "Fostering Stability or Creating a Monster?" *International Security* 31(1): 81-126.

Fravel, Tayloy M. 2008. *Strong Borders, Secure Nation: Cooperation and Conflict in China's Territorial Disputes*. Princeton, NJ: Princeton University Press.

Friedberg, Aaron L. 2005. "The Future of U.S.-China Relations." *International Security* 30(2): 7-45.

Glasser, Charles. 2011. "Will China's Rise lead to War?" *Foreign Affairs* 90(2): 80-91.

Hass, Ernst B. 1977. *Scientists and World Order*. Berkley, CA: University of California.

Johnston, Alastair Iain. 2005. "Trends in Theory and Methods in the Study of Chinese Foreign Policy." Paper presented at the Conference on China Studies on the Occasion of the 50th Anniversary of the Fairbank Center for East Asian Research, December, http://www.iwep.org.cn/pdf/2006/johnston%20FCEAR.pdf (accessed December 20, 2007).

Johnston, Alastair Iain. 2008. *Social States: China in International Institutions, 1980-2000*. Princeton, NJ: Princeton University Press.

Johnston, Alastair Iain and Robert Ross, eds. 2006. *New Directions in the Study of China's Foreign Policy*. Stanford, CA: Stanford University Press.

Kang, David. 2007. *China Rising: Peace, Power and Order in East Asia*. New York, NY: Columbia University.

Katzenstein, Peter J. 2012. *Sinicization and the Rise of China: Civilizational Processes Beyond East and West*. New York, NY: Routledge.

Keohane, Robert O. 1988. "International Institutions: Two Approaches." *International Studies Quarterly* 32(4): 379-396.

Kim, Samuel S., ed. 1998a. *China and the World: Chinese Foreign Policy Faces the New Millennium*. Boulder, CO: Westview Press.

Kim, Samuel S., ed. 1998b. *China and the World: Chinese Foreign Policy Faces the New Millennium*, 4th ed. Boulder, CO: Westview Press.

Krasner, Stephen D. 1983. "Structural Causes and Regime Consequence: Regime as Intervening Variables." In *International Regimes*, ed. Stephen D. Krasner. Ithaca, NY: Cornell University Press.

Lampton, David M. 2001. *The Making of Chinese Foreign and Security Policy in the Era of Reform, 1978-2000*. Stanford, CA: Stanford University Press.

Lampton, David M. 2008. *The Three Faces of Chinese Power: Might, Money and Minds*. Berkeley, CA: University of California Press.

Liu, Lydia H. 2004. *The Clash of Empires: The Invention of China in Modern World Making*. Cambridge, MA: Harvard University Press.

Mearsheimer, John J. 著，王義桅、唐小松譯，2003，《大國政治的悲劇》，上海：上海人民出版社。

Neufeld, Mark. 1993. "Reflexivity and International Relations Theory." *Millennium* 22(1): 53-76.

Nye, Joseph S. 2005. "The Rise of China's Soft Power." *Wall Street Journal Asia (Hong Kong)*, December 29: http://www.ksg.harvard.edu/ksgnews/Features/opeds/122905_nye.htm (accessed October12, 2009).

Shih, Chih-yu. 1998. "A Post-Colonial Reading of the State Question in China." *Journal of Contemporary China* 7(7): 125-139.

Shih, Chih-yu. 2004. *Navigating Sovereignty: World Politics Lost in China*. London, UK: Macmillian.

Shih, Chih-yu. 2005. "Breeding a Reluctant Dragon: Can China Rise into Partnership and Away from Antagonism?" *Review of International Studies* 31: 755-774.

Shih, Chih-yu. 2012. "Assigning Role Characteristics to China: The Role State Versus the Ego State." *Foreign Policy Analysis* 8(1): 71-91.

Snyder, Gleen H. 2002. "Mearsheimer's World: Offensive Realism and the Struggle for Security." *International Security* 27(1): 149-173.

Waever, O. 1997. "Figures of International Thought: Introducing Persons Instead of Paradigms." In *The Future of International Relations*, eds. Iver B. Neumann and Ole Waever. London, UK: Routledge Press, pp. 1-37.

Wang, Yuan-kang. 2004. "Offensive Realism and the Rise of China." *Issues & Studies* 40(1): 173-201.

Wendt, Alexander. 1999. *Social Theory of International Politics*. Cambridge, UK: Cambridge University Press.

Wendt, Alexander 著，秦亞青譯，2000，《國際政治的社會理論》，北京：北京大學出版社。

Zhang, Yongjin. 2001. "System, Empire and State in Chinese International Relations." *Review of International Studies* 27(5): 43-63.

Zhang, Yongjin and Barry Buzan. 2012. "The Tribute System as International Society in Theory and Practice." *The Chinese Journal of International Politics* 5: 3-36.

第二十章

當代中國大陸研究之政治經濟學領域：台灣與南韓之相關文獻回顧，2000-2012

徐斯勤、鄭有善

壹、導論

中國大陸自從 1979 年改革開放以來，整個國際政治學界對其政經發展的關注程度，多年來不斷在上升。證據之一，便是英語世界中以中國大陸作為實證經驗資料的政治學文獻研究，在質和量方面都不斷蓬勃成長，因而造成 Elizabeth Perry 早在 1994 年便已提出的：中國研究當時已經可以由政治學一般理論的「消費者」（consumer，亦即中國研究的經驗資料主要只能單純地使用與印證已然確立的一般性理論），變為理論的「生產者」（producer，亦即根據中國的經驗資料來建構新的理論或修補既有的一般性理論）（1994）。而來自政治學一般性理論和研究途徑，用於當代中國大陸研究的代表性例子之一，便是政治經濟學分析。此一途徑之所以具有代表性，其中一個重要原因，在於中國大陸在經濟發展上首先採取市場化，而後演進到私有化的改革，但政治發展上則始終未脫離黨國體制的基本型態。因此，一方面其在經濟上的「變遷」內容和程度，遠大於政治，而呈現出更多值得探討的新現象和新問題，另一方面，其在經濟上與世界其他國家相近的程度，顯然遠大於其在政治發展方面固守一黨專政下，黨國體制與其他國家政治體制相近的程度。也就是說，由於其經濟發展領先於政治發展，因而有利於激發新的研究出現，同時也使得政治學一般理論中的政治經濟學途徑研究，相較於其他常見的途徑或領域（例如：選舉研究、國會與立法研究、政治行為研究、決策分析、憲政制度變遷等），在理論與概念如何應用於現實方面擁有相對較高的可適用性、較多的相關經驗依據，以及更佳的資料來源。

本章旨在就台灣與南韓政治學界，由 2000 到 2012 年，針對當代中國大陸的發展當中屬於政治經濟學領域內的相關出版文獻，提供一個初步的整理、比較，以及評估。選取此一時間範圍的主要理由，在於台灣最近一次針對政治經濟學途徑方面之中國大陸研究文獻，所做的較有規模而系統化的梳理，是在 2003 年由政治大學國際關係研究中心

所出版的合編專書（何思因、陳德昇、耿曙，2003）。[1] 此後至今，在文獻範圍上並無類似規模的回顧與檢視。之所以就台灣和南韓進行比較，原因之一在於政治經濟學中討論東亞發展經驗的相關研究中，如果同時考慮參照案例的來源以及實際文獻的累積兩方面，台灣與南韓無疑是最具有代表性的兩個國家。而中國大陸的經濟起飛，與台韓當初的條件十分類似：同樣屬於後發型的國家（late developer）、在政治上同樣尚未進入系統性民主化的階段、發展路徑與策略都帶有高度由國家機關主導的色彩等。其次，台灣與南韓的政治經濟學分析，在兩國類似的發展背景下，兩國學者同樣都高度受到西方理論典範與研究方法的影響，而在作品內涵上具有足夠的可比較性。第三，兩國的政治學社群，尤其是在當代中國研究的領域內，都存在著由國內和由國外為學者提供研究能力之主要訓練的區分。而不同的訓練背景，往往有可能帶來不盡相同的研究取向，值得稍做檢視。

由於「政治經濟學」領域，在西方學界、台灣、南韓，乃至中國大陸，各有不盡完全相同的概念定義和範圍，因此必須說明：本章所謂政治經濟學領域，是指以中國大陸的「國內」（而不包括含有國際層面部分，例如外貿以及外來投資）之經濟現象作為探討主題，或是作為所要被解釋的對象（亦即依變項，dependent variable），而以政治面因素作為說明問題本質的依據，或是作為去解釋經濟現象的主要變項（亦即自變項，independent variable）的諸多文獻，所共同構成的研究範疇。這樣的界定方式，不包括以經濟因素解釋國內政治現象的文獻，[2] 也不包括以經濟學之概念或假設（亦即經濟理性或工具理性）去解釋一般性政治現象或政治行為的文獻。[3] 本章採用這種界定方式，並不意味著作者認為這是在一般意義上，定義政治經濟學最好的方式，而主要是因為本章分析的眾多文獻對象，極少出現於本章所界定範圍以外的那些途徑中。

貳、台灣學界之研究

在台灣學者們所出版的文獻方面，本章回顧了由 2001 年 1 月至 2012 年 6 月所出版

---

[1] 該冊專書，包括了中國大陸研究的諸多主題和途徑，而其中多篇論文均與政治經濟學途徑有完全或部分重合。

[2] 事實上，這樣的文獻，在研究當代中國大陸的中英文文獻中可說是鳳毛麟角，一個主要的例子是西方學者 Mary Elizabeth Gallagher（2002）以經濟改革的策略和時序，來解釋為何中國大陸民主化遲滯不前的作品，而台灣則沒有這樣的文獻。

[3] 這也就是 James Caporaso 與 David Levine（1992）在綜合整理政治經濟學的各種相關途徑時，所包括在內的「以經濟途徑研究政治」（economic approaches to politics）之文獻。

的中英文期刊論文、專書論文與會議論文，共計 102 篇。由於篇幅所限，因此無法兼顧所有可能的來源；專書論文來自六本中文專書與兩本英文專書，會議論文有兩篇。而在 102 篇論文中佔比例最高的期刊論文，中文部分來自《中國大陸研究》者最多，其次則為《東亞研究》、《台灣社會學刊》、《台灣社會學》，再次則為《台灣政治學刊》、《問題與研究》、《人文及社會科學集刊》、《展望與探索》、《政治學報》。英文部分，來自 *Issues & Studies* 者最多，其他則來自 *Modern China*、*Journal of Contemporary China*、*The China Review*、*Corporate Governance*、*Cross Currents*。由於來源範圍上必然有掛一漏萬之處，因此本章的討論，未必是最完整全面、鉅細靡遺的，本章也無意宣稱能夠提供定論式的分析和評估。以下針對這些文獻所包含的主要研究議題，進行討論和分析。[4] 其中台灣與南韓學界同樣較為關注的「地方或區域層次之發展與變遷」，以及「產業發展──企業和產權改革」議題，由於具有比較意義，因此將有較多討論。

一、地方或區域層次之發展與變遷

在這個議題內，著作量上最多與討論持續時間上最久的子議題，乃是關於地方政府或地方國家機關在經濟發展中的角色。此一子議題的相關背景與問題意識至少包括：1. 從 1980 到大約 1990 年代中期，中國大陸沿海地區的地方經濟迅速成長以及地方性企業蓬勃發展，應如何歸因於其主要來自「國家」層面因素，抑或「市場」層面因素；2. 既存之解釋東亞四小龍經濟發展的「發展型國家」（developmental state）理論，以及與此類似的凸顯中國大陸地方政府在經濟發展中正面角色之理論（例如：Jean C. Oi 於 1992 年提出之「地方政府統合主義」，local state corporatism，以下簡稱 LSC）；3. 東亞發展型國家理論在 1997 年亞洲金融危機後受到的重要挑戰，以及中國大陸的市場化以及私有化持續深化，因而帶來對於國家機關主導經濟發展的重新評估。

相關文獻在這個子議題內，主要是解答兩個研究問題：究竟中國大陸的地方政府，是否真的具有發展型國家理論所發現的那些特質？地方性國家機關整體而言的長期作用，到底是傾向有利於或不利於地方經濟發展？對於第一個問題，在概念層次上，方孝謙（2000）指出，Oi 原先所提出之 LSC 觀點（他稱為 LSC I），主要是指地方政府同時

---

[4] 本章以下所區分的各個議題，無可避免地會有少許重合之處；某些文獻可能具備不只一個議題的屬性。例如：「產業發展──企業與產權改革」中的某些文獻，其經驗資料來自地方或區域層次，所以也具有地方或區域議題之屬性。不過，由於綜合所有文獻之後，本章所採取的分類方式，將性質相近者歸併後，類別數目不過於繁雜也不過於簡略，而且能和國際學界的研究類別相互參照，所以本章分類後無法做到各類別之間完全互斥的問題，或許是必須暫時容忍的局部瑕疵。

作為轄區內企業的直接所有者，未必與東亞發展型國家理論的前提相同。但是到了 1999 年以後，原先的集體企業紛紛私有化以後，Oi 乃將其觀點修正為地方政府雖不再是鄉鎮企業的直接所有者，但仍透過政策上的支持與經營上的協助，來進行干預，他稱為 LSC II。而 LSC II，可能才更接近所謂發展型國家。與此類似的，是徐斯儉與呂爾浩（2009）比較了江蘇蘇州與廣東東莞後，將此二地方政府推動地方經濟的角色加以區分，得出企業型與發展型國家兩種不同類別。在經驗層次方面，劉雅靈（2001）認為，江蘇省吳江市的經驗顯示，蘇南模式在 1990 年代中期以前以集體企業為主的發展模式之所以獲得成功，並非因為地方政府的優越行政能力，而是因為其他條件。尤其，當吳江政府啟動直接介入地方經濟發展的計畫時，卻正是因為政府在產業政策規劃上的缺陷，而導致效益低落，完全與發展型國家相反。徐斯儉與呂爾浩（2006）比較了上海與蘇州這兩個地方政府如何扶植當地半導體產業後，發現作為蘇南模式代表的蘇州政府，其實其產業政策、金融信貸、市場保護等方面，都不具備發展型國家的特質。綜合概念與經驗兩個層面來說，台灣的學者在第一個問題上，都顯示出其有別於西方學者的發現和見解，而非完全複製其理論架構。

對於第二個問題，絕大多數文獻是依據 2000 年以後中國大陸的現實而進行檢視與立論，其所得到之結論多為負面觀點。最早提出如是看法的張弘遠（2001），屬於局部性的懷疑論，其問題焦點是地方政府的干預是否有利於市場化的持續進行，而其結論為政府干預會造成其與企業之間共生關係的自我強化（尤其是在經濟循環恰好處於景氣較差的階段），不利於市場化。劉雅靈（2010、Liu, 2012）則進行了更為深入而全面的探討，她比較了歷來呈現較佳經濟發展的浙江溫州與江蘇無錫，再加上相對較落後的湖北建始三個地方之後，發現來自政治與行政層面的幹部目標責任制、上級政府財政支出責任下移、社會主義父權制等因素，造成地方幹部只顧短期和個人誘因，不再致力於地方的整體與長期發展規劃，而地方政府也越來越遠離企業型或發展型，反倒轉變為帶有資源掠奪性質的土地收租者。王振寰與冷則剛（Wang and Leng, 2012）針對北京與上海的高科技工業園區所做的比較研究也得到類似的發現；他們指出，在兩地的園區獲得一定程度的成功後，地方政府逐漸將重心轉移到被高科技製造業帶動的房地產業上，獲取相關的土地房產收益。然而，上漲的土地房產價格，卻不利於作為高科技園區成長動力之創新型中小企業繼續在園區內生存發展。換言之，短期的商業利益侵蝕了長期的產業成長基礎。陳志柔（Chen, 2005）也以蘇南農村企業的產權改革案例，顯示村幹部如何控制整個私有化過程，導致不利於市場競爭，且不利於保護職工權益。許光泰（2008）則在解釋四川某地方發電站產生鉅額虧損中，指出中國大陸的電力改革不夠徹底，未能打破在供電和輸電環節的地方壟斷，無法破除地方政府構築的市場壁壘，遂造成地方政府寧可使用本地高價而有污染之發電，卻不使用外地低價無污染之發電。相對於上述的

發展赤字，劉雅靈（2003）是唯一著力於描繪地方經濟發展較爲正面圖像者，其案例爲2000年以後，江蘇吳江何以能吸引大量外資（亦即外資何以選擇蘇南而非其他內陸地區），帶動地方經濟發展。但是，在解釋其原因時，所強調之主要因素在於區位優勢、貿易傳統、後發學習優勢，以及吳江成立開發特區後建立了特區的特殊財政劃分制度。至於專注於地方政府正面角色的LSC，卻被證明無法解釋何以外資會選擇吳江。

　　其他幾項子議題包括影響地方經濟治理因素的分析，區域發展、城鄉關係、都市或農村發展的一般性議題，以及特定區域的地方發展動態。就影響地方經濟治理的因素而言，徐斯勤（Hsu, 2000, 2003, 2004）發現廣東和江蘇之地方政府執行財稅政策時，受到「能力」層面因素之影響，大於受到「誘因」層面之影響。劉雅靈（2009）發現溫州和無錫政府在處理外來農民工居住之城中村問題上，兩者的不同治理模式，乃因歷史制度下之路徑影響，造成轉型模式不同，以及最後治理成效上不同。陳志柔（2001）比較閩南和蘇南鄉鎮企業的產權變遷，發現國家官僚制度與市場機制無法完全解釋兩者的差異。必須考慮閩南地區以家族主義爲軸心的社會關係網絡，以及蘇南地區以地方官僚爲核心的權力網絡，才能以地方制度面的不同來解釋不同的產權變遷路徑。吳介民（Wu, 2001）同樣討論社會面的關係網絡和政治面的國家政策之影響，但他發現，當國家政策出現改變，或原來支撐關係存續的官僚尋租行爲受到壓制時，既有的官商關係網絡，可能不利於官僚和企業主之間的合作或串連行爲。曹海濤（2011）以新制度主義中交易成本的概念，來解釋地方政府近年來普遍建構的投資導向融資平台。而曹海濤、柯朝斌、楊宜勳（2011）則是從村級選舉和廢止農業稅的脈絡中，發現村級的所得規模和工業化程度，是決定其公共財供給多寡的關鍵因素。徐斯儉、吳建忠（2011）發現，浙江溫嶺新河鎮之所以能啓動參與式的預算改革，是因爲特定政治企業家的關鍵角色。而其所以能持續，則是由於鎮內各地區藉由預算過程達到利益的平衡。王振寰、黃書緯（2001）探討上海市如何被塑造爲「全球城市」，指出其城市轉型必須從制度轉變的角度來研究，這些制度包括了中央與地方關係、地方政府角色、金融體制、企業形式與勞資關係等面向。冷則剛（2003）同樣針對「全球城市」此一研究課題，也以上海市作爲對象，鋪陳了國家的角色、地方環境的制約，以及市場機制，各自如何在上海市逐步蛻變爲全球城市的過程中發揮作用。

　　在區域發展、城鄉關係、都市或農村發展的一般性議題方面，包括吳德美（2003）探討都市非正式部門中的就業結構問題，陳小紅（2006）依據鄉村城鎮化理論以及雙元模型理論，梳理城鄉關係和總體經濟並行發展的軌跡，耿曙（2003）則是針對中國大陸學者就區域經濟的研究成果提供評述。

　　在特定區域的地方發展動態方面，包括西部大開發的歷史淵源（耿曙，2001、2002）、

政府因素（陶儀芬，2003）、產業表現（陳永生，2004a）、貿易發展（趙甦成，2003），另外，則有陳永生（2004b）從國有企業效率的變化，來觀察其如何影響東北地區的整體經濟成長。

　　上述這些子議題，除了實質內容與論點外，另外也有下列幾項值得討論的面向。首先，在題目的選擇方面，當學者探討地方政府的角色及影響地方經濟治理的因素時，他們所選擇的主題顯然多數與國際學界當時關注的論題有關。而這個事實所反映出的，乃是為台灣學者有意識地與國際學界保持對話之基本研究傾向。同時，這種傾向，並不只是具有國外學位的學者如此；本土培育的學者亦然。可以說，接受國外訓練的學者，事實上是帶動也影響了本土培育學者在這個領域內的研究。這種國內的一致性，以及與國際接軌的取向，同樣地明顯反映在相關文獻的理論架構層面。以「地方政府在經濟發展中扮演角色」子議題中前述的兩個研究問題為例，多數學者對東亞發展型國家理論能否適用於中國大陸的沿海地方政府，質疑顯然多於肯定。對於地方政府帶來的影響，多數文獻所分析的案例證據，則偏向呈現負面而非正面影響。凸顯地方政府往往會妨害地方發展的論點，無疑對 LSC I 與 LSC II 都有修正的作用。又如，在「影響地方經濟治理之因素的分析」部分，絕大多數前述作品，都十分明確地以新制度主義中的理性抉擇制度主義（將制度視為降低交易成本的行為者互動規則）、社會學制度主義（將制度視為一套產生規範或文化理念的體系或網絡）、歷史制度主義（將制度視為兼具前述兩種制度主義特質，而又具有獨特因果邏輯的結構），[5] 三者之全部或一部分，作為分析架構或理論對話之標的。要言之，理論層面上的相互挑戰和辯論，並非明顯地產生於國內學者之間，不過這並不表示國內學者缺乏理論意識，因為其辯論的對象是投射在國際學界。

　　而在研究所涉及的地區方面，在地方政府的角色及影響地方經濟治理的子議題中多半以長江三角洲、珠江三角洲、閩南地區為範圍。之所以如此，首先是基於這些地區的一般性特性：在經濟發展上屬於中國大陸各地區之間的領先群，且在發展路徑、產業分布、政府行為、社會網絡等不同層面，各自具備豐富的內涵加上多樣性，故能為研究者帶來的效益較高。而次要原因，則在於這些地區同時也是國內學者所要對話的那些一般性理論原先產生之溫床。

　　在研究目的方面，最後兩個子議題中的文獻，屬於描述性（descriptive）和解釋性（explanatory）者大約各半。[6] 而前兩個子議題，則屬於解釋性者佔絕大多數。屬於詮釋性和預測性者，幾乎沒有。這顯示出至少三種主要意涵。首先，政治經濟學的途徑，

5　關於這三種新制度主義的各自特色以及如何被應用在國際學界的當代中國研究，請參照徐斯勤（2001）。
6　本章所謂解釋性，是指尋求因果關係（causality）的研究取向。

本身就奠基於實證性和經驗性的本體論、知識論，所以能提供詮釋性研究的空間不多。其次，由於畢竟與經濟學有別，所以政治經濟學途徑也不以預測未來現象或結果，作爲主要研究目標。第三，台灣在此一途徑下的相關文獻，顯然已經是走向了高度學科化導向，所以較少以描述事實、提供背景資訊爲已足，而多半致力於實證性政治學所注重的尋求因果解釋。這和西方研究中國的政治學者，在一定程度上仍傾向由「區域研究」（regional studies）角度，致力於提供各學科都能理解的介紹，因而在論述上偏重描述，以及在解釋上不特意強調政治學門內的理論概念，是有所區別的。[7]而這種區別，可能更多是來自於研究社群所鑲嵌的社會與文化環境，在資訊之取得和理解上有所差異，而不涉及孰優孰劣的問題。

　　在資料來源方面，上述文獻中凡是以解釋作爲主要目的者，多數都同時使用了田野觀察與訪談，以及檔案與書面資料的資料取得方式。而以描述爲主者，則傾向僅使用檔案與書面資料。整體來說，仰賴田野調查取得資料之比例，隨著時間在逐步增加。

　　最後，在研究方法方面，上述文獻中，除了曹海濤、柯朝斌、楊宜勳（2011）、曹海濤（2011）使用形式化模型（formal models）輔助其推論，以及陳永生（2004a、2004b）使用統計資料爲主之外，其他都屬於質化研究。質化研究中，明確地是以驗證假說和建構理論爲研究目的者，則又多半採用了有利於此種目的之比較案例研究方法（尤其是劉雅靈、王振寰和冷則剛、徐斯勤、陳志柔、吳介民之作品），這也再次凸顯出這個領域中國內學者遵循的是學科專業的研究典範，而不是爲區域研究社群來服務。至於單一案例的文獻中，則呈現出明顯的類型：凡是以描述爲主者，其內容都可被歸類爲 Harry Eckstein（1975）所說的「學科導向—形構式案例研究」（disciplined-configurative case study），亦即以特定學科所使用的概念和問題意識，來描述案例的內容與特色、說明其構成要件。而凡是以解釋爲主者，都屬於 Eckstein 所謂「啓發式」案例研究（heuristic case study）或 Arendt Lijphart（1971）所謂「產生假說式」案例研究（hypothesis-generating case study），亦即根據案例內容來推論出某些表述因果關係的假說，留待其他經驗研究來予以驗證或否證。至於以單一案例去檢驗理論的「關鍵性案例研究」（crucial case study），包括最可能案例檢驗，most-likely test，和最不可能案例檢驗，least likely

---

[7]　此處所謂區域研究的傾向，如果用比較容易理解的概念來說，可以參考徐斯勤於 2012 年 7 月對美國加州大學柏克萊分校政治學教授 Kevin O'Brien 訪談當中，他所提到的定義。O'Brien 說，全球知名期刊 *The China Quarterly* 長期以來的編輯宗旨之一，是要求其刊登的論文，無論來自哪種學科的作者，原則上都要儘量能讓其他學科研究中國的學者能夠理解其內容，也就是讓大家作爲能夠儘量共享研究成果和資訊的同一個區域研究社群，而非被不同的學科藩籬隔斷了彼此的知識共享。

test），則尚未出現。[8]

二、產業發展——企業和產權改革

　　國內以政治學相關概念（例如：政治制度和結構、政治權力分配等）來研究中國大陸產業發展的著作，呈現出單一學者主要是專精於一種特定產業。這包括金融與銀行業（呂青樺、沈中華，2006；林文斌，2001；陶儀芬，2002b、2003、2004a、2004b；黃啓瑞、董澤平、李文瑞，2009；Tao, 2011）、資訊產業（王信賢，2004）、汽車產業（夏樂生，2005）。他們與研究企業和產權改革的著作（王信賢，2001；徐斯勤，2002；徐斯儉，2001；張弘遠，2002；曹海濤、柯朝斌，2011；曹海濤、葉日崧，2010；許秉翔、劉瑞華、陶逸駿，2008；楊友仁、王鴻楷、郭健倫，2004），正如同前述地方與區域性議題一樣，都明確顯現出直接應用西方理論以及與其對話的取向，尤其是強調產權安排作爲一種激勵或約束制度之觀點。但是，與前述議題不同的是，以特定地區作爲資料來源者很少，而多半以全國性資料或一般性概念推演爲主。同時，產業發展研究均依賴檔案和書面資料，而企業和產權改革研究內多半還加入了田野調查。最後，多數著作採用質化研究時，屬於單一案例方法，因此在能否有效驗證理論上，存在較大大不確定性。

三、體系層次議題

　　相較於西方的當代中國研究，台灣學者對於許多屬於全國性、體系性層次的議題，或則在概念、分析架構與方法上嘗試創新，或則在觀點和見解上直接挑戰前者既有的成果，或則提出前者所未見的發現與見解。因此，這個議題整體而言，可以說是台灣學者已然構築出本身特色的部分。由於篇幅所限，以下先就三個子議題來討論，而其他子議題，包括「財政問題」、「三農問題」、「社會福利體制與政策」，若日後有機會則將另行說明。

（一）中國大陸的政經社整體發展

　　吳玉山（2003a；Wu, 2003）針對中國大陸與前蘇聯和東歐社會主義國家的經濟改革，就經濟表現與經改策略的差異進行比較。在其研究發現中，除了系統化的整理出經改策略上各種面向的不同和辯論焦點之外，也從這兩組國家的案例對照中，歸納出制度

---

[8]　此處羅列的這些案例研究方法類別，參見 Eckstein（1975）。

性因素遠比文化、經濟發展階段、國際環境、改革前制度遺緒等因素，更能解釋經改後中國大陸經濟表現優於前蘇聯與東歐國家的事實。這些研究發現，一方面超越了對中國經改原先所謂的「摸著石頭過河」與「漸進式改革」的簡單解釋，二方面其整個解釋邏輯也補充了西方古典自由主義經濟學無法解釋兩組國家差異的缺陷。

　　而隨著中國大陸的全球性崛起，中國大陸從經濟到政治、社會的整體發展路徑與經驗，是否呈現出值得其他國家借鏡之處，也開始受到國際學界與台灣學界的注意。台灣學界透過國內的集體學術合作，產生了具有代表性的《黨國蛻變》一書，並提出相關看法。在該書結論中，吳玉山（2007）將中國大陸改革開放以來的發展，歸納爲結合了東歐與蘇聯式的「後極權主義」，與東亞式的「資本主義發展國家」兩種制度後，所形成的「後極權的資本主義發展國家」，並指出其雖然有其既存成就，但此種發展模式內部也存在著緊張和缺陷。在這個觀點的基礎上，徐斯儉（2007）也描繪出一個系統性的圖像：後極權與發展型國家（尤其是地方性發展型國家）這兩個結構性變項，決定了中央與地方政治菁英的行動和互動內容與類型，從而形塑了與政經社發展有關之各種政策的內涵與後果。

　　在另一本由台灣學者與國際學者集體合作的英文專書中，徐斯勤（Hsu, 2011a）於該書導論內，針對中國大陸的整體發展模式，綜合了近年來相關文獻的新發現和新觀點，以及該書內中外學者的論述，提出了不同於既有說法，並同時涵蓋政治面、經濟面、社會面的全盤性論點。其發展模式的經濟面特徵，是所謂「正負影響並存的國家引領式經濟成長」。其正面影響，來自於中國大陸獨特的政府行爲誘因與資源控制，主要顯現在促進市場機制運作，而不在於針對個別產業的深入影響，因此不同於典型的東亞發展型國家。而其負面影響，則又反映出比東亞發展型國家嚴重得多的掠奪型本質。至於政治面與社會面的特色，則是所謂「調適性後極權主義」。之所以是後極權主義而非威權主義，是因爲中國大陸仍保有某些只見於共產極權而非一般威權體系的政治與社會制度安排；至於「調適」，則呈現出互爲辯證的二元性：一方面其政治上的制度化與社會組織的緩慢多元發展，使其黨國體制能因應社會變遷而具備最起碼的自我調整能力，將體系性的緊張控制在一定程度內，但另一方面，這種手段未必完全屬於本質上的自我調整，卻又有利於鞏固黨國體制的權力壟斷，而未必走向其他國家發展道路上的那種政治民主化與公民社會模式。值得強調的是，這個觀點，超越了楊大利等學者（Naughton and Yang, 2004）與裴敏欣（Pei, 2006）之間，關於中國大陸的政經體制和黨國官僚，究竟是如前者所主張的對經濟與政治發展扮演正面角色，或是如後者所主張扮演負面角色之當代辯論。站在台灣的位置，所觀察到的因素和機制，可能比身處於西方學界或中國大陸內部，有更爲全面而複雜的利基。

（二）政治經濟景氣循環

　　將發源於民主政體中的政治經濟景氣循環（political-business cycle，PBC）途徑，應用於社會主義體系，以往有西方學者研究前蘇聯的先例。而將其應用於分析中國大陸，則為台灣學者的創新之處。吳玉山與美國學者羅德明（Lowell Dittmer and Wu, 2006）從宏觀角度檢視了 1990 年代以後中國大陸的總體經濟循環週期，發現其並非如同 1980 年代一般，和經改路線的鬥爭相吻合，而是與每五年召開一次的黨大會政治週期呈現出高度的一致性。而其背後的原因，則是江澤民時期，主流派系上海幫與非上海幫的菁英在權力角逐過程中，各自進行政治結盟的需求所導致。而陶儀芬（2006）則針對中共體制內產生 PBC 的微觀機制予以剖析，她同樣觀察每五年黨大會進行權力交替的時點，檢視地方投資之變化，發現 PBC 之所以出現，是因為黨大會換屆期間，由於中央政治派系權力角逐上升而帶來不確定性，造成中央對於地方投資擴張的控制能力有所下降，從而產生集體行動的困境，乃引發地方的機會主義行為，趁此空檔擴大投資。

（三）中央與地方關係

　　中央與地方關係，是國際學界研究改革開放時期中國大陸政經發展最早開發出來的研究議題之一。而台灣學者在此一議題上的創新之處，在於深入探索了其中政治變項與經濟變項間的因果關係，亦即依循「議題聯結」（issue linkage）途徑進行研究。王嘉州（2003）依照各省在中央的政治利益分配，劃分出中央與各省關係的不同類型，而後根據各類型的邏輯，來分析省與中央在經濟議題上的策略互動。徐斯勤（2007）從中央與地方關係的問題意識出發點上，檢討了以往中英文文獻中，未能區分中央地方間垂直權力競爭和地方之間水平權力競爭的概念缺陷，以及未能建立如何判斷競爭的哪一方權力較大之客觀標準的概念和經驗研究缺陷，而後以各省在中央的政治權力組織內代表性之多寡，使用統計迴歸方法，探討其對於投資資源分配的影響，進而發現垂直型與水平型權力競爭中，上述政治變項對於經濟資源分配的影響各自為何。

參、南韓學界之研究

　　本節主要分析對象是 2000 到 2012 年南韓最主要的三種政治學學術期刊，以及同時期內出版的英文期刊中相關主題論文，共計 115 篇。這些論文中，90% 以上（105/115）來自三大韓文期刊：《中蘇研究》、《韓國政治學會報》和《國際政治論叢》。《中蘇

研究》是韓國最具歷史的當代中國事務期刊（Cho, 1997; Chung, J. H., 2008）。另外兩個
期刊，《韓國政治學會報》和《國際政治論叢》，分別是由韓國政治學會和韓國國際研
究學會這兩個政治科學學會出版的季刊。[9] 英文部分的來源包含 The China Journal、The
China Quarterly、Journal of Contemporary China、Issues & Studies、The China Review。
與本章第二節一樣，本節關於南韓的文獻梳理，並不試圖做出最完整與全面的評論，而
是試圖對韓國近年來當代中國政治經濟研究方面的學術產物進行一個初步介紹與評估。
在無法兼顧所有可能來源的前提下，本節排除了專書和博士論文。然而，從南韓鼓勵學
者發表期刊論文更勝於鼓勵其撰寫專書的學術環境（台灣也是如此）來看，限縮研究範
圍在期刊論文，的確是合理的。況且，收錄於專書或合編本的主題和內容，往往可能事
先已作為期刊論文來出版。

　　以下討論評述的論文，是以政治經濟學相關主題為核心，而排除了單純討論政治問
題而較少涉及經濟部分的著作（如國家安全、政治菁英的更迭，以及國際領域的權力變
化）。同時，嚴格意義上的國際關係或國際政治經濟學主題，以及討論台灣或香港的文
章也不在分析之列。[10] 如此，在內容和主題的性質與範圍上，使得本節與上節的文獻之
間具有合理的可比較性。

　　在論文的內容方面，可以分為以下幾類：1. 地方和區域層次的政經發展與轉型
（24/115）；2. 產業發展（10/115）；3. 勞動關係（16/115）；4. 宏觀的政策方向以及關
於治理的意識型態辯論（22/115）；5. 企業和經營管理（14/115）；6. 中國的經濟增長
總體分析以及與全球經濟和韓國經濟的相互作用（16/115）；7. 針對中國大陸與鄰近經
濟體（如俄羅斯、北韓、香港、台灣）之比較研究（5/115）；8. 城市擴張及其相關議題，
如財產權、收入和消費（8/115）。如同本章第二節所述，此處的前兩個類別（「地方的
政治經濟發展與轉型」與「產業發展」），也是台灣學者的主要研究議題，故而對此二
者將有較多介紹，以茲比較台灣與南韓的相關文獻。另外，作為第三類的勞動議題，也
將予以介紹，因為這是南韓學者在研究上較有特色的領域，猶如第二節針對台灣學者研
究較有特色的體系層次議題加以述評。[11]

9　研究當代中國政治的韓國學者們曾經認為這三個期刊最具代表性（Chung, J. H., 2008; Kim, D.
　　H., 2006)。因此，確認了這三個刊物的代表性。

10　因為英文期刊文章的數量不多，相對來說篩選的過程不太複雜。

11　相對台灣學術界較少討論，韓國學術界愈來愈關注勞動議題。某程度上來說，可歸因於過去伴
　　隨韓國經濟快速發展而來的激烈之勞工運動經驗。同時，勞動議題的研究大多屬於跨學科領
　　域，常常難以分辨是否為純政治學者的學術產物。

一、地方和區域層次的政經發展與轉型

在此一議題中，幾個子議題比較突出：1. 不同層級政府之間關係的變化：中央與地方之間，同一級地方政府之間，地方的上級與下級之間的關係；2. 地方經濟競爭、統合與發展：尤其是以實際個案經驗為研究基礎，討論特定區域的地方經濟發展動態；3. 城鄉關係：都市或農村發展過程中地方政府的角色。

第一個子議題的討論範圍十分廣泛，其中制度設計及其變化是最重要的焦點。關於地區差異（regional disparities），Jae Ho Chung（2001）提供了縱向與橫向協調（vertical and horizontal coordination）的類型區分。在這種分析中，儘管橫向合作網絡（horizontal cooperative networks）已逐步浮現，中央政府仍具有影響全局的重要性。其他相關研究包括：透過土地開發瞭解中央—地方關係和相關爭論（Lee, K. H., 2009; Paik and Lee, 2012）；透過資源交換的概念進行網絡分析，來瞭解中央與省級政府之間的關係（Lee, J. H., 2006）；[12] 透過上海的洋山深水港建設工程瞭解財政分權（fiscal decentralization）過程中，中央和地方政府的協商（Kim, H. K., 2005）；省管縣改革如何反映國家市場關係的變化（Lee, S. K., 2009）；在國有企業居多的都市和集體企業居多的農村地區，企業型地方政府（entrepreneurial local government）如何帶動經濟發展，其間差異何在（Chung, H. W., 2000b）。

第二個子議題的文獻，除了少數文章之外，[13] 大多都以長江三角洲和珠江三角洲作為研究資料的來源（Choi, 2007; Chung, H. W., 2003; Heur, 2012; Jang, 2007）。這些研究的問題意識聚焦於：地方經濟發展的動因為何？促進地方間的交流及其阻礙因素為何？例如，如何說明中央政府的意志與地方保護主義間的張力，以及不同行動者之間不同的動機？由於長江三角洲和珠江三角洲地區在地方經濟發展和轉型中扮演先鋒者的角色，未來他們的經驗可能會擴大適用到其他地區。此二地區的地方政府除了有高度經濟實力，還有許多共同的歷史和文化特點，排除可能影響的變項（像是經濟交流與整合）後，其他因素比較容易進行研究（Chung, H. W., 2003; Heur, 2012）。

第三個子議題的主要問題意識是：如何解釋農村經濟發展？地方政府重要還是私營

---

[12] 作者提出的觀點是，改革開放時代中央跟各個省級政府之間有資源交換，所以他們之間的關係不一定是絕對性的關係而是相對性的關係。

[13] 本章回顧文獻之中有兩篇討論東北地區，一篇簡單討論中國東北經濟區的發展概況跟戰略，以及中韓經濟合作的前景（Zhang, 2004）。另一篇提供更深刻地分析「振興東北」，宏觀地方經濟計畫中，「振興東北」為何以及如何被啓動，跟「西部開發」有什麼不一樣，以及政策目標跟實際上當地經濟發展的效果（Chung, J. H., Lai, and Joo, 2009）。

企業重要？地方政府在鄉鎮企業的發展中扮演什麼角色？既有理論無法說明中國農村發展過程時，什麼理論可以確切說明中國農村發展模式？比如說，Jung Nam Lee（2001）研究的出發點在於，地方政府統合主義、發展型國家與東亞發展型國家等理論均不足以充分說明中國農村經濟發展中跨區域間的相異性。此外，很多文章討論「蘇南模式」，而學者們對此模式的論述，反映出此模式的不同面向（Chun, 2001; Chung, H. W., 2000a; Lee, J. N., 2001; Suh, 2001）。Jung Hee Lee（2000）通過蘇南與溫州的個案研究，強調各地區市場化程度和所有制結構的差異影響了地方政府的角色。其他進行蘇南地區比較個案研究的學者，則質疑為何蘇南地區富裕程度更勝蘇北（Chung, H. W., 2000a），也比較了無錫（蘇南模式的其中一區）和溫州之間不同的政府與企業關係（Chun, 2001）。Suk Heung Suh（2001）的研究也討論蘇南模式，可是其研究焦點在於討論鄉鎮企業的產權改革。農村經濟發展的另外一部分是與財政、稅制有關的議題。Eun Ha Yoo（2010a）透過中國東、西和中部三個區塊的討論，論述地方政府的農業補助金如何影響農村居民的收入，而 Yoo（2010b）在黑龍江省也有相同研究。Kwi Sik Min（2010）則著力討論廢止農業稅之後，鄉鎮政府職能轉換應如何予以評估。

二、產業發展

　　雖然此一議題的相關論文只有十篇，然而，仍可以看到其研究主題群聚在某些特定產業。除了一篇是關於鋼鐵產業（Choi, 2012）[14]與另一篇是關於航空產業（Chung, J. H., 2003）之外，其餘則聚焦於電影產業（Park, 2011a, 2011b）、汽車業（Joo, 2006; Kim, H. K., 2002; Yeo and Pearson, 2008）和電信業（Joo, 2006;[15] Lee, M. K., 2004; Ryu, 2000; Yeo, 2009）。值得注意的是，不只是主題，甚至內容也有一些重合之處，例如有兩篇文章都在討論電信業的壟斷結構如何被打破，以及兩大電信公司之間如何競爭，這實際上是大公司背後的政府部門在特定領域間的競爭（Lee, M. K., 2004; Ryu, 2000）。不過，相同主題比較之下，就提出研究問題和問題意識方面，Moon Ki Lee（2004）處理得更加細膩。Lee 從「為什麼」的問題開始（即為什麼我們要觀察國有企業間的競爭，而不是全面性的私有化），並試圖從制度性因素中找到答案。整體來說，此一議題內大部分研究的問題意識，都集中在如何解釋「制度」與「結構」的重要性，及討論其實際運作。

---

[14] 這篇文章採用經濟學理論的定量模型，那將與一般政治科學著作有一定距離。

[15] Jang Hwan Joo（2006）同時討論兩個產業：汽車和電信業。他使用博弈論中合作與不合作的概念，討論產業與政府間的關係與本質上的矛盾，及其如何影響產業的表現。

三、勞動關係

　　相較於其他類別，勞動議題方面的研究文獻，呈現出較高的多元化程度。相關的論文比較集中討論下崗議題、勞動環境的變化，和國有企業改革後產生的新勞動問題等方面。與此同時，不同的研究處理這些主題的方式具有多樣性。究其原因，一部分或許在於相關研究比其他領域採用較多的田野調查和個案研究方法。另一部分原因，則在於勞動關係議題基本上跨越了不同學科，所以不一定要採用某種固定的學科性框架。以兩篇觸及國有企業改革乃至解組的文章為例，基於上述原因，各自呈現出了不同的觀點。Jung Hee Lee（2000）企圖從國家的自主性和能力解釋勞動改革為何僅在1990年代後才加快速度，而不是在1990年代以前。Hong Xi Han（2001）則探討了國有企業改革如何影響都市公民的既得權利，以及作為重要利益相關者的都市公民，為何受到國有企業改革的重大衝擊。詳細個案研究支持的具體問題包括：南海本田的罷工事件（Jang, 2011）、珠江三角洲和北京的農民工邊緣化問題（Lee, M. J., 2001）、長沙市國有企業產權制度改革（Jang, 2003）、鄭州國有企業產權制度改革與工人的抗爭（Jang, 2004）、廈門經濟特區的女工與其工作條件（Lee, K. A., 2005），以及中國大陸內韓國企業的勞資關係（Won, 2007）。

四、綜合性評估

　　在評估上述的文獻之前，我們有必要瞭解南韓的中國研究學者，其知識背景是如何形成的。為分類方便，將學者在哪些國家取得博士學位，大致分為三組：美國（或其他西方國家）、早期在台灣或最近在中國大陸，以及韓國。至於什麼樣的教育背景會產出什麼的學術著作，存在不同的意見。有些討論認為，受美國訓練的學者往往以西方的研究方法和典範為標準（Cho, 1997）；有些則批評受美國訓練的學者所帶來的這股趨勢，並認為應提出替代性、在地化的研究方法（Lee, H. O., 1992）。[16] 而最近則有評論意見認為，無論是什麼教育背景的學者，他們的學術著作及研究方法其實正在逐漸趨同（Chung, J. H. et al., 2005）。中國政治成為韓國學術界的主要分析對象，在近年來的重要性逐步提升。因此，中國研究的分析工具還有很大發展空間。韓國學術界勢必應該對中國研究的方向進行內省和辯論。本章雖然無法充分反映內部辯論或韓國學術界的演變，但仍試圖根據幾個指標進行初步的評估。

　　首先，關於開展什麼樣的理論架構或試圖用什麼方式來引用西方文獻，有兩點值得

---

[16] 關於這些批判性意見，Young Nam Cho（1997）認為沒有具體替代方法的批評是毫無意義的。

注意。其一，許多南韓學者主張，試圖積極與西方文獻對話或採用西方理論框架，不一定是產出優質文章的先決條件（Lee, H. O., 1992）。由於反駁西方學術觀點獲得許多學者共鳴，因此努力尋找替代觀點或探索其他研究議題，乃成為批評者的目標之一。這種有批判性的態度，導致學者指出西方文獻在分析社會主義制度下的國家和社會所受到的侷限。Jung Hee Lee 指出：「在經濟改革過程中，與經營者或勞工相比，國家的力量不一定強大……發生在資本主義的事也可能會發生在社會主義」（Lee, J. H., 2000: 92）。在此一觀點下，他發展出不同時期國家會有不同的自主性和能力的假設。同樣地，Jae Kwan Kim（2002）通過對西方企業治理的文獻發現未被充分研究過的主題——治理頂端的權力關係——而去探討國有企業改革中，黨支部書記和管理者間的關係。其二，韓國學者意識到國際學界關注的議題，而試圖與之對話。回顧近十年來的學術文章，整體上與國際接軌的數量並不夠，僅不到三分之一的文章積極採用西方理論架構或試圖與其對話。但另一方面也有愈來愈多學者，有意識地注意國際學界的研究趨勢和課題。例如，在「地方和區域層次的政經發展與轉型」類別中，南韓學者採用了網絡分析途徑，來討論中央與地方關係中政府間互動的層次（Lee, J. H., 2006）；新制度主義途徑，被用以研究省管縣制度的重現（Lee, S. K., 2009）；地方政府統合主義，則用以處理鄉鎮企業發展的問題（Lee, J. N., 2001）。在「產業發展」的類別裡面，新制度主義是最常使用的理論架構（Joo, 2006; Ryu, 2000）。而在「勞動關係」中，路徑依賴和博弈論被用來解釋國有企業內部權力的移轉（Kim, I., 2001）。依照目前的趨勢，往後的研究應該會更強化與國際學界的對話和交流。

　　第二，在方法論上，如果將研究方法分為質化與量化，則相關研究中，質化研究所佔比例顯然較高。相關研究中，除了少數文章採用量化模型或是統計分析方法（Choi, 2009; Choi and Zhou, 2001; Choi, 2012），其餘均屬質化研究範疇。而質化研究中，又有單一案例研究或比較案例研究之分。如果某一研究討論兩個或兩個以上的地區，但作者並未採取明確的比較架構，則此處仍將其視為單一案例研究。總體來看，單一案例研究比例，超過本節所回顧論文總數的一半，但比較案例研究只佔約十分之一。量化研究以及比較案例研究較少，反映出研究者在現實上面臨的至少兩種侷限（可能不只是韓國學術界面臨的侷限）：其一，在研究經費有限的情況下，透過個人研究計畫去執行大型問卷調查，實際上有困難。因此，除了執行大型問卷調查（或二手問卷調查數據）之外，採用量化分析的可能性不高。其二，雖然比較研究的研究成果會比單一個案研究更豐富，但是礙於一定時間內要產生出一定數量文章的學術環境，以及對研究者的績效評價制度壓力下，期待比較案例研究有所增加，也不見得樂觀。

　　另一方面，單一案例研究仍有代表性和一般性的限制。在這個意義上，單一案例研究必須解釋和說明為何選擇該個案。總體來說，在將近 50 篇本節檢視的論文中，這種

說明並不充分。此外，如果未能提出研究問題或研究假說，又未能充分說明爲何選擇此個案進行研究，則容易流於僅是簡單描述性的文章。[17] 所有從事中國研究的學者都同樣面臨個案選擇的難題，因爲田野情況可能不符當初的研究計畫，儘管無法掌握在田野中的個案條件，但對個案選擇更多的說明仍是必要的。

第三，就資料來源和蒐集資料的方法而言，文獻分析法仍然是主流，只有少數文章以田野調查爲基礎。以研究者本身的博士論文爲基礎而產生的期刊論文，多數採用田野調查的方式。可是，過了博士階段以後的著作，卻不見得積極採用田野調查。這樣的現象也可能是因爲來自於現實學術環境的侷限：考慮要投入的時間、精力、金錢的成本，僅靠文獻分析不執行田野調查而寫出文章是更經濟的，而用數量化指標評估研究者的制度，無疑也更助長了這種趨勢。[18] 在資料蒐集部分，資料的來源或種類對文獻分析法來說，十分重要。過去，學者的教育背景被認爲在資料來源的選擇上扮演關鍵角色，比如說受美國訓練的學者會傾向使用英文且二手加工的資料，受華語國家訓練的學者傾向使用中文資料。不過，這種分野近年來已越來越模糊。使用不同來源資料的研究者已不分教育背景，更重要的是，如何去探索和利用不同類型的資料。比較發表在《中蘇研究》和 *The China Quarterly* 相同時間範圍（1994 至 2004 年）的文章後，Chung 等人（Chung, J. H. et al., 2005）強調，即使是中文的資料來源，如何去努力挖掘更多樣化的數據（如地方公報或當地具體的統計數據）仍是可行而且必要的。

基於以上的回顧，在此可以簡單歸納出南韓學術界從政治經濟學途徑去研究當代中國的發展方向。第一，在熱門議題和地區研究上，呈現出一定的重疊性。選擇研究主題的失衡，不只是侷限在政治經濟領域，更確切的說，這是過去在評述當代中國政治領域中已經被多次指出的問題（Cho, 1997; Chung, J. H., 2008; Chung J. H. et al., 2005; Kim, D. H., 2006）。韓國的中國研究學術界確實存在是否由於方便研究或熱門議題而選擇研究主題的內省聲音。最終的問題在於，韓國的中國研究如何能爲學術界生產長期的公共財（Kim, D. H., 2006）。有鑑於中國幅員廣大和明顯的局部變化，很難藉由聚焦幾個熱門地區和主題就描繪出完整的中國圖像（Cho, 1997）。然而，個別學者的努力不足以改變這個趨勢也是事實。提供資源和基礎的多樣化，從而加以平衡中國研究是必要的。第二，韓國學術界應努力開發其潛在優勢，比如說，從鄰近地區觀察者的角度，來發展出

---

[17] 對讀者介紹新現象的文章是重要且具有意義的。然而，當描述性說明佔了文章的大部分時，難以期望看到實質性的論點或結論，因此，學術辯論就會變少。相對而言，透過論證和反駁產生的學術辯論在韓國學術界並不活躍。部分原因是主流的寫作結構並非依據論點或假設問題，這點出了一個充滿生機的學術界長遠發展需要克服的問題（Chung, J. H. et al., 2005）。

[18] 有趣的是，跟其他議題領域相比，大量的勞動研究仰賴田野工作。

比較觀點，俾能選擇有意義的研究主題或釐定研究問題。從「地方和區域層次的政經發展與轉型」議題之文獻中，看得出東亞國家和中國的比較經驗帶動研究者的問題意識。Seong Heung Chun（2001）進行無錫和溫州比較案例研究工作的提問，來自於為何中國的經濟改革及其發展方式不同於東亞模式。由於蘇南模式代表社會主義經濟發展模式，而溫州模式相反，所以他刻意選擇無錫（代表蘇南）與溫州做比較。同樣地，對中國農村經濟和發展的強烈關注（Chung, H. W., 2000a; Lee, J. N., 2001; Suh, 2001），某程度是由於韓國和其他東亞國家與中國農村經濟發展模式不同，因此研究者對中國農村地區工業化進程的變化感到好奇。

綜言之，韓國的當代中國政治經濟研究若欲進一步發展，如何積極地在國際化（採用西方的知識體系）和本土化（取得好的或發展替代架構）之間取得平衡，乃是重要課題。韓國學者如何在不斷辯論的西方理論與不斷變化的經驗世界（中國的政治經濟現象）中，來定位本身的研究，以及將困難挑戰轉化為正面的助力，是一項重要卻也棘手的工作。

肆、結論：兩國相關研究之初步比較

由本章第貳與第參節對於台灣與南韓研究成果之介紹，我們可以就兩者間進行一個簡單的初步比較。這樣的初步比較，主要是針對除了文獻的實質觀點和見解之外的其他層面來進行。當然，若能就研究的實質內容來比較，從而凸顯例如雙方之間在同一個議題內，有觀點上的辯論之處，那麼將會更有利於提升這種比較的深度和價值。但在目前有限的時間與篇幅內，還無法進展到此一階段，當容日後逐步完成之。作為綜合整理性的比較觀，以下茲就兩者間類似性較高與差異性較高的各層面，逐項說明。

一、兩國學界研究的類似性

首先，在研究議題上，兩國在「地方或區域層次之發展與變遷」，以及「產業發展——企業和產權改革」議題上，都產生了較多研究作品。之所以如此，可能是基於一些共同的原因，例如中國大陸經濟發展的動力本就在於地方和區域，以及在於產業變遷和產權改革；不同地區的多樣性、豐富性有利於拓深研究內涵以及建立理論通則；地方性資訊（尤其是政府行為的邏輯），往往比全國層次的資訊在範圍上更明確而有收斂性，以及更容易取得。

　　其次，如果就上述這兩個議題來看，兩國學者在題目的選取和研究涉及的地區分布上，都呈現高度集中於特定範圍內的現象，而且範圍也十分類似。地理範圍上，在長江三角洲和珠江三角洲較多，而這也直接對應於兩國學者都有興趣研究當地經濟較爲發達、產權改革較爲領先背後的政治面和其他制度性因素。有趣的是，雖然南韓在地理上較爲接近華北和中國東北，且南韓實際的經貿投資型態上也一向偏重這些地區，但這種傾向似乎並未充分反映於對中國的政治經濟途徑學術研究中。

　　第三，在資料取得的方式方面，長期來看，兩國學者除了都持續仰賴檔案和書面性資料外，前往中國大陸從事田野研究，進行觀察與訪談等研究活動的程度，都隨著時間而逐步增加（儘管本章第三節指出，南韓學者在開展田野調查的未來展望方面，預期仍將面臨某些限制）。此點無論是兩國的本土訓練背景者或國外訓練背景者，都是如此。基於文獻方法或田野調查法而進行的實際案例研究（包括單一案例與比較案例方法），也取代了傳統上偏向宏觀敘述而缺乏深入案例分析的取向，而此一特點同樣存在於本土訓練與國外訓練背景的學者。因之，整體而言，本土與海歸學者間在研究方法與資料蒐集方面的趨同現象，並存於兩國學界。

　　第四，兩國都有相當數量的學者，在其研究中長期而有系統地尋求與國際學界進行概念、理論、經驗上的銜接和對話。但是兩國的這些學者進行這樣的對話時，都同時存在著依據經驗事實，有時證實，但有時否證或批判西方既有理論觀點的現象。另一方面，就政治經濟學的途徑看起來，兩國學者都還沒有發展出在基本前提和元素方面，明顯與西方視野有別的概念和理論。必須說明，是否必然「應該」有這種發展，是個複雜而見仁見智的問題。兩國學者尚未如此做的原因，不見得是因爲缺乏對於來自西方之概念和理論適用性的反省和批判，也有可能是因爲其所探討的對象之一是「經濟」現象，使得歷史、文化等因素扮演最重要解釋角色的程度，可能不如在政治參與、民主化等議題內那麼高。

二、兩國學界研究的差異性

　　首先，在研究議題上，就雙方各自的獨特領域來說，台灣對於體系層次議題在研究成果上所展現的特色，以及南韓對於勞工議題的高度關注程度與研究成果，都是對方學界所相對較缺乏的。而其背後原因，兩者間可能並不完全一樣；台灣學者致力於研究的那些體系層次議題，或有可能是學者本身受到理論、方法上學術興趣的驅動；南韓學者則或有可能是受到個人成長過程中來自社會環境的濡染與影響，從而在個人價值觀上產生對於勞工問題較爲濃厚的關心。

　　其次，兩國國內的研究社群成員方面，都存在著研究者本身主要訓練是來自該國國內或來自國外的區分。但是，從兩國各自的本土背景與海歸背景研究者，在著作中呈現的研究目的與理論化取向來看，兩國的發展過程似乎有所不同。在台灣是本土背景者與海歸背景者，都是多數人多半進行解釋性研究，以及多半尋求與國際學界的理論有所銜接或對話。而早期在南韓則是本土背景者的研究傾向描述多於解釋，但日後在本土背景與海歸背景的研究者間，呈現的研究目的與理論化取向之差異已不那麼明顯。

　　最後，在方法論方面，雖然兩國學界從事質化研究者都明顯多於從事量化研究者，但是台灣學界採行比較案例研究，從而印證或否證理論者所佔的比例，似乎要高於南韓從事比較案例研究者在南韓所有學者中所佔比例。有趣的是，兩國不少學者所進行比較案例研究的地區，是完全相同的，這也提供了未來雙方間進一步深度對話的可能性。

參考書目

方孝謙，2000，〈統合化或私有化？鄉鎮企業產權改革的政經效果初探〉，政治大學國際關係研究中心內部討論會論文，台北：政治大學。

方孝謙，2002，〈蘇南溫州產權模式中的重要變項：以 Susan Whiting 的近著為討論核心〉，《中國大陸研究》45（4）：1-14。

方孝謙，2003，〈關係、制度與中國政企研究〉，《中國大陸研究》46（4）：1-24。

王文杰，2001，〈中國大陸反不正當競爭法之研究〉，《中國大陸研究》44（7）：53-82。

王占璽、王信賢，2011，〈中國社會組織的治理結構與場域分析：環保與愛滋 NGO 的比較〉，《台灣政治學刊》15（2）：115-175。

王信賢，2001，〈中國國企改革的組織同形主義〉，《中國大陸研究》44（9）：57-80。

王信賢，2004，〈物以類聚：台灣 IT 產業大陸投資之群聚現象與理論辯析〉，《中國大陸研究》47（3）：85-109。

王信賢，2006，〈將社會帶回？中國大陸中介組織的發展與理論省思：以 W 市商會與行業協會為例〉，《人文及社會科學集刊》18（2）：293-326。

王信賢，2008，〈傾斜的三角：當代中國社會問題與政策困境〉，《中國大陸研究》51（3）：37-58。

王信賢，2010a，〈中國社會政策與困境：2010 年「兩會」的觀察〉，《中共研究》44（4）：49-63。

王信賢，2010b，〈當代中國「國家—社會」關係的變與常——以環保組織的發展為例〉，《政治學報》49：1-39。

王信賢，2010c，〈誰統治？論中國的政策制定過程：以《反壟斷法》為例〉，《中國大陸研究》53（1）：35-62。

王振寰、黃書緯，2001，〈從社會主義城市到世界城市：上海城市調節模式的轉型〉，《台灣社會學刊》26：55-104。

王嘉州，2003，〈財政制度變遷時中央與地方策略互動之分析——以分稅制與廣東省為例〉，《中國大陸研究》46（5）：81-103。

朱道亞，2007，〈從中國大陸農民專業協會看中共組合主義的發展傾向——以河北省邯鄲市為例的分析〉，《東亞研究》38（2）：123-170。

何思因、陳德昇、耿曙（編），2003，《中國大陸研究方法與成果》，台北：政治大學國際關係研究中心。

冷則剛，2003，〈全球城市的政治經濟學：以上海為例〉，何思因、陳德昇、耿曙（編），《中國大陸研究方法與成果》，台北：政治大學國際關係研究中心。

吳玉山，2003a，〈中國大陸經濟改革總體策略之研究〉，何思因、陳德昇、耿曙（編），《中國大陸研究方法與成果》，台北：政治大學國際關係研究中心。

吳玉山，2003b，〈探入中國大陸經改策略之研究：一個比較的途徑」〉，《中國大陸研究》46（3）：
    1-30。

吳玉山，2007，〈宏觀中國：後極權資本主義發展國家——蘇東與東亞模式的揉合〉，徐斯儉、
    吳玉山（編），《黨國蛻變：中共政權的菁英與政策》，台北：五南，頁309-335。

吳德美，2003，〈中國大陸都市非正式部門就業中的城鄉差異〉，《中國大陸研究》46（5）：
    127-150。

呂青樺、沈中華，2006，〈影響大陸地區銀行獲利能力與風險的因素〉，《中國大陸研究》49（3）：
    119-142。

李俊榮，2003，〈中國人民銀行機構整併對大陸銀行金融監管工作之影響〉，《展望與探索》1
    （11）：75-93。

李學林，2004，〈中國大陸國有企業推行管理層收購（MBO）之探討〉，《展望與探索》2（1）：
    34-48。

林文斌，2001，〈中國大陸銀行體制變遷——市場社會主義及之後〉，《中國大陸研究》44（11）：
    67-94。

柳金財，2003，〈中國大陸農村村民自治制度運作與鄉村關係：不同產權所有制下的比較分析〉，
    《展望與探索》1（11）：55-74。

夏樂生，2005，〈產業政策與產業發展的關聯——以大陸汽車產業為例〉，《東亞研究》36（1）：
    173-225。

夏樂生，2007，〈從「國退民進」及「國進民退」現象看大陸民營企業之發展〉，《展望與探索》
    5（10）：18-47。

徐文路，2007，〈中國大陸市場、農村和國家的關係：以統購統銷和農業稅的興廢為例〉，《中
    國大陸研究》50（2）：95-121。

徐斯勤，2001，〈新制度主義與當代中國政治研究：理論與應用之間對話的初步觀察〉，《政治
    學報》32：95-170。

徐斯勤，2002，〈中國大陸的省級政府機構改革與國有企業產權改革，1993-2001：互補或矛盾的
    改革邏輯？〉，《中國大陸研究》45（2）：61-96。

徐斯勤，2004a，〈改革開放時期中國大陸的財政制度與政策：財政單一議題範圍內相關研究之評
    析〉，《中國大陸研究》47（2）：1-32。

徐斯勤，2004b，〈改革開放時期中國大陸的財政問題：政治學視角下議題聯結層面的相關研究評
    析〉，《中國大陸研究》47（3）：59-84。

徐斯勤，2007，〈中國大陸中央與各省關係中的水平性與垂直性權力競爭：菁英政治與投資政策
    的議題聯結分析〉，徐斯儉、吳玉山（編），《黨國蛻變：中共政權的菁英與政策》，台北：
    五南，頁211-266。

徐斯儉，2001，〈大陸農村經濟發展與基層民主發展的關係——鄉鎮企業產權改革與農村基層民
    主〉，《中國大陸研究》44（5）：19-40。

徐斯儉，2007，〈黨國蛻變：中共政權的菁英與政策〉，徐斯儉、吳玉山（編），《黨國蛻變：中共政權的菁英與政策》，台北：五南，頁 1-16。

徐斯儉、吳建忠，2011，〈在治理改革中走向民主：浙江溫嶺鄉鎮人大參與式預算之個案研究〉，《中國大陸研究》54（1）：1-28。

徐斯儉、呂爾浩，2006，〈國際競爭下的中國高科技產業：以半導體產業為例〉，政治大學中國經濟資料庫專題研究論文發表會，6 月 13 日，台北：政治大學社會科學學院。

徐斯儉、呂爾浩，2009，〈市場化國家資本主義 1990-2005：中國兩個地級城市個案研究〉，《中國大陸研究》52（5）：97-136。

耿曙，2001，〈「三線」建設始末：大陸西部大開發的前驅〉，《中國大陸研究》44（12）：1-20。

耿曙，2002，〈中國大陸東西部發展不平衡的起源：國家、市場、區域開發〉，《中國大陸研究》45（3）：27-57。

耿曙，2003，〈中國大陸的區域經濟動態：問題意識與研究成果的回顧〉，《中國大陸研究》46（4）：55-101。

張弘遠，2001，〈中國大陸嫁接式市場化改革：地方政府角色與企業行為〉，《中國大陸研究》44（1）：35-68。

張弘遠，2002，〈產權改革與地方經濟發展中的不完全競爭——以蘇南地區產權改革為例〉，《中國大陸研究》45（3）：59-84。

張弘遠、李宗義，2001，〈中國大陸農村經濟發展中的組織演變：四川省瀘江市 K 鎮勞保製品專業技術協會的個案研究〉，《中國大陸研究》44（10）：71-96。

張佑宗、吳振嘉，2011，〈中國大陸基層民主與農村社會保障制度的發展〉，《台灣政治學刊》15（2）：177-232。

曹海濤，2011，〈中國大陸地方政府投融資平台之研究——新制度理論的觀點〉，《遠景基金會季刊》12（2）：89-134。

曹海濤、柯朝斌，2011，〈中國大陸國有企業改革的路徑選徑——基於賽局理論的分析〉，《東亞研究》42（2）：5-41。

曹海濤、柯朝斌、楊宜勳，2011，〈中國大陸的村莊治理與公共財供給：一個政治經濟分析〉，《政治學報》51：1-28。

曹海濤、葉日崧，2010，〈中國大陸公有企業的民營化：中央與地方關係的分析途徑〉，《中國大陸研究》53（4）：105-139。

許光泰，2008，〈中國電力市場的地區封鎖與地方治理——以「四川二灘水電站巨額虧損案」為例〉，《中國大陸研究》51（4）：1-27。

許秉翔、劉瑞華、陶逸駿，2008，〈上海市住房改革雙軌制以及併軌政策：經濟改革下的產權變動〉，《中國大陸研究》51（4）：29-50。

郭振雄、何怡澄，2009，〈中國各地方政府自願在網路揭露財務資訊之比較研究〉，《中國大陸研究》51（1）：29-58。

陳小紅，2006，〈由「二元結構」、「鄉村城鎮化」到「大城市群」：中國大陸「城鄉關係」的探索〉，《中國大陸研究》49（2）：1-43。

陳世榮、李河清，2011，〈中國燃料電池研發及其環境溝通〉，《中國大陸研究》54（3）：33-69。

陳永生，2004a，〈大陸西部地區特色產業的內涵與績效〉，《中國大陸研究》47（1）：81-103。

陳永生，2004b，〈國企生產效率與東北地區經濟發展〉，陳德昇、許光泰（編），《振興東北：政策、機遇與挑戰》，台北：政治大學國際關係研究中心。

陳永生，2005，〈中國大陸擴張性財政政策的微調轉型〉，《中國大陸研究》48（3）：93-110。

陳永生，2008，〈從中共「十七大」檢視大陸財政體制的轉型〉，政治大學國際關係研究中心（編），《21世紀中國，卷三》，台北：擎松。

陳志柔，2001，〈中國大陸農村財產權制度變遷的地方制度基礎：閩南與蘇南的地區差異〉，《台灣社會學》2：219-262。

陳淳彬，2001，〈中國大陸鄉鎮企業發展與地方政府職能：回顧學界對相關理論的研究〉，《中國大陸研究》44（7）：83-103。

陶儀芬，2002a，〈從「西部大開發」之基礎建設看國家能力的延伸與限制〉，《問題與研究》32（3）：1-16。

陶儀芬，2002b，〈從「放權讓利」到「宏觀調控」──後鄧時代中央與地方金融關係的轉變〉，丁樹範（編），《胡錦濤時代的挑戰》，台北：新新聞文化，頁235-262。

陶儀芬，2003，〈全球化與中國金融改革〉，《問題與研究》32（8）：1-22。

陶儀芬，2004a，〈中國研究與比較政治經濟學的對話：以中國金融研究為例〉，《中國大陸研究》47（1）：41-61。

陶儀芬，2004b，〈中國經濟情勢分析：財政與金融〉，丁樹範（編），《中國大趨勢》，台北：新新聞文化。

陶儀芬，2006，〈政治權力交替與經濟機會主義：集體行動與改革時期中國「政治經濟景氣循環」〉，《問題與研究》45（3）：77-102。

曾永清，2010，〈大陸預算外資金問題研析與長期效應之研究〉，《東亞研究》41（2）：41-74。

童振源、王國臣，2011，〈中國經濟研究的網路資源索引〉，《中國大陸研究》1：79-100。

黃啟瑞、董澤平、李文瑞，2009，〈中國銀行業國際化之區位選擇因素〉，《中國大陸研究》52（1）：1-28。

黃德北，2004，〈新自由主義與中國大陸退休養老制度改革〉，《中國大陸研究》47（4）：53-74。

黃德北，2006，〈國企改革與下崗工人：中國大陸勞動力市場建立的政治經濟分析〉，《東亞研究》37（1）：1-40。

黃德北，2011，〈中國大陸新型農村合作醫療制度發展與國家角色之研究〉，《中國大陸研究》54（1）：29-52。

黃鴻博，2010，〈中國農村土地制度變遷及調適：制度安排的成本與效益分析〉，《中國大陸研究》53（1）：1-33。

楊友仁、王鴻楷、郭健倫，2004，〈快速工業化下的中國大陸區域治理：以蘇州地區土地產權體制轉化為例〉，《中國大陸研究》47（3）：111-141。

楊穎超，2011，〈中國大陸新興私營企業主政治地位的初探：政治組織席次角度的分析〉，《中國大陸研究》54（1）：53-78。

趙建民、蔡文軒，2010，〈「黨管一切」或是「部門利益」：以三峽大壩與青藏鐵路的決策為例〉，《中國大陸研究》53（2）：39-72。

趙甦成，2003，〈邊境貿易與政經互動：雲南省邊境貿易發展模式〉，《中國大陸研究》46（3）：79-114。

趙甦成，2007，〈由公共財貨供給角度論中國大陸農民工培訓制度〉，《中國大陸研究》50（2）：61-93。

劉雅靈，2001，〈強制完成的經濟私有化：蘇南吳江經濟興衰的歷史過程〉，《台灣社會學刊》26：1-54。

劉雅靈，2003，〈經濟轉型的外在動力：蘇南吳江從本土進口替代到外資出口導向〉，《台灣社會學刊》30：89-132。

劉雅靈，2009，〈中國都市化過程中新興的「農民收租階級」：溫州與無錫「城中村」的轉型路徑、集體抗爭與福利政策〉，《台灣社會學》18：1-41。

劉雅靈，2010，〈中國準計畫行政體制：鄉鎮政府從企業經營到土地收租的軟預算財政〉，《台灣社會學刊》45：163-212。

劉雅靈，2011，〈經濟轉型中的應對策略與制度分歧：溫州與無錫〉，《台灣社會學》22：59-110。

劉雅靈、王信賢，2002，〈缺乏發展的增長：中國股票市場的制度內捲化〉，《中國大陸研究》45（4）：43-74。

鄭政秉、邱永和、林明錦，2006，〈中國大陸各省市招商引資之績效評估——資料包絡法之應用〉，《中國大陸研究》49（1）：53-74。

鄭淑賢，2009，〈中國大陸 BOT 方式立法之研究〉，《中國大陸研究》52（4）：95-119。

賴祥蔚，2003，〈湖南廣電集團的政治經濟分析〉，《中國大陸研究》46（4）：103-124。

Caporaso, James A. and David P. Levine. 1992. *Theories of Political Economy*. New York, NY: Cambridge University Press.

Chen, Chih-Jou. 2005. "The Path of Chinese Privatisation: A Case Study of Village Enterprises in Southern Jiangsu." *Corporate Governance: An International Review* 13(1): 72-80.

Cho, Young Nam. 1997. "The Contemporary Study of Chinese Politics in Korea: Focus on *Sino-Soviet Affairs*." *Area Studies* 6(1): 185-217. (In Korean)

Choi, Byung Hun. 2007. "A Study on the Cooperation Relationship Change Between Hong Kong and

Pearl River Delta." *Sino-Soviet Affairs* 31(3): 71-96. (In Korean)

Choi, Eun Kyong. 2009. "The Politics of Fee Extraction From Private Enterprises 1996-2003." *The China Journal* 62: 79-102.

Choi, Eun Kyong and Kate Xiao Zhou. 2001. "Entrepreneurs and Politics in the Chinese Transitional Economy: Political Connections and Rent-seeking." *The China Review* 1: 111-135.

Choi, Jung Seok. 2012. "China Comparative Study on the Economic Effects of the Steel Industry." *Sino-Soviet Affairs* 36(1): 143-166. (In Korean)

Chun, Seong Heung. 2001. "Property Ownership Types and Government-Business Relations in China: A Comparison between the Cases of Wuxi and Wenzhou." *Korean Journal of International Relations* 41(4): 253-276. (In Korean)

Chung, Hwan Woo. 2000a. "Political Economy of Development and Underdevelopment in Rural China: A Comparative Study on Sunan and Subei." *Korean Political Science Review* 34(3): 237-254. (In Korean)

Chung, Hwan Woo. 2000b. "The Emergence of Entrepreneurial Local State in China and Economic Development." *Sino-Soviet Affairs* 34(3): 141-165. (In Korean)

Chung, Hwan Woo. 2003. "Interchanges and Cooperations Between the Locals Under the System in Transition." *Sino-Soviet Affairs* 27(1): 65-89. (In Korean)

Chung, Jae Ho. 2001. "Vertical Support, Horizontal Linkages, and Regional Disparities in China: Typology, Incentive Structure, and Operational Logic." *Issues & Studies* 37(4): 121-148.

Chung, Jae Ho. 2003. "The Political Economy of Industrial Restructuring in China: The Case of Civil Aviation." *The China Journal* 50: 61-82.

Chung, Jae Ho. 2008. "Studies of Contemporary Chinese Politics in Korea: An Assessment." *The China Quarterly* 94: 395-413.

Chung, Jae Ho, Chi Young Ahn, Man Joon Park, Yoon Mi Chang, Chang Hoon Cha, and Byung Kwang Park. 2005. "Reassessing Chinese Political Studies in Korea: On Source Materials, Methodologies, and Discourse Structures." *Korean Journal of International Relations* 45(2): 103-129. (In Korean)

Chung, Jae Ho, Hongyi Lai, and Jang-Hwan Joo. 2009. "Assessing the 'Revire the Northeast' (zhenxing dongbei) Program: Origins, Policies and Implementation." *The China Quarterly* 197: 108-125.

Dittmer, Lowell and Yu-Shan Wu. 2006. "Leadership Coalitions and Economic Transformation in Reform China: Revisiting the Political Business Cycle." In *China's Deep Reform: Domestic Politics in Transition*, eds. Lowell Dittmer and Guoli Liu. Lanham, MD: Rowman & Littlefield.

Eckstein, Harry. 1975. "Case Study and Theory in Political Science." In *Handbook of Political Science*, Vol. 1, eds. Fred I. Greenstein and Nelso W. Polsby. Reading, MA: Addison-Wesley, pp. 79-138.

Gallagher, Mary Elizabeth. 2002. "Reform and Openness: Why China's Economic Reforms Have Delayed Democracy." *World Politics* 54(3): 338-372.

Han, Hong Xi. 2001. "The Dilemma of the Soe's Reform in China." *Sino-Soviet Affairs* 25(1): 35-57. (In

Korean)

Heur, Heung Ho. 2012. "China Yangtze River Delta Regional Economic Integration and the Development Prospects." *Sino-Soviet Affairs* 36(1): 111-142. (In Korean)

Hsu, S. Philip. 2000. "Local Tax Effort in Shanghai, 1987-1993: Decentralization vs. Local Fiscal Balance." *Issues & Studies* 36(6): 116-138.

Hsu, S. Philip. 2003. "Implementation of Profit Remission in Guangzhou, 1983-1995: Policy Regime vs. Revenue Incentive." *Issues & Studies* 39(4): 81-110.

Hsu, S. Philip. 2004. "Deconstructing Decentralization in China: Fiscal Incentive versus Local Autonomy in Policy Implementation." *Journal of Contemporary China* 13(40): 567-599.

Hsu, S. Philip. 2011a. "In Search of China's Development Model: Beyond the Beijing Consensus." In *In Search of China's Development Model: Beyond the Beijing Consensus*, eds. S. Philip Hsu, Yu-Shan Wu, and Suisheng Zhao. New York, NY: Routledge.

Hsu, S. Philip. 2011b. "Balancing Developmental Needs with Vertical and Horizontal Power Competition in China 1993-2004." In *In Search of China's Development Model: Beyond the Beijing Consensus*, eds. S. Philip Hsu, Yu-Shan Wu, and Suisheng Zhao. New York, NY: Routledge.

Jang, Youn Mi. 2005. "Characteristics of Labor Market in China." *Sino-Soviet Affairs* 29(2): 81-111. (In Korean)

Jang, Young Seog. 2003. "China SOEs' Ownership Reform and the Change of Enterprise Governance." *Sino-Soviet Affairs* 27(1): 13-36. (In Korean)

Jang, Young Seog. 2004. "The Reform of SOE and the Logic of Labor Resistance: A Case Study." *Sino-Soviet Affairs* 28(1): 13-38. (In Korean)

Jang, Young Seog. 2007. "The Transformation of the Relation between Hong Kong and Shenzhen: From 'Front Shop, Back Factory' to 'Regional Integration'." *Sino-Soviet Affairs* 30(4): 39-62. (In Korean)

Jang, Young Seog. 2011. "The Strike in Nanhaihonda and its Implications for China's Labor Movement." *Sino-Soviet Affairs* 35(3): 173-197. (In Korean)

Jeong, Hae Yong. 2000. "The Reform of Local Government in China's Marketization Process and the Role of Central Government: The Case of Pearl River Delta Region?" *Sino-Soviet Affairs* 24(2): 85-112. (In Korean)

Joo, Jang Hwan. 2006. "The Relationship between the Attribute of Industrial Policy and Policy Performance in the Era of China's Economic Transition: A Case Study of Industrial Policy for Automobile and Telecommunication Equipment Industry." *Korean Journal of International Relations* 46(2): 145-168. (In Korean)

Kim, Do Hee. 2006. "The Chinese Studies of Korea: Issues and Ideas." *East Asian Studies* 50(2): 55-89. (In Korean)

Kim, Heung Kyu. 2005. "The Change of Intergovernmental in China during the Reform Period." *Sino-Soviet Affairs* 29(1): 13-44. (In Korean)

Kim, Hye Jin. 2009. "Study on New Urban-type Industrial District Focused on Creative Industrial District." *Sino-Soviet Affairs* 32(4): 71-98. (In Korean)

Kim, Hye Jin. 2010. "System Change in Soviet Union and Eastern Europe, and Sudden Change in North Korea: Comparison-Application of Theory, Variable, Experience." *Sino-Soviet Affairs* 34(2): 145-178. (In Korean)

Kim, Hyung Kook. 2002 "China's Automobile Industry and Policy Change: Policy Autonomy and Structural Limitation in the Socialist Developmental State." *Korean Political Science Review* 36(3): 375-396. (In Korean)

Kim, In. 2001. "The Growth of Non-state-owned Enterprises and Change in State-Society Relations in China: With a Focus on Change of Unit Organization." *Sino-Soviet Affairs* 24(4): 29-69. (In Korean)

Kim, Jae Kwan. 2002. "A Study on the Changes in the Power Relationship between Party Branch Secretary and Manager in State—Owned Enterprises during the Market Transition Period." *Sino-Soviet Affairs* 25(4): 73-110. (In Korean)

Kim, Young Jin. 2000. "Informal Labor Activism in China." *Korean Political Science Review* 34(2): 235-254. (In Korean)

Kim, Young Jin. 2006. "A Study on the legislation of Labor Contract Law (Draft) in China, Focusing on Its Major Contents and Responses from the Public." *Sino-Soviet Affairs* 30(3): 67-91. (In Korean)

Lee, Hee Ok. 1992. "Social Science: A Study on the Methodological Approach of Sinology." *China Studies* 13(3): 41-82. (In Korean)

Lee, Jong Hwa. 2006. "Exchang Network Analysis about Changing Central-Provincial Level Government Relations in China: Application of Resource Essentiality, Substitutability and Network Centrality." *Korean Journal of International Relations* 46(1): 213-235. (In Korean)

Lee, Jung Hee. 2000. "Bringing the State Back In: Labor Reforms of State-Owned Enterprise, 1978-99." *Sino-Soviet Affairs* 24(1): 89-117. (In Korean)

Lee, Jung Hee. 2004. "The Introduction and Implementation of Social Security Systems in China." *Sino-Soviet Affairs* 28(3): 15-42. (In Korean)

Lee, Jung Nam. 2001. "Development of TVEs and Local States: Discussion of Sunan and Wenzhou." *Korean Political Science Review* 34(4): 279-300. (In Korean)

Lee, Kih Hyun. 2009. "Why does Illegal Land Development Last So Long?: Central Government's Interest and Land Regime Design during the Reform Era in China." *Korean Journal of International Relations* 49(4): 213-234. (In Korean)

Lee, Kyung Ah. 2005. "The Women Workers under the International Capital in China: Focusing on the Taiwanese-owned Enterprises in Xiamen Special Economic Zone." *Sino-Soviet Affairs* 29(3): 93-117. (In Korean)

Lee, Min Ja. 2001. "Impact of Citizenship Regulation Policy on the Assimilation Process of Migrants in China: Pearl River Delta and Beijing." *Korean Political Science Review* 35(3): 279-296. (In Korean)

Lee, Moon Ki. 2004. "Evolution of China's Telecommunications Liberalization Policy and its Characteristics: From State Monopoly to Competition among SOEs." *Korean Journal of International Relations* 44(3): 175-195. (In Korean)

Lee, Sang Kuk. 2009. "Politico-Economic Analysis on Resurrection of Province-Managing Couny in China." *Korean Journal of International Relations* 49(5): 301-331. (In Korean)

Lijphart, Arend. 1971. "Comparative Politics and the Comparative Method." *The American Political Science Review* 65(3): 682-693.

Liu, Yia-Ling. 2012. "From Predator to Debtor: Soft Budget Constraint and the Semi-planned Administration in Rural China." *Modern China* 38(3): 308-345.

Min, Kwi Sik. 2010. "A Assessment for Town-government's Function Conversion after Abolition of Agricultural Taxes." *Sino-Soviet Affairs* 34(1): 47-83. (In Korean)

Naughton, Barry and Dali Yang, eds. 2004. *Holding China Together: Diversity and National Integration in the Post-Deng Era*. New York, NY: Cambridge University Press.

Oh, Seung Yul. 2011. "Economic Implications of the Backflow and Labor Shortage of Migrant Workers in China." *Sino-Soviet Affairs* 35(3): 15-40. (In Korean)

Oi, Jean. 1992. "Fiscal Reform and the Economic Foundations of Local State Corporatism in China." *World Politics* 45(1): 99-126.

Paik, Wooyeal and Kihyun Lee. 2012. "I Want To Be Expropriated!: The Politics of Xiaochanquanfang Land Development in Suburban China." *Journal of Contemporary China* 21: 261-279.

Park, Jang Jae. 2002. "A Study on 'Lay-offs' (Xiagang) of State-Owned Enterprises in China." *Sino-Soviet Affairs* 25(4): 35-71. (In Korean)

Park, Jung Soo. 2011a. "Major Companies and Government in China's Cultural Industry: The Case of Polarization of Film Industry." *Sino-Soviet Affairs* 35(1): 43-80. (In Korean)

Park, Jung Soo. 2011b. "The Political Economy of Modern State-owned Corporate Groups in China: The Case of Film Industry." *Korean Journal of International Relations* 51(2): 35-59. (In Korean)

Pei, Minxin. 2006. *China's Trapped Transition: The Limits of Developmental Autocracy*. Cambridge, MA: Harvard University Press.

Perry, Elizabeth. 1994. "Trends in the Study of Chinese Politics: State-Society Relations." *The China Quarterly* 139: 704-713.

Ryu, Jae Sub. 2000. "New Institutionalism's Analysis of Telecommunication Industry Policy in China." *Sino-Soviet Affairs* 24(2): 113-133. (In Korean)

Suh, Suk Heung. 2000. "Enterprise Worker's Layoff (Xiagang) and the Re-employment Problem in China." *Sino-Soviet Affairs* 24(2): 13-52. (In Korean)

Suh, Suk Heung. 2001. "The Features of Rural Enterprises's 'Sunan Model' and Property—Rights Reform in China." *Sino-Soviet Affairs* 25(2): 77-112. (In Korean)

Tao, Yi-feng. 2011. "From a Socialist State to a Developmental State: Depoliticizing Central Banking and China's Economic Growth since 1993." In *In Search of China's Development Model: Beyond the Beijing Consensus*, eds. S. Philip Hsu, Yu-Shan Wu, and Suisheng Zhao. New York, NY: Routledge.

Tung, Chen-Yuan. 2007. "The Renminbi Exchange Rate in the Increasingly Open Economy of China: A Long-term Strategy and A Short-term Solution." *Issues & Studies* 43(1): 79-114.

Wang, Jenn-hwan and Tse-Kang Leng. 2012. "Production of Space and Space of Production: High-Tech Industrial Parks in Beijing and Shanghai." *Cross Currents* 1(1): 47-73.

Won, Jae Youn. 2007. "Post-Socialist China: Labor Relations at the Korean-Managed Factories in China." *Journal of Contemporary Asia* 37(3): 309-325.

Wu, Jieh- Min. 2001. "State Policy and Guanxi Network Adaptation in China: A Case? Study of Local Bureaucratic Rent-Seeking." *Issues & Studies* 37(1): 20-48.

Wu, Yu-Shan. 2003. "Chinese Economic Reform in Comparative Perspective." *Issues & Studies* 39(1): 93-138.

Wu, Yu-Shan. 2008. "Review of the Transformation of Chinese Socialism." *China Review International* 15(1): 132-136.

Yeo, Yu Kyung. 2009. "Between Owner and Regulator: Governing the Business of China's Telecommunications Service Industry." *The China Quarterly* 200: 1013-1032.

Yeo, Yu Kyung and Margaret Pearson. 2008. "Regulating Decentralized State Industries: China's Auto Industry." *The China Review* 8(2): 231-259.

Yoo, Eun Ha. 2010a. "A Comparative Study on the Financial Expenditure on Agriculture and Peasants' Income in China." *Sino-Soviet Affairs* 34(3): 91-110. (In Korean)

Yoo, Eun Ha. 2010b. "Research on the Changes in Peasants' Income in Heilongjiang after the Tax Reform in Rural China." *Korean Journal of International Relations* 50(1): 373-396. (In Korean)

Zhang, Dong Ming. 2004. "Development of the Northeastern Economic Area of China and the Prospect for the Economic and Trade Cooperation between China and Korea in the Future." *Sino-Soviet Affairs* 28(2): 93-119. (In Korean)

第二十一章

台灣政治學的發展：議題、方法與評鑑

吳玉山、林繼文、冷則剛

在對六大範疇、19 項主題進行了檢視之後，我們對於台灣政治學各領域的發展獲得了較爲深入的瞭解，但是還欠缺一個總體的圖像。本章想要做的，是從宏觀的角度，耙梳出一些大的發展方向，並且擺到台灣政治學的歷史軌跡中來加以理解。由於要掌握整個學門的發展，又要加上時間的跨度，因此描摹出的圖像無可避免必然是高度簡化、又充滿選擇性的。

在本書各章進行對政治學各個領域的回顧與前瞻時，經常會以議題和方法作爲切入的基本概念。本章對於政治學的整體理解也不例外。除了議題和方法之外，影響一個學門發展至關重要的是它的評鑑制度。評鑑的標準牽動議題和方法的選擇。因此在這裡我們將以台灣政治學的議題、方法，和評鑑這三個面向來看學門的發展。在每一面向，將會點出過去的情況、變動的原因、過程的特性、目前的現況，而後略加評述。我們希望能夠透過這樣的鋪陳，抓住台灣政治學發展的主要方向。

壹、議　題

「政治學」是西方的概念。台灣政治學的傳統主要來自中國大陸，時間在 1945 年以後。中國的政治學是從西方和日本引入，時在清末。到了民國時期，政治系已經在各大學普遍設立，在 1948 年時已達到 47 個，浦薛鳳、張君勱、蕭公權、王世杰、薩孟武、錢端升等都是名師。中國政治學會也在 1932 年成立於南京。這一套的教學和研究體系隨著國民政府來台，以後持續發展。[1]

日本殖民時代的台灣，並非沒有政治學的教學與研究。在「台北帝國大學」文政學部（類似今天的人文社會科學）設有各種講座，包含憲法、行政法和政治史，但台灣人學生的人數極少，和社會互動也低。[2] 所以作爲一個學科，台灣的政治學主要還是

---

[1] 關於早期中國大陸政治學的發展，以及此一傳統移入台灣的過程，可參閱馬起華（1975）。

[2] 關於日本殖民時期台灣政治學的發展情況，可參見陳偉智（1996）。

從中國大陸移入。威權時代台灣的政治學在研究的議題上一方面取經於西方,一方面又努力連接中國的傳統,同時受到當時政治環境的影響,相當強調三民主義,而三民主義本身,就是一個試圖融合中國和西方觀點的思想體系。當時的研究者往往從歷代政治興衰、傳統制度變遷、中西政治思想的演變等議題著手,雖然累積出了一定的成果,但受限於客觀的政治環境,無法分析台灣當時的戒嚴體制以及政治制度,部分台灣的政治學者甚至成為戒嚴體制的犧牲者,更降低了學界研究現實政治的興趣。總體而言,在台灣早期的政治學,公法和思想的份量很重,研究者慣於向中國的歷史找材料,官方的意識型態也佔據相當的地位。由於處於威權體制之下,研究的範圍受到相當大的限制。一般來說,威權時代的政治學和台灣本身的實際政治關聯較小,研究者若要突破禁忌、研究真實的政治現象,需要冒一定的風險。

到了 1980 年代末民主化之後,政治環境丕變,學術的風向隨之而轉。與中國傳統相關的課程與研究議題逐漸減少,教研人數也萎縮。由於國家政策的轉變、西方政治學的影響、和學術本土化的趨勢,在政治學中越來越少見對於傳統中國政治哲學、政治制度、和政治史的研究。第二個轉變是對於國父思想和三民主義的研究,也因為與過去威權統治密切相關,而受到排斥。各大學的三民主義研究所大都設法改名,而向國家發展政策或跨社會科學領域的方向轉型。與此相應的,是對台灣本地政治現象的研究快速興起。諸如民主化、選舉研究、政治價值變遷、憲政工程、國家認同、兩岸關係等議題都驟然勃興,形成民主化之後台灣政治學研究的新趨勢。

經過了大規模的議題轉移,台灣的政治學面貌已經和西方的政治學愈發接近。在傳統的分類中,政治理論、國際關係與公共行政是三個主要的範疇,而政治理論中思想的研究佔據一個重要的地位,除了西洋政治思想,也包括中國傳統的政治思想、以及三民主義的國家意識型態。民主化與本土化之後,政治理論中的思想部分逐漸減少,與民主相關的經驗政治理論則大幅增加,並且逐漸促成比較政治領域的興起。政治理論、國際關係、公共行政,與比較政治乃成為政治學的主要研究範疇。另外,反映著對於台灣本身政治現象研究的熱潮,以及中國研究逐漸成為世界上最重要的區域研究,台灣政治與中國大陸政治(或稱當代中國研究)也成為重要的政治學研究領域。這和西方的政治學對於本國和與本國密切相關的區域常劃出獨立領域頗相類似(例如美國政治學對於美國政治的研究,歐洲各國政治學對於歐盟的研究等)。在區域研究當中,中國大陸研究頗有特色。從 1990 年代開始,隨著台灣大陸政策的開放,反共國策的調整,中國大陸研究逐漸從「匪情研究」轉型成為重要的學術性研究,並密切地與西方理論典範,尤其是美國的理論典範結合,吸引了更多研究學者投入此一領域。除了中國大陸研究之外,台灣政治學界的區域研究,尚包含與台灣鄰近的東北亞、東南亞、前社會主義國家,及工業先進國家等。這些研究也或多或少地結合了比較政治與國際關係研究的分析架構。

　　民主化後的議題轉移讓台灣的政治學和國際上的主流接近，並且突出了本身的經驗特色，而有利於爭取國際上的能見度。此一反映政治環境變遷的學術發展也是勢所必然，並且符合台灣的現狀需求。然而在議題轉移的過程當中也不是沒有損失。經過民主化所造成的「議題斷代」之後，原有的特色領域消失了，學術興趣被窄化、對於西方的理論框架缺乏反省的能力、浩瀚的歷史和文化資源被拋棄，這些對於政治學的深化發展都是有所影響的。舉例而言，威權統治結束之後，政治學研究者正可利用開放的研究環境，深入理解台灣過去的政治發展，並探索與現在民主政治之間的關係。但是由於研究的興趣被集中到民主化之後，這一個大可開展的研究領域卻少見經營，形成對台灣政治本身理解的空窗。在紀念民國百年之時，政治學者若要對這一個世紀中華民國百年的政治發展加以檢視，即顯得頗爲窘迫。這與對於威權時期缺乏體會和理解、沒有歷史的連續感、尚未發展出分析非民主政治的理論工具，和並未進行有系統的資料蒐集都大有關聯。由於有這樣的議題斷代，台灣的學者也沒有辦法對過去的台灣和今日的中國大陸進行結構性的比較，從中發掘新觀點，並有所貢獻於國際上的中國研究。另舉一例，在國際關係的研究當中，觀察以中國爲核心的東亞體系在歷史上的發展是一個方興未艾的主題，也與台灣密切相關。但是一旦不以中國歷史作爲本身可擷取的資料來源，台灣的國關學者就難以在這個領域中有所建樹，這些都是頗爲可惜的。

貳、方　法

　　在研究方法上，台灣的政治學主要是受到西方，特別是美國的影響，台灣學術社群的成員，也有很大的一部分是接受美國的高等研究訓練，獲得美國大學的博士學位。因此當美國的政治學主流發生重大變化的時候，台灣的學術界經過一段時間的滯後，便一定也會出現相應的改變。政治學一向受到其他學科研究方法的強烈影響。在西方最早的政治學主要是政治思想，以及比較希臘城邦的制度研究。到了 20 世紀初年，在當代政治學開始奠基的時候，是和公法密切連結的。以後社會學也發揮過較大的影響。這些發展都顯現在台灣早期的政治學當中，使得政治學的教學與研究和思想、歷史與法律制度之間產生了密切的關聯。

　　在 1960 與 1970 年代，從心理學傳來的行爲主義大擅勝場，然而台灣並沒有恭逢其盛，這和在戒嚴時期從事經驗研究所必然遭遇的困難頗有關聯。間或有部分學者引介行爲主義及後行爲主義的研究方法，但較大規模的經驗研究，一直到台灣威權體系逐漸弱化之後才次第展開。到了 1980 年代之後，政治學隨著整個社會科學的趨勢，往自然科學的形式發展，並且在方法論上，受到社會科學中最自然科學化的經濟學的影響。

在西方，特別是在美國，量化研究成爲主流。晚近更有強調結合數學的形式理論和統計學經驗歸納的「理論模型的經驗意涵」（Empirical Implications of Theoretical Models，EITM）運動，將政治學的量化研究推上高峰。在美國許多重要的研究型大學當中，數量方法逐漸受到重視，甚至成爲一個獨立的類別，而和政治理論、美國政治、比較政治、國際關係，與公共行政等傳統的領域並立。

反映著這個美國政治學發展的趨勢，以及解嚴後進行經驗研究的便利，台灣的政治學研究也越來越數量化。特別是受美國政治學訓練、新近歸國的年輕學者，對於數量方法都更加講求。不過台灣仍然有相當深厚的質化研究傳統，同時量化革命所影響的範圍在各領域也有所不同。一般而言，在經驗資料已經大量累積，制度環境較爲固定的領域內，量化研究容易取得優勢，例如「台灣選舉與民主化調查」（Taiwan's Election and Democratization Study，TEDS）對於台灣民主政治的量化研究，就起了非常大的作用。然而在經驗資料難以蒐集的中國大陸研究，或是制度框架最不穩定的國際關係領域，量化研究都較爲困難，而仍以質化爲主。

由於質化、量化研究各有發展的空間，在台灣並沒有出現對於量化革命的反動。在美國採用較爲傳統的研究方法和詮釋途徑的學者，對於量化途徑的獨占鼇頭曾經大加批判，發起「改造」（perestroika）運動。此一運動以美國政治學會（American Political Science Association，APSA）做出若干妥協的動作後告終，但是並沒有改變美國政治學的主流發展方向。台灣的政治學只要持續受到美國政治學的影響，量化研究的趨勢必然會逐漸增強。至於將來是否會出現類似改造運動的學術反思，則有待觀察。除了受美國政治學訓練的學者之外，近年來台灣有不少在美國以外受教育的學者回國服務，同時也有許多在台灣接受高等理論訓練的年輕學者加入教學研究行列。關於研究方法及途徑本土化的問題，經常被提出討論。在各種不同教育背景的政治學者相互激盪之下，未來台灣政治學界是否會發展出一套獨特的研究途徑及方法，頗爲值得觀察。

政治學在方法論上的量化增強了分析現象的能力，有助於理論的構建，並且讓政治學和社會科學的一般發展方向趨同。在受到西方（特別是美國）學術潮流高度影響下的台灣，這樣的發展趨勢也是極爲自然的。然而，量化革命亦有其代價。以方法論驅動的學術研究，較無法處理難以框入量化模式的重大議題，結果使得政治學的研究和現實的需求未必能夠相互結合。另一方面，和思想、哲學、歷史與法律脫鉤的政治學，也就無法從這些傳統上與政治研究密切相關的學科汲取觀點、相互豐富。特別是價值與理念是一切政治現象的核心，而當代的政治學除了政治思想的部分之外，一般都不處理規範問題，而是將西方所流行的價值體系視爲不證自明。數量化的研究方法讓政治學離思想和價值的研究更遠，也更無法解答社會大眾對於政治學者所提出來的各種與價值判斷相關

的問題。總而言之，方法論決定了議題，以及研究議題的方式。方法論的轉變所產生的影響自然是極其深遠的。

　　在本書的若干章節中，已有研究學者指出當代政治研究缺乏科際整合動力、與實際政策脫節、以及對規範性議題沒有前瞻能力等諸多問題，這些都和方法論相關。例如，區域研究究竟應該展現跨學科整合的特色，以更全面的角度分析特定區域的政治、經濟、社會、文化等整體發展，還是應該被視爲政治學研究的一種，以驗證研究假設及理論爲主旨，便有一定程度的爭議。如果站在釐清價值判斷、解決實際問題、提供政策建議的角度，區域研究便較爲適合走科際整合的道路，針對特定議題，進行政策取向的研究，但這將不容易融合在主流研究方法中，故而也不易在當今學術界的評鑑制度中取得一席之地。在方法論的要求之下，台灣的政治學研究與解決實際政治問題之間似有漸行漸遠的趨勢。如何在理論與實際間兩全，的確是一個值得重視的問題。

參、評　鑑

　　對於一個學術社群評鑑的方式，無疑會對知識的產出和積累造成重大的影響。在這一方面，台灣的政治學受到整體教育研究環境的重大影響，因而產生了格式化的情況。格式化的評鑑使用具體而可操作的尺規，將學術表現量化，成爲可比較的項目。格式化的前提是教研資源的稀缺，其目的是以公平的標準來分配資源。此種評比自有其符合國際潮流的一面，但更爲重要的，是台灣本身高等教育體制的發展。

　　台灣大學校院的數目在 1990 年代開始因應民間教改的要求而大量增加，從 50 所一路躍升到 160 餘所，大學的錄取率也因而上升到 90% 以上。在此種情況之下，國家如何在大學間分配研究資源便成爲重要的課題。在同一所大學之內，不同的學院之間與科系和科系之間一樣要競爭研究經費，而這些都牽涉到分配機制。在同一個科系之中，雖然個別成員未必會爲研究經費而相互競爭，但是教師的聘用、升等、評鑑、以致於爭取獎勵等也都是資源配置的問題，需要大家能接受的評價標準。然而，這個標準究竟應該如何產生？台灣和美國等西方國家不同，極爲缺乏可供學者申請研究經費的民間基金會，因此教育部與行政院國家科學委員會（簡稱國科會）所控制的國家預算便成爲教研人員研究經費的主要來源。如果能夠獲得國家的經費補助，進行研究計畫，一方面有利於研究工作的推展，一方面更顯示研究者的能力獲得肯定，甚至可能獲得學校額外給予的獎勵。因此，由國家機構所推動建立的評量標準便成爲各院校普遍適用的審查準據。於是不論個別教研人員的續聘升等、獎勵榮譽，或是院系之間競爭經費人員，還是校際的相互評比，甚且是政府單位向國會報告我國研究水準與國際競爭力的提升，所用的都

是一套格式化、規範化的評量標準。整體而言，全國教研體制進入評鑑時代的背景就是資源的稀缺和建立分配機制的必要性，政治學當然無法自外於這個結構與風潮。

　　對於政治學者的評鑑標準出奇地簡單。由 Thomson ISI 所發展出的 Social Sciences Citation Index（SSCI）藉著影響力指數（impact factor）提供了權衡社會科學學者國際研究表現的標準。由國科會所建構的「台灣社會科學引文索引」（Taiwan Social Sciences Citation Index，TSSCI）核心期刊則是將台灣所出版的中文期刊編入了類似的評鑑體制。於是個別社會科學教研人員的研究表現便可以很方便地用他們所刊登在 SSCI 與 TSSCI 期刊上的論文篇數，以及這些期刊的影響力指數來予以加總衡量。一個學系、學院、大學、研究院，甚至國家的學術表現，也就可以用這一套計算影響力的方法來加以衡量比較。[3] 就如同貨幣在經濟中所扮演的角色一樣，影響力指數成為學術生產力的權衡。這一套評鑑制度所反映的是台灣對於國際化和客觀標準的追求。在這個體制之下，表現傑出的政治學者，自然也較有機會參與評鑑規則的制訂。以目前的情況來看，越是能在國際重要期刊發表論文的學者，越有機會將其所熟悉的學術規範規則化，於是既有的評鑑制度紮根更深。評鑑也導引了議題和方法的走向，促使研究人員朝向便利獲得更高評鑑積分的方向發展。

　　評鑑的格式化自然對政治學界帶來了很大的影響。首先，研究被高度強調，其重要性大大超過了教學與服務。其次，期刊論文被視為研究成果的主要發表渠道，而專書的重要性則逐漸降低。在期刊論文當中，以英文撰寫的學術價值普遍被認為超過以中文撰寫的，而登載於 SSCI 與 TSSCI 期刊的論文價值又被認為超過發表於非 SSCI 與 TSSCI 期刊的價值。在 SSCI 與 TSSCI 的期刊當中，又可以用影響力指數來分類，區別成幾級，從而判斷所刊登期刊的價值。當然，比較更細膩的方法是直接找到個別論文的被引次數，或是計算研究人員的 H 指數。[4] 總之，「可被量化評估的影響力」成為學術表現的權衡，一切的資源分配隨之而轉。

　　站在資源分配的角度，發展出可操作的評鑑指標當然是有其必要的，因此政治學接受格式化的評鑑也是勢所必然。在這套客觀的指標下，研究人員的勤惰良窳立現，經費、甄選、升等、獎懲等也有具體的標準可資遵循。然而，以一套由國家所認定的標準來計算學術表現自然也帶來一定的風險，包括對於期刊論文的著重和對於專書的偏廢已

---

[3]　當然，如果是自然和生物科學就使用 Science Citation Index（SCI），甚至人文學也有 Arts & Humanities Citation Index（A&HCI）。

[4]　所謂 H 指數，是藉著同時計算研究人員的論文篇數與被引次數，來衡量其學術生產力。在研究人員所發表被引次數最多的 h 篇論文當中，如果第 h 篇被引次數至少為 h，而第 h+1 篇不大於 h，則其 H 指數便為 h。

經超過了一般西方學界的程度，而以特定商業機構所建置的資料庫作為評鑑的準據，自然也有可批評之處。由於台灣資源集中，導致評鑑標準齊一化，對於理應提倡多元研究風氣的政治學自然可能產生不利的影響。這也是學術界所應有所警惕的。[5] 國科會體察到此一隱憂，便推動計畫，鼓勵以專書寫作來平衡評鑑過度依賴期刊論文的趨勢。然而一方面此一政策收效有限，另一方面我們又看到國家還是不斷地以評鑑機制來左右台灣的學術發展。總體而言，研究資源的稀缺促使國家採用強調國際化的評鑑標準，而資源的集中又讓這個標準成為全國學術界的圭臬。在國際化與國家化的激盪之下，遂產生了台灣學術界的評鑑制度。

　　台灣的政治學在議題本土化、方法數量化，和評鑑格式化的三大潮流驅動下，和以往的面貌呈現了巨大的不同。這樣的趨勢，在 1990 年代就已經啟動，而在進入 21 世紀之後，表現地更為明顯。本土化、數量化與格式化的方向反映了台灣本身政治局勢的改變、西方（尤其是美國）政治學發展的潮流，和學術界資源競爭的現況。它們代表了台灣政治學演進的主要趨勢，需要學界來共同理解和關心。在這些潮流的激盪下，政治學在台灣無疑出現了長足的進步和發展，然而也帶來了不小的代價。在議題轉移方面，優點是突出了台灣新興民主的經驗，但也造成和既有歷史文化傳統相隔絕。在量化革命方面，政治學的精確性與理論化都有所增加，不過方法驅動的研究議程有其侷限，而政治學和思想、價值與政策間的距離也被拉遠了。在格式化的評鑑方面，客觀而可操作化的指標有利於進行資源分配，但是過於齊一的評量標準對於多元的學術發展也構成一定的影響。為了讓台灣政治學能夠持續進步，學術社群應該進行更深刻的議題探討、發展更廣闊的研究方法，並且考量更多元的評量標準。如果研究者能在各自的領域內專精堅持，又能在面對他人的研究時開闊多元，政治學在台灣一定可以更加生氣蓬勃，並走出自己的特色。

5　這些缺點都在教育部的「建立適合人文社會學科學術發展之評鑑機制研究計畫」報告（黃寬重、章英華、呂妙芬、蘇國賢，2012）中充分地顯示出來。

參考書目

馬起華，1975，〈中國政治學史檢論〉，《政治學報》4：79-107。

陳偉智，1996，〈台北帝國大學文政學部簡介〉，《台北帝國大學研究通訊》1：http://www.lib.ntu.edu.tw/cg/resources/U_His/academia/no1-ch2.htm。檢索日期：2013 年 7 月 19 日。

黃寬重、章英華、呂妙芬、蘇國賢，2012，《建立適合人文社會學科學術發展之評鑑機制研究計畫》，教育部研究計畫，執行時間：2010.03.01 至 2012.04.30。

國家圖書館出版品預行編目資料

政治學的回顧與前瞻 / 蕭高彥等著.
一初版. 一臺北市：五南, 2013. 11
面； 公分.

ISBN 978-957-11-7295-8 （平裝）
1. 政治學 2. 文集
570.7   102016794

1PV4

政治學的回顧與前瞻

主　　編 — 吳玉山、林繼文、冷則剛

作　　者 — 蕭高彥、黃紀、謝復生、吳親恩、
　　　　　　張佑宗、朱雲漢、廖達琪、沈有忠、
　　　　　　張峻豪、陳一新、詹中原、彭錦鵬、
　　　　　　黃秀端、王業立、蘇子喬、郭銘峰、
　　　　　　游清鑫、吳重禮、徐斯儉、陳玉文、
　　　　　　邱坤玄、張登及、鄭有善

發 行 人 — 楊榮川

總 編 輯 — 王翠華

主　　編 — 劉靜芬

責任編輯 — 蔡惠芝

出 版 者 — 五南圖書出版股份有限公司

地　　址：106 台北市大安區和平東路二段339號4樓

電　　話：(02) 2705-5066　傳　真：(02) 2706-6100

網　　址：http://www.wunan.com.tw

電子郵件：wunan@wunan.com.tw

劃撥帳號：01068953

戶　　名：五南圖書出版股份有限公司

台中市駐區辦公室/台中市中區中山路6號

電　　話：(04) 2223-0891　傳　真：(04) 2223-3549

高雄市駐區辦公室/高雄市新興區中山一路290號

電　　話：(07) 2358-702　傳　真：(07) 2350-236

法律顧問　林勝安律師事務所　林勝安律師

出版日期　2013年11月初版一刷
　　　　　2014年12月初版二刷

定　　價　新臺幣 480 元